D1640125

Internationale Standardlehrbücher der Wirtschafts- und Sozialwissenschaften

Herausgegeben von Universitätsprofessor Dr. Lutz Kruschwitz

Bisher erschienene Werke:

Bagozzi u. a., Marketing Management
Bergstrom · Varian, Trainingsbuch zu Varian, Grundzüge der Mikroökonomik, 5. A.
Büning · Naeve · Trenkler · Waldmann, Mathematik für Ökonomen im Hauptstudium
Dixit · Norman, Außenhandelstheorie, 4. A.
Dornbusch · Fischer, Makroökonomik, 6. A.
Ethier, Moderne Außenwirtschaftstheorie, 4. A.
Gordon, Makroökonomik, 4. A.
Granvogl · Perridon, Sozioökonomie
Heike · Târcolea, Grundlagen der Statistik und Wahrscheinlichkeitsrechnung
Hillier · Lieberman, Einführung in Operations Research, 5. A.
Horngren · Foster · Datar, Kostenrechnung, 9. A.
Hull, Einführung in Futures- und Optionsmärkte, 3. Auflage
Johnson, Kundenorientierung und Markthandlung
Kneis, Mathematik für Wirtschaftswissenschaftler
Kruschwitz, Finanzierung und Investition, 2. A.
Kruschwitz, Investitionsrechnung, 8. A.
Mehler-Bicher, Mathematik für Wirtschaftswissenschaftler
Meissner, Strategisches Internationales Marketing, 2. A.
Pindyck · Rubinfeld, Mikroökonomie, 4. A.
Sargent, Makroökonomik
Schäfer · Kruschwitz · Schwake, Studienbuch Finanzierung und Investition, 2. A.
Sloman, Mikroökonomie, 3. A.
Smith, Einführung in die Volkswirtschaftslehre, 2. A.
Stiglitz, Volkswirtschaftslehre, 2. A.
Stiglitz · Schönfelder, Finanzwissenschaft, 2. A.
Varian, Grundzüge der Mikroökonomik, 5. A.
Zäpfel, Grundzüge des Produktions- und Logistikmanagement, 2. A.
Zäpfel, Strategisches Produktions-Management, 2. A.
Zäpfel, Taktisches Produktions-Management, 2. A.
Zwer, Internationale Wirtschafts- und Sozialstatistik, 2. A.

Einführung in Futures- und Optionsmärkte

Von
John C. Hull
Professor an der University of Toronto

Aus dem Englischen
von
Almut Oetjen
und
Holger Wacker

3. Auflage

R. Oldenbourg Verlag München Wien

Original English language title: Introduction to Future and Options Markets, 3rd edition by John Hull.
Copyright © 1998.
All Rights Reserved. Published by arrangement with the original publisher, Pearson Education USA (formerly Prentice Hall Inc.,)

Die Deutsche Bibliothek - CIP-Einheitsaufnahme

Hull, John C.:
Einführung in Futures- und Optionsmärkte / von John C. Hull. Aus dem Engl. von Almut Oetjen und Holger Wacker. – 3. Aufl.. – München ; Wien : Oldenbourg, 2001
  (Internationale Standardlehrbücher der Wirtschafts- und Sozialwissenschaften) Einheitssacht.: Introduction to future and options markets <dt.>
ISBN 3-486-25705-6

© 2001 der deutschsprachigen Ausgabe Oldenbourg Wissenschaftsverlag GmbH
Rosenheimer Straße 145, D-81671 München
Telefon: (089) 45051-0
www.oldenbourg-verlag.de

Das Werk einschließlich aller Abbildungen ist urheberrechtlich geschützt. Jede Verwertung außerhalb der Grenzen des Urheberrechtsgesetzes ist ohne Zustimmung des Verlages unzulässig und strafbar. Das gilt insbesondere für Vervielfältigungen, Übersetzungen, Mikroverfilmungen und die Einspeicherung und Bearbeitung in elektronischen Systemen.

Gedruckt auf säure- und chlorfreiem Papier
Gesamtherstellung: Druckhaus „Thomas Müntzer" GmbH, Bad Langensalza

ISBN 3-486-25705-6

Inhalt

Vorwort XXIII

KAPITEL 1 Einführung 1

   Futureskontrakte 1

   Geschichte der Futuresmärkte 2
      Chicago Board of Trade 3
      Chicago Mercantile Exchange 3
      Andere Börsen 4

   Optionskontrakte 4

   Geschichte der Optionsmärkte 6
      Put and Call Brokers and Dealers Association 6
      Entstehung der Optionsbörsen 7
      Freiverkehrsmärkte 7
      Händlertypen 8

   Hedger 8
      Ein Beispiel für Hedging mit Futures 8
      Ein Beispiel für Hedging mit Optionen 10
      Ein Vergleich 11

   Spekulanten 12
      Ein Beispiel für die Spekulation mit Futures 12
      Ein Beispiel für die Spekulation mit Optionen 14
      Ein Vergleich 16

   Arbitrageure 16

   Derivative 18
      Zins-Caps 18
      Anleiheemission von Standard Oil 18
      Andere Beispiele 19
      Die großen Verluste 19

   Zusammenfassung 20

   Testfragen 21

   Fragen und Probleme 22

TEIL 1: FUTURES- UND FORWARDMÄRKTE

KAPITEL 2 Mechanismen der Futures- und Forwardmärkte 25

Glattstellung von Futurespositionen 25

Spezifizierung des Futureskontraktes 26
- *Das Basisobjekt 28*
- *Die Kontrakteinheit 29*
- *Liefervereinbarungen 29*
- *Liefermonate 30*
- *Preisnotierungen 30*
- *Maximal zulässige Preisbewegungen 31*
- *Positionslimits 31*

Konvergenz von Futurespreis und Kassakurs 31

Das System der Margin-Regelung 33
- *Marking to Market 33*
- *Weitere Details 35*
- *Clearinghouse und Clearingmargins 37*

Zeitungsnotierungen 38
- *Preise 38*
- *Schlusswert 41*
- *Höchst- und Tiefstwerte über die Laufzeit 41*
- *Ausstehende Kontrakte und Umsatzvolumen 41*
- *Strukturen von Futurespreisen 42*

Keynes und Hicks 42

Lieferung 43
- *Zahlung per Kasse 44*

Der Maklerstand 46
- *Maklerstandbericht 47*
- *Arten von Wertpapierhändlern 47*
- *Börsensitze 48*
- *Auftragsarten 48*

Regulierung 50
- *Unregelmäßigkeiten im Handel 51*

Buchhalterische und steuerliche Behandlung 52
- *Buchhaltung 52*

Inhalt VII

Steuer 54

Forwardkontrakte 55
   Lieferpreis 55
   Forwardpreis 56
   Forwardkontrakte auf Devisen 56
   Devisennotierungen 57
   Forward-Rate Agreement 57
   Hedging 58
   Spekulation 58
   Gewinne aus Forward- und Futureskontrakten 59

Zusammenfassung 61

Weitere Literatur 62

Testfragen 63

Fragen und Probleme 64

KAPITEL 3 Die Bestimmung der Forward- und Futurespreise 67

Einige Preliminarien 68
   Kontinuierlichen Verzinsung 68
   Leerverkauf 71
   Annahmen 72
   Das Wertpapierpensionsgeschäft 73
   Notation 74

Forwardpreise eines Investment-Vermögenswertes, der kein Einkommen abwirft 75
   Ein Beispiel 75
   Eine Verallgemeinerung 77

Forwardpreise eines Investment-Vermögenswertes, der ein bekanntes Bareinkommen abwirft 78
   Ein Beispiel 79
   Eine Verallgemeinerung 80

Forwardpreise eines Investment-Vermögenswertes mit einer bekannten Dividendenrendite 83

Bewertung von Forwardkontrakten 85

Sind Forwardpreise und Futurespreise gleich? 86
    Empirische Forschung 87

Aktienindex Futures 88
    Aktienindizes 89
    Futurespreise von Aktienindizes 90
    Index-Arbitrage 92
    19. Oktober 1987 93
    Der Nikkei Futureskontrakt 93

Forward- und Futureskontrakte auf Währungen 94

Futures auf Handelswaren 96
    Gold und Silber 97
    Andere Handelswaren 98
    Gewinnerzielung durch sofortige Verfügbarkeit der Ware 101

Cost of Carry 102

Lieferoptionen 103

Futurespreise und der erwartete künftige Kassakurs 103
    Risiko und Rendite 104
    Das Risiko einer Futuresposition 104
    Empirische Evidenz 105

Zusammenfassung 106

Weitere Literatur 108

Testfragen 110

Fragen und Probleme 111

APPENDIX 3A 115

Ein Beweis, dass Forward- und Futurespreise bei konstanten Zinssätzen gleich sind 115

KAPITEL 4 Hedging-Strategien mit Futures 118

Grundlegende Prinzipien 118
    Short Hedges oder Verkaufs-Deckungsgeschäfte 119
    Long Hedges oder Terminkauf-Deckungsgeschäfte 120

Argumente für und wider das Hedgen   123
   Hedging und Aktionäre   124
   Hedging und Wettbewerb   124
   Andere Überlegungen   125

Basisrisiko   127
   Die Basis   127
   Kontraktwahl   131
   Beispiele   132

Varianzminimale Hedge Ratio   135
   Schätzung   136
   Optimale Anzahl der Kontrakte   139
   Eine Veränderung der Notation   139

Aktienindex Futures   140
   Gründe für das Absichern eines Portefeuilles   143
   Veränderung von Beta   143
   Das Kursrisiko einer einzelnen Aktie   144

Prolongation eines Sicherungsgeschäftes   146
   Metallgesellschaft   147

Zusammenfassung   148

Weitere Literatur   150

Testfragen   151

Fragen und Probleme   152

APPENDIX 4A   155

Ein Beweis der varianzminimalen Hedge-Ratio-Formel   155

KAPITEL 5 Zinsterminkontrakte   157

Einige Präliminarien   157
   Nullkupon- und Terminzinsen   157
   Die Nullkupon-Ertragskurve   160
   Bestimmung der Nullkupon-Ertragskurve   162
   Day-Count-Konventionen   165
   Theorien der Fristenstruktur   166

X   Inhalt

Zinsterminkontrakte   167
T-Bond und T-Note Futures   169
   Notierungen   172
   Konversionsfaktoren   173
   Cheapest-to-Deliver-Anleihe   175
   Das Wild-Card-Play   176
   Bestimmung der Kursnotierung für Futures   177

T-Bill und Eurodollar Futures   179
   T-Bill Futures   179
   Arbitrage-Möglichkeiten   180
   Notierung von T-Bills   182
   Eurodollar Futures   184

Duration   186
   Durations-Matching und Konvexität   189
   Durationsbasierte Hedging-Strategien   190

Beispiele   192
   Hedgen des künftigen Kaufs eines sechsmonatigen T-Bills   193
   Hedgen eines Anleiheportefeuilles   194
   London Interbank Offer Rate   196
   Hedgen eines zinsvariablen Kredits   198

Zusammenfassung   200

Weitere Literatur   202

Testfragen   203

Fragen und Probleme   204

KAPITEL 6 Swaps   209

Mechanismen der Zinsswaps   209
   London Interbank Offer Rate   209
   Ein Beispiel   210
   Transformation einer Verbindlichkeit mittels eines Swaps   213
   Transformation einer Vermögenswertes mittels eines Swaps   214
   Die Rolle des finanziellen Intermediärs   215
   Preislisten   217
   Swap auf Vorrat   218

Das Argument des komparativen Vorteils 219
    Ein Beispiel 219
    Kritik am Argument des komparativen Vorteils 223

Bewertung von Zinsswaps 224
    Beziehung zwischen Swapwert und Anleihekursen 224
    Beziehung zwischen Swapwert und Zinsterminkontrakten 227

Währungs-Swaps 213
    Gründe für Währungs-Swaps 231

Bewertung von Währungs-Swaps 235
    Dekomposition in Forwardkontrakte 236

Andere Swaps 238

Kreditrisiko 240

Zusammenfassung 242

Weitere Literatur 243

Testfragen 244

Fragen und Probleme 246

TEIL 2: OPTIONSMÄRKTE

KAPITEL 7 Mechanismen der Optionsmärkte 250

Optionstypen 250
    Beispiel für eine Kaufoption 251
    Beispiel für eine Verkaufsoption 253
    Vorzeitige Ausübung 254

Optionspositionen 254

Die Basisobjekte 256
    Aktienoptionen 257
    Devisenoptionen 258
    Indexoptionen 258
    Futuresoptionen 259

Spezifikation der Aktienoptionen 259
    Fälligkeitstermine 259

Inhalt

    Basispreise 260
    Terminologie 261
    Flex-Optionen 262
    Dividenden und Aktiensplits 262
    Positionslimits und Ausübungslimits 264

Zeitungsnotierungen 264

Handel 267
    Der Market Maker 267
    Der Parketthändler 268
    Der Order Book Official 268
    Gegenorder 269

Provisionen 269
    Einschüsse 271
    Verkauf nicht abgesicherter Optionen 271
    Verkauf abgesicherter Kaufoptionen 272

Die Options Clearing Corporation 273
    Ausübung einer Option 274

Regulierung 274

Besteuerung 275
    Scheingeschäftregel 276
    Steuerplanung mit Optionen 276

Warrants und Wandelanleihen 277

Freiverkehrsmärkte 278

Zusammenfassung 280

Weitere Literatur 281

Testfragen 282

Fragen und Probleme 283

KAPITEL 8 Grundlegende Merkmale von Aktienoptionen 286

Bestimmungsfaktoren des Optionspreises 286
    Aktienkurs und Basispreis 287
    Laufzeit 287

Volatilität 288
Risikofreier Zins 288
Dividenden 291

Annahmen 291

Notation 291

Ober- und Untergrenzen der Optionspreise 292
Obergrenzen 292
Untergrenzen für Kaufoptionen auf dividendenlose Aktien 293
Untergrenzen für europäische Verkaufsoptionen auf dividendenlose Aktien 296

Put-Call-Parität 298

Vorzeitige Ausübung: Kaufoptionen auf eine dividendenlose Aktie 302

Vorzeitige Ausübung: Verkaufsoptionen auf eine dividendenlose Aktie 305

Beziehung zwischen den Preisen amerikanischer Verkaufs- und Kaufoptionen 308

Wirkung von Dividenden 310
Untergrenzen für Kauf- und Verkaufsoptionen 310
Vorzeitige Ausübung 310
Put-Call-Parität 311

Empirische Forschung 312

Zusammenfassung 313

Weitere Literatur 315

Testfragen 315

Fragen und Probleme 316

KAPITEL 9 Handelsstrategien mit Optionen 319

Strategien mit einer einzelnen Option und einer Aktie 319

Spreads 321
Bull Spreads 322

Inhalt

> *Bear Spreads 324*
> *Butterfly Spreads 326*
> *Kalender Spreads 330*
> *Diagonale Spreads 332*

Kombinationen 333
> *Straddle 333*
> *Strips und Straps 335*
> *Strangles 335*

Weitere Payoffs 337

Zusammenfassung 338

Weitere Literatur 339

Testfragen 340

Fragen und Probleme 340

KAPITEL 10 Einführung in Binomial-Bäume 343

Das einstufige Binomial-Modell 343
> *Eine Verallgemeinerung 345*
> *Irrelevanz der erwarteten Aktienrendite 347*

Risikoneutrale Bewertung 348
> *Das überarbeitete einstufige Binomial-Beispiel 349*

Zweistufige Binomial-Bäume 350
> *Eine Verallgemeinerung 352*

Ein Beispiel für eine Verkaufsoption 354

Amerikanische Optionen 355

Delta 357

Binomial-Bäume in der Praxis 358

Zusammenfassung 359

Weitere Literatur 360

Testfragen 360

Fragen und Probleme 361

KAPITEL 11 Preisbestimmung von Aktienoptionen mit Black-Scholes 364

Annahme über die Entwicklung von Aktienkursen 364
Die Log-Normalverteilung 365

Die erwartete Rendite 368

Volatilität 370

Schätzung der Volatilität anhand historischer Daten 371

Annahmen im Black-Scholes-Modell 374

Die Analyse von Black-Scholes/Merton 375
Die Preisformeln 376
Eigenschaften der Black-Scholes-Formeln 378
Die kumulative Normalverteilungsfunktion 378

Risikoneutrale Bewertung 380

Anwendung auf den Forwardkontrakt 381

Implizite Volatilitäten 382

Ursachen der Volatilität 383

Dividenden 385
Europäische Optionen 385
Amerikanische Kaufoptionen 387
Die Annäherung von Black 387

Zusammenfassung 388

Weitere Literatur 389

Testfragen 391

Fragen und Probleme 392

APPENDIX 11 A 395

Die vorzeitige Ausübung amerikanischer Kaufoptionen auf Dividenden abwerfende Aktien 395

KAPITEL 12 Optionen auf Aktienindizes und Währungen 398

Eine einfache Regel 398
Untergrenzen für Optionspreise 399
Put-Call-Parität 400

Preisformeln 400

Binomial-Bäume 401

Optionen auf Aktienindizes 403
Notierungen 403
Portfolio-Versicherung 405
Wenn das Beta des Portefeuilles nicht 1,0 ist 407
Bewertung 408

Währungsoptionen 411
Notierungen 411
Bewertung 412

Zusammenfassung 415

Weitere Literatur 416

Testfragen 417

Fragen und Probleme 418

KAPITEL 13 Optionen auf Futures 421

Das Wesen von Optionen auf Futures 421

Notierungen 424

Gründe für die Beliebtheit von Optionen auf Futures 426

Put-Call-Parität 427

Grenzen für Optionen auf Futures 430

Bewertung von Optionen auf Futures mit Binomial-Bäumen 431
Eine Verallgemeinerung 432

Ein Futurespreis als Aktie, die eine kontinuierliche Dividendenrendite abwirft 433

Bewertung von Optionen auf Futures mit dem Modell von Black   434

Vergleich der Preise von Optionen auf Futures und Spotoptionen   436
   Ergebnisse für amerikanische Optionen   436

Zusammenfassung   437

Weitere Literatur   438

Testfragen   438

Fragen und Probleme   439

KAPITEL 14   Hedgen von Optionspositionen und die synthetische Bildung von Optionen   442

Ein Beispiel   442

Ungesicherte und gedeckte Positionen   443

Eine Stop-Loss-Strategie   444

Ausgereiftere Hedging-Schemata   447

Delta Hedging   447
   Forwardkontrakte   450
   Delta europäischer Kauf- und Verkaufsoptionen   450
   Simulationen   452
   Woher die Kosten kommen   455
   Delta anderer europäischer Optionen   456
   Verwendung von Futures   457
   Delta eines Portefeuilles   458

Theta   460

Gamma   463
   Ein Portefeuille Gamma neutral gestalten   466
   Berechnung von Gamma   467

Die Beziehung von Delta, Theta und Gamma   470

Vega   470

Rho   473

Hedging in der Praxis   474

XVIII Inhalt

Szenario-Analyse 475

Portfolio-Versicherung 476
    Synthetische Bildung von Optionen 477
    Verwendung von Index Futures 478
    Häufigkeit des Rebalancing und der 19. Oktober 1987 479

Volatilität des Aktienmarktes 480
    Brady Commission Report 481

Zusammenfassung 481

Weitere Literatur 483

Testfragen 484

Fragen und Probleme 485

KAPITEL 15 Value at Risk 489

Volatilitäten und Korrelationen 490
    Schätzung der Volatilität 491
    Schätzung der Korrelationen 494

Berechnung des VAR in einfachen Situationen 496
    Die Vorteile der Diversifikation 499

Ein lineares Modell 500
    Wie man mit Anleihen umgeht 501
    Wann das lineare Modell angewendet werden kann 502
    Das lineare Modell und Optionen 503

Ein quadratisches Modell 504

Monte Carlo Simulation 509

Verwendung historischer Daten 510

Stress Test 511

Zusammenfassung 512

Weitere Literatur 513

Testfragen 514

Fragen und Probleme 515

APPENDIX 15A 518

VAR-Schätzung mit der Cornish-Fisher-Erweiterung 518

KAPITEL 16 Numerische Bewertung von Optionen mit Binomial-Bäumen 520

Das Binomial-Modell und dividendenlose Aktien 520
 Risikoneutrale Bewertung 521
 Bestimmung von p, u und d 521
 Binomial-Baum und Aktienkurse 522
 Abarbeitung des Binomial-Baumes 523
 Ein Beispiel 523
 Algebraische Darstellung der Herangehensweise 527
 Schätzen von Delta und anderen Hedge-Parametern 527

Der Binomial-Baum und Optionen auf Indizes, Währungen und Futureskontrakte 529

Das Binomial-Modell und eine Dividenden abwerfende Aktie 532
 Ein Beispiel 536

Das Control-Variate Verfahren 537

Alternatives Verfahren für die Baumkonstruktion 539

Monte Carlo Simulation 541

Zusammenfassung 543

Weitere Literatur 544

Testfragen 546

Fragen und Probleme 546

KAPITEL 17 Systematische Fehler im Black-Scholes-Modell 548

Abweichungen von der Log-Normalität 548

Auswirkung auf Optionspreise 550

Aktien 551

Wechselkurse 552

Die Wirkung der Laufzeit 553

Wenn ein einzelner großer Sprung antizipiert wird 553

Das Black-Scholes-Modell in der Praxis 555
  Volatilitäts-Smile 556
  Volatilitäts-Fristenstruktur 557
  Volatilitäts-Matrizen 558
  Die Rolle des Modells 560

Empirische Forschung 560

Zusammenfassung 563

Weitere Literatur 564

Testfragen 567

Fragen und Probleme 567

KAPITEL 18 Zinsoptionen 569

Börsennotierte Zinsoptionen 569

Eingefügte Anleiheoptionen 571

Hypothekarisch gesicherte Wertpapiere 572
  Besicherte Hypothekenobligationen 573
  IOs und POs 574

Das Black-Modell 575
  Preisbestimmung von europäischen Optionen mit dem Black-Modell 575
  Erweiterung des Black-Modells 576
  Anwendung des Modells 577

Europäische Anleiheoptionen 577
  Volatilitäten der Rendite 581

Zins-Caps 581
  Ein Cap als Portefeuille aus Zinsoptionen 582

Floors und Collars 584
Bewertung von Caps und Floors 585

Europäische Swapoptionen 587
Beziehung zu Anleiheoptionen 589
Bewertung europäischer Swapoptionen 589

Fristenstrukturmodelle 592
Der kurzfristige Zins 593
Mittlere Umkehrung 593
Anpassung der Fristenstruktur 594

Zusammenfassung 594

Weitere Literatur 595

Testfragen 598

Fragen und Probleme 599

Antworten auf die Testfragen 601

Tabelle für N(x) bei x ≤ 0 636

Tabelle für N(x) bei x ≥ 0 638

Die wichtigsten Börsen, an denen Futures und Optionen gehandelt werden 640

Glossar 642

Index 663

Vorwort

Dieses Buch richtet sich an Studenten und Graduierte der Betriebswirtschaft und Volkswirtschaft. Auch für viele Praktiker, die anwendbare Kenntnisse über Futures- und Optionsmärkte erlangen wollen, ist dieses Buch von Nutzen.

Kollegen von mir, denen mein anderes Buch *Options, Futures, & Other Derivatives* gefiel, das Material aber etwas zu fortgeschritten für ihre Studenten hielten, haben mich davon überzeugt, das Buch zu schreiben. Es deckt den gleichen Themenbereich ab wie *Options, Futures, & Other Derivatives* – aber es ist für Leser mit nur begrenzten mathematischen Kenntnissen einfacher nachvollziehbar. Ein wichtiger Unterschied zwischen diesem und dem anderen Buch besteht darin, dass dieses keine Differential- und Integralrechnung enthält.

Das Buch kann auf mehrere Arten verwendet werden. Lehrende, die sich bei der Bewertung von Optionen lieber auf ein- und zweistufige Binomial-Bäume konzentrieren, brauchen nur die ersten 10 Kapitel zu bearbeiten. Lehrende, die meinen, dass Swaps bereits in anderen Kursen angemessen abgedeckt werden, können Kapitel 6 überspringen. Lehrende, die die Inhalte der Kapitel 17 und 18 zu speziell finden, können diese Kapitel auslassen. Einige Lehrende möchten vielleicht mehr Zeit auf Futures- und Swapmärkte verwenden (Teil 1); andere wiederum ziehen es vielleicht vor, ihren Kurs um Optionsmärkte herum zu strukturieren (Teil 2).

Kapitel 1 liefert eine Einführung in Futures- und Optionsmärkte und skizziert ihre verschiedenen Nutzungsmöglichkeiten. In Kapitel 2 werden die Funktionsmechanismen von Futures- und Forwardkontrakten beschrieben. In Kapitel 3 wird gezeigt, wie in den verschiedensten Situationen Forward- und Futurespreise mittels reiner Arbitrage-Argumente bestimmt werden können. In Kapitel 4 wird eine Diskussion darüber geliefert, wie Futureskontrakte zum Hedgen benutzt werden können. In Kapitel 5 werden die speziellen Probleme behandelt, die mit Kontrakten auf Zinsfutures verbunden sind. Kapitel 6 deckt den Bereich der Swaps ab. In Kapitel 7 werden die Funktionsmechanismen der Optionsmärkte beschrieben. In Kapitel 8 werden einige Beziehungen aufgezeigt, die für Optionsmärkte gelten, wenn es keine Arbitrage-Möglichkeiten gibt. In Kapitel 9 wird eine Anzahl verschiedener Handelsstrategien mit Optionen skizziert. In Kapitel 10 wird gezeigt, wie der Preis für Optionen anhand von ein- und zweistufigen Binomial-Bäumen bestimmt werden kann. In Kapitel 11 wird die Preisbestimmung für Aktienoptionen mittels der Black-Scholes-Analyse diskutiert. In Kapitel 12 werden die Ideen aus Kapitel 11 um Optionen auf Aktienindizes und Devisen erweitert. In Kapitel 13 werden Optionen auf Futures thematisiert. Kapitel 14 liefert eine detaillierte Behandlung von Hedge-Parametern wie Delta, Gamma und Vega. Auch Szenario-Analysen und die Portfolio-Versicherung werden diskutiert. In Kapitel 15 wird erklärt, wie der Value at Risk (VAR) berechnet und bewertet wird. In Kapitel 16 wird der Gebrauch von Binomial-Bäumen zur Bewertung amerikanischer Optionen erklärt. In Kapitel 17 wird diskutiert, was passiert, wenn die Annahmen, die Black-Scholes zugrunde liegen, nicht halten. Es wird außerdem erklärt, wie das Black-Scholes-Modell in der Praxis verwendet wird, und es wird ein Überblick über die empirische Forschung gegeben. In Kapitel 18 schließlich werden Zinsoptionen behandelt.

Jedes Kapitel endet mit sieben Testfragen, anhand derer die Studenten überprüfen können, inwieweit sie die zentralen Konzepte verstanden haben. Die Antworten finden sich am Ende des Buches. Weitere Fragen und Probleme werden am Ende jedes Kapitels geliefert.

Änderungen in dieser Auflage

Die wichtigste Änderung in dieser Auflage besteht darin, dass ein neues Kapitel über die Risikomesskonzeption Value at Risk (VAR) hinzugekommen ist (Kapitel 15). Value at Risk ist in den letzten Jahren zu einem äußerst wichtigen Werkzeug für das Risikomanagement geworden, und wir haben mittlerweile ein Stadium erreicht, in dem eine Diskussion der Derivative ohne VAR unvollständig wäre.

Andere Änderungen dieser Auflage sind auf das Feedback von Studenten und Lehrenden zurückzuführen, das ich bekommen habe. Das Kapitel 6 über Swaps habe ich revidiert, um zu zeigen, wie Swaps sowohl für das Aktivmanagement als auch für die Umschichtung von Verbindlichkeiten verwendet werden. Day-Count-Konventionen werden in Kapitel 5 diskutiert. Die Szenario-Analyse wird in Kapitel 14 abgedeckt. Kapitel 17 wurde umgeschrieben, so dass der Schwerpunkt auf Volatilitäts-Smiles liegt, die bei Aktienoptionen und Währungsoptionen zu beobachten sind, und wie sie in der Praxis verwendet werden. Kapitel 18 wurde neu geschrieben, um Hintergrundinformationen über hypothekarisch gesicherte Wertpapiere einzubauen und um die Standard-Marktmodelle zu erklären, die benutzt werden, um europäische Anleiheoptionen, Zins-Caps und Zins-Floors sowie europäische Swapoptionen zu bewerten. Im gesamten Text wurde die Präsentation der Algebra und der Begleitbeispiele verbessert. Die Kapitelenden enthalten neue Probleme. Ein Glossar mit Begriffen wurde hinzugefügt.

XXVI Vorwort

Danksagung

Zur Entstehung dieses Buches haben viele Personen beigetragen. Zu den Kollegen, die mir ausgezeichnete und hilfreiche Vorschläge gemacht haben, gehören Farhang Aslani, Emilio Barone, Giovanni Barone-Adesi, George Blazenko, Laurence Booth, Phelim Boyle, Peter Carr, Don Chance, J.-P. Chateau, Jerome Duncan, Steinar Ekern, Robert Eldridge, David Fowler, Louis Gagnon, Mark Garman, Dajiang Guo, Bernie Hildebrandt, Jim Hilliard, Basil Kalymon, Elizabeth Maynes, Izzy Nelken, Paul Potvin, Edward Robbins, Gordon Roberts, Chris Robinson, John Rumsey, Klaus Schurger, Eduardo Schwartz, Michael Selby, Piet Sercu, Yochanan Shachmurove, Bill Shao, Yisong Tian, Stuart Turnbull, Ton Vorst, George Wang, Zhanshun Wei, Bob Whaley, Alan White und Qunfeng Yang.

Besonders danken möchte ich Jerome Duncan, John Rumsey und Alan White. Jerome Duncan (Hofstra University) hat mir viele Verbesserungsvorschläge für die Präsentation gemacht und einige institutionelle Details im ersten Fahnenabzug korrigiert. John Rumsey (Dalhousie University) hat die ersten Kapitel sehr sorgfältig gelesen und viele detaillierte Verbesserungsvorschläge gemacht. Für seine ausgezeichnete Forschungsunterstützung möchte ich auch Bernie Hildebrandt danken.

Alan White ist ein Kollege von der University of Toronto, mit dem ich in den letzten 15 Jahren über das Thema Optionen und Futures geforscht habe. In der Zeit haben wir viele Stunden damit verbracht, die unterschiedlichen Probleme der Futures- und Optionsmärkte zu diskutieren. Viele der neuen Ideen in diesem Buch und viele der neuen Möglichkeiten, die ich zur Erklärung alter Ideen anwende, sind gleichermaßen von Alan wie von mir.

Mein spezieller Dank gilt meinem Editor bei Prentice Hall, Paul Donnelly, für seinen Enthusiasmus, seinen Rat und seine Ermunterung. Dankbar bin ich auch Scott Barr, Leah Jewell und Evyan Jengo, die zu verschiedenen Zeiten Schlüsselrollen bei der Entstehung dieses Buches gespielt haben.

Kommentare von Lesern sind mir willkommen. Meine E-Mail-Adresse lautet

$$\text{hull@mgmt.utoronto.ca}$$

John C. Hull
University of Toronto

Kapitel 1 Einführung

In den letzten Jahren haben Futures- und Optionsmärkte in der Finanz- und Investment-Welt zunehmend an Bedeutung gewonnen. Diese Entwicklung befindet sich inzwischen in einer Phase, in der jeder Finanzprofi wissen muss, wie diese Märkte funktionieren, wie sie genutzt werden können und wie auf diesen Märkten die Preise bestimmt werden. Dieses Buch adressiert alle drei Punkte.

Das Eröffnungskapitel bietet einen Überblick über Futures- und Optionsmärkte, über ihre Geschichte und darüber, wie Hedger, Spekulanten und Arbitrageure Nutzen aus diesen Märkten ziehen. Die nachfolgenden Kapitel gehen stärker ins Detail und arbeiten viele der hier angerissenen Punkte aus.

Futureskontrakte

Ein *Futureskontrakt* ist ein Vertrag über den Kauf oder Verkauf eines Vermögenswertes zu einem bestimmten Zeitpunkt und zu einem bestimmten Preis. Die beiden größten Börsen, an denen Futureskontrakte gehandelt werden, sind die Chicago Board of Trade (CBOT) und die Chicago Mercantile Exchange (CME). Anhand der an der Chicago Board of Trade gehandelten Getreide Futures wird nachfolgend gezeigt, wie ein Futureskontrakt entsteht.

Im März ruft ein Investor aus New York einen Broker an und instruiert ihn mit dem Kauf von 5.000 Bushel Getreide für die Juli-Lieferung. Der Broker leitet die Instruktionen sofort an einen Wertpapierhändler auf dem Parkett der Chicago Board of Trade weiter. Zur selben Zeit instruiert ein anderer Investor aus Kansas einen Broker, 5.000 Bushel Getreide der Juli-Lieferung zu verkaufen. Auch diese Anweisungen werden sofort an einen Händler auf dem Parkett der Chicago Board of Trade weitergeleitet. Die beiden Paketthändler treffen sich, vereinbaren einen Preis für das Juli-Getreide und machen den Handel perfekt.

Der Investor aus New York, der kauft, hat eine sogenannte *Long Futures Position* (Kaufposition in Futureskontrakt); der Investor aus Kansas, der verkauft, hat eine sogenannte *Short Futures Position* (Verkaufsposition in Futureskontrakt). Der Preis, auf den sich die beiden Paketthändler geeinigt haben, ist der sogenannte *Futurespreis*. Angenommen, der Preis beträgt 170 Cents je Bushel. Dieser Preis wird, wie jeder andere Preis, von den Gesetzen des Angebots und der Nachfrage bestimmt. Wollen zu einem bestimmten Zeitpunkt mehr Parketthändler Juli-Getreide verkaufen als kaufen, geht der Preis nach unten. Neue Käufer betreten dann den Markt, so dass ein Gleichgewicht zwischen Käufern und Verkäufern aufrechterhalten bleibt. Wollen mehr Parketthändler Juli-Getreide kaufen als verkaufen, geht der Preis nach oben – aus den gleichen Gründen.

Themen wie Einschusssätze, Tagesabrechnungsverfahren, Handelspraktiken, Provisionen, Spannen zwischen Geld und Brief sowie die Rolle des Clearinghouse werden in Kapitel 2 diskutiert. Bis dahin gehen wir davon aus, dass bei den soeben beschriebenen Vorgängen der Investor aus New York einverstanden ist, im Juli 5.000 Bushel Getreide für 170 Cents je Bushel zu kaufen, und dass der Investor aus Kansas bereit ist, im Juli 5.000 Bushel Getreide für 170 Cents je Bushel zu verkaufen. Beide Seiten sind einen bindenden Vertrag eingegangen.

Geschichte der Futuresmärkte

Futuresmärkte lassen sich bis ins Mittelalter zurückverfolgen. Sie wurden ursprünglich für die Bedürfnisse der Bauern und Kaufleute entwickelt. Man betrachte die Position eines Bauern im Monat April eines bestimmten Jahres, der im Juni sein Getreide erntet. Er hat keine Sicherheit über den Preis, den er für das Getreide erzielt. In Jahren mit schlechten Ernten kann der Bauer einen relativ hohen Preis erzielen – vor allem dann, wenn er es mit dem Verkauf nicht eilig hat. In Jahren mit Überangeboten dagegen muss er das Getreide vielleicht zu Notverkaufpreisen verschleudern. Der Bauer und seine Familie sind zweifelsohne einem hohen Risiko ausgesetzt.

Als nächstes betrachte man die Position eines Kaufmanns, der einen ständigen Bedarf an Getreide hat. Auch der Kaufmann ist einem Preisrisiko ausgesetzt. In einigen Jahren kann eine Überangebotssituation zu günstigen Preisen führen; in anderen Jahren kann ein Mangel zu einem Hochschießen der Preise führen. Für den Bauern und den Kaufmann ist es ganz offensichtlich sinnvoll, sich im April (oder früher) zusammenzusetzen und sich über einen Preis für das im Juni zu erwartende Getreide des Bauern zu verständigen. Anders ausgedrückt ist es sinnvoll, über einen Futureskontrakt zu verhandeln. Mit dem Vertrag mindern beide Seiten das Risiko, das sie haben, weil sie den künftigen Getreidepreis nicht kennen.

Was aber passiert in den restlichen Monaten mit dem Getreidebedarf des Kaufmanns? Ist die Erntesaison vorüber, muss das Getreide bis zur nächsten Saison gelagert werden. Der Kaufmann, der das Getreide lagert, trägt kein Preisrisiko sondern Lagerkosten. Lagert der Bauer oder eine andere Person das Getreide, tragen der Kaufmann und der Lagerhalter beide das mit dem künftigen Getreidepreis verbundene Risiko, so dass sich auch hier eine Möglichkeit eröffnet, Futureskontrakte abzuschließen.

CHICAGO BOARD OF TRADE

Die Chicago Board of Trade (CBOT) wurde 1848 gegründet, um Bauern und Kaufleute zusammenzuführen. Ursprünglich bestand ihre Hauptaufgabe darin, die Quantitäten und Qualitäten des gehandelten Getreides zu standardisieren. Innerhalb weniger Jahre wurde der erste futurestypische Kontrakt entwickelt. Er war als *to-arrive contract* bekannt. Schnell begannen Spekulanten sich für den Kontrakt zu interessieren und sahen in dem Handel mit dem Kontrakt eine attraktive Alternative zu dem Handel mit dem Getreide selbst. Die Chicago Board of Trade bietet heute Futureskontrakte für die verschiedensten Basisobjekte an, darunter Mais, Hafer, Sojabohnen, Sojamehl, Sojaöl, Weizen, Schatzobligationen und Schatzanweisungen.

CHICAGO MERCANTILE EXCHANGE

Im Jahre 1874 wurde die Chicago Produce Exchange gegründet; sie bildete einen Markt für Butter, Eier, Geflügel und andere verderbliche landwirtschaftliche Produkte. 1898 zogen sich die Butter- und Eierhändler von der Börse zurück, um den Chicago Butter and Egg Board zu gründen. 1919 wurde der Board umbenannt in Chicago Mercantile Exchange (CME) und für den Futureshandel umorganisiert. Seitdem werden an dieser Börse Futures für viele Waren gehandelt, darunter Schweinebäuche (1961), Lebendrinder (1964), Lebendschlachtschweine (1966) und Mastrinder (1971). Seit 1982 werden auch Futureskontrakte auf den Aktienindex Standard & Poor's (S&P) 500 gehandelt.

1972 wurde als ein Zweig der Chicago Mercantile Exchange der International Monetary Market (IMM) für den Futureshandel mit ausländischen Währungen eingerichtet. Zu den am IMM gehandelten Währungsfutures gehören Futures auf das Britische Pfund, den Kanadischen Dollar, den Japanischen Yen, den Schweizer Franken und den Australischen Dollar. Am IMM werden auch der einmonatige LIBOR-Futureskontrakt, der Futureskontrakt auf Schatzwechsel und der Futureskontrakt auf den Eurodollar gehandelt.

ANDERE BÖRSEN

Heute werden Futures weltweit an vielen anderen Börsen gehandelt. Dazu zählen die Bolsa de Mercadorias y Futuros (BM&F) in São Paulo, die London International Financial Futures Exchange (LIFFE), die Swiss Options and Financial Futures Exchange (SOFFEX), die Tokyo International Financial Futures Exchange (TIFFE), die Singapore International Monetary Exchange (SIMEX) und die Sydney Futures Exchange (SFE). (Eine vollständigere Liste ist in der Tabelle am Ende des Buches abgedruckt). Die meisten der an den verschiedenen Weltbörsen gehandelten Kontrakte fallen in die Kategorien *Warenterminkontrakte* (bei denen das Basisobjekt eine Rohware ist) und *Financial Futureskontrakte* (bei denen das Basisobjekt ein Finanzierungsinstrument wie eine Anleihe oder ein Aktienportefeuille ist). Ständig werden neue Kontrakte vorgeschlagen. Es kann kaum einen Zweifel daran geben, dass die Futuresmärkte zu den erfolgreichsten finanziellen Innovationen überhaupt gehören.

Optionskontrakte

Optionskontrakte werden noch nicht so lange an den Börsen gehandelt wie Futureskontrakte. Trotzdem sind auch sie bei den Investoren erstaunlich beliebt. Es gibt zwei grundlegende Typen von Optionen: die Kaufoption (call option) und die Verkaufsoption (put option). Bei einer *Kaufoption* hat der Inhaber das Recht, zu einem bestimmten Zeitpunkt und zu einem bestimmten Preis ein Basisobjekt zu kaufen. Bei einer *Verkaufsoption* hat der Inhaber das Recht, zu einem bestimmten Zeitpunkt und zu einem bestimmten Preis ein Basisobjekt zu verkaufen. Der Preis im Kontrakt ist der *Basispreis* oder *Ausübungskurs*; das Datum in dem Kontrakt ist der *Auslauftag*, *Ausübungstag*, *Erklärungstag*, *Fälligkeitstag*, *Fälligkeitstermin*, die *Laufzeit* oder das *Verfallsdatum*. Eine *europäische Option* kann nur am Fälligkeitstermin ausgeübt werden; eine *amerikanische Option* kann während der gesamten Laufzeit ausgeübt werden.

Hervorzuheben ist, dass eine Option ihrem Inhaber das Recht gibt, etwas zu tun. Der Inhaber muss dieses Recht aber nicht ausüben. Diese Tatsache unterscheidet Optionen von Futures. Der Inhaber einer Kaufposition in einem Futureskontrakt ist gezwungen, zu einem bestimmten Zeitpunkt und zu einem bestimmten Preis das Basisobjekt zu kaufen. Der Inhaber einer Kaufoption hat dagegen die Wahl, das Basisobjekt zu einem bestimmten Zeitpunkt und zu einem bestimmten Preis zu kaufen oder nicht. Es kostet nichts (bis auf die in Kapitel 2 diskutierten Einschusssätze), einen Futureskontrakt zu kaufen. Bei einem Optionskontrakt dagegen muss der Investor eine Vorausgebühr oder einen Preis für den Optionskontrakt zahlen.

Die größte Börse, an der Aktienoptionen gehandelt werden, ist die Chicago Board Options Exchange (CBOE). Anhand des folgenden Beispiels soll gezeigt werden, wie ein Optionskontrakt entsteht. Ein Investor beauftragt einen Broker, einen Kaufoptionskontrakt auf die IBM Aktie mit einem Basispreis von 100 $ und einem Fälligkeitstermin im Oktober zu kaufen. Der Broker leitet diese Instruktionen an einen Händler auf dem Parkett der CBOE weiter. Dieser Händler sucht dann einen anderen Händler, der einen Oktober Kaufkontrakt auf IBM zu einem Basispreis von 100 $ verkaufen will. Es wird ein Preis vereinbart, das Geschäft wird abgeschlossen. Angenommen der vereinbarte Preis beträgt 6 $. Das ist der Preis für die Option auf den Kauf einer Aktie. In den USA bedeutet ein Aktionsoptionskontrakt immer eine Option auf den Kauf oder Verkauf von 100 Stück. Der Investor muss also über den Broker 600 $ an die Börse zahlen. Die Börse wiederum leitet das Geld an die Partei auf der anderen Seite der Transaktion weiter. Wichtig zu wissen ist, dass der Aktienkurs nicht gleich dem Basispreis sein muss. Der Kurs der IBM Aktie kann in dem Beispiel bei Ausübung der Option auch 102 $ betragen.

In dem Beispiel hat der Investor 600 $ für das Recht gezahlt, 100 IBM Aktien für je 100 $ zu kaufen. Die Partei auf der anderen Seite der Transaktion hat 600 $ erhalten und zugestimmt, 100 Aktien für je 100 $ zu verkaufen, wenn der Investor beschließt, die Option auszuüben. An Optionsmärkten gibt es vier Typen von Teilnehmern:

1. Käufer von Kaufoptionen

2. Verkäufer von Kaufoptionen

3. Käufer von Verkaufsoptionen

4. Verkäufer von Verkaufsoptionen

Käufer haben sogenannte *Kaufpositionen* (Haussepositionen, Long Positionen); Verkäufer haben sogenannte *Verkaufspositionen* (Baissepositionen, Short Positionen).

Geschichte der Optionsmärkte

Der erste Handel mit Kauf- und Verkaufsoptionen begann in Europa und in den USA im achtzehnten Jahrhundert. In den Anfangsjahren hatte der Markt aufgrund einiger korrupter Praktiken einen schlechten Ruf. Bei einer dieser Praktiken bekamen ein paar Broker Optionen auf eine bestimmte Aktie als Anreiz, um ihren Klienten diese Aktie zu empfehlen.

PUT AND CALL BROKERS AND DEALERS ASSOCIATION

Anfang des zwanzigsten Jahrhunderts gründete eine Gruppe von Unternehmen die Put and Call Brokers and Dealers Association. Ziel dieser Vereinigung war die Schaffung eines Mechanismus, der Käufer und Verkäufer zusammenführte. Investoren, die eine Option kaufen wollten, kontaktierten eines der Mitgliedsunternehmen. Dieses Unternehmen versuchte dann, entweder unter den eigenen Kunden oder denen der anderen Mitgliedsunternehmen einen Verkäufer der Option zu finden. Wurde kein Verkäufer gefunden, verkaufte das Unternehmen selbst die Option für einen als angemessen erachteten Preis. Ein Markt, der auf diese Weise entsteht, ist ein sogenannter *Freiverkehrsmarkt* oder *dritter Markt*, weil die Händler sich nicht physisch auf dem Börsenparkett begegnen.

Der Optionsmarkt der Put and Call Brokers and Dealers Association litt unter zwei Defiziten. Erstens gab es keinen Sekundärmarkt. Der Käufer einer Option hatte nicht das Recht, die Option vor dem Fälligkeitstermin einer anderen Partei zu verkaufen. Zweitens gab es keinen Mechanismus, der sicherstellte, dass der Verkäufer einer Option den Kontrakt auch erfüllte. Wenn sich der Verkäufer bei Ausübung der Option nicht an die Abmachung hielt, blieb dem Käufer nichts anderes übrig, als vor Gericht zu ziehen und einen teuren Prozess zu führen.

ENTSTEHUNG DER OPTIONSBÖRSEN

Im April 1973 gründete die Chicago Board of Trade eine neue Börse, die Chicago Board Options Exchange, die speziell für den Handel mit Aktienoptionen bestimmt war. Seitdem haben Optionsmärkte bei den Investoren zunehmend an Beliebtheit gewonnen. Die American Stock Exchange (AMEX) und die Philadelphia Stock Exchange (PHLX) begannen 1975 mit dem Optionshandel. Die Pacific Stock Exchange (PSE) begann damit 1976. Anfang der 80er Jahre war das Handelsvolumen so stark gestiegen, dass die Zahl der Aktien, die den täglich verkauften Optionskontrakten zugrunde lag, das Tagesvolumen der an der New York Stock Exchange gehandelten Aktien überstieg.

In den 80er Jahren entwickelten sich in den USA Märkte für Optionen auf Fremdwährungen, Optionen auf Aktienindizes und Optionen auf Futureskontrakte. Die Philadelphia Stock Exchange ist die Hauptbörse für den Handel mit Währungsoptionen. Die Chicago Board Options Exchange handelt Optionen auf die Aktienindizes S&P 100 und S&P 500, die American Stock Exchange handelt Optionen auf den Major Market Stock Index, und die New York Stock Exchange handelt Optionen auf den Index NYSE. Die meisten Börsen, die Futureskontrakte anbieten, handeln mittlerweile auch mit diesen Optionskontrakten. So bietet beispielsweise die Chicago Board of Trade Optionen auf Mais Futures, und die Chicago Mercantile Exchange bietet Optionen auf Lebendvieh Futures. Inzwischen gibt es überall auf der Welt Optionsbörsen. (Siehe Tabelle am Ende des Buches).

FREIVERKEHRSMÄRKTE

Die 80er und 90er Jahre haben auch die Entwicklung lebhafter Freiverkehrsmärkte für Optionen gesehen. *Freiverkehrsoptionen* werden üblicherweise am Telefon gehandelt und nicht auf dem Börsenparkett. Die eine Partei der Transaktion ist gewöhnlich eine Investitionsbank, die ein Portefeuille aus Optionspositionen hat und das Risiko durch Verfahren absichert (hedged), die weiter unten beschrieben werden. Die andere Partei ist ein Kunde der Investitionsbank, beispielsweise ein Disponent oder ein Finanzleiter eines großen Unternehmens.

Optionen, die am Freiverkehrsmarkt gehandelt werden, haben unter anderem den Vorteil, dass sie auf die spezifischen Bedürfnisse des Investitionsbanken-Kunden zugeschnitten werden können. Ein Finanzleiter eines Unternehmens beispielsweise, der eine europäische Option kaufen möchte, die ihm das Recht gibt, am 3. Mai 1999 1,6 Millionen Pfund Sterling zu einem Wechselkurs von 1,5125 zu kaufen, findet an den Optionsbörsen nicht exakt das gewünschte Produkt. Es ist jedoch wahrscheinlich, dass einige Investitionsbanken durchaus bereit sind, ein Angebot für einen Freiverkehrskontrakt zu machen, der den genauen Bedürfnissen des Finanzleiters entspricht.

HÄNDLERTYPEN

Options- und Futuresmärkte sind ausgesprochen erfolgreich. Ein Grund dafür ist, dass sie sehr viele verschiedene Typen von Händlern angelockt haben. Es lassen sich im wesentlichen drei Händlerkategorien identifizieren: Hedger, Spekulanten und Arbitrageure. In den nächsten Abschnitten sollen die Aktivitäten dieser Händler genauer betrachtet werden.

Hedger

Wie bereits erwähnt, wurden Futuresmärkte vor allem gegründet, um den Bedürfnissen der Hedger zu entsprechen. Die Bauern wollten einen garantierten Preis für ihre Produkte festschreiben. Die Kaufleute wollten den Preis festschreiben, den sie für diese Produkte zu zahlen hatten. Mittels Futureskontrakten war es möglich, dass beide Seiten ihre Ziele erreichten.

EIN BEISPIEL FÜR HEDGING MIT FUTURES

Auch heute noch verwenden Produzenten und Nutzer von Waren sehr oft Warenterminkontrakte zum Hedgen. Zum Hedgen sind aber auch Financial Futures geeignet. Angenommen es ist Juli und das in den USA beheimatete Unternehmen A weiß, dass es im September 1 Million Pfund Sterling für Waren zahlen muss, die es von einem britischen Anbieter gekauft hat. Der Wechselkurs liegt bei 1,6920, der September Futurespreis für Kontrakte an der CME auf das Britische Pfund beträgt 1,6850. Unter Nichtberücksichtigung der Provisionen und der anderen Transaktionskosten ist der Wechselkurs bei sofortiger Lieferung

$$1{,}6920\ \$ = 1\ \pounds$$

Der Wechselkurs bei Lieferung im September ist

$$1{,}6850\ \$ = 1\ £$$

Unternehmen A kann sein Wechselkursrisiko absichern, indem es eine Kaufposition in September Futureskontrakte mit einem Wert von 1 Million Pfund vereinbart. (Die an der CME gehandelte Kontraktgröße beträgt 62.500 £, so dass insgesamt 16 Kontrakte gekauft werden müssten.) Unter Nichtberücksichtigung der Provisionen und der anderen Transaktionskosten würde das Unternehmen mit dem Kauf der Kontrakte den an den britischen Exporteur zu zahlenden Preis bei 1.685.000 $ festschreiben.

Man betrachte ein anderes US-Unternehmen, das B genannt werden soll. Dieses Unternehmen exportiert Güter nach Großbritannien und weiß im Juli, dass es im September 3 Millionen Pfund Sterling erhält. Unternehmen B kann sein Währungsrisiko mit einer Verkaufsposition in September Futures hedgen. (In diesem Fall sind 48 Kontrakte nötig, so dass das Unternehmen eine Gesamtverkaufsposition von 48×62.500 £ oder 3 Millionen Pfund Sterling hat.) Das Unternehmen würde damit die US-Dollar, die es für die Pfund Sterling realisiert, bei 5.055.000 $ ($= 3 \times 1.685.000$ $) festschreiben.

Tabelle 1.1 fasst die Hedging-Strategien von Unternehmen A und B zusammen. Es muss darauf hingewiesen werden, dass die Unternehmen, wenn sie sich gegen eine Absicherung entscheiden, durchaus besser fahren können als mit einer Absicherung. Alternativ besteht aber auch die Möglichkeit, dass sie, wenn sie auf eine Absicherung verzichten, sich verschlechtern. Man betrachte Unternehmen A. Liegt der Wechselkurs im September bei 1,660 und das Unternehmen hat sich nicht abgesichert, kostet die 1 Million Pfund Sterling, die es zahlen muss, 1.660.000 $. Das ist weniger als 1.685.000 $. Liegt aber der Wechselkurs bei 1,7100, kostet die 1 Million Pfund 1.710.000 $ – und das Unternehmen wird sich wünschen, es hätte sich abgesichert! Die Position von Unternehmen B ist genau umgekehrt, wenn es sich nicht absichert. Liegt der Wechselkurs im September unter 1,6850, wird Unternehmen B wünschen, es hätte sich abgesichert; liegt der Kurs über 1,6850, wird das Unternehmen sich freuen, wenn es sich nicht abgesichert hat.

Dieses Beispiel veranschaulicht einen zentralen Aspekt des Hedgings mit Futureskontrakten. Der Preis, der für das Basisobjekt zu zahlen ist oder den man für das Basisobjekt bekommt, wird sichergestellt. Es gibt aber keine Garantie, dass das Ergebnis mit Hedging besser ist als das Ergebnis ohne Hedging.

Tabelle 1.1: Hedging mit Futures

Am Tisch des Wertpapierhändlers – Juli

Unternehmen A – muss im September 1 Million Pfund für Importe aus Großbritannien zahlen
Unternehmen B – erhält im September 3 Millionen Pfund für Exporte nach Großbritannien
Kurse:
    Aktueller Wechselkurs: 1,6920
    September Futurespreis: 1,6850
Größe des Futureskontraktes:
    62.500 £

Hedging-Stragie von Unternehmen A

Eine Kaufposition in 16 Futureskontrakten schreibt für die 1 Million Pfund, die das Unternehmen zahlen muss, einen Wechselkurs von 1,6850 fest.

Hedging-Stragie von Unternehmen B

Eine Verkaufsposition in 48 Futureskontrakten schreibt für die 3 Million Pfund, die das Unternehmen erhält, einen Wechselkurs von 1,6850 fest.

EIN BEISPIEL FÜR HEDGING MIT OPTIONEN

Auch mit Optionen kann man hedgen. Man betrachte einen Investor, der im August 500 IBM Aktien besitzt. Der aktuelle Aktienkurs liegt bei 102 $ je Aktie. Der Investor befürchtet, dass der Kurs in den nächsten zwei Monaten stark fällt und möchte sich sichern. Der Investor könnte an der Chicago Board Options Exchange Oktober Verkaufsoptionen für den Verkauf von 500 Aktien zum Basispreis von 100 $ kaufen. Da jeder Verkaufskontrakt an der CBOE über eine Einheit von 100 Aktien ist, müsste der Investor insgesamt fünf Kontrakte kaufen. Bei einem notierten Optionspreis von 4 $ würde jeder Optionskontrakt $100 \times 4\,\$ = 400\,\$$ kosten, die Gesamtkosten der Hedging-Strategie würden $5 \times 400\,\$ = 2.000\,\$$ betragen.

Diese Strategie ist in Tabelle 1.2 zusammengefasst. Die Strategie kostet 2.000 $, garantiert aber, dass die Aktien während der Laufzeit der Option für mindestens 100 $ je Stück verkauft werden können. Fällt der Börsenkurs der IBM Aktie unter 100 $, kann der Investor die Optionen ausüben und damit 50.000 $ für den Gesamtbestand realisieren. Werden die Kosten für die Optionen mitberechnet, realisiert er 48.000 $. Bleibt der Börsenkurs über 100 $, übt der Investor seine Optionen nicht aus und sie laufen wertlos aus. In diesem Fall jedoch liegt der Wert des Bestandes immer über 50.000 $ (oder über 48.000 $, wenn die Kosten für die Optionen berücksichtigt werden).

Tabelle 1.2: Hedging-Strategie mit Optionen

Am Tisch des Wertpapierhändlers – August

Ein Investor hat 500 IBM Aktien und möchte sich gegen einen möglichen Kursverfall in den nächsten zwei Monaten schützen.
Kurse:
    Aktueller Kurs der IBM Aktie: 102 $
    IBM Oktober 50 Put: 4 $

Die Strategie des Investors

Der Investor kauft fünf Verkaufsoptionskontrakte zu den Gesamtkosten 5 × 100 × 4 $ = 2.000 $.

Das Ergebnis

Der Investor hat das Recht, die Aktien für mindestens 500 × 100 $ = 50.000 $ zu verkaufen.

EIN VERGLEICH

Ein Vergleich der Tabellen 1.1 und 1.2 zeigt einen fundamentalen Unterschied zwischen der Verwendung von Futures und Optionen beim Hedging. Futureskontrakte sollen das Risiko neutralisieren, indem sie den Preis festschreiben, den der Hedger für das Basisobjekt zahlen muss oder bekommt. Optionskontrakte dagegen sind eine Versicherung. Sie bieten dem Investor eine Möglichkeit, sich vor gegenläufige Kursentwicklungen in der Zukunft zu schützen und gleichzeitig von vorteilhaften Kursentwicklungen zu profitieren. Anders als Futures müssen für Optionen Vorabgebühren gezahlt werden.

Spekulanten

Als nächstes wird gezeigt, wie Futures- und Optionsmärkte von Spekulanten genutzt werden können. Während Hedger sich vor gegenläufigen Kursentwicklungen schützen wollen, möchten Spekulanten eine Position am Markt kaufen. Entweder spekulieren sie darauf, dass der Kurs steigt, oder sie spekulieren darauf, dass der Kurs fällt.

EIN BEISPIEL FÜR DIE SPEKULATION MIT FUTURES

Man betrachte einen US-Spekulanten, der im Februar denkt, dass das Pfund Sterling in den nächsten zwei Monaten gegenüber dem US-Dollar stärker wird. Er ist bereit, 250.000 £ auf diese Ahnung zu wetten. Die eine Möglichkeit, die der Spekulant hat, besteht darin, einfach 250.000 £ zu kaufen in der Hoffnung, dass er die Pfunde später gewinnbringend verkaufen kann. Die gekauften Pfunde würde er zinsbringend auf ein Konto anlegen. Eine andere Möglichkeit ist, eine Kaufposition in vier CME April Futureskontrakten auf Pfund Sterling zu erwerben. (Jeder Futureskontrakt steht für den Kauf von 62.500 £.) Tabelle 1.3 fasst die beiden Alternativen unter der Annahme zusammen, dass der aktuelle Wechselkurs bei 1,6470 und der April Futurespreis bei 1,6410 liegt. Liegt der Wechselkurs im April aber tatsächlich bei 1,7000, kann der Spekulant, der die Alternative Futureskontrakte gewählt hat, im April für 1,6410 $ ein Basisobjekt kaufen, das 1,7000 $ wert ist, so dass er einen Gewinn von $(1,7000 - 1,6410) \times 250.000 = 14.750$ $ realisiert. Die Alternative Bargeldmarkt führt dazu, dass der Spekulant im Februar ein Basisobjekt zum Kurs von 1,6470 kauft und im April zu einem Kurs von 1,7000 verkauft, so dass er einen Gewinn in Höhe von $(1,7000 - 1,6470) \times 250.000 = 13.250$ $ realisiert. Fällt der Wechselkurs auf 1,6000, führt der Futureskontrakt zu einem Verlust von $(1,6410 - 1,6000) \times 250.000 = 10.250$ $, während die Bargeldalternative zu einem Verlust von $(1,6470 - 1,6000) \times 250.000 = 11.750$ $ führt. Es scheint, als würden sich die Gewinne und Verluste der beiden Alternativen leicht unterscheiden. Aber diese Berechnungen spiegeln nicht die Zinsen wider, die bezahlt oder verdient werden. In Kapitel 3 wird gezeigt, dass bei Berücksichtigung der in Pfund Sterling eingenommenen Zinsen und der in Dollar bezahlten Zinsen der Gewinn oder der Verlust bei beiden Alternativen identisch ist.

Tabelle 1.3: Spekulieren mit Futures

Am Tisch des Wertpapierhändlers – August

Ein Investor glaubt, dass in den nächsten zwei Monaten das Pfund Sterling gegenüber dem Dollar stärker wird. Er möchte eine spekulative Position erwerben.

Kurse:
   Aktueller Wechselkurs: 1,6470
   April Futurespreis: 1,6410

Alternative Strategien
1. Der Investor kauft 250.000 £ für 411.750 $, legt die Pfunde zwei Monate auf einem zinstragenden Konto an und hofft, dass er sie am Ende der zwei Monate gewinnbringend verkaufen kann.
2. Er kauft eine Kaufposition in vier April Futureskontrakten. Das erlaubt ihm, im April 250.000 £ für 410.250 $ zu kaufen. Liegt der Wechselkurs im April über 1,6410, realisiert der Investor einen Gewinn.

Mögliche Ergebnisse
1. Der Wechselkurs liegt in zwei Monaten bei 1,7000. Der Investor macht mit der ersten Strategie einen Gewinn von 13.250 $ und mit der zweiten Strategie einen Gewinn von 14.750 $.
2. Der Wechselkurs liegt in zwei Monaten bei 1,6000. Der Investor macht mit der ersten Strategie einen Verlust von 11.750 $ und mit der zweiten Strategie einen Verlust von 10.250 $.

Was also ist der Unterschied zwischen den beiden Alternativen? Bei der ersten Alternative, dem Kauf der Pfund Sterling, muss der Investor eine Vorausinvestition von 411.750 $ tätigen. Bei der zweiten Alternative hingegen muss der Spekulant lediglich einen kleinen Bargeldbetrag – vielleicht 25.000 $ – auf einem Effektenkreditkonto (Marginkonto) hinterlegen. Im Futuresmarkt hat der Spekulant eine Hebelwirkung (Leverage). Mit einer relativ kleinen Anzahlung kann er eine große spekulative Position erwerben.

EIN BEISPIEL FÜR DIE SPEKULATION MIT OPTIONEN

Im folgenden Beispiel wird gezeigt, wie ein Spekulant Optionen nutzen kann. Angenommen ein Spekulant beschließt im September, Exxon Aktien zu kaufen. Mit anderen Worten, er möchte einen Gewinn machen, wenn der Aktienkurs steigt. Angenommen der aktuelle Kurs liegt bei 78 $ und eine Dezember Kaufoption mit einem Basispreis von 80 $ kostet derzeit 3 $. Tabelle 1.4 zeigt zwei mögliche Alternativen, wobei angenommen wird, dass der Spekulant 7.800 $ zu investieren bereit ist. Bei der ersten Alternative kauft der Spekulant 100 Aktien. Bei der zweiten Alternative kauft der Spekulant 2.600 Kaufoptionen (i. e. 26 Kaufoptionskontrakte) auf Exxon.

Tabelle 1.4: Spekulieren mit Optionen

Am Tisch des Wertpapierhändlers – September

Ein Spekulant mit 7.800 $ zum Investieren glaubt, dass der Aktienkurs von Exxon in den nächsten drei Monaten steigt. Die Notierungen lauten:
  Aktueller Aktienkurs: 78 $
  Exxon Dezember Kaufoption mit einem Basispreis von 80 $: 3 $

Alternative Strategien
  1. Er kauft 100 Exxon Aktien.
  2. Er kauft 2.600 Dezember Kaufoptionen (oder 26 Dezember Kontrakte) auf Exxon mit einem Basispreis von 80 $.

Jede Alternative kostet 7.800 $.

Mögliche Ergebnisse
  1. Die Exxon-Aktie steigt bis Dezember auf 90 $. Der Investor macht mit der ersten Alternative einen Gewinn von 1.200 $ und mit der zweiten Alternative einen Gewinn von 18.200 $.
  2. Die Exxon-Aktie fällt bis Dezember auf 70 $. Der Investor verliert mit der ersten Strategie 800 $ und mit der zweiten 7.800 $.

Vorausgesetzt die Vermutung des Spekulanten bewahrheitet sich und der Kurs der Exxon Aktie steigt bis Dezember auf 90 $. Die erste Alternative – der Kauf der Aktie – bringt einen Gewinn von

$$100 \times (90\ \$ - 78\ \$) = 1.200\ \$$$

Die zweite Alternative ist allerdings viel gewinnbringender. Eine Kaufoption auf Exxon mit einem Basispreis von 80 $ ergibt einen Gewinn von 10 $, da mit der Option etwas für 80 $ gekauft werden kann, das 90 $ wert ist. Die Optionen, die der Investor gekauft hat, haben einen Gesamtwert von

$$2.600 \times 10\ \$ = 26.000\ \$$$

Abzüglich der Kosten für die Optionen ergibt dies einen Nettogewinn von

$$26.000\ \$ - 7.800\ \$ = 18.200\ \$$$

Die Optionsstrategie ist also 15 mal gewinnbringender als die Strategie, die Aktie zu kaufen.

Mit Optionen kann man aber auch potentiell höhere Verlust machen. Angenommen der Aktienkurs fällt bis Dezember auf 70 $. Die erste Alternative – der Kauf der Aktie – ergibt einen Verlust von

$$100 \times (78\ \$ - 70\ \$) = 800\ \$$$

Da die Kaufoptionen auslaufen, ohne dass der Investor sie ausübt, führt die Optionsstrategie zu einem Verlust von 7.800 $ – die ursprüngliche Summe, die für die Optionen bezahlt wurde. Diese Ergebnisse sind in Tabelle 1.5 zusammengefasst.

Tabelle 1.5: Vergleich der Gewinne (Verluste) bei zwei alternativen Spekulationsstrategien mit der Exxon Aktie und einem Einsatz von 7.800 $

	Aktienkurs im Dezember	
Strategie des Investors	*70 $*	*90 $*
Aktien kaufen	(800 $)	1.200 $
Kaufoptionen kaufen	(7.800 $)	18.200 $

Tabelle 1.5 macht deutlich, dass Optionen eine Art Leverage wie Futures haben. Bei einer gegebenen Investition vergrößern Optionen die finanziellen

Folgen. Gute Ergebnisse werden sehr gut, während schlechte Ergebnisse sehr schlecht werden!

EIN VERGLEICH

Futures und Optionen sind insofern ähnliche Instrumente für Spekulanten, als beide die Möglichkeit bieten, mit ihnen eine Art Hebelwirkung zu erzielen. Es gibt jedoch einen wichtigen Unterschied zwischen den beiden. In dem Futures-Beispiel in Tabelle 1.3 ist der potentielle Gewinn und der potentielle Verlust des Spekulanten sehr groß. Im Options-Beispiel in Tabelle 1.4 ist der Verlust des Spekulanten auf die für die Optionen bezahlten 7.800 $ begrenzt, unabhängig davon, wie schlimm sich die Dinge entwickeln.

Arbitrageure

Arbitrageure sind die dritte wichtige Teilnehmergruppe am Futures- und Optionsmarkt. Arbitrageure schreiben einen risikolosen Gewinn fest, indem sie simultan Transaktionen an zwei oder mehr Märkten durchführen. In späteren Kapiteln wird gezeigt, wie Arbitrage manchmal möglich ist, wenn der Futurespreis eines Basisobjektes nicht mehr auf Linie mit dem Kassakurs ist. Es wird auch untersucht, wie sich Arbitrage für Optionsmärkte nutzen lässt. Dieser Abschnitt veranschaulicht das Konzept der Arbitrage anhand eines sehr einfachen Beispiels.

Man betrachte eine Aktie, die an der New York Stock Exchange und an der London Stock Exchange gehandelt wird. Angenommen der Aktienkurs liegt in New York bei 172 $ und zur selben Zeit in London bei 100 £ bei einem Wechselkurs von 1,7500 Dollar je Pfund Sterling. Ein Arbitrageur könnte simultan 100 Aktien an der Börse in New York kaufen und sie in London verkaufen, um dadurch unter Nichtberücksichtigung der Transaktionskosten einen risikolosen Gewinn in Höhe von

$$100 \times [(1{,}75\ \$ \times 100) - 172\ \$]$$

oder 300 $ zu realisieren. Die Strategie ist in Tabelle 1.6 zusammengefasst. Die Transaktionskosten würden wahrscheinlich den Gewinn eines kleinen Investors löschen. Ein großes Investmenthaus jedoch hat sowohl am Aktienmarkt als auch am Devisenmarkt relativ geringe Transaktionskosten. Für ein solches Haus wäre die Arbitrage-Möglichkeit sehr attraktiv und es würde einen möglichst großen Vorteil daraus zu erzielen versuchen.

Tabelle 1.6: Arbitrage

Am Tisch des Wertpapierhändlers
Eine Aktie wird sowohl an der New York Stock Exchange als auch der London Stock Exchange gehandelt. Sie wird wie folgt notiert:
 New York Stock Exchange: 172 $ je Aktie
 London Stock Exchange: 100 £ je Aktie
 Wert eines Pfundes: 1,7500 $

Arbitrage-Strategie des Händlers
1. Er kauft 100 Aktien in New York.
2. Er verkauft die Aktien in London.
3. Er konvertiert den Erlös von Pfund in Dollar.

Der Gewinn
$$100 \times [(1{,}75\ \$ \times 100) - 172\ \$] = 300\ \$$$

Arbitrage-Möglichkeiten wie die oben beschriebene sind nicht von unbegrenzter Dauer. Wenn Arbitrageure die Aktie in New York kaufen, führen die Nachfrage- und Angebotskräfte zu einem steigenden Aktienkurs an der New Yorker Börse. Genauso führt der Verkauf der Aktie in London zu einem sinkenden Kurs an der Londoner Börse. Die beiden Kurse passen sich zum geltenden Wechselkurs an. Tatsächlich aber ist es dank der Existenz gewinnhungriger Arbitrageure unwahrscheinlich, dass eine größere Disparität zwischen dem Pfund-Kurs und dem Dollar-Kurs überhaupt erst entstehen könnte. Verallgemeinert man dieses Beispiel, kann man sagen, dass allein die Existenz der Arbitrageure dafür sorgt, dass in der Realität nur geringe Arbitrage-Möglichkeiten bei den notierten Kursen zu beobachten sind. Die meisten Argumente in diesem Buch über Futurespreise und Werte von Optionskontrakten basieren auf der Annahme, dass es keine Arbitrage-Möglichkeiten gibt.

Derivative

Optionen und Futures sind Beispiele für *Derivative*. Das sind Instrumente, deren Werte von den Preisen anderer, grundlegenderer Variablen abhängen. Eine IBM Aktienoption beispielsweise ist ein Derivativ, weil ihr Wert von dem Kurs der IBM Aktie abgeleitet wird; ein Weizen Futureskontrakt beispielsweise ist ein Derivativ, weil sein Wert vom Weizenpreis abhängt.

In den letzten Jahren zeigen die Investitionsbanken viel Einfallsreichtum bei der Gestaltung neuer Derivative, um den Bedürfnissen ihre Kunden zu begegnen. Normalerweise werden diese abgeleiteten Werte am Freiverkehrsmarkt gehandelt und von den Finanzinstitutionen an ihre Kunden verkauft; oder sie werden Anleihe- oder Aktienemissionen beigefügt, um diese Emissionen attraktiver für die Investoren zu machen. Andere sind sehr viel komplexer. Die Möglichkeiten für die Gestaltung neuer Derivative scheinen praktisch unbegrenzt. In diesem Abschnitt werden ein paar Beispiele für Derivative gezeigt, die von Investitionsbanken entwickelt wurden.

ZINS-CAPS

Ein Zins-Cap ist ein sehr beliebtes Derivativ, das im Freiverkehr gehandelt wird. Wenn Investitionsbanken es an kreditaufnehmende Unternehmen verkaufen, schützt es davor, dass die bei einem zinsvariablen Kredit periodisch angepassten Zinsen eine bestimmte Höhe überschreiten. Diese Höhe ist die sogenannte *Cap Rate* oder der *Höchstzinssatz*. Steigt der Kreditzins über den Höchstzinssatz, zahlt der Cap-Emittent die Differenz zwischen Kreditzins und Höchstzinssatz. Angenommen der Kredit beträgt 10 Millionen Dollar, der Höchstzinssatz beträgt 12 Prozent per Annum und der variable Kreditzins für einen bestimmten dreimonatigen Zeitraum während der Laufzeit des Caps liegt bei 14 Prozent per Annum. Der Emittent des Caps würde am Ende der drei Monate 50.000 $ (ein Viertel der 2 Prozent von 10 Millionen Dollar) zahlen, so dass die Zinszahlungen für die drei Monate auf 12 Prozent gedrückt werden. Caps werden ausführlicher in Kapitel 18 diskutiert.

ANLEIHEEMISSION VON STANDARD OIL

Ein Beispiel für ein Derivativ, das einer Anleiheemission beigefügt wurde, sind die Nullkupon-Anleihen, die Standard Oil 1986 emittierte. Einige dieser Anleihen wurden 1990 fällig. Zusätzlich zu dem Fälligkeitswert der Anleihen von 1.000 $ versprach der Konzern die Zahlung einer Summe, die an den bei Fälligkeit der Anleihe geltenden Ölpreis gekoppelt war. Diese zusätzliche Summe entsprach dem Produkt aus 170 und dem Betrag, um den ein Barrel Öl zum Fälligkeitstermin über 25 $ lag (falls der Ölpreis überhaupt darüber lag). Die maximal zu zahlende zusätzliche Summe war auf 2.550 $ beschränkt (was einem Preis je Barrel von 40 $ entspricht). Durch diese Anleihen wurden die Inhaber an einem Rohstoff beteiligt, der für das Wohlergehen des Konzerns von zentraler Bedeutung war. Stieg der Preis für den Rohstoff, befand sich der Konzern in einer guten Position, um den Anleiheinhabern den zusätzlichen Betrag zu zahlen.

ANDERE BEISPIELE

Wie bereits erwähnt gibt es praktisch kein Limit für die Innovationen, die bei Derivativen möglich sind. Die Variablen, die den Derivativen zugrunde liegen, sind normalerweise Aktienkurse, Aktienindizes, Zinsen, Wechselkurse und Rohstoffpreise. Gelegentlich werden aber auch andere Variablen verwendet. Beispielsweise gab es Skihangbetreiber, die Anleihen emittierten, bei denen der Payoff vom Gesamtschneefall in einer bestimmten Skiregion abhing; und es gab Banken, die Depot-Instrumente schufen, deren Zinsen von der Leistung des örtlichen Football-Teams abhingen.

DIE GROSSEN VERLUSTE

Anfang der 90er Jahre machten Organisationen wie Gibson Greetings, Procter & Gamble, Kidder Peabody, Orange County und Barings riesige Verluste mit dem Handel von Derivativen. Die Schlagzeilen, die diese Verluste erhielten, führten dazu, dass die Derivative bei vielen Menschen in Misskredit gerieten. Einige Unternehmen außerhalb des Finanz-Sektors haben Pläne angekündigt, die Zahl ihrer Derivative zu reduzieren. Das Interesse an einigen der exotischeren Produkte, die von Finanzinstitutionen angeboten werden, ist ebenfalls gesunken.

Die Geschichten hinter den Verlusten betonen das in diesem Kapitel genannte Argument, dass Derivative zum Hedgen oder Spekulieren benutzt werden können; das heißt, sie können entweder benutzt werden, um Risiken zu reduzieren oder um Risiken einzugehen. Die Verluste entstanden, weil die Derivative nicht richtig verwendet wurden. Mitarbeiter, die das implizite oder explizite Mandat hatten, die Risiken ihrer Gesellschaft abzusichern, beschlossen statt dessen zu spekulieren.

Die Lehre, die aus diesen Verlusten gezogen werden kann, ist die, dass *interne Kontrollen* wichtig sind. Das obere Management eines Unternehmens muss klare und eindeutige Politik-Aussagen darüber treffen, wie Derivative benutzt werden sollen und in welchem Ausmaß Mitarbeiter Derivative kaufen dürfen. Dann muss das Management Kontrollen einrichten, um sicherzustellen, dass die Politik ausgeführt wird. Gibt man ein oder zwei Personen völlige Autorität beim Kauf von Derivativen und beobachtet man nicht ganz genau die Risiken, die sie eingehen, dann ist dies ein sicheres Rezept dafür, Verluste zu machen.

Zusammenfassung

Dieses Kapitel gibt einen ersten Überblick über Futures- und Optionsmärkte. Bei einem Futureskontrakt hat man die Verpflichtung, ein Basisobjekt zu einem bestimmten Preis und zu einem bestimmten Zeitpunkt in der Zukunft zu kaufen oder zu verkaufen. Es gibt zwei Optionsarten: Kauf- und Verkaufsoptionen. Eine Kaufoption gibt dem Inhaber das Recht, ein Basisobjekt zu einem bestimmten Preis und zu einem bestimmten Zeitpunkt in der Zukunft zu kaufen. Eine Verkaufsoption gibt dem Inhaber das Recht, ein Basisobjekt zu einem bestimmten Preis und zu einem bestimmten Zeitpunkt in der Zukunft zu verkaufen. Heute gibt es Futures und Optionen für die verschiedensten Vermögenswerte.

Options- und Futuresmärkte sind sehr erfolgreiche Innovationen. Es lassen sich drei Haupttypen von Marktteilnehmern identifizieren: Hedger, Spekulanten und Arbitrageure. Hedger sind in einer Position, in der sie ein Preisrisiko bei einem Basisobjekt haben. Sie benutzen Futures- oder Optionsmärkte zur Reduzierung oder Eliminierung dieses Risikos. Spekulanten setzen auf künftige Preisentwicklungen der Basisobjekte. Futures- und Optionskontrakte können ihnen einen Extra-Hebel geben; das heißt, die Kontrakte können sowohl die potentiellen Gewinne als auch die potentiellen Verluste eines spekulativen Vorgehens vergrößern. Das Ziel der Arbitrageure ist es, von Preisunterschieden in zwei verschiedenen Märkten zu profitieren. Weicht beispielsweise ein Futurespreis vom Kassakurs ab, schreiben sie einen Gewinn fest, indem sie an zwei Märkten Gegen-Positionen kaufen.

Optionen und Futures sind Beispiele für Derivative. Das sind Instrumente, deren Preise von den Werten anderer, grundlegenderer Variablen abhängen. Beispielsweise hängt der Preis einer Aktienoption vom Wert der zugrundeliegenden Aktie ab. In den letzten Jahren sind die Investmentbanker bei der Gestaltung neuer Derivative immer erfindungsreicher geworden. Die meisten dieser Wertpapiere werden nicht an den Börsen gehandelt. Entweder werden sie von den Finanzinstitutionen an ihre Geschäftskunden verkauft oder sie werden neuen Anleihe- oder Aktienemissionen beigefügt, um letztere attraktiver für die Investoren zu machen.

Testfragen

1. Was ist der Unterschied zwischen einer Kaufposition in Futures und einer Verkaufsposition in Futures?

2. Erklären Sie sorgfältig den Unterschied zwischen (a) Hedging, (b) Spekulation und (c) Arbitrage.

3. Was ist der Unterschied zwischen (a) dem Eingehen eines Kaufkontraktes auf Futures mit einem Futurespreis von 50 $ und (b) dem Erwerb einer Kaufposition in einer Kaufoption mit einem Basispreis von 50 $?

4. Ein Investor geht einen Verkaufskontrakt auf Baumwolle Futures mit einem Futurespreis von 50 Cents je Pfund ein. Ein Kontrakt umfasst eine Lieferung von 50.000 Pfund. Wie viel verdient oder verliert der Investor, wenn der Baumwollpreis am Ende des Kontraktes (a) 48,20 Cents je Pfund und (b) 51,30 Cents je Pfund beträgt?

5. Nehmen Sie an, dass Sie einen Kontrakt auf Verkaufsoptionen auf die IBM Aktie mit einem Basispreis von 40 $ und einer Laufzeit von drei Monaten verkaufen. Der aktuelle Kurs der IBM Aktie liegt bei 41 $. Wozu haben Sie sich verpflichtet? Wie viel können sie gewinnen oder verlieren?

6. Sie möchten darauf spekulieren, dass der Kurs einer bestimmten Aktie steigt. Der aktuelle Aktienkurs liegt bei 29 $, eine dreimonatige Kaufoption mit einem Basispreis von 30 $ kostet 2,90 $. Sie können

5.800 $ investieren. Identifizieren Sie zwei alternative Strategien. Skizzieren Sie kurz die Vorteile und Nachteile jeder Alternative.

7. Nehmen Sie an, Sie besitzen 5.000 Aktien, jede hat einen Wert von 25 $. Wie können Sie sich über die nächsten vier Monaten mit Verkaufsoptionen dagegen absichern, dass ihr Aktienvermögen schrumpft?

Fragen und Probleme

1. Bei der Neuemission einer Aktien fließen dem Unternehmen Finanzmittel zu. Gilt das auch bei einer Aktienoption? Diskutieren Sie.

2. Erklären Sie, warum ein Futureskontrakt sowohl zum Spekulieren als auch zum Hedgen verwendet werden kann.

3. Ein Schweinezüchter erwartet, dass er in drei Monaten 90.000 Pfund Lebendschwein verkaufen kann. An der Chicago Mercantile Exchange läuft ein Futureskontrakt auf Lebendschweine immer über die Lieferung von 30.000 Pfund Schwein. Wie kann der Züchter den Kontrakt benutzen, um zu Hedgen? Was sind aus Sicht des Züchters die Vor- und Nachteile des Hedgings?

4. Es ist Juli 1997. Eine Bergbaugesellschaft hat gerade ein kleines Goldvorkommen entdeckt. Es dauert sechs Monate, um die Mine zu bauen. Dann wird das Gold ein Jahr lang mehr oder weniger kontinuierlich geschürft. Futureskontrakte auf Gold werden an der New York Commodity Exchange gehandelt. Von April 1997 bis April 1999 gibt es alle zwei Monate einen Liefermonat. Jeder Kontrakt geht über die Lieferung von 100 Unzen. Diskutieren Sie, wie die Bergbaugesellschaft die Futuresmärkte zum Hedgen benutzen kann.

5. Nehmen Sie an, dass eine März Kaufoption mit einem Basispreis von 50 $ einen Preis von 2,50 $ hat und bis März gehalten wird. Unter welchen Umständen macht der Inhaber der Option einen Gewinn? Unter welchen Umständen übt er die Option aus?

6. Nehmen Sie an, dass eine Juni Verkaufsoption mit einem Basispreis von 60 $ einen Preis von 4 $ hat und bis Juni gehalten wird. Unter

welchen Umständen macht der Inhaber der Option einen Gewinn? Unter welchen Umständen übt er die Option aus?

7. Ein Investor verkauft eine September Kaufoption mit einem Basispreis von 20 $. Jetzt haben wir Mai, der Aktienkurs liegt bei 18 $ und der Optionspreis beträgt 2 $. beschreiben Sie die Cashflows des Investors, wenn die Option bis September gehalten wird und der Aktienkurs zu dem Zeitpunkt bei 25 $ liegt.

8. Ein Investor verkauft eine Dezember Kaufoption mit einem Basispreis von 30 $. Der Preis der Option beträgt 4 $. Unter welchen Umständen macht der Investor Gewinn?

9. In dem Abschnitt über Derivative werden Caps beschrieben. Ist ein Cap für den durchschnittlichen Zins über die Kreditlaufzeit mehr oder weniger wert als ein Cap für den Zins zu jeder gegebenen Zeit? Erläutern Sie ihre Antwort.

10. Zeigen Sie, dass die in dem Abschnitt über Derivative beschriebene Anleihe von Standard Oil eine Kombination aus einer regulären Anleihe, einer Kaufposition in Öl Kaufoptionen mit einen Basispreis von 25 $ und einer Verkaufsposition in Öl Kaufoptionen mit einem Basispreis von 40 $ ist.

11. Diskutieren Sie, wie man Währungsoptionen zum Hedgen benutzen kann, wenn eine wie in Tabelle 1.1 beschriebene Situation vorliegt.

12. Der aktuelle Goldpreis liegt bei 500 $ je Unze. Der Futurespreis für die Lieferung in einem Jahr liegt bei 700 $. Ein Arbitrageur kann für 10 Prozent per Annum einen Kredit aufnehmen. Was sollte der Arbitrageur machen? Nehmen Sie an, dass die Lagerkosten für das Gold gleich null sind.

13. Die Chicago Board of Trade bietet einen Futureskontrakt auf langläufige Schatzobligationen. Charakterisieren Sie die Investoren, die wahrscheinlich einen solchen Kontrakt abschließen.

14. Die Führungskraft einer Fluglinie argumentiert: „Es gibt keinen Grund für uns, in Öl Futures zu gehen. Die Wahrscheinlichkeit, dass der künftige Ölpreis unter dem Futurespreis liegt, ist so groß wie die Wahrscheinlichkeit, dass er über dem Futurespreis liegt." Diskutieren Sie den Standpunkt der Führungskraft.

15. Der aktuelle Kurs einer Aktie liegt bei 94 $, dreimonatige Kaufoptionen mit einem Basispreis von 95 $ werden aktuell für 4,70 $ verkauft. Ein Investor, der meint, dass der Kurs der Aktie steigt, versucht zu entscheiden, ob er 100 Aktien oder 2.000 Kaufoptionen (20 Kontrakte) kauft. Bei beiden Strategien investiert er 9.400 $. Welchen Rat würden Sie ihm geben? Wie hoch muss der Aktienkurs steigen, damit die Optionsstrategie einen größeren Gewinn als die andere Strategie abwirft?

16. „Optionen und Futures sind Nullsummenspiele." Was ist Ihrer Ansicht nach mit dieser Behauptung gemeint?

TEIL 1: FUTURES- UND FORWARD-MÄRKTE

Kapitel 2 Mechanismen der Futures- und Forwardmärkte

In diesem Kapitel wird detailliert gezeigt, wie Futuresmärkte funktionieren. Es wird untersucht, welche Kontraktspezifikationen es gibt, wie Marginkonten funktionieren, wie Börsen organisiert und wie Märkte reguliert werden, wie Notierungen vorgenommen werden und wie man Futurestransaktionen buchhalterisch und steuerlich behandelt. Auch Forwardkontrakte werden vorgestellt. Sie ähneln in manchen Aspekten den Futureskontrakten. Bei Forwardkontrakten wird vereinbart, ein Basisobjekt an einem bestimmten Datum zu einem bestimmten Preis zu kaufen oder zu verkaufen. Aber es gibt wichtige Unterschiede zwischen diesen beiden Kontrakttypen. Futureskontrakte werden an geregelten Börsen gehandelt, und die Börse gibt die Standards für die Kontraktbedingungen vor. Forwardkontrakte dagegen sind private Verträge zwischen zwei Finanzinstitutionen oder zwischen einer Finanzinstitution und einem ihrer Geschäftskunden.

Glattstellung von Futurespositionen

Wie in Kapitel 1 diskutiert, ist ein Futureskontrakt eine Vertrag darüber, einen Vermögenswert zu einem bestimmten Preis in der Zukunft zu verkaufen oder zu kaufen. Der Leser ist vielleicht überrascht zu erfahren, dass der Großteil der initiierten Futureskontrakte nicht zu einer Lieferung oder Andienung führen. Der Grund dafür ist, dass die meisten Investoren sich entschließen, ihre Positionen vor der im Kontrakt spezifizierten Lieferperiode glattzustellen. Es kann oft unbequem und in einigen Fällen sehr teuer sein, im Rahmen eines Futureskontrakts eine Lieferung zu tätigen oder anzunehmen. Das trifft auch auf den Hedger zu, der den dem Futureskontrakt zugrundeliegenden Vermögenswert kaufen oder verkaufen will. Ein solcher Hedger zieht es normalerweise vor, die Futuresposition glattzustellen und den Vermögenswert auf normalem Weg zu kaufen oder zu verkaufen.

Um eine Position glattzustellen, muss man ein Gegengeschäft zum ursprünglichen Geschäft eingehen. So kann ein Investor, der am 6. Mai fünf Juli Mais Futureskontrakte kauft, seine Position am 20. Juni glattstellen, indem er fünf Juli Mais Futureskontrakte verkauft (i. e. leerverkauft). Ein Investor, der am 6. Mai fünf Juli Kontrakte verkauft (i. e. leerverkauft), kann seine Position am 20. Juni glattstellen, indem er fünf Juli Kontrakte kauft. In beiden Fällen hängt der Gewinn oder Verlust des Investors von der Änderung des Futurespreises zwischen dem 6. Mai und dem 20. Juni ab.

Trotz der Tatsache, dass eine Lieferung ungewöhnlich ist, wird sich ein Teil dieses Kapitels mit den Liefervereinbarungen in Futureskontrakten befassen. Die Möglichkeit einer tatsächlichen Lieferung bindet den Futurespreis an den Kassakurs. Um die Beziehung zwischen Kassakursen und Futurespreisen richtig zu begreifen, muss man die Lieferprozeduren kennen.

Spezifizierung des Futureskontraktes

In Tabelle 2.1 sind die Börsen gelistet, an denen in den USA Futureskontrakte gehandelt werden.[1] Am Ende des Buches findet sich eine Liste mit Futuresbörsen in anderen Ländern. Bei der Abfassung eines neuen Kontraktes muss die Börse den Vertrag zwischen den beiden Parteien detailliert und genau spezifizieren. Insbesondere muss sie den Vermögenswert, die Kontrakteinheit (wie viel vom Vermögenswert im Rahmen eines Kontraktes zu liefern ist) sowie Ort und Datum der Lieferung angeben. Manchmal werden Alternativen für die Qualität des zu liefernden Vermögenswertes oder für den Lieferort spezifiziert.

Generell gilt, dass die Partei mit der Verkaufsposition (die Partei, die den Vermögenswert vereinbarungsgemäß verkaufen will) bestimmt, was geschieht, wenn die Börse alternative Möglichkeiten spezifiziert. Ist die Partei mit der Verkaufsposition lieferbereit, reicht sie ein *Ankündigungsschreiben* bei der Börse ein. In diesem Schreiben gibt sie an, für welche Alternative hinsichtlich der Qualität des zu liefernden Vermögenswertes und Lieferortes sie sich entschieden hat.

---

[1] Die Abkürzungen für die Börsen in Tabelle 2.1 sind die Abkürzungen, die auch die Börsen selbst verwenden. Zeitungen verwenden manchmal andere Abkürzungen. Beispielsweise benutzt das *Wall Street Journal* CMX statt COMEX und CBT statt CBOT.

Tabelle 2.1: US-Börsen mit Futureshandel

Chicago Board of Trade (CBOT)
141 West Jackson Boulevard
Chicago, IL 60604
312-435-3500
Getreide und Ölsaaten, Metalle, Finanztitel, Chemikalien, Versicherungen

Chicago Mercantile Exchange (CME)
30 South Wacker Drive
Chicago, IL 60606
312-930-1000
Abteilungen: International Monetary Market (IMM), Index and Option Market (IOM)
Lebendvieh, Fleisch, Finanztitel, Holz

Coffee, Sugar, and Cocoa Exchange (CSCE)
4 World Trade Center
New York, NY 10048
212-938-2800
Nahrungsmittel und Fasern

Commodity Exchange, Inc. (COMEX)
4 World Trade Center
New York, NY 10048
212-938-2900
Metalle, Finanztitel

New York Futures Exchange (NYFE)
20 Broad Street
New York, NY 10005
212-656-4949
Finanztitel

New York Mercantile Exchange (NYMEX)
4 World Trade Center
New York, NY 10048
212-938-2222
Metalle, Mineralöl

Kansas City Board of Trade (KCBT)
4800 Main Street, Suite 303
Kansas City, MO 64112
816-753-7500
Getreide, Finanztitel

MidAmerican Commodity Exchange (MidAm)
444 West Jackson Boulevard
Chicago, IL 60604
312-435-3500
Getreide und Ölsaaten, Lebendvieh, Fleisch, Metalle, Finanztitel

Minneapolis Grain Exchange (MGE)
400 South Fourth Street
Minneapolis, MN 55415
612-338-6212
Getreide, Nahrungsmittel und Fasern

New York Cotton Exchange (NYCE)
4 World Trade Center
New York, NY 10048
212-938-2702
Abteilung: Financial Instruments Exchange (FINEX)
Nahrungsmittel und Fasern, Finanztitel

Chicago Rice and Cotton Exchange (CRCE)
444 West Jackson Boulevard
Chicago, IL 60604
312-341-3078
Nahrungsmittel und Fasern

Philadelphia Board of Trade (PBOT)
1900 Market Street
Philadelphia, PA 19103
215-496-5165
Tochter der Philadelphia Stock Exchange (PHLX)
Finanztitel

DAS BASISOBJEKT

Ist der zugrundliegende Vermögenswert oder das Basisobjekt ein Rohstoff oder eine Ware, kann es große Qualitätsabweichungen am Markt geben. Es ist deshalb bei der Spezifizierung des Basisobjektes wichtig, dass die Börse die Qualität oder Qualitäten der Ware, die akzeptabel sind, angibt. Die New York Cotton Exchange spezifiziert das Basisobjekt seiner Orangensaft Futureskontrakte wie folgt:

> US-Qualität A, mit einem Brix-Wert nicht unter 57 Grad, einem Verhältnis von Brix-Wert zu Säure nicht unter 13 zu 1 oder nicht über 19 zu 1, mit Farb- und Geschmacksfaktoren von jeweils mindestens 37 Skalenpunkten oder mehr und 19 für Fehler, mit einer Mindestbewertung von 94.

Die Chicago Mercantile Exchange spezifiziert in ihren Futureskontrakten für Holz mit Zufallslängen:

> Jede Liefereinheit muss aus nominal 2 × 4 mit Zufallslängen von 8 Fuß bis 20 Fuß bestehen und mit dem Qualitätsstempel Construction und Standard, Standard und Besser oder # 1 und #2 versehen sein; auf keinen Fall aber darf der Anteil der Standard-Qualität oder #2 mehr als 50% betragen. Jede Liefereinheit ist in Kalifornien, Idaho, Montana, Nevada, Oregon, Washington, Wyoming oder Alberta oder British Columbia, Kanada, herzustellen und besteht aus den qualitätsgestempelten Holzarten westamerikanische Balsamtanne, Engelmannsfichte, kanadische Hemlocktanne, Murrays Kiefer und/oder amerikanische Weisskiefer.

Bei einigen Rohstoffen ist es möglich, eine ganze Bandbreite von Qualitäten zu liefern, aber der Preis, den der Lieferant dafür bekommt, wird dem Preis der gewählten Qualität angepasst. Beispielsweise ist an der Chicago Board of Trade bei Getreide Futureskontrakten die Qualität mit „No.2 Yellow" angegeben, aber es sind Abweichungen möglich, die von der Börse festgelegt werden.

Die Finanztitel bei Futureskontrakten sind gewöhnlich gut definiert und eindeutig. So ist es beispielsweise nicht nötig, die Qualität des Japanischen Yen zu spezifizieren. Es gibt aber an der Chicago Board of Trade einige interessante Eigenschaften für Futureskontrakte auf Schatzobligationen (T-Bond) und Schatzanweisungen (T-Note). Basisobjekt eines T-Bond-Kontraktes ist immer eine langläufige US-Schatzobligation, die eine Laufzeit von mehr als 15 Jahren hat und innerhalb der nächsten 15 Jahre nicht kündbar ist. Bei den T-Note-Kontrakten ist das Basisobjekt immer ein langläufiger T-Note, der bis zum Lieferdatum eine Laufzeit von mindestens 6,5 Jahren und höchstens 10 Jahren hat. In beiden Fällen hat die Börse eine Formel, mit der sie den erzielten Preis dem Kupon und dem Fälligkeitsdatum der gelieferten Anleihe anpassen kann. Zinsfutures werden in Kapitel 6 diskutiert.

DIE KONTRAKTEINHEIT

Die Kontrakteinheit (Kontraktgröße, Kontraktmenge) spezifiziert die Menge des Basisobjektes, die im Rahmen eines einzigen Kontraktes zu liefern ist. Das ist eine wichtige Entscheidung für die Börse. Ist die Kontrakteinheit zu groß, sind viele Investoren, die relativ kleine Risiken absichern oder relativ kleine spekulative Positionen wollen, nicht in der Lage, die Börse zu nutzen. Ist die Kontrakteinheit hingegen zu klein, kann der Handel teuer werden, da jeder einzelne Kontrakt Kosten verursacht.

Die richtige Einheit für einen Kontrakt hängt eindeutig von dem potentiellen Nutzer ab. Während ein Futureskontrakt auf ein landwirtschaftliches Produkt vielleicht einen Wert in der Größenordnung zwischen 10.000 $ bis 20.000 $ hat, ist der Wert einiger Financial Futures wesentlich höher. Beispielsweise werden im Rahmen des an der Chicago Board of Trade gehandelten T-Bond-Kontraktes Instrumente mit einen Nennwert von 100.000 $ geliefert.

LIEFERVEREINBARUNGEN

Die Börse spezifiziert den Lieferort. Das ist vor allem für Rohstoffe wichtig, bei denen signifikante Transportkosten anfallen. Im Fall der Kontrakte auf Holz mit Zufallslängen spezifiziert die Chicago Mercantile Exchange den Lieferort wie folgt:

> Auf der Schiene und zusammen in doppeltürigen geschlossenen Güterwagen oder, kostenlos für den Käufer, jede Einheit individuell in Papier verpackt und auf Plattformwagen geladen. Pari-Lieferung der kanadischen Hemlocktanne in Kalifornien, Idaho, Montana, Nevada, Oregon und Washington und in die Provinz British Columbia.

Sind alternative Orte spezifiziert, wird der Preis, den die Partei mit der Verkaufsposition erhält, mitunter entsprechend dem von dieser Partei gewählten Ort angepasst. So kann bei einem an der Chicago Board of Trade gehandelten Mais Futureskontrakt nach Chicago, Burns Harbor, Toledo oder St. Louis geliefert werden. Bei Lieferungen nach Toledo oder St. Louis gibt es jedoch einen Abschlag von 4 Cents je Bushel vom Kontraktpreis in Chicago.

LIEFERMONATE

Ein Futureskontrakt bezieht sich immer auf den Liefermonat. Die Börse muss den genauen Zeitraum innerhalb des Monats spezifizieren, in dem die Lieferung erfolgen kann. Bei vielen Futureskontrakten erstreckt sich die Lieferperiode auf den gesamten Monat.

Die Liefermonate variieren von Kontrakt zu Kontrakt und werden von der Börse entsprechend den Bedürfnissen der Marktteilnehmer ausgewählt. Beispielsweise haben Währungsfutures am International Money Market die Liefermonate März, Juni, September und Dezember; die an der Chicago Board of Trade gehandelten Mais Futures haben als Liefermonate den März, Mai, Juli, September und Dezember. Kontrakte gelten zu jedem gegebenen Zeitpunkt immer für den nächsten Liefermonat und eine Anzahl folgender Liefermonate. Die Börse spezifiziert, ab welchem Monat ein Kontrakt erstmals gehandelt wird. Die Börse spezifiziert auch den Tag, an dem ein gegebener Kontrakt zum letzten Mal gehandelt wird. Der Handel endet gewöhnlich einige Tage vor dem letzten Tag, an dem die Lieferung erfolgen kann.

PREISNOTIERUNGEN

Der Futurespreis wird so notiert, dass er bequem und einfach zu verstehen ist. Beispielsweise werden Futurespreise für Rohöl an der New York Mercantile Exchange in Dollar je Barrel bis auf zwei Dezimalstellen (i. e. auf- oder abgerundet auf den nächsten Cent-Wert) notiert. Futurespreise für T-Bonds und T-Notes werden an der Chicago Board of Trade auf ein zweiunddreißigstel eines Dollars genau in Dollar notiert. Die Mindestpreisbewegung, die es im Handel geben kann, entspricht der Art der Preisnotierung. Bei Öl Futures wäre dies also 0,01 $ je Barrel und bei T-Bond-Futures und T-Note-Futures ein zweiunddreißigstel eines Dollar.

MAXIMAL ZULÄSSIGE PREISBEWEGUNGEN

Die Börse spezifiziert für die meisten Kontrakten Preisschwankungslimits. Fällt der Preis unter einen Betrag, der dem Tagespreislimit entspricht, hat der Kontrakt ein sogenanntes *limit down*. Steigt der Preis über das Limit, hat der Kontrakt ein sogenanntes *limit up*. Eine *Limitbewegung* ist eine Bewegung nach oben oder unten, die der Höhe des Tagespreislimits entspricht. Normalerweise wird der Handel für einen Tag ausgesetzt, wenn der Kontrakt über Limit oder unter Limit ist. In einigen Fällen hat die Börse das Recht, einzuschreiten und die Limits zu ändern.

Mit den Schwankungslimits sollen große Preisschwankungen als Ergebnis spekulativer Exzesse verhindert werden. Limits können jedoch zu einer künstlichen Handelsbarriere werden, wenn der Preis des Basisobjekts schnell steigt oder fällt. Ob Preisschwankungslimits im Nettoeffekt gut für den Futuresmarkt sind oder nicht, darüber gehen die Ansichten auseinander.

POSITIONSLIMITS

Ein Positionslimit spezifiziert die maximale Anzahl von Kontrakten, die ein Spekulant halten darf. Die Chicago Mercantile Exchange beispielsweise hat für ihre Kontrakte auf unterschiedlich langes Holz das Positionslimit bei 1.000 Kontrakten mit maximal 300 Kontrakten für einen Liefermonat festgelegt. Bona-Fide-Hedger sind von Positionslimits nicht betroffen. Die Limits sollen verhindern, dass Spekulanten einen unzulässigen Einfluss auf den Markt ausüben.

Konvergenz von Futurespreis und Kassakurs

Nähert sich der Liefermonat für einen Futureskontrakt, konvergiert der Futurespreis gegen den Kassakurs des Basisobjektes. Ist die Lieferperiode erreicht, ist der Futurespreis gleich – oder sehr nahe – dem Kassakurs oder Spotpreis.

Um zu sehen, warum dies so ist, sei angenommen, dass der Futurespreis während der Lieferperiode über dem Kassakurs liegt. Die Wertpapierhändler haben dann eine klare Arbitrage-Möglichkeit:

1. Verkauf eines Futureskontraktes.

2. Kauf des Basisobjektes.
3. Lieferung des Basisobjektes.

Dadurch erzielt der Wertpapierhändler einen sicheren Gewinn in Höhe des Betrages, um den der Futurespreis den Kassakurs übersteigt. Sobald die Wertpapierhändler diese Arbitrage-Möglichkeit nutzen, fällt der Preis. Als nächstes sei angenommen, dass der Futurespreis in der Lieferperiode unter dem Kassakurs liegt. Für Unternehmen, die am Kauf des Basisobjektes interessiert sind, ist es attraktiv, eine Kaufposition zu erwerben und auf die zu erfolgende Lieferung zu warten. Sobald sie diese Möglichkeit nutzen, steigen die Futurespreise tendenziell.

Das führt dazu, dass sich der Futurespreis in der Lieferperiode dem Kassakurs stark annähert. Abbildung 2.1 veranschaulicht, wie der Futurespreis gegen den Kassakurs konvergiert. In Abbildung 2.1a liegt der Futurespreis vor dem Liefermonat über dem Kassakurs. In Abbildung 2.1b liegt der Futurespreis vor dem Liefermonat unter dem Kassakurs. Die Umstände, unter denen sich diese beiden Muster beobachten lassen, werden später in diesem Kapitel und in Kapitel 3 diskutiert.

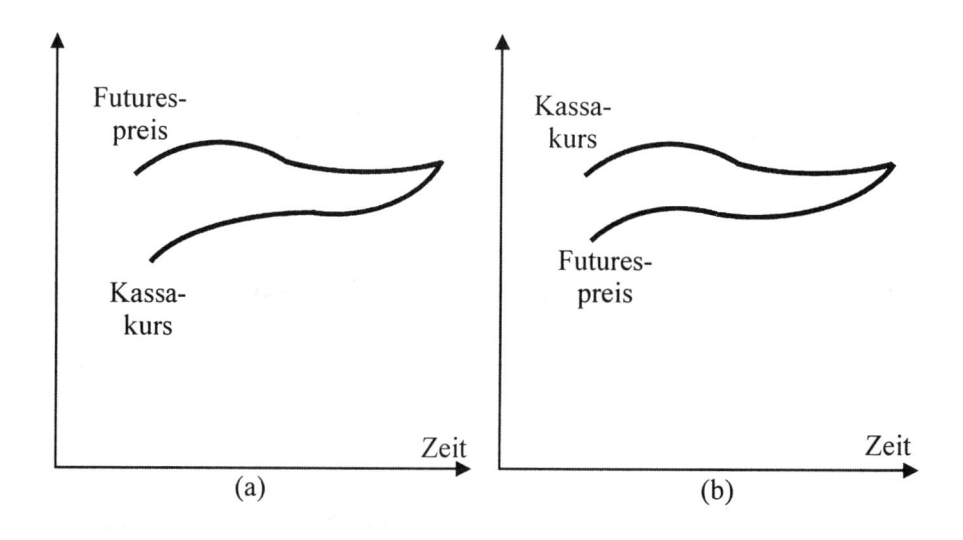

Abbildung 2.1: Beziehung zwischen Futurespreis und Kassakurs bei Näherrücken des Liefermonats; (a) der Futurespreis liegt über dem Kassakurs; (b) der Futurespreis liegt unter dem Kassakurs

Das System der Margin-Regelung

Wenn zwei Investoren direkt miteinander ins Geschäft kommen und vereinbaren, ein Basisobjekt in der Zukunft zu einem bestimmten Preis zu handeln, gibt es offensichtliche Risiken. Einer der Investoren bedauert vielleicht das Geschäft und versucht zurückzutreten. Alternativ hat vielleicht der Investor einfach nicht die finanziellen Ressourcen, um den Vertrag einzuhalten. Zu den zentralen Aufgaben der Börse gehört es daher, den Handel so zu organisieren, dass es zu keinen Kontraktverstößen kommt. Hier kommt die Margin (auch: Marge, (Bar-)Einschuss) ins Spiel.

MARKING TO MARKET

Um zu veranschaulichen, wie Margins funktionieren, betrachte man einen Investor, der am Donnerstag, dem 5. Juni 1997, seinen Broker kontaktiert und beauftragt, an der New York Commodity Exchange (COMEX) zwei Dezember 1997 Gold Futureskontrakte zu kaufen. Angenommen der aktuelle Futurespreis liegt bei 400 $ je Unze. Da die Kontrakteinheit 100 Unzen beträgt, kauft der Investor zu diesem Preis insgesamt 200 Unzen. Der Broker verlangt vom Investor, einen Geldbetrag auf ein separates Konto, das *Marginkonto* oder *Effektenkreditkonto*, zu zahlen. Der Betrag, der zu Kontraktbeginn eingezahlt wird, ist der sogenannte *Originaleinschuss*. Angenommen er liegt bei 2.000 $ je Kontrakt oder 4.000 $ insgesamt. Am Ende eines jeden Börsentages wird das Marginkonto angepasst, um den Gewinn oder den Verlust des Investors widerzugeben. Diese Praxis ist das sogenannte *Marking to Market*.

Man nehme beispielsweise an, dass am Abend des 5. Juni der Futurespreis von 400 $ auf 397 $ gefallen ist. Der Investor hat einen Verlust von 600 $ (= 200 × 3 $), da die 200 Unzen Dezember Gold, die der Investor laut Kontrakt zu 400 $ kaufen will, nun für nur noch 397 $ verkauft werden können. Der Kontostand auf dem Marginkonto würde sich daher um 600 $ auf 3.400 $ verringern. Steigt dagegen am Ende des ersten Tages der Preis des Dezember Goldes auf 403 $, würde der Kontostand auf dem Marginkonto um 600 $ auf 4.600 $ steigen. Ein Geschäft wird immer am ersten Tag, an dem es abgeschlossen ist, dem Markt angepasst (marked to market). Danach wird es am Handelsschluss eines jeden folgenden Tages angepasst.

Das Marking to Market ist nicht nur eine Vereinbarung zwischen dem Broker und seinem Kunden. Sinkt der Futurespreis, so dass sich das Marginkonto eines Investors mit einer Kaufposition um 600 $ verringert, muss der Broker des Investors 600 $ an die Börse zahlen, die Börse leitet das Geld weiter an den Broker des Investors mit der Verkaufsposition. Steigt hingegen der Futurespreis, zahlt der Broker eines Investors mit einer Verkaufsposition Geld an die Börse und der Broker eines Investors mit einer Kaufposition bekommt Geld von der Börse. Dieser Mechanismus wird später noch genauer betrachtet.

Der Investor hat das Recht, jeden Betrag von seinem Marginkonto abzuheben, der den Originaleinschuss übersteigt. Um sicherzustellen, dass der Kontostand auf dem Marginkonto nie negativ wird, wird ein *Mindesteinschuss* festgelegt, der etwas unter dem Originaleinschuss liegt. Fällt der Kontostand auf dem Marginkonto unter den Mindesteinschuss, erhält der Investor eine *Nachschussforderung*. Es wird von ihm erwartet, dass er bis zum nächsten Tag das Konto bis zum Niveau des Originaleinschuss wiederauffüllt. Dieses extra einzuzahlende Geld ist der sogenannte *Nachschuss*. Zahlt der Investor den Nachschuss nicht, stellt der Broker durch Verkauf des Kontraktes die Position glatt. Im Fall des oben betrachteten Investors würde eine Glattstellung der Position heißen, den vorhandenen Kontrakt durch den Verkauf von 200 Unzen Gold, die im Dezember zu liefern sind, zu neutralisieren.

Tabelle 2.2 veranschaulicht die Operationen auf dem Marginkonto am Beispiel einer möglichen Sequenz der Futurespreise im Fall des oben betrachteten Investors. Zum Zweck der Veranschaulichung wird angenommen, dass der Mindesteinschuss 1.500 $ je Kontrakt oder 3.000 $ insgesamt beträgt. Am 13. Juli fällt der Kontostand und liegt 340 $ unter dem Mindesteinschussniveau. Dies führt dazu, dass der Broker dem Investor eine Nachschussforderung in Höhe von zusätzlichen 1.340 $ zukommen lässt. In Tabelle 2.2 wird davon ausgegangen, dass der Investor diese Margin tatsächlich bis zum Börsenschluss am 16. Juni zahlt. Am 19. Juni fällt der Kontostand abermals unter den Mindesteinschuss, der Broker erhebt eine Nachschussforderung in Höhe von 1.260 $. Der Investor zahlt diese Margin bis zum Börsenschluss am 20. Juni. Am 26. Juni beschließt der Investor die Glattstellung der Position durch den Leerverkauf zweier Kontrakte. An diesem Tag beträgt der Futurespreis 392,30 $ und der Investor hat einen kumulierten Verlust von 1.540 $. Die Tabelle zeigt, dass der Investor am 16., 23., 24. und 25. Juni einen Marginüberschuss hat. Es wird davon ausgegangen, dass der Überschuss nicht abgehoben wird.

Tabelle 2.2: Marginoperationen bei einer Kaufposition in zwei Gold Futureskontrakten

Der Einschuss beträgt 2.000 $ je Kontrakt oder 4.000 $ insgesamt, der Mindesteinschuss beträgt 1.500 $ je Kontrakt oder 3.000 $ insgesamt. Der Kontrakt wird am 5. Juni bei 400 $ geschlossen und am 26. Juni bei 392,30 $ glattgestellt. Die Zahlen in der zweiten Spalte, außer die erste und letzte Zahl, sind die Futurespreise zum Börsenschluss.

Tag	Futures-preis ($)	Verlust (Gewinn) je Tag ($)	Kumulativer Verlust (Gewinn) ($)	Stand des Marginkontos ($)	Nach-schuss-forderung ($)
	400,00			4.000	
5. Juni	397,00	(600)	(600)	3.400	
6. Juni	396,10	(180)	(780)	3.220	
9. Juni	398,20	420	(360)	3.640	
10. Juni	397,10	(220)	(580)	3.420	
11. Juni	396,70	(80)	(660)	3.340	
12. Juni	395,40	(260)	(920)	3.080	
13. Juni	393,30	(420)	(1.340)	2.660	1.340
16. Juni	393,60	60	(1.280)	4.060	
17. Juni	391,80	(360)	(1.640)	3.700	
18. Juni	392,70	180	(1.460)	3.880	
19. Juni	387,00	(1.140)	(2.600)	2.740	1.260
20. Juni	387,00	0	(2.600)	4.000	
23. Juni	388,10	220	(2.380)	4.220	
24. Juni	388,70	120	(2.260)	4.340	
25. Juni	391,00	460	(1.800)	4.800	
26. Juni	392,30	260	(1.540)	5.060	

WEITERE DETAILS

Einige Broker verzinsen das Guthaben auf dem Marginkonto, so dass bei marktüblichen Zinsen der Kontostand mithin nicht die wahren Kosten widerspiegelt. Um den Originaleinschusssätzen (aber nicht den nachfolgenden Nachschussforderungen) zu entsprechen, kann der Investor bisweilen auch Wertpapiere bei dem Broker hinterlegen. Statt Bargeld werden normalerweise auch Schatzwechsel mit 90% ihres Nennwerts akzeptiert. Auch Aktien werden mitunter statt Bargeld akzeptiert – aber nur mit ungefähr 50% ihres Nennwerts.

Der Effekt des Marking to Market ist, dass ein Futureskontrakt täglich und nicht erst am Ende der Laufzeit abgerechnet wird. Am Ende eines jeden Tages werden die Gewinne (Verluste) des Investors zu (von) dem Marginkonto addiert (subtrahiert), so dass der Wert des Kontrakts auf null gesetzt wird. Ein Futureskontrakt wird täglich abgerechnet zu der als Abrechnungskurs deklarierten Futuresnotiz.

Die Börse bestimmt die Mindestniveaus für die Originaleinschüsse und Mindesteinschüsse. Es kann aber sein, dass einzelne Broker höhere als die von der Börse spezifizierten Margins von ihren Kunden verlangen. Allerdings dürfen sie keine niedrigeren Margins als die von der Börse spezifizierten fordern. Die Marginniveaus werden von der Preisvariabilität des Basisobjektes bestimmt. Je höher die Variabilität, desto höher die Marginniveaus. Der Mindesteinschuss beträgt gewöhnlich 75 Prozent vom Originaleinschuss.

Die Einschusssätze können auch von den Zielen des Händlers abhängen. Für einen Bona-Fide-Hedger, wie einem Unternehmen, das die Ware produziert, für die der Futureskontrakt verkauft wird, sind die Einschusssätze oftmals niedriger als für Spekulanten. Der Grund dafür ist, dass das Risiko eines Scheiterns geringer eingeschätzt wird. Bei Day Trades und Spread Positionen sind die Einschusssätze auch oft geringer als bei Hedge-Transaktionen. Bei einem *Day Trade* gibt der Wertpapierhändler dem Broker seine Absicht bekannt, eine Position am selben Tag zu verkaufen, an dem er sie gekauft hat. Kauft also der Händler eine Kaufposition, plant er, später am Tag eine ausgleichende Verkaufsposition zu kaufen; kauft der Händler eine Verkaufsposition, plant er, später am Tag eine ausgleichende Kaufposition zu kaufen. Bei einer *Spread-Transaktion* kauft der Wertpapierhändler gleichzeitig eine Kaufposition und eine Verkaufsposition in dem gleichen Basisobjekt aber mit unterschiedlichen Fälligkeitsmonaten.

Wichtig ist außerdem, dass die Einschusssätze für Kauf- und Verkaufspositionen in Futures identisch sind. Es ist genauso einfach, eine Kaufposition wie eine Verkaufsposition zu kaufen. Auf dem Kassamarkt gibt es diese Symmetrie nicht. Kauft man auf dem Kassamarkt eine Kaufposition, bedeutet das den Kauf des Vermögenswertes. Dies stellt keine Probleme dar. Aber der Kauf einer Verkaufsposition bedeutet, dass man einen Vermögenswert verkauft, den man nicht besitzt. Das ist eine komplexere Transaktion, die je nach Markt möglich ist oder nicht. Dieser Punkt wird im nächsten Kapitel diskutiert.

CLEARINGHOUSE UND CLEARINGMARGINS

Das *Börsen-Clearinghouse* ist der Börse angegliedert und dient als Intermediär bei den Futurestransaktionen. Es garantiert, dass beide Parteien die Transaktion ausführen. Das Clearinghouse besteht aus mehreren Mitgliedern, die alle ihre Büros nahe dem Clearinghouse haben. Broker, die nicht selbst Mitglied des Clearinghouse sind, müssen ihre Geschäfte über ein Mitglied abwickeln. Die Hauptaufgabe des Clearinghouse besteht darin, alle Transaktionen, die an einem Tag stattfinden, zu verfolgen, so dass es die Nettoposition eines jeden Mitglieds einschätzen kann.

So wie ein Investor ein Marginkonto bei einem Broker unterhalten muss, so muss auch ein Mitglied des Clearinghouse ein Marginkonto bei dem Clearinghouse unterhalten. Das ist die sogenannte *Clearingmargin*. Wie die Marginkonten der Investoren werden auch die Marginkonten der Mitglieder des Clearinghouse täglich bei Börsenschluss an die Gewinne und Verluste angepasst. Mitglieder des Clearinghouse müssen zwar auch einen Originaleinschuss aber keinen Mindesteinschuss leisten. Jeden Tag muss der Kontostand für jeden Kontrakt auf einen Betrag gebracht werden, der gleich dem Originaleinschuss mal der Zahl der umlaufenden Kontrakte ist. Abhängig von den Transaktionen während des Tages und den Preisbewegungen muss ein Mitglied des Clearinghouse daher vielleicht am Ende des Tages Geld auf sein Marginkonto einzahlen. Alternativ kann es natürlich sein, dass das Mitglied bei Börsenschluss Geld abheben kann. Broker, die nicht Mitglied des Clearinghouse sind, müssen ein Marginkonto bei einem Mitglied des Clearinghouse unterhalten.

Bei der Festsetzung der Clearingmargins berechnet das Clearinghouse die Zahl der umlaufenden Kontrakte entweder auf einer Brutto- oder Nettobasis. Bei der *Brutto-Basis* werden einfach alle von den Kunden eingegangenen Kaufpositionen zu der Summe aller von den Kunden eingegangenen Verkaufspositionen addiert. Bei der *Netto-Basis* werden sie miteinander verrechnet. Angenommen ein Mitglied des Clearinghouse hat zwei Kunden: einen mit einer Kaufposition in 20 Kontrakten, einen anderen mit einer Verkaufsposition in 15 Kontrakten. Beim Brutto-Margining wird die Clearingmargin auf Basis von 35 Kontrakten berechnet; beim Netto-Margining wird die Clearingmargin auf Basis von 5 Kontrakten errechnet. Die meisten Börsen benutzen derzeit das Netto-Margining.

Hervorzuheben ist, dass der Zweck des Margining-Systems darin besteht, die Gefahr zu verringern, dass Marktteilnehmer wegen Vertragswidrigkeiten Verluste erleiden. Insgesamt hat sich das System bewährt. An den großen Börsen sind Verluste durch Vertragswidrigkeiten nahezu nicht existent.

Zeitungsnotierungen

Viele Zeitungen notieren Futurespreise. Im *Wall Street Journal* stehen die Futuresnotierungen derzeit in der Abteilung Money and Investment. Tabelle 2.3 zeigt die Rohstoffnotierungen im *Wall Street Journal* vom Mittwoch, dem 25. September 1996. Die Notierungen beziehen sich auf den Handel vom Vortag (i. e. Dienstag, den 24. September 1996). Die Notierungen für Indexfutures und Währungsfutures sind in Kapitel 3 abgedruckt. Die Notierungen für Zinsfutures finden sich in Kapitel 5.

Der Vermögenswert, der dem Futureskontrakt zugrunde liegt, die Börse, an der der Kontrakt gehandelt wird, die Kontrakteinheit und wie der Preis notiert wird finden sich oben in der Tabelle 2.3. Das erste Basisobjekt ist Mais, gehandelt an der Chicago Board of Trade. Die Kontrakteinheit beträgt 5.000 Bushel und der Preis wird notiert in Cents je Bushel. Die Monate, in denen bestimmte Kontrakte gehandelt werden, stehen in der ersten Spalte. Mais Kontrakte mit Fälligkeiten im Dezember 1996, März 1997, Mai 1997, Juli 1997, September 1997 und Dezember 1997 wurden am 24. September 1996 gehandelt.

PREISE

Die ersten drei Zahlen in jeder Zeile zeigen den Eröffnungspreis (Open), den Tageshöchstpreis (High) und den Tagestiefstpreis (Low). Der Eröffnungspreis repräsentiert die Preise, zu denen die Kontrakte sofort nach Börsenbeginn gehandelt wurden. Am 24. September 1996 lag der Eröffnungspreis für Dezember 1996 Mais bei 312¾ Cents je Bushel, und im Lauf des Tages pendelte der Preis zwischen 313 und 309¾ Cents.

KAPITEL 2 Mechanismen der Futures- und Forwardmärkte   39

Tabelle 2.3: Warenterminnotierungen aus dem *Wall Street Journal* vom 25. September 1996 (*Auszug*)

FUTURES PRICES
Tuesday, September 24, 1996
Open Interest Reflects Previous Trading Day

	Open	High	Low	Settle	Change	Lifetime High	Low	Open Interest
\multicolumn{9}{c}{GRAINS AND OILSEEDS}								
CORN (CBT) 5,000 bu.; cents per bu.								
Dec	312¾	313	309¾	310½	– 2¾	389	239	189,154
Mr97	319¾	319¾	316½	317	– 2¾	394½	279¼	62,588
May	326½	326½	322¾	323	– 3¼	394	306	26,557
July	328	328	324½	325	– 3	393	284	19,643
Sept	308	308	306½	306½	– 2½	335	298	2,526
Dec	298¾	298¾	296½	298	– 1¾	310	249¾	13,722
Est vol 45,000; vol Mon 50,970; open int 316,376, + 7,345.								
OATS (CBT) 5,000 bu; cents per bu.								
Dec	166¼	169	165½	167¾	+ 1	257¼	160	8,883
Mr97	173½	175¾	173	174	+ ¼	258½	169¼	2,296
May	178½	179	177½	178½	+ ½	250	173¾	260
Est vol 750; vol Mon 507; open int 11,499, –161.								
SOYBEAN MEAL (CBT) 100 tons ; $ per ton.								
Oct	260.80	260.80	258.20	260.00	– .80	265.70	190.00	20,076
Dec	257.70	257.70	255.00	255.90	– 1.90	262.00	178.00	43,742
Ja97	256.00	256.00	254.20	254.60	– 2.40	260.00	215.00	8,420
Mar	253.30	253.40	251.60	251.70	– 2.90	258.00	226.50	11,055
May	249.00	249.50	248.50	248.50	– 2.10	256.00	224.50	6,493
July	249.50	249.50	247.70	248.30	– 2.30	256.00	199.20	3,011
Aug	247.00	247.00	245.00	246.40	– 1.90	251.50	227.00	591
Est vol 17,000; vol Mon 20,836; open int 94,192, +87.								
WHEAT (CBT) 5,000 bu; cents per bu.								
Dec	425	433½	425	429½	+ 3	632¾	362	46,526
Mr97	418	424½	417½	420 ½	+ 2¼	618½	409	13,361
May	403	408½	402	404 ¾	+ 2¾	547	395	1,148
July	386	389½	386	388	+ 3	465	365	5,279
Est vol 12,000; vol Mon 10,870; open int 67,625, –324.								
\multicolumn{9}{c}{LIVESTOCK AND MEAT}								
CATTLE-LIVE (CME) 40,000 lbs.; cents per lb.								
Oct	71.65	72.87	71.55	72.72	+ 1.12	73.52	59.90	28,150
Dec	67.05	67.77	66.85	67.62	+ .77	68.95	59.40	32,401
Fb97	64.60	64.82	64.30	64.72	+ .27	66.02	60.15	16,288
Apr	66.17	66.30	65.90	66.20	+ .12	67.90	62.65	7,751
June	64.02	64.20	63.85	64.10	+ .10	66.75	61.00	3,554
Aug	64.10	64.22	64.00	64.02	– .02	66.75	62.65	3,950
Oct	66.00	66.00	65.90	66.00	+ .10	66.90	65.90	332
Est vol 18,643; vol Mn 13,434; open int 92,426, –225.								
GOLD (Cmx.Div.NYM)-100 troy oz.; $ per troy oz.								
Sept	....	....	....	382.60	+ 1.30	389.00	383.10	1
Oct	382.70	382.70	381.70	382.80	+ 1.20	432.20	380.70	6,139
Dec	384.80	385.80	384.80	385.70	+ 1.30	447.50	379.60	105,980
Fb97	387.70	388.30	387.20	388.10	+ 1.30	428.00	385.70	13,662
Apr	390.10	390.10	399.70	390.40	+ 1.20	428.00	388.20	8,154
June	392.30	392.30	392.30	392.90	+ 1.10	456.00	391.40	11,665

Tabelle 2.3: Warenterminnotierungen aus dem *Wall Street Journal* vom 25. September 1996 (*Auszug*)

Aug	....	....	....	395.50	+ 1.10	414.50	395.00	4,748
Oct		....	....	398.20	+ 1.10	426.50	396.30	404
Dec	400.80	401.30	400.80	400.90	+ 1.00	477.00	399.50	10,451
Fb98		....	....	403.80	+ 1.00	424.00	402.00	577
Apr		....	....	406.40	+ 1.00	408.40	408.40	1,354
June		....	....	409.30	+ 1.00	489.50	407.50	4,883
Dec	418.00	418.00	418.00	417.90	+ .90	505.00	416.30	5,295
Ju99		....	....	426.30	+ .80	520.00	425.40	5,663
Dec		....	....	434.70	+ .70	506.00	437.40	3,604
Ju00		....	....	443.30	+ .60	473.50	442.50	3,700
Dec		....	....	451.90	+ .50	474.50	450.50	5,054
Ju01		....	....	460.60	+ .40	....	....	1,155

Est vol 27,000; vol Mn 11,528; open int 192,489, +15.

CRUDE OIL, Light Sweet (NYM) 1,000 bbls. ; $ per bbl.

Nov	23.39	24.10	23.34	24.07	+ 0.70	24.64	16.68	85,660
Dec	22.88	23.55	22.85	23.53	+ 0.69	23.83	16.65	62,184
Ja97	22.32	22.95	22.31	22.92	+ 0.61	23.10	16.70	40,670
Feb	21.82	22.31	21.82	22.35	+ 0.55	22.50	16.72	25,708
Mar	21.40	21.75	21.40	21.87	+ 0.51	21.87	16.75	18,144
Apr	21.03	21.30	21.01	21.49	+ 0.48	21.40	16.74	13,081
May	20.68	20.95	20.68	21.12	+ 0.46	20.95	16.92	9,169
June	20.34	20.55	20.34	20.78	+ 0.43	20.55	16.71	26,312
July	20.10	20.30	20.10	20.52	+ 0.42	20.30	16.80	9,812
Aug	19.84	20.07	19.84	20.28	+ 0.40	20.07	16.88	7,049
Sept	19.66	19.85	19.63	20.05	+ 0.38	19.85	16.71	7,835
Oct	19.45	19.74	19.45	19.85	+ 0.37	19.74	16.84	5,277
Nov	19.27	19.47	19.23	19.65	+ 0.36	19.47	16.90	5,518
Dec	19.05	19.35	19.05	19.46	+ 0.35	19.35	16.80	23,449
Ja98	18.94	19.15	18.94	19.31	+ 0.34	19.15	17.04	7,879
Feb	....	....	....	19.20	+ 0.33	18.77	17.15	3,320
Mar	...	....	....	19.09	+ 0.32	18.14	17.30	1,602
Apr	18.57	18.57	18.57	18.98	+ 0.31	18.57	17.38	591
May	...	....	....	18.88	+ 0.31	17.90	17.39	860
June	18.40	18.40	18.40	18.78	+ 0.31	18.70	17.17	7,630
July	...	....	....	18.70	+ 0.30	17.70	17.60	1,271
Aug	...	....	....	18.65	+ 0.27	....	....	98
Sept	...	....	....	18.62	+ 0.25	18.06	17.94	1,011
Oct	...	....	....	18.62	+ 0.25	18.00	17.75	158
Nov	...	....	....	18.62	+ 0.25	....	....	170
Dec	18.20	18.20	18.20	18.63	+ 0.25	19.10	17.05	8,346
Ja99	....	....	....	18.65	+ 0.25	17.85	17.85	3,005
June	....	....	....	18.69	+ 0.24	18.15	17.80	3,603
Dec	18.40	18.40	18.40	18.75	+ 0.24	19.82	17.62	7,655

Est vol na; vol Mn na; open int 388.307. −8.516

Quelle: Wall Street Journal, 25. September 1996. Copyright © Dow Jones & Company, Inc. Alle Rechte vorbehalten.

SCHLUSSWERT

Die vierte Zahl gibt den *Schlusswert* (Settle) an. Das ist der durchschnittliche Preis, zu dem der Kontrakt unmittelbar vor Börsenschluss an dem Tag gehandelt wurde. Die fünfte Zahl ist die Veränderung des Schlusswertes gegenüber dem Vortag. Bei dem Dezember 1996 Mais Futureskontrakt war der Schlusswert am 24. September 1996 310½ Cents und lag damit 2¾ Cents unter dem Schlusswert vom 23. September 1996.

Der Schlusswert ist wichtig, da er zur Berechnung der täglichen Gewinne und Verluste und Marginsätze benötigt wird. Im Fall eines Dezember 1996 Mais Futures bedeutet das für einen Investor mit einer Kaufposition in einem Kontrakt, dass sich der Stand seines Marginkontos zwischen dem 23. September 1996 und dem 24. September 1996 um 137,50 $ (= 5.000 × 2,75 Cents) verringert hat. Der Kontostand eines Investors mit einer Verkaufsposition in einem Kontrakt ist dagegen zwischen dem 23. September 1996 und dem 24. September 1996 um 137,50 $ gestiegen.

HÖCHST- UND TIEFSTWERTE ÜBER DIE LAUFZEIT

Die sechste und die siebte Zahl zeigen den Höchstpreis und den Tiefstpreis an, den ein Kontrakt über seine Laufzeit erreicht (Lifetime High, Lifetime Low). Der Dezember 1996 Mais Kontrakt ist am 24. September 1996 über ein Jahr im Handel. In dieser Zeit hatte er einen Höchstpreis von 389 Cents und einen Tiefstpreis von 239 Cents.

AUSSTEHENDE KONTRAKTE UND UMSATZVOLUMEN

Die letzte Spalte in Tabelle 2.3 zeigt die *ausstehenden Kontrakte* (Open Interest) an. Das ist die Gesamtzahl der noch nicht glattgestellten Kontrakte. Die ausstehenden Kontrakte setzen sich zusammen aus der Zahl der Kaufpositionen oder äquivalent der Zahl der Verkaufspositionen. Aufgrund der mit der Datenkompilierung verbundenen Probleme ist diese Information immer einen Tag älter als die Preisinformation. Das *Wall Street Journal* vom 25. September 1996 zeigt somit die ausstehenden Kontrakte bei Börsenschluss am 23. September 1996 an. Bei dem Dezember 1996 Mais Futureskontrakt gab es 189.154 ausstehende Kontrakte.

Am Ende des Abschnitts zeigt Tabelle 2.3 das für den 24. September 1996 geschätzte Umsatzvolumen für sämtliche, von den Laufzeiten unabhängige

Kontrakte sowie das tatsächliche Umsatzvolumen für den 23. September 1996. Dort finden sich auch die gesamten ausstehenden Kontrakte für alle Kontrakte am 23. September 1996 und die zahlenmäßige Veränderung gegenüber dem Börsenvortag. Für den 24. September 1996 wird das Umsatzvolumen von Mais Futureskontrakte auf 45.000 Kontrakte geschätzt, am 23. September 1996 betrug das tatsächliche Umsatzvolumen 50.970 Kontrakte. Die ausstehenden Kontrakte aller Mais Futureskontrakte beliefen sich am 23. September 1996 auf 316.376 und lagen damit um 7.345 über dem Börsenvortag.

Manchmal ist bei Börsenschluss das Umsatzvolumen an einem Tag größer als die Anzahl der ausstehenden Kontrakte. Das ist ein Indikator für einen lebhaften Day Trade.

STRUKTUREN VON FUTURESPREISEN

Aus Tabelle 2.3 lassen sich einige verschiedene Muster für Futurespreise entnehmen. Der Futurespreis von Gold an der New York Commodity Exchange und der für Hafer an der Chicago Board of Trade steigt mit wachsender Laufzeit. Das ist als *normaler Markt* bekannt. Der Futurespreis für Weizen an der Chicago Board of Trade dagegen ist eine sinkende Funktion der Laufzeit. Das ist als *invertierter Markt* bekannt. Bei Lebendvieh ist das Muster gemischt. Erst sinkt der Futurespreis, dann steigt er, sinkt dann wieder und steigt dann mit zunehmender Laufzeit.

Keynes und Hicks

Nähert sich der Futureskontrakt seiner Fälligkeit, konvergiert der Futurespreis eines Basisobjektes gegen seinen Kassakurs. Die interessante Frage lautet, ob der Futurespreis über oder unter dem erwarteten künftigen Kassakurs liegt. Liegt der Futurespreis über dem erwarteten künftigen Kassakurs, wird erwartet, dass der Futurespreis sinkt. Liegt der Futurespreis dagegen unter dem erwarteten künftigen Kassakurs, wird erwartet, dass der Futurespreis steigt. Die Ökonomen John Maynard Keynes und John Hicks argumentieren, dass, wenn Hedger tendenziell Verkaufspositionen und Spekulanten tendenziell Kaufpositionen halten, der Futurespreis unter dem erwarteten künftigen Kassakurs liegt. Der Grund dafür ist, dass Spekulanten für die von ihnen getragenen Risiken kompensiert werden müssen. Sie machen nur Geschäfte, wenn sie erwarten, dass der Futurespreis über die Zeit steigt. Wenn Hedger tendenziell Kaufpositionen und Spekulanten tendenziell Verkaufspositionen halten, argumentieren Keynes und Hicks, muss der Futurespreis über dem erwarteten künftigen Kassakurs liegen. Der Grund ist ähnlich. Um die Spekulanten für ihre Risiken zu kompensieren, muss die Erwartung vorherrschen, dass die Futurespreise über die Zeit sinken.

Eine Situation, in der der Futurespreis unter dem erwarteten künftigen Kassakurs liegt, wird als *normaler Deport* (normal backwardation) bezeichnet; liegt der Futurespreis dagegen über dem erwarteten künftigen Kassakurs, heißt die Situation *Report* (contango). Im nächsten Kapitel werden die Determinanten der Futurespreise und die Beziehung zwischen Futurespreisen und erwarteten künftigen Kassakursen detaillierter betrachtet.

Lieferung

Wie bereits oben in diesem Kapitel erwähnt, enden nur sehr wenige Futureskontrakte mit einer tatsächlichen Lieferung oder Andienung des Basisobjektes. Die meisten werden vorzeitig glattgestellt. Trotzdem bestimmt die Möglichkeit einer eventuellen Lieferung den Futurespreis. Es ist daher wichtig, dass man den Lieferprozess versteht.

Die Periode, innerhalb derer die Lieferung erfolgen kann, wird von der Börse vorgegeben und variiert von Kontrakt zu Kontrakt. Die Entscheidung, wann die Lieferung erfolgt, wird von der Partei mit der Verkaufsposition getroffen, die im folgenden Investor A genannt wird. Wenn Investor A sich entschließt zu liefern, schickt sein Broker ein *Ankündigungsschreiben* an das Clearinghouse der Börse. Das Schreiben enthält die Zahl der zu liefernden Kontrakte und spezifiziert im Falle von Rohstoffen den Lieferort und die Qualität der gelieferten Ware. Die Börse sucht dann eine Partei mit einer Kaufposition, die die Lieferung annimmt.

Angenommen die Partei, die auf der anderen Seite stand, als der Futureskontrakt von Investor A auf dem Börsenparkett verhandelt wurde, war Investor B. Es gibt keinen Grund zu erwarten, dass Investor B die Lieferung annimmt. Dieser Punkt ist ganz wichtig. Investor B hat vielleicht schon seine Position glattgestellt, indem er eine Verkaufsposition in einem Kontrakt mit Investor C gekauft hat, und Investor C hat seine Position vielleicht schon glattgestellt, indem er eine Verkaufsposition in einem Kontrakt mit Investor D gekauft hat; und so weiter. In der Regel schickt die Börse das Ankündigungsschreiben an die Partei mit der ältesten ausstehenden Kaufposition. Parteien mit Kaufpositionen müssen diese Ankündigungsschreiben akzeptieren. Sind diese Schreiben aber übertragbar, haben Investoren mit Kaufpositionen etwas Zeit, normalerweise eine halbe Stunde, um eine andere Partei mit einer Kaufposition zu finden, die bereit ist, ihnen das Ankündigungsschreiben abzunehmen.

Handelt es sich um einen Rohstoff, bedeutet die Lieferabnahme normalerweise, dass man eine Quittung von einem Lagerhaus erhält und umgehend zahlt. Die Partei, die die Lieferung annimmt, ist dann verantwortlich für sämtliche Lagerkosten. Bei Lebendvieh Futures können Kosten für Futter und Beaufsichtigung der Tiere hinzukommen. Bei Financial Futures erfolgt die Lieferung gewöhnlich durch Überweisung. Der zu zahlende Preis basiert bei allen Kontrakten normalerweise auf den Schlusswert unmittelbar vor dem Datum des Ankündigungsschreibens. Wenn es angemessen ist, wird dieser Preis der Qualität, dem Lieferort und so weiter angepasst. Die ganze Lieferprozedur von der Ausgabe des Ankündigungsschreibens bis zur Lieferung selbst dauert im allgemeinen zwei bis drei Tage.

Kontrakte haben drei wichtige Tage. Das sind der erstmögliche Ankündigungstag, der letztmögliche Ankündigungstag und der letzte Handelstag. Der *erstmögliche Ankündigungstag* ist der erste Tag, an dem ein Ankündigungsschreiben bei der Börse eingereicht werden kann. Der *letztmögliche Ankündigungstag* ist der letzte Tag, an dem eingereicht werden kann. Der *letzte Handelstag* liegt im allgemeinen ein paar Tage vor dem letztmöglichen Ankündigungstag. Um das Risiko zu vermeiden, eine Lieferung annehmen zu müssen, sollte ein Investor mit einer Kaufposition seine Kontrakte vor dem erstmöglichen Ankündigungstag glattstellen. Tabelle 2.4 liefert Beispiele, wie bei einer Reihe verschiedener Kontrakte der erste Ankündigungstag, der letzte Ankündigungstag und der letzte Handelstag festgelegt sind.

ZAHLUNG PER KASSE

Einige Financial Futures, wie die auf Aktienindizes, werden per Kasse bezahlt, da es unbequem oder unmöglich ist, das Basisobjekt zu liefern. Bei einem Futureskontrakt auf den S&P 500 beispielsweise würde eine Lieferung des Basisobjektes bedeuten, ein Portefeuille von 500 Aktien anzudienen. Wird ein Kontrakt per Kasse abgerechnet, wird er einfach am letzten Handelstag Marked to Market, und alle Positionen werden als glattgestellt erklärt. Um sicherzustellen, dass der Futurespreis gegen den Kassakurs konvergiert, wird der Abrechnungspreis am letzten Handelstag festgelegt auf den Schlusskassakurs des Basisobjektes.

Tabelle 2.4: Erstmöglicher Ankündigungstag, letztmöglicher Ankündigungstag und letzter Handelstag für verschiedene Kontrakte

Börse	Basisobjekt	Erster Ankündigungstag	Letzter Ankündigungstag	Letzter Handelstag
CBOT	Getreide	Letzter Werktag vor Liefermonat	Vorletzter Werktag des Liefermonats	Achtletzter Werktag des Liefermonats
CME	Lebend-Vieh	Sechster Kalendertag des Liefermonats	Vorletzter Werktag des Liefermonats	Zwanzigster Kalendertag des Liefermonats
CSCE	Kakao	Sieben Werktage vor erstem Werktag des Liefermonats	Letzter Handelstag	Achtletzter Werktag des Liefermonats
COMEX	Gold	Vorletzter Werktag des Monats vor Liefermonat	Vorletzter Werktag des Liefermonats	Drittletzter Werktag des Liefermonats

Eine Ausnahme von der Regel, dass Abrechnungspreis und Schlusskassakurs am letzten Handelstag gleich sind, ist der S&P 500 Futureskontrakt. Hier wird als Grundlage für den Abrechnungspreis der Eröffnungskurs des Index am Morgen nach dem letzten Handelstag genommen. Mit diesem Verfahren sollen einige der Probleme, die mit der Tatsache verbunden sind, dass Aktienindex Futures, Aktienindex Optionen und Optionen auf Aktienindex Futures alle am selben Tag auslaufen, verhindert werden. Da Arbitrageure oftmals große Gegenpositionen dieser drei Kontrakte kaufen, könnte es am letzten Fälligkeitstag zu einem chaotischen Handel und erheblichen Kursschwankungen führen, weil sie versuchen, ihre Positionen glattzustellen. Die Medien haben den Begriff *triple witching hour* geprägt, um den Handel in der letzten Stunde eines Fälligkeitstages zu beschreiben.

Der Maklerstand

Der Futureshandel findet im allgemeinen an *Maklerständen* statt. Das sind polygonalförmige Ringe mit Treppen, die ins Zentrum führen. An jedem Stand wird im allgemeinen nur ein einziges bestimmtes Basisobjekt gehandelt. Die Wertpapierhändler, die Interesse an einen Handel mit einem bestimmten Kontraktmonat haben, treffen sich gewöhnlich an einem bestimmten Platz am Stand. Der Handel funktioniert über den sogenannten *offenen Ausruf*. Ein Wertpapierhändler, der einen Geldkurs (i. e. einen Kaufvorschlag) ausruft, ruft „*n* at *p*" (n zu p), wobei *n* die Zahl der Kontrakte und *p* der Preis ist. Ein Wertpapierhändler, der einen Briefkurs (i. e. einen Verkaufsvorschlag) ausruft, ruft „*p* for *n*" (p für n). Der Preis wird normalerweise abgekürzt. Ein Wertpapierhändler, der vier Kontrakte auf Dezember Gold zu 403,20 $ kaufen will, ruft also: „4 at 20" (4 zu 20). Die 20 bezieht sich auf die 20 Cents, wobei 403 $ als selbstverständlich vorausgesetzt sind. Zum Anzeigen von Nachfrage und Angebot wird auch ein kompliziertes System aus Handsignalen verwendet.

Ein Wertpapierhändler, der ein Angebot oder eine Nachfrage verkündet, muss das Geschäft mit dem ersten Wertpapierhändler machen, der seine Akzeptanz signalisiert. Dann erfasst jeder Wertpapierhändler die Zahl der Kontrakte, den Kontrakttyp, den Fälligkeitstermin, den Preis, den Namen des Clearinghouse auf der anderen Seite der Transaktion und die Initialen des anderen Wertpapierhändlers.

Seit kurzem gibt es eine heftige Diskussion über die Bestandsfähigkeit elektronischer Futureshandelssysteme. Bei einem elektronischen System werden Käufer und Verkäufer vom Computer zusammengebracht. Ein potentieller Käufer sitzt an einem Computer-Terminal und zeigt den Preis an, zu dem er gewillt ist zu kaufen. Dieser Preis wird an das gesamte System weitergegeben. Ein anderer Wertpapierhändler, der ebenfalls an einem Computer-Terminal sitzt, loggt sich in das System ein und kann seine Bereitschaft, zu dem Preis des Käufers zu verkaufen, signalisieren, indem er die entsprechenden Tasten drückt. An einigen der großen nordamerikanischen Börsen wird dieses System zur Zeit außerhalb der normalen Börsenstunden eingesetzt und an einigen europäischen Börsen wird es bereits für den gesamten Handel verwendet. Es ist durchaus möglich, dass alle Börsen irgendwann das alte System des offenen Aufrufs abschaffen.

MAKLERSTANDBERICHT

Berichterstatter, die bei der Börse angestellt sind, zeichnen die Zeiten und Preise der Geld- und Briefkurse auf. Diese werden normalerweise auf einer großen Tafel über dem Börsenparkett angezeigt. Die Kurse werden auch über den Börsenticker und auf andere Weise den Investoren mitgeteilt, die nicht auf dem Parkett der Bösen sind. Innerhalb weniger Sekunden sind die Kurse an einer Futuresbörse in aller Welt bekannt.

Für jeden Kontraktmonat zeigt die Tafel

1. Den Bereich der Eröffnungskurse
2. Das Tageshoch (Handels- oder Geldkurs)
3. Das Tagestief (Handels- oder Briefkurs)
4. Das geschätzte Umsatzvolumen
5. Die letzten sieben Kurse vor dem letztnotierten Kurs, mit einem Hinweis, ob es Geld-, Brief- oder Handelskurse sind
6. Den letztnotierten Kurs, mit einem Hinweis, ob es Geld-, Brief- oder Handelskurse sind
7. Die Differenz zwischen dem letzten Kurs und dem Schlusskurs des Börsenvortages
8. Den Schlusswert vom Börsenvortag
9. Allzeithoch (Lifetime high)
10. Allzeittief (Lifetime low)

ARTEN VON WERTPAPIERHÄNDLERN

Es gibt im wesentlichen zwei Arten von Wertpapierhändlern auf dem Börsenparkett: *Commission Broker* und *Local*. Der Commission Broker arbeitet auf Provisionsbasis. Der Local handelt auf eigene Rechnung und erhöht dadurch die Liquidität des Marktes.

Gibt ein Investor eine Bestellung bei einem Broker auf, leitet der Broker den Auftrag telefonisch an seinen Händlertisch (*trading desk*) auf dem Börsenparkett weiter. Der Auftrag wird dann von Boten an den Broker weitergegeben, der entsprechend handelt. Ist der Auftrag ausgeführt, wird die Information an den Händlertisch geleitet, und der Investor erhält schließlich eine Bestätigung über das Geschäft. Die Gesamtprovision, die bei Initiierung des Geschäftes berechnet wird, deckt normalerweise sowohl den Kauf als auch den Verkauf des Kontraktes ab (round-trip). Die selbe Provision wird unabhängig davon berechnet, ob der Kontrakt letztlich glattgestellt wird. Die Provisionen variieren erheblich. Es kann sein, dass ein Investor 25 $ je Kontrakt zahlt und ein anderer 200 $ je Kontrakt.

Teilnehmer an Futuresmärkten, ob sie Locals sind oder ob sie außerhalb des Parketts agieren, lassen sich als Hedger, Spekulanten der Arbitrageure kategorisieren (siehe Kapitel 1). Spekulanten lassen sich wiederum aufteilen in Scalper, Day Trader oder Position Trader. *Scalper* achten auf sehr kurzfristige Trends und versuchen, von kleinen Veränderungen des Kontraktpreises zu profitieren. Normalerweise halten sie ihre Positionen nur wenige Minuten. *Day Trader* halten ihre Positionen etwas länger, aber höchstens einen Tag. Sie möchten nicht das Risiko eingehen, dass es über Nacht nachteilige Neuigkeiten gibt. *Position Trader* halten ihre Positionen über einen sehr viel längeren Zeitraum. Sie hoffen, dass es starke Marktbewegungen gibt, durch die sie hohe Gewinne realisieren.

BÖRSENSITZE

Um auf dem Börsenparkett handeln zu können, muss man einen Sitz an der Börse kaufen oder mieten. Sitze werden häufig gekauft und verkauft, und ihre Preise hängen vom Volumen der Handelsaktivitäten ab. Sitze an der Chicago Board of Trade, der Chicago Mercantile Exchange und den International Monetary Markets kosten mehrere Hunderttausend Dollar, während die Sitze an kleineren Börsen erheblich weniger kosten. Inhaber von Sitzen sind Börsenmitglieder. Aber nicht alle Börsenmitglieder sind Mitglieder des Clearinghouse. Ein Börsenmitglied muss ein Konto bei einem Mitglied eines Clearinghouse unterhalten, um seine Geschäfte abrechnen zu können.

AUFTRAGSARTEN

Der einfachste Auftrag, der bei einem Broker abgegeben wird, ist der *Bestens-Auftrag* oder *unlimitierte Auftrag*. Bei diesem Auftrag soll sofort „billigst" gekauft oder „bestens" verkauft werden. Es gibt aber noch viele andere Auftragsarten. Die gängigsten werden nachfolgend beschrieben.

Eine *Limit Order* spezifiziert einen bestimmten Kurs. Die Order darf nur zu diesem oder zu einem für den Investor günstigeren Kurs ausgeführt werden. Beträgt der Limit-Preis, zu dem ein Investor einen Kaufposition kaufen will, 30 $, dann wird die Order nur zu einem Kurs von 30 $ oder weniger ausgeführt. Es gibt natürlich keine Garantie, dass die Order überhaupt ausgeführt wird, denn es kann sein, dass der Limit-Preis nie erreicht wird.

Eine *Stop Order* oder *Stop-Loss-Order* gibt ebenfalls einen bestimmten Preis vor. Der Auftrag wird zu dem besten erhältlichen Preis ausgeführt, sobald ein Geld- oder Briefkurs zu diesem bestimmten Preis oder einem weniger vorteilhaften Preis abgegeben wurde. Angenommen der Kurs liegt aktuell bei 35 $ und ein Investor erteilt die Stop Order, bei 30 $ zu verkaufen. Bei diesem Auftrag darf nur verkauft werden, wenn der Preis auf 30 $ fällt. Im Endergebnis wird eine Stop Order zu einem Bestens-Auftrag, sobald der spezifizierte Preis erreicht ist. Der Sinn einer Stop Order liegt normalerweise darin, eine Position glattzustellen, wenn es zu unvorteilhaften Preisbewegungen kommt. Sie begrenzt den potentiellen Verlust des Investors.

Eine *Stop-Limit-Order* ist eine Kombination aus Stop Order und Limit Order. Der Auftrag wird zu einer Limit Order, sobald ein Geld- oder Briefkurs abgegeben wurde, der gleich oder unvorteilhafter gegenüber dem Stop-Preis ist. Bei einer Stop-Limit-Order müssen zwei Preise spezifiziert werden: der Stop-Preis und der Limit-Preis. Angenommen bei einem aktuellen Kurs von 35 $ wird eine Stop-Limit-Order über einen Kauf mit einem Stop-Preis von 40 $ und einem Limit-Preis von 41 $ erteilt. Sobald ein Geld- oder Briefkurs von 40 $ vorliegt, wird die Stop-Limit-Order zu einer Limit Order mit 41 $. Sind Stop-Preis und Limit-Preis identisch, wird die Order manchmal *Stop-and-Limit-Order* genannt.

Eine *Market-if-touched Order* (MIT) wird zum besten erzielbaren Preis ausgeführt, sobald der Kurs einen spezifizierten Wert oder einen vorteilhafteren als den spezifizierten Wert erreicht hat. Eine MIT wird zu einem Bestens-Auftrag, sobald das Preis-Limit erreicht worden ist. Eine MIT wird auch *Board Order* genannt. Angenommen ein Investor hat eine Kaufposition in einem Futureskontrakt und gibt Instruktionen aus, die zur Glattstellung des Kontrakts führen sollen. Will er den Verlust begrenzen, den er bei unvorteilhaften Preisbewegungen haben kann, platziert er eine Stop Order. Will er dagegen sicherstellen, dass er die Gewinne mitnimmt, wenn es ausreichend vorteilhafte Preisbewegungen gibt, platziert er eine Market-if-touched Order.

Eine *interessewahrender Auftrag* (discretionary order oder market-not-held order) wird wie ein Bestens-Auftrag behandelt, außer dass die Ausführung vielleicht verzögert wird, weil der Broker nach eigenem Ermessen versucht, einen besseren Preis zu erzielen.

Einige Aufträge spezifizieren Bedingungen hinsichtlich der Zeit. Wenn nicht anders angegeben, ist ein Auftrag ein Tagesauftrag und erlischt am Ende des Börsentages. Eine *Time-of-day Order* spezifiziert einen bestimmten Zeitraum für den Tag, in dem der Auftrag ausgeführt werden kann. Ein *offener Auftrag* (open order) oder ein *Auftrag bis auf Widerruf* (good-till-canceled order, GTC) läuft solange, bis er ausgeführt wird oder bis zum Handelsschluss des bestimmten Kontraktes. Eine *Fill-or-kill Order* wird, wie bereits der Name impliziert, entweder sofort oder gar nicht ausgeführt.

Regulierung

In den USA werden die Futuresmärkte derzeit bundesstaatlich von der 1974 gegründeten Commodity Futures Trading Commission (CFTC) reguliert. Diese Körperschaft ist verantwortlich für die Lizenzierung von Futuresbörsen und die Genehmigung von Kontrakten. Alle neuen Kontrakte und Änderungen vorhandener Kontrakte müssen von der CFTC genehmigt werden. Um genehmigt zu werden, muss ein Kontrakt einen sinnvollen ökonomischen Zweck haben. Das bedeutet üblicherweise, dass er den Bedürfnissen der Hedger sowie der Spekulanten dienen muss.

Die CFTC kümmert sich um das öffentliche Interesse. Sie ist dafür verantwortlich, dass die Preise veröffentlicht werden und dass Futureswertpapierhändler ihre ausstehenden Positionen melden, wenn diese ein bestimmtes Niveau überschreiten. Die CFTC lizenziert auch alle Personen, die der Öffentlichkeit ihre Dienste für den Futureshandel anbieten. Sie überprüft die Hintergründe dieser Personen und gibt Mindestkapitalanforderungen vor. Die CFTC kümmert sich um Beschwerden aus der Öffentlichkeit und sorgt dafür, dass gegen Personen disziplinäre Maßnahmen ergriffen werden, wenn dies angemessen ist. Sie hat die Kompetenz, Börsen zu zwingen, disziplinäre Maßnahmen gegen Mitglieder zu ergreifen, die die Börsenregeln verletzen.

Mit der Einrichtung der National Futures Association (NFA) im Jahr 1982, wurde ein Teil der Verantwortlichkeiten der CFTC an die Futuresbranche weitergegeben. Die NFA ist eine Organisation von Individuen, die in der Futuresbranche tätig sind. Ihr Ziel ist die Verhinderung von Betrügereien und die Sicherstellung, dass der Markt im besten Interesse der allgemeinen Öffentlichkeit funktioniert. Die NFA schreibt ihren Mitgliedern vor, eine Prüfung abzulegen. Sie ist autorisiert, den Handel zu beobachten und gegebenenfalls Disziplinarmaßnahmen zu ergreifen. Die NFA hat ein effizientes System aufgebaut, um Dispute zwischen ihren Mitglieder und anderen Personen zu schlichten.

Von Zeit zu Zeit reklamieren andere Körperschaften wie die Securities and Exchange Commission (SEC), der Federal Reserve Board und das U.S. Treasury Department gesetzgeberische Rechte über einige Aspekte des Futureshandels. Diese Körperschaften befassen sich mit den Auswirkungen des Futureshandels auf die Kassamärkte für Wertpapiere wie Aktien, Schatzobligationen und Schatzwechsel. Derzeit hat die SEC ein Vetorecht bei der Zulassung neuer Futureskontrakte auf Aktienindizes oder Anleiheindizes. Aber die grundlegende Verantwortung über sämtliche Futures und Optionen auf Futures liegt bei der CFTC.

UNREGELMÄSSIGKEITEN IM HANDEL

Die meiste Zeit arbeiten Futuresmärkte effizient und im öffentlichen Interesse. Aber gelegentlich kommen doch Unregelmäßigkeiten im Handel ans Licht. Eine Unregelmäßigkeit liegt beispielsweise dann vor, wenn eine Investorgruppe versucht, „in die Ecke zu drängen" („corner the market").[2] Die Investorengruppe kauft eine große Kaufposition in Futures und versucht außerdem, Kontrolle auf das Angebot des Basisobjektes auszuüben. Nähert sich der Fälligkeitstermin der Futureskontrakte, stellt die Investorengruppe ihre Position nicht glatt, so dass es passieren kann, dass die Zahl der ausstehenden Futureskontrakte die lieferbare Warenmenge übersteigt. Die Inhaber der Verkaufspositionen realisieren, dass sie Schwierigkeiten mit der Lieferung haben und versuchen verzweifelt, ihre Positionen glattzustellen. Das führt zu einem starken Anstieg sowohl der Futurespreise als auch der Kassakurse. Bei einem solchen Machtmissbrauch am Markt heben die Regulatoren gewöhnlich die Marginsätze an, erlassen striktere Positionslimits, verhindern Geschäfte, die die offenen Positionen eines Spekulanten vergrößern, und zwingen die Marktteilnehmer zum Glattstellen ihrer Positionen.

---

[2] Das wohl bekannteste Beispiel bieten die Hunt-Brüder mit ihrem Engagement auf dem Silbermarkt 1979-1980. Von Mitte 1979 bis Anfang 1980 führten ihre Aktivitäten zu einem Preisanstieg von 9 $ je Unze auf 50 $ je Unze.

Auch die Wertpapierhändler auf dem Parkett können in Unregelmäßigkeiten involviert sein. Anfang 1989 wurde publik, dass das FBI mittels verdeckter Ermittler („undercover agents") zwei Jahre lang an der Chicago Board of Trade und an der Chicago Mercantile Exchange Ermittlungen durchgeführt hatte. Die Untersuchungen wurden nach Beschwerden eines großen landwirtschaftlichen Konzerns eingeleitet. Die Vorwürfe lauteten unter anderem, dass den Kunden zu hohe Gebühren berechnet und nicht die gesamten Verkaufserlöse ausgezahlt wurden und dass die Wertpapierhändler ihre Kenntnisse aus den Kundenaufträgen für eigene Geschäfte nutzten.

Buchhalterische und steuerliche Behandlung

Es würde den Rahmen dieses Buches sprengen, die gesamte buchhalterische und steuerliche Behandlung von Futureskontrakten detailliert abzuhandeln. Ein Investor, der detaillierte Informationen wünscht, sollte daher einen Experten konsultieren. Dieser Abschnitt liefert einige allgemeine Hintergrundinformationen.

BUCHHALTUNG

Das FASB Statement No. 52, Foreign Currency Translation, enthält die buchhalterischen Standards der USA für Futures auf Fremdwährungen. FASB Statement No. 80, Accounting for Futures Contracts, enthält die in den USA geltenden buchhalterischen Standards für alle anderen Kontrakte. Beide Erklärungen sehen vor, dass Änderungen des Marktwerts zu verbuchen sind, wenn sie anfallen, es sei denn, der Kontrakt ist als Hedge charakterisiert. Dient ein Kontrakt als Hedge, werden die Gewinne oder Verluste im allgemeinen in der gleichen Periode zu buchhalterischen Zwecken verbucht, in denen die Gewinne oder Verluste aus dem zu sichernden Objekt verbucht werden.

Man betrachte einen Investor, der im September 1996 eine Kaufposition in einem März 1997 Mais Futureskontrakt kauft und die Position Ende Februar 1997 glattstellt. Angenommen die Futurespreise liegen beim Kontraktabschluss bei 317 Cents je Bushel, Ende 1996 betragen sie 337 Cents je Bushel und bei Glattstellung des Kontrakts 347 Cents je Bushel. Ein Kontrakt geht über die Lieferung von 5.000 Bushel. Ist der Investor ein Spekulant, betragen die Gewinne für buchhalterische Zwecke im Jahr 1996

$$5.000 \times 0{,}20\ \$ = 1.000\ \$$$

und im Jahr 1997

$$5.000 \times 0{,}10\ \$ = 5.00\ \$$$

Sichert der Investor den Kauf von 5.000 Bushel Getreide im Jahr 1997 ab, wird der Gesamtgewinn von 1.500 $ buchhalterisch im Jahr 1997 realisiert.

Dieses Beispiel wird in Tabelle 2.5 gezeigt. Die Behandlung von Gewinnen und Verlusten aus dem Hedgen ist eine sensible Angelegenheit. Ist der Investor im obigen Beispiel ein Unternehmen, das den Kauf von 5.000 Bushel Mais Ende Februar 1997 sichert, soll mit dem Futureskontrakt sichergestellt werden, dass der gezahlte Preis bei 317 Cents je Bushel liegt. Die buchhalterische Behandlung reflektiert, dass dieser Preis im Jahr 1997 gezahlt wird. Die buchhalterischen Berechnungen für das Jahr 1996 sind von der Futurestransaktion nicht betroffen.

Tabelle 2.5: Buchhalterische Behandlung einer Futurestransaktion

Am Tisch des Wertpapierhändlers – Februar 1997

September 1996: Der Investor kauft eine Kaufposition in einem März 1997 Futureskontrakt auf den Kauf von 5.000 Bushel Mais. Der Futurespreis beträgt 317 Cents je Bushel.

Ende 1996: Der Futurespreis beträgt 337 Cents je Bushel.

Februar 1997: Kontrakt wird glattgestellt. Der Futurespreis beträgt 347 Cents je Bushel.

Wenn der Investor ein Spekulant ist

Buchhalterischer Gewinn 1996 = 5.000 × 20 Cents = 1.000 $
Buchhalterischer Gewinn 1997 = 5.000 × 10 Cents = 500 $

Wenn der Investor den Kauf von Mais im Jahr 1997 absichert

Die Transaktion hat keine Auswirkung auf die Ergebnisse im Jahr 1996
Buchhalterischer Gewinn 1997 = 5.000 × 30 Cents = 1.500 $

STEUER

Für die US-Steuerregeln sind zwei zentrale Punkte von Bedeutung: die Natur des zu versteuernden Gewinns oder Verlustes und der Zeitpunkt der Verbuchung des Gewinns oder Verlustes. Gewinne oder Verluste werden entweder als realisierte Kapitalgewinne/Kapitalverluste oder als Teil der Einkünfte, die nicht Kapitalgewinne sind, klassifiziert. Ein nicht unternehmerisch tätiger Steuerzahler kann Kapitalverluste nur in Höhe seiner Kapitalgewinne plus maximal 3000 $ seiner Einkünfte aus Nicht-Kapitalgewinnen absetzen. Ein nicht unternehmerisch tätiger Steuerzahler kann seine Verluste auf unbegrenzte Zeit in die Zukunft vortragen. Unternehmen können Kapitalverluste nur in Höhe der Kapitalgewinne absetzen. Ein Unternehmen darf einen Kapitalverlust drei Jahre rücktragen. Jeder Überschuss darf fünf Jahre vorgetragen werden.

Im allgemeinen werden Positionen in Futureskontrakten und Fremdwährungskontrakten so behandelt, als würden sie am letzten Tag des Steuerjahres verkauft. Gewinne oder Verluste aus Kontrakten, die nicht Fremdwährungskontrakte sind, werden als Kapitalgewinn/Kapitalverlust behandelt. Gewinne oder Verluste aus Fremdwährungskontrakten werden als Einkünfte/Verluste aus Nicht-Kapitalgewinnen behandelt.

Hedging-Transaktionen sind von der oben genannten Regel ausgenommen. Das Steuergesetz definiert eine Hedging-Transaktion als eine Transaktion, die im normalen Geschäftsablauf primär aus folgenden Gründen durchgeführt wird:

1. Um das Risiko zu reduzieren, das Preisänderungen oder Wechselkursschwankungen für das Eigentum haben, welches der Steuerzahler zur Erzielung von Einkünften aus Nicht-Kapitalgewinnen hält oder halten muss.

2. Um das Risiko von Preis- oder Zinsänderungen oder Wechselkursschwankungen hinsichtlich der Kreditaufnahmen des Steuerzahlers zu reduzieren.

Gewinne und Verluste aus Hedging-Transaktionen werden wie Einkünfte aus Nicht-Kapitalgewinnen behandelt. Die Verbuchung von Gewinnen oder Verlusten aus Hedging-Transaktionen fällt im allgemeinen zeitlich mit der Verbuchung des Einkommens aus den oder der Absetzung der gesicherten Posten zusammen.

Forwardkontrakte

Forwardkontrakte ähneln den Futureskontrakten insofern als sie Vereinbarungen sind, zu einem bestimmten Preis und zu einer bestimmten Zeit in der Zukunft ein Basisobjekt zu kaufen oder zu verkaufen. Anders als Futureskontrakte jedoch werden sie nicht an der Börse gehandelt. Es sind private (Freiverkehr) Verträge zwischen zwei Finanzinstitutionen oder zwischen einer Finanzinstitution und einem ihrer Geschäftskunden.

Bei einem Forwardkontrakt kauft eine Partei eine *Kaufposition* (Long Position) und verpflichtet sich, zu einem bestimmten Preis und zu einem bestimmten Termin in der Zukunft ein Basisobjekt zu kaufen. Die andere Partei kauft eine *Verkaufsposition* (Short Position) und verpflichtet sich, das Basisobjekt am selben Tag zum selben Preis zu verkaufen. Forwardkontrakte müssen nicht den Standards einer bestimmten Börse entsprechen. Den Fälligkeitstermin bestimmen die beiden Parteien einvernehmlich. Normalerweise wird bei einem Forwardkontrakt ein genauer Liefertag angegeben, während bei einem Futureskontrakt mehrere mögliche Liefertage vorgesehen sind.

Anders als Futureskontrakte werden Forwardkontrakte nicht täglich dem aktuellen Kurs angepasst (Marked to Market). Die beiden Parteien vereinbaren, an dem spezifizierten Liefertag abzurechnen. Während die meisten Futureskontrakte vor dem Fälligkeitstermin glattgestellt werden, führen die meisten Forwardkontrakte zur Lieferung des materiellen Gutes oder der Schlussabrechnung per Kasse. Tabelle 2.6 fasst die wichtigsten Unterschiede zwischen Forward- und Futureskontrakten zusammen.

LIEFERPREIS

Der im Forwardkontrakt spezifizierte Preis ist der sogenannte *Lieferpreis*. Zu dem Zeitpunkt, zu dem der Kontrakt eingegangen wird, wird der Lieferpreis gewählt, so dass der Wert des Kontraktes für beide Parteien gleich null ist. Das bedeutet, dass der Kauf einer Kaufposition oder einer Verkaufsposition nichts kostet. Man kann davon ausgehen, dass der Lieferpreis durch Angebot und Nachfrage bestimmt wird. Im nächsten Kapitel wird allerdings eine Möglichkeit gezeigt, den „korrekten" Lieferpreis für Basisobjekte, die üblicherweise im Rahmen von Forwardkontrakten verhandelt werden, aus dem aktuellen Kassakurs des Basisobjektes, dem Liefertag und anderen beobachtbaren Variablen zu ermitteln.

Tabelle 2.6: Vergleich von Forward- und Futureskontrakten

Forward	Futures
Privater Kontrakt zwischen zwei Parteien	Werden an einer Börse gehandelt
Nicht standardisiert	Standardisierter Kontrakt
Gewöhnlich ein spezifizierter Liefertermin	Mehrere Liefertermine
Wird am Kontraktende abgerechnet	Tägliche Abrechnung
Normalerweise erfolgt Lieferung oder Schlussabrechnung per Kasse	Kontrakt wird normalerweise vor Ende der Laufzeit glattgestellt

FORWARDPREIS

Dem *Forwardpreis* in einem Forwardkontrakt liegt ein ähnliches Konzept zugrunde wie der Futurespreis in einem Futureskontrakt. Der aktuelle Forwardpreis eines Kontraktes ist der Lieferpreis, der gelten würde, wenn der Kontrakt heute verhandelt würde. Formaler kann der Forwardpreis für einen bestimmten Kontrakt definiert werden als der Lieferpreis, der einen Kontraktwert von null ergibt. Definitionsgemäß sind Forwardpreis und Lieferpreis bei Eingehen des Kontraktes gleich hoch. In der Folgezeit bleibt der Lieferpreis eines Kontraktes unverändert. Der Forwardpreis kann sich jedoch ändern. Nach Kontraktbeginn sind beide Preis allenfalls noch durch Zufall identisch. Im allgemeinen variiert der Forwardpreis zu jedem gegebenen Zeitpunkt mit der Laufzeit des betrachteten Kontraktes. Beispielsweise ist der Forwardpreis bei einem dreimonatigen Kontrakt üblicherweise anders als bei einem sechsmonatigen Kontrakt.

FORWARDKONTRAKTE AUF DEVISEN

Forwardkontrakte auf Devisen sind äußerst beliebt. Die meisten großen Banken haben einen „forward desk" in ihrem Devisen-Geschäftsraum, an dem nur Forwardkontrakte gehandelt werden. Häufig werden die Devisenterminkurse neben den Kassakursen notiert. Man betrachte die folgenden Notierungen für den Wechselkurs zwischen Sterling und US-Dollar:

KAPITEL 2 Mechanismen der Futures- und Forwardmärkte   57

Kassa	1,8470
30 Tage Termin	1,8442
90 Tage Termin	1,8381
180 Tage Termin	1,8291

Die erste Notierung besagt, dass bei Nichtberücksichtigung von Provisionen und anderen Transaktionskosten das Pfund Sterling am Kassamarkt (i. e. für eine praktisch sofortige Lieferung) zu einem Kurs von 1,8470 $ je Pfund gekauft werden kann; die zweite Notierung besagt, dass der Forwardpreis für einen Kontrakt über den Kauf oder Verkauf von Sterling in 30 Tagen bei 1,8442 $ je Pfund liegt; die dritte Notierung besagt, dass der Forwardpreis für einen Kontrakt über den Kauf oder Verkauf von Sterling in 90 Tagen bei 1,8381 $ je Pfund liegt; und so weiter.

DEVISENNOTIERUNGEN

Futurespreise werden immer als US-Dollar-Betrag je Fremdwährungseinheit oder als US-Cents-Betrag je Fremdwährungseinheit notiert. Forwardpreise werden immer genauso notiert wie Kassakurse. Das heißt, dass die Forwardpreise das Britische Pfund in US-Dollar je Fremdwährungseinheit angeben und damit direkt mit den Futuresnotierungen vergleichbar sind. Für die meisten anderen Währungen gilt, dass die Forwardpreise als Fremdwährungseinheiten je US-Dollar notiert sind. Ein Futurespreis von 0,6050 Dollar je Schweizer Franken entspricht also einem Forwardpreis von 1,6529 Franken je Dollar (1,6529 = 1/0,6050).

FORWARD-RATE AGREEMENT

Oftmals werden auch Forwardkontrakte auf verzinsliche inländische Kreditinstrumente vereinbart. So könnten beispielsweise zwei Unternehmen vereinbaren, dass eine in sechs Monaten getätigte einjährige Einlage einen Zins von 7 Prozent per Annum hat. Stellt sich dann heraus, dass der tatsächliche Zins nicht 7 Prozent per Annum beträgt, zahlt das eine Unternehmen und das andere erhält den Gegenwartswert aus der Differenz zwischen den beiden Zins-Cashflows. Dies ist die sogenannte *Forward-Rate-Agreement* (FRA), die in Kapitel 5 diskutiert wird.

HEDGING

Wie Futureskontrakte können auch Forwardkontrakte zum Hedgen verwendet werden. Angenommen ein US-Unternehmen weiß, dass es in 90 Tagen 1 Million Pfund zahlen muss. Der 90 Tage Forwardkurs liegt bei 1,8381. Es kann nun kostenlos einen Forwardkontrakt darüber kaufen, in 90 Tagen für 1.838.100 Dollar 1 Million Pfund zu kaufen. Das Unternehmen sichert sein Wechselkursrisiko, indem es den Wechselkurs für die benötigten Pfund Sterling festschreibt. Ein US-Unternehmen, das in 90 Tagen einen Betrag von 1 Million Pfund erwartet, kann kostenlos eine Verkaufsposition in einem Forwardkontrakt darüber eingehen, in 90 Tagen 1 Million Pfund für 1.838.100 Dollar zu verkaufen. Das Unternehmen sichert sein Wechselkursrisiko, indem es den Kurs für das erwartete Pfund festschreibt.

SPEKULATION

Forwardkontrakte können nicht nur zum Hedgen sondern ebenso zum Spekulieren verwendet werden. Ein Investor, der damit rechnet, dass der Wert des Pfund Sterling gegenüber dem US-Dollar steigt, kann spekulieren, indem er eine Kaufposition in einem Forwardkontrakt auf Sterling erwirbt. Ebenso kann ein Investor, der damit rechnet, dass der Wert des Pfund Sterling gegenüber dem US-Dollar sinkt, spekulieren, indem er eine Verkaufsposition in einem Forwardkontrakt auf Sterling erwirbt. Angenommen der 90 Tage Forward für das Pfund Sterling liegt bei 1,8381. Weiter sei angenommen, dass der tatsächliche Wechselkurs in 90 Tagen bei 1,8600 liegt. Ein Investor mit einer Kaufposition in einem 90 Tage Forwardkontrakt kann das Pfund Sterling zum Kurs von 1,8381 $ kaufen, obwohl das Pfund einen tatsächlichen Wert von 1,8600 $ hat. Der Spekulant realisiert einen Gewinn von 0,0219 $ je Pfund. Ein Investor mit einer Verkaufsposition in einem dreimonatigen Sterling Kontrakt macht dagegen einen Verlust von 0,0219 $ je Pfund.

Spekulanten müssen normalerweise vorab eine Margin einzahlen. Diese Summe ist aber im allgemeinen relativ gering im Verhältnis zum Wert des Basisobjektes, der dem Forwardkontrakt zugrunde liegt. Wie der Futureskontrakt hat ein Forwardkontrakt für den Spekulanten eine relativ hohe Hebelwirkung.

Der Wert am Fälligkeitstermin oder der *Terminal Value* (Abschlusswert) einer Kaufposition in einem Forwardkontrakt je Einheit Basisobjekt beträgt

$$S_T - K$$

mit K als Lieferpreis und S_T als Kassakurs des Basisobjektes bei Fälligkeit des Kontraktes. Entsprechend beträgt der Terminal Value einer Verkaufsposition in einem Forwardkontrakt je Einheit Basisobjekt

$$K - S_T$$

Im obigen Beispiel ist S_T = 1,8600 und K = 1,8381, so dass $S_T - K$ = +0,0219 und $K - S_T$ = −0,0219. Da es nichts kostet, einen Forwardkontrakt einzugehen, entspricht der Terminal Value des Kontraktes auch dem Gesamtgewinn des Spekulanten aus dem Kontrakt. Die Gewinne aus einem Forwardkontrakt sind in Abbildung 2.2 dargestellt.

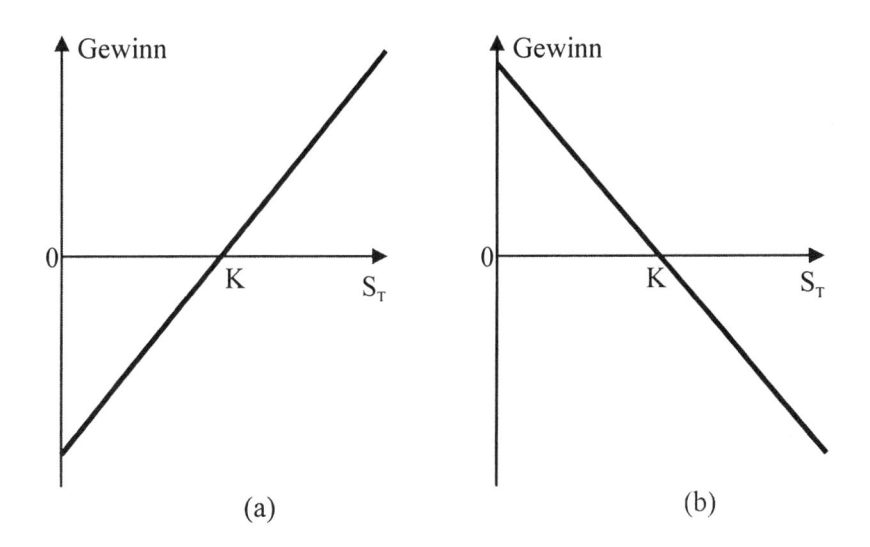

Abbildung 2.2: Gewinn eines Spekulanten aus einem Forwardkontrakt auf eine (a) Kaufposition und (b) Verkaufsposition; Lieferpreis = K, Preis des Basisobjektes bei Fälligkeit = S_T.

GEWINNE AUS FORWARD- UND FUTURESKONTRAKTEN

Angenommen der Wechselkurs für das Pfund Sterling bei einem 90 Tage Forwardkontrakt ist 1,8381 und dieser Kurs ist auch der Futurespreis für einen Kontrakt, der in genau 90 Tagen geliefert wird. Welchen Unterschied gibt es zwischen den Gewinnen und Verlusten aus den beiden Kontrakten?

Bei dem Forwardkontrakt wird der gesamte Gewinn oder Verlust am Ende der Kontraktlaufzeit realisiert. Bei dem Futureskontrakt wird der Gewinn oder Verlust wegen des täglichen Abrechnungsverfahrens täglich realisiert. Angenommen Investor A besitzt einen 90 Tage Forwardkontrakt auf 1 Million Pfund und Investor B besitzt 90 Tage Futureskontrakte auf 1 Million Pfund. (Da jeder Futureskontrakt über den Kauf oder Verkauf von 62.500 £ ist, muss Investor B insgesamt 16 Kontrakte kaufen.) Angenommen in 90 Tagen liegt der Kassakurs bei 1,8600. Investor A macht am neunzigsten Tag einen Gewinn von 21.900 $. Investor B macht den gleichen Gewinn – aber über die 90 Tage verteilt. An einigen Tagen macht Investor B vielleicht einen Verlust, während er an anderen Tagen einen Gewinn erzielt. Netto betrachtet macht er insgesamt jedoch in den 90 Tagen einen Gewinn von 21.900 $. Dieses Beispiel ist in Tabelle 2.7 veranschaulicht.

Tabelle 2.7: Payoffs aus Futures- und Forwardkontrakten

Am Tisch des Wertpapierhändlers

Investor A erwirbt eine Kaufposition in einem 90 Tage Forwardkontrakt auf 1 Million Pfund. Der Forwardpreis beträgt 1,8381.

Investor B erwirbt eine Kaufposition in 90 Tage Futureskontrakten auf 1 Million Pfund. Der Futurespreis beträgt 1,8381.

Nach den 90 Tagen liegt der Wechselkurs des Pfund Sterling bei 1,8600.

Ergebnis

Investor A und B realisieren beide einen Gesamtgewinn von

$$(1{,}8600 - 1{,}8381) \times 1.000.000 = 21.900 \text{ \$}.$$

Der Gewinn von Investor A fällt am neunzigsten Tag an, während sich der Gewinn von Investor B über die 90 Tage verteilt. An manchen Tagen macht Investor B vielleicht einen Verlust, während er an anderen Tagen einen Gewinn realisiert.

Zusammenfassung

In diesem Kapitel wurde gezeigt, wie Futures- und Forwardmärkte funktionieren. Bei Futuresmärkten werden die Kontrakte an der Börse gehandelt, und die Börse hat die Aufgabe, das gehandelte Objekt, die nachfolgenden Verfahren und die Marktregulierungen sorgfältig zu definieren. Forwardkontrakte werden direkt am Telefon zwischen zwei relativ erfahrenen Personen verhandelt. Deshalb ist es nicht nötig, das Produkt zu standardisieren und ausführliche Regeln aufzustellen und Verfahren festzulegen.

Die meisten Futureskontrakte enden nicht mit der Lieferung des Basisobjektes. Sie werden vor Erreichen der Lieferperiode glattgestellt. Aber die Möglichkeit einer tatsächlichen Lieferung bestimmt den Futurespreis. Für jeden Futureskontrakt gibt es eine Bandbreite von Tagen, an denen die Lieferung erfolgen kann, sowie ein wohldefiniertes Lieferverfahren. Einige Kontrakte, wie die auf Aktienindizes, werden per Kasse abgerechnet und nicht durch Lieferung des Basisobjektes.

Die Spezifikation der Kontrakte ist eine wichtige Tätigkeit für die Futuresbörsen. Beide Seiten eines Kontraktes müssen wissen, was geliefert werden kann und wo und wann die Lieferung stattfinden kann. Sie müssen zudem die Einzelheiten über die Börsenstunden, die Art und Weise der Preisnotierung, die täglich maximal zulässigen Preisbewegungen und so weiter wissen. Neue Kontrakte müssen von der Commodity Futures Trading Commission genehmigt werden, bevor sie gehandelt werden dürfen.

Ein wichtiger Aspekt der Futuresmärkte sind die Margins. Ein Investor hat ein Marginkonto bei seinem Broker. Das Konto wird täglich angepasst, um die Gewinne oder Verluste wiederzugeben, und von Zeit zu Zeit kann der Broker eine Aufstockung verlangen, wenn es zu gegenteiligen Preisbewegungen gekommen ist. Der Broker muss entweder ein Clearinghouse-Mitglied sein oder ein Marginkonto bei einem Clearinghouse-Mitglied unterhalten. Jedes Clearinghouse-Mitglied unterhält ein Marginkonto bei dem Clearinghouse der Börse. Der Kontostand wird täglich angepasst, um die Gewinne und Verluste der Geschäfte, für die das Clearinghouse-Mitglied verantwortlich ist, wiederzugeben.

Die Informationen über die Börsenkurse werden systematisch gesammelt und innerhalb weniger Sekunden an die Investoren in aller Welt weitergeleitet. Viele Tageszeitung wie das *Wall Street Journal* enthalten eine Zusammenfassung des Handels vom Vortag.

Für einen uninformierten Beobachter scheint der Maklerstand eine Ansammlung hochaufgeregter Individuen zu sein, die sich gegenseitig etwas zurufen oder signalisieren. Diese Personen folgen jedoch den wohldefinierten Verfahren, die für das Abschließen und Aufzeichnen von Geschäften gelten. Es gibt zwei Hauptarten von Wertpapierhändlern: den Local und den Commission Broker. Der Local handelt auf eigene Rechnung, während der Broker im Auftrag eines Kunden und auf Provisionsbasis arbeitet.

Es gibt eine Reihe von Unterschieden zwischen Forward- und Futureskontrakten. Forwardkontrakte sind private Verträge zwischen zwei Parteien, während Futureskontrakte an den Börsen gehandelt werden. Forwardkontrakte haben im allgemeinen einen einzigen Liefertermin, während Futureskontrakte häufig eine Bandbreite von Terminen haben. Da sie nicht an der Börse gehandelt werden, müssen Forwardkontrakte nicht standardisiert sein. Ein Forwardkontrakt wird normalerweise nicht vor Ende der Laufzeit glattgestellt, und die meisten Kontrakte führen in der Tat bei Fälligkeit zur Lieferung des Basisobjektes oder zur Abrechnung per Kasse.

In den nächsten Kapiteln wird gezeigt, wie Forward- und Futurespreise bestimmt werden. Auch wird detaillierter untersucht, wie Forward- und Futureskontrakte zum Hedgen benutzt werden können.

Weitere Literatur

Chance, D. *An Introduction to Options and Futures*. Orlando, FL: Dryden Press, 1989.

Chicago Board of Trade. *Commodity Trading Manual*. Chicago, 1989.

Duffie, D. *Futures Markets*. Englewood Cliffs, NJ: Prentice Hall, 1989.

Hick, J. R. *Value and Capital*. Oxford: Clarendon Press, 1939.

Horn, F. F. *Trading in Commodity Futures*. New York: New York Institute of Finance, 1984.

Keynes. J. M. *A Treatise on Money*. London: Macmillan, 1930.

Kolb, R. *Understanding Futures Markets*. Glenview, IL: Scott, Foresman, 1985.

Schwarz, E. W., J. M. Hill und T. Schneeweis. *Financial Futures*. Homewood, IL: Richard D. Irwin, 1986.

Teweles, R. J. und F. J. Jones. *The Futures Game*. New York: McGraw-Hill, 1987.

Testfragen

1. Unterscheiden Sie zwischen den Begriffen *ausstehende Kontrakte* und *Umsatzvolumen*.

2. Was ist der Unterschied zwischen einem *Local* und einem *Commission Broker*?

3. Angenommen Sie gehen an die New York Commodity Exchange einen Verkaufsposition in einem Futureskontrakt auf den Verkauf von Juli Silber für 5,20 $ je Unze ein. Die Kontrakteinheit beträgt 5.000 Unzen. Der Originaleinschuss beträgt 4.000 $, der Mindesteinschuss beträgt 3.000 $. Welche Änderung des Futurespreises führt zu einer Nachschussforderung? Was passiert, wenn Sie der Nachschussforderung nicht nachkommen?

4. Angenommen Sie kaufen im September 1996 eine Kaufposition in Mai 1997 Rohöl Futures. Im März 1997 stellen Sie Ihre Position glatt. Als Sie den Kontrakt eingehen, liegt der Futurespreis für (einen Barrel) Öl bei 18,30 $, bei Glattstellung der Position liegt er bei 20,50 $, Ende Dezember 1996 liegt er bei 19,10 $. Die Kontrakteinheit ist 1.000 Barrel. Wie hoch ist Ihr Gesamtgewinn? Wann realisieren Sie ihn? Wie wird er besteuert, wenn Sie (a) ein Hedger und (b) ein Spekulant sind?

5. Was bedeutet die Stop Order, bei 2 $ zu verkaufen? Wann wird sie möglicherweise erteilt? Was bedeutet die Limit Order, bei 2 $ zu verkaufen? Wann wird sie möglicherweise erteilt?

6. Was ist der Unterschied zwischen den Operationen der Marginkonten, die von einem Clearinghouse geführt werden, und denen, die von einem Broker geführt werden?

7. Welche Unterschiede gibt es zwischen der Art und Weise, wie die Kurse am Devisenfuturesmarkt, am Devisenkassamarkt und am Devisenforwardmarkt notiert werden?

Fragen und Probleme

1. Die Partei mit einer Verkaufsposition in einem Futureskontrakt hat mitunter Optionen hinsichtlich des genauen Basisobjektes, das sie liefern kann, des Lieferortes, des Liefertermins und so weiter. Führen diese Optionen zu einem Anstieg oder Fall des Futurespreises? Erläutern Sie Ihre Überlegungen.

2. Was sind die wichtigsten Aspekte bei der Gestaltung eines neuen Futureskontraktes?

3. Erklären Sie, wie Margins Investoren vor möglichen Vertragsverstößen schützen.

4. Ein Unternehmen geht eine Verkaufsposition in einem Futureskontrakt auf den Verkauf von 5.000 Bushel Weizen zu einem Preis von 250 Cents je Bushel. Der Originaleinschuss beträgt 3.000 $, der Mindesteinschuss beträgt 2.000 $. Welche Preisänderung würde zu einer Nachschussforderung führen? Unter welchen Umständen könnte der Investor 1.500 $ von seinem Marginkonto abheben?

5. Ein Investor geht eine Kaufposition in zwei Futureskontrakte auf gefrorenen Orangensaft ein. Die Kontrakteinheit ist 15.000 Pfund. Der aktuelle Futurespreis liegt bei 160 Cents je Pfund, der Originaleinschuss beträgt 6.000 $ je Kontrakt, der Mindesteinschuss beträgt 4.500 $ je Kontrakt. Welche Preisänderung würde zu einer Nachschussforderung führen? Unter welchen Umständen könnte der Investor 2.000 $ von seinem Marginkonto abheben?

6. Zeigen Sie, dass es eine Arbitrage-Möglichkeit gibt, wenn der Futurespreis eines Rohstoffs in der Lieferperiode höher ist als der Kassakurs. Existiert eine Arbitrage-Möglichkeit, wenn der Futurespreis unter dem Kassakurs liegt? Erläutern Sie Ihre Antwort.

7. Erklären Sie den Unterschied zwischen einer MIT (Market-if-touched Order) und einer Stop Order.

8. Was bedeutet die Stop-Limit-Order, bei 20,30 mit einem Limit von 20,10 zu verkaufen?

9. Am Ende eines Tages besitzt ein Clearinghouse-Mitglied 100 Kontrakte, der Abrechnungspreis beträgt 50.000 $ je Kontrakt. Der Originaleinschuss beträgt 2.000 $ je Kontrakt. Am folgenden Tag ist das Mitglied verantwortlich für die Abrechnung von weiteren 20 gekauften Kontrakten, jeder dieser Kontrakte wird zu 51.000 $ abgeschlossen. Am Ende des Tages beträgt der Abrechnungspreis 50.200 $. Wie viel muss das Mitglied zusätzlich auf sein Marginkonto bei dem Börsen-Clearinghouse zahlen?

10. Am 1. Juli 1997 kauft ein Unternehmen einen Forwardkontrakt auf den Kauf von 10 Millionen Japanischen Yen am 1. Januar 1998. Am 1. September 1997 kauft es einen Forwardkontrakt auf den Verkauf von 10 Millionen Japanischen Yen am 1. Januar 1998. Beschreiben Sie den Payoff aus dieser Strategie.

11. Der Forwardpreis der Deutschen Mark bei Lieferung in 45 Tagen ist mit 1,8204 notiert. Der Futurespreis für einen Kontrakt, der in 45 Tagen geliefert wird, beträgt 0,5497. Erläutern Sie diese beiden Notierungen. Was ist für einen Investor, der D-Mark verkaufen will, vorteilhafter?

12. Angenommen Sie kontaktieren Ihren Broker und instruieren ihn, einen Juli Schweine Kontrakt zu verkaufen. Beschreiben Sie, was passiert.

13. „Spekulationen am Futuresmarkt sind reines Glücksspiel. Es liegt nicht im öffentlichen Interesse, dass Spekulanten Sitze an Futuresbörsen kaufen dürfen". Diskutieren Sie diesen Standpunkt.

14. Was könnte Ihrer Meinung nach passieren, wenn eine Börse mit dem Handel eines Kontraktes beginnt, dessen Basisobjektqualität nicht ausreichend spezifiziert ist?

15. „Wenn ein Futureskontrakt auf dem Börsenparkett gehandelt wird, kann es passieren, dass die ausstehenden Kontrakte um eins ansteigen, gleich bleiben oder um eins sinken." Erläutern Sie diese Aussage.

16. „Eine Kaufposition in einem Forwardkontrakt entspricht einer Kaufposition in einer Kaufoption und einer Verkaufsposition in einer Verkaufsoption." Erläutern Sie diese Aussage.

17. Angenommen Sie erwerben am 24. Oktober 1997 eine Verkaufsposition in einem April 1998 Lebendvieh Futureskontrakt. Am 21. Januar 1998 stellen Sie Ihre Position glatt. Als Sie den Vertrag eingehen beträgt der Futurespreis (je Pfund) 61,20 Cents, bei Glattstellung der Position liegt er bei 58,30 Cents und Ende Dezember 1997 bei 58,80 Cents. Die Kontrakteinheit beträgt 40.000 Pfund Vieh. Wie hoch ist Ihr Gesamtgewinn? Wie wird er besteuert, wenn Sie (a) ein Hedger und (b) ein Spekulant sind?

Kapitel 3 Die Bestimmung der Forward- und Futurespreise

In diesem Kapitel wird untersucht, wie die Beziehung zwischen Forwardpreisen und Futurespreisen zu dem Basisobjekt ist. Im allgemeinen sind Forwardkontrakte leichter analysierbar als Futureskontrakte, da es keine tägliche Abrechnung gibt – nur eine einzige Zahlung bei Fälligkeit. Folglich richtet sich die Analyse im ersten Teil dieses Kapitels vor allem auf die Bestimmung der Forwardpreise und weniger auf die der Futurespreise. Es werden zentrale Ergebnisse für die Forwardkontrakte geliefert über

1. Investment-Vermögenswerte, die kein Einkommen abwerfen

2. Investment-Vermögenswerte, die ein bekanntes Bareinkommen abwerfen

3. Investment-Vermögenswerte, die eine bekannte Dividendenrendite oder Effektivrendite abwerfen

Es kann gezeigt werden, dass der Forwardpreis und der Futurespreis eines Basisobjektes im allgemeinen sehr nahe beieinander liegen, wenn beide Kontrakte die gleiche Laufzeit haben. Das bedeutet, dass man davon ausgehen kann, dass die zentralen Ergebnisse, die für die Forwardpreise gelten, auch für die Futurespreise gelten. Im zweiten Teil dieses Kapitels werden die Ergebnisse benutzt, um Futurespreise für Kontrakte auf Akienindizes, Devisen, Gold und Silber zu berechnen.

In diesem Kapitel wird deutlich unterschieden zwischen Wirtschaftsgütern, die von einer signifikanten Zahl von Investoren ausschließlich zu Investmentzwecken gehalten werden, und denen, die fast ausschließlich zu Konsumzwecken gehalten werden. Mit Arbitrage-Argumenten lassen sich Forward- und Futurespreise für Kontrakte auf Investment-Wirtschaftsgüter exakt in Kassakursen und anderen beobachtbaren Variablen bestimmen. Diese Bestimmung ist für Forward- und Futurespreise von Kontrakten auf Konsum-Wirtschaftsgüter nicht möglich.

Einige Preliminarien

Bevor man mit der Berechnung von Forwardpreisen beginnt, ist es nützlich, einige grundlegende Aspekte abzuhandeln.

KONTINUIERLICHEN VERZINSUNG

Wenn nicht ausdrücklich etwas anderes angegeben wird, werden in vorliegendem Buch die Zinssätze kontinuierlich oder stetig verzinst. Leser, die es gewohnt sind, Zinssätze jährlich, halbjährlich oder anderweitig zu verzinsen, finden dies am Anfang vielleicht etwas befremdlich. Aber das kontinuierliche Verzinsen wird in so großem Umfang bei der Preisbestimmung von Optionen und anderen komplexen Derivativen benutzt, dass es sinnvoll ist, sich an die Arbeit damit zu gewöhnen.

Man betrachte einen Betrag A, die für n Jahre zu einem Zinssatz von R per Annum investiert wird. Wenn der Zins einmal pro Jahr verzinst wird, dann beträgt der Terminal Value der Investition

$$A(1 + R)^n$$

Wenn der Zinssatz m Mal pro Jahr verzinst wird, ist der Terminal Value der Investition

(3.1)
$$A\left(1 + \frac{R}{m}\right)^{mn}$$

Angenommen A = 100 $, R = 10 Prozent per Annum und n = 1, so dass man ein Jahr betrachtet. Wird einmal im Jahr verzinst (m = 1), wachsen laut Formel die 100 $ an auf

$$100\,\$ \times 1{,}1 = 110\,\$$$

Wird zweimal im Jahr verzinst (m = 2), fallen alle sechs Monate 5 Prozent an, wobei die Zinsen reinvestiert werden. Laut Formel werden aus den 100 $

$$100\,\$ \times 1{,}05 \times 1{,}05 = 110{,}25\,\$$$

Wird viermal im Jahr verzinst (m = 4), fallen alle drei Monate 2,5 Prozent an, wobei die Zinsen reinvestiert werden. Laut Formel werden aus den 100 $

$$100\,\$ \times 1{,}025^4 = 110{,}38$$

KAPITEL 3 Die Bestimmung der Forward- und Futurespreise   69

Tabelle 3.1 zeigt die Auswirkung einer zunehmenden Verzinsungshäufigkeit (i. e. eines steigenden m). Das Limit, bei dem m gegen unendlich tendiert, ist bekannt als *kontinuierliche Verzinsung*. Bei der kontinuierlichen Verzinsung wächst eine Summe A, die für n Jahre zum Zins R investiert wurde, mit

(3.2) $$Ae^{Rn}$$

wobei e = 2,71828. Die Funktion e^x ist in den meisten Taschenrechnern eingebaut, so dass es keine Probleme bereitet, Gleichung 3.2 auszurechnen. In dem Beispiel in Tabelle 3.1 ist A = 100, n = 1 und R = 0,1, so dass A bei kontinuierlicher Verzinsung auf folgenden Wert ansteigt

$$100e^{0,1} = 110,52 \text{ \$}$$

Das entspricht (auf zwei Dezimalstellen) dem gleichen Wert, den man bei täglicher Verzinsung erhält. Aus praktischen Gründen wird man meistens davon ausgehen, dass kontinuierliche und tägliche Verzinsung äquivalent sind. Wird ein Geldbetrag mit einer kontinuierlichen Rate R über n Jahre verzinst, muss sie mit e^{Rn} multipliziert werden. Wird die Summe mit einer kontinuierlichen Rate R über n Jahre abgezinst, muss sie mit e^{-Rn} multipliziert werden.

Tabelle 3.1: Auswirkung der Verzinsungshäufigkeit auf den Wert von 100 \$ am Ende eines Jahres bei einem Zins von 10 Prozent per Annum

Häufigkeit der Verzinsung	*Wert der 100 \$ am Jahresende (\$)*
Jährlich (m = 1)	110,00
Halbjährlich (m = 2)	110,25
Vierteljährlich (m = 4)	110,38
Monatlich (m = 12)	110,47
Wöchentlich (m = 52)	110,51
Täglich (m = 365)	110,52

Angenommen R_c ist ein Zinssatz mit kontinuierlicher Verzinsung und R_m ist der äquivalente Zins mit einer Verzinsung von m Mal per Annum. Die Ergebnisse der Gleichungen 3.1 und 3.2 ergeben

$$Ae^{R_c n} = A\left(1 + \frac{R_m}{m}\right)^{mn}$$

oder

$$e^{R_c} = \left(1 + \frac{R_m}{m}\right)^m$$

Das bedeutet, dass

(3.3) $$R_c = m \ln\left(1 + \frac{R_m}{m}\right)$$

und

(3.4) $$R_m = m\left(e^{R_c/m} - 1\right)$$

Diese Gleichungen können verwendet werden, um einen Zinssatz mit einer Verzinsungshäufigkeit von m Mal per Annum in einen kontinuierlich verzinsten Zinssatz zu konvertieren und umgekehrt. Die Funktion ln ist die natürliche Logarithmus-Funktion und in den meisten Taschenrechnern eingebaut. Sie ist so definiert, dass, wenn y = ln x ist, x = e^y.

Beispiele

1. Man betrachte einen Zinssatz, der mit 10 Prozent per Annum bei halbjährlicher Verzinsung notiert ist. Gleichung 3.3 ergibt bei m = 2 und R_m = 0,1 den entsprechenden Zins bei kontinuierlicher Verzinsung

$$2 \ln\left(1 + \frac{0{,}1}{2}\right) = 0{,}09758$$

    oder 9,758 Prozent per Annum.

2. Angenommen ein Gläubiger verlangt für seine Kredite einen Zinssatz von 8 Prozent per Annum bei kontinuierlicher Verzinsung. Der Zins wird tatsächlich aber vierteljährlich gezahlt. Gleichung 3.4 ergibt bei m = 4 und R_c = 0,08 den entsprechenden Zins bei vierteljährlicher Verzinsung

KAPITEL 3 Die Bestimmung der Forward- und Futurespreise

$$4\left(e^{0,08/4} - 1\right) = 0,0808$$

oder 8,08 Prozent per Annum. Das bedeutet, dass für einen Kredit von 1.000 $ vierteljährlich Zinsen von 20,20 $ zu zahlen sind.

Ein Zins, der mit der Verzinsungshäufigkeit m_1 ausgedrückt ist, kann in einen Zins mit der Verzinsungshäufigkeit m_2 konvertiert werden. Umformung von Gleichung 3.1 führt zu

$$A\left(1 + \frac{R_{m_1}}{m_1}\right)^{m_1 n} = A\left(1 + \frac{R_{m_2}}{m_2}\right)^{m_2 n}$$

so dass

$$R_{m_2} = \left[\left(1 + \frac{R_{m_1}}{m_1}\right)^{m_1/m_2} - 1\right] m_2$$

LEERVERKAUF

Einige der in diesem Kapitel dargestellten Arbitrage-Argumente befassen sich mit dem Thema Leerverkauf. In dieser Phase ist es angebracht, genau zu erklären, was diese Geschäftsstrategie bedeutet. *Leerverkauf* heißt, dass man Wertpapiere verkauft, die man nicht besitzt. Ein Investor beauftragt beispielsweise seinen Broker, 500 IBM Aktien leerzuverkaufen. Der Broker leiht die Aktien von einem anderen Kunden und verkauft sie auf die übliche Weise am offenen Markt. Der Investor kann seine Verkaufsposition halten, solange er will, vorausgesetzt es sind immer Aktien da, die der Broker leihen kann. Irgendwann stellt der Investor die Position durch den Kauf von 500 IBM Aktien glatt. Diese Aktien werden zurück in das Depot des Kunden gelegt, von dem sie geliehen wurden. Der Investor realisiert einen Gewinn, wenn der Aktienkurs gesunken ist, und er realisiert einen Verlust, wenn er gestiegen ist. Hat der Broker aber zu irgendeinem Zeitpunkt, in dem die Kontrakt noch offen ist, keine Aktien mehr, die er leihen kann, ist der Investor *short squeezed* und gezwungen, die Position sofort glattzustellen, auch wenn dazu vielleicht eigentlich noch nicht bereit ist.

Die derzeitigen Regelungen erlauben den Leerverkauf von Wertpapieren nur bei einem *Uptick* – das heißt, wenn die letzte Bewegung eines Wertpapierkurses ein Anstieg war. Ein Broker braucht signifikante Originaleinschüsse von Kunden mit Verkaufspositionen. Wie bei Futureskontrakten kann es vorkommen, dass bei gegenteiligen Kursbewegungen (i. e. Anstiegen) des Wertpapiers ein Nachschuss gefordert wird. Die Erlöse aus dem Erstverkauf des Wertpapiers gehören dem Investor und bilden normalerweise einen Teil des Marginkontos. Einige Broker zahlen Zinsen für Marginkonten, auch marktgängige Wertpapiere wie Schatzwechsel können als Originaleinschuss beim Broker deponiert werden. Wie bei den Futureskontrakten spiegelt die Margin also nicht die realen Kosten wider.

Ein Investor mit einer Verkaufsposition muss dem Broker Einkommen wie Dividenden oder Zinsen zahlen, die im Normalfall für die leerverkauften Wertpapiere angefallen wären. Der Broker transferiert dann die Zahlungen auf das Konto seines Kunden, von dem er die Wertpapiere geliehen hat. Man betrachte beispielsweise die Position eines Investors, der im April 500 IBM Aktien bei einem Kurs von 50 $ je Aktie leerverkauft und seine Position glattstellt, indem er im Juli 500 IBM Aktien bei einem Kurs von 30 $ je Aktie zurückkauft. Angenommen im Mai wird eine Dividende von 1 $ je Aktie gezahlt. Der Investor erhält im April, als die Verkaufsposition initiiert wird, 500 × 50 $ = 25.000 $. Im Mai zahlt er aufgrund der Dividende 500 × 1 $ = 500 $ an den Broker. Im Juli zahlt er bei Glattstellung der Position weitere 500 × 30 $ = 15.000 $. Der Investor macht einen Nettogewinn von

$$25.000 \ \$ - 500 \ \$ - 15.000 \ \$ = 9.500 \ \$.$$

Dieses Ergebnis ist in Tabelle 3.2 zusammengefasst.

ANNAHMEN

In diesem Kapitel werden folgende Annahmen getroffen, die alle für einige Marktteilnehmer gelten:

1. Die Marktteilnehmer müssen für ihre Geschäfte keine Transaktionskosten zahlen.

2. Alle Netto-Handelsgewinne der Marktteilnehmer werden mit dem gleichen Satz versteuert.

KAPITEL 3 Die Bestimmung der Forward- und Futurespreise 73

3. Die Marktteilnehmer können sich zum gleichen risikofreien Zinssatz Geld leihen wie sie Geld verleihen können.
4. Die Marktteilnehmer profitieren von Arbitrage-Möglichkeiten, sobald sich welche bieten.

Tabelle 3.2: Beispiel für einen Leerverkauf

Am Tisch des Wertpapierhändlers

Ein Investor verkauft im April bei einem Kurs von 50 $ je Stück 500 IBM Aktien leer und kauft sie im Juli zu einem Kurs von 30 $ zurück (er stellt die Position glatt). Im Mai wird eine Dividende von 1 $ je Aktie gezahlt.

Der Gewinn

Der Investor bekommt im April 500 × 50 $ und muss im Mai, als die Dividende beschlossen wird, 500 × 1 $ zahlen. Die Kosten für die Glattstellung der Position betragen 500 × 30 $. Der Nettogewinn beträgt somit

(500 × 50 $) − (500 × 1 $) − (500 × 30 $) = 9.500 $

Diese Annahmen müssen nicht auf alle Marktteilnehmer zutreffen. Es reicht aus, wenn sie für ein Subset von Marktteilnehmern gelten – beispielsweise für große Investitionsbanken. Das ist nicht unrealistisch. Wie bereits in Kapitel 1 diskutiert, bedeutet die Tatsache, dass einige Marktteilnehmer darauf vorbereitet sind, Arbitrage-Möglichkeiten sofort zu nutzen, sobald sie sich bieten, dass in der Praxis Arbitrage-Möglichkeiten nach ihrem Entstehen sehr schnell wieder verschwinden. Daher ist es für den Zweck unserer Analyse vernünftig, wenn wir annehmen, dass es keine Arbitrage-Möglichkeiten für die Marktteilnehmer gibt.

DAS WERTPAPIERPENSIONSGESCHÄFT

Der relevante risikofreie Zinssatz vieler Arbitrageure, die am Futuresmarkt operieren, ist der sogenannte *Zins für Wertpapierpensionsgeschäfte* (repurchase agreement rate, repo rate). Bei einem *Pensionsgeschäft* verkauft ein Besitzer Wertpapiere an einen Dritten und vereinbart, die Wertpapiere später zu einem etwas höheren Preis zurückzukaufen. Der Dritte gewährt ihm einen Kredit. Die Differenz zwischen dem Verkaufspreis und dem Rückkaufpreis ist der Zins, den der Dritte verdient. Bei einer sorgfältigen Strukturierung ist mit dem Kredit nur ein sehr kleines Risiko verbunden. Hält die Partei, die den Kredit aufnimmt, ihren Teil der Vereinbarung nicht ein, behält der Kreditgeber einfach die Wertpapiere. Hält sich der Geldgeber nicht an seinen Teil des Vertrages, behält der Kreditnehmer einfach das Geld.

Der Zins bei einem Pensionsgeschäft liegt etwas über dem Zins für Schatzwechsel. Am weitesten verbreitet ist das *kurzfristige Wertpapierpensionsgeschäft* (overnight repo), bei dem der Vertrag täglich neu verhandelt wird. Manchmal werden aber auch Verträge eingegangen, die länger als einen Tag dauern (term repo).

NOTATION

Folgende Notation wird in diesem Kapitel verwendet:

T: Zeit bis zum Liefertermin eines Forwardkontraktes (in Jahren)

S: heutiger Preis für das Basisobjekt des Forwardkontraktes

K: Lieferpreis im Forwardkontrakt

f: heutiger Wert einer Kaufposition in dem Forwardkontrakt

F: heutiger Forwardpreis

r: risikofreier Zins per Annum bei kontinuierlicher Verzinsung für eine Anlage, die am Liefertag fällig wird (i. e. in T Jahren)

Es ist wichtig zu realisieren, dass der Forwardpreis F sich von dem Wert des Forwardkontraktes, f, unterscheidet. Wie in Kapitel 2 erklärt, ist der Forwardpreis zu jedem gegebenen Zeitpunkt der Lieferpreis, der dem Kontrakt einen Wert von null gibt. Wenn der Kontrakt initiiert wird, wird der Lieferpreis gleich dem Forwardpreis gesetzt, so dass $F = K$ und $f = 0$. Im Zeitablauf ändern sich sowohl f als auch F. Die Analyse und die Beispiele in den nächsten Abschnitten verdeutlichen den Unterschied zwischen diesen beiden Variablen.

Forwardpreise eines Investment-Vermögenswertes, der kein Einkommen abwirft

Am einfachsten ist der Wert eines Forwardkontraktes zu berechnen, dem ein Vermögenswert zugrunde liegt, der dem Kontraktinhaber kein Einkommen liefert. Dividendenlose Aktien und Anleihe ohne Kupons (Nullkupon-Anleihen) sind Beispiele für solche Investment-Vermögenswerte.[1]

EIN BEISPIEL

Man betrachte eine Kaufposition in einem Forwardkontrakt auf den Kauf einer dividendenlosen Aktie in drei Monaten. Angenommen der Aktienkurs steht derzeit bei 40 $ und die risikofreie Zins beträgt 5 Prozent per Annum. Es werden nun Strategien aufgezeigt, die sich einem Arbitrageur in zwei Extremsituationen bieten.

Als erstes sei angenommen, dass der Forwardpreis mit 43 $ relativ hoch ist. Ein Arbitrageur kann sich 40 $ zu einem risikofreien Zins von 5 Prozent per Annum leihen, eine Aktie kaufen und einen Forwardkontrakt auf den Verkauf einer Aktie in drei Monaten leerverkaufen. Am Ende der drei Monate liefert der Arbitrageur die Aktie und bekommt 43 $. Der Betrag für die Bezahlung des Kredits beträgt

$$40e^{0.05 \times 3/12} = 40{,}50 \text{ \$}$$

Mit dieser Strategie schreibt der Arbitrageur einen Gewinn von 43,00 $ − 40,50 $ = 2,50 $ am Ende der drei Monate fest. Die Strategie ist in Tabelle 3.3 zusammengefasst.

Als nächstes sei angenommen, dass der Forwardpreis mit 39 $ relativ niedrig ist. Ein Arbitrageur kann eine Aktie leerverkaufen, die Erlöse aus dem Leerverkauf drei Monate zu 5 Prozent per Annum investieren und eine Kaufposition in einem dreimonatigen Forwardkontrakt kaufen. Die Erlöse aus dem Leerverkauf wachsen auf

$$40e^{0{,}05 \times 3/12}$$

---

[1] Einige der in der ersten Hälfte dieses Kapitels erwähnten Kontrakte (z. B. Forwardkontrakte auf einzelne Aktien) sind in der Praxis eher selten. Sie eignen sich aber gut zur Veranschaulichung der Probleme.

oder 40,50 $ in den drei Monaten. Am Ende der drei Monate zahlt der Arbitrageur 39 $, nimmt die Lieferung der Aktie im Rahmen des Forwardkontraktes entgegen und stellt damit die Verkaufsposition glatt. Somit macht er am Ende der drei Monate einen Nettogewinn von

$$40,50\ \$ - 39,00\ \$ = 1,50\ \$$$

Diese Geschäftsstrategie ist in Tabelle 3.4 zusammengefasst.

Unter welchen Umständen existieren keine Arbitrage-Möglichkeiten wie die in Tabelle 3.3 und 3.4? Die Arbitrage in Tabelle 3.3 funktioniert, wenn der Forwardpreis größer als 40,50 $ ist. Die Arbitrage in Tabelle 3.4 funktioniert, wenn der Forwardpreis kleiner als 40,50 $ ist. Daraus kann man ableiten, dass es genau dann keine Arbitrage gibt, wenn der Forwardpreis exakt 40,50 $ beträgt.

Tabelle 3.3: Arbitrage-Möglichkeit, wenn der Forwardpreis einer dividendenlosen Aktie zu hoch ist

Am Tisch des Wertpapierhändlers

Der Forwardpreis einer Aktie für einen Kontrakt mit einer Laufzeit von drei Monaten beträgt 43 $. Der dreimonatige risikofreie Zins beträgt 5 Prozent per Annum. Der aktuelle Aktienkurs liegt bei 40 $. Es werden keine Dividenden erwartet.

Möglichkeit

Der Forwardpreis ist relativ zum Aktienkurs zu hoch. Ein Arbitrageur kann

1. 40 $ leihen und eine Aktie per Kasse kaufen
2. Einen Forwardkontrakt auf den Verkauf einer Aktie in drei Monaten eingehen

Am Ende der drei Monate liefert der Arbitrageur die Aktie und erhält 43 $. Der Betrag für die Zahlung des Kredits beträgt $40e^{0,05 \times 3/12} = 40,50$ $. Der Arbitrageur realisiert also am Ende der drei Monate einen Gewinn von

$$43,00\ \$ - 40,50\ \$ = 2,50\ \$$$

Tabelle 3.4: Arbitrage-Möglichkeit, wenn der Forwardpreis einer dividendenlosen Aktie zu niedrig ist

Am Tisch des Wertpapierhändlers

Der Forwardpreis einer Aktie für einen Kontrakt mit einem Liefertermin in drei Monaten beträgt 39 $. Der dreimonatige risikofreie Zins beträgt 5 Prozent per Annum. Der aktuelle Aktienkurs liegt bei 40 $. Es werden keine Dividenden erwartet.

Möglichkeit

Der Forwardpreis ist relativ zum Aktienkurs zu niedrig. Ein Arbitrageur kann

1. Eine Aktie per Kasse leerverkaufen, die Erlöse aus dem Leerverkauf drei Monate zu 5 Prozent per Annum anlegen
2. Eine Kaufposition in einem dreimonatigen Forwardkontrakt auf eine Aktie kaufen

Die Erlöse aus dem Leerverkauf (i. e. 40 $) wachsen auf $40e^{0,05 \times 3/12}$ oder 40,50 $ an. Am Ende der drei Monate zahlt der Arbitrageur 39 $ und nimmt im Rahmen des Forwardkontraktes die Lieferung der Aktie an. Mit der Aktie stellt er seine Verkaufsposition glatt. Der Arbitrageur realisiert also am Ende der drei Monate einen Netto-Gewinn von

$$40{,}50\ \$ - 39{,}00\ \$ = 1{,}50\ \$$$

EINE VERALLGEMEINERUNG

Um dieses Problem zu verallgemeinern, betrachten wir einen Forwardkontrakt auf einen Investment-Vermögenswert mit dem Preis S, der kein Einkommen abwirft. T ist laut Notation die Zeit bis zur Fälligkeit, r ist der risikofreie Zinssatz und F ist der Forwardpreis. Der Investor hat folgende Strategie:

1. Er kauft eine Einheit des Vermögenswertes per Kasse.
2. Er verkauft einen Forwardkontrakt leer.

Der Forwardkontrakt hat zu dem Zeitpunkt, als er eingegangen wird, einen Wert von null. Die Vorabkosten der Strategie betragen somit S. Der Forwardkontrakt erfordert, dass der Investment-Vermögenswert nach Ende der

Laufzeit T zum Forwardpreis getauscht wird. Der Vermögenswert wirft kein Einkommen ab. Mit dieser Strategie tauscht der Investor lediglich eine heutige Zahlung S gegen einen risikolosen Barzufluss in Höhe des Forwardpreises nach der Laufzeit T ein. Daraus folgt, dass der Forwardpreis F der Wert sein muss, auf den S anwachsen würde, würde S zu einem risikofreien Zins über den Zeitraum T investiert. Das bedeutet, dass

(3.5) $$F = Se^{rT}$$

In dem betrachteten Beispiel ist S = 40, r = 0,05 und T = 0,25, so dass

$$F = 40e^{0,05 \times 0,25} = 40,50 \text{ \$}$$

Das stimmt mit den vorherigen Berechnungen überein.

Beispiel

Man betrachte einen viermonatigen Forwardkontrakt auf den Kauf einer Anleihe mit Zinszahlung bei Fälligkeit, die heute in einem Jahr fällig wird. Der aktuelle Preis der Anleihe beträgt 930 $. (Da die Anleihe bei Fälligkeit des Forwardkontraktes acht Monate läuft, kann man den Kontrakt als eine achtmonatige Anleihe mit Zinszahlung bei Fälligkeit betrachten.) Angenommen der viermonatige risikofreie Zinssatz beträgt (kontinuierlich verzinst) 6 Prozent per Annum. Da Anleihen mit Zinszahlung bei Fälligkeit kein Einkommen abwerfen, kann Gleichung 3.5 mit T = 4/12, r = 0,06 und S = 930 verwendet werden. Der Forwardpreis F ergibt sich aus

$$F = 930e^{0,06 \times 4/12} = 948,79 \text{ \$}$$

Das wäre der Lieferpreis in einem heute vereinbarten Kontrakt.

Forwardpreise eines Investment-Vermögenswertes, der ein bekanntes Bareinkommen abwirft

In diesem Abschnitt wird ein Forwardkontrakt auf einen Investment-Vermögenswert betrachtet, der dem Kontraktinhaber ein genau vorhersagbares Bareinkommen einbringt. Beispiele dafür sind Aktien, die bekannte Dividenden abwerfen, und Kuponanleihen. Es wird dieselbe Herangehensweise wie in dem vorherigen Abschnitt verwendet. Als erstes wird ein numerisches Beispiel betrachtet, anschließend werden die formalen Argumente überprüft.

EIN BEISPIEL

Man betrachte eine Kaufposition in einem Forwardkontrakt auf den Kauf einer Kuponanleihe, deren aktueller Preis 900 $ ist. Folgende Annahmen gelten. Der Forwardkontrakt wird in einem Jahr und die Kuponanleihe in fünf Jahren fällig, so dass der Forwardkontrakt ein Kontrakt darauf ist, in einem Jahr eine vierjährige Anleihe zu kaufen. Nach sechs Monaten und nach zwölf Monaten erfolgt jeweils eine Kuponzahlung von 40 $, wobei die zweite Kuponzahlung direkt vor dem Liefertermin des Forwardkontraktes erfolgt. Der risikofreie Zinssatz (kontinuierlich verzinst) für sechs Monate und für zwölf Monate beträgt 9 Prozent per Annum beziehungsweise 10 Prozent per Annum.

Als erstes wird angenommen, dass der Forwardpreis mit 930 $ relativ hoch ist. Ein Arbitrageur kann sich 900 $ für den Kauf der Anleihe borgen und einen Forwardkontrakt leerverkaufen. Die erste Kuponzahlung hat einen Gegenwartswert oder Barwert von $40e^{-0,09 \times 0,5} = 38,24$ \$. Von den 900 \$ werden also 38,24 $ sechs Monate lang zu einem Zinssatz von 9 Prozent per Annum geliehen, so dass sie mit der ersten Kuponzahlung zurückgezahlt werden können. Die verbleibenden 861,76 $ werden für ein Jahr für 10 Prozent per Annum geliehen. Der geschuldete Betrag am Jahresende ist $861,76e^{0,1 \times 1} = 952,39$ \$. Der zweite Kupon bringt 40 \$, 930 \$ bringt die Anleihe im Rahmen des Forwardkontraktes. Der Netto-Gewinn des Arbitrageurs ist

$$40\ \$ + 930\ \$ - 952,39\ \$ = 17,61\ \$$$

Diese Strategie ist in Tabelle 3.5 zusammengefasst.

Als nächstes wird angenommen, dass der Forwardpreis mit 905 $ relativ niedrig ist. Ein Investor, der die Anleihe hält, kann sie verkaufen, und eine Kaufposition in einen Forwardkontrakt eingehen.[2] Von den 900 $ aus dem Verkauf der Anleihe werden 38,24 $ sechs Monate zu einem Zins von 9

---

[2] Das Argument hier zeigt, dass, vorausgesetzt das Basisobjekt des Forwardkontraktes wird von der Person allein aus Investmentgründen gehalten, man keinen Leerverkauf braucht, damit die No-Arbitrage-Argumente funktionieren. Dieser Punkt wird weiter unten im Kapitel genauer betrachtet.

Prozent per Annum angelegt, so dass daraus ein Betrag gleich dem Kupon wird, der für die Anleihe gezahlt worden wäre. Die verbleibenden 861,76 $ werden zwölf Monate zu einem Zinssatz von 10 Prozent per Annum investiert und wachsen auf 952,39 $ an. Von diesem Betrag werden 40 $ verwendet, um den Kupon zu ersetzen, der für die Anleihe gezahlt worden wäre, und 905 $ werden im Rahmen des Forwardkontraktes gezahlt, um die Anleihe im Portefeuille des Investors zu ersetzen. Der Investor macht daher gegenüber einer Situation, in der er die Anleihe gehalten hätte, einen Gewinn von

$$952{,}39\ \$ - 40{,}00\ \$ - 905{,}00\ \$ = 7{,}39\ \$$$

Diese Strategie ist in Tabelle 3.6 zusammengefasst.

Ist F der Forwardpreis, führt die Strategie in Tabelle 3.5 zu einem Gewinn, wenn F > 912,39, während die Strategie in Tabelle 3.6 zu einem Gewinn führt, wenn F < 912,39. Daraus folgt, dass, wenn es keine Arbitrage-Möglichkeiten gibt, der Forwardpreis 912,39 $ betragen muss.

EINE VERALLGEMEINERUNG

Um dieses Beispiel zu verallgemeinern, betrachte man einen Forwardkontrakt auf einen Investment-Vermögenswert, der ein Einkommen mit dem Gegenwartswert oder Barwert I abwirft. Man betrachte einen Investor, der folgende Strategie verfolgt:

1. Kauf des Vermögenswertes per Kasse.
2. Eingehen einer Verkaufsposition in Forwardkontrakten.

Der Forwardkontrakt hat zu dem Zeitpunkt, zu dem eingegangen wird, einen Wert von null, so dass die Vorabkosten der Strategie gleich dem Kassakurs des Vermögenswertes, S, sind. Die Strategie liefert dem Investor ein Einkommen mit einem Gegenwartswert I und einem Cashflow am Ende der Laufzeit T gleich dem Forwardpreis der Anleihe, F. Gleichsetzung der Anfangsabflüsse mit dem Gegenwartswert der Barzuflüsse ergibt

$$S = I + Fe^{-rT}$$

oder

(3.6) $$F = (S - I)e^{rT}$$

KAPITEL 3 Die Bestimmung der Forward- und Futurespreise   81

In dem betrachteten Beispiel ist S = 900,00, I = $40e^{-0,09 \times 0,5} + 40e^{-0,10 \times 1}$ = 74,433, r = 0,1 und T = 1, so dass

$$F = (900,00 - 74,433)e^{0,1 \times 1} = 912,39 \text{ \$}$$

Das stimmt mit den vorherigen Berechnungen überein.

Tabelle 3.5: Arbitrage-Möglichkeit, wenn der Forwardpreis einer Kuponanleihe zu hoch ist

Am Tisch des Wertpapierhändlers

Der Forwardpreis einer Anleihe für einen Kontrakt mit einem Liefertermin in einem Jahr beträgt 930 $. Der aktuelle Kassakurs ist 900 $. Nach sechs Monaten und nach einem Jahr sind Kuponzahlungen von je 40 $ vorgesehen. Der risikofreie Zinsen für sechs Monate und für ein Jahr beträgt 9 Prozent per Annum beziehungsweise 10 Prozent per Annum.

Möglichkeit

Der Forwardpreis ist zu hoch. Ein Arbitrageur kann

1. 900 $ für den Kauf einer Anleihe per Kasse leihen
2. Einen Forwardkontrakt auf eine Anleihe leerverkaufen

Der Kredit über 900 $ besteht aus 38,24 $, die für sechs Monate zu einem Zins von 9 Prozent per Annum geliehen werden, und 861,76 $, die für ein Jahr zu einem Zins von 10 Prozent per Annum geliehen werden. Die erste Kuponzahlung von 40 $ reicht genau aus, um Zinsen und Kapital für die 38,24 $ zurückzuzahlen. Nach dem Ende des Jahres bekommt der Arbitrageur die zweite Kuponzahlung von 40 $ und 930 $ für die Anleihe im Rahmen des Forwardkontraktes. Er muss 952,39 $ Zinsen und Kapital für den Restkredit von 861,76 $ zahlen. Sein Netto-Gewinn beträgt somit

40,00 $ + 930,00 $ − 952,39 $ = 17,61 $

Tabelle 3.6: Arbitrage-Möglichkeit, wenn der Forwardpreis einer Kuponanleihe zu niedrig ist

Am Tisch des Wertpapierhändlers

Der Forwardpreis einer Anleihe für einen Kontrakt mit einer Laufzeit von einem Jahr beträgt 905 $. Der aktuelle Kassakurs ist 900 $. Nach sechs und nach zwölf Monaten sind Kuponzahlungen von je 40 $ vorgesehen. Der risikofreie Zins für sechs Monate und für zwölf Monate beträgt 9 beziehungsweise 10 Prozent per Annum.

Möglichkeit

Der Forwardpreis ist zu niedrig. Ein Arbitrageur, der eine Anleihe hält, kann

1. Eine Anleihe verkaufen
2. Eine Kaufposition in einen Forwardkontrakt auf den Rückkauf der Anleihe in einem Jahr eingehen

Von den 900 $ aus dem Verkauf der Anleihe werden 38,24 $ sechs Monate lang zu 9 Prozent per Annum investiert, 861,76 $ werden ein Jahr lang zu 10 Prozent per Annum investiert. Diese Strategie führt nach den sechs Monaten zu einem Cashflow von 40 $ und nach dem einen Jahr zu einem Cashflow von 952,39 $. Die 40 $ ersetzen den Kupon, den der Investor nach sechs Monaten für die Anleihe bekommen hätte. Von den 952,39 $ ersetzen 40 $ den Kupon, den der Investor nach einem Jahr für die Anleihe bekommen hätte. Die Anleihe wird im Rahmen des Forwardkontraktes für 905 $ zurückgekauft. Die Strategie, die Anleihe per Kasse zu verkaufen und im Rahmen eines Forwardkontraktes zurückzukaufen, ist somit um

$$952{,}39\ \$ - 40{,}00 - 905{,}00\ \$ = 7{,}39\ \$$$

profitabler als die Strategie, die Anleihe ein Jahr zu halten.

Beispiel

Man betrachte einen zehnmonatigen Forwardkontrakt auf eine Aktie mit einem Kurs von 50 $. Angenommen wird, dass der risikofreie Zins (kontinuierlich verzinst) bei allen Laufzeiten 8 Prozent per Annum beträgt und dass nach drei, sechs und neun Monaten Dividenden von je 0,75 $ je Aktie erwartet werden. Der Gegenwartswert der Dividenden, I, ergibt sich aus

$$I = 0{,}75e^{-0{,}08 \times 3/12} + 0{,}75e^{-0{,}08 \times 6/12} + 0{,}75e^{-0{,}08 \times 9/12} = 2{,}162$$

Die Variable T ist 10 Monate, so dass Gleichung 3.6 den Forwardpreis F

$$F = (50 - 2{,}162)e^{0{,}08 \times 10/12} = 51{,}14 \text{ \$}$$

ergibt. Wäre der Forwardpreis niedriger, würde ein Arbitrageur die Aktie per Kasse leerverkaufen und Forwardkontrakte kaufen. Wäre der Forwardpreis höher, würde ein Arbitrageur Forwardkontrakte leerverkaufen und die Aktie per Kasse kaufen.

Forwardpreise eines Investment-Vermögenswertes mit einer bekannten Dividendenrendite

Wie in späteren Abschnitten noch erklärt wird, können sowohl Devisen als auch Aktienindizes als Investment-Vermögenswerte betrachtet werden, die bekannte Dividendenrenditen abwerfen. Dieser Abschnitt bietet einen allgemeinen Überblick über Forwardkontrakte auf solche Investment-Vermögenswerte.

Eine bekannte Dividendenrendite bedeutet, dass das Einkommen, ausgedrückt als Prozentsatz vom Preis des Vermögenswertes, bekannt ist. Angenommen die Dividendenrendite wird kontinuierlich mit der jährlichen Rate q gezahlt. Um zu zeigen, was das bedeutet, sei angenommen, dass q = 0,05, so dass die Dividendenrendite 5 Prozent per Annum beträgt. Hat der Vermögenswert einen Preis von 10 \$, werden im nächsten kleinen Zeitintervall Dividenden mit der Rate von 50 Cents per Annum gezahlt; hat der Vermögenswert einen Preis von 100 \$, werden im nächsten kleinen Zeitintervall Dividenden mit der Rate von 5 \$ per Annum gezahlt; und so weiter. In der Praxis werden Dividenden nicht kontinuierlich gezahlt. In einigen Situationen jedoch ist die Annahme einer kontinuierlichen Dividendenrendite eine gute Annäherung an die Realität.

Man betrachte einen Investor mit folgender Strategie:

1. Kauf von e^{-qT} eines Vermögenswertes per Kasse, wobei das Einkommen aus dem Wertpapier in den Vermögenswert reinvestiert wird.
2. Leerverkauf eines Forwardkontraktes.

84   TEIL I Futures- und Forwardmärkte

Der Bestand des Vermögenswertes wächst mit der Rate q, so dass $e^{-qT} \times e^{qT}$ oder genau eine Einheit des Vermögenswertes im Zeitpunkt T[3] gehalten wird. Im Rahmen des Forwardkontraktes wird der Vermögenswert zum Zeitpunkt T für F verkauft. Die Strategie führt somit zu einem Anfangsabfluss von Se^{-qT} und einem Endzufluss von F. Der Gegenwartswert des Zuflusses muss dem Abfluss entsprechen. Daher muss

$$Se^{-qT} = Fe^{-rT}$$

oder

(3.7) $$F = Se^{(r-q)T}$$

sein. Ist $F < Se^{(r-q)T}$, kann ein Arbitrageur eine Kaufposition in einen Forwardkontrakt eingehen und die Aktie leerverkaufen, um einen risikofreien Gewinn festzuschreiben. Ist $F > Se^{(r-q)T}$, kann ein Arbitrageur die Aktie kaufen und eine Verkaufsposition in einen Forwardkontrakt eingehen, um einen risikofreien Gewinn festzuschreiben.

Variiert die Dividendenrendite während der Laufzeit des Forwardkontraktes, ist aber eine bekannte Funktion der Zeit, kann gezeigt werden, dass Gleichung 3.7 immer noch richtig ist, wobei q gleich die durchschnittliche Dividendenrendite während der Laufzeit des Forwardkontraktes ist.

Beispiel

Man betrachte einen sechsmonatigen Forwardkontrakt auf ein Wertpapier, von dem eine kontinuierliche Dividendenrendite von 4 Prozent per Annum erwartet wird. Der risikofreie Zinssatz (bei kontinuierlicher Verzinsung) beträgt 10 Prozent per Annum. Der Aktienkurs liegt

---

[3] Bei dieser Argumentation wird von der unrealistischen Annahme einer teilbaren Aktie ausgegangen. Man kann aber die Bestände in den beiden Portefeuilles um 100, 10.000 oder 1.000.000 erhöhen, das grundlegende Argument bleibt das gleiche. Um die Tatsache zu verdeutlichen, dass die Bestände mit der Rate q wachsen, wenn die Dividenden reinvestiert werden, sei angenommen, dass der Aktienkurs 100 $ beträgt, die Dividendenrendite q bei 5 Prozent per Annum liegt und dass ein Kurzzeitintervall von 0,02 Jahren betrachtet wird. Hält man 10.000 Aktien, fallen in dem Kurzzeitintervall Dividenden in Höhe von 10.000 × 100 $ × 0,05 × 0,02 = 1.000 $ an. Davon werden 10 neue Aktien gekauft, so dass der Bestand in der Periode um 0,1 Prozent wächst. Das entspricht der angenommenen Wachstumsrate von 5 Prozent per Annum.

bei 25 $. In dem Fall ist S = 25, r = 0,10, T = 0,5, q = 0,04. Aus Gleichung 3.7 ergibt sich der Forwardpreis F

$$F = 25e^{(0,10 - 0,04) \times 0,5} = 25,76 \text{ \$}$$

Bewertung von Forwardkontrakten

Der Wert eines Forwardkontraktes ist bei Eingehen des Vertrages gleich null. Später kann er einen positiven oder negativen Wert annehmen. Es gibt ein allgemeines Ergebnis, das auf alle Forwardkontrakte anwendbar ist und den Wert einer Kaufposition in einem Forwardkontrakt, f, ausdrückt als ursprünglich ausgehandelten Lieferpreis K und aktuellen Forwardpreis F. Das ist

(3.8) $\qquad f = (F - K)e^{-rT}$

Um zu sehen, warum Gleichung 3.8 richtig ist, vergleiche man eine Kaufposition in einem Forwardkontrakt, der einen Lieferpreis F hat, mit einer ansonsten identischen Kaufposition in einem Forwardkontrakt, der einen Lieferpreis K hat. Die Differenz zwischen den beiden besteht nur in dem Betrag, der für das Basisobjekt im Zeitpunkt T gezahlt wird. Bei dem ersten Kontrakt beträgt diese Summe F; bei dem zweiten Kontrakt beträgt diese Summe K. Eine Cashflow-Abfluss-Differenz von F − K in T wird in die heutige Differenz $(F - K)e^{-rT}$ übersetzt. Der Kontrakt mit dem Lieferpreis F hat daher einen um $(F - K)e^{-rT}$ geringeren Wert als der Kontrakt mit dem Lieferpreis K. Der Wert des Kontraktes, der den Lieferpreis F hat, ist per Definition null. Daraus folgt, dass der Kontrakt mit dem Lieferpreis K den Wert $(F - K)e^{-rT}$ hat. Das beweist Gleichung 3.8.

Gleichung 3.8 in Verbindung mit Gleichung 3.5 ergibt den folgenden Ausdruck für den Wert eines Forwardkontraktes auf einen Investment-Vermögenswert, der kein Einkommen abwirft:

(3.9) $\qquad f = S - Ke^{-rT}$

Gleichung 3.8 in Verbindung mit Gleichung 3.6 ergibt den Wert eines Forwardkontraktes auf einen Investment-Vermögenswert, der ein bekanntes Einkommen mit dem Gegenwartswert I abwirft:

(3.10) $\qquad f = S - I - Ke^{-rT}$

Gleichung 3.8 in Verbindung mit Gleichung 3.7 schließlich ergibt den folgenden Ausdruck für den Wert eines Forwardkontraktes auf einen Investment-Vermögenswert, der eine bekannte Dividendenrendite mit der Rate q abwirft:

(3.11) $$f = Se^{-qT} - Ke^{-rT}$$

Beispiel

Man betrachte eine Kaufposition in einem sechsmonatigen Forwardkontrakt auf eine dividendenlose Aktie. Der risikofreie Zinssatz (bei kontinuierlicher Verzinsung) ist 10 Prozent per Annum. Der Aktienkurs liegt bei 25 $, der Lieferpreis beträgt 24 $. In dem Fall ist S = 25, r = 0,10, T = 0,5 und K = 24. Gleichung 3.5 ergibt den Forwardpreis F

$$F = 25e^{0,1 \times 0,5} = 26,28 \ \$$$

Gleichung 3.8 ergibt den Wert des Forwardkontraktes

$$f = (26,28 - 24)e^{-0,1 \times 0,5} = 2,17 \ \$$$

Alternativ ergibt Gleichung 3.9

$$f = 25 - 24e^{-0,1 \times 0,5} = 2,17 \ \$$$

Sind Forwardpreise und Futurespreise gleich?

Das Arbitrage-Argument in Appendix 3A zeigt, dass, wenn der risikofreie Zinssatz konstant und für alle Laufzeiten gleich ist, der Forwardpreis für einen Kontrakt mit einem bestimmten Liefertermin gleich dem Futurespreis für einen Kontrakt mit dem gleichen Liefertermin ist. Das Argument in Appendix 3A kann erweitert werden um Situationen, in denen der Zinssatz eine bekannte Funktion der Zeit ist.

Wenn Zinssätze unvorhersagbar variieren (wie es in der Wirklichkeit der Fall ist), sind Forward- und Futurespreise theoretisch nicht mehr gleich. Der Beweis für die Beziehung zwischen den beiden geht über das Anliegen dieses Buches hinaus. Aber man kann sich ein Bild von der Beziehung machen, wenn man sich eine Situation vorstellt, in der der Preis des Basisobjektes S stark positiv mit den Zinssätzen korreliert. Steigt S, macht ein Investor aufgrund des täglichen Abrechnungsverfahrens mit einer Kaufposition in Futures einen sofortigen Gewinn. Die positive Korrelation zeigt an, dass auch die Zinssätze wahrscheinlich gestiegen sind. Der Gewinn wird daher tendenziell zu einem überdurchschnittlich hohen Zinssatz investiert. Sinkt S jedoch, macht der Investor einen sofortigen Verlust. Der Verlust wird tendenziell zu einem unterdurchschnittlichen Zinssatz finanziert. Ein Investor, der einen Forwardkontrakt statt eines Futureskontraktes besitzt, ist nicht derart von Zinsbewegungen betroffen. Folglich ist eine Kaufposition in einem Futureskontrakt attraktiver als eine ähnliche Kaufposition in einem Forwardkontrakt. Korreliert daher S stark positiv mit den Zinssätzen, sind die Futurespreise tendenziell höher als die Forwardpreise. Korreliert S stark negativ mit den Zinssätzen, zeigt ein ähnliches Argument, dass die Forwardpreise tendenziell höher als die Futurespreise sind.

Der theoretische Unterschied zwischen Forward- und Futurespreisen für Kontrakte, die nur ein paar Monate laufen, sind in den meisten Fällen ausreichend klein und können daher vernachlässigt werden. In der Praxis gibt es eine Reihe von Faktoren, die in den theoretischen Modellen nicht behandelt werden und dazu führen könnten, dass Forward- und Futurespreise verschieden sind. Dazu gehören Steuern, Transaktionskosten und der Umgang mit den Margins. Das Risiko, dass eine Partei den Vertrag nicht einhält, ist wegen der Rolle des Börsen-Clearinghouse bei Futureskontrakten im allgemeinen geringer. In einigen Fällen sind Futureskontrakte zudem liquider und einfacher zu handeln als Forwardkontrakte. Trotz all dieser Punkte ist es vernünftig, für die meisten Zwecke anzunehmen, dass Forward- und Futurespreise gleich sind. Dies ist die Annahme, die in diesem Buch gemacht wird. Das Symbol F wird verwendet, um sowohl den Futurespreis als auch den Forwardpreis eines Vermögenswertes darzustellen.

Mit zunehmender Laufzeit eines Futureskontraktes werden die Unterschiede zwischen Forward- und Futureskontrakten tendenziell signifikanter. Dann ist es gefährlich anzunehmen, Forward- und Futurespreise seien perfekte Substitute. Dieser Punkt ist besonders relevant bei Eurodollar Futureskontrakten mit Laufzeiten von bis zu 10 Jahren.

EMPIRISCHE FORSCHUNG

Am Ende des Kapitels sind einige empirische Arbeiten über den Vergleich zwischen Forward- und Futureskontrakten aufgelistet. Cornell und Reinganum untersuchten für den Zeitraum von 1974 bis 1979 die Forward- und

Futurespreise für das Britische Pfund, den Kanadischen Dollar, die Deutsche Mark, den Japanischen Yen und den Schweizer Franken. Sie entdeckten sehr wenige statistisch signifikante Unterschiede zwischen den beiden Preisbündeln. Ihre Ergebnisse wurden von Park und Chen bestätigt, die als Teil ihrer Analyse das Britische Pfund, die Deutsche Mark, den Japanischen Yen und den Schweizer Franken im Zeitraum von 1977 bis 1981 untersuchten.

Französische Wissenschaftler untersuchten für den Zeitraum von 1968 bis 1980 Kupfer und Silber. Die Ergebnisse für Silber zeigen, dass sich der Futurespreis und der Forwardpreis signifikant unterschieden (bei einem Konfidenzniveau von 5 Prozent), wobei der Futurespreis im allgemeinen über dem Forwardpreis lag. Die Ergebnisse für Kupfer sind dagegen weniger eindeutig. Park und Chen untersuchten Gold, Silber, Silbermünzen, Platin, Kupfer und Furnierholz für den Zeitraum von 1977 bis 1981. Ihre Ergebnisse ähneln denen der Franzosen für Silber. Die Forward- und Futurespreise unterschieden sich signifikant, wobei der Futurespreis über dem Forwardpreis lag. Rendleman und Carabini untersuchten den Markt für Schatzwechsel für den Zeitraum von 1976 bis 1978. Auch sie fanden statistisch signifikante Unterschiede zwischen den Futures- und Forwardpreisen. Die in den Studien beobachteten Unterschiede dürften wahrscheinlich auf die in dem vorherigen Abschnitt erwähnten Faktoren (Steuern, Transaktionskosten und so weiter) zurückzuführen sind.

Aktienindex Futures

Der *Aktienindex* zeigt die Wertänderungen eines hypothetischen Aktienportefeuilles auf. Das Gewicht einer Aktie in dem Portefeuille ist gleich dem Anteil des Portefeuilles, der in die Aktie investiert ist. Der prozentuale Anstieg eines Aktienindexwertes in einem kleinen Zeitintervall ist normalerweise so definiert, dass er dem prozentualen Anstieg des Gesamtwertes der Aktien entspricht, die zu der Zeit im Portefeuille enthalten sind. Ein Aktienindex wird gewöhnlich nicht den Bardividenden angepasst. In anderen Worten, bei der Berechnung der prozentualen Veränderungen der meisten Indizes werden die Bardividenden, die auf das Portefeuille anfallen, nicht berücksichtigt.

Es ist wichtig zu wissen, dass, wenn ein hypothetisches Aktienportefeuille fix bleibt, die den einzelnen Aktien zugewiesenen Gewichte nicht fix bleiben. Steigt der Kurs einer bestimmten Aktie in dem Portefeuille stärker als andere Kurse, bekommt diese Aktie automatisch ein stärkeres Gewicht. Wählt man das Gewicht proportional zu den Aktienkursen, so bedeutet das, dass man das zugrundeliegende Portefeuille unverändert lässt. Man kann das Gewicht auch proportional zur Börsen- oder Marktkapitalisierung (Aktienkurs × Zahl der umlaufenden Aktien) wählen. Das ist populär und führt dazu, dass das zugrundeliegende Portefeuille automatisch an Aktiensplits, Stockdividenden und Neuemissionen von Stammaktien angepasst wird.

AKTIENINDIZES

Tabelle 3.7 zeigt die am 25. September 1996 im *Wall Street Journal* abgedruckten Futurespreise für Kontrakte auf diverse Aktienindizes. Die Preise beziehen sich auf den Börsenschluss vom 24. September 1996. Der *Standard & Poor's 500 (S&P 500) Index* basiert auf einem Portefeuille aus 500 verschiedenen Aktien: 400 Industrieaktien, 40 Aktien von Versorgungsunternehmen, 20 Aktien von Transportunternehmen und 40 Aktien von Finanzinstitutionen. Die Gewichte der Aktien in dem Portefeuille spiegeln zu jedem gegebenem Zeitpunkt die gesamte Börsenkapitalisierung der Aktie wider. Dieser Index betrachtet 80 Prozent der Börsenkapitalisierung aller an der New York Stock Exchange notierten Aktien. Ein Futureskontrakt (notiert an der Chicago Mercantile Exchange) ist über den 500fachen Index (Kontrakteinheit = 500 × Index). Der *Standard & Poor's MidCap 400 Index* ähnelt dem S&P 500, basiert aber auf einem Portefeuille aus 400 Aktien, die etwas niedrigere Börsenkapitalisierungen haben.

Der *Nikkei 225 Stock Average* basiert auf einem Portefeuille aus den 225 größten, an der Tokyo Stock Exchange gehandelten Aktien. Die Aktien werden gemäß ihren Kursen gewichtet. Ein Futureskontrakt (gehandelt an der Chicago Mercantile Exchange) ist über den fünffachen Index. Der *CAC-40 Index* basiert auf 40 in Frankreich gehandelten Aktien. Der *DAX-30* basiert auf 30 in Deutschland gehandelten Aktien. Der *FT-SE 100 Index* basiert auf einem Portefeuille der größten Aktien im UK, die an der London Stock Exchange notiert sind. Der *All Ordinaries Share Price Index* ist ein breit angelegter Index, der den Wert eines Portefeuilles mit australischen Aktien widerspiegelt.

Andere Aktienindizes, die mitunter Derivativen in den USA zugrunde liegen, sind der *New York Stock Exchange (NYSE) Composite Index* und der *Major Market Index (MMI)*. Der NYSE Composite Index basiert auf einem

Portefeuille aller an der New York Stock Exchange notierten Aktien, wobei die Gewichte die Börsenkapitalisierung spiegeln. Der MMI basiert auf einem Portefeuille aus 20 Blue Chip Aktien, die an der New York Stock Exchange notiert sind, wobei die Gewichte die Aktienkurse spiegeln. Letzterer korreliert sehr eng mit dem oft zitierten *Dow Jones Industrial Average*, der ebenfalls auf relativ wenig Aktien basiert.

Beim GSCI Futureskontrakt in Tabelle 3.7 ist das Basisobjekt der *Goldman Sachs Commodity Index*. Das ist kein Aktienindex. Es ist ein breit angelegter Index aus Handelswarenpreisen. Alle großen Handelswarengruppen wie Energie, lebendes Inventar, Getreide und Ölsaaten, Nahrungsmittel und Fasern sowie Metalle werden vom GSCI repräsentiert. Untersuchungen von Goldman Sachs haben ergeben, dass der GSCI negativ auf den S&P 500 Index bezogen ist, wobei die Korrelation zwischen –0,30 bis –0,40 liegt.

Wie in Kapitel 2 erwähnt, werden Futureskontrakte auf Aktienindizes per Kasse und nicht durch Lieferung des Basisobjektes abgerechnet. Alle Kontrakte werden am letzten Börsentag dem Kurs angepasst (Marked to Market), und die Positionen werden dann als glattgestellt angesehen. Bei den meisten Kontrakten wird der Schlusswert am letzten Handelstag auf den Schlusswert des Index an diesem Tag festgelegt. Wie in Kapitel 2 diskutiert, wird der Kurs für den S&P 500 jedoch auf den Eröffnungswert des Index am Folgetag festgelegt. Der letzte Handelstag für den S&P 500 ist der Donnerstag vor dem dritten Freitag des Liefermonats.

FUTURESPREISE VON AKTIENINDIZES

Ein Aktienindex kann als Preis eines Investment-Vermögenswertes betrachtet werden, der Dividenden abwirft. Der Investment-Vermögenswert ist das Aktienportefeuille, das dem Index zugrunde liegt, und die Dividenden, die der Investment-Vermögenswert abwirft, sind die Dividenden, die der Inhaber dieses Portefeuilles bekommen würde. Für eine vernünftige Annäherung kann angenommen werden, dass die dem Index zugrundeliegenden Aktien eine kontinuierliche Dividendenrendite abwerfen. Wenn q die Rate der Dividendenrendite ist, ergibt sich aus Gleichung 3.7 der Futurespreis F

(3.12) $$F = Se^{(r-q)T}$$

KAPITEL 3 Die Bestimmung der Forward- und Futurespreise

Tabelle 3.7: Aktienindex-Futuresnotierungen im *Wall Street Journal* vom 25. September 1996

INDEX

S&P 500 INDEX (CME) $500 times index

	Open	High	Low	Settle	Chg	High	Low	Open Interest
Dec	692.35	697.50	689.20	692.05	− .35	697.50	612.70	173,288
Mr97	697.40	703.50	695.80	698.40	− .40	703.50	622.55	3,817
June	702.70	709.80	702.50	704.85	− .45	709.80	629.05	1,770
Sep		....	...	711.35	− .80	...	...	155

    Est vol 71,777; vol Mn 66,734; open int 179,030, − 52,042.
    Indx prelim High 690.88; Low 683.54; Close 685.61 − .87

S&P MIDCAP 400 (CME) $500 times index

Dec.	240.25	242.45	240.05	242.05	+ 1.40	248.35	213.05	9,098

    Est vol 633; vol Mn 1,005; open int 9,206, − 4,390
    The index: High 240.36; Low 238.58; Close 239.78 + 1.04

NIKKEI 225 STOCK AVERAGE (CME)-$5 times index

Dec	212000.	21245.	21130.	21190.	+ 15	22870.	19430.	16,385

    Est vol 860; vol. Mn 367; open int 16,395, + 119.
    The index: High 21247.75; Low 21040.03; Close 21171.99 + 59.75

GSCI (CME)-$250 times nearby Index

Oct	201.00	203.00	200.70	203.00	+ 2.90	206.50	188.00	15,318

    Est vol 276; vol Mn 64; open int 15,349, − 16.
    The index: High 203.21; Low 200.03; Close 202.97 + 2.95

CAC-40 STOCK INDEX (MATIF)-FFr 200 per index pt.

Sept	2082.5	2087.0	2076.0	2086.0	+ 14 .5	2146.5	1196.0	22,072
Oct	2087.0	2090.0	2083.0	2091.0	+ 14.5	2103.0	2020.0	8,792
Dec	2098.0	2101.5	2091.5	2102.0	+ 14.5	2168.0	1973.0	14,372
Mr97	2118.0	2118.0	2117.0	2119.0	+ 14.5	2183.5	1921.0	5,045
Sept		...	...	2099.0	+ 14.5	2176.0	1980.0	5,420
Mr98		...	...	2140.5	+ 14.5	2221.0	2079.0	2,475

    Est vol 22,834; vol Mn 16,916; open int 58,343, − 420.

FT-SE 100 INDEX (LIFFE)-£25 per index point

Dec	3956.0	3969.0	3939.0	3945.0	+ 2.0	4026.0	3452.5	56,465
Mr97		....	...	3957.0	+ 4.0	4026.0	3452.5	360

    Est vol 10,748; vol Mn 9,382; open int 56,825, − 196.

DAX-30 GERMAN STOCK INDEX (DTB) DM 100 times index

Dec	2650.0	2663.0	2648.0	2661.0	+ .72	2667.0	2155.5	71,668
Mr97	2668.0	2680.0	2668.0	2680.0	+ .85	2682.5	2295.5	3,479

    Est vol 12,701; vol Mn 12,592; open int 75,226, + 638.
    The index: High 2639.31; Low 2633.18; Close 2638.45 + .43

ALL ORDINARIES SHARE PRICE INDEX (SFE)
    A$25 times index

Sept	2219.0	2232.0	2212.0	2228.0	+ 10.0	2391.0	2086.0	72,268
Dec	2233.0	2245.0	2227.0	2243.0	+ 11.0	2407.0	2110.0	38,425
Mr97		...	...	2260.0	+ 10.0	2385.0	2135.	2,171
June		...	...	2272.0	+ 10.0	2365.0	2177.0	2,491

    Est vol 16,035; vol Mn 9,611; open int 115,415, − 984.
    The index: High 2229.3; Low 2213.4; Close 2228.7 + 9.5

Quelle: Wall Street Journal, 25. 9.1996. Copyright ©1996, Dow Jones and Company, Inc.

Beispiel

Man betrachte einen dreimonatigen Futureskontrakt auf den S&P 500. Angenommen die dem Index zugrundliegenden Aktien werfen eine Dividendenrendite von 3 Prozent per Annum ab, der aktuelle Wert des Index ist 400 und der kontinuierlich verzinste risikofreie Zinssatz beträgt 8 Prozent per Annum. In dem Fall ist r = 0,08, S = 400, T = 0,25 und q = 0,03. Folglich beträgt der Futurespreis

$$F = 400e^{(0,08 - 0,03) \times 0,25} = 405,03 \text{ \$}$$

In der Praxis variiert die Dividendenrendite des dem Index zugrundeliegenden Portefeuilles von Woche zu Woche. Beispielsweise wird ein großer Teil der Dividenden der NYSE Aktien in der ersten Woche des Februar, Mai, August und November gezahlt. Der gewählte Wert für q sollte die durchschnittliche, auf Jahresbasis umgerechnete Dividendenrendite über die Laufzeit des Kontraktes repräsentieren. Die Dividenden, die für die Schätzung von q benutzt werden, sollten die sein, deren Ex-Dividendetermin in die Laufzeit des Futureskontraktes fällt. Aus Tabelle 3.7 lässt sich ablesen, dass die Futurespreise für den S&P 500 Index offenbar mit der Laufzeit um ungefähr 3,7 Prozent per Annum wachsen. Das korrespondiert mit der Situation, in der der risikofreie Zinssatz die Dividendenrendite um ungefähr 3,7 Prozent per Annum übersteigt.

Jeder Analyst, der ungern mit Dividendenrenditen arbeitet, kann den Dollarbetrag der Dividenden, die das Portefeuille abwirft, und das Timing dieser Dividenden schätzen. Der Index kann dann als Investment-Vermögenswert betrachtet werden, der ein bekanntes Einkommen hervorbringt, und das Ergebnis aus Gleichung 3.6 kann zur Berechnung des Futurespreises benutzt werden.

INDEX-ARBITRAGE

Ist $F > Se^{(r-q)T}$, können Gewinne gemacht werden, indem die dem Index zugrundeliegenden Aktien per Kasse gekauft (i. e. für sofortige Lieferung) und Futureskontrakte leerverkauft werden. Ist $F < Se^{(r-q)T}$, können Gewinne gemacht werden, indem man umgekehrt verfährt – das heißt, die dem Index zugrundeliegenden Aktien werden leerverkauft oder verkauft und es werden Kaufpositionen in Futureskontrakten erworben. Diese Strategien sind als *Index-Arbitrage* bekannt. Ist $F < Se^{(r-q)T}$, wird diese Strategie oft von Pensionsfonds verfolgt, die ein Aktienindexportfolio haben. Ist $F > Se^{(r-q)T}$, wird

KAPITEL 3 Die Bestimmung der Forward- und Futurespreise   93

diese Strategie oft von Unternehmen verfolgt, die kurzfristige Geldmarktanlagen halten. Bei Indizes, die viele Aktien berücksichtigen, wird bisweilen eine Index-Arbitrage durchgeführt, indem eine relativ kleine repräsentative Auswahl an Aktien gehandelt wird, deren Bewegungen mit denen des Index weitgehend übereinstimmen. Oft wird Index-Arbitrage auch durch *Programmhandel* implementiert, wobei mittels Computersysteme Bewertungsunterschiede festgestellt und über die Generierung von Handelsaktivitäten verwertet werden.

19. OKTOBER 1987

Unter normalen Bedingungen ist F sehr nahe bei $Se^{(r-q)T}$. Es ist aber interessant zu beobachten, was am 19. Oktober 1987 geschah, als der Markt um über 20 Prozent fiel und mit 604 Millionen an der New York Stock Exchange gehandelten Aktien alle bisherigen Rekorde geschlagen wurden. Den größten Teil des Tages lagen die Futurespreise signifikant unter dem zugrundeliegenden Index. Beispielsweise lag zum Handelsschluss der S&P 500 Index bei 225,06 (er gab an diesem Tag um 57,88 nach), während der Futurespreis für die Dezember Lieferung auf den S&P 500 bei 201,50 lag (er gab an diesem Tag um 80,75 nach). Das lag vor allem daran, dass durch die Verzögerungen bei der Bearbeitung der Aufträge die Index-Arbitrage zu riskant wurde. Am nächsten Tag, dem 20. Oktober 1987, verfügte die New York Stock Exchange zeitweilige Restriktionen für die Durchführung des Programmhandels. Das Ergebnis war, dass sich der Zusammenbruch der traditionellen Verbindung zwischen Aktienindizes und Aktienindex-Futures fortsetzte. Der Futurespreis für den Dezember Kontrakt lag einmal sogar 18 Prozent unter dem S&P 500 Index.

DER NIKKEI FUTURESKONTRAKT

Gleichung 3.12 lässt sich nicht auf den Futureskontrakt für den Nikkei 225 anwenden. Der Grund ist sehr subtil. Man definiere S_F als Wert für den Nikkei 225 Index. Dies ist der Wert eines in Yen gemessenen Portefeuilles. Die Variable, die dem CME Futureskontrakt auf den Nikkei 225 zugrunde liegt, hat den *Dollarwert* $5S_F$. In anderen Worten, der Futureskontrakt nimmt eine Variable, die in Yen gemessen wird, behandelt sie aber, als wäre sie in Dollar. Man kann nicht in ein Portefeuille investieren, dessen Wert immer $5S_F$ Dollar betragen wird. Das Beste, was man machen kann, ist, entweder in ein Portefeuille zu investieren, das immer $5S_F$ Yen wert ist, oder in ein Portefeuille, das immer $5QS_F$ Dollar wert ist, wobei Q der Dollar-Wert eines Yen ist. Die Arbitrage-Argumente, die in diesem Kapitel verwendet wurden, erfordern, dass der Kassakurs, der dem Futurespreis zugrunde liegt, der Preis einer Sache ist, die von Investoren gehandelt werden kann. Die Argumente treffen daher nicht exakt auf den Nikkei 225 Kontrakt zu.

Forward- und Futureskontrakte auf Währungen

Im folgenden werden Forward- und Futureskontrakte auf Fremdwährungen betrachtet. Die Variable S ist der aktuelle Kassakurs einer Fremdwährungseinheit in Dollar. Der Inhaber der Währung kann mit ihr Zinsen zu dem in dem betreffenden Land geltenden risikofreien Zinssatz verdienen. (Der Inhaber kann die Währung beispielsweise in Anleihen anlegen, die in der Fremdwährung denominiert sind). Der Wert dieses ausländischen, kontinuierlich verzinsten risikofreien Zinssatzes sei definiert als r_f.

Man betrachte einen Investor, der folgende Strategie hat:

1. Kauf per Kasse $e^{-r_f T}$ der Fremdwährung.

2. Leerverkauf eines Forwardkontraktes auf eine Fremdwährungseinheit.

Der Bestand der Fremdwährung wächst wegen der anfallenden Zinsen in der Zeit T um eine Einheit. Im Rahmen des Forwardkontraktes wird der Bestand im Zeitpunkt T gegen F ausgetauscht. Die Strategie führt somit zu einem Anfangsabfluss $Se^{-r_f T}$ und einem Endzufluss F. Der Gegenwartswert des Zuflusses muss dem Abfluss entsprechen.

$$Se^{-r_f T} = Fe^{-rT}$$

oder

(3.13) $$F = Se^{(r-r_f)T}$$

Das ist die bekannte Zinsparitätsbeziehung aus dem Bereich der internationalen Finanzierung. Gemäß der obigen Diskussion in diesem Kapitel ist F mit einer vernünftige Annäherung auch der Futurespreis.

Wie man sieht, ist Gleichung 3.13 mit Gleichung 3.7 identisch, nur dass q ersetzt wurde durch r_f. Eine Fremdwährung ist im Kern ein Investment-

Vermögenswert, der eine bekannte Dividendenrendite abwirft. Die „Dividendenrendite" ist der risikofreie Zins der Fremdwährung. Um zu sehen, warum dies so ist, muss man daran denken, dass die Zinsen, die man für den Fremdwährungsbestand einnimmt, in der Fremdwährung denominiert sind. Wird ihr Wert in der heimischen Währung gemessen, ist er auch proportional dem Wert der Fremdwährung.

Tabelle 3.8 zeigt die Futurespreise vom 24. September 1996 für Kontrakte auf den Japanischen Yen, die Deutsche Mark, den Kanadischen Dollar, das Britische Pfund, den Schweizer Franken, den Australischen Dollar und den Mexikanischen Pesos am International Monetary Market der Chicago Mercantile Exchange. Beim Japanischen Yen sind die Preise in Cents je Fremdwährungseinheit ausgedrückt. Bei den anderen Währungen sind die Preise in US-Dollar je Fremdwährungseinheit ausgedrückt. Wie in Kapitel 2 erwähnt wurde, kann dies verwirrend sein, da bei den meisten Währungen die Kassa- und Terminkurse umgekehrt notiert werden – das heißt, als Anzahl der Fremdwährungseinheiten je US-Dollar. Eine Forwardnotierung für den Kanadischen Dollar von 1,2000 entspräche also einer Futuresnotierung von 0,8333.

Ist der ausländische Zins höher als der heimische Zins ($r_f > r$), zeigt Gleichung 3.13, dass F immer kleiner ist als S und dass F mit steigender Kontraktlaufzeit T sinkt. Ist der inländische Zinssatz dagegen höher als der ausländische Zinssatz ($r > r_f$), dann zeigt Gleichung 3.13, dass F immer größer ist als S und dass F mit steigendem T steigt. Am 24. September 1996 waren die Zinssätze in Japan, Deutschland, Kanada und der Schweiz kleiner als in den Vereinigten Staaten. Das entspricht der Situation $r > r_f$ und erklärt, warum die Futurespreise für diese Währungen mit zunehmender Laufzeit ansteigen. In Mexiko waren die Zinssätze höher als in den Vereinigten Staaten. Das entspricht der Situation $r_f > r$ und erklärt, warum der Futurespreis für diese Währung mit zunehmender Laufzeit sinkt.

Beispiel

Der Futurespreis der Deutschen Mark in Tabelle 3.8 steigt offenbar mit einer Rate von ungefähr 2,7 Prozent per Annum mit der Laufzeit an. Der Anstieg deutet an, dass in den Vereinigten Staaten der risikofreie Zins am 24. September 1996 um ungefähr 2,7 Prozent per Annum höher war als in Deutschland.

Tabelle 3.8: Futuresnotierungen für Fremdwährungen im *Wall Street Journal* vom 25. September 1996

CURRENCY

	Open	High	Low	Settle	Change	Lifetime High	Low	Open Interest
JAPAN YEN (CME)-12.5 million yen; $ per yen (.00)								
Dec	.9207	.9270	.9200	.9267	+ .0058	1.0500	.9156	69,664
Mr97	.9345	.9392	.9342	.9393	+ .0058	1.0045	.9285	1,899
June	...	...	...	.9519	+ .0058	.9790	.9415	197
Est vol 18,393; vol. Mn 5,381; open int 71,778, − 386.								
DEUSCHE MARK (CME)-125,000 marks; $ per mark								
Dec	.6653	.6701	.6640	.6698	+ .0047	.7070	.6537	60,644
Mr97	.6690	.6740	.6687	.6743	+ .0046	.6937	.6633	1,184
June	...	...	...	.6788	+ .0044	.6947	.6690	2,112
Est vol 17,240; vol Mn 11,422; open int 63,940, + 736.								
CANADIAN DOLLAR (CME)-100,000 dlrs; $ per Can $								
Dec	.7338	.7353	.7333	.7348	+ .0005	.7460	.7130	35,096
Mr97	.7368	.7380	.7364	.7376	+ .0005	.7400	.7117	914
June	...	...	...	.7396	+ .0005	.7405	.7185	608
Sept	...	...	...	.7415	+ .0005	.7402	.7309	131
Est vol 3,450; vol. Mn 4,507; open int 36,785, − 1,076.								
BRITISH POUND (CME)-62,500 pds.; $ per pound								
Dec	1.5550	1.5680	1.5550	1.5656	+ .0100	1.5712	1.4850	37,566
Est vol 7,334; vol Mn 3,696; open int 37,645, + 115.								
SWISS FRANC (CME)-125,000 francs; $ per franc								
Dec	.8166	.8231	.8145	.8227	+ .0062	.8999	.7976	47,478
Mr97	.8232	.8315	.8228	.8307	+ .0061	.8715	.8050	1,326
Est vol 11,965; vol Mn 9,995 open int 38,860, − 1,177.								
AUSTRALIAN DOLLAR (CME) 100,000 dlrs; $ per A.$								
Dec	.7895	.7895	.7825	.7843	− .0059	.7998	.7665	9,545
Est vol 1,087; vol Mn 415; open int 9,585, − 74.								
MEXICAN PESO (CME)-500,000 new Mex. peso, $ per MP								
Dec	.12600	.12660	.12585	.12632	+ .0057	.12660	.09900	12,607
Mr97	.11925	.12000	.11925	.11990	+ .0090	.12240	.10070	2,320
June	.11350	.11450	.11350	.11410	+ .0100	.11550	.10270	1,263
Sept	.10870	.10950	.10870	.10950	+ .0130	.10970	.10450	268
Est vol 8,231; vol Mn 6,261; open int 16,465, − 168.								

Quelle: *Wall Street Journal*, 25.9.1996. Copyright ©1996, Dow Jones and Company, Inc.

Futures auf Handelswaren

Im folgenden werden Futureskontrakte auf Waren betrachtet. Hier ist es wichtig, zwischen Handelswaren zu unterscheiden, die von einer signifikanten Anzahl von Investoren nur als Anlage gehalten werden (z. B. Gold und Silber) oder die primär für den Konsum gehalten werden. Mit Arbitrage-

KAPITEL 3 Die Bestimmung der Forward- und Futurespreise   97

Argumenten kann man die genauen Futurespreise für Investment-Handelswaren bekommen. Bei Konsum-Handelswaren können diese Argumente aber nur eine obere Schranke für die Futurespreise liefern.

GOLD UND SILBER

Da Gold und Silber von einer signifikanten Anzahl von Investoren nur zu Anlagezwecken gehalten werden, kann man sie als Investment-Vermögenswerte betrachten.[4] Es gilt die bereits verwendete Notation, wobei S der aktuelle Kassakurs von Gold und Silber ist. Gold und Silber bringen kein Einkommen hervor. Es wird angenommen, dass die Lagerkosten gleich null sind, so dass Gleichung 3.5 den Futurespreis F ergibt:

(3.14) $$F = Se^{rt}$$

Die Lagerkosten können als negatives Einkommen betrachtet werden. Ist U der Gegenwartswert der gesamten Lagerkosten, die während der Laufzeit des Futureskontraktes anfallen, folgt aus Gleichung 3.6, dass

(3.15) $$F = (S + U)e^{rT}$$

Sind die zu irgendeinem Zeitpunkt anfallenden Lagerkosten proportional zum Preis der Handelsware, können sie als negative Dividendenrendite betrachtet werden. In diesem Fall folgt aus Gleichung 3.7

(3.16) $$F = Se^{(r + u)T}$$

mit u als jährliche Lagerkosten, die proportional zum Kassakurs anfallen.

Beispiel

Man betrachte einen einjährigen Futureskontrakt auf Gold. Angenommen es kostet 2 $ je Unze und Jahr, das Gold zu lagern, wobei die Zahlung am Jahresende erfolgt. Angenommen der Kassakurs beträgt

---

[4] Damit ein Vermögenswert ein Investment-Vermögenswert ist, muss er nicht ausschließlich zu Investment-Zwecken gehalten werden. Es ist aber erforderlich, dass einige Individuen ihn zu Investment-Zwecken halten und dass diese Individuen bereit sind, ihre Kassabestände gegen Futureskontrakte zu substituieren, wenn diese attraktiver sind. Das erklärt, warum Silber, obwohl es eine signifikante Bedeutung für die industrielle Verwertung hat, ein Investment-Vermögenswert ist.

450 $ und der risikofreie Zins beträgt für alle Laufzeiten 7 Prozent per Annum. Das korrespondiert mit r = 0,07, S = 450, T = 1 und

$$U = 2e^{-0,07 \times 1} = 1,865$$

Der Futurespreis F ergibt sich aus

$$F = (450 + 1,865)e^{0,07 \times 1} = 484,63 \text{ \$}$$

Wenn F > 484,63 ist, kann ein Arbitrageur Gold kaufen und einjährige Gold Futureskontrakte leerverkaufen, um einen Gewinn festzuschreiben. Wenn F < 484,63 ist, kann ein Investor, der bereits Gold besitzt, die Rendite erhöhen, indem er das Gold verkauft und Futureskontrakte auf Gold kauft. Die Tabellen 3.9 und 3.10 veranschaulichen diese Strategien für Situationen, in denen F = 500 und F = 470 ist.

ANDERE HANDELSWAREN

Für Handelswaren, die nicht primär zu Anlagezwecken gehalten werden (z.B. Öl und Kupfer) müssen die Arbitrage-Argumente, die zu den Gleichungen 3.14, 3.15 und 3.16 führen, sorgfältig überprüft werden.

Angenommen statt Gleichung 3.15 gilt

(3.17) $$F > (S + U)e^{rT}$$

Um einen Vorteil aus dieser Möglichkeit zu ziehen, kann ein Arbitrageur folgende Strategie implementieren:

1. Er borgt sich zum risikofreien Zins den Betrag S + U und verwendet ihn zum Kauf einer Einheit der Ware und zur Bezahlung der Lagerkosten.

2. Er verkauft einen Futureskontrakt auf eine Einheit der Ware leer.

Betrachtet man den Futureskontrakt als Forwardkontrakt, führt diese Strategie mit Sicherheit zu einem Gewinn von $F - (S + U)e^{rT}$ im Zeitraum T. Die Strategie wird in Tabelle 3.9 am Beispiel von Gold veranschaulicht. Diese Strategie lässt sich problemlos für jede Handelsware implementieren. Indem die Arbitrageure aber diese Strategie verfolgen, kommt es tendenziell zu einem Anstieg von S und einem Absinken von F, bis Gleichung 3.17 nicht mehr stimmt. Daraus muss man die Schlussfolgerung ziehen, dass Gleichung 3.17 nicht über einen signifikant langen Zeitraum gültig ist.

Tabelle 3.9: Arbitrage-Möglichkeit am Goldmarkt, wenn der Futurespreis für Gold zu hoch ist

Am Tisch des Wertpapierhändlers

Der einjährige Futurespreis für Gold beträgt 500 $ je Unze. Der aktuelle Kassakurs liegt bei 450 $ je Unze und der risikofreie Zinssatz liegt bei 7 Prozent per Annum. Die Lagerkosten für das Gold betragen 2 $ je Unze je Jahr und sind zahlbar am Jahresende.

Möglichkeit

Der Futurespreis für Gold ist zu hoch. Ein Arbitrageur kann

1. 45.000 $ zum risikofreien Zinssatz leihen, um 100 Unzen Gold zu kaufen
2. Einen Futureskontrakt auf Gold leerverkaufen, der in einem Jahr geliefert werden muss.

Am Ende des Jahres bekommt er im Rahmen des Futureskontraktes 50.000 $ für das Gold. 48.263 $ benötigt er für Kreditzinsen und Kreditkapital, 200 $ zahlt er für die Lagerkosten. Sein Netto-Gewinn beträgt somit

$$50.000\ \$ - 48.263\ \$ - 200\ \$ = 1.537\ \$$$

Als nächstes sei angenommen, dass

(3.18) $$F < (S + U)e^{rT}$$

Für Gold und Silber kann argumentiert werden, dass viele Investoren die Handelsware allein zu Anlagezwecken halten. Beobachtet man die Ungleichheit in Gleichheit 3.18, wird man folgendes Verfahren für profitabel halten

1. Man verkauft die Handelsware, spart die Lagerkosten und legt den Erlös zum risikofreien Zinssatz an.
2. Man kauft den Futureskontrakt.

Diese Strategie wird am Beispiel von Gold in Tabelle 3.10 veranschaulicht. Gegenüber der Situation, in der der Investor das Gold oder Silber behält, macht er bei Fälligkeit einen risikofreien Gewinn von $(S + U)e^{rT} - F$. Daraus folgt, dass Gleichung 3.18 nicht lange gültig ist. Da also weder Gleichung

3.17 noch Gleichung 3.18 über eine längere Zeit halten, muss $F = (S + U)e^{rT}$ sein.

Tabelle 3.10: Arbitrage-Möglichkeit am Goldmarkt, wenn der Futurespreis für Gold zu niedrig ist

Am Tisch des Wertpapierhändlers

Der einjährige Futurespreis für Gold beträgt 470 $ je Unze. Der aktuelle Kassakurs liegt bei 450 $ je Unze, der risikofreie Zinssatz liegt bei 7 Prozent per Annum. Die Lagerkosten für das Gold betragen 2 $ je Unze und Jahr, zahlbar am Jahresende.

Möglichkeit

Der Futurespreis für Gold ist zu niedrig. Ein Investor, der bereits 100 Unzen Gold zu Anlagezwecken besitzt, kann

1. Das Gold für 45.000 $ verkaufen
2. Einen Futureskontrakt auf Gold mit einer Laufzeit von einem Jahr kaufen.

Die 45.000 $ werden ein Jahr lang zum risikofreien Zinssatz angelegt und wachsen auf 48.263 $ an. Am Ende des Jahres werden im Rahmen des Futureskontraktes 100 Unzen Gold für 47.000 $ gekauft. Der Investor hat am Ende also 100 Unzen Gold plus

$$48.263 \, \$ - 47.000 \, \$ = 1.263 \, \$$$

in bar. Behält er das Gold jedoch das ganze Jahr lang, hat der Investor die 100 Unzen Gold minus 200 $ Lagerkosten. Die Futuresstrategie verbessert daher die Situation des Investors um

$$1.263 \, \$ + 200 \, \$ = 1.463 \, \$$$

Dieses Argument lässt sich nicht auf Handelswaren anwenden, die nicht über längere Zeit zu Investmentzwecken gehalten werden. Individuen und Unternehmen, die eine solche Handelsware auf Lager halten, machen dies aufgrund ihres Konsumwertes – nicht wegen ihres Anlagewertes. Sie zögern, die Ware zu verkaufen und Futureskontrakte zu kaufen, denn Futureskontrakte sind nicht konsumierbar. Es gibt daher nichts, was Gleichung 3.18

ungültig machen könnte. Da Gleichung 3.17 nicht haltbar ist, kann man für eine Konsum-Handelsware nur behaupten, dass

(3.19) $$F \leq (S + U)e^{rT}$$

Werden die Lagerkosten ausgedrückt als Anteil u vom Kassakurs, lautet das entsprechende Ergebnis

(3.20) $$F \leq Se^{(r+u)T}$$

GEWINNERZIELUNG DURCH SOFORTIGE VERFÜGBARKEIT DER WARE

Man hat nicht notwendigerweise eine Gleichheit bei den Gleichungen 3.19 und 3.20, da die Nutzer der Ware vielleicht das Gefühl haben, dass der Besitz einer physischen Ware Vorteile birgt, die Inhaber von Futureskontrakten nicht haben. Diese Vorteile können sich daraus ergeben, dass man Gewinne aus zeitweiligen örtlichen Knappheiten ziehen oder den Produktionsprozess am Laufen halten kann. Die Vorteile werden auch *Gewinnerzielung durch sofortige Verfügbarkeit der Ware* (convenience yield) genannt. Kennt man die Lagerkosten und haben sie den Gegenwartswert U, ist die Gewinnerzielung durch sofortige Verfügbarkeit der Ware, y, definiert, so dass

$$Fe^{yT} = (S + U)e^{rT}$$

Sind die Lagerkosten je Einheit ein konstanter Anteil u vom Kassakurs, dann ist y so definiert, dass

$$Fe^{yT} = Se^{(r+u)T}$$

oder

(3.21) $$F = Se^{(r+u-y)T}$$

Die Gewinnerzielung durch sofortige Verfügbarkeit der Ware misst lediglich das Ausmaß, in dem die linke Seite niedriger ist als die rechte Seite in Gleichung 3.19 oder 3.20. Bei Investment-Vermögenswerten muss diese Gewinnerzielung durch sofortige Verfügbarkeit der Ware null sein; andernfalls gibt es Möglichkeiten wie die in Tabelle 3.10. Tabelle 2.3 in Kapitel 2 zeigt, dass die Futurespreise einiger Waren (z. B. Sojabohnenmehl und Rohöl) am 24. September 1996 mit steigender Laufzeit eine fallende Tendenz aufwiesen. Dieses Muster deutet an, dass für diese Waren die Gewinnerzielung durch sofortige Verfügbarkeit der Ware, y, größer ist als r + u.

Die Gewinnerzielung durch sofortige Verfügbarkeit der Ware reflektiert die Markterwartungen hinsichtlich der künftigen Verfügbarkeit der Ware. Je größer die Möglichkeit ist, dass es während der Laufzeit des Futureskontraktes zu Knappheiten kommt, desto höher ist die Gewinnerzielung durch sofortige Verfügbarkeit der Ware. Haben die Nutzer der Ware große Vorräte, ist die Wahrscheinlichkeit von Knappheiten in naher Zukunft gering und die Gewinnerzielung durch sofortige Verfügbarkeit der Ware ist tendenziell niedrig. Andererseits aber führen kleine Vorräte tendenziell zu einer hohen Gewinnerzielung durch sofortige Verfügbarkeit der Ware.

Cost of Carry

Die Beziehung zwischen Futurespreisen und Kassakursen kann als *Cost of Carry* (auch: Carrykosten, Bestandhaltekosten) zusammengefasst werden. Diese Kosten messen Lagerkosten plus Zinsen für die Finanzierung des Vermögenswertes abzüglich Einkommen aus dem Vermögenswert. Bei einer dividendenlosen Aktie sind die Cost of Carry gleich r, da es weder Lagerkosten noch Einkommen gibt; bei einem Aktienindex sind sie r − q, da der Vermögenswert ein Einkommen mit der Rate q abwirft. Bei einer Währung sind sie r − r_f; bei einer Ware mit Lagerkosten, die als Anteil u vom Preis abhängen, sind sie r + u; und so weiter.

Die Cost of Carry seien definiert als c. Der Futurespreis eines Investment-Vermögenswertes beträgt

(3.22) $$F = Se^{cT}$$

Ein Konsum-Vermögenswert hat den Futurespreis

(3.23) $$F = Se^{(c-y)T}$$

wobei y die Gewinnerzielung durch sofortige Verfügbarkeit der Ware ist.

Lieferoptionen

Während ein Forwardkontrakt normalerweise einen bestimmten Liefertag spezifiziert, lässt ein Futureskontrakt der Partei mit der Verkaufsposition oft die Möglichkeit, jederzeit innerhalb einer bestimmten Periode zu liefern. (Üblicherweise muss die Partei aber ein paar Tage vorher ihre Lieferabsicht bekannt geben.) Diese Wahlmöglichkeit macht die Bestimmung der Futurespreise komplizierter. Soll der Beginn, die Mitte oder das Ende der Periode den Fälligkeitstermin des Futureskontraktes markieren? Obwohl viele Futureskontrakte vor Fälligkeit glattgestellt werden, sollte man unbedingt wissen, wann die Lieferung stattgefunden hätte, damit man den theoretischen Futurespreis errechnen kann.

Ist der Futurespreis eine wachsende Funktion der Laufzeit, lässt sich aus Gleichung 3.23 ablesen, dass $c > y$, so dass die Vorteile aus dem Halten des Vermögenswertes (einschließlich Gewinnerzielung durch sofortige Verfügbarkeit der Ware und abzüglich Lagerkosten) niedriger sind als der risikofreie Zinssatz. In diesem Fall ist es für die Partei mit der Verkaufsposition gewöhnlich optimal, so früh wie möglich zu liefern, weil die Zinsen für das erhaltene Geld die Vorteile, die ein Halten des Vermögenswertes hat, überwiegen. Unter diesen Umständen sollte man die Futurespreise auf der Grundlage berechnet, dass die Lieferung zu Beginn der Lieferperiode erfolgt. Sinken Futurespreise mit steigender Laufzeit ($c < r$), trifft das Umgekehrte zu. Dann ist es im allgemeinen optimal für die Partei mit der Verkaufsposition, so spät wie möglich zu liefern. Hier gilt die Regel, Futurespreise entsprechend dieser Annahme zu berechnen.

Futurespreise und der erwartete künftige Kassakurs

Eine Frage, die oft gestellt wird, lautet, ob der Futurespreis eines Vermögenswertes gleich seinem erwarteten künftigen Kassakurs ist. Wenn man raten müsste, wie der Preis eines Vermögenswertes in drei Monaten ist, ist der Futurespreis eine reine Schätzung? In Kapitel 2 wurden die Argumente von Keynes und Hicks dargestellt. Diese Autoren behaupten, dass Spekulanten keine Futureskontrakte handeln, wenn sie keinen positiven Gewinn erwarten. Hedger dagegen sind wegen der risikomindernden Vorteile des Futureskontraktes bereit, einen negativen Gewinn zu akzeptieren. Wenn mehr Spekulanten in Besitz haben als leerverkaufen, dann wird der Futurespreis tendenziell unter dem erwarteten künftigen Kassakurs liegen. Im Durchschnitt können Spekulanten dann erwarten, Gewinne zu machen, weil der Futurespreis bei Fälligkeit gegen den Kassakurs konvergiert. Wenn aber mehr Spekulanten leerverkaufen als in Besitz haben, dann wird der Futurespreis tendenziell über dem erwarteten Kassakurs liegen.

RISIKO UND RENDITE

Eine weitere Erklärung für die Beziehung zwischen Futurespreisen und erwarteten künftigen Kassakursen liefert die Betrachtung der Beziehung zwischen Risiko und erwarteter Rendite. Im allgemeinen gilt, je höher das Risiko einer Investition, desto höher die vom Investor geforderte erwartete Rendite. Leser, die das Kapitalanlagepreis-Modell (capital asset pricing model, CAPM) kennen, wissen, dass es in der Volkswirtschaft zwei Risikotypen gibt: den systematischen und den unsystematischen. Das unsystematische Risiko sollte für den Investor nicht wichtig sein. Es kann fast völlig durch ein wohldiversifiziertes Portefeuille eliminiert werden. Ein Investor sollte für das Tragen des unsystematischen Risikos also keine höhere erwartete Rendite verlangen. Das systematische Risiko kann hingegen nicht wegdiversifiziert werden. Es entsteht aus der Korrelation zwischen den Renditen der Investition und den Renditen der Börse insgesamt. Im allgemeinen braucht ein Investor für das Tragen eines positiven systematischen Risikos auch eine höhere erwartete Rendite als den risikofreien Zinssatz. Ein Investor dagegen, der eine Investition mit einem negativen systematischen Risiko eingeht, ist bereit, eine niedrigere Rendite als den risikofreien Zinssatz zu akzeptieren.

DAS RISIKO EINER FUTURESPOSITION

Man betrachte einen Spekulanten, der eine Kaufposition in Futures in der Hoffnung nimmt, dass der Kassakurs bei Fälligkeit des Vermögenswertes über dem Futurespreis liegt. Angenommen der Spekulant investiert den Gegenwartswert des Futurespreises risikofrei, während er simultan eine Kaufposition in Futures nimmt. Angenommen der Futureskontrakt kann wie ein Forwardkontrakt behandelt werden. Die Erlöse aus der risikofreien Investition werden verwendet, um den Vermögenswert am Liefertag zu kaufen. Der Vermögenswert wird dann umgehend zum Marktpreis verkauft. Die Cashflows des Spekulanten sind:

KAPITEL 3 Die Bestimmung der Forward- und Futurespreise 105

In Zeitpunkt 0: $-Fe^{-rT}$

In Zeitpunkt T: $+S_T$

wobei S_T der Preis des Vermögenswertes in Zeitpunkt T ist.

Der Gegenwartswert dieser Investition ist

$$-Fe^{-rT} + E(S_T)e^{-kT}$$

wobei k der der Investition entsprechende Abzinsungssatz ist (i. e. die erwartete Rendite, die der Investor für die Investition braucht), E ist der erwartete Wert. Angenommen alle Anlagemöglichkeiten am Wertpapiermarkt haben einen Nettogegenwartswert von null:

$$-Fe^{-rT} + E(S_T)e^{-kT} = 0$$

oder

(3.24) $$F = E(S_T)e^{(r-k)T}$$

Der Wert von k hängt vom systematischen Risiko der Investition ab. Wenn S_T nicht mit dem Niveau des Aktienmarktes korreliert, beträgt das systematische Risiko der Investition null. In diesem Fall ist k = r, und Gleichung 3.24 zeigt, dass F = $E(S_T)$. Wenn S_T insgesamt positiv mit dem Aktienmarkt korreliert, ist das systematische Risiko der Investition positiv. In diesem Fall ist k > r, und Gleichung 3.24 zeigt, dass F < $E(S_T)$. Wenn S_T negativ mit dem Aktienmarkt korreliert, ist das systematische Risiko negativ. In diesem Fall ist k < r, und Gleichung 3.24 zeigt, dass F > $E(S_T)$.

EMPIRISCHE EVIDENZ

Wenn F = $E(S_T)$ ist, steigt oder fällt der Futurespreis nur, wenn der Markt seine Meinung über den erwarteten künftigen Kassakurs ändert. Wir können vernünftigerweise davon ausgehen, dass der Markt über einen langen Zeitraum seine Erwartungen über die künftigen Kassakurse ebenso oft nach oben wie nach unten revidiert. Daraus folgt, dass bei F = $E(S_T)$ der Durchschnittsgewinn aus einem Bestand an Futureskontrakten über einen langen Zeitraum gleich null sein sollte. Die Situation F < $E(S_T)$ korrespondiert mit der Situation eines positiven systematischen Risikos. Da der Futurespreis und der Kassakurs bei Fälligkeit des Futureskontraktes gleich sein müssen, müsste der Futurespreis im Durchschnitt ansteigen und ein Wertpapierhändler müsste über einen langen Zeitraum positive Gewinne mit seinen konsistent gehaltenen Kaufpositionen in Futures realisieren. Dagegen impliziert die Situation $F > E(S_T)$, dass ein Wertpapierhändler über einen langen Zeitraum positive Gewinne mit konsistent gehaltenen Verkaufspositionen in Futures realisiert.

Wie verhalten sich Futurespreise in der Praxis? Am Ende des Kapitels sind einige empirische Arbeiten zu dieser Frage gelistet. Die Ergebnisse sind gemischt. Houthakker betrachtet in seiner Studie die Futurespreise für Weizen, Baumwolle und Mais für den Zeitraum von 1937 bis 1957. Sie zeigt, dass mit Kaufpositionen in Futures signifikante Gewinne gemacht werden konnten. Das deutet darauf hin, dass eine Investition in Mais ein positives systematisches Risiko hat und $F < E(S_T)$. Telser kam in seiner Studie zu ganz anderen Ergebnissen als Houthakker. Er untersuchte für den Zeitraum von 1926 bis 1950 die Daten für Baumwolle und für den Zeitraum von 1927 bis 1954 die Daten für Weizen und fand keine signifikanten Gewinne für Wertpapierhändler, ganz gleich, ob sie nun Kauf- oder Verkaufspositionen hatten.[5] Telser: „Die Futures-Daten liefern keinen Beweis, um der einfachen ..... Hypothese zu widersprechen, dass der Futurespreis eine unverzerrte Schätzung des erwarteten künftigen Kassakurses ist." Gray betrachtete in seiner Studie die Preise der Mais Futures im Zeitraum von 1921 bis 1959 und kam zu ähnlichen Ergebnissen wie Telser. Dusak verwendete in seiner Studie Daten über Mais, Weizen und Sojabohnen aus den Jahren 1952 bis 1967 und hatte eine andere Herangehensweise. Er versuchte, das systematische Risiko einer Investition in einer dieser Waren zu schätzen, indem er die Korrelation der Warenpreisschwankungen mit den Schwankungen des S&P 500 errechnete. Die Ergebnisse deuten an, dass es kein systematisches Risiko gibt und stützen somit die Hypothese, dass $F = E(S_T)$ ist. Aktuellere Studien von Chang über die gleichen Waren und mit moderneren statistischen Techniken durchgeführt, unterstützen jedoch die Hypothese, dass $F < E(S_T)$ ist.

Zusammenfassung

In den meisten Fälle kann man davon ausgehen, dass der Futurespreis für einen Kontrakt mit einem bestimmten Liefertermin gleich dem Fowardpreis für einen Kontrakt mit dem gleichen Liefertermin ist. Es kann gezeigt wer-

---

[5] Siehe L. G. Telser, „Futures Trading and the Storage of Cotton and Wheat", *Journal of Political Economy* 66 (June 1958): 233-255.

den, dass sie theoretisch identisch sein müssten, wenn die Zinssätze genau vorhersagbar sind, und dass sie eng beieinander liegen müssten, wenn die Zinssätze unvorhersagbar variieren.

Um Futures- (oder Forward-)Preise besser zu verstehen, ist es sinnvoll, Futureskontrakte in zwei Kategorien zu teilen: in der einen Kategorie wird das Basisobjekt von einer signifikanten Anzahl von Investoren als Investment gehalten, in der anderen wird das Basisobjekt primär zu Konsumzwecken gehalten.

Im Fall der Investment-Vermögenswerte haben wir drei verschiedene Situationen betrachtet:

1. Der Vermögenswert liefert kein Einkommen.
2. Der Vermögenswert liefert ein bekanntes Dollar-Einkommen.
3. Der Vermögenswert liefert eine bekannte Dividendenrendite.

Die Ergebnisse sind in Tabelle 3.11 zusammengefasst. Mit ihnen kann man die Futurespreise für Kontrakte auf Aktienindizes, Währungen, Gold und Silber feststellen.

Tabelle 3.11: Zusammenfassung der Ergebnisse für einen Kontrakt mit Laufzeit T auf einen Investment-Vermögenswert mit Preis S, bei einem risikofreien Zins r für eine Periode von T Jahren

Vermögenswert	Forward-/Futurespreis	Wert eines erworbenen Forwardkontraktes mit dem Lieferpreis K
Wirft kein Einkommen ab	Se^{rT}	$S - Ke^{-rT}$
Wirft bekanntes Einkommen mit dem Gegenwartswert I ab	$(S - I)e^{rT}$	$S - I - Ke^{-rT}$
Wirft eine bekannte Dividendenrendite q ab	$Se^{(r-q)T}$	$Se^{-qT} - Ke^{-rT}$

Für Konsum-Vermögenswerte lässt sich der Futurespreis nicht als Funktion des Kassakurses und anderer beobachtbarer Variablen errechnen. Hier ist als Parameter die Gewinnerzielung durch sofortige Verfügbarkeit der Ware (convenience yield) wichtig. Der Parameter misst das Ausmaß, in dem die Nutzer der Ware es vorteilhafter finden, die Ware auch tatsächlich physisch zu besitzen als nur einen Futureskontrakt auf die Ware zu haben. Zwei dieser Vorteile sind unter anderem, dass der Warenbesitzer die Möglichkeiten hat, von kurzfristigen lokalen Knappheiten zu profitieren oder den Produktionsprozess am Laufen zu halten. Für den Futurespreis eines Konsum-Vermögenswertes kann man nur obere Schranke errechnen, wobei man Arbitrage-Argumente verwendet.

Mitunter ist auch das Konzept der Cost of Carry nützlich. Die Cost of Carry setzen sich zusammen aus den Lagerkosten des Basisobjektes plus den Kosten seiner Finanzierung minus dem Einkommen daraus. Bei Investment-Vermögenswerten übersteigt der Futurespreis den Kassakurs um einen Betrag, der den Cost of Carry entspricht. Bei Konsum-Vermögenswerten übersteigt der Futurespreis den Kassakurs um einen Betrag, der den Cost of Carry abzüglich der Gewinnerzielung durch sofortige Verfügbarkeit der Ware entspricht.

Angenommen das Kapitalanlagepreis-Modell ist korrekt, dann hängt die Beziehung zwischen Futurespreis und erwartetem künftigen Kassakurs davon ab, ob der Kassakurs positiv oder negativ mit dem Niveau des Aktienmarktes korreliert. Eine positive Korrelation führt tendenziell zu einem Futurespreis, der unter dem erwarteten künftigen Kassakurs liegt. Eine negative Korrelation führt tendenziell zu einem Futurespreis, der über dem erwarteten künftigen Kassakurs liegt. Nur wenn die Korrelation null ist, ist der theoretische Futurespreis gleich dem erwarteten künftigen Kassakurs.

Weitere Literatur

Über empirische Forschungen zu Forward- und Futurespreisen

Cornell, B. und M. Reinganum. „Forward and Futures Prices: Evidence from Foreign Exchange Markets", *Journal of Finance* 36 (December 1981): 1035-1045.

French, K. „A Comparison of Futures and Forward Prices", *Journal of Financial Economics* 12 (November 1983): 311-342.

Park, H. Y. und A. H. Chen. „Differences between Futures and Forward Prices: A Further Investigation of Marking-to-Market Effects", *Journal of Futures Markets* 5 (February 1985): 77-88.

Rendleman, R. und C. Carabini. „The Efficiency of the Treasury Bill Futures Markets", *Journal of Finance* 34 (September 1979): 895-914.

Viswanath, P. V. „Taxes and the Futures-Forward Price Difference in the 91-Day T-Bill Market", *Journal of Money, Credit, and Banking* 21, no. 2 (May 1989): 190-205.

Über empirische Forschung zur Beziehung zwischen Futurespreisen und erwarteten künftigen Kassakursen

Chang, E. C. „Returns to Speculators and the Theory of Normal Backwardation", *Journal of Finance* 40 (March 1985): 193-208.

Dusak, F. „Futures Trading and Investor Returns: An Investigation of Commodity Risk Premiums", *Journal of Political Economy* 81 (December 1973): 1387-1406.

Gray, R. W. „The Search for a Risk Premium", *Journal of Political Economy* 69 (June 1961): 250-160.

Houthakker, H. S. „Can Speculators Forecast Prices?" *Review of Economics and Statistics* 39 (1957): 143-151.

Telser, L. G. „Futures Trading and the Storage of Cotton and Wheat", *Journal of Political Economy* 66 (June 1958): 233-255.

Über die theoretische Beziehung zwischen Forward- und Futurespreisen

Cox, J. C., J. E. Ingersoll und S. A. Ross. „The Relation between Forward Prices and Futures Prices", *Journal of Financial Economics* 9 (December 1981): 321-346.

Jarrow, R. A. und G. S. Oldfield. „Forward Contracts and Futures Contracts", *Journal of Financial Economics* 9 (December 1981): 373-382.

Kane, E. J. „Market Incompleteness and Divergences between Forward and Futures Interest Rates", *Journal of Finance* 35 (May 1980): 221-234.

Margrabe, W. „A Theory of Forward and Futures Prices", Working paper, The Wharton School, University of Pennsylvania, 1976.

Richard S. und M. Sunsaresan. „A Continuous-Time Model of Forward and Futures Prices in a Multigood Economy", *Journal of Financial Economics* 9 (December 1981): 347-372.

Weitere

Hick, J. R. *Value and Capital*. Oxford: Oxford University Press, 1939.

Keynes, J. M. A. *Treatise in Money*. London: Macmillan, 1930.

Testfragen

1. Eine Bank notiert ihnen einen Zinssatz von 14 Prozent per Annum bei vierteljährlicher Verzinsung. Wie ist der entsprechende Zinssatz bei (a) kontinuierlicher Verzinsung und (b) jährlicher Verzinsung?

2. Erklären Sie, was geschieht, wenn ein Investor eine bestimmte Aktie leerverkauft.

3. Angenommen Sie gehen einen sechsmonatigen Forwardkontrakt auf eine dividendenlose Aktie ein, wenn der Aktienkurs bei 30 $ und der risikofreie Zinssatz (bei kontinuierlicher Verzinsung) bei 12 Prozent per Annum liegt. Wie hoch ist der Forwardpreis?

4. Ein Aktienindex liegt derzeit bei 350. Der risikofreie Zinssatz beträgt 8 Prozent per Annum (bei kontinuierlicher Verzinsung), die Dividendenrendite des Index liegt bei 4 Prozent per Annum. Wie hoch müsste der Futurespreis für einen viermonatigen Kontrakt sein?

5. Erklären Sie sorgfältig, warum man den Futurespreis von Gold aus seinem Kassakurs und anderen beobachtbaren Variablen errechnen kann, den Futurespreis für Kupfer hingegen nicht.

6. Erklären Sie sorgfältig die Bedeutung der Begriffe *Gewinnerzielung durch sofortige Verfügbarkeit der Ware* (convenience yield) und *Cost of Carry*. Welche Beziehung besteht zwischen Futurespreis, Kassakurs, Gewinnerzielung durch sofortige Verfügbarkeit der Ware und Cost of Carry?

7. Ist der Futurespreis eines Aktienindex größer oder kleiner als der erwartete künftige Wert des Index? Erläutern Sie Ihre Antwort.

KAPITEL 3 Die Bestimmung der Forward- und Futurespreise

Fragen und Probleme

1. Ein Investor investiert jetzt 1.000 $ und bekommt in einem Jahr 1.100 $ zurück. Berechnen Sie die Rendite per Annum bei:

   a. jährlicher Verzinsung

   b. halbjährlicher Verzinsung

   c. monatlicher Verzinsung

   d. kontinuierlicher Verzinsung.

2. Welcher Zinssatz bei kontinuierlicher Verzinsung entspricht einem Zinssatz von 15 Prozent per Annum bei monatlicher Verzinsung?

3. Ein Einlagenkonto wirft bei kontinuierlicher Verzinsung 12 Prozent Zinsen per Annum ab, aber die Zinsen werden tatsächlich vierteljährlich gezahlt. Wie viel Zinsen werden vierteljährlich für eine Einlage von 10.000 $ gezahlt?

4. Sie erwerben bei einem Aktienkurs von 40 $ und einem risikofreien Zinssatz von 10 Prozent per Annum bei kontinuierlicher Verzinsung einen einjährigen Forwardkontrakt auf eine dividendenlose Aktie.

   a. Wie hoch sind der Forwardpreis und der Anfangswert des Forwardkontraktes?

   b. Sechs Monate später liegt der Kurs der Aktie bei 45 $, der risikofreie Zinssatz beträgt immer noch 10 Prozent. Wie hoch sind der Forwardpreis und der Wert des Forwardkontraktes?

5. Es wird erwartet, dass eine Aktie in zwei Monaten und in fünf Monaten eine Dividende von 1 $ je Aktie abwirft. Der Aktienkurs liegt bei 50 $ und der risikofreie Zinssatz bei 8 Prozent per Annum bei kontinuierlicher Verzinsung und allen Laufzeiten. Ein Investor hat gerade eine Verkaufsposition in einem sechsmonatigen Forwardkontrakt auf die Aktie gekauft.

   a. Wie hoch sind der Forwardpreis und der Anfangswert des Forwardkontraktes?

   b. Drei Monate später liegt der Aktienkurs bei 48 $ und der risikofreie Zins beträgt immer noch 8 Prozent per Annum. Wie hoch sind der Forwardpreis und der Wert der Verkaufsposition in dem Forwardkontrakt?

6. Der risikofreie Zinssatz beträgt bei kontinuierlicher Verzinsung 7 Prozent per Annum, die Dividendenrendite eines Aktienindex ist 3,2 Prozent per Annum. Der aktuelle Wert eines Index ist 150. Wie hoch ist der sechsmonatige Futurespreis?

7. Angenommen der risikofreie Zinssatz liegt bei kontinuierlicher Verzinsung bei 9 Prozent per Annum und die Dividendenrendite eines Aktienindex variiert übers Jahr. Im Februar, Mai, August und November beträgt sie 5 Prozent per Annum. In anderen Monaten beträgt sie 2 Prozent per Annum. Angenommen der Index hat am 31. Juli 1997 einen Wert von 300. Wie hoch ist der Futurespreis für einen Kontrakt, der am 31. Dezember 1997 lieferbar ist?

8. Angenommen der risikofreie Zinssatz liegt bei kontinuierlicher Verzinsung bei 10 Prozent per Anum und ein Aktienindex hat eine Dividendenrendite von 4 Prozent per Annum. Der Index steht bei 400, der Futurespreis für einen in vier Monate lieferbaren Kontrakt ist 405. Welche Arbitrage-Möglichkeiten ergeben sich daraus?

9. Schätzen Sie die Differenz zwischen dem risikofreien Zins in Japan und in den USA anhand der Information in Tabelle 3.8.

10. In der Schweiz und in den USA beträgt der kontinuierlich verzinste zweimonatige Zinssatz 3 Prozent beziehungsweise 8 Prozent per Annum. Der Kassakurs des Schweizer Franken ist 0,6500 $. Der Futurespreis für einen in zwei Monaten lieferbaren Kontrakt beträgt 0,6600 $. Welche Arbitrage-Möglichkeiten ergeben sich daraus?

11. Der aktuelle Preis für Silber beträgt 9 $ je Unze. Die Lagerkosten liegen bei 0,24 $ je Unze und Jahr, vierteljährlich im voraus zahlbar. Angenommen wird eine flache Fristenstruktur mit einem kontinuierlich verzinsten Zinssatz von 10 Prozent. Berechnen Sie den Futurespreis für Silber, das in neun Monaten zu liefern ist.

12. Eine Bank bietet einem Geschäftskunden die Wahl, entweder Geld zu 11 Prozent per Annum zu leihen oder Gold für 2 Prozent per Annum zu leihen. (Leiht sich der Kunde das Gold, muss er die Zinsen in Gold zahlen. Leiht er also heute 100 Unzen Gold, muss er in einem Jahr 102 Unzen Gold zurückzahlen.) Der risikofreie Zins be-

trägt 9,25 Prozent per Annum, die Lagerkosten betragen 0,5 Prozent per Annum. Diskutieren Sie, ob der Zins für den Goldkredit im Verhältnis zum Barkredit zu hoch oder zu niedrig ist. Die Zinssätze beider Kredite sind in jährlicher Verzinsung ausgedrückt. Der risikofreie Zinssatz und die Lagerkosten sind in kontinuierlicher Verzinsung ausgedrückt.

13. Angenommen F_1 und F_2 sind zwei Futureskontrakte auf die gleiche Ware mit den Fälligkeitsterminen t_1 und t_2, wobei $t_2 > t_1$. Beweisen Sie, dass

$$F_2 \leq F_1 e^{r(t_2 - t_1)}$$

wobei r der (als konstant angenommene) Zinssatz ist und es keine Lagerkosten gibt. Nehmen Sie zur Vereinfachung dieses Problems ausnahmsweise an, dass ein Futureskontrakt dasselbe ist wie ein Forwardkontrakt.

14. Wenn ein Unternehmen einen bekannten künftigen Bargeldabfluss in einer Fremdwährung durch einen Forwardkontrakt absichert, gibt es kein Wechselkursrisiko. Sichert das Unternehmen mit Futureskontrakten, ist das Unternehmen aufgrund der täglichen Adjustierung an den Preis (Marking to Market) einem gewissen Risiko ausgesetzt. Erklären Sie das Wesen dieses Risikos. Betrachten Sie insbesondere, ob das Unternehmen besser mit einem Futureskontrakt oder einem Forwardkontrakt fährt, wenn

   a. der Wert der ausländischen Währung während der Laufzeit des Kontraktes rapide fällt

   b. der Wert der ausländischen Währung während der Laufzeit des Kontraktes rapide steigt

   c. der Wert der ausländischen Währung während der Laufzeit des Kontraktes zuerst steigt und dann auf den Anfangswert zurückfällt

   d. der Wert der ausländischen Währung während der Laufzeit des Kontraktes zuerst fällt und dann auf den Anfangswert zurücksteigt.

Nehmen Sie an, dass der Forwardpreis gleich dem Futurespreis ist.

15. Mitunter wird argumentiert, dass ein Devisenterminkurs eine unverzerrte vorgegebene Variable künftiger Devisenkurse ist. Unter welchen Umständen trifft dies zu?

16. Ein Unternehmen, das nicht das exakte Datum für die Zahlung oder den Erhalt einer ausländischen Währung kennt, könnte versuchen, mit seiner Bank einen Forwardkontrakt auszuhandeln, der eine Periode spezifiziert, in der die Lieferung erfolgen kann. Das Unternehmen möchte sich das Recht vorbehalten, das genaue Lieferdatum so zu wählen, dass es zu den eigenen Cashflows passt. Nehmen Sie die Perspektive der Bank ein. Wie würden Sie den Preis für das vom Unternehmen gewünschte Produkt bestimmen?

APPENDIX 3A

Ein Beweis, dass Forward- und Futurespreise bei konstanten Zinssätzen gleich sind

In diesem Appendix wird gezeigt, dass Forward- und Futurespreis gleich sind, wenn die Zinssätze konstant sind. Angenommen ein Futureskontrakt läuft über n Tage und F_i ist der Futurespreis am Ende von Tag i ($0 < i < n$). δ ist definiert als risikofreier Zins je Tag (als konstant angenommen). Man betrachte folgende Strategie.[6]

1. Kauf einer Kaufposition in e^{δ} Futures am Ende von Tag 0 (i. e. zu Beginn des Kontraktes).
2. Vergrößerung der Kaufposition am Ende von Tag 1 auf $e^{2\delta}$.
3. Vergrößerung die Kaufposition am Ende von Tag 2 auf $e^{3\delta}$.

Und so weiter.

Diese Strategie ist in Tabelle 3.12 zusammengefasst. Zu Beginn von Tag i hat der Investor die Kaufposition $e^{\delta i}$. Der (möglicherweise negative) Gewinn aus der Position am Tag i beträgt

$$(F_i - F_{i-1})e^{\delta i}$$

Angenommen der Gewinn wird bis zum Ende von Tag n zum risikofreien Zinssatz verzinst. Sein Wert am Ende von Tag n beträgt

$$(F_i - F_{i-1})e^{\delta i} e^{(n-i)\delta} = (F_i - F_{i-1})e^{n\delta}$$

Der Gesamtwert der Strategie beträgt somit am Ende von Tag n

$$\sum_{i=1}^{n}(F_i - F_{i-1})e^{n\delta}$$

Das ist

---

[6] Diese Strategie wurde vorgeschlagen von J. C. Cox, J. E. Ingersoll und S. A. Ross, „The Relationship between Forward Prices and Futures Prices", *Journal of Financial Economics* 9 (December 1981): 321-346.

116　TEIL 1 Futures- und Forwardmärkte

$$[(F_n - F_{n-1}) + (F_{n-1} - F_{n-2}) + \ldots + (F_1 - F_0)]e^{n\delta} = (F_n - F_0)e^{n\delta}$$

Da F_n gleich dem Endkassakurs S_T des Vermögenswertes ist, kann man den Abschlusswert der Investmentstrategie auch schreiben als

$$(S_T - F_0) = e^{n\delta}$$

Eine Investition von F_0 in eine risikofreie Anleihe kombiniert mit der gerade aufgezeigten Strategie wirft in Zeitpunkt T

$$F_0 e^{n\delta} + (S_T - F_0)e^{n\delta} = S_T e^{n\delta}$$

ab. Eine Investition ist für die beschriebenen Kaufpositionen in Futures nicht erforderlich. Folglich kann eine Summe F_0 investiert werden, die im Zeitpunkt T den Betrag $S_T e^{n\delta}$ abwirft.

Tabelle 3.12: Die Investment-Strategie, die zeigt, dass Futures- und Forwardpreis gleich sind

	Tag				
	0	1	2	... n − 1	n
Futures-preis	F_0	F_1	F_2	... F_{n-1}	F_n
Futures-position	e^{δ}	$e^{2\delta}$	$e^{3\delta}$	... $e^{n\delta}$	0
Gewinn/Verlust	0	$(F_1 - F_0)e^{\delta}$	$(F_2 - F_1)e^{2\delta}$	... ...	$(F_n - F_{n-1})e^{n\delta}$
Bis Tag n verzinster Gewinn/Verlust	0	$(F_1 - F_0)e^{n\delta}$	$(F_2 - F_1)e^{n\delta}$	... ...	$(F_n - F_{n-1})e^{n\delta}$

Als nächstes sei angenommen, dass der Forwardpreis am Ende von Tag 0 gleich G_0 ist. Wird G_0 in eine risikofreie Anleihe investiert und eine Kaufposition in $e^{n\delta}$ Forwardkontrakten erworben, garantiert das ebenfalls einen Betrag $S_T e^{n\delta}$ in Zeitpunkt T. Es gibt folglich zwei Investment-Strategien – bei der ersten fallen Anfangskosten von F_0 an, bei der zweiten fallen An-

APPENDIX 3 A Ein Beweis, dass Forward- und Futurespreise bei konstanten Zinssätzen gleich sind

fangskosten von G_0 an – beide werfen im Zeitpunkt T den Betrag $S_T e^{n\delta}$ ab. Daraus folgt, dass bei Abwesenheit von Arbitrage-Möglichkeiten

$$F_0 = G_0$$

In anderen Worten, der Futurespreis und der Forwardpreis sind identisch. Es ist übrigens keine Besonderheit, dass für diesen Beweis eine Periode von einem Tag gewählt wurde. Bei gleichbleibenden Annahmen ist der Futurespreis auch gleich dem Forwardpreis, wenn der Kontrakt auf einer wöchentlichen Abrechnung basiert.

Kapitel 4 Hedging-Strategien mit Futures

Viele Teilnehmer an Futuresmärkten sind Hedger. Sie wollen ein bestimmtes Risiko, mit dem sie konfrontiert sind, mit Hilfe der Futuresmärkte reduzieren. Dieses Risiko kann sich auf den Ölpreis, einen Devisenkurs, das Niveau des Aktienmarktes oder eine andere Variable beziehen. Ein *perfektes Sicherungsgeschäft* (perfect hedge) ist das, welches das Risiko vollständig eliminiert. In der Praxis sind perfekte Sicherungsgeschäfte selten. Zitat eines Wertpapierhändlers: „Den einzigen perfekten Hedge gibt es in einem japanischen Garten." (Anspielung auf die doppelte Bedeutung von „hedge" als Sicherungsgeschäft und Hecke.) Bei der Betrachtung von Futures, die zu Hedging-Strategien benutzt werden, geht es vor allem also darum zu untersuchen, welche Sicherungsgeschäfte in bestimmten Situationen den besten Schutz bieten.

In diesem Kapitel werden diverse allgemeine Punkte betrachtet, die sich mit der Einrichtung von Sicherungsgeschäften befassen. Wann ist eine Verkaufsposition in Futures geeignet? Wann ist eine Kaufposition in Futures geeignet? Welchen Futureskontrakt sollte man verwenden? Was ist die optimale Größe der Futures Position zur Reduzierung des Risikos? In dieser Phase des Buches werden lediglich die sogenannten *Hedge-and-Forget-Strategien* betrachtet. Dabei wird angenommen, dass der Hedger nicht versucht, das Hedge-Geschäft irgendwie zu verändern und anzupassen, sobald er es abgeschlossen hat. Der Hedger kauft zu Beginn der Hedge-Laufzeit eine Futures Position und stellt die Position am Ende der Hedge-Laufzeit glatt. In Kapitel 14 werden dynamische Hedge-Strategien untersucht, bei denen der Hedge genau beobachtet und öfter angepasst wird.

Grundlegende Prinzipien

Wenn jemand (ein Individuum oder ein Unternehmen) beschließt, mittels des Futuresmarktes ein Risiko abzusichern, besteht im allgemeinen sein Ziel darin, eine Position zu kaufen, die das Risiko weitmöglichst neutralisiert. Man betrachte ein Unternehmen, das weiß, dass es für jeden Cent, den eine Ware in den nächsten drei Monaten im Preis steigt, 10.000 $ bekommt und dass es für jeden Cent, den der Preis in diesem Zeitraum sinkt, 10.000 $ verliert. Um zu hedgen sollte der Finanzleiter des Unternehmens dieses Risiko mit einer Verkaufsposition in Futures ausgleichen. Die Futures Position sollte zu einem Verlust von 10.000 $ je Cent, den der Warenpreis in den nächsten drei Monaten steigt, führen und zu einem Gewinn von 10.000 $ je Cent, den der Warenpreis in dieser Periode sinkt. Wenn der Preis für die Ware fällt, gleicht der Gewinn aus der Futures Position den Verlust aus dem anderem Geschäft des Unternehmens aus. Steigt der Preis der Ware, wird der Verlust aus der Futures Position von dem Gewinn aus dem Geschäft ausgeglichen.

SHORT HEDGES ODER VERKAUFS-DECKUNGSGESCHÄFTE

Ein *Short Hedge* ist ein Hedge wie der eben beschriebene, bei dem eine Verkaufsposition oder Short Position in einem Futureskontrakt gekauft wird. Ein Short Hedge ist dann angemessen, wenn der Hedger bereits einen Vermögenswert besitzt und davon ausgeht, dass er diesen irgendwann in der Zukunft verkauft. Beispielsweise kann ein Bauer, der einige Schweine besitzt, die er in zwei Monaten auf dem heimischen Markt verkaufen will, einen Short Hedge verwenden. Man kann einen Short Hedge auch verwenden, wenn man den Vermögenswert noch nicht aber zukünftig besitzt. Man betrachte beispielsweise einen US-Exporteur, der weiß, dass er in drei Monaten in deutscher Währung bezahlt wird. Der Exporteur realisiert einen Gewinn, wenn die Deutsche Mark relativ zum US-Dollar ansteigt, und er realisiert einen Verlust, wenn die Mark gegenüber dem US-Dollar an Wert verliert. Eine Verkaufsposition in einem Futures führt zu einem Verlust, wenn der Wert der Mark steigt, und zu einem Gewinn, wenn der Wert sinkt. Sie gleicht das Risiko des Exporteurs aus.

Um genauer zu zeigen, wie ein Short Hedge in einer spezifischen Situation funktioniert, sei angenommen, dass heute der 15. Mai ist und Unternehmen X gerade einen Vertrag über den Verkauf von 1 Million Barrel Öl ausgehandelt hat. Es ist vereinbart worden, dass der Preis dafür dem Marktpreis am 15. August entspricht. Unternehmen X ist somit in einer Position, in der es 10.000 $ je Cent, den der Ölpreis in den nächsten drei Monaten ansteigt, gewinnt und 10.000 $ je Cent Preisanstieg in dieser Periode verliert. Angenommen der Kassakurs beträgt am 15. Mai 19 $ je Barrel und der August Öl Futurespreis an der New York Mercantile Exchange (NYMEX) beträgt 18,75 $ je Barrel. Da jeder Futureskontrakt an der NYMEX über die Lieferung von 1.000 Barrel ist, kann das Unternehmen sein Risiko absichern, indem es 1.000 August Futureskontrakte leerverkauft. Wenn Unternehmen X seine Position am 15. August glattstellt, hat es mit dieser Strategie den Preis bei 18,75 $ je Barrel festgeschrieben.

Um an einem Beispiel zu zeigen, was passieren könnte, sei angenommen, dass der Kassakurs am 15. August 17,50 $ je Barrel beträgt. Das Unternehmen erhält im Rahmen des Verkaufsvertrages 17,5 Millionen Dollar für das Öl. Da der August der Liefermonat für den Futureskontrakt ist, sollte der Futurespreis am 15. August ziemlich nahe am Kassakurs von 17,50 $ an diesem Tag liegen. Das Unternehmen bekommt ungefähr

$$18{,}75 \ \$ - 17{,}50 \ \$ = 1{,}25 \ \$$$

je Barrel oder 1,25 Millionen Dollar insgesamt für die Verkaufsposition in Futures. Die Gesamtsumme aus der Futures Position und dem Vertrag beträgt somit ungefähr 18,75 $ je Barrel oder 18,75 Millionen Dollar insgesamt.

Alternativ sei angenommen, dass der Ölpreis am 15. August 19,50 $ je Barrel beträgt. Das Unternehmen erhält aus dem Verkaufsvertrag 19,50 $ für das Öl und verliert ungefähr

$$19{,}50 \ \$ - 18{,}75 \ \$ = 0{,}75 \ \$$$

je Barrel durch die Verkaufsposition in Futures. Wieder beträgt die ungefähre Gesamtsumme 18,75 Millionen Dollar. Das Unternehmen erhält also beide Male ungefähr 18,75 Millionen Dollar. Das Beispiel ist in Tabelle 4.1 zusammengefasst.

LONG HEDGES ODER TERMINKAUF-DECKUNGSGESCHÄFTE

Ein Sicherungsgeschäft, bei dem eine Kaufposition in Futureskontrakten erworben wird, ist ein *Long Hedge*. Ein Long Hedge ist angemessen, wenn ein Unternehmen weiß, dass es einen bestimmten Vermögenswert kaufen muss und den Preis dafür heute festschreiben möchte.

Angenommen heute ist der 15. Januar. Ein Kupferfabrikant weiß, dass er am 15. Mai 100.000 Pfund Kupfer benötigt, um einen bestimmten Vertrag erfüllen zu können. Der Kassakurs des Kupfers liegt bei 140 Cents je Pfund, und der Mai Futurespreis beträgt 120 Cents je Pfund. Der Fabrikant kann seine Position sichern, indem er an der COMEX eine Kaufposition in vier Mai Futureskontrakten eingeht und die Position am 15. Mai glattstellt. Jeder Kontrakt ist über die Lieferung von 25.000 Pfund Kupfer. Mit der Strategie bewirkt der Fabrikant, dass er den Preis für das benötigte Kupfer ungefähr bei 120 Cents je Pfund festschreibt.

Tabelle 4.1: Short Hedge

Am Tisch des Wertpapierhändlers – 15. Mai

Unternehmen X vereinbart vertraglich, 1 Million Barrel Öl zu verkaufen. Vertragspreis ist der Kassakurs vom 15. August. Notierungen:
Kassakurs für Rohöl: 19,00 $ je Barrel
August Öl Futurespreis: 18,75 $ je Barrel

Hedging-Strategie

15. Mai: Leerverkauf von 1.000 August Futureskontrakten auf Rohöl.
15. August: Glattstellen der Futures Position.

Ergebnis

Das Unternehmen stellt sicher, dass es einen Preis von ungefähr 18,75 $ je Barrel bekommt.
 Beispiel 1:
  Am 15. August beträgt der Ölpreis 17,50 $ je Barrel.
  Das Unternehmen erhält 17,50 $ je Barrel durch den Verkaufsvertrag.
  Das Unternehmen gewinnt ca. 1,25 $ je Barrel durch den Futureskontrakt.
 Beispiel 2:
  Am 15. August beträgt der Ölpreis am 15. August 19,50 $ je Barrel.
  Das Unternehmen erhält 19,50 $ je Barrel durch den Verkaufsvertrag.
  Das Unternehmen verliert durch den Futureskontrakt ca. 0,75 $ je Barrel.

Dieses Beispiel ist in Tabelle 4.2 zusammengefasst. Angenommen der Kupferpreis liegt am 15. Mai bei 125 Cents je Pfund. Da der Mai der Liefermonat für den Futureskontrakt ist, sollte er nahe dem Futurespreis liegen. Der Fabrikant gewinnt daher ungefähr

$$100.000 \times (1,25\ \$ - 1,20\ \$) = 5.000\ \$$$

durch den Futureskontrakt. Er zahlt 100.000 $ × 1,25 $ = 125.000 $ für das Kupfer, was ungefähre Gesamtkosten von 125.000 $ − 5.000 $ = 120.000 $ ergibt. Alternativ sei angenommen, dass der Futurespreis am 15. Mai 105 Cents je Pfund beträgt. Dann verliert der Fabrikant ungefähr

$$100.000 \times (1,20\ \$ - 1,05\ \$) = 15.000\ \$$$

durch den Futureskontrakt und zahlt 100.000 × 1,05 $ = 105.000 $ für das Kupfer. Wieder betragen die Gesamtkosten ungefähr 120.000 $ oder 120 Cents je Pfund.

Für das Unternehmen ist es also besser, Futureskontrakte zu verwenden statt am 15. Januar Kupfer auf dem Spotmarkt zu kaufen. Denn im letzteren Fall muss es statt 120 Cents je Pfund 140 Cents je Pfund zahlen und hat außerdem Zins- und Lagerkosten. Bei einem Unternehmen, das Kupfer auf einer regelmäßigen Basis verwendet, würde dieser Nachteil durch die Gewinnerzielung durch die sofortige Verfügbarkeit der Ware ausgeglichen werden. (Siehe Kapitel 3 über Gewinnerzielung durch die sofortige Verfügbarkeit der Ware.) Für ein Unternehmen hingegen, das weiß, dass es bis zum 15. Mai keinen Kupfer benötigt, hat die Gewinnerzielung durch die sofortige Verfügbarkeit der Ware keinen Wert.

Tabelle 4.2: Long Hedge

Am Tisch des Wertpapierhändlers – 15. Januar

Ein Kupferfabrikant weiß, dass er am 15. Mai 100.000 Pfund Kupfer benötigt, um einen bestimmten Vertrag erfüllen zu können. Der Kassakurs des Kupfers ist 140 Cents je Pfund, der Mai Futurespreis ist 120 Cents je Pfund.

Hedging-Strategie

15. Januar: Erwerb einer Kaufposition in vier Mai Futureskontrakten auf Kupfer.
15. Mai: Glattstellen der Position.

Ergebnis

Der Fabrikant stellt sicher, dass seine Kosten bei ungefähr 120 Cents je Pfund liegen.
Beispiel 1:
   Die Kupferkosten betragen am 15. Mai 125 Cents je Pfund.
   Das Unternehmen gewinnt 5 Cents je Pfund aus dem Futureskontrakt.
Beispiel 2:
   Die Kupferkosten betragen am 15. Mai 105 Cents je Pfund.
   Das Unternehmen verliert 15 Cents je Pfund aus dem Futuresvertrag.

Ein Long Hedge kann auch verwendet werden, um eine vorhandene Verkaufsposition teilweise auszugleichen. Man betrachte einen Investor, der eine bestimmte Aktie leerverkauft hat. Ein Teil des Risikos, das der Investor hat, bezieht sich auf die Performance des Aktiemarktes insgesamt. Der Investor kann dieses Risiko neutralisieren, wenn er eine Kaufposition in Index Futureskontrakten erwirbt. Diese Art der Hedging-Strategie wird später in diesem Kapitel diskutiert.

In den Beispielen in den Tabellen 4.2 und 4.1 wird davon ausgegangen, dass die Futures Position im Liefermonat glattgestellt wird. Das Hedge-Geschäft hat die gleiche grundlegende Wirkung, wenn die Lieferung erfolgt. Aber es kann teuer sein, eine Lieferung anzudienen oder entgegenzunehmen. Aus diesem Grund erfolgt die Lieferung im allgemeinen nicht, selbst wenn der Hedger den Futureskontrakt bis zum Liefermonat behält. Wie später noch diskutiert werden wird, vermeiden Hedger mit Kaufpositionen jede Möglichkeit, eine Lieferung annehmen zu müssen, indem sie ihre Positionen vor der Lieferperiode glattstellen.

In den beiden Beispielen wurde außerdem angenommen, dass ein Futureskontrakt dasselbe ist wie ein Forwardkontrakt. In der Realität hat das Marking to Market eine geringe Auswirkung auf die Performance eines Hedge. Es bedeutet, dass der Payoff aus dem Futureskontrakt bis zur Fälligkeit jeden Tag realisiert wird statt am Ende der Laufzeit.

Argumente für und wider das Hedgen

Die Argumente für das Hedgen sind so offensichtlich, dass sie eigentlich gar nicht aufgeführt werden müssten. Die meisten Unternehmen sind in den Bereichen Produktion, Einzelhandel, Großhandel oder Dienstleistung tätig. Sie haben keine bestimmten Fähigkeiten, um Variablen wie Zinssätze, Devisenkurse oder Warenpreise vorherzusagen. Es ist sinnvoll, die mit diesen Variablen assoziierten Risiken abzusichern, wenn sie entstehen. Die Unternehmen können sich dann auf ihre Hauptaktivitäten konzentrieren – für die sie besondere Fähigkeiten und Fachleute haben dürften. Durch das Hedging vermeiden sie unangenehme Überraschungen wie starke Preisanstiege bei einer Ware.

In der Praxis werden viele Risiken nicht abgesichert. Einige der Gründe dafür sollen im Rest dieses Abschnitts untersucht werden.

HEDGING UND AKTIONÄRE

Ein oftmals vorgebrachtes Argument lautet, die Aktionäre können, wenn sie wollen, selber hedgen. Sie brauchen nicht das Unternehmen, das dies für sie macht. Dieses Argument wirft jedoch Fragen auf. Es unterstellt, dass der Aktionär genau so viele Informationen über die Risiken, mit denen das Unternehmen konfrontiert ist, wie das Management des Unternehmens selbst hat. In den meisten Fällen trifft das nicht zu. Das Argument ignoriert außerdem Provisionen und andere Transaktionskosten. Diese sind je Hedging-Dollar bei großen Transaktionen geringer als bei kleinen Transaktionen. Es ist also wahrscheinlich, dass das Hedging für das Unternehmen billiger ist als für den einzelnen Aktionär. In vielen Fällen können einzelne Aktionäre faktisch gar nicht hedgen, weil die Futureskontrakte zu groß sind.

Eine Sache, die für die Aktionäre jedoch leichter als für ein Unternehmen ist, ist die Risikodiversifizierung. Ein Aktionär mit einem wohldiversifizierten Portefeuille kann immun gegenüber vielen der Risiken sein, denen das Unternehmen ausgesetzt ist. Beispielsweise kann ein wohldiversifizierender Aktionär, der Aktien eines kupferverarbeitenden Unternehmens hält, auch Anteile an einem kupferproduzierenden Unternehmen halten, so dass sein Kupferpreisrisiko insgesamt gering ist. Man kann argumentieren, dass, wenn Unternehmen im besten Interesse wohldiversifizierender Aktionäre handeln, das Hedging in vielen Fällen nicht nötig sind. Inwieweit das Management in der Praxis von dieser Art Argumentation beeinflusst wird, lässt sich allerdings nicht beantworten.

HEDGING UND WETTBEWERB

Wenn das Hedging nicht die Norm in einer bestimmten Branche ist, macht es möglicherweise keinen Sinn für ein Unternehmen, wenn es sich anders verhält als die anderen. Der Wettbewerbsdruck innerhalb der Branche kann derart sein, dass die Preise der Güter und Dienstleistungen, die von der Branche hergestellt werden, fluktuieren, so dass sie die Rohmaterialkosten, Zinsen, Devisenkurse und so weiter spiegeln. Ein Unternehmen, das keine Hedge-Geschäfte macht, kann mit einigermaßen konstanten Gewinnmargen rechnen. Ein Unternehmen, das Hedge-Geschäfte macht, kann dagegen mit fluktuierenden Gewinnmargen rechnen!

Um diesen Punkt zu verdeutlichen, betrachte man zwei Goldschmuckproduzenten, Unternehmen A und Unternehmen B. Angenommen die meisten Unternehmen in der Branche sichern sich nicht gegen Goldpreisschwankungen ab und Unternehmen B bildet keine Ausnahme. Unternehmen A hat jedoch beschlossen, sich von der Konkurrenz zu unterscheiden und kauft Futureskontrakte, um in den nächsten 18 Monaten seine Goldeinkäufe abzusichern. Steigt der Goldpreis, führt der ökonomische Druck tendenziell zu einem entsprechenden Anstieg des Großhandelspreises für Schmuck, so dass die Gewinnmarge von Unternehmen B nicht betroffen ist. Dagegen steigt unter Berücksichtigung der Hedge-Wirkungen die Gewinnmarge von Unternehmen A. Sinkt der Goldpreis, führt der ökonomische Druck tendenziell zu einem entsprechenden Fall des Großhandelspreises für Schmuck. Wieder bleibt die Gewinnmarge von Unternehmen B unberührt. Doch die Gewinnmarge von Unternehmen A sinkt. Unter extremen Bedingungen kann das „Hedging" sogar dazu führen, dass die Gewinnmarge von Unternehmen A negativ wird! Dieses Beispiel ist in Tabelle 4.3 zusammengefasst.

Tabelle 4.3: Gefahr des Hedgings, wenn die Konkurrenz nicht sichert

Änderung des Goldpreises	Wirkung auf Preis für Goldschmuck	Wirkung auf Gewinne der Nicht-Hedger	Wirkung auf Gewinne des Hedgers
Anstieg	Anstieg	Keine	Anstieg
Fall	Fall	Keine	Fall

ANDERE ÜBERLEGUNGEN

Es ist wichtig zu wissen, dass ein Unternehmen durch ein Sicherungsgeschäft mit Futureskontrakten einen höheren oder niedrigeren Gewinn machen kann als ohne Sicherungsgeschäft. Wenn in dem Beispiel in Tabelle 4.1 der Ölpreis fällt, verliert das Unternehmen bei dem Verkauf von 1 Million Barrel Öl Geld, und die Futures Position führt zu einem ausgleichenden Gewinn. Man kann dem Finanzleiter zu seiner Voraussicht, ein Hedge-Geschäft abgeschlossen zu haben, nur gratulieren. Es ist unbestritten, dass das Unternehmen mit dem Sicherungsgeschäft besser dasteht als ohne Sicherungsgeschäft. Bleibt zu hoffen, dass die anderen Führungskräfte des Unternehmens den Beitrag des Finanzleiters zu schätzen wissen. Wenn der Ölpreis steigt, realisiert das Unternehmen aus dem Verkauf des Öls einen Gewinn und die Futures Position führt zu einem ausgleichenden Verlust. Das Unternehmen befindet sich durch das Sicherungsgeschäft in einer schlechteren Position. Obwohl die Hedging-Strategie völlig logisch war, hat der Finanzleiter vermutlich Probleme, seine Entscheidung zu begründen. Angenommen der Ölpreis in Tabelle 4.1 beträgt am 15. August 21,75 $, so dass das Unternehmen durch den Futureskontrakt 3 $ je Barrel verliert. Man kann sich folgendes Gespräch zwischen dem Finanzleiter und dem President vorstellen:

PRESIDENT: Das ist furchtbar. Wir haben innerhalb von drei Monaten 3 Millionen Dollar am Futuresmarkt verloren. Wie konnte das passieren? Ich verlange eine umfassende Erklärung.

FINANZLEITER: Der Futureskontrakt sollte dazu dienen, uns vor dem Ölpreisrisiko zu schützen – nicht um einen Gewinn zu realisieren. Vergessen Sie nicht, dass wir durch die vorteilhaften Ölpreisanstiege mit unserem Geschäft 3 Millionen Dollar gemacht haben.

PRESIDENT: Was hat das denn damit zu tun? Das ist ja so, als würden unsere Umsätze in Kalifornien sinken und Sie würden sagen, machen Sie sich keine Sorgen, denn in New York steigen sie.

FINANZLEITER: Wäre der Ölpreis gesunken...

PRESIDENT: Mich interessiert nicht, was passiert wäre, wenn der Ölpreis gefallen wäre. Tatsache ist, er ist gestiegen. Ich weiß wirklich nicht, was Sie da an den Futuresmärkten gespielt haben. Unsere Aktionäre erwarten von uns, dass wie dieses Quartal besonders gut abschneiden. Ich werde Ihnen erklären müssen, dass unser Gewinn durch ihr Vorgehen um 3 Millionen Dollar geringer ausfällt. Ich fürchte, dieses Jahr werden Sie keinen Bonus bekommen.

FINANZLEITER: Das ist unfair. Ich wollte nur...

PRESIDENT: Unfair! Sie können von Glück sagen, dass sie nicht gefeuert werden. Sie haben 3 Millionen Dollar verloren.

FINANZLEITER: Das hängt davon ab, wie man das sieht...

Man kann leicht sehen, warum so viele Finanzleiter zögern, ein Hedge-Geschäft abzuschließen! Hedging verringert das Risiko für das Unternehmen. Es kann jedoch das Risiko für den Finanzleiter erhöhen, wenn andere nicht verstehen, was genau abläuft. Die einzige wirkliche Lösung dieses Problems ist sicherzustellen, dass alle Führungskräfte innerhalb einer Organisation genau verstehen, wie Sicherungsgeschäfte funktionieren, bevor ein Hedge-Programm eingerichtet wird. Idealerweise gibt der Board of Directors die Hedge-Strategien vor und teilt sie klar und deutlich dem Management und den Aktionären des Unternehmens mit.

Basisrisiko

Die bislang in den Beispielen betrachteten Sicherungsgeschäfte sind beinahe zu gut gewesen um wahr zu sein. Der Hedger war in der Lage, das genaue Datum, an dem ein Vermögenswert gekauft oder verkauft wird, zu identifizieren. Der Hedger war dann in der Lage, mittels Futureskontrakten das Preisrisiko des Vermögenswertes an diesem Tag fast gänzlich zu beseitigen. In der Praxis ist das Hedging meistens nicht so geradlinig. Einige Gründe dafür sind:

1. Der Vermögenswert, dessen Preis gesichert werden soll, ist möglicherweise nicht genau identisch mit dem Basisobjekt des Futureskontraktes.

2. Der Hedger kennt möglicherweise nicht das genaue Datum, an dem der Vermögenswert gekauft oder verkauft wird.

3. Das Sicherungsgeschäft verlangt möglicherweise, dass der Futureskontrakt lange vor dem Fälligkeitsdatum glattgestellt wird.

Diese Probleme gehören zum sogenannten *Basisrisiko*. Dieses Konzept wird nachfolgend erklärt.

DIE BASIS

Die Basis einer Hedging-Situation lautet:[1]

Basis = Kassakurs des zu sichernden Vermögenswertes
− Futurespreis des verwendeten Kontraktes

---

[1] Das ist die übliche Definition. Gelegentlich wird auch die alternative Definition
Basis = Futurespreis − Kassakurs
benutzt, vor allem bei einem Futureskontrakt auf einen finanziellen Vermögenswert.

Wenn der zu sichernde Vermögenswert und das Basisobjekt des Futureskontraktes identisch sind, sollte die Basis am Fälligkeitstag des Futureskontraktes null sein. Vor dem Fälligkeitstag kann die Basis positiv oder negativ sein. Nach der Analyse in Kapitel 3 ist der Futurespreis höher als der Kassakurs, wenn das Basisobjekt eine Währung mit niedrigem Zins, Gold oder Silber ist. Das bedeutet, dass die Basis negativ ist. Bei Währungen mit hohem Zins und bei vielen Waren ist es umgekehrt und die Basis ist positiv.

Steigt der Kassakurs über den Futurespreis, steigt die Basis. Das nennt man *strengthening of the basis* oder *Basisverstärkung*. Steigt der Futurespreis über den Kassakurs, sinkt die Basis. Das nennt man *weakening of the basis* oder *Basisschwächung*. Abbildung 4.1 veranschaulicht eine mögliche Veränderung der Basis über die Zeit. Man beachte, dass die Basis vor dem Fälligkeitstag des Futureskontraktes positiv ist.

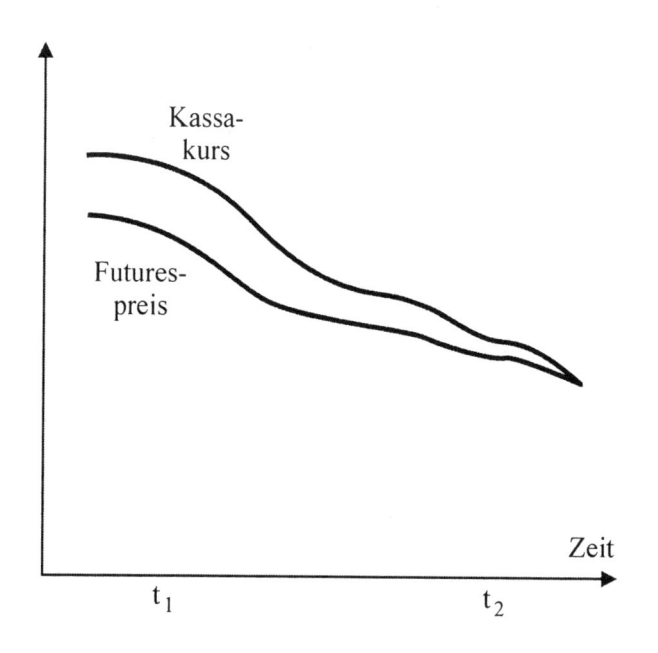

Abbildung 4.1: Variation der Basis über die Zeit

Zur Untersuchung des Basisrisikos wird folgende Notation verwendet:

S_1:   Kassakurs in Zeitpunkt t_1

S_2: Kassakurs in Zeitpunkt t_2

F_1: Futurespreis in Zeitpunkt t_1

F_2: Futurespreis in Zeitpunkt t_2

b_1: Basis in Zeitpunkt t_1

b_2: Basis in Zeitpunkt t_2

Angenommen in t_1 wird ein Sicherungsgeschäft abgeschlossen und in t_2 glattgestellt. Beispielhaft wird der Fall betrachtet, in dem der Kassakurs und der Futurespreis zu dem Zeitpunkt, zu dem das Sicherungsgeschäft initiiert wird, 2,50 \$ beziehungsweise 2,20 \$ und bei Glattstellung 2,00 \$ beziehungsweise 1,90 \$ beträgt. Das bedeutet, dass $S_1 = 2{,}50$, $F_1 = 2{,}20$, $S_2 = 2{,}00$ und $F_2 = 1{,}90$.

Aus der Definition der Basis

$$b_1 = S_1 - F_1$$
$$b_2 = S_2 - F_2$$

und unserem Beispiel folgt, dass $b_1 = 0{,}30$ und $b_2 = 0{,}10$.

Man betrachte als erstes die Situation eines Hedgers, der weiß, dass er den Vermögenswert in t_2 verkauft und der in t_1 eine Verkaufsposition in Futures erwirbt. Der Preis, den er für den Vermögenswert realisiert, ist S_2, der Gewinn aus der Futures Position ist $F_1 - F_2$. Der effektive Preis, den er bei einem Hedge-Geschäft für den Vermögenswert bekommt, ist

$$S_2 + F_1 - F_2 = F_1 + b_2$$

In unserem Beispiel sind das 2,30 \$. Der Wert von F_1 ist im Zeitpunkt t_1 bekannt. Wäre b_2 zu diesem Zeitpunkt ebenfalls bekannt, würde sich daraus ein perfektes Sicherungsgeschäft ergeben. Das Hedging-Risiko ist die mit b_2 assoziierte Unsicherheit. Es wird *Basisrisiko* genannt. Man betrachte als nächstes eine Situation, in der das Unternehmen weiß, dass es in t_2 einen Vermögenswert kaufen wird und das in t_1 einen Long Hedge initiiert. Der für den Vermögenswert bezahlte Preis ist S_2, der Verlust aus dem Sicherungsgeschäft beträgt $F_1 - F_2$. Der effektive Preis, der für das Hedge-Geschäft bezahlt wird, ist daher

$$S_2 + F_1 - F_2 = F_1 + b_2$$

Das ist der gleiche Ausdruck wie oben; er beträgt in unserem Beispiel 2,30 $. Der Wert von F_1 ist in t_1 bekannt und der Term b_2 drückt das Basisrisiko aus.

Bei Investment-Vermögenswerten wie Währungen, Aktienindizes, Gold und Silber ist das Basisrisiko tendenziell geringer als bei Konsumwaren. Der Grund ist, wie in Kapitel 3 gezeigt, dass die Arbitrage-Argumente zu einer wohldefinierten Beziehung zwischen dem Futurespreis und dem Kassakurs eines Investment-Vermögenswertes führen. Das Basisrisiko eines Investment-Vermögenswertes entsteht hauptsächlich aus der Unsicherheit über das Niveau des risikofreien Zinssatzes in der Zukunft. Bei einem Konsumgut können Ungleichgewichte zwischen Angebot und Nachfrage sowie Schwierigkeiten bei der Lagerung der Ware zu großen Variationen in der Gewinnerzielung durch sofortige Verfügbarkeit der Ware (convenience yield) führen. Das ist eine zusätzliche Quelle für das Basisrisiko.

Der Vermögenswert, durch den sich der Hedger einem Risiko aussetzt, unterscheidet sich bisweilen von dem Basisobjekt des Sicherungsgeschäftes.[2] Dann ist das Basisrisiko im allgemeinen größer. S_2^* sei definiert als Preis des Basisobjektes in Zeitpunkt t_2. Wie schon zuvor ist S_2 der Preis des zu sichernden Vermögenswertes in t_2. Durch Hedging stellt ein Unternehmen sicher, dass der Preis, der für den Vermögenswert bezahlt (oder empfangen) wird

$$S_2 + F_1 - F_2$$

beträgt. Das kann geschrieben werden als

$$F_1 + (S_2^* - F_2) + (S_2 - S_2^*)$$

Die Terme $S_2^* - F_2$ und $S_2 - S_2^*$ repräsentieren die beiden Komponenten der Basis. Der Term $S_2^* - F_2$ ist die Basis, wenn der zu sichernde Vermögenswert gleich dem Vermögenswert ist, der dem Futureskontrakt zugrunde liegt. Der Term $S_2 - S_2^*$ ist die Basis, die aus der Differenz der beiden Vermögenswerte entsteht.

---

[2] Fluglinien erwerben beispielsweise NYMEX Futureskontrakte auf Heizöl, um ihr Flugbenzinrisiko abzusichern. Zu einer näheren Beschreibung siehe den Artikel von Nikkah, auf den am Ende dieses Kapitels hingewiesen wird.

Man beachte, dass das Basisrisiko zu einer Verbesserung oder Verschlechterung der Position eines Hedgers führen kann. Man betrachte einen Short Hedge. Wird die Basis unerwartet stärker, verbessert sich die Position des Hedgers; wird die Basis unerwartet schwächer, verschlechtert sich die Basis des Hedgers. Bei einem Long Hedge gilt das Gegenteil. Wird die Basis unerwartet stärker, verschlechtert sich die Position des Hedgers; wird die Basis unerwartet schwächer, verbessert sich die Position des Hedgers.

KONTRAKTWAHL

Ein zentraler Faktor, der das Basisrisiko beeinflusst, ist die Wahl des Futureskontraktes, der zum Hedging benutzt wird. Diese Wahl hat zwei Komponenten:

1. Die Wahl des Vermögenswertes, der dem Futureskontrakt zugrunde liegt.

2. Die Wahl des Liefermonats

Entspricht der zu sichernde Vermögenswert genau dem den Futureskontrakt zugrunde liegenden Vermögenswert, ist die erste Wahl im allgemeinen ziemlich einfach. Ansonsten muss eine sorgfältige Analyse durchgeführt werden, um zu bestimmen, welcher der erhältlichen Futureskontrakte Futurespreise hat, die möglichst eng mit dem Preis des abzusichernden Vermögenswertes korrelieren.

Die Wahl des Liefermonats wird im allgemeinen von mehreren Faktoren beeinflusst. In den bisherigen Beispielen in diesem Kapitel wurde angenommen, dass, wenn der Fälligkeitstag des Sicherungsgeschäftes mit dem Liefermonat korrespondiert, der Kontrakt mit diesem Liefermonat gewählt wird. Tatsächlich wird aber unter diesen Bedingungen normalerweise ein Kontrakt mit einem späteren Liefermonat gewählt. Der Grund liegt darin, dass unter bestimmten Umständen die Futurespreise im Liefermonat sehr sprunghaft sein können. Außerdem hat ein Long Hedger das Risiko, dass er die Lieferung des physischen Vermögenswertes annehmen muss, wenn er den Kontrakt noch im Liefermonat hält. Es kann teuer und unbequem werden, wenn man eine Lieferung annehmen muss.

Im allgemeinen steigt das Basisrisiko mit zunehmender zeitlicher Differenz zwischen der Fälligkeit des Sicherungsgeschäftes und dem Liefermonat. Eine gute Daumenregel ist, einen Liefermonat zu wählen, der möglichst nah aber nach dem Verfall des Sicherungsgeschäftes liegt. Angenommen die

Liefermonate für einen bestimmten Kontrakt sind der März, der Juni, der September und der Dezember. Liegen die Hedge-Fälligkeitstermine im Dezember, Januar und Februar, wird der März Kontrakt gewählt; bei Hedge-Fälligkeitsterminen im März, April und Mai wird der Juni Kontrakt gewählt; und so weiter. Bei dieser Daumenregel wird unterstellt, dass die Liquidität aller Kontrakte ausreichend ist, um den Anforderungen des Hedgers zu entsprechen. In der Praxis ist die Liquidität kurzläufiger Futureskontrakte tendenziell höher. In einigen Situationen ist der Hedger deshalb vielleicht geneigt, kurzläufige Kontrakte zu kaufen und zu prolongieren. Diese Strategie wird am Ende des Kapitels diskutiert.

BEISPIELE

In diesem Abschnitt werden einige der oben genannten Punkte veranschaulicht. Angenommen es ist der 1. März. Ein US-Unternehmen erwartet für Ende Juli den Eingang von 50 Millionen Japanischen Yen. Am IMM gibt es Yen Futureskontrakte mit den Liefermonaten März, Juni, September und Dezember. Eine Kontrakteinheit beträgt 12,5 Millionen Yen. Nach den oben erwähnten Kriterien für die Wahl eines Kontraktes wird der September Kontrakt zu Absicherungszwecken ausgesucht.

Das Unternehmen verkauft also am 1. März vier September Yen Futureskontrakte leer. Wenn der Yen-Betrag Ende Juli eingeht, stellt das Unternehmen seine Position glatt. Das Basisrisiko entsteht aus der Unsicherheit über die Differenz zwischen dem Futurespreis und dem Kassakurs zu diesem Zeitpunkt. Angenommen am 1. März beträgt der Futurespreis 0,7800 Cents je Yen, bei Glattstellung betragen der Kassakurs und der Futurespreis 0,7200 beziehungsweise 0,7250. Die Basis ist −0,0050, der Gewinn aus den Futureskontrakten beträgt 0,0550. Der effektiv erzielte Preis in Cents je Yen ist der Kassakurs plus dem Gewinn aus den Futures:

$$0{,}7200 + 0{,}0550 = 0{,}7750$$

Dies kann auch geschrieben werden als Anfangsfuturespreis plus Basis:

$$0{,}7800 - 0{,}0050 = 0{,}7750$$

Das Unternehmen bekommt insgesamt $50 \times 0{,}00775$ Millionen Dollar oder 387.500 \$. Dieses Beispiel ist in Tabelle 4.4 zusammengefasst.

Tabelle 4. 4: Basisrisiko bei einem Short Hedge

Am Tisch des Wertpapierhändlers – 1. März

Es ist der 1. März. Ein US-Unternehmen erwartet für Ende Juli eine Zahlung von 50 Millionen Yen. Der September Futurespreis für den Yen beträgt aktuell 0,7800.

Strategie

Das Unternehmen kann

1. Am 1. März vier September Yen Futureskontrakte leerverkaufen
2. Die Kontrakte glattstellen, wenn Ende Juli der Yen eingeht

Basisrisiko

Das Basisrisiko entsteht aus der Unsicherheit des Hedgers über die Differenz zwischen Kassakurs und September Futurespreis für den Yen Ende Juli.

Das Ergebnis

Als der Yen Ende Juli eingeht, liegt der Kassakurs bei 0,7200 und der Futurespreis bei 0,7250. Daraus folgt, dass

$$\text{Basis} = 0{,}7200 - 0{,}7250 = -0{,}0050$$

$$\text{Gewinn aus Futures} = 0{,}7800 - 0{,}7250 = +0{,}0550$$

Der vom Hedger effektiv erzielte Preis in Cents je Yen ist der Kassakurs von Ende Juli plus Gewinn aus den Futures:

$$0{,}7200 + 0.0550 = 0{,}7750$$

Dies kann auch geschrieben werden als September Anfangsfuturespreis plus Basis:

$$0{,}7800 - 0{,}0050 = 0{,}7750$$

Für das nächste Beispiel wird angenommen, dass heute der 8. Juni ist. Ein Unternehmen weiß, dass es irgendwann im Oktober oder November 20.000 Barrel Rohöl kaufen muss. Aktuell werden an der NYMEX Öl Futureskontrakte mit monatlicher Lieferung gehandelt, die Kontraktgröße beträgt 1.000 Barrel. Den genannten Kriterien folgend, beschließt das Unternehmen, den Dezember Kontrakt zum Hedgen zu verwenden. Am 8. Juni erwirbt das Unternehmen eine Kaufposition in 20 Dezember Kontrakten. Der Futurespreis beträgt zu der Zeit 18,00 $ je Barrel. Das Unternehmen sieht sich bereit, die 20.000 Barrel Rohöl am 10. November zu kaufen. Es stellt daher seinen Futureskontrakt an diesem Tag glatt. Das Basisrisiko entsteht aus der Unsicherheit darüber, wie die Basis an dem Tag, an dem der Kontrakt glattgestellt wird, sein wird. Angenommen der Kassakurs und der Futurespreis betragen am 10. November 20,00 $ je Barrel beziehungsweise 19,10 $ je Barrel. Die Basis beträgt somit 0,90 $, der effektiv gezahlte Preis beträgt 18,90 $ je Barrel oder 378.000 $ insgesamt. Dieses Beispiel ist in Tabelle 4.5 zusammengefasst.

Tabelle 4. 5: Basisrisiko bei einem Long Hedge

Am Tisch des Wertpapierhändlers – 8. Juni

Es ist der 8. Juni. Ein Unternehmen weiß, dass es irgendwann im Oktober oder November 20.000 Barrel Rohöl kaufen muss. Der aktuelle Dezember Öl-Futurespreis beträgt 18,00 $ je Barrel.

Strategie

Das Unternehmen

1. Erwirbt am 8. Juni eine Kaufposition in 20 NYM Dezember Öl Futureskontrakten.
2. Stellt den Kontrakt glatt, als es bereit für den Kauf des Öls ist.

Basisrisiko

Das Basisrisiko rührt aus der Unsicherheit des Hedgers über die Differenz zwischen Kassakurs und Dezember Futurespreis für das Öl zu dem Zeitpunkt, zu dem das Öl benötigt wird.

Das Ergebnis

Das Unternehmen ist bereit, das Öl am 10. November zu kaufen und stellt den Futureskontrakt an diesem Tag glatt. Der Kassakurs beträgt 20,00 $ je Barrel, der Futurespreis beträgt 19,10 $ je Barrel. Daraus folgt, dass

$$\text{Basis} = 20{,}00\ \$ - 19{,}10\ \$ = 0{,}90\ \$$$

$$\text{Gewinn aus Futures} = 19{,}10\ \$ - 18{,}00\ \$ = 1{,}10\ \$$$

Die effektiven Kosten für den Ölkauf setzen sich zusammen aus dem Preis vom 10. November minus dem Gewinn aus den Futures:

$$20{,}00\ \$ - 1{,}10\ \$ = 18{,}90\ \$ \text{ je Barrel}$$

Dies kann auch geschrieben werden als Dezember Anfangsfuturespreis plus Basis:

$$18{,}00\ \$ + 0{,}90\ \$ = 18{,}90\ \$ \text{ je Barrel}$$

Varianzminimale Hedge Ratio

Die *Hedge Ratio* ist das Verhältnis zwischen der Positionsgröße der Futureskontrakte zur Größe der offenen Position. Bislang wurde davon ausgegangen, dass die Hedge Ratio 1,0 ist. In Tabelle 4.5 beispielsweise hat der Hedger eine offene Position von 20.000 Barrel Öl und er geht Futureskontrakte über genau diese Ölmenge ein. Hat der Hedger das Ziel, sein Risiko zu minimieren, dann ist eine Hedge Ratio von 1,0 nicht notwendigerweise optimal. Es gilt folgende Notation:

ΔS: Änderung des Kassakurses S in einer Periode gleich der Hedge-Laufzeit

ΔF: Änderung des Futurespreises F in einer Periode gleich der Hedge-Laufzeit

σ_S: Standardabweichung von ΔS

σ_F: Standardabweichung von ΔF

ρ: Koeffizient der Korrelation zwischen ΔS und ΔF

h^*: Hedge Ratio, die die Varianz der Hedger-Position minimiert

In Appendix 4A wird gezeigt, dass

(4.1) $$h^* = \rho \frac{\sigma_S}{\sigma_F}$$

Die optimale Hedge Ratio ist das Produkt aus dem Koeffizienten der Korrelation zwischen ΔS und ΔF und dem Verhältnis der Standardabweichung von ΔS zur Standardabweichung von ΔF. Abbildung 4.2 zeigt, wie die Varianz eines Hedger-Positionswertes von der gewählten Hedge Ratio abhängt. Ist $\rho = 1$ und $\sigma_F = \sigma_S$, dann ist die Hedge Ratio $h^* = 1,0$. Das war zu erwarten, da in diesem Fall der Futurespreis den Kassakurs perfekt spiegelt. Ist $\rho = 1$ und $\sigma_F = 2\sigma_S$, beträgt die Hedge Ratio $h^* = 0,5$. Dieses Ergebnis war ebenfalls zu erwarten, denn in diesem Fall ändert sich der Futurespreis immer zweimal so stark wie der Kassakurs.

Die optimale Hedge Ratio h^* ist, wie in Abbildung 4.3 gezeigt, die Steigung der am besten passenden Gerade, wenn man eine Regression von ΔS gegen ΔF durchführt. Das ist intuitiv nachvollziehbar, da h^* mit dem Verhältnis der Veränderungen von ΔS zu dem Verhältnis der Veränderungen von ΔF korrespondieren muss. Die *Hedge-Effektivität* kann definiert werden als Varianzanteil, der durch das Hedging eliminiert wird. Das ist ρ^2 oder

$$h^{*2} \frac{\sigma_F^2}{\sigma_S^2}$$

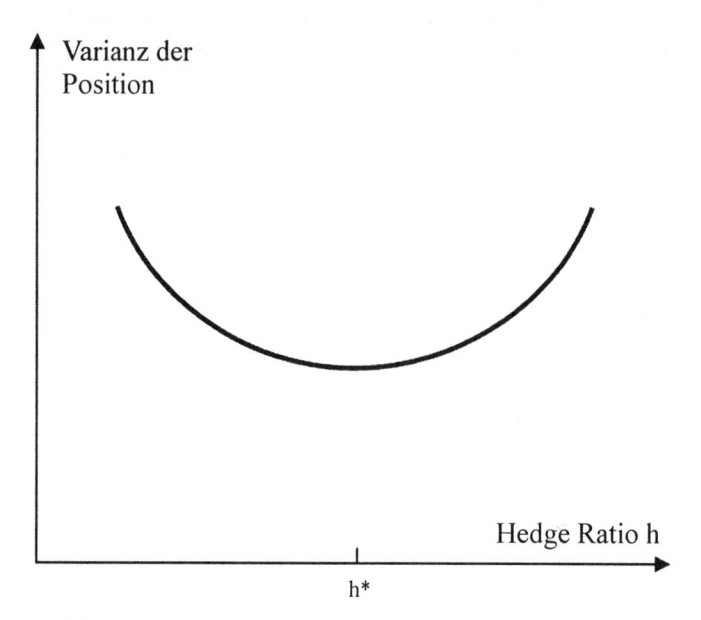

Abbildung 4.2: Abhängigkeit der Varianz einer Hedger-Position von der Hedge Ratio

SCHÄTZUNG

Die Parameter ρ, σ_F und σ_S in Gleichung 4.1 werden normalerweise auf Grundlage der historischer Daten von ΔS und ΔF geschätzt. (Dem liegt die implizite Annahme zugrunde, dass sich die Zukunft in gewisser Hinsicht wie die Vergangenheit gestaltet.) Es werden eine Reihe gleicher, nicht überlappender Zeitintervalle ausgewählt, für jedes Intervall werden die Werte von ΔS und ΔF beobachtet. Idealerweise sollte die Länge eines jeden Zeitintervalls genauso lang sein wie die Länge des Zeitintervalls, das für den Hedge gilt. Für die Praxis heißt das, dass dadurch manchmal die Zahl der verfügbaren Beobachtungen erheblich eingeschränkt und dass ein kürzerer Zeitintervall verwendet wird.

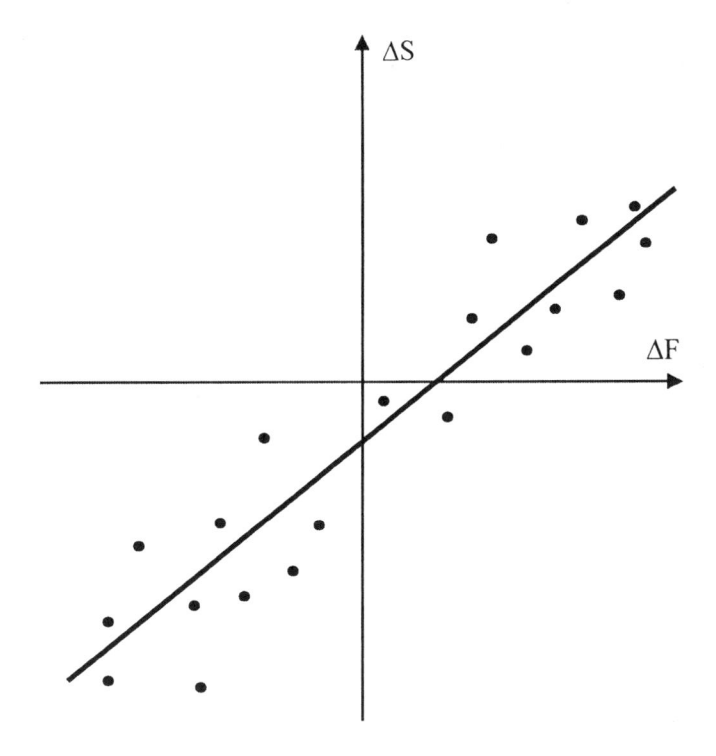

Abbildung 4.3: Regression der Kassakursveränderung gegen die Veränderung des Futurespreises

In Tabelle 4.6 zeigt Beispieldaten von ΔF und ΔS, an denen verdeutlicht werden soll, wie die Berechnungen durchgeführt werden. Angenommen die Dauer eines Hedge beträgt einen Monat, so dass ΔF und ΔS die Änderungen von F und S in aufeinanderfolgenden einmonatigen Perioden messen. Der betrachtete Futureskontrakt ist der Kontrakt, der tatsächlich angewendet werden würde, um eine offene Position in dem betrachteten Monat abzusichern. Die Beobachtung i von ΔF und ΔS ist x_i beziehungsweise y_i. Angenommen werden insgesamt n Beobachtungen. Es kann gezeigt werden, dass

$$\sum x_i = -0{,}013 \quad \sum x_i^2 = 0{,}0138$$

$$\sum y_i = 0{,}003 \quad \sum y_i^2 = 0{,}0097$$

$$\sum x_i y_i = 0{,}0107$$

Tabelle 4.6: Daten zur Berechnung der varianzminimalen Hedge Ratio

Monat i	ΔF für Monat $= x_i$	ΔS für Monat $= y_i$
1	0,021	0,029
2	0,035	0,020
3	−0,046	−0,044
4	0,001	0,008
5	0,044	0,026
6	−0,029	−0,019
7	−0,026	−0,010
8	−0,029	−0,007
9	0,048	0,043
10	−0,006	0,011
11	−0,036	−0,036
12	−0,011	−0,018
13	0,019	0,009
14	−0,027	−0,032
15	0,029	0,023

Standardformeln aus der Statistik ergeben den Schätzwert für σ_F:

$$\sqrt{\frac{\sum x_i^2}{n-1} - \frac{\left(\sum x_i\right)^2}{n(n-1)}} = 0,0313$$

Der Schätzwert für σ_S lautet

$$\sqrt{\frac{\sum y_i^2}{n-1} - \frac{\left(\sum y_i\right)^2}{n(n-1)}} = 0,0263$$

Der Schätzwert von ρ ist

$$\frac{n\sum x_i y_i - \sum x_i \sum y_i}{\sqrt{[n\sum x_i^2 - (\sum x_i)^2][n\sum y_i^2 - (\sum y_i)^2]}} = 0,928$$

Die varianzminimale Hedge Ratio h* ist daher

KAPITEL 4 Hedging-Strategien mit Futures 139

$$0{,}928 \times \frac{0{,}0263}{0{,}0313} = 0{,}78$$

Die gekauften oder verkauften Futureskontrakte sollten also 78 Prozent des Nennwertes des abzusichernden Vermögenswertes haben. In der Praxis muss die Anzahl der Futureskontrakte natürlich eine ganze Zahl ergeben, so dass der Hedger nur eine Annäherung an den optimalen Hedge erreichen kann.

OPTIMALE ANZAHL DER KONTRAKTE

Es gilt folgende Notation:

N_A: Größe der Position, die abgesichert wird (Einheiten)

Q_F: Größe eines Futureskontraktes (Einheiten)

N^*: Optimale Zahl der Futureskontrakte für das Hedging

Die verwendeten Futureskontrakte sollten den Nennwert h^*N_A haben. Die Zahl der erforderlichen Futureskontrakte ergibt sich daher aus

(4.2) $$N^* = \frac{h^* N_A}{Q_F}$$

Angenommen aus Tabelle 4.5 wird ein Wert von $h^* = 0{,}7$ errechnet. Da N_A = 20.000 und Q_F = 1.000, ergibt sich die optimale Kontraktzahl N^* wie folgt

$$N^* = \frac{0{,}7 \times 20.000}{1.000} = 14$$

EINE VERÄNDERUNG DER NOTATION

Weil es praktischer ist, werden für den Rest des Kapitels und das nächste Kapitel S, F, σ_S und σ_F umdefiniert. Von nun an steht S für den Wert der abgesicherten Position (N_A multipliziert mit dem alten S), F steht für den Futureskontraktpreis (Q_F multipliziert mit dem alten F). Die Variablen σ_S, σ_F und ρ stehen für die Standardabweichung des neuen S, die Standardabweichung des neuen F und den Korrelationskoeffizienten zwischen dem neuen S beziehungsweise F. Das neue σ_S ist N_A multipliziert mit dem alten σ_S, das neue σ_F ist Q_F multipliziert mit dem alten σ_F, ρ bleibt unverändert. Aus den

Gleichungen 4.1 und 4.2 ist ersichtlich, dass die Gleichung für N* der früheren Gleichung für h* entspricht:

(4.3) $$N^* = \rho \frac{\sigma_S}{\sigma_F}$$

Aktienindex Futures

Aktienindex Futures (Terminkontrakte auf Börsenindizes) wurden in Kapitel 3 eingeführt. Sie werden oft verwendet, um Aktien-Portfolios in der im vorherigen Abschnitt beschriebenen Weise abzusichern. Wer das Kapitalanlagepreis-Modell kennt, weiß, dass die Beziehung zwischen der Rendite eines Aktien-Portfolios und der Marktrendite mit dem Parameter β beschrieben wird. Beta ist die Neigung der am besten passenden Geraden, die sich ergibt, wenn man eine Regression der den risikofreien Zinssatz übersteigenden Rendite des Portfolios gegen die den risikofreien Zinssatz übersteigende Marktrendite durchführt. Bei β = 1,0 spiegelt die Portfolio-Rendite die Marktrendite; bei β = 2,0 ist die überschüssige Rendite des Portfolios tendenziell doppelt so hoch wie die überschüssige Marktrendite; bei β = 0,5 ist sie halb so hoch; und so weiter.

In Übereinstimmung mit unserer neuen Notation ist S der Wert des Portefeuilles und F der Preis eines Futureskontraktes (Futurespreis multipliziert mit der Kontrakteinheit). Es kann gezeigt werden, dass in einer Annäherung die optimale Zahl der Kontrakte N* gegeben ist durch:[3]

(4.4) $$N^* = \beta \frac{S}{F}$$

---

[3] Um Gleichung 4.4 zu beweisen, nennen wir ΔS/S in R_S und ΔF/F in R_F um. Die Standardabweichungen von R_S und R_F werden in σ_1 beziehungsweise σ_2 umbenannt; der Koeffizient der Korrelation zwischen R_S und R_F wird umbenannt in ρ^*. R_S ist die Rendite des Portefeuilles, und als eine Annäherung wird angenommen, dass R_F die Marktrendite ist. Ein annähernder Ausdruck für β ist daher $\beta = \rho^* \sigma_1 / \sigma_2$. Die annähernden Ausdrücke für σ_1, σ_2 und ρ^* sind $\sigma_1 = \sigma_S/S$, $\sigma_2 = \sigma_F/F$ und $\rho^* = \rho$. Daraus folgt, dass β annähernd gegeben ist durch

$$\beta = \rho \frac{\sigma_S F}{\sigma_F S}$$

Dies führt in Verbindung mit Gleichung 4.3 zu Gleichung 4.4.

KAPITEL 4 Hedging-Strategien mit Futures   141

Anhand eines Beispiels soll gezeigt werden, dass diese Annäherung angemessene Ergebnisse liefert. Angenommen es gelten die folgenden Werte:

Wert des S&P 500 Index = 200

Wert des Portefeuilles = 2.040.000 $

Risikofreier Zinssatz = 10 Prozent per Annum

Dividendenrendite des Index = 4 Prozent per Annum

Beta des Portefeuilles = 1,5

Angenommen zur Absicherung des Portefeuilles über die nächsten drei Monate wird ein in vier Monaten fälliger Futureskontrakt auf den S&P 500 verwendet. Die Einheit eines Futureskontraktes beträgt 500 $ multipliziert mit dem Index. Gleichung 3.12 ergibt somit einen aktuellen Futurespreis von

$$200e^{(0,10 - 0,04) \times 1/3} = 204,04$$

Der Preis des Futureskontraktes, F, beträgt 500 × 204,04 = 102.020 $. Aus Gleichung 4.4 ergibt sich die Zahl der Futureskontrakte, die leerverkauft werden müssen, um das Portefeuille abzusichern:

$$1,5 \times \frac{2.040.000}{102.020} = 30$$

Liegt der Index in drei Monaten bei 180, beträgt der Futurespreis

$$180e^{(0,10 - 0,04) \times 1/12} = 180,90$$

Der Gewinn aus der Verkaufsposition in den Futures beträgt daher

$$30 \times (204,04 - 180,90) \times 500 = 347.100 \ \$$$

Der Verlust aus dem Index beträgt 10 Prozent. Der Index wirft eine Dividende von 4 Prozent per Annum ab oder 1 Prozent je Quartal. Unter Berücksichtigung der Dividenden verdient jemand, der in den Index investiert hat, −9 Prozent im Quartal durch den Index. Der risikofreie Zinssatz je Quartal beträgt annähernd 2,5 Prozent.[4] Da das Portefeuille ein β von 1,5 hat, gilt

---

[4] Um die Darstellung zu vereinfachen, wird die Tatsache vernachlässigt, dass der Zinssatz und die Dividendenrendite kontinuierlich verzinst werden. Das bewirkt nur einen kleinen Unterschied.

TEIL I Futures- und Forwardmärkte

Erwartete Rendite des Portefeuilles − risikofreier Zinssatz
$= 1{,}5 \times$ (Rendite des Index − risikofreier Zinssatz)

Folglich beträgt die erwartete Rendite (%) des Portefeuilles

$$2{,}5 + [1{,}5 \times (-9{,}0 \times 2{,}5)] = -14{,}75$$

Der erwartete Wert des Portefeuilles (einschließlich der Dividenden) beträgt somit am Ende der drei Monate

$$2.040.000 \, \$ \times (1 - 0{,}1475) = 1.739.100 \, \$$$

Folglich hat die Position des Hedgers einschließlich dem Gewinn aus dem Sicherungsgeschäft einen erwarteten Wert von

$$1.739.100 \, \$ + 347.100 \, \$ = 2.086.200 \, \$$$

In Tabelle 4.7 sind diese Berechnungen zusammen mit ähnlichen Berechnungen für andere Variablen des Index bei Fälligkeit zusammengefasst. Man kann sehen, dass der Gesamtwert der Position des Hedgers in drei Monaten beinahe unabhängig von dem Wert des Index ist.

In Tabelle 4.7 wird angenommen, dass die Dividendenrendite des Index vorhersagbar ist, der risikofreie Zinssatz konstant bleibt und die Rendite des Index über die drei Monate vollständig mit der Rendite des Portefeuilles korreliert. In der Praxis sind diese Annahmen nicht ganz haltbar, und das Sicherungsgeschäft funktioniert nicht so gut wie in Tabelle 4.7 dargestellt.

Tabelle 4.7: Performance eines Aktienindex-Hedge

Indexwert in 3 Monaten	180,00	190,00	200,00	210,00	220,00
Futurespreis des Index in 3 Monaten	180,90	190,95	201,00	211,05	221,10
Verlust (Gewinn) aus Futures Position (000 $)	347,1	195,3	45,6	(105,1)	(255,9)
Wert des Portefeuilles (inkl. Devidenden) in 3 Monaten (000 $)	1739,1	1892,1	2045,1	2198,1	2351,1
Gesamtwert der Position in 3 Monaten (000 $)	2086,2	2087,4	2090,7	2093,0	2095,2

KAPITEL 4 Hedging-Strategien mit Futures   143

GRÜNDE FÜR DAS ABSICHERN EINES PORTEFEUILLES

Tabelle 4.7 zeigt, dass das Sicherungs-Schema die Position des Hedgers am Ende der drei Monate auf einen Wert von fast 2.090.000 $ gebracht hat. Das sind ungefähr 2,5 Prozent mehr als der Anfangswert der Position von 2.040.000 $. Das ist keine Überraschung. Der risikofreie Zinssatz liegt bei 10 Prozent per Annum oder ungefähr 2,5 Prozent per Quartal. Das Sicherungsgeschäft führt dazu, dass die Position des Hedgers mit dem risikofreien Zinssatz wächst.

Man fragt sich natürlich, warum der Hedger den Ärger auf sich nehmen und Futureskontrakte kaufen sollte. Um den risikofreien Zinssatz zu verdienen, kann der Hedger auch einfach sein Portefeuille verkaufen und den Erlös in Schatzwechsel investieren.

Eine Antwort auf die Frage lautet, dass das Hedging dann gerechtfertigt sein kann, wenn der Hedger meint, dass er die Aktien in dem Portefeuille gut ausgesucht hat. Unter diesen Umständen ist der Hedger möglicherweise unsicher über die Performance des Marktes insgesamt, aber er ist sicher, dass die Aktien in seinem Portefeuille die Marktperformance übertreffen (nachdem das Beta des Portefeuilles angemessen angepasst wurde). Ein Sicherungsgeschäft, bei dem Index-Futures benutzt werden, beseitigt das Risiko, das durch Kursschwankungen entsteht; das einzige Risiko für den Hedger ist die Performance seines Portefeuilles relativ zum Markt. Ein weiterer Grund für das Hedging kann sein, dass der Hedger ein Portefeuille über einen langen Zeitraum zu halten plant und daher einen kurzfristigen Schutz in einer unsicheren Marktsituation benötigt. Die alternative Strategie, ein Portefeuille zu verkaufen und es später zurückzukaufen, könnte inakzeptabel hohe Transaktionskosten mit sich bringen.

VERÄNDERUNG VON BETA

In dem Beispiel in Tabelle 4.7 ist das Portefeuille-Beta des Hedgers auf null reduziert. Manchmal werden Futureskontrakte verwendet, um das Beta eines Portefeuilles zu verändern, so dass es einen anderen Wert als null bekommt. Um in dem Beispiel das Beta von 1,5 auf 0,75 zu verringern, muss die Zahl der leerverkauften Kontrakte nicht 15 sondern 30 betragen; um das Beta auf 2,0 zu erhöhen, muss eine Kaufposition in 10 Kontrakten erworben werden; und so weiter. Allgemein gilt, dass, wenn man das Beta des Portefeuilles von β auf β^* verändern will, wobei $\beta > \beta^*$, eine Verkaufsposition in

Kontrakten erforderlich ist. Ist $\beta < \beta^*$, ist eine Kaufposition in

$$(\beta^* - \beta)\frac{S}{F}$$

erforderlich.

DAS KURSRISIKO EINER EINZELNEN AKTIE

Aktienindex-Futures können verwendet werden, um das Kursrisiko einer einzelnen Aktie abzusichern. Die Anzahl der Kontrakte, die der Hedger kaufen sollte, ist gegeben durch $\beta S/F$, mit β als Beta der Aktie, S als Gesamtwert der abzusichernden Aktien und F als Gesamtpreis eines Indexterminkontraktes. Man beachte, dass, obwohl die Anzahl der eingegangenen Kontrakte auf die gleiche Art wie bei der Absicherung eines Aktien-Portfolios berechnet wird, die Performance des Sicherungsgeschäftes erheblich schlechter ist. Das Sicherungsgeschäft bietet lediglich einen Schutz gegen das durch Marktschwankungen entstehende Risiko, und dieses Risiko stellt nur einen relativ kleinen Anteil am Gesamtrisiko einzelner Aktien durch Kursschwankungen dar. Das Sicherungsgeschäft ist dann angebracht, wenn ein Investor glaubt, dass die Aktie eine bessere Performance als der Markt haben wird, aber gleichzeitig unsicher über der Performance des Marktes ist. Es kann auch von einer Investitionsbank verwendet werden, die die Neuemission einer Aktie übernommen hat.

Man betrachte einen Investor, der im Juli 20.000 IBM Aktien hält, von denen jede einen Wert von 50 $ hat. Der Investor glaubt, dass der Markt in den nächsten Monaten sehr volatil ist, dass aber IBM gute Möglichkeiten hat, die Marktperformance zu übertreffen. Der Investor beschließt daher, seine Position über einen Zeitraum von einem Monat mit einem CBOT August Futureskontrakt auf den Major Market Index (MMI) abzusichern. Das β von IBM wird auf 1,1 geschätzt. Der aktuelle Futurespreis für den August Kontrakt auf den MMI liegt bei 450, jeder Kontrakt ist über die Lieferung von 500 $ multipliziert mit dem Index. Das bedeutet, dass der Gesamtfuturespreis eines Kontraktes $500 \times 450 = 225.000$ $ beträgt. Der Gesamtwert der abzusichernden Aktien beträgt 1 Million Dollar. Der Investor sollte somit

$$1{,}1 \times \frac{1.000.000}{225.000} = 4{,}89$$

Kontrakte leerverkaufen. Aufgerundet auf die nächsthöhere ganze Zahl verkauft der Hedger fünf Kontrakte leer und stellt die Position einen Monat später glatt. Angenommen IBM steigt in dem Monat auf 62,50 $ und der Futurespreis des Major Markt Index steigt auf 540. Dann gewinnt der Investor 20.000 × (62,50 $ − 50 $) = 250.000 $ durch die IBM Aktien und verliert 5 × 500 × (540 − 450) = 225.000 $ durch die Futureskontrakte. Das Beispiel ist in Tabelle 4.8 zusammengefasst.

In diesem Beispiel gleicht das Sicherungsgeschäft einen Gewinn aus dem Basisobjekt mit einem Verlust aus den Futureskontrakten aus. Dieser Ausgleich scheint kontraproduktiv zu sein. Aber es kann nicht oft genug betont werden, dass der Sinn eines Sicherungsgeschäftes in der Risikoreduzierung liegt. Durch ein Sicherungsgeschäft werden unvorteilhafte Ergebnisse tendenziell weniger unvorteilhaft und vorteilhafte tendenziell weniger vorteilhaft.

Tabelle 4.8: Absicherung einer Position in einer einzigen Aktie

Am Tisch des Wertpapierhändlers – Juni

Ein Investor hält 20.000 IBM Aktien. Der Investor ist über die Volatilität des Marktes im nächsten Monat besorgt. Der aktuelle Kurs der IBM Aktie liegt bei 50 $ und der August Futurespreis des Major Market Index liegt bei 450.

Strategie

Der Investor

1. Verkauft fünf August Kontrakte auf den Major Market Index leer
2. Stellt die Position einen Monat später glatt

Ergebnis

Einen Monat später liegt der Kurs von IBM bei 62,50 $, der Futurespreis für den August Major Market Index Kontrakt beträgt 540. Der Investor gewinnt

$$20.000 \times (62{,}50\ \$ - 50\ \$) = 250.000\ \$$$

durch die IBM Aktien und verliert

$$5 \times 500 \times (540 - 450) = 225.000\ \$$$

durch den Futureskontrakt.

Prolongation eines Sicherungsgeschäftes

Mitunter liegt der Fälligkeitstermin des Sicherungsgeschäftes hinter den Lieferterminen für die Futureskontrakte, die man verwenden kann. Dann muss der Hedger sein Sicherungsgeschäft prolongieren, indem er einen Futureskontrakt glattstellt und die gleiche Position in einem Futureskontrakt mit einem späteren Liefertermin kauft. Sicherungsgeschäfte können diverse Male prolongiert werden. Man betrachte ein Unternehmen, das mit einem Short Hedge oder Verkaufs-Deckungsgeschäft das Risiko reduzieren möchte, das mit dem Preis eines Vermögenswertes verbunden ist, den es in Zeitpunkt T erzielt. Wenn es Futureskontrakte 1, 2, 3, ..., n (die nicht alle notwendigerweise gegenwärtig existieren müssen) gibt, die progressiv spätere Liefertermine haben, kann das Unternehmen folgende Strategie anwenden:

Zeitpunkt t_1: Leerverkauf von Futureskontrakt 1.

Zeitpunkt t_2: Glattstellen von Futureskontrakt 1.
Leerverkauf von Futureskontrakt 2.

Zeitpunkt t_3: Glattstellen von Futureskontrakt 2.
Leerverkauf von Futureskontrakt 3.

. .
. .
. .

Zeitpunkt t_n: Glattstellen von Futureskontrakt n − 1.
Leerverkauf von Futureskontrakt n.

Zeitpunkt T: Glattstellen von Futureskontrakt n.

Ein Beispiel für diese Strategie wird in Tabelle 4.9 gezeigt. Ein Unternehmen erfährt im April 1997, dass es im Juni 1998 100.000 Barrel Öl verkaufen muss. Es beschließt, das Risiko bei einer Hedge Ratio von 1,0 abzusichern. Der aktuelle Kassakurs liegt bei 19 $. Obwohl Futureskontrakte gehandelt werden, die sich mehrere Jahre in die Zukunft erstrecken, wird für dieses Beispiel angenommen, dass nur die ersten sechs Liefermonate ausreichend Liquidität haben, um den Bedürfnissen des Unternehmens zu entsprechen. Das Unternehmen verkauft daher 100 Oktober 1997 Kontrakte leer. Im September 1997 prolongiert es das Sicherungsgeschäft durch einen März 1998 Kontrakt. Im Februar 1998 prolongiert es das Sicherungsgeschäft erneut durch einen Juli 1998 Kontrakt.

Angenommen der Ölpreis fällt bis zum Juni 1998 um 3 $ auf 16 $ je Barrel. Außerdem sei angenommen, dass der Oktober 1997 Futureskontrakt für 18,20 $ je Barrel leerverkauft und für 17,40 $ je Barrel glattgestellt wurde und somit einen Gewinn von 0,80 $ je Barrel einbrachte; der März 1998 Kontrakt wurde für 17,00 $ je Barrel leerverkauft und für 16,50 $ je Barrel glattgestellt und erbrachte somit einen Gewinn von 0,50 $ je Barrel. Der Juli 1998 Kontrakt wurde für 16,30 $ je Barrel leerverkauft und für 15,90 $ je Barrel glattgestellt und erbrachte einen Gewinn von 0,40 $ je Barrel. In diesem Fall kompensieren die Futureskontrakte mit einem Gesamtgewinn von 1,70 $ je Barrel den Preisverfall von 3 $ je Barrel.

Es mag nicht sonderlich befriedigend erscheinen, für einen Preisverfall von 3 $ mit nur 1,70 $ kompensiert zu werden. Aber man kann keine völlige Kompensation für den Preisverfall erwarten, wenn die Futurespreise unter den Kassakursen liegen. Man kann bestenfalls hoffen, den Futurespreis festzuschreiben, der bei lebhaftem Handel für einen Juni 1998 Kontrakt gilt.

METALLGESELLSCHAFT

Manchmal kann die Prolongation eines Sicherungsgeschäftes zu Cashflow-Problemen führen. Anfang der 90er Jahre führte ein deutsches Unternehmen, die Metallgesellschaft (MG), dieses Problem der Öffentlichkeit drastisch vor Augen.

Die MG verkaufte im großen Umfang 5- bis 10-jährige Festpreisverträge über die Lieferung von Heizöl und Benzin an ihre Kunden zu einem Preis, der 6 bis 8 Cents über dem Marktpreis lag. Sie sicherte die offene Position mit Kaufpositionen in kurzfristigen Futureskontrakten ab, die prolongiert wurden. Der Ölpreis begann jedoch zu fallen, und es wurden Nachschussforderungen für die Futures Positionen gestellt. Das führte dazu, dass die MG einem erheblichen kurzfristigen Cashflow-Druck ausgesetzt war. Die Mitglieder der MG, die die Hedging-Strategie entwickelt hatten, argumentierten, dass diese kurzfristigen Cashflow-Abflüsse durch die positiven Cashflows ausgeglichen werden würden, die letztlich durch die langfristigen Festpreisverträge realisiert werden würden. Doch das obere Management des Unternehmens und die Banken machten sich Sorgen wegen der hohen Geldabflüsse. Das führte schließlich dazu, dass das Unternehmen sämtliche Hedge Positionen glattstellte und mit den Kunden vereinbarte, die Festpreisverträge zu annullieren. Das Ergebnis war ein Verlust für die MG in Höhe von 1,33 Milliarden Dollar.[5]

Zusammenfassung

In diesem Kapitel wurden die verschiedenen Möglichkeiten diskutiert, die ein Unternehmen hat, um mit Positionen in Futureskontrakten das Preisrisiko eines Vermögenswertes auszugleichen. Ist das Risiko derart, dass das Unternehmen gewinnt, wenn der Preis des Vermögenswertes steigt, und verliert, wenn der Preis des Vermögenswertes sinkt, ist ein Short Hedge angemessen. Ist das Risiko umgekehrt (i. e. das Unternehmen gewinnt, wenn der Preis des Vermögenswertes sinkt, und verliert, wenn der Preis des Vermögenswertes steigt), dann ist ein Long Hedge angebracht.

Ein Sicherungsgeschäft bietet die Möglichkeit, ein Risiko zu verringern. Als solches sollten die meisten Führungskräfte es begrüßen. In der Realität gibt es eine Reihe von theoretischen und praktischen Gründe, warum Unternehmen nicht absichern. Auf theoretischer Ebene kann argumentiert werden, dass Aktionäre, indem sie wohldiversifizierte Portefeuilles halten, viele Risiken, mit denen ein Unternehmen konfrontiert ist, eliminieren können. Diese Investoren sind nicht darauf angewiesen, dass das Unternehmen ihre Risiken absichert. Auf praktischer Ebene kann es sein, dass ein Unternehmen der Meinung ist, sein Risiko durch eine Absicherung zu vergrößern statt zu verkleinern, wenn die Konkurrenz nicht absichert. Außerdem kann es sein, dass der Finanzleiter fürchtet, von den anderen Führungskräften kritisiert zu werden, wenn das Unternehmen durch eine Preisschwankung des Basisobjektes einen Gewinn und durch das Sicherungsgeschäft einen Verlust macht.

Ein wichtiges Konzept des Hedgings ist das Basisrisiko. Die Basis ist die Differenz zwischen dem Kassakurs eines Vermögenswertes und seinem Futurespreis. Das Basisrisiko entsteht durch die Unsicherheit des Hedgers darüber, wie groß die Basis bei Fälligkeit des Sicherungsgeschäftes ist. Das Basisrisiko ist im allgemeinen bei Konsum-Vermögenswerten höher als bei Investment-Vermögenswerten.

---

[5] Zu einer Diskussion der MG siehe „MG's Trial by Essay", *RISK* (October 1994): 228-234, sowie M. Miller und C. Culp, „Risk Management Lessons from Metallgesellschaft", *Journal of Applied Corporate Finance* (Fall 1994).

KAPITEL 4 Hedging-Strategien mit Futures

Tabelle 4.9: Prolongation eines Sicherungsgeschäftes

Am Tisch des Wertpapierhändlers – April 1997
Der Preis für Öl beträgt 10 $ je Barrel. Ein Unternehmen weiß, dass es im Juni 1998 100.000 Barrel Öl verkaufen muss. Es möchte seine Position absichern. An der NYMEX werden Kontrakte für jeden Liefermonat bis zu einem Jahr gehandelt. Aber nur die ersten sechs Liefermonate bieten eine ausreichende Liquidität, um den Unternehmensbedürfnissen zu entsprechen. Die Kontrakteinheit beträgt 1.000 Barrel.

Die Strategie
- April 1997: Das Unternehmen verkauft 100 Oktober 1997 Kontrakte leer.
- September 1997: Das Unternehmen stellt die 100 Oktober Kontrakte glatt und verkauft 100 März 1998 Kontrakte leer.
- Februar 1998: Das Unternehmen stellt die 100 März Kontrakte glatt und verkauft 100 Juli 1998 Kontrakte leer.
- Juni 1998: Das Unternehmen stellt die 100 Juli Kontrakte leer und verkauft 100.000 Barrel Öl.

Das Ergebnis
- Oktober 1997 Futureskontrakte: Leerverkauft im April 1997 zu 18,20 $, glattgestellt im September 1997 zu 17,40 $.
- März 1998 Futureskontrakte: Leerverkauft im September 1997 zu 17,00 $, glattgestellt im Februar 1998 zu 16,50 $.
- Juli 1998 Futureskontrakte: Leerverkauft im Februar 1998 zu 16,30 $, glattgestellt im Juni 1998 zu 15,90 $.
- Kassakurs des Öls im Juni 1998: 16 $ je Barrel

Der Gewinn aus den Futureskontrakten ist (18,20 $ − 17,40 $) + (17,00 $ − 16,50 $) + (16,30 $ − 15,90 $) = 1,70 $ je Barrel. Das gleicht zum Teil den Ölpreisverfall von 3 $ zwischen April 1997 und Juni 1998 aus.

Die Hedge Ratio ist das Verhältnis zwischen der Positionsgröße der gekauften Futureskontrakte und der Größe der offenen Positionen. Nicht immer ist es optimal, eine Hedge Ratio von 1,0 anzuwenden. Wenn der Hedger die Varianz seiner Position minimieren möchte, kann eine Hedge Ratio ungleich 1,0 angemessen sein. Die optimale Hedge Ratio ist die Neigung der am besten passenden Geraden, die man dann erhält, wenn man eine Regression der Veränderungen des Kassakurses gegen die Veränderungen des Futurespreises durchführt. Wird ein Aktienindex-Futureskontrakt zum Absichern einer Position in einem Aktien-Portfolio oder einer Position in einer einzelnen Aktie verwendet, dann ist die optimale Anzahl der Futureskontrakte gleich dem Beta der Position multipliziert mit dem Verhältnis von Portfoliowert zu Futureskontraktpreis.

Gibt es keine liquiden Futureskontrakte, die nach Fälligkeit des Sicherungsgeschäftes fällig werden, ist eine Strategie angemessen, bei der das Sicherungsgeschäft prolongiert wird. Dafür wird eine Sequenz von Futureskontrakten eingegangen. Wenn der erste Futureskontrakt kurz vor seiner Fälligkeit steht, wird er glattgestellt und der Hedger geht einen zweiten Kontrakt mit einem späteren Liefermonat ein. Wenn der zweite Kontrakt vor seiner Fälligkeit steht, stellt der Hedger auch ihn glatt und geht einen dritten Kontrakt mit einem späteren Liefermonat ein; und so weiter. Die Prolongation des Sicherungsgeschäftes funktioniert dann gut, wenn es eine enge Korrelation zwischen den Veränderungen der Futurespreise und den Veränderungen der Kassakurse gibt.

Weitere Literatur

Chicago Board of Trade. *Introduction to Hedging*. Chicago, 1984.

Ederington, L. H. „The Hedging Performance of the New Futures Market", *Journal of Finance* 34 (March 1979): 157-170.

Franckle, C. T. „The Hedging Performance of the New Futures Market: Comment", *Journal of Finance* 35 (December 1980):1273-1279.

Johnson, L. L. „The Theory of Hedging and Speculation in Commodity Futures Markets", *Review of Economics Studies* 27 (October 1960): 139-151.

McCabe, G. M. und C. T. Franckle. „The Effectiveness of Rolling the Hedge Forward in the Treasury Bill Futures Market", *Financial Management* 12 (Summer 1983): 21-29.

Miller, M. und C. Culp. „Risk Management Lessons from Metallgesellschaft", *Journal of Applied Corporate Finance* (Fall 1994).

Nikkah, S. „How End Users Can Hedge Fuel Costs in Energy Markets", *Futures* (October 1987): 66-67.

Stulz, R. M. „Optimal Hedging Policies", *Journal of Financial and Quantitative Analysis* 19 (June 1984): 127-140.

Testfragen

1. Unter welchen Bedingungen sind (a) Short Hedges und (b) Long Hedges angemessen?

2. Erklären Sie, was mit *Basisrisiko* gemeint ist, wenn Futureskontrakte zum Absichern verwendet werden.

3. Erklären Sie, was ein *perfektes Sicherungsgeschäft* (perfect hedge) ist. Führt ein perfektes Sicherungsgeschäft immer zu einem besseren Ergebnis als ein nicht perfektes Sicherungsgeschäft? Erläutern Sie Ihre Antwort.

4. Unter welchen Bedingungen führt ein varianzminimales Hedge-Portfolio überhaupt nicht zur Absicherung?

5. Nennen Sie drei Gründe, warum ein Finanzleiter möglicherweise ein bestimmtes Risiko seines Unternehmens nicht absichert.

6. Angenommen die Standardabweichung der vierteljährlichen Preisänderungen einer Ware beträgt 0,65 $, die Standardabweichung der vierteljährlichen Änderungen eines Futurespreises der Ware beträgt 0,81 $ und der Koeffizient der Korrelation zwischen den beiden Änderungen ist 0,8. Wie hoch ist die optimale Hedge Ratio für einen dreimonatigen Vertrag? Was bedeutet sie?

7. Ein Unternehmen hat ein Portefeuille mit einem Wert von 10 Millionen Dollar und einem Beta von 1,2. Es möchte gerne mit Futureskontrakten auf den Major Market Index sein Risiko absichern. Der Index steht aktuell bei 270, jeder Kontrakt ist über die Lieferung von 500 $ multipliziert mit dem Index. Mit welchem Sicherungsgeschäft kann man das Risiko minimieren? Was sollte das Unternehmen tun, wenn es das Beta seines Portefeuilles auf 0,6 verringern möchte?

Fragen und Probleme

1. An der Chicago Board of Trade sind Mais Kontrakte mit folgenden Liefermonaten erhältlich: März, Mai, Juli, September und Dezember. Nennen Sie den Kontrakt, den man zum Absichern verwenden sollte, wenn das Sicherungsgeschäft in den folgenden Monaten ausläuft:

   a. Juni

   b. Juli

   c. Januar

2. Kann man mit einem perfekten Sicherungsgeschäft immer den aktuellen Kassakurs eines Vermögenswertes für eine künftige Transaktion festschreiben? Erläutern Sie Ihre Antwort.

3. Erklären Sie, warum sich die Position eines Short Hedgers verbessert, wenn die Basis unerwartet stärker wird, und warum sie sich verschlechtert, wenn sich die Basis unerwartet abschwächt?

4. Angenommen Sie sind der Finanzleiter eines japanischen Unternehmens, das elektronische Geräte in die USA exportiert. Diskutieren Sie, mit welcher Absicherungsstrategie Sie das Wechselkursrisiko absichern und mit welchen Argumenten Sie diese Strategie Ihren Manager-Kollegen verkaufen.

5. Angenommen das Unternehmen in Tabelle 4.5 beschließt, eine Hedge Ratio von 0,8 zu verwenden. Wie wirkt sich diese Entscheidung auf die Art der Implementierung des Sicherungsgeschäftes und auf das Resultat aus?

6. „Wenn eine varianzminimale Hedge Ratio von 1,0 errechnet wird, muss das Sicherungsgeschäft perfekt sein." Ist diese Behauptung richtig? Erläutern Sie Ihre Antwort.

7. „Wenn es kein Basisrisiko gibt, ist die varianzminimale Hedge Ratio immer 1,0." Stimmt das? Erläutern Sie Ihre Antwort.

8. „Wenn die Gewinnerzielung durch sofortige Verfügbarkeit der Ware (convenience yield) hoch ist, dann dürften Long Hedges besonders attraktiv sein." Erläutern Sie diese Behauptung. Veranschaulichen Sie sie anhand eines Beispiels.

9. Die Standardabweichung der monatlichen Änderungen des Kassakurses für Lebendvieh beträgt (in Cents pro Pfund) 1,2. Die Standardabweichung der monatlichen Änderungen des Futurespreises für Lebendvieh beträgt für den am nächsten liegenden Kontrakt 1,4. Die Korrelation zwischen Futurespreisänderungen und Kassakursänderungen ist 0,7. Heute ist der 15. Oktober. Ein Fleischproduzent hat sich verpflichtet, am 15. November 200.000 Pfund Lebendvieh zu kaufen. Der Produzent möchte sein Risiko mit Dezember Lebendvieh Futureskontrakten absichern. Jeder Kontrakt ist über die Lieferung von 40.000 Pfund Vieh. Welche Strategie sollte der Fleischproduzent verfolgen?

10. Ein US-Unternehmen ist daran interessiert, sein D-Mark-Risiko mit Futureskontrakten abzusichern, die an der CME gehandelt werden. Wir definieren r als Zinssatz (für alle Laufzeiten) des US-Dollars und r_f als Zinssatz (für alle Laufzeiten) der D-Mark. Angenommen r und r_f sind konstant und das Unternehmen will mit einen Kontrakt, der im Zeitpunkt T fällig wird, ein Risiko im Zeitpunkt t (T > t) absichern. Zeigen Sie unter Verwendung der Ergebnisse aus Kapitel 3, dass die optimale Hedge Ratio

$$e^{(r_f - r)(T-t)}$$

ist.

11. Ein Investor hält am 1. Juli 50.000 Stück einer bestimmten Aktie. Der Kurs liegt bei 30 $ je Aktie. Der Investor würde sich gerne in den nächsten zwei Monaten gegen Marktschwankungen absichern und beschließt, den Dezember NYSE Index Futureskontrakt zu verwenden. Der aktuelle Futurespreis beträgt 150, ein Kontrakt ist über die Lieferung von 500 $ multipliziert mit dem Index. Das Beta der Aktie ist 1,3. Welche Strategie sollte der Investor verfolgen?

12. Es ist der 16. Juli. Ein Unternehmen hat ein Portefeuille mit Aktien im Wert von 10 Millionen Dollar. Das Beta des Portefeuilles ist 1,0. Das Unternehmen möchte das Beta in der Zeit vom 16. Juli bis zum 16. November mit dem CME Dezember Futureskontrakt auf den S&P 500 auf 0,5 verkleinern. Der Futurespreis für den Kontrakt beträgt aktuell 400. Was sollte das Unternehmen machen?

13. Angenommen das Unternehmen aus Problem 12 möchte das Beta des Portefeuilles auf 1,5 anheben. Was sollte es machen?

14. In der folgenden Tabelle sind Daten über die monatlichen Veränderungen des Kassakurses und des Futurespreises für eine bestimmte Ware angegeben. Berechnen Sie anhand der Daten die varianzminimale Hedge Ratio.

Kassakursänderung	+0,50	+0,61	−0,22	−0,35	+0,79
Futurespreisänderung	+0,56	+0,63	−0,12	−0,44	+0,60
Kassakursänderung	+0,04	+0,15	+0,70	−0,51	−0,41
Futurespreisänderung	−0,06	+0,01	+0,80	−0,56	−0,46

15. Angenommen das Unternehmen in Tabelle 4.9 beschließt, eine Hedge Ratio von 1,5 zu verwenden. Wie beeinflusst diese Entscheidung die Art der Implementierung des Sicherungsgeschäftes und das Resultat?

APPENDIX 4A

Ein Beweis der varianzminimalen Hedge-Ratio-Formel

Angenommen in Zeitpunkt t_2 sollen N_A Einheiten eines Vermögenswertes verkauft werden und zur Absicherung dieses Geschäftes werden in Zeitpunkt t_1 Futureskontrakte auf N_F Einheiten eines ähnlichen Vermögenswertes leerverkauft. Die Hedge Ratio h ist

(4A.1) $$h = \frac{N_F}{N_A}$$

Die Gesamtsumme, die für den Vermögenswert unter Berücksichtigung des Gewinns oder Verlusts aus dem Sicherungsgeschäft realisiert wird, heißt Y und beträgt

$$Y = S_2 N_A - (F_2 - F_1) N_F$$

oder

(4A.2) $$Y = S_1 N_A + (S_2 - S_1) N_A - (F_2 - F_1) N_F$$

wobei S_1 und S_2 die Preise des Vermögenswertes in t_1 und t_2 und F_1 und F_2 die Futurespreise in t_1 und t_2 sind. Einsetzen von Gleichung 4A.1 in Gleichung 4A.2 ergibt

(4A.3) $$Y = S_1 N_A + N_A (\Delta S - h \Delta F)$$

wobei

$$\Delta S = S_2 - S_1$$

$$\Delta F = F_2 - F_1$$

Da S_1 und N_A in t_1 bekannt sind, wird die Varianz von Y in Gleichung 4A.3 minimiert, wenn die Varianz von $\Delta S - h \Delta F$ minimiert wird. Die Varianz von $\Delta S - h \Delta F$ ist gleich

$$\sigma_S^2 + h^2 \sigma_F^2 - 2 h \rho \sigma_S \sigma_F$$

Eine Umformung ergibt

$$(h \sigma_F - \rho \sigma_S)^2 + \sigma_S^2 - \rho^2 \sigma_S^2$$

Der zweite und dritte Termin betreffen h nicht. Die Varianz wird daher minimiert, wenn

$$(h\sigma_F - \rho\sigma_S)^2$$

gleich null ist – das heißt, wenn

$$h = \rho \frac{\sigma_S}{\sigma_F}$$

Kapitel 5 Zinsterminkontrakte

Ein Zinsterminkontrakt oder Zinsfuture ist ein Futureskontrakt auf einen Vermögenswert, dessen Preis ausschließlich vom Niveau der Zinssätze abhängt. In diesem Kapitel werden die Mechanismen, nach denen Zinsterminkontrakte funktionieren, sowie die Art der Preisnotierung untersucht. Das Kapitel behandelt die Beziehungen, die zwischen Futurespreisen und Kassakursen hergestellt werden können, und betrachtet entlang einer Reihe von Hedging-Strategien mit Zinsfutures das Konzept der Duration.

Es ist viel komplizierter, das Zinsrisiko eines Unternehmens abzusichern als beispielsweise das mit Kupfer verbundene Preisrisiko. Um das Niveau der Zinsen zu beschreiben, bedarf es einer ganzen Fristenstruktur, während der Preis für Kupfer mit einer einzigen Zahl beschrieben werden kann. Will ein Unternehmen sein Zinsrisiko absichern, muss es nicht nur die Laufzeit des erforderlichen Sicherungsgeschäftes bestimmen, sondern auch die Laufzeit des Zinses, der das Risiko darstellt. Dann muss nach einer Möglichkeit gesucht werden, die verfügbaren Zinsterminkontrakte so zu verwenden, dass das Sicherungsgeschäft angemessen ist.

Einige Präliminarien

Vor einer eingehenderen Betrachtung von Zinsfutures ist es ratsam, etwas näher auf einige Aspekte der Fristenstruktur von Zinsen einzugehen.

NULLKUPON- UND TERMINZINSEN

Der n-Jahre Nullkuponzins ist der Zins für eine Investition, die heute getätigt wird und über n Jahre läuft. Der dreijährige Zinssatz ist der Zins für eine Investition, die drei Jahre läuft; der fünfjährige Zinssatz ist der Zins für eine Investition, die fünf Jahre läuft; und so weiter. Die betrachtete Investition ist eine „reine" n-jährige Investition ohne laufende Verzinsung. Das heißt, dass alle Zinsen und das Kapital am Ende von Jahr n an den Investor ausgezahlt werden.

Terminzinsen sind Zinsen, die sich durch die aktuellen Nullkuponzinsen für künftige Perioden bestimmen. Um zu verdeutlichen, wie man sie berechnet, sei angenommen, dass die in der zweiten Spalte von Tabelle 5.1 aufgeführten Nullkuponzinsen gelten. Es wird angenommen, dass die Zinsen kontinuierlich verzinst werden. Investiert ein Anleger heute 100 $, dann erhält er bei einem Zins von 10 Prozent per Annum nach einem Jahr $100e^{0,1} = 110,52$ $; investiert ein Investor heute 100 $, bekommt er bei einem Zins von 10,5 Prozent per Annum nach zwei Jahren $100e^{0,105 \times 2} = 123,37$ $; und so weiter.[1]

Tabelle 5.1: Berechnung der Terminzinsen

Jahr (n)	Nullkuponzins für eine Investition von n Jahren (% per Annum)	Terminzins für das Jahr n (% per Annum)
1	10,0	
2	10,5	11,0
3	10,8	11,4
4	11,0	11,6
5	11,1	11,5

In Tabelle 5.1 beträgt der Terminzins für das Jahr 2 11 Prozent per Annum. Das ist der Zinssatz, der sich aus den Nullkuponzinsen für die Periode zwischen dem Ende des ersten Jahres und dem Ende des zweiten Jahres ergibt. Er wird berechnet aus dem einjährigen Nullkuponzins von 10 Prozent per Annum und dem zweijährigen Nullkuponzins von 10,5 Prozent per Annum. Er ist der Zins für Jahr 2, der, wenn kombiniert mit 10 Prozent per Annum für Jahr 1, insgesamt 10,5 Prozent für die beiden Jahre ergibt. Um zu demonstrieren, dass die richtige Antwort 11 Prozent per Annum lautet, sei angenommen, dass 100 $ investiert werden. Ein Zins von 10 Prozent für das erste Jahr und 11 Prozent für das zweite Jahr ergibt

$$100e^{0,1}e^{0,11} = 123,37 \text{ \$}$$

am Ende des zweiten Jahres. Eine Zins von 10,5 Prozent per Annum für zwei Jahre ergibt

$$100e^{0,105 \times 2}$$

was ebenfalls 123,37 $ sind. Dieses Beispiel illustriert das allgemeine Ergebnis, dass, wenn Zinssätze kontinuierlich verzinst werden und die Zinssät-

---

[1] Die kontinuierliche Verzinsung und die Rolle, die e spielt, wurden zu Beginn von Kapitel 3 erklärt.

ze aufeinanderfolgender Perioden kombiniert werden, der äquivalente Gesamtzinssatz einfach der arithmetische Durchschnitt der Zinssätze ist (10,5 Prozent ist der Durchschnitt von 10 Prozent und 11 Prozent). Wenn nicht kontinuierlich verzinst wird, ist das Ergebnis nur annäherungsweise richtig.

Der Terminzins für Jahr 3 ist der Zinssatz, der sich aus einem zweijährigen Nullkuponzins von 10,5 Prozent per Annum und einem dreijährigen Nullkuponzins von 10,8 Prozent per Annum ergibt. Er beträgt 11,4 Prozent per Annum. Der Grund dafür ist, dass eine Investition über zwei Jahre zu 10,5 Prozent per Annum kombiniert mit einer Investition über ein Jahr zu 11,4 Prozent per Annum eine Gesamtrendite für die drei Jahre von 10,8 Prozent per Annum ergibt. Die anderen Terminzinsen werden ähnlich berechnet und stehen in der dritten Spalte der Tabelle. Im allgemeinen gilt, wenn R_1 und R_2 die Nullkuponzinsen für die Laufzeiten T_1 beziehungsweise T_2 sind und R_F der Terminzinssatz für die Periode zwischen T_1 und T_2 ist:

(5.1) $$R_F = \frac{R_2 T_2 - R_1 T_1}{T_2 - T_1}$$

Zur Veranschaulichung dieser Formel betrachte man anhand der Daten in Tabelle 5.1 die Berechnung des Terminzinssatzes für das Jahr 4: Die in die Formel eingesetzten Daten $T_1 = 3$, $T_2 = 4$, $R_1 = 0,108$ und $R_2 = 0,11$ ergeben den Terminzinssatz $R_F = 0,116$.

Angenommen ein Investor kann Geld zum Nullkuponzins aufnehmen oder investieren, dann kann er auch den Terminzins für das aufgenommene oder investierte Geld für eine künftige Periode festschreiben. Leiht sich beispielsweise ein Investor bei den Zinsen in Tabelle 5.1 100 $ zu 10 Prozent für ein Jahr und legt das Geld zwei Jahre zu 10,5 Prozent an, führt das zu einem Auszahlungsstrom von $100e^{0,1} = 110,52$ $ am Ende von Jahr 1 und zu einem Einzahlungsstrom von $100e^{0,105 \times 2} = 123,37$ $ am Ende von Jahr 2. Da $123,37 = 110,52e^{0,11}$, werfen die 110,52 $ im zweiten Jahr eine Rendite in Höhe des Terminzinses (11 Prozent) ab. Für ein weiteres Beispiel sei angenommen, dass sich ein Investor für vier Jahre 100 $ zu einem Zins von 11 Prozent leiht und das Geld drei Jahre zu einem Zins von 10,8 Prozent investiert. Das Ergebnis ist ein Einzahlungsstrom von $100e^{0,108 \times 3} = 138,26$ $ am Ende von Jahr 3 und ein Auszahlungsstrom von $100e^{0,11 \times 4} = 155,27$ $ am Ende von Jahr 4. Da $155,27 = 138,26e^{0,116}$, wird das Geld im vierten Jahr zu einem Terminzins von 11,6 Prozent geliehen.

DIE NULLKUPON-ERTRAGSKURVE

Eine *Nullkupon-Anleihe* (Zero Bond, Nullprozenter) ist eine Anleihe ohne Zinskupons. Der Inhaber einer Nullkupon-Anleihe bekommt seine Zinsen und sein Kapital am Ende der Anleihelaufzeit. Nullkupon-Anleihen werden in der Praxis nicht oft emittiert. Sie werden jedoch bisweilen künstlich hergestellt durch das „Stripping". Dabei werden die Zinskupons von den regulären kupontragenden Anleihen abgetrennt und unabhängig vom Kapital verkauft. Per Definition ist der Ertrag einer Nullkupon-Anleihe, die über n Jahre läuft, der Nullkuponzins für n Jahre.

Die *Nullkupon-Ertragskurve* ist eine Kurve, die die Beziehung zwischen den Erträgen von Nullkupon-Anleihen und der Laufzeit zeigt. (Äquivalent ist sie eine Kurve, die die Beziehung zwischen Nullkuponzinsen und Laufzeit zeigt.) Abbildung 5.1 zeigt die Nullkupon-Ertragskurve für die Daten in Tabelle 5.1. Es ist wichtig, zwischen der Nullkupon-Ertragskurve und der Ertragskurve für Kuponanleihen zu unterscheiden. Ist die Ertragskurve wie in Abbildung 5.1 aufwärts gebogen, dann liegt die Nullkupon-Ertragskurve immer über der Ertragskurve für die Kuponanleihen. Der Ertrag einer Kuponanleihe wird von der Tatsache beeinflusst, dass der Investor vor Fälligkeit der Anleihe Zahlungen bekommt, und die mit diesen Zahlterminen korrespondieren Abzinsungssätze sind niedriger als der Zinssatz, der mit dem Endzahlungstermin korrespondiert. Ein bestimmter Ertrag einer Kuponanleihe, der oft betrachtet wird, ist der *Par Bond Yield*. Das ist die Rendite einer Anleihe, deren Kupon so gewählt wird, dass sie genau zu ihrem Nennwert von 100 verkauft wird.

Für Analysten ist mitunter auch die Kurve interessant, die eine Beziehung zwischen den Terminzinsen und der Laufzeit des Forwardkontraktes herstellt. Die Terminzinssätze können so definiert werden, dass sie für drei Monate, sechs Monate oder andere bequeme Zeiträume gelten. Wie Tabelle 5.1 zeigt, sind bei einer aufwärts gebogen Ertragskurve die Terminzinsen höher als die Nullkupon-Erträge.

Abbildung 5.2 zeigt die Nullkupon-Ertragskurve, die Kupon-Ertragskurve und die Terminzinskurve bei einer aufwärts gebogenen Ertragskurve. Die Zinsterminkurve liegt über der Nullkupon-Ertragskurve, die wiederum über der Kupon-Ertragskurve liegt. Abbildung 5.3 zeigt die Situation, in der die Ertragskurve abwärts gebogen ist. In diesem Fall liegt die Kupon-Ertragskurve über der Nullkupon-Ertragskurve, die wiederum über der Terminzinskurve liegt.

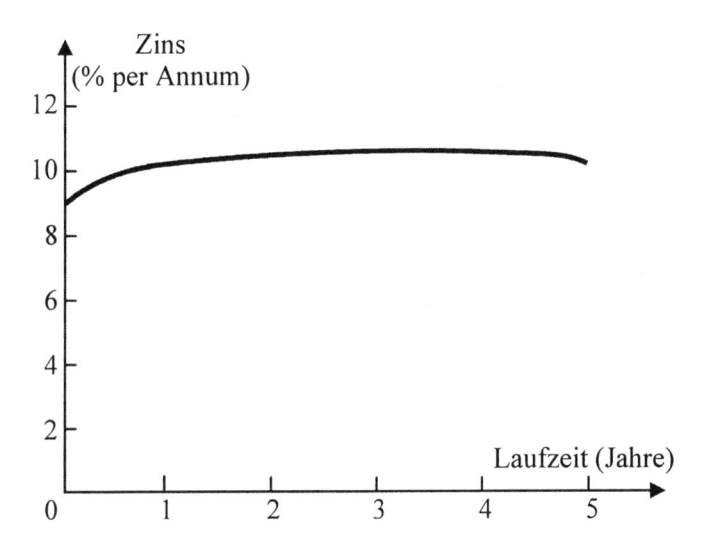

Abbildung 5.1: Nullkupon-Ertragskurve für die Daten in Tabelle 5.1

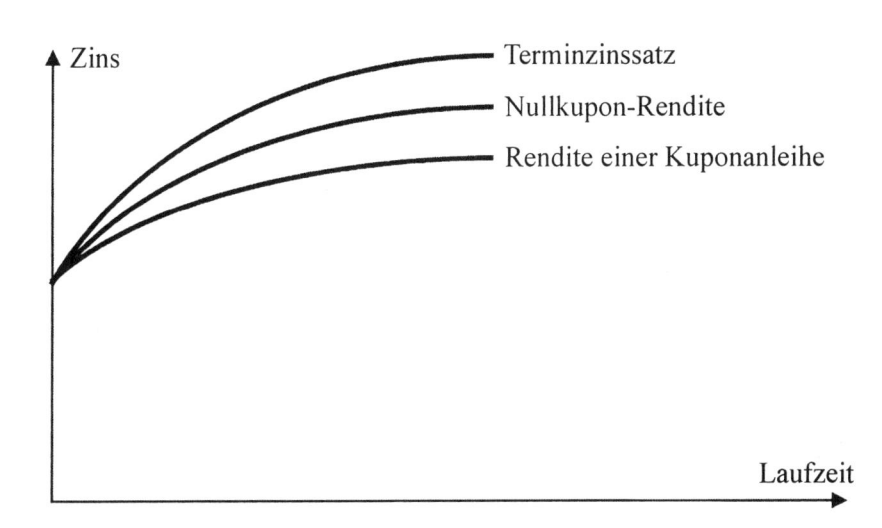

Abbildung 5.2: Situation bei aufwärts gebogener Ertragskurve

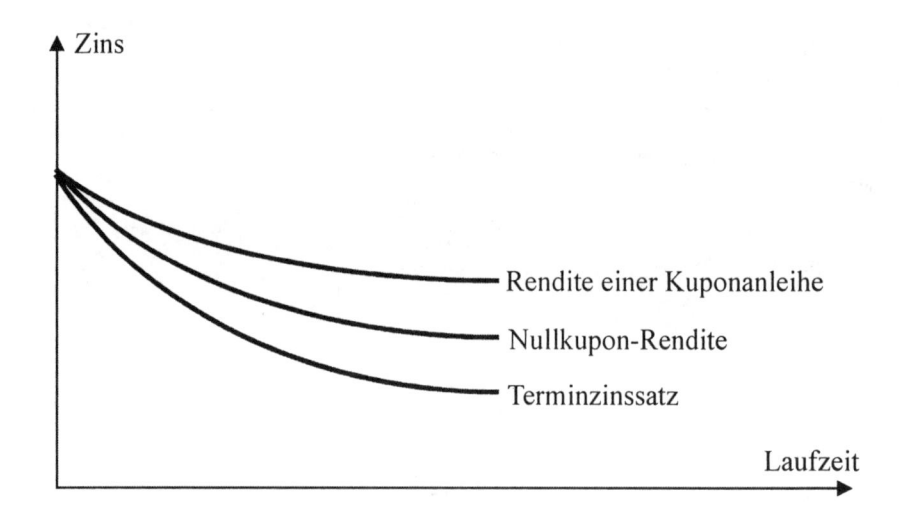

Abbildung 5.3: Situation bei abwärts gebogener Ertragskurve

BESTIMMUNG DER NULLKUPON-ERTRAGSKURVE

In der Praxis kann man Nullkuponzinsen normalerweise nicht direkt beobachten. Was man beobachten kann, sind die Preise für Kuponanleihen. Ein wichtiger Punkt ist deshalb, wie die Nullkupon-Ertragskurve aus den Preisen der Kuponanleihen extrahiert werden kann.

Eine Herangehensweise ist die sogenannte *Bootstrap-Methode*. Sie soll anhand der Preisdaten von fünf Anleihen in Tabelle 5.2 veranschaulicht werden. Da die ersten drei Anleihen keine Kupons zahlen, können die kontinuierlich verzinsten Nullkuponzinsen, die den Laufzeiten dieser Anleihen entsprechen, leicht anhand von Gleichung 3.3 berechnet werden. Die dreimonatige Anleihe liefert in drei Monaten eine Rendite von 2,5 bei einer Anfangsinvestition von 97,5. Bei vierteljährlicher Verzinsung beträgt die Rendite 2,5/97,5 = 2,56 Prozent per Quartal. Bei kontinuierlicher Verzinsung ergibt sich gemäß Gleichung 3.3

$$4\ln\left(1 + \frac{2,5}{97,5}\right) = 0,1013$$

oder 10,13 Prozent per Annum. Der sechsmonatige Zinssatz bei kontinuierlicher Verzinsung beträgt

$$2\ln\left(1+\frac{5,1}{94,9}\right)=0,1047$$

oder 10,47 Prozent per Annum. Und der einjährige Zinssatz bei kontinuierlicher Verzinsung beträgt

$$\ln\left(1+\frac{10}{90,0}\right)=0,1054$$

oder 10,54 Prozent per Annum.

Die vierte Anleihe läuft 1,5 Jahre. Die Zahlungen sind wie folgt:

6 Monate: 4 $

1 Jahr: 4 $

1,5 Jahre: 104 $

Tabelle 5.2: Daten für die Bootstrap-Methode

Anleihekapital ($)	Laufzeit (Jahre)	Jährlicher Kupon ($)*	Anleihekurs ($)
100	0,25	0	97,5
100	0,50	0	94,9
100	1,00	0	90,0
100	1,50	8	96,0
100	2,00	12	101,6

* Angenommen wird, dass die Hälfte des angegebenen Kupons halbjährlich gezahlt wird.

Aus unseren vorherigen Berechnungen wissen wir, dass der Abzinsungssatz für die Zahlung nach sechs Monaten 10,47 Prozent und der Abzinsungssatz für die Zahlung nach dem ersten Jahr 10,54 Prozent beträgt. Bekannt ist auch, dass der Anleihekurs von 96 $ gleich dem Gegenwartswert aller Zahlungen sein muss, die der Anleiheinhaber bekommt. Angenommen der 1,5-jährige Nullkuponzins ist R. Daraus folgt, dass

$$4e^{-0,1047\times 0,5} + 4e^{-0,1054\times 1,0} + 104e^{-R\times 1,5} = 96$$

Umgerechnet ergibt das

$$e^{-1,5R} = 0,85196$$

oder

$$R = -\frac{\ln(0,85196)}{1,5} = 0,1068$$

Der 1,5-jährige Nullkuponzins beträgt somit 10,68 Prozent. Das ist der einzige Nullkuponzins, der mit dem sechsmonatigen und einjährigen Nullkuponzins sowie mit den Daten in Tabelle 5.2 konsistent ist. Der zweijährige Nullkuponzins wird ähnlich aus dem sechsmonatigen, einjährigen und dem 1,5-jährigen Nullkuponzins und der Information über die fünfte Anleihe in Tabelle 5.2 errechnet. Wenn R der zweijährige Nullkuponzins ist, dann ist

$$6e^{-0,1047 \times 0,5} + 6e^{-0,1054 \times 1,0} + 6e^{-0,1068 \times 1,5} + 106e^{-R \times 2,0} = 101,6$$

Das ergibt R = 0,1081 oder 10,81 Prozent.

Indem man auf diese Weise fortfährt, erhält man eine komplette Fristenstruktur. In Abbildung 5.4 sind die durch die Bootstrap-Methode gewonnenen Werte durch eine Gerade miteinander verbunden. In dem soeben betrachteten Beispiel beträgt der 1,25-jährige Nullkuponzins $0,5 \times 10,54 + 0,5 \times 10,68 = 10,61$ Prozent.

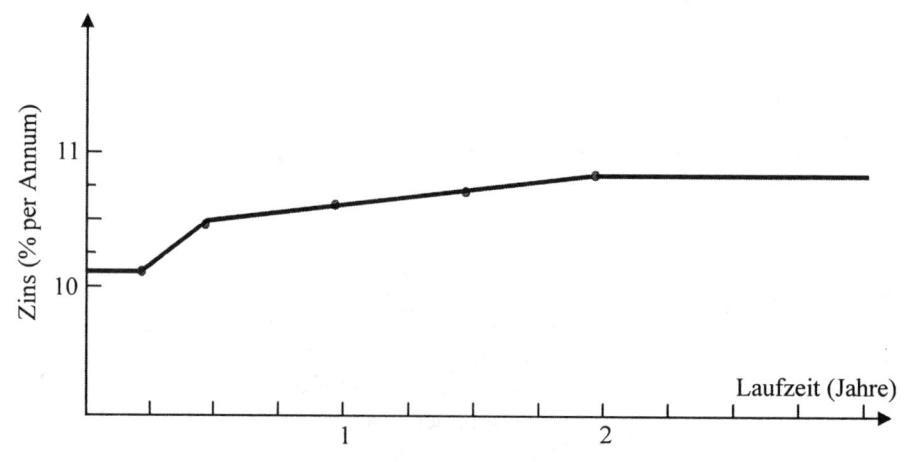

Abbildung 5.4: Nullkuponzinsen nach der Bootstrap-Methode

DAY-COUNT-KONVENTIONEN

In Kapitel 3 wurde die Interpretation der Verzinsungshäufigkeit diskutiert, die bei der Zinsnotierung verwendet wird. Nachfolgend soll nun die Day-Count-Konvention untersucht werden. Das ist etwas völlig anderes als die Verzinsungshäufigkeit. Die Day-Count-Konvention definiert die Art, in der Zinsen über die Zeit anwachsen. Im allgemeinen kennen wir die Zinsen, die in einer Referenzperiode (z. B. in der Zeit zwischen den Kuponzahlungen) anfallen, und wir sind daran interessiert, die Zinsen für einen anderen Zeitraum auszurechnen.

Die Day-Count-Konvention wird normalerweise ausgedrückt als X/Y. Wenn wir den Zins ausrechnen, der zwischen zwei Zeitpunkten anfällt, definiert X die Art und Weise, in der die Anzahl der Tage zwischen den beiden Zeitpunkten berechnet wird, und Y definiert die Art und Weise, in der die Gesamtzahl der Tage in der Referenzperiode gemessen wird. Die Zinsen, die zwischen den beiden Zeitpunkten anfallen, sind

$$\frac{\text{Zahl der Tage zwischen den Zeitpunkten}}{\text{Zahl der Tage im Referenzzeitraum}} \times \text{im Referenzzeitraum verdiente Zinsen}$$

Die drei in den USA gemeinhin angewendeten Day-Count-Konventionen sind:

1. Effektiv/effektiv (in Periode)
2. 30/360
3. Effektiv/360

Die Methode effektiv/effektiv (in Periode) wird für US-Schatzobligationen (T-Bonds) verwendet; die Methode 30/360 wird für Anleihen eines Unternehmens und eines Bundesstaates oder einer Gemeinde (Kommunalanleihen) verwendet; und effektiv/360 wird für US-Schatzwechsel (T-Bills) und andere Geldmarktinstrumente verwendet.

Die bei Schatzobligationen angewendeten Methode effektiv/effektiv (in Periode) deutet an, dass die aufgelaufenen Zinsen auf dem Verhältnis der tatsächlich vergangenen Tage zur tatsächlichen Anzahl der zwischen den Kuponzahlungen liegendenden Tagen basieren. Angenommen das Anleihekapital beträgt 100 $, die Kupontermine sind der 1. März und der 1. September und der Kuponzins beträgt 8 Prozent. Es sollen die zwischen dem 1. März und dem 3. Juli anfallenden Zinsen berechnet werden. Die Referenzperiode ist die Zeit vom 1. März bis zum 1. September. Diese Periode hat 184 (effektive) Tage, und in dieser Periode fallen Zinsen in Höhe von 4 $ an. Zwischen dem 1. März und dem 3. Juli liegen 124 (effektive) Tage. Der Zins, der zwischen dem 1. März und dem 3. Juli anfällt, beträgt somit

$$\frac{124}{184} \times 4 = 2{,}6957$$

Die bei den Unternehmens- und Kommunalanleihen angewendete Methode 30/360 deutet an, dass bei den Berechnungen davon ausgegangen wird, dass der Monat 30 Tage und das Jahr 360 Tage hat. Bei 30/360 hat der Zeitraum zwischen dem 1. März und dem 1. September 180 Tage. Die Gesamtzahl der Tage zwischen dem 1. März und dem 3. Juli beträgt $(4 \times 30) + 2 = 122$. Eine Unternehmensanleihe mit den gleichen Bedingungen wie die oben betrachtete Schatzobligation wirft zwischen dem 1. März und dem 3. Juli folgende Zinsen ab

$$\frac{122}{180} \times 4 = 2{,}7111$$

Bei der bei Geldmarktinstrumenten angewendeten Methode effektiv/360 beträgt die Referenzperiode 360 Tage. Die Zinsen, die in einem Teil des Jahres anfallen, werden berechnet, indem die tatsächliche Anzahl der vergangenen Tage durch 360 dividiert und mit dem Zinssatz multipliziert wird. So fallen in 90 Tagen Zinsen an, die genau einem Viertel des notierten Zinssatzes entsprechen. Man beachte, dass die Zinsen, die in einem ganzen Jahr mit 365 Tagen anfallen, 365/360 multipliziert mit dem notierten Zinssatz sind.

THEORIEN DER FRISTENSTRUKTUR

Es gibt eine Reihe von Theorien zur Fristenstruktur. Die einfachste ist die *Erwartungstheorie*, die von der Annahme ausgeht, dass langfristige Zinsen die erwarteten künftigen kurzfristigen Zinsen reflektieren. Präziser ausgedrückt argumentiert sie, dass der mit einer bestimmten Periode korrespondierende Terminzinssatz dem für diese Periode erwarteten künftigen Nullkuponzins entspricht. Eine anderer Ansatz ist die *Marktsegmentierungstheorie*, die von der Annahme ausgeht, dass es zwischen kurz-, mittel- und langfristigen Zinsen keinen Zusammenhang geben muss. Gemäß dieser Theorie investieren verschiedene Institutionen in Anleihen mit verschiedenen Laufzeiten und wechseln die Laufzeiten nicht. Der kurzfristige Zins wird bestimmt von Angebot und Nachfrage auf dem Markt für kurzfristige Anleihen; der mittelfristige Zins wird bestimmt von Angebot und Nachfrage auf dem Markt für mittelfristige Anleihen; und so weiter.

Die Theorie, die in einer gewissen Weise am bestechendsten ist, ist die *Liquiditätspräferenztheorie*, die argumentiert, dass die Terminzinssätze immer höher sein sollten als die erwarteten künftigen Nullkuponzinsen. Die grundlegende Annahme dieser Theorie lautet, dass die Investoren lieber liquide sind und deshalb ihre Finanzmittel nur kurzfristig anlegen. Die Kreditnehmer jedoch ziehen es vor, Geld zu festen Zinsen für längere Perioden zu leihen. Wären die Zinsen der Banken und anderer Intermediäre so, dass der Terminzinssatz gleich dem erwarteten künftigen Nullkuponzins entspräche, dann würden die langfristigen Zinsen gleich dem Durchschnitt der erwarteten künftigen kurzfristigen Zinsen sein. Da es keine Anreize zu einem anderen Verhalten gibt, würden die Investoren tendenziell ihre Finanzmittel kurzfristig anlegen, während die Kreditnehmer tendenziell langfristige Kredite aufnähmen. Die Finanzintermediäre würden sich in einer Lage wiederfinden, in der sie beträchtliche Summen langfristiger festverzinster Kredite mit kurzfristigen Einlagen finanzieren würden. Das würde zu exzessiven Zinsrisiken führen. In der Praxis würden die Finanzintermediäre, um Anleger und Kreditnehmer aufeinander abzustimmen und das Zinsrisiko zu vermeiden, die langfristigen Zinsen gegenüber den erwarteten künftigen kurzfristigen Zinsen anheben. Diese Strategie verringert die Nachfrage nach langfristigen Festzinskrediten und ermuntert die Investoren, ihre Geldmittel länger anzulegen.

Die Liquiditätspräferenztheorie führt zu einer Situation, in der die Terminzinssätze höher sind als die erwarteten künftigen Nullkuponzinsen. Sie ist zudem konsistent mit dem empirischen Befund, dass die Ertragskurve tendenziell häufiger nach oben als nach unten gebogen ist.

Zinsterminkontrakte

Ein *Zinsterminkontrakt* (Forward-Rate Agreement, FRA) ist ein Termin- oder Forwardkontrakt, bei dem die Parteien für eine spezifizierte künftige Periode einen bestimmten Zins für ein bestimmtes Kapital vereinbaren. Ein Zinsterminkontrakt wird im allgemeinen zu Beginn der spezifizierten Periode in bar abgerechnet. In diesem Abschnitt wird gezeigt, wie Zinsterminkontrakte in Terminzinssätzen bewertet werden können.

Man betrachte einen Zinsterminkontrakt, in dem vereinbart ist, dass in der Periode zwischen T_1 und T_2 ein Kapitalbetrag von 100 den Zins R_K abwirft. Der Zinsterminkontrakt ist eine Vereinbarung über die folgenden Cashflows:

Zeitpunkt T_1: -100

Zeitpunkt T_2: $+100e^{R_K(T_2-T_1)}$

Der Wert des Kontraktes, V, wird ermittelt, indem man den Gegenwartswert dieser Cashflows nimmt:

(5.2) $$V = 100e^{R_K(T_2-T_1)}e^{-R_2 T_2} - 100e^{-R_1 T_1}$$

Wie in Gleichung 5.1 wird angenommen, dass R_1 und R_2 die Nullkuponzinsen für die Laufzeiten T_1 beziehungsweise T_2 sind und dass R_F der Terminzinssatz für die Periode zwischen T_1 und T_2 ist. Wie alle Forwardkontrakte hat auch ein Zinsterminkontrakt bei der Initiierung einen Wert von null. Setzt man in Gleichung 5.2 V = 0, ergibt sich

$$R_K(T_2 - T_2) - R_2 T_2 = - R_1 T_1$$

oder

$$R_K = \frac{R_2 T_2 - R_1 T_1}{T_2 - T_1}$$

Vergleicht man dies mit Gleichung 5.1, dann sieht man, dass der vereinbarte Zins R_K gleich dem Terminzinssatz R_F ist, wenn der Terminzinssatz initiiert wird.

Einsetzen von $R_2 T_2$ aus Gleichung 5.1 in Gleichung 5.2 führt zu

$$V = 100e^{R_K(T_2-T_1)}e^{-R_F(T_2-T_1)-R_1 T_1} - 100e^{-R_1 T_1}$$

oder

(5.3) $$V = \left[100e^{R_K(T_2-T_1)}e^{-R_F(T_2-T_1)} - 100\right]e^{-R_1 T_1}$$

Wenn wir wüssten, dass der Zins in der Periode zwischen T_1 und T_2 gleich R_F wäre, dann wäre der Ausdruck

$$100e^{R_K(T_2-T_1)}e^{-R_F(T_2-T_1)}$$

der Wert des Cashflows im Zeitpunkt T_2, wie er in T_1 gesehen wird. Die rechte Seite der Gleichung 5.3 würde daher den Gegenwartswert der Cashflows des FRA darstellen. Folglich können wird immer den Wert von FRAs gemäß der Annahme bewerten, dass die laufenden Terminzinssätze realisiert werden. Dies wird sich als nützliches Ergebnis bei der Bewertung von Swaps in Kapitel 6 erweisen.

Beispiel

Angenommen für die Nullkuponertragskurve gelten die Daten in Tabelle 5.1 und wir kaufen einen FRA, der zwischen dem Ende von Jahr 1 und dem Ende von Jahr 2 bei jährlicher Verzinsung und einem Kapital von 1 Million Dollar 12 Prozent abwirft. Wir bewerten den FRA aufgrund der Annahme, dass der Terminzinssatz realisiert wird. In diesem Fall beträgt der Terminzins 11 Prozent bei kontinuierlicher Verzinsung und 11,6278 Prozent bei jährlicher Verzinsung. Der Wert des Terminkontraktes entspricht daher dem Gegenwartswert der Differenz zwischen dem Erhalt von 120.000 $ (12% von 1 Million) und 116.278 $ (11,6278% von 1 Million) am Ende von Jahr 2. Laut Tabelle 5.1 ist der zweijährige Nullkuponzins bei kontinuierlicher Verzinsung 10,5 Prozent. Folglich hat der FRA einen Wert von

$$(120.000 - 116.278)e^{-0,105 \times 2} = 3.017 \,\$$$

T-Bond und T-Note Futures

Tabelle 5.3 zeigt die Notierungen der Zinsfutures aus dem *Wall Street Journal* vom 25. September 1996. Der bekannteste langläufige Zinsfutureskontrakt ist der an der Chicago Board of Trade gehandelte T-Bond Futureskontrakt. Bei diesem Kontrakt kann jede Staatsanleihe angedient werden, die am ersten Tag des Liefermonats eine Laufzeit von über 15 Jahren hat und 15 Jahre vor diesem Termin nicht kündbar ist. Wie später noch erklärt wird, hat die CBOT ein Verfahren entwickelt, bei dem der Kurs, den die Partei mit der Verkaufsposition erhält, der spezifischen angedienten Anleihe angepasst wird.

Tabelle 5.3: Zinsfuturesnotierungen im *Wall Street Journal* vom 25. September 1996 (*Auszug*)

TREASURY BONDS (CBT)-$ 100,000; pts. 32nds of 100%

	Open	High	Low	Settle	Change	Lifetime High	Lifetime Low	Open interest
Dec	108-03	109-00	107-25	108-20	+ 17	120-15	92-27	359,672
Mr97	107-20	108-16	107-13	108-05	+ 17	120-00	104-24	20,336
June	107-12	107-22	107-12	107-22	+ 16	118-21	104-09	5,074
Sept	...	...	...	107-10	+ 16	110-08	104-31	117
Dec	...	...	...	106-31	+ 16	109-28	105-28	241

Est vol 275,000; vol. Mn 107,347; open int 394,371, − 9,461.

TREASURY BONDS (MCE)-$50,000; pts. 32nds of 100%

	Open	High	Low	Settle	Change	Lifetime High	Lifetime Low	Open interest
Dec	108-05	109-01	107-26	108-19	+ 16	117-29	105-01	9,882

Est vol 4,500; vol Mn 1,573; open int 10,329, − 261.

TREASURY NOTES (CBT)-$100,000; pts. 32nds of 100%

	Open	High	Low	Settle	Change	Lifetime High	Lifetime Low	Open interest
Dec	106-17	107-08	106-11	106-30	+ 13	108-27	104-12	268,061
Mr97	106-09	106-27	106-06	106-21	+ 14	113-09	104-15	3,045
June	...	...	...	106-06	+ 13	107-00	104-19	120

Est vol 50,005; vol. Mn 25,796; open int 278,971, + 961.

5 YR TREAS NOTES (CBT)-$100,000; pts. 32nds of 100%

	Open	High	Low	Settle	Change	Lifetime High	Lifetime Low	Open interest
Dec	05025	105-22	104-29	05135	+ 11.5	106-31	103-18	143,307

Est vol 35,000; vol Mn 16,741; open int 147,367, − 336.

2 YR TREAS NOTES (CBT)-$200,000; pts. 32nds of 100%

	Open	High	Low	Settle	Change	Lifetime High	Lifetime Low	Open interest
Dec	102-22	103-00	102-21	03055	+ 5.7	03-065	02-035	16,275

Est vol 2,000 Mn 158 open int 17,503, − 36.

30-DAY FEDERAL FUNDS (CBT)-$5 million; pts. Of 100%

	Open	High	Low	Settle	Change	Lifetime High	Lifetime Low	Open interest
Dec	94.690	94.715	94.680	94.715	+ 0.25	95.430	94.360	4,490
Oct	94.58	94.72	94.57	94.71	+ .13	95.51	94.20	7,707
Nov	94.50	94.62	94.48	94.62	+ .12	95.54	94.14	7,437
Dec	94.36	94.49	94.35	94.48	+ .12	95.47	94.00	1,658
Ja97	94.25	94.35	94.25	94.35	+ .12	95.35	93.90	263
Feb	94.20	94.30	94.20	94.30	+ .12	94.44	93.98	146
Mar	94.12	94.23	94.12	94.23	+ .12	94.38	93.94	206

Est vol 8,899; vol Mn 6,469; open int 21,908, +2,528.

MUNI BOND INDEX (CBT)-$1,000; times Bond Buyer MBI

	Open	High	Low	Settle	Chg	High	Low	Open Interest
Dec	113-05	113-27	112-28	113-20	+ 17	114-10	107-10	6,885

Est vol 3,000; vol Mn 1,130; open int 6,886, + 74.
The index: Close 115-18; Yield 6.07.

TREASURY BILLS (CME)-$1 mil.; pts. Of 100%

	Open	High	Low	Settle	Chg	Discount Settle	Chg	Open Interest
Dec	94.62	94.75	94.62	94.74	+ .12	5.26	− .12	4,023
Mr97	94.47	94.59	94.46	94.57	+ .13	5.43	− .13	1,488

Est vol 696; vol Mn 207; open int 5,526, − 69.

LIBOR-1 MO. (CME)-$3,000,000; points of 100%

	Open	High	Low	Settle	Chg	Discount Settle	Chg	Open Interest
Oct	94.41	94.58	94.39	94.55	+ .15	5.45	− .15	22,203
Nov	94.29	94.42	94.28	94.42	+ .14	5.58	− .14	17,396
Dec	94.06	94.20	94.06	94.18	+. 11	5.82	− .11	11,262
Ja97	94.18	94.30	94.18	94.29	+. 11	5.71	− .11	2,086
Feb	94.08	94.21	94.08	94.21	+. 12	5.79	− .12	459
Mar	94.02	94.13	94.02	94.14	+. 13	5.86	− .13	380
Apr	...	...	...	94.07	+. 13	5.93	− .13	190

Tabelle 5.3: Zinsfuturesnotierungen im *Wall Street Journal* vom 25. September 1996 (*Auszug*)

	Open	High	Low	Settle	Chg	Yield Settle	Chg	Open Interest
May	...	...	...	94.01	+.13	5.99	−.13	124
June	...	...	...	93.96	+.12	6.04	−.12	389
July	...	...	...	93.90	+.12	6.10	−.12	100
Aug	...	...	...	93.85	+.12	6.15	−.12	186

Est vol 10,731; vol Mn 6,154; open int 54,775, + 1,821.
EURODOLLAR (CME)-$1 million; pts. of 100%

	Open	High	Low	Settle	Chg	Yield Settle	Chg	Open Interest
Oct	94.23	94.37	94.23	94.36	+.13	5.64	−.13	29,882
Nov	94.11	94.24	94.11	94.23	+.12	5.77	−.12	7,345
Dec	94.06	94.20	94.04	94.18	+.12	5.82	−.12	477,138
Mr97	93.90	94.05	93.89	94.02	+.13	5.98	−.13	346,799
June	93.74	93.90	93.70	93.85	+.12	6.15	−.12	260,760
Sept	93.59	93.75	93.57	93.70	+.12	6.30	−.12	176,971
Dec	93.44	93.58	93.39	93.51	+.10	6.49	−.10	143,642
Mr98	93.36	93.49	93.34	93.44	+.09	6.56	−.09	125,949
June	93.27	93.39	93.25	93.35	+.09	6.65	−.09	98,528
Sept	93.21	93.33	93.20	93.29	+.09	6.71	−.09	82,389
Dec	93.11	93.21	93.10	93.18	+.08	6.82	−.08	69,427
Mr99	93.09	93.18	93.08	93.15	+.07	6.85	−.07	59,057
June	93.02	93.11	93.01	93.08	+.07	6.92	−.07	56,582
Sept	92.97	93.12	92.95	93.03	+.07	6.97	−.07	44,280
Dec	92.88	92.97	92.87	92.94	+.07	7.06	−.07	36,275
Mr00	92.87	92.96	92.86	92.93	+.07	7.07	−.07	39,258
June	92.81	92.90	92.80	92.87	+.07	7.13	−.07	34,393
Sept	92.77	92.86	92.76	92.82	+.06	7.18	−.06	26,751
Dec	92.70	92.77	92.68	92.74	+.06	7.26	−.06	24,138
Mr01	92.70	92.77	92.68	92.74	+.06	7.26	−.06	22,741
June	92.64	92.72	92.63	92.69	+.06	7.31	−.06	17,714
Sept	92.59	92.67	92.57	92.64	+.06	7.36	−.06	8,509
Dec	92.51	92.60	92.50	92.57	+.06	7.43	−.06	8,082
Mr02	92.51	92.60	92.50	92.57	+.06	7.43	−.06	5.580
June	92.46	92.56	92.46	92.53	+.06	7.47	−.06	5,192
Sept	92.45	92.53	92.43	92.49	+.05	7.51	−.05	5,302
Dec	92.37	92.45	92.37	92.42	+.05	7.58	−.05	6,506
Mr03	92.37	92.45	92.37	92.42	+.05	7.58	−.05	5,386
June	92.33	92.41	92.33	92.38	+.05	7.62	−.05	4,908
Sept	92.30	92.38	92.30	92.35	+.05	7.65	−.05	4,135
Dec	...	...	...	92.28	+.05	7.72	−.05	3,159
Mr04	...	...	...	92.28	+.05	7.72	−.05	1,693
June	...	...	...	92.24	+.05	7.76	−.05	3,234
Sept	92.19	92.24	92.19	92.22	+.05	7.78	−.05	2,961
Dec	...	...	...	92.15	+.05	7.85	−.05	3,426
Mr05	...	...	...	92.16	+.05	7.84	−.05	1,638
June	...	...	...	92.12	+.05	7.88	−.05	2,031
Sept	...	...	...	92.10	+.05	7.90	−.05	1,447
Dec	...	...	...	92.03	+.05	7.97	−.05	1,012
Mr06	...	...	...	92.04	+.05	7.96	−.05	1,130
June	...	...	...	92.01	+.05	7.99	−.05	375

Est vol 514,779; vol Mn 146,439; open int 2,255,760, + 489.

Quelle: Wall Street Journal, 25. 9.1996. Copyright ©1996, Dow Jones and Company, Inc.

172   TEIL I Futures- und Forwardmärkte

Auch die Schatzanweisungen (T-Notes) und die fünfjährigen T-Note Futureskontrakte werden aktiv gehandelt. Bei dem T-Note Futureskontrakt kann jede Staatsanleihe (oder Schatzanweisung) angedient werden, die eine Laufzeit von 6½ bis 10 Jahren hat. Wie im Fall des T-Bond Futureskontraktes gibt es eine Möglichkeit, den Kurs, den die Partei mit der Verkaufsposition erhält, der spezifischen angedienten Anleihe anzupassen. Bei einem fünfjährigen T-Note Futureskontrakt kann jeder der vier aktuell versteigerten T-Notes angedient werden.

Die verbleibende Diskussion in diesem Abschnitt konzentriert sich auf T-Bond Futures. Allerdings sind viele Punkte, die für T-Bonds gelten, auch auf andere Anleihekontrakte anwendbar.

NOTIERUNGEN

Die Kurse für T-Bonds werden in Dollar und 1/32stel eines Dollars notiert. Der notierte Kurs bezieht sich auf eine Anleihe mit einem Nennwert von 100 $. Die Notierung 90-05 bedeutet folglich, dass der angezeigte Kurs einer Anleihe mit einem Nennwert von 100.000 $ gleich 90.156,25 $ beträgt.

Der notierte Kurs ist nicht gleich dem Kassakurs, den der Käufer zahlt. Im allgemeinen gilt

Kassakurs = Notierter Kurs + Aufgelaufene Zinsen seit letztem Kupontermin

Zur Veranschaulichung dieser Formel sei angenommen, dass heute der 15. März 1998 ist. Die betrachtete Anleihe wirft einen Zins von 11 Prozent ab, wird am 10. Juli 2001 fällig und ist mit einem Kurs von 95-16 oder 95,50 $ notiert. Da die Kupons für Staatsanleihen halbjährlich gezahlt werden, ist der 10. Januar 1998 der letzte Kupontermin und der 10. Juli 1998 der nächste Kupontermin. Die Anzahl der Tage zwischen dem 10. Januar 1998 und dem 5. März 1998 beträgt 54 Tage, während zwischen dem 10. Januar 1998 und dem 10. Juli 1998 181 Tage liegen. Für einer Anleihe mit einem Nennwert von 100 $ wird am 10. Januar und am 10. Juli ein Kupon von 5,50 $ gezahlt. Die bis zum 5. März 1998 aufgelaufenen Zinsen sind der Anteil an den Zinsen für den 10. Juli, die bis zum 5. März 1998 aufgelaufen sind. Da bei T-Bonds effektiv/effektiv gilt, betragen sie

$$\frac{54}{181} \times 5{,}5\, \$ = 1{,}64\, \$$$

Der Kassakurs je 100 $ Nennwert für die 10. Juli 2001 Anleihe ist folglich

KAPITEL 5 Zinsterminkontrakte   173

$$95,5 \text{ \$} + 1,64 \text{ \$} = 97,14 \text{ \$}$$

Der Kassakurs einer 100.000-$-Anleihe beträgt somit 97.140 $.

T-Bond Futurespreise werden genauso wie die Kurse der T-Bonds selbst notiert. Tabelle 5.3 zeigt, dass der Abrechnungskurs für den Dezember 1996 Kontrakt am 24. September 1996 genau 108-20 oder 108⅝ betrug. Ein Kontrakt ist über die Lieferung von 100.000 $ Nennwert der Anleihe. Verändert sich also der notierte Futurespreis um 1 $, dann verändert sich der Wert des Futureskontraktes um 1.000 $. Die Lieferung kann jederzeit in dem Liefermonat erfolgen.

KONVERSIONSFAKTOREN

Wie bereits erwähnt, kann die Partei mit der Verkaufsposition in einem T-Bond Futureskontrakt auswählen, welche Anleihe sie liefert. Die Anleihe muss nur eine Laufzeit von über 15 Jahren haben und darf nicht innerhalb der nächsten 15 Jahren kündbar sein. Wird eine bestimmte Anleihe geliefert, dann definiert ein *Konversionsfaktor* genannter Parameter den Preis, den die Partei mit der Verkaufsposition bekommt. Die auf die Lieferung anwendbare Kursnotiz ist das Produkt aus dem Konversionsfaktor und dem notierten Futurespreis. Unter Berücksichtigung der aufgelaufenen Zinsen führt das zu folgender Beziehung je 100 $ Anleihenennwert:

> Von der Partei mit der Verkaufsposition empfangene Summe = (Notierter Futurespreis × Konversionsfaktor für gelieferte Anleihe) + Aufgelaufene Zinsen seit dem letzten Kupontermin für gelieferte Anleihe

Jeder Kontrakt ist über die Lieferung von Anleihen mit einem Nennwert von 100.000 $. Angenommen der notierte Futurespreis ist 90-00, der Konversionsfaktor für die gelieferte Anleihe ist 1,3800 und bis zum Liefertermin sind für diese Anleihe Zinsen in Höhe von 3 $ je 100 $ Nennwert aufgelaufen. Die Partei mit der Verkaufsposition bekommt (von der Partei mit der Kaufposition)

$$(1,38 \times 90,00) + 3,00 = 127,20 \text{ \$}$$

je 100 $ Nennwert in bar. Eine Partei mit der Verkaufsposition in einem Kontrakt würde Anleihen mit einem Nennwert von 100.000 $ liefern und 127.200 $ dafür bekommen.

Der Konversionsfaktor für eine Anleihe ist gleich dem Wert der Anleihe am ersten Tag des Liefermonats, wobei die Annahme gilt, dass der Zins für alle Laufzeiten gleich 8 Prozent per Annum beträgt (bei halbjährlicher Verzinsung). Die Anleihefälligkeit und die Zeiten bis zu den Kuponeinlöseterminen werden für die Berechnung auf die drei nächsten Monate abgerundet. Durch diese Praxis kann die CBOT nachvollziehbare Tabellen erstellen. Wenn die Anleihe nach dem Abrunden genau ein halbes oder mehrere halbe Jahre läuft, wird der erste Anleihezins in sechs Monaten ausgezahlt. Wenn die Anleihe nach der Abrundung nicht eine genaue Anzahl von halben Jahren läuft, (i. e. es sind drei Monate übrig), wird der erste Anleihezins nach drei Monaten gezahlt und die aufgelaufenen Zinsen werden subtrahiert.

Beispiele

1. Man betrachte eine 14 Prozent Kuponanleihe, die in 20 Jahren und zwei Monaten fällig wird. Um den Konversionsfaktor zu berechnen, wird angenommen, dass die Anleihe in genau 20 Jahren fällig wird. Die erste Kuponeinlösung soll nach sechs Monaten erfolgen. Danach erfolgen halbjährliche Kuponeinlösungen in Intervallen von sechs Monaten bis zum Ende der 20 Jahre, wenn das Kapital ausgezahlt wird. Wir arbeiten mit Anleihen, die einen Nennwert von 100 $ haben. Unter der Annahme, dass der Abzinsungssatz bei halbjährlicher Verzinsung 8 Prozent per Annum (oder 4 Prozent halbjährlich) beträgt, hat die Anleihe einen Wert von

$$\sum_{t=1}^{40} \frac{7}{1{,}04^i} + \frac{100}{1{,}04^{40}} = 159{,}38\ \$$$

   Durch den Nennwert dividiert, ergibt dies einen Konversionsfaktor von 1,5938.

2. Man betrachte eine 14 Prozent Kuponanleihe mit einer Laufzeit von 18 Jahren und vier Monaten. Um den Konversionsfaktor zu berechnen, wird angenommen, dass die Anleihe in genau 18 Jahren und drei Monaten fällig wird. Zinst man alle Zahlungen bis zu dem Tag ab, der heute in drei Monaten ist, ergibt dies folgenden Wert

$$\sum_{t=0}^{36} \frac{7}{1{,}04^i} + \frac{100}{1{,}04^{36}} = 163{,}72\ \$$$

Der Zins für die dreimonatige Periode beträgt $\sqrt{1,04}-1$ oder 1,9804 Prozent. Zinst man also auf die Gegenwart ab, ergibt das einen Anleihewert von 163,72/1,019804 = 160,55 $. Subtrahiert man die aufgelaufenen Zinsen von 3,5 $, ergibt dies 157,05 $. Der Konversionsfaktor beträgt somit 1,5705.

CHEAPEST-TO-DELIVER-ANLEIHE

Zu jedem gegebenen Zeitpunkt gibt es ungefähr 30 Anleihen, die im Rahmen eines T-Bond Futureskontraktes der CBOT angedient werden können. Diese variieren sehr stark hinsichtlich ihrer Anleihezinsen und Laufzeiten. Die Partei mit der Verkaufsposition darf aussuchen, welche der verfügbaren Anleihen am „billigsten" angedient werden kann (= cheapest to deliver, CtD). Da die Partei mit der Verkaufsposition

(Notierter Futurespreis × Konversionsfaktor) + Aufgelaufene Zinsen

bekommt und die Kosten für den Erwerb einer Anleihe

Notierter Preis + Aufgelaufene Zinsen

betragen, ist die CtD-Anleihe diejenige, für die

Notierter Preis − (Notierter Futurespreis × Konversionsfaktor)

am niedrigsten ist. Sie kann gefunden werden, indem man jede der Anleihen untersucht.

Beispiel

Die Partei mit der Verkaufsposition beschließt zu liefern und will nun unter den drei in Tabelle 5.4 aufgeführten Anleihen aussuchen.

Tabelle 5.4: Lieferbare Anleihen

Anleihe	Notierter Kurs ($)	Konversionsfaktor
1	99,50	1,0382
2	143,50	1,5188
3	119,75	1,2615

Angenommen der aktuell notierte Futurespreis liegt bei 93-08 oder 93,25 $. Die Kosten für die Lieferung der Anleihen betragen jeweils:

Anleihe 1: 99,50 − (93,25 × 1,0382) = 2,69 $

Anleihe 2: 143,50 − (93,25 × 1,5188) = 1,87 $

Anleihe 3: 119,75 − (93,25 × 1,2615) = 2,12 $

Die CtD-Anleihe ist Anleihe 2.

Eine Reihe von Faktoren bestimmt die CtD-Anleihe. Wenn die Erträge über 8 Prozent liegen, begünstigt das Konversionsfaktorensystem tendenziell die Lieferung langläufiger Anleihen mit niedrigen Anleihezinsen. Wenn die Erträge unter 8 Prozent liegen, begünstigt das System tendenziell die Lieferung kurzläufiger Anleihen mit hohen Anleihezinsen. Auch bei nach oben gebogener Ertragskurve werden tendenziell Anleihen mit langer Laufzeit favorisiert, während bei nach unten gebogener Kurve tendenziell Anleihen mit kurzen Laufzeiten angedient werden. Schließlich gibt es noch Anleihen, die sich über ihren theoretischen Wert verkaufen. Beispiele dafür sind Anleihen mit niedrigen Kupons und Anleihen mit abtrennbaren Kupons. Es ist unwahrscheinlich, dass diese Anleihen unter irgendwelchen Umständen als CtD-Anleihen angedient werden dürften.

DAS WILD-CARD-PLAY

Der Handel mit T-Bond Futureskontrakten an der CBOT endet um 14.00 Uhr Chicagoer Zeit. T-Bonds werden jedoch bis 16.00 Uhr am Kassamarkt gehandelt. Ein Wertpapierhändler mit einer Verkaufsposition in Futures muss bis 20.00 Uhr beim Clearinghouse seine Lieferabsicht bekannt geben. Der Rechnungspreis wird dann auf Grundlage des Schlusskurses von diesem Tag errechnet. Der Schlusskurs ist der Kurs, zu dem der Handel mit dem Ertönen der Schlussglocke um 14.00 Uhr endete.

Diese Praxis ermöglicht eine Option, die als *wild card play* bekannt ist. Wenn die Anleihekurse nach 14.00 Uhr sinken, kann die Partei mit der Verkaufsposition ihre Lieferabsicht bekannt geben und fortfahren, in Vorbereitung für die Lieferung CtD-Anleihen zu kaufen. Fällt der Anleihekurs nicht, lässt die Partei mit der Verkaufsposition die Position offen und wartet bis zum nächsten Tag, um dann die gleiche Strategie anzuwenden.

Wie bei den anderen Optionen, die der Partei mit der Verkaufsposition offen stehen, ist die Wild Card Option nicht kostenlos. Ihr Wert spiegelt sich in dem Futurespreis, der niedriger ist als er ohne die Option wäre.

BESTIMMUNG DER KURSNOTIERUNG FÜR FUTURES

Eine exakte Bestimmung des theoretischen Futurespreises eines T-Bond Kontraktes ist schwierig, weil die Optionen, die die Short Partei beim Timing der Lieferung und der Auswahl der Anleihe hat, nur schwer zu bewerten sind. Nimmt man jedoch an, dass sowohl CtD-Anleihe als auch Liefertermin bekannt sind, dann ist der T-Bond Futureskontrakt ein Futureskontrakt über ein Wertpapier, das dem Inhaber ein bekanntes Einkommen liefert. Gleichung 3.6 aus Kapitel 3 zeigt dann, dass der Futurespreis F in folgender Beziehung zum Kassakurs S steht

$$(5.4) \qquad F = (S - I)e^{rT}$$

wobei I der Gegenwartswert der Kupons während der Laufzeit des Futureskontraktes ist. T ist der Zeitraum bis zur Fälligkeit des Futureskontraktes, r ist der risikofreie Zinssatz, der gültig ist für die Periode T.

In Gleichung 5.4 ist F der Kassakurs des Futures, S ist der Kassakurs der Anleihe. Das korrekte Verfahren zur Bestimmung des notierten Futurespreises ist:

1. Berechne den Kassakurs der CtD-Anleihe aus dem notierten Kurs.
2. Berechne anhand der Gleichung 5.4 den Kassakurs des Futures aus dem Kassakurs der Anleihe.
3. Berechne den notierten Futurespreis aus dem Kassakurs des Futures.
4. Dividiere den notierten Futurespreis durch den Konversionsfaktor, um die Differenz zwischen der CtD-Anleihe und der 15-jährigen Standardanleihe mit 8 Prozent zu berücksichtigen.

Am besten lässt sich das Verfahren anhand eines Beispiels verdeutlichen,

Beispiel

Angenommen es ist bekannt, dass die CtD-Anleihe für einen T-Bond Futureskontrakt eine 12 Prozent Kuponanleihe mit dem Konversionsfaktor 1,4000 ist. Weiterhin sei angenommen, dass bekannt ist, dass die Lieferung in 270 Tagen erfolgt. Die Anleihezinsen für diese Anleihe werden halbjährlich gezahlt. Wie in Abbildung 5.5 gezeigt, war der letzte Zinstermin vor 60 Tagen, der nächste Zinstermin ist in 122 Tagen und der Zinstermin danach ist in 305 Tagen. Die Fristenstruktur ist flach, der Zinssatz (bei kontinuierlicher Verzinsung) beträgt 10 Prozent per Annum. Angenommen die aktuell notierte Anleihekurs beträgt 120 $. Der Kassakurs der Anleihe wird errechnet, indem der Anteil der nächsten Kuponzahlung, die für den Inhaber aufläuft, zu diesem notierten Kurs addiert wird. Der Kassakurs beträgt somit

$$120 + \frac{60}{60+122} \times 6 = 121{,}978$$

Nach 122 Tagen (= 0,3342 Jahre) bekommt der Inhaber einen Kupon von 6 $. Der Gegenwartswert davon ist

$$6e^{-0{,}1 \times 0{,}3342} = 5{,}803$$

Der Futureskontrakt läuft 270 Tage (0,7397 Jahre). Wäre der Kontrakt über die 12 Prozent Anleihe, betrüge der Kassakurs des Futures

$$(121{,}978 - 5{,}803)e^{0{,}1 \times 0{,}7397} = 125{,}094$$

Bei der Lieferung sind Zinsen von 148 Tagen aufgelaufen. Wäre der Kontrakt über die 12 Prozent Anleihe, betrüge der notierte Futurespreis somit

$$125{,}094 - 6 \times \frac{148}{305-122} = 120{,}242$$

Tatsächlich ist der Kontrakt über die Standardanleihe von 8 Prozent, und 1,4000 Standardanleihen werden als äquivalent zu einer 12 Prozent Anleihe gesehen. Der notierte Futurespreis sollte daher lauten

$$\frac{120{,}242}{1{,}4000} = 85{,}887$$

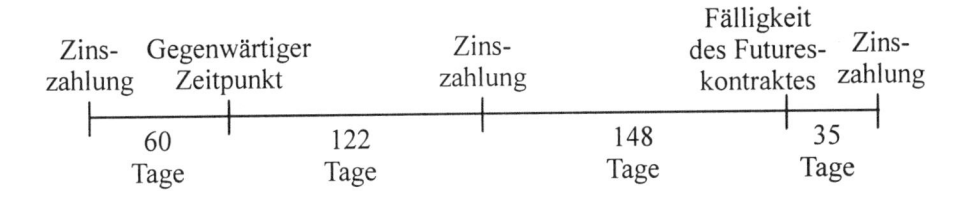

```
Zins-    Gegenwärtiger    Zins-           Fälligkeit      Zins-
zahlung  Zeitpunkt        zahlung         des Futures-    zahlung
                                          kontraktes
|--------|---------------|---------------|---------------|
   60           122            148              35
   Tage         Tage           Tage             Tage
```

Abbildung 5.5: Timechart für das Beispiel

T-Bill und Eurodollar Futures

Die beiden aktivsten gehandelten kurzfristigen Zinsfutures sind Kontrakte über den T-Bill (Schatzwechsel) und den Eurodollar, die an der CME gehandelt werden.

T-BILL FUTURES

Das Basisobjekt eines T-Bill Futureskontraktes ist ein 90-tägiger T-Bill. Im Rahmen des Kontraktes muss die Partei mit der Verkaufsposition an irgendeinem von drei aufeinanderfolgenden Werktagen 1 Million Dollar in Form von T-Bills liefern. Der erste Liefertermin ist der erste Tag des Liefermonats, an dem ein 13-wöchiger T-Bill ausgegeben wird und ein einjähriger T-Bill noch 13 Wochen bis zur Fälligkeit hat. In der Praxis bedeutet das, dass ein T-Bill bei Lieferung 89, 90 oder 91 Tage bis zur Fälligkeit hat.

Ein T-Bill ist ein sogenanntes *diskontiertes Instrument*. Das heißt, es werden während der Laufzeit keine Anleihezinsen gezahlt, sondern der Inhaber bekommt bei Fälligkeit den Nennwert ausgezahlt. Vor Fälligkeit des Futureskontraktes ist das Basisobjekt ein T-Bill mit einer Laufzeit von mehr als 90 Tagen. Wird beispielsweise ein Futureskontrakt in 160 Tagen fällig, ist das Basisobjekt ein 250-tägiger T-Bill.

Um das Thema allgemein analytisch anzugehen, sei angenommen, dass der Futureskontrakt in T_1 Jahren und der dem Futureskontrakt zugrundeliegende T-Bill in T_2 Jahren fällig wird. (Die Differenz zwischen T_1 und T_2 ist 90 Tage.) Wir nehmen des weiteren an, dass R_1 und R_2 die kontinuierlich verzinsten Zinsen für risikofreie Investments sind, die in T_1 beziehungsweise T_2 fällig werden. Angenommen der T-Bill, der dem Futureskontrakt zugrunde liegt hat, einen Nennwert von 100 $, dann hat er einen Tageswert V von

$$V = 100e^{-R_2T_2}$$

Da auf das Instrument kein Einkommen gezahlt wird, wissen wir aus Gleichung 3.5, dass der Futurespreis F gleich $e^{R_1T_1}$ multipliziert mit V oder

$$F = 100e^{-R_2T_2}e^{R_1T_1} = 100e^{R_1T_1-R_2T_2}$$

ist. Dies wird gemäß Gleichung 5.1 zu

$$F = 100e^{-R_F(T_2-T_1)}$$

wobei R_F der Terminzinssatz für die Periode zwischen T_1 und T_2 ist. Der Ausdruck zeigt, dass der Futurespreis eines T-Bill der Preis ist, den er hat, wenn der 90-tägige Zins am Liefertermin gleich dem Marktterminzinssatz ist. Das ist analog dem Ergebnis, das oben in dem Kapitel für Zinsterminkontrakte (FRAs) abgeleitet wurde.

ARBITRAGE-MÖGLICHKEITEN

Wenn der durch den T-Bill Futurespreis implizierte Terminzinssatz sich von dem unterscheidet, der von den Zinsen der T-Bills selbst impliziert wird, dann besteht eine potentielle Arbitrage-Möglichkeit. Angenommen der Zins für einen 45-tägigen T-Bill beträgt 10 Prozent, der 135-tägige T-Bill-Zins beträgt 10,5 Prozent und der Zins, der mit den T-Bill-Futurespreisen eines in 45 Tagen fälligen Kontraktes korrespondiert, beträgt 10,6 Prozent (bei kontinuierlicher Verzinsung aller Zinsen auf der Basis effektiv/effektiv). Der durch den T-Bill-Zins implizierte Terminzinssatz für den Zeitraum zwischen den 45 und 135 Tagen beträgt gemäß Gleichung 5.1

$$\frac{135 \times 10,5 - 45 \times 10}{90} = 10,75\%$$

Das ist mehr als der durch den Futurespreis implizierte Terminzinssatz von 10,6 Prozent. Ein Arbitrageur sollte versuchen, sich für die Zeit zwischen den 45 und 135 Tagen Geld für 10,6 Prozent zu leihen und zu 10,75 Prozent zu investieren und dabei folgende Strategie anwenden:

1. Den Futureskontrakt leerverkaufen.

2. Für 45 Tage Geld zu 10 Prozent per Annum aufnehmen.

3. Das geliehene Geld 135 Tage zu 10,5 Prozent per Annum investieren.

Dies ist ein *Arbitragegeschäft vom Typ 1*. Das erste Geschäft stellt sicher, dass ein T-Bill, der 10,6 Prozent abwirft, nach 45 Tagen verkauft werden kann. Es bewirkt, dass der Zins für das geliehene Geld in dieser Periode auf 10,6 Prozent festgeschrieben wird. Das zweite und das dritte Geschäft bewirken, dass der Arbitrageur in dieser Zeit einen Zins von 10,75 Prozent verdient.

Wenn statt dessen der Zins, der mit dem T-Bill Futures korrespondiert, nun aber höher ist als 10,75 Prozent, dann ist eine entgegengesetzte Strategie angebracht:

1. Erwerb einer Kaufposition in dem Futureskontrakt.

2. Für 135 Tage Geld zu 10,5 Prozent per Annum aufnehmen.

3. Das geliehene Geld 45 Tage zu 10 Prozent per Annum anlegen.

Dies ist ein *Arbitragegeschäft vom Typ 2*.

Bei beiden Arbitrage-Möglichkeiten wird Geld aufgenommen zu einem Zins, der gleich oder nahe dem Zins des T-Bill liegt. Wie in Kapitel 3 diskutiert, haben Unternehmen mit Portfolios börsengängiger Wertpapiere die Möglichkeit, mit Repos, also Wertpapier-Pensionsgeschäften, diese Arbitrage-Möglichkeiten für kurzfristige Perioden zu nutzen. Wenn Wertpapierhändler nach Arbitrage-Möglichkeiten am T-Bill-Markt suchen, dann berechnen sie häufig die *implizite Repo-Rate* (implied repo rate, IRR). Das ist der Zins für einen kurzlaufenden T-Bill, der impliziert wird durch den Futurespreis für einen Kontrakt, der zur gleichen Zeit wie der kurzlaufende T-Bill fällig wird, und den Kurs für einen T-Bill, der 90 Tage später als der kurzlaufende T-Bill fällig wird. Ist die implizite Repo Rate größer als der effektive kurzfristige T-Bill-Zins, dann ist grundsätzlich eine Arbitrage-Möglichkeit vom Typ 1 möglich. Ist die implizite Repo Rate kleiner als der effektive kurzfristige T-Bill- Zins, dann ist grundsätzlich eine Arbitage-Möglichkeit vom Typ 2 möglich.

Beispiel

Der Kassakurs (je 100 $ Nennwert) eines T-Bill, der in 146 Tagen fällig wird, beträgt 95,21 $, und der Kassakurs eines Futures für einen 90-tägigen T-Bill Futureskontrakt, der in 56 Tagen fällig wird, beträgt

96,95 $. Da 90 Tage gleich 0,2466 Jahre und 146 Tage gleich 0,4000 Jahre sind, ist $T_1 = 0{,}2466$ und $T_2 = 0{,}4000$. Der kontinuierlich verzinste 146-tägige Zins R_2 ist

$$-\frac{1}{0{,}4000}\ln 0{,}9521 = 0{,}1227$$

oder 12,27 Prozent, und der durch den Futurespreis implizierte kontinuierlich verzinste Terminzinssatz R_F ist

$$-\frac{1}{0{,}2466}\ln 0{,}9695 = 0{,}1256$$

oder 12,56 Prozent. Umstellen von Gleichung 5.1 zeigt, dass der durch R_2 und R_F implizierte kontinuierlich verzinste 56-tägige Zins R_1

$$R_1 = \frac{R_2 T_2 - R_F(T_2 - T_1)}{T_1}$$

ist. Das ist die implizite Repo Rate. In diesem Fall beträgt sie

$$\frac{12{,}27 \times 146 - 12{,}56 \times 90}{56} = 11{,}80\%$$

Wenn der effektive 56-tägige Zins unter 11,80% per Annum liegt, indiziert dies eine Arbitrage-Möglichkeit vom Typ 1. Ist der Zins höher als 11,80%, ist dies ein Indikator für eine Arbitrage-Möglichkeit vom Typ 2.

NOTIERUNG VON T-BILLS

Wie bereits in diesem Kapitel erwähnt, werden die Zinsen für T-Bills in den USA mit der Methode effektiv/360 Tage berechnet. Die Kursnotierungen gelten für einen T-Bill mit einem Nennwert von 100 $. Es gibt bei T-Bills einen Unterschied zwischen dem Kassakurs und dem notierten Preis. Wenn Y der Kassakurs für einen T-Bill ist, der einen Nennwert von 100 $ und eine Laufzeit von n Tagen hat, dann ist der notierte Preis

$$\frac{360}{n}(100-Y)$$

Das ist der sogenannte *Abzinsungssatz*. Es ist die auf Jahresbasis umgerechnete Dollar-Rendite, den der T-Bill abwirft, ausgedrückt als Prozentsatz vom Nennwert. Liegt der Kassakurs Y eines 90-tägigen T-Bills bei 98, dann wird der Preis mit 8,00 notiert.

Der Abzinsungssatz oder notierte Preis ist nicht identisch mit der Rendite des T-Bills. Letztere wird berechnet, indem die Dollar-Rendite durch die Kosten dividiert wird. In dem vorstehenden Beispiel, in dem der Preis mit 8,00 notiert ist, wäre die Rendite 2/98 oder 2,04 Prozent per 90 Tage. Das ergibt

$$\frac{2}{98} \times \frac{365}{90} = 0{,}0828$$

oder 8,28 Prozent per Annum, wenn alle 90 Tage verzinst wird.[2] Bei halbjährlicher Verzinsung wird diese Rendite mitunter auch *bond equivalent yield* genannt.

Ein 90-tägiger T-Bill Futureskontrakt geht über die Lieferung von 1 Million Dollar in T-Bills. T-Bill Futurespreise werden anders notiert als die Kurse für T-Bills. Folgende Beziehung wird verwendet:[3]

T-Bill Futurespreisnotiz = 100 − Korrespondierende T-Bill Kursnotiz

Eine T-Bill Preisnotiz von 8,00 korrespondiert mit einer Futuresnotiz von 92,00. Wenn Z die Futuresnotiz und Y der korrespondierende Preis ist, der für die Lieferung eines 100 $ 90-tägigen T-Bill gezahlt wird, dann ist

$$Z = 100 - 4(100 - Y)$$

oder äquivalent

$$Y = 100 - 0{,}25(100 - Z)$$

Da einem T-Bill Futureskontrakt T-Bills mit einem Nennwert von 1 Million Dollar zugrunde liegen, beträgt der Kontraktpreis:

(5.5) $\qquad 10.000[100 - 0{,}25(100 - Z)]$

---

[2] Es ist interessant, dass die Konvention für die Verzinsungshäufigkeit eines Geldmarktinstruments wie einem T-Bill die Verzinsungsperiode mit der Laufzeit des Instruments gleichsetzt. Das bedeutet, dass die notierten Renditen der Geldmarktinstrumente mit unterschiedlichen Laufzeiten nicht direkt vergleichbar sind.

[3] Mit dieser Art, die T-Bill Futurespreise zu notieren, soll sichergestellt werden, dass der Geldkurs unter dem Briefkurs liegt.

Der Schlussnotiz für den Futurespreis von 94,74 für den Dezember 1996 T-Bill Futures in Tabelle 5.3 korrespondiert also mit einem T-Bill-Kurs von 100 − 0,25(100 − 94,74) = 98,685 und einem Kontraktpreis von 986.850 $.

Der Betrag, der von den beiden Parteien im Rahmen der täglichen Anpassung (Marking-to-Market) gezahlt oder empfangen wird, entspricht der Veränderung des Kontraktpreises. Wenn sich beispielsweise der Futurespreis um einen Basispunkt (i. e. um 0,01) ändert, dann beträgt gemäß Gleichung 5.5 die Summe, die die eine Partei an die andere Partei für einen Kontrakt zahlt, 10.000 × 0,25 × 0,01 = 25 $. Wenn die Partei mit der Verkaufsposition 90-tägige T-Bills liefert, dann bekommt sie als Preis den Kontraktpreis in Gleichung 5.5. Wenn die angedienten T-Bills 89 Tage bis zur Fälligkeit haben, wird der Preis, den die liefernde Partei bekommt, berechnet, indem in der vorhergehenden Formel der Wert 0,25 durch den Wert 89/360 oder 0,2472 ersetzt wird. Sind sie in 91 Tagen fällig, wird der Wert 0,25 in der Formel ersetzt durch 91/360 oder 0,2528 ersetzt.

Beispiel

Angenommen der 140-tägige Zins beträgt 8 Prozent per Annum und der 230-tägige Zins beträgt 8,25 Prozent per Annum (bei kontinuierlicher Verzinsung und effektiv/effektiv bei beiden Zinssätzen). Der Terminzinssatz für die Zeit zwischen Tag 140 und Tag 230 beträgt

$$\frac{0{,}0825 \times 230 - 0{,}08 \times 140}{90} = 0{,}0864$$

oder 8,64 Prozent. Da 90 Tage 0,2466 Jahre sind, ist der Futurespreis für 90-tägige T-Bills mit einem Nennwert von 100 $ und einer Fälligkeit in 140 Tagen

$$100 e^{-0{,}0864 \times 0{,}2466} = 97{,}89$$

Notiert wird das als 100 − 4(100 − 97,89) = 91,56. (Die Berechnung ignoriert den Unterschied zwischen Futures- und Forwardkontrakten.)

EURODOLLAR FUTURES

Der Eurodollar Futureskontrakt ist der erfolgreichste der kurzfristigen Zinsfutures. Er wird an der Chicago Mercantile Exchange (CME) gehandelt. Ein Eurodollar ist ein Dollar, der in einer US-Bank oder ausländischen Bank außerhalb der Vereinigten Staaten deponiert ist. Der Zins für den Eurodollar ist der Zins, den ein Eurodollar abwirft, der von einer Bank bei einer anderen Bank deponiert wird. Er ist auch als dreimonatiger London Interbank Offer Rate (LIBOR) bekannt. Eurodollar-Zinsen sind im allgemeinen höher als die korrespondierenden Zinsen für T-Bills. Der Grund dafür ist, dass der Eurodollar-Zins ein kommerzieller Kreditzins ist, während der Zins für den T-Bill der Zins ist, zu dem der Staat Kredite aufnimmt.

Oberflächlich betrachtet scheint der Eurodollar Futureskontrakt die gleiche Struktur zu haben wird der T-Bill Futureskontrakt. Angenommen der notierte Futurespreis ist Z. Die Formel, mit der man den Wert eines Kontraktes aus dem notierten Futurespreis errechnet, ist Gleichung 5.5, die gleiche, die für T-Bill Futures benutzt wird. Die Notiz von 94,18 für den Dezember 1996 Kontrakt in Tabelle 5.3 entspricht einem Kontraktpreis von

$$10.000[100 - 0,25(100 - 94,18)] = 985.450 \text{ \$}$$

Eine Veränderung der Futuresnotiz für den Eurodollar um einen Basispunkt oder 0,01 entspricht einer Änderung des Kontraktpreises von 25 $.

Es gibt jedoch einige wichtige Unterschiede zwischen den T-Bill und Eurodollar Futureskontrakten. Bei einem T-Bill Futureskontrakt konvergiert der Kontraktpreis bei Fälligkeit gegen den Preis eines 90-tägigen T-Bill mit einem Nennwert von 1 Million Dollar. Wird ein Kontrakt bis zur Fälligkeit gehalten, ist dies das anzudienende Instrument. Ein Eurodollar Futureskontrakt wird am zweiten Londoner Werktag vor dem dritten Mittwoch des Monats per Kasse abgerechnet. Das abschließende Marking-to-Market setzt den Futurespreis auf 100 − R, wobei R der zu dieser Zeit effektive Zins für eine 90-tägige Eurodollar-Einlage (bei kontinuierlicher Verzinsung) ist. Die Variable R, die dem Eurodollar Futureskontrakt zugrunde liegt, ist ein echter Zinssatz, kein Abzinsungssatz. Der Eurodollar Futureskontrakt ist somit ein Futureskontrakt über einen Zinssatz. Im Gegensatz dazu ist der T-Bill Futureskontrakt ein Futureskontrakt über den Preis eines T-Bills oder ein Abzinsungssatz.

Ignoriert man den Unterschied zwischen Futures und Forwards, impliziert eine Eurodollar-Notiz Z einen Terminzinssatz von 100 − Z für den vom Kontrakt abgedeckten Zeitraum. Die Notiz des Dezember 1996 Kontraktes von 94,18 in Tabelle 5.3 korrespondiert folglich mit einem Terminzinssatz von 5,82 Prozent für einen im Dezember beginnenden 90-tägigen Zeitraum (Die Day-Count-Konvention ist effektiv/360, die Verzinsungshäufigkeit beträgt 90 Tage). Tatsächlich sind, wie in Kapitel 3 bereits erwähnt, Futurespreise und Forwardpreise nicht ganz dasselbe und am größten ist der Unterschied bei den langfristigen Kontrakten. Dieser Punkt ist besonders wichtig für Eurodollar Futureskontrakte, die Laufzeiten bis zu 10 Jahren haben. Bei Kontrakten, die nur ein oder zwei Jahre laufen, kann man vernünftigerweise annehmen, dass der Futurespreis gleich dem Forwardpreis ist oder dass äquivalent der Zins, der aus dem Futurespreis errechnet wird, ein Terminzinssatz (forward interest rate) ist. Bei langfristigeren Kontrakten ist diese Annahme weniger vernünftig.

Duration

Die Duration ist ein wichtiges Konzept beim Hedging mit Zinsfutures. Die *Duration* einer Anleihe ist ein Maß dafür, wie lange im Durchschnitt der Inhaber der Anleihe warten muss, bevor er Barauszahlungen erhält. Eine Nullkupon-Anleihe, die in n Jahren fällig wird, hat eine Duration von n Jahren. Eine Kuponanleihe, die in n Jahren fällig wird, hat eine Duration von unter n Jahren, weil der Inhaber bereits vor dem Jahr n Barzahlungen bekommt.

Angenommen der Inhaber einer Anleihe bekommt im Zeitpunkt t_i ($t_1 \leq i \leq n$) die Zahlungen c_i. Zwischen dem Preis B und der Rendite y (kontinuierlich verzinst) besteht folgende Beziehung

(5.6)
$$B = \sum_{i=1}^{n} c_i e^{-yt_i}$$

Die Duration D der Anleihe ist definiert als

(5.7)
$$D = \frac{\sum_{i=1}^{n} t_i c_i e^{-yt_i}}{B}$$

Das kann auch geschrieben als

$$D = \sum_{i=1}^{n} t_i \left[\frac{c_i e^{-yt_i}}{B} \right]$$

Der Term in den eckigen Klammern ist das Verhältnis des Gegenwartswertes der Zahlung in t_i zum Anleihekurs. Der Anleihekurs ist der Gegenwartswert der gesamten Zahlungen. Die Duration ist folglich der gewichtete Durchschnitt der Zeitpunkte, zu denen die Zahlungen erfolgen, wobei das

Gewicht, das t_i bekommt, dem Anteil der in t_i erfolgten Zahlung am Gesamtgegenwartswert der Anleihe entspricht. Die Summe der Gewichte ist 1,0.

Aus Gleichung 5.6 folgt

(5.8) $$\Delta B = -\Delta y \sum_{i=1}^{n} c_i t_i e^{-yt_i}$$

wobei Δy eine kleine Änderung in y ist und ΔB die korrespondierende kleine Änderung in B. (Anzumerken ist, dass die Beziehung zwischen B und y negativ ist. Steigen die Anleiherenditen, dann sinken die Anleihekurse. Sinken die Anleiherenditen, dann steigen die Anleihekurse.) Gleichung 5.7 und 5.8 führen zu

(5.9) $$\Delta B = -BD\Delta y$$

Das ist eine wichtige Gleichung, die den meisten auf Duration basierenden Hedging-Strategien zugrunde liegt. Sie kann auch geschrieben werden als

(5.10) $$\frac{\Delta B}{B} = -D\Delta y$$

Diese Gleichung zeigt, dass die prozentuale Änderung des Anleihekurses bei einer bestimmten kleinen Änderung der Rendite proportional zur Duration der Anleihe ist.

Beispiel

Man betrachte eine dreijährige 10 Prozent Kuponanleihe mit einem Nennwert von 100 $. Angenommen bei kontinuierlicher Verzinsung wirft die Anleihe eine Rendite von 12 Prozent per Annum ab. Das bedeutet, dass y = 0,12. Alle sechs Monate werden 5 $ Anleihezinsen gezahlt. Tabelle 5.5 zeigt die Berechnungen, die nötig sind, um die Duration der Anleihe zu berechnen. Die Gegenwartswerte der Zahlungen, wobei die Rendite als Abzinsungssatz verwendet wird, sind in Spalte 3 abzulesen. (Beispielsweise ist der Gegenwartswert der ersten Zahlung $5e^{-0,12 \times 0,5}$ = 4,709.) Die Summe der Zahlen in Spalte 3 ergibt den Anleihekurs von 94,213. Die Gewichte werden berechnet, indem die Zahlen in Spalte 3 durch 94,213 dividiert werden. Die Summe der Beträge in Spalte 5 ergibt die Duration, sie beträgt 2,654 Jahre.

Tabelle 5.5: Berechnung der Duration

Zeit (Jahre)	Zahlung ($)	Gegenwartswert	Gewicht	Zeit × Gewicht
0,5	5	4,709	0,050	0,025
1,0	5	4,435	0,047	0,047
1,5	5	4,176	0,044	0,066
2,0	5	3,933	0,042	0,084
2,5	5	3,704	0,039	0,098
3,0	105	73,256	0,778	2,334
	130	94,213	1,000	2,654

Aus Gleichung 5.9 folgt

$$\Delta B = -94{,}213 \times 2{,}654 \Delta y$$

Das heißt, dass

$$\Delta B = -250{,}04 \Delta y$$

Wenn $\Delta y = +0{,}001$ ist, so dass y auf 0,121 steigt, dann besagt die Formel, dass ein ΔB von $-0{,}25$ zu erwarten ist. In anderen Worten, es wird erwartet, dass der Anleihekurs auf $94{,}213 - 0{,}250 = 93{,}963$ sinkt. Führt man eine Neuberechnung des Anleihekurses bei einer Rendite von 12,1 Prozent durch, lässt sich verifizieren, dass genau das geschieht.

Die Duration eines Anleiheportefeuilles kann definiert werden als der gewichtete Durchschnitt der Durationen der einzelnen Anleihen in dem Portefeuille, wobei die Gewichte proportional den Anleihekursen sind. Gleichung 5.9 lässt sich dann ebenso auf ein Portefeuille aus Anleihen wie auf einzelne Anleihen anwenden, vorausgesetzt, dass sich die Renditen aller Anleihen in dem Portefeuille um den gleichen Betrag ändern.

Die vorstehende Analyse basiert auf der Annahme, dass y in kontinuierlicher Verzinsung ausgedrückt ist. Wird y in jährlicher Verzinsung ausgedrückt, wird Gleichung 5.9 zu

$$\Delta B = -\frac{BD\Delta y}{1+y}$$

Wenn y allgemeiner in einer Verzinsungshäufigkeit von m Mal pro Jahr ausgedrückt wird, bekommt man

$$\Delta B = -\frac{BD\Delta y}{1+y/m}$$

Der Ausdruck

$$\frac{D}{1+y/m}$$

wird auch *modifizierte Duration* genannt.

DURATIONS-MATCHING UND KONVEXITÄT

Ein Portefeuille aus Wertpapieren mit festem Ertrag kann in seiner durchschnittlichen Duration ausgedrückt werden. Finanzinstitutionen versuchen häufig, die durchschnittliche Duration ihrer Vermögenswerte der durchschnittlichen Duration ihrer Verbindlichkeiten anzupassen. (Die Verbindlichkeiten können als Verkaufspositionen in Anleihen betrachtet werden.) Diese Strategie wird *Durations-Matching* oder *Portfolio-Immunisierung* genannt. Sie basiert auf der Annahme, dass die Ertragskurve immer parallele Verschiebungen aufweist. Wenn die Durationen der Vermögenswerte und Verbindlichkeiten aufeinander abgestimmt werden, dürfte eine kleine parallele Verschiebung der Zinsen nur eine geringe Wirkung auf das gesamte Portefeuille haben. Gleichung 5.9 zeigt, dass der Gewinn (Verlust) aus einem Vermögenswert den Verlust (Gewinn) aus den Verbindlichkeiten ausgleichen müsste.

Werden moderate oder starke Zinsänderungen betrachtet, wird mitunter ein *Konvexität* genannter Faktor wichtig. Abbildung 5.6 zeigt die Beziehung zwischen der prozentualen Änderung des Wertes und der Änderung der Rendite für zwei Portefeuilles, die die gleiche Duration haben. Bei beiden Kurven sind die Gradienten für die laufende Rendite gleich. Das bedeutet, dass beide Portefeuilles bei kleinen Zinsänderungen ihren Wert um den gleichen Prozentsatz verändern; das ist konsistent mit Gleichung 5.10. Bei starken Zinsänderungen verhalten sich die Portefeuilles unterschiedlich. Portefeuille X ist konvexer als Portefeuille Y. Wenn die Renditen sinken, steigt sein Wert um einen größeren prozentualen Betrag als der von Portefeuille Y; bei steigenden Renditen sinkt sein Wert weniger stark als der von Portefeuille Y.

$$\frac{\Delta B}{B}$$

Δy

X

Y

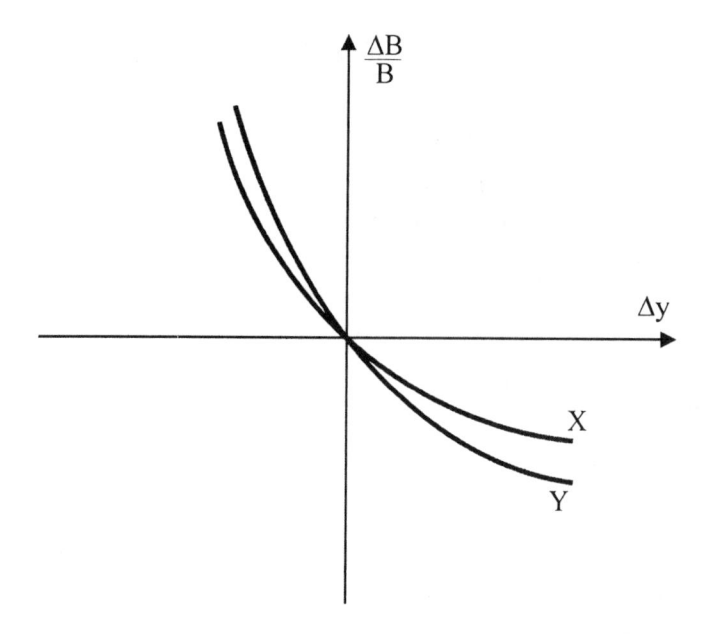

Abbildung 5.6: Anleiheportefeuilles mit unterschiedlicher Konvexität

Die Konvexität eines Anleiheportefeuilles ist tendenziell am größten, wenn das Portefeuille über einen langen Zeitraum gleichmäßig Zahlungen abwirft. Sie ist am geringsten, wenn die Zahlungen sich um einen bestimmten Zeitpunkt herum konzentrieren. Abbildung 5.6 macht deutlich, das bei Kaufpositionen in einem Anleiheportefeuille ein stark konvexes Portefeuille mit einer bestimmten Duration immer attraktiver ist als ein schwach konvexes Anleiheportefeuille mit der gleichen Duration. Es überrascht nicht, dass es im allgemeinen auch teurer ist.

DURATIONSBASIERTE HEDGING-STRATEGIEN

Die in Kapitel 4 beschriebene allgemeine Herangehensweise an das Hedging erfordert eine historische Analyse der Beziehung zwischen der Veränderung des Futurespreises und der Veränderung des Wertes des abzusichernden Vermögenswertes. Die optimale Kontraktanzahl N^* wird von Gleichung 4.3 angegeben mit

(5.11) $$N^* = \rho \frac{\sigma_S}{\sigma_F}$$

wobei σ_S und σ_F die Standardabweichungen der Wertveränderungen in der Vermögenswert-Position beziehungsweise der Veränderungen des Futureskontraktpreises sind und ρ der Koeffizient der Korrelation zwischen den beiden Veränderungen ist. Diese Herangehensweise kann angewendet werden, wenn Zinsfutures zur Absicherung verwendet werden. Das Durationskonzept bietet jedoch eine nützliche Alternative.

Man betrachte eine Situation, in der eine Position in einem zinsabhängigen Vermögenswert, beispielsweise einem Anleiheportefeuille oder einem Geldmarktpapier, mittels eines Zinsterminkontraktes abgesichert wird. Folgende Definitionen gelten:

F: Kontraktpreis für den Zinsfutureskontrakt

D_F: Duration des Basisobjektes des Futureskontraktes bei Fälligkeit des Futureskontraktes

S: Wert des abzusichernden Vermögenswertes

D_S: Duration des abzusichernden Vermögenswertes bei Fälligkeit des Sicherungsgeschäftes

Angenommen die Veränderung der Rendite, Δy, ist bei allen Laufzeiten gleich – was bedeutet, dass es nur parallele Verschiebungen in der Ertragskurve geben kann. Aus Gleichung 5.9 folgt

(5.12) $$\Delta S = -SD_S \Delta y$$

Bei angemessener Annäherung ist

(5.13) $$\Delta F = -FD_F \Delta y$$

Da angenommen wird, dass alle Δy gleich sind, ist in Gleichung 5.11 $\rho = 1$. Gemäß der Gleichungen 5.12 und 5.13 ist ΔS immer $(SD_S)/(FD_F)$ multipliziert mit ΔF. Es folgt, dass

$$\frac{\sigma_S}{\sigma_F} = \frac{SD_S}{FD_F}$$

Gleichung 5.11 liefert die optimale Anzahl der Kontrakte zum Absichern:

(5.14) $$N^* = \frac{SD_S}{FD_F}$$

Das ist die *durationsbasierte Hedge Ratio*.[4] Sie wird auch *Preissensitivitäts-Hedge-Ratio* (price sensitivity hedge ratio) genannt. Durch sie wird die Duration der gesamten Position auf den Wert null gesetzt.

Gleichung 5.14 ist ein nützliches Ergebnis. Aber das Sicherungsgeschäft daraus ist keineswegs perfekt. Ein Grund dafür ist die Annahme, dass Δy für alle Renditen gleich ist. In der Praxis sind kurzfristige Renditen gewöhnlich volatiler als langfristige Renditen, und sie sind nicht eng korreliert mit langfristigen Renditen. (Mitunter bewegen sich kurz- und langfristige Renditen sogar in entgegengesetzte Richtungen.) Das kann zu einer enttäuschenden Hedge-Performance führen, besonders wenn es einen großen Unterschied zwischen D_S und D_F gibt. Einen weiteren (weniger wichtigen) potentiellen Effekt auf die Hedge-Performance kann die Konvexität haben. Wenn die Konvexität des Vermögenswertes, der dem Futureskontrakt zugrunde liegt, sich deutlich von der Konvexität des abzusichernden Vermögenswertes unterscheidet und es eine starke Veränderung der Zinsen gibt, kann die Hedge-Performance schlechter als erwartet sein. Abschließend sollte auch daran gedacht werden, dass bei der Berechnung von D_F eine Annahme über die CtF-Anleihe getroffen werden muss, wenn T-Bond oder T-Notes Futureskontrakte verwendet werden. Wenn sich die Duration der CtF-Anleihe verändert, verändert sich auch die optimale Anzahl der Kontrakte.

Beispiele

Dieser Abschnitt zeigt anhand von drei Beispielen, wie das durationsbasierte Modell zum Zins-Hedging benutzt werden kann. Im allgemeinen versucht der Hedger, die Futureskontrakte so auszuwählen, dass die Duration des

---

[4]

Wenn y mit jährlicher Verzinsung definiert ist, wird Gleichung 5.14 zu

$$h^* = [SD_S(1 + y_F)]/[(FD_F(1 + y_S)]$$

wobei y_S und y_F die Renditen von S und F sind. Das entspricht nicht Gleichung 5.14, es sei denn, $y_S = y_F$. Der Unterschied liegt darin begründet, dass die Annahme $\Delta y_S = \Delta y_F$ bei kontinuierlicher Verzinsung der Erträge nicht ganz dieselbe Annahme wie $\Delta y_S = \Delta y_F$ bei einer jährlichen Verzinsung der Erträge ist.

Basisobjektes so nah wie möglich bei der Duration des abzusichernden Vermögenswertes liegt. T-Bill und Eurodollar Futureskontrakte werden verwendet, um kurzfristige Zinsrisiken abzusichern, während T-Bond und T-Note Futureskontrakte zum Absichern längerfristiger Zinsen benutzt werden.

Will man mit Zinsfutures Risiken absichern, sollte man unbedingt daran denken, dass sich Zinsen und Futurespreise in entgegengesetzte Richtungen bewegen. Bei steigenden Zinsen sinkt der Basisobjektpreis des Futureskontraktes. Das wiederum führt dazu, dass der Futurespreis selbst sinkt. Sinken die Zinsen, ist die Entwicklung umgekehrt und der Futurespreis steigt. Ein Unternehmen, das Gefahr läuft, Geld zu verlieren, wenn die Zinsen sinken, sollte sein Risiko durch den Erwerb einer Kaufposition in Futures absichern. Ein Unternehmen dagegen, dass Gefahr läuft, bei steigenden Zinsen Geld zu verlieren, sollte eine Verkaufsposition in Futures nehmen.

HEDGEN DES KÜNFTIGEN KAUFS EINES SECHSMONATIGEN T-BILLS

Angenommen der Finanzleiter eines Unternehmens erfährt am 20. Mai, dass am 5. August eine Zahlung von 3,3 Millionen Dollar erwartet wird. Die Finanzmittel werden für eine große Investitionsausgabe im Februar des folgenden Jahres benötigt. Der Finanzleiter will daher das Geld, sobald es eingeht, in sechsmonatige T-Bills anlegen. Die laufende Rendite sechsmonatiger T-Bills beträgt bei halbjährlicher Verzinsung 11,2 Prozent. Der Finanzleiter hat Bedenken, dass die Rendite zwischen dem 20. Mai und dem 5. August sinken könnte und beschließt daher eine Absicherung mit T-Bill Futures. Der September T-Bill Futureskontrakt ist mit 89,44 notiert.

In diesem Fall verliert das Unternehmen Geld, wenn die Zinsen sinken. Daher benötigt es einen Long Hedge. Sinken die Zinsen, steigt der T-Bill Preis und die Futures Position wirft einen Gewinn ab.

Um die Anzahl der T-Bill Futureskontrakte zu berechnen, die gekauft werden sollten, ist zu berücksichtigen, dass das Basisobjekt des Futureskontraktes eine Laufzeit von drei Monaten hat. Da es ein abgezinstes Papier ist, beträgt auch die Duration drei Monate oder 0,25 Jahre. Die vom Finanzleiter geplante sechsmonatige T-Bill Anlage hat eine Duration von sechs Monaten oder 0,50 Jahren. Jeder T-Bill Futureskontrakt ist über die Lieferung von 1 Million Dollar in T-Bills. Der Kontraktpreis beträgt

$$10.000[100 - 0,25(100 - 89,44)] = 973.600 \$$$

Die Anzahl der Kontrakte, die gekauft werden sollten, lässt sich unter Verwendung von Gleichung 5.14 errechnen

$$\frac{3.300.000}{973.600} \times \frac{0,5}{0,25} = 6,78$$

Rundet man die Zahl auf, bedeutet dies, das der Finanzleiter sieben Kontrakte kaufen sollte.

Die schlimmsten Befürchtungen des Finanzleiters werden wahr, als die Rendite für sechsmonatige T-Bills (bei halbjährlicher Verzinsung) zwischen dem 20. Mai und dem 5. August um 1,4 Prozentpunkte von 11,2 Prozent per Annum auf 9,8 Prozent per Annum sinkt. Das kostet den Finanzleiter 3.300.000 $ × 0,014 × 0,5 = 23.100 $ an verlorenen Zinsen. Am 5. August wird der Preis für den September T-Bill Futureskontrakt mit 90,56 notiert. Das entspricht einem Kontraktpreis von 976.400 $. Der Gewinn aus dem Futureskontrakt beträgt somit 7 × (976.400 $ − 973.600 $) = 19.600 $. Angelegt für sechs Monate zu einem Zins von 9,8 Prozent per Annum wächst der Gewinn auf 20.560 $. Das Unternehmen verliert somit lediglich 23.100 $ − 20.560 $ = 2.540 $ gegenüber der Situation, in der es sich befunden hätte, wäre der Zins zwischen dem 20. Mai und dem 5. August unverändert geblieben. Der effektive Zins, den die sechsmonatige Anlage abwirft, beträgt folglich

$$0,098 + \frac{20.560 \times 2}{3.300.000} = 0,1105$$

oder 11,05 Prozent per Annum. Dieses Beispiel ist in Tabelle 5.6 zusammengefasst.

HEDGEN EINES ANLEIHEPORTEFEUILLES

Für das nächste Beispiel sei angenommen, dass heute der 2. August ist. Ein Gelddisponent hat 10 Millionen Dollar in Staatsanleihen investiert und besorgt, dass in den nächsten drei Monaten hochvolatile Zinsen erwartet werden. Der Disponent beschließt, den Wert des Portefeuilles mit einem Dezember T-Bond Futureskontrakt zu hedgen. Der aktuelle Futurespreis beträgt 93-02 oder 93,0625. Jeder Kontrakt ist über die Lieferung von Anleihen mit einem Nennwert von 100.000 $, so dass der Futureskontraktpreis 93.062,50 $ beträgt.

Tabelle 5.6: Hedgen eines künftigen Kaufs eines sechsmonatigen T-Bill

Am Tisch des Wertpapierhändlers – 20. Mai

Der Finanzleiter eines Unternehmens hat soeben erfahren, dass am 5. August eine Zahlung von 3,3 Millionen Dollar eingeht. Der Finanzleiter plant, das Geld in sechsmonatige T-Bills anzulegen und möchte sich gegen das Risiko sinkender Zinsen absichern.

Notierungen:
1. Die Rendite eines T-Bills beträgt bei halbjährlicher Verzinsung 11,2 Prozent per Annum.
2. Der Preis für den September T-Bill Futureskontrakt ist mit 89,44 notiert. Das entspricht einem Kontraktpreis von 973.600 $.

Die Strategie
1. Erwerb einer Kaufposition in sieben September T-Bill Futureskontrakten am 20. Mai.
2. Glattstellung der Position am 5. August.

Das Ergebnis
Die Rendite sechsmonatiger T-Bills, ausgedrückt in halbjährlicher Verzinsung, sinkt zwischen dem 20. Mai und dem 5. August von 11,2 Prozent per Annum auf 9,8 Prozent per Annum. Das kostet den Finanzleiter 3.300.000 × 0,014 × 0,5 = 23.100 $ an Zinsen.

Der Preis für den September T-Bill Futureskontrakt wird am 5. August mit 90,56 notiert. Das entspricht einem Kontraktpreis von 976.400 $. Der Gewinn aus dem Futureskontrakt beträgt somit 7 × (976.400 $ – 973.600 $) = 19.600 $.

Angelegt für sechs Monate zu einem Zins von 9,8 Prozent per Annum wächst der Gewinn auf 20.560 $. Verglichen mit einer Situation, in der sich die Zinsen zwischen dem 20. Mai und dem 5. August nicht verändert hätten, verliert das Unternehmen lediglich 23.100 $ – 20.560 $ = 2.540 $.

Die durchschnittliche Duration des Anleiheportefeuilles beträgt in den nächsten drei Monaten 6,8 Jahre. Als CtD-Anleihe für den T-Bond Kontrakt wird eine zwanzigjährige Kuponanleihe mit 12 Prozent per Annum erwartet.

Die Rendite dieser Anleihe beträgt aktuell 8,8 Prozent per Annum, die Duration beträgt bei Fälligkeit des Futureskontraktes 9,2 Jahre.

Der Disponent benötigt zur Absicherung des Anleiheportefeuilles eine Verkaufsposition in T-Bond Futures. Steigen die Zinsen, wirft die Verkaufsposition in Futures einen Gewinn ab und das Anleiheportefeuille bringt Verluste. Bei sinkenden Zinsen verursacht die Verkaufposition einen Verlust und das Anleiheportefeuille wirft einen Gewinn ab. Die Anzahl der Futureskontrakte, die leerverkauft werden sollen, errechnet sich aus Gleichung 5.14

$$\frac{10.000.000}{93.062,50} \times \frac{6,80}{9,20} = 79,42$$

Abgerundet ergibt das eine Zahl von 79 Kontrakten, die der Disponent leerverkaufen sollte.

In der Zeit zwischen dem 2. August und dem 2. November sinken die Zinsen tatsächlich rapide. Der Wert des Anleiheportefeuilles steigt von 10 Millionen Dollar auf 10.450.000 $. Am 2. November beträgt der T-Bond Futurespreis 98-16. Das entspricht einem Kontraktpreis von 98.500 $. Der Gesamtverlust durch die T-Bond Futureskontrakte beträgt somit

$$79 \times (98.500,00 \ \$ - 93.062,50 \ \$) = 429.562,50 \ \$$$

Die Position des Portefeuille-Managers verändert sich damit netto lediglich um

$$450.000,00 \ \$ - 429.562,50 \ \$ = 20.437,50 \ \$$$

Dieses Beispiel ist in Tabelle 5.7 zusammengefasst. Da der Fonds einen Verlust erlitten hat, bedauert der Manager möglicherweise die Implementierung des Sicherungsgeschäftes. Man kann davon ausgehen, dass durchschnittlich die Hälfte der Sicherungsgeschäfte zu dieser Art Bedauern führt. Das Problem ist aber, dass man nie im voraus weiß, nach welcher Seite sich das Sicherungsgeschäft neigt!

LONDON INTERBANK OFFER RATE

Bevor wir das nächste Beispiel betrachten, sollten wir die Bedeutung des LIBOR, London Interbank Offer Rate, genauer betrachten. Der LIBOR wird angewendet, um Kreditzinsen für Unternehmen am internationalen Markt zu spezifizieren. Es handelt sich dabei um einen variablen Referenzzins ähnlich dem erstklassigen Zins. Der LIBOR wird bestimmt durch den internen Handel der Banken mit Einlagen am Euro-Geldmarkt. Zu jedem gegebenen Zeitpunkt ist der einmonatige LIBOR der Zins, den eine Bank einer anderen Bank für eine einmonatige Einlage in dieser Zeit bietet. Ist der Zins für einen Kredit gleich dem einmonatigen LIBOR, wird der Kreditzins in monatlichen Intervallen auf den einmonatigen LIBOR zurückgesetzt. Andere LIBOR-Sätze, wie der dreimonatige LIBOR und der sechsmonatige LIBOR, werden analog definiert und angewendet.

Tabelle 5.7: Hedgen eines Anleiheportefeuilles

Am Tisch des Wertpapierhändlers – 2. August

Ein für ein Anlageportefeuille von 10 Millionen Dollar verantwortlicher Disponent ist darüber besorgt, dass für die nächsten drei Monate sehr volatile Zinsen erwartet werden. Der Disponent beschließt, den Wert des Anleiheportefeuilles mit T-Bond Futures zu hedgen. Der Dezember T-Bond Futureskontrakt ist mit 93-02 notiert. Das entspricht einem Kontraktpreis von 93.062,50 $.

Die Strategie

1. Leerverkauf von 79 Dezember T-Bond Futureskontrakten am 2. August.

2. Glattstellung der Position am 2. November.

Das Ergebnis

In der Zeit vom 2. August bis zum 2. November sinken die Zinsen rapide. Der Wert des Anleiheportefeuilles steigt von 10 Millionen Dollar auf 10.450.000 $.

Am 2. November beträgt der T-Bond Futurespreis 98-16. Das entspricht einem Kontraktpreis von 98.500,00 $. Durch die T-Bond Futureskontrakte entsteht ein Verlust von 79 × (98.500,00 $ − 93.062,50 $) = 429.562,50 $.

Insgesamt verändert sich der Wert der Position des Disponenten nur um 450.000,00 $ − 429.562,50 $ = 20.437,50 $.

HEDGEN EINES ZINSVARIABLEN KREDITS

Mit Zinsfutures kann ein Kreditnehmer einen zinsvariablen Kredit absichern. Im allgemeinen bevorzugt man für diesen Zweck Eurodollar Futures gegenüber T-Bill Futures, weil der Zins des Eurodollar den Kreditzinsen eines Unternehmens näher ist als der Zins des T-Bill. Betrachtet wird eine Situation, in der Eurodollar Futures verwendet werden, um einen dreimonatigen Kredit zu hedgen, bei dem der Zins monatlich zurückgesetzt wird. Das ist ein einfaches Beispiel. Das gleiche Prinzip lässt sich auch auf Kredite anwenden, die länger als drei Monate laufen. Die an der CME gehandelten Liquiditätskontrakte haben Laufzeiten von mindestens fünf Jahren; längerfristige Kontrakte können geschaffen werden, indem man wie in Kapitel 4 beschrieben die Kontrakte prolongiert.

Angenommen heute ist der 29. April und ein Unternehmen hat gerade einen dreimonatigen Kredit von 15 Millionen Dollar aufgenommen zu einem Zins, der dem einmonatigen LIBOR-Zins plus 1 Prozent entspricht. Zu dem Zeitpunkt, als der Kredit ausgehandelt wird, beträgt der einmonatige LIBOR-Zins 8 Prozent per Annum, so dass das Unternehmen im ersten Monat 9 Prozent per Annum zahlen muss. Da der einmonatige LIBOR-Zins mit monatlicher Verzinsung notiert wird, beträgt der Zins für den ersten Monat 0,75 Prozent von 15 Millionen Dollar oder 112.500 $. Das ist bei Aushandlung des Kredites als sicher bekannt und muss nicht abgesichert werden.

Der Zins, der am Ende des zweiten Monats zu zahlen ist, wird von dem einmonatigen LIBOR-Zins zu Beginn des zweiten Monats bestimmt. Er kann mit einer Position in einem Juni Eurodollar Futureskontrakt abgesichert werden. Angenommen der Kurs für diesen Kontrakt ist mit 91,88 notiert. Jeder Kontrakt ist über eine Einlage mit einem Nennwert von 1 Million Dollar. Der Kontraktpreis beträgt somit

$$10.000[100 - 0,25(100 - 91,88)] = 979.700 \text{ \$}$$

Das Unternehmen verliert Geld, wenn die Zinsen steigen, und es gewinnt, wenn die Zinsen fallen. Es benötigt somit eine Verkaufsposition in Futureskontrakten. Die Duration des Vermögenswertes, der dem Futureskontrakt zugrunde liegt, beträgt bei Fälligkeit des Kontraktes drei Monate oder 0,25 Jahre. Die Duration des abzusichernden Vermögenswertes beträgt bei Fälligkeit des Hedge einen Monat oder 0,0833 Jahre. Aus Gleichung 5.14 ergibt sich die Anzahl der Kontrakte, die verwendet werden sollten, um die Zinszahlungen im zweiten Monat abzusichern

$$\frac{0{,}08333}{0{,}25} \times \frac{15.000.000}{979.700} = 5{,}10$$

Abgerundet ergibt das fünf Kontrakte, die zum Absichern benötigt werden.

Für den dritten Monat wird das Risiko mit einem September Eurodollar Futureskontrakt abgesichert. Angenommen der Preis dieses Kontraktes ist mit 91,44 notiert, was einem Futurespreis von 978.600 $ entspricht. Die Anzahl der Futureskontrakte, die leerverkauft werden sollten, werden wie bereits zuvor errechnet:

$$\frac{0{,}08333}{0{,}25} \times \frac{15.000.000}{978.600} = 5{,}11$$

Abgerundet ergibt das abermals fünf Kontrakte. Fünf Juni Kontrakte sollten somit leerverkauft werden, um den für den zweiten Monat geltenden LIBOR-Zins abzusichern; und fünf September Kontrakte sollten leerverkauft werden, um den für den dritten Monat geltenden LIBOR-Zins abzusichern. Die Juni Kontrakte werden am 29. Mai glattgestellt, die September Kontrakte werden am 29. Juni glattgestellt.

Am 29. Mai beträgt der einmonatige LIBOR-Zins 8,8 Prozent, der Juni Futurespreis liegt bei 91,12. Letzterer entspricht einem Kontraktpreis von 977.800 $, so dass die Juni Kontrakte dem Unternehmen einen Gewinn von

$$5 \times (979.700 \text{ \$} - 977.800 \text{ \$}) = 9.500 \text{ \$}$$

einbringen. Das kompensiert für die Extrazinsen von 10.000 $ (ein Zwölftel von 0,8 Prozent von 15 Millionen Dollar), die am Ende des zweiten Monats gezahlt werden müssen, weil der LIBOR von 8 Prozent auf 8,8 Prozent ansteigt.

Am 29. Juni beträgt der LIBOR-Zins 9,4 Prozent, der September Futurespreis liegt bei 90,16. Eine Berechnung nach dem gleichen Muster wie eben durchgeführt ergibt einen Gewinn für das Unternehmen von 16.000 $ aus der Verkaufsposition in Futures und Extra-Zinskosten von 17.500 $, weil der einmonatige LIBOR von 8 Prozent per Annum auf 9,4 Prozent per Annum ansteigt. Dieses Beispiel ist in Tabelle 5.8 zusammengefasst.

Tabelle 5.8: Hedgen eines zinsvariablen Kredits

Am Tisch des Wertpapierhändlers – 29. April

Ein Unternehmen hat gerade 15 Millionen Dollar für drei Monate zu einem Zins gleich dem einmonatigen LIBOR plus 1 Prozent aufgenommen und möchte das Risiko absichern.

Notierungen:
1. Der einmonatige LIBOR-Zins beträgt 8 Prozent.
2. Der Juni Eurodollar Futurespreis liegt bei 91,88.
3. Der September Eurodollar Futurespreis liegt bei 91,44.

Die Strategie
1. Leerverkauf von fünf Juni Kontrakten und fünf September Kontrakten.
2. Glattstellen der Juni Kontrakte am 29. Mai.
3. Glattstellen der September Kontrakte am 29. Juni.

Das Ergebnis

Am 29. Mai beträgt der einmonatige LIBOR-Zins 8,8 Prozent, der Juni Futurespreis liegt bei 91,12. Das Unternehmen gewinnt durch die fünf Juni Kontrakte 5 × (979.700 $ – 977.800 $) = 9.500 $. Das kompensiert für die Extra-Zinszahlung von 10.000 $, die im zweiten Monat nötig ist, weil der LIBOR von 8 Prozent auf 8,8 Prozent ansteigt.

Am 29. Juni beträgt der einmonatige LIBOR-Zins 9,4 Prozent, der September Futurespreis liegt bei 90,16. Das Unternehmen gewinnt durch die fünf September Kontrakte 16.000 $. Das kompensiert für die Extra-Zinskosten von 17.500 $.

Zusammenfassung

In diesem Kapitel wurden vier der bekanntesten Zinsfutureskontrakte diskutiert: Kontrakte auf den T-Bond, T-Note, T-Bill und Eurodollar. Auch wurden die verschiedenen Möglichkeiten betrachtet, wie man diese Kontrakte zum Hedgen verwenden kann. Da zwischen Anleihekursen und Zinsen eine inverse Beziehung besteht, liefert ein Long Hedge Schutz gegen Zinssenkungen; ein Short Hedge sichert gegen einen Zinsanstieg.

Bei Futureskontrakten auf T-Bonds und T-Notes hat die Partei mit der Verkaufsposition eine Reihe interessanter Lieferoptionen:

1. Die Lieferung kann an jedem Tag des Liefermonats erfolgen.
2. Es gibt eine Reihe alternativer Anleihen, die geliefert werden können.
3. An jedem beliebigen Tag des Liefermonats kann bis 18 Uhr die Absicht mitgeteilt werden, zu dem Schlusskurs von 14 Uhr zu liefern.

Diese Optionen reduzieren tendenziell den Futurespreis.

Das Konzept der Duration ist für das Absichern von Zinsrisiken wichtig. Die Duration misst, wie lange ein Investor durchschnittlich bis zum Anfallen der Zahlungen warten muss. Sie ist der gewichtete Durchschnitt der Dauer bis zum Anfall der Zahlungen, wobei das Gewicht eines bestimmten Zahlungstermins proportional dem Gegenwartswert der Zahlung ist.

Ein zentrales Ergebnis, das dem in diesem Kapitel beschriebenen durationsbasierten Hedging-Schema zugrunde liegt, ist

$$\Delta B = -BD\Delta y$$

mit B als Anleihekurs, D als Duration, Δy als kleiner Änderung der Rendite (kontinuierlich verzinst) und ΔB als daraus folgende kleine Änderung von B. Mit der Gleichung kann ein Hedger die Sensitivität eines Anleihekurses bei einer kleinen Änderung der Rendite schätzen. Mit ihr kann ein Hedger auch die Sensitivität eines Zinsfuturespreises auf kleine Änderungen der Rendite der zugrundeliegenden Anleihe einschätzen. Wenn der Hedger bereit ist, davon auszugehen, dass Δy für alle Anleihen gleich ist, kann er mit dem Ergebnis die Anzahl der Futureskontrakte errechnen, die nötig sind, um eine Anleihe oder ein Anleiheportefeuille gegen kleine Zinsänderungen abzusichern.

Der zentrale Annahme, die dem durationsbasierten Hedging-Schema zugrunde liegt, ist, dass alle Zinssätze sich um den gleichen Betrag ändern. Das bedeutet, dass es nur parallele Verschiebungen in der Fristenstruktur geben kann. In der Praxis sind kurzfristige Zinsen im allgemeinen volatiler als langfristige Zinsen, und die Hedge-Performance ist eher schlecht, wenn sich

sich die Duration der Anleihe, die dem Futureskontrakt zugrunde liegt, deutlich von der Duration des abzusichernden Vermögenswertes unterscheidet.

Es wurden drei Situationen betrachtet, in denen durationsbasierte Hedging-Modelle verwendet werden können. Es sollte nicht schwierig sein, die gleichen grundlegenden Prinzipien auf andere Situationen anzuwenden. In allen Fällen wird die Anzahl der Kontrakte, die zum Absichern verwendet werden, durch Gleichung 5.14 bestimmt, so dass die Duration der gesamten Position gleich null ist.

Weitere Literatur

Allen, S. L. und A. D. Kleinstein. *Valuing Fixed-Income Investments and Derivative Securities*. New York: New York Institute of Finance, 1991.

Chicago Board of Trade. *Interest Rate Futures for Institutional Investors*. Chicago, 1987.

Fabozzi, F. J. *Fixed-Income Mathematics: Analytical and Statistical Techniques*. Chicago: Probus, 1993.

Figlewski, S. *Hedging with Financial Futures for Institutional Investors*. Cambridge, MA: Ballinger, 1986.

Gay, G. D., R. W. Kolb und R. Chiang. „Interest Rate Hedging: An Empirical Test of Alternative Strategies", *Journal of Financial Research* 6 (Fall 1983): 187-197.

Klemkosky, R. C. und D. J. Lasser. „An Efficiency Analysis of the T-Bond Futures Market", *Journal of Futures Markets* 5 (1985): 607-620.

Kolb, R. W. *Interest Rate Futures: A Comprehensive Introduction*. Richmond, VA: R. F. Dame, 1982.

Kolb, R. W. und R. Chiang. „Improving Hedging Performance Using Interest Rate Futures", *Financial Management* 10 (Fall 1981): 72-79.

Resnick, B. G. „The Relationship between Futures Prices for U.S. Treasury Bonds", *Review of Research in Futures Markets* 3 (1984): 88-104.

Resnick, B. G. und E. Hennigar. „The Relationship between Futures and Cash Prices for U.S. Treasury Bonds", *Review of Research in Futures Markets* 2 (1983): 282-299.

Senchak, A. J. und J. C. Easterwood. „Cross Hedging CDs with Treasury Bills Futures", *Journal of Futures Markets* 3 (1983): 429-438.

Veit, W. T. und W. W. Reiff. „Commercial Banks and Interest Rate Futures: A Hedging Survey", *Journal of Futures Markets* 3 (1983): 283-293.

Testfragen

1. Angenommen die Nullkuponzinsen bei kontinuierlicher Verzinsung lauten wie folgt:

Laufzeit (Jahre)	Zinssatz (% per Annum)
1	8,0
2	7,5
3	7,2
4	7,0
5	6,9

    Berechnen Sie die Terminzinssätze für das zweite, dritte, vierte und fünfte Jahr.

2. Die Fristenstruktur hat eine nach oben gerichtete Steigung. Sortieren Sie folgende Renditen nach ihrer Größe:

    a. fünfjähriger Nullkuponzins

    b. Rendite einer fünfjährigen Kuponanleihe

    c. Der Terminzinssatz, der der künftigen Periode zwischen 5 und 5,25 Jahren entspricht.

    Wie lautet die Antwort auf diese Frage, wenn die Fristenstruktur fallend ist?

3. Die Nullkuponzinsen für sechs Monate und ein Jahr betragen jeweils 10 Prozent. Die Rendite einer Anleihe mit einer Laufzeit von 18 Monaten und einem Anleihezins von 8 Prozent per Annum (wobei ein Kupon gerade gezahlt wurde) beträgt 10,4 Prozent per Annum.

Wie ist der Anleihekurs? Wie hoch ist der 18-monatige Nullkuponzins? Alle Zinsen werden mit halbjährlicher Verzinsung notiert.

4. Heute ist der 9. Januar 1997. Der Kurs eines T-Bond mit einem Anleihezins von 12 Prozent und einer Fälligkeit am 12. Oktober 1999 ist mit 102-07 notiert. Wie hoch ist der Kassakurs?

5. Der Kurs eines 90-tägigen T-Bill ist mit 10,00 notiert. Welche kontinuierlich verzinste Rendite verdient ein Investor an dem T-Bill in der 90-tägigen Periode?

6. Welche Annahmen gelten bei einem durationsbasierten Hedge-Schema hinsichtlich der Bewegung der Fristenstruktur?

7. Heute ist der 30. Januar. Sie managen ein Anleiheportefeuille im Wert von 6 Millionen Dollar. Die durchschnittliche Duration des Portefeuilles beträgt 8,2 Jahre. Der September T-Bond Futurespreis beträgt derzeit 108-15, die CtD-Anleihe hat eine Duration von 7,6 Jahren. Wie sichern Sie sich am besten in den nächsten sieben Monaten gegen Zinsänderungen ab?

Fragen und Probleme

1. Angenommen es gelten folgende Nullkuponzinsen bei kontinuierlicher Verzinsung:

Laufzeit (Jahre)	Zinssatz (% per Annum)
1	12,0
2	13,0
3	13,7
4	14,2
5	14,5

Berechnen Sie die Terminzinsen für das zweite, dritte, vierte und fünfte Jahr.

2. Angenommen es gelten folgende Nullkuponzinsen bei kontinuierlicher Verzinsung:

Laufzeit (Monate)	Zinssatz (% per Annum)
3	8,0
6	8,2
9	8,4
12	8,5
15	8,6
18	8,7

Berechnen Sie die Terminzinsen für das zweite, dritte, vierte, fünfte und sechste Quartal.

3. Der Kassakurse von sechsmonatigen und einjährigen T-Bills liegen bei 94,0 und 89,0. Eine 1,5-jährige Anleihe, die alle sechs Monate Kupons von 4 $ abwirft, wird aktuell für 94,84 $ verkauft. Eine zweijährige Anleihe, die alle sechs Monate einen Kupon von 5 $ abwirft, wird aktuell für 97,12 $ verkauft. Berechnen Sie die halbjährlichen, einjährigen, 1,5-jährigen und zweijährigen Nullkuponzinsen.

4. Eine 10-jährige Kuponanleihe mit 8 Prozent wird aktuell für 90 $ verkauft. Eine 10-jährige Kuponanleihe mit 4 Prozent wird aktuell für 80 $ verkauft. Wie hoch ist der 10-jährige Nullkuponzins? (Hinweis: Betrachten Sie den Erwerb einer Kaufposition in zwei Kuponanleihen mit 4 Prozent und einer Verkaufsposition in einer Kuponanleihe mit 8 Prozent.)

5. Erklären Sie genau, warum die Liquiditätspräferenztheorie konsistent mit der Beobachtung ist, dass die Steigung der Fristenstruktur tendenziell öfter nach oben als nach unten verläuft.

6. Es ist der 5. Mai 1997. Der Kurs einer Staatsanleihe mit einem Kupon von 12 Prozent und einer Fälligkeit am 27. Juli 2001 ist mit 110-17 notiert. Wie hoch ist der Kassakurs?

7. Angenommen der T-Bond Futurespreis beträgt 101-12. Welche der folgenden vier Anleihen kann am billigsten geliefert werden (CtD)?

Anleihe	Kurs	Konversionsfaktor
1	125-05	1,2131
2	142-15	1,3792
3	115-31	1,1149
4	144-02	1,4026

8. Es ist der 30. Juli 1997. Die CtD-Anleihe für einen September 1997 T-Bond Futureskontrakt ist eine Kuponanleihe mit einem Zins von 13 Prozent. Die Lieferung wird für den 30. September 1997 erwartet. Die Kuponzahlungen für die Anleihe erfolgen jedes Jahr am 4. Februar und am 4. August. Die Zinsstruktur ist flach, der Zinssatz beträgt bei halbjährlicher Verzinsung 12 Prozent per Annum. Der Konversionsfaktor der Anleihe ist 1,5. Der Anleihekurs ist aktuell mit 110 $ notiert. Berechnen Sie den notierten Futurespreis für den Kontrakt.

9. Ein Investor sucht am T-Bond Futuresmarkt nach Arbitrage-Möglichkeiten. Welche Komplikationen entstehen durch die Tatsache, dass die Partei mit einer Verkaufsposition jede beliebige Anleihe mit einer Laufzeit von über 15 Jahren andienen kann?

10. Angenommen der T-Bill Futurespreis für einen in 33 Tage fälligen Kontrakt ist mit 90,04 notiert, der Abzinsungssatz für einen 123-tägigen T-Bill beträgt 10,03. Wie hoch ist die implizite Repo Rate? Wie kann sie verwendet werden?

11. Angenommen der neunmonatige Zins beträgt 8 Prozent per Annum und der sechsmonatige Zins beträgt 7,5 Prozent per Annum (beide mit kontinuierlicher Verzinsung). Schätzen Sie den Futurespreis von 90-tägigen T-Bills mit einem Nennwert von 1 Million Dollar, lieferbar in sechs Monaten. Wie würde der Preis notiert werden?

12. Angenommen eine Bank kann an den Euromärkten Kredite zum gleichen Zins aufnehmen oder vergeben. Der 90-tägige Zins beträgt 10 Prozent per Annum und der 180-tägige Zins beträgt 10,2 Prozent per Annum, beide kontinuierlich verzinst ausgedrückt. Der Eurodollar Futurespreis für einen in 90 Tage fälligen Kontrakt ist mit 89,5 notiert. Welche Arbitrage-Möglichkeiten hat die Bank?

13. Ein kanadisches Unternehmen möchte einen kanadischen Zinsfutureskontrakt aus einem US-T-Bill Futureskontrakt und Forwardkontrakten in Devisen schaffen. Zeigen Sie anhand eines Beispiels, wie das Unternehmen vorgehen sollte. Gehen Sie von der Annahme aus, dass ein Futureskontrakt dasselbe ist wie ein Forwardkontrakt.

14. Eine fünfjährige Anleihe mit einer Rendite von 11 Prozent (kontinuierlich verzinst) zahlt am Ende eines jeden Jahres einen Kupon von 8 Prozent.

    a. Welchen Kurs hat die Anleihe?

    b. Welche Duration hat die Anleihe?

    c. Berechnen Sie mittels der Duration, welche Wirkung ein Renditerückgang von 0,2 Prozent auf den Kurs der Anleihe hat.

    d. Berechnen Sie den Kurs der Anleihe auf der Basis einer Rendite von 10,8 Prozent per Annum neu und verifizieren Sie das Ergebnis in Übereinstimmung mit Ihrer Antwort in (c).

15. Portefeuille A besteht aus einer einjährigen abgezinsten Anleihe mit einem Nennwert von 2.000 $ und einer 10-jährigen abgezinsten Anleihe mit einem Nennwert von 6.000 $. Portefeuille B besteht aus einer 5,95-jährigen abgezinsten Anleihe mit einem Nennwert von 5.000 $. Die laufende Rendite aller Anleihen beträgt 10 Prozent per Annum.

    a. Zeigen Sie, dass beide Portefeuilles die gleiche Duration haben.

    b. Zeigen Sie, dass die prozentualen Veränderungen der Werte beider Portefeuilles bei einem Renditeanstieg von 0,1 Prozent per Annum gleich sind.

    c. Wie verändern sich die Werte der beiden Portefeuilles prozentual, wenn die Renditen um 5 Prozent per Annum steigen?

    d. Welches Portefeuille hat die höhere Konvexität?

16. Angenommen ein Anleiheportefeuille mit einer Duration von 12 Jahren wird mit einem Futureskontrakt abgesichert, dessen Basisobjekt eine Duration von 4 Jahren hat. Welche Wirkung dürfte die Tatsache auf das Sicherungsgeschäft haben, dass der 12-jährige Zins weniger volatil als der 4-jährige Zins ist?

17. Angenommen es ist der 20. Februar und ein Finanzleiter erkennt, dass das Unternehmen am 17. Juli Commercial Papers im Wert von 5 Millionen Dollar mit einer Laufzeit von 180 Tagen emittieren muss. Würde das Papier heute emittiert, würde das Unternehmen 4.820.000 $ realisieren. (In anderen Worten, das Unternehmen bekäme 4.820.000 $ für das Papier und müsste es in 180 Tagen für 5.000.000 $ zurücknehmen.) Der September Eurodollar Futurespreis ist mit 92,00 notiert. Wie sollte der Finanzleiter das Risiko des Unternehmens absichern?

18. Ein Portefeuille-Manager hat am 1. August ein Anleiheportefeuille im Wert von 10 Millionen Dollar. Die Duration des Portefeuilles beträgt 7,1 Jahre. Der Dezember T-Bond Futurespreis beträgt aktuell 91-12, die CtD-Anleihe hat eine Duration von 8,8 Jahren. Wie sollte der Portefeuille-Manager sein Portefeuille in den nächsten zwei Monaten gegen Zinsänderungen immunisieren?

19. Wie kann der Portefeuille-Manager aus Frage 18 die Duration des Portefeuilles auf 3,0 Jahre reduzieren?

20. Zwischen dem 28. Februar 1998 und dem 1. März 1998 können Sie wählen zwischen einer Staatsanleihe mit einem Anleihezins von 10 Prozent und einer Industrieschuldverschreibung mit einem Anleihezins von ebenfalls 10 Prozent. Denken Sie sorgfältig über die in diesem Kapitel diskutierte Day-Count-Konvention nach und überlegen Sie, welche der beiden Anleihen Sie vorziehen. Vernachlässigen Sie das Risiko einer Vertragsverletzung.

21. Angenommen ein Eurodollar Futures für einen Kontrakt mit einer Laufzeit von 60 Tagen ist mit 88 notiert. Wie ist der LIBOR-Terminzins für die 60- bis 150-tägige Periode? Vernachlässigen Sie für diese Frage den Unterschied zwischen Futures und Forwards.

22. Angenommen ein T-Bill Futures für einen Kontrakt mit einer Laufzeit von 60 Tagen ist mit 88 notiert. Wie ist der Staatsanleihen-Terminzins für die 60- bis 150-tägige Periode? Vernachlässigen Sie für diese Frage den Unterschied zwischen Futures und Forwards.

Kapitel 6 Swaps

Swaps sind private Vereinbarungen zwischen zwei Unternehmen über einen künftigen Cashflow-Austausch entsprechend einer vorher vereinbarten Formel. Sie können als Portefeuilles aus Forwardkontrakten betrachtet werden. Die Untersuchung von Swaps ist daher eine natürliche Erweiterung der Untersuchung von Forward- und Futureskontrakten.

Die ersten Swap-Kontrakte wurden 1981 verhandelt. Seitdem ist der Markt rapide gewachsen. Derzeit werden jedes Jahr Kontrakte im Wert von mehreren hundert Milliarden Dollar verhandelt. In diesem Kapitel wird untersucht, wie Swaps gestaltet, verwendet und bewertet werden. Außerdem wird kurz auf das Kreditrisiko der Finanzinstitutionen eingegangen, wenn sie Swaps und ähnliche Finanzkontrakte handeln.

Mechanismen der Zinsswaps

Der am weitesten verbreitete Swap-Typ ist der routinemäßige oder klassisch strukturierte (plain vanilla) Zinsswap. Dabei zahlt Partei B mehrere Jahre an Partei A Geldbeträge in Höhe eines vorher festgelegten festen Zinssatzes für ein fiktives Kapital, und Partei B zahlt Partei A im gleichen Zeitraum Gelder, die dem variablen Zins für das gleiche fiktive Kapital entsprechen. Gezahlt wird in gleicher Währung. Swaps können Laufzeiten von 1 Jahr bis zu über 15 Jahren haben.

LONDON INTERBANK OFFER RATE

In vielen Zinsswap-Verträgen entspricht der variable Zins dem London Interbank Offer Rate (LIBOR). Der LIBOR ist der Zins, den Banken für Einlagen anderer Banken an den Euromärkten zahlen. Der einmonatige LIBOR ist der Zins, der für einmonatige Einlagen geboten wird; der dreimonatige LIBOR ist der Zins, der für dreimonatige Einlagen gezahlt wird; und so weiter. Die LIBOR-Zinsen werden durch den Handel zwischen den Banken bestimmt und ändern sich kontinuierlich mit Änderung der wirtschaftlichen Bedingungen. So wie die Prime Rate oder der Kreditzins für erstklassige Adressen oftmals der Referenzzins für zinsvariable Kredite am inländischen Finanzmarkt ist, ist der LIBOR häufig der Referenzzins für Kredite an den internationalen Finanzmärkten. Um zu verstehen, wie ein Zinsswap verwendet wird, betrachte man einen Kredit zum sechsmonatigen LIBOR plus 0,5 Prozent per Annum. Die Laufzeit des Kredits wird in sechsmonatige Perioden geteilt. In jeder Periode liegt der Zins um 0,5 Prozent per Annum über dem sechsmonatigen LIBOR-Zins zu Beginn der Periode. Die Zinsen werden am Ende der Periode gezahlt. Wie in Kapitel 5 erwähnt, ist der dreimonatige LIBOR der Zins, der dem an der Chicago Mercantile Exchange gehandelten populären Eurodollar Futureskontrakt zugrunde liegt.

EIN BEISPIEL

Man betrachte einen am 1. März 1998 initiierten dreijährigen Swap, bei dem Unternehmen B sich verpflichtet, Unternehmen A für ein fiktives Kapital von 100 Millionen Dollar einen Zins von 5 Prozent per Annum zu zahlen. Unternehmen A wiederum verpflichtet sich, den sechsmonatigen LIBOR-Zins für das gleiche fiktive Kapital an Unternehmen B zu zahlen. Außerdem wird angenommen, dass der Vertrag spezifiziert, dass die Zahlungen alle sechs Monate ausgetauscht werden und dass der Zinssatz von 5 Prozent mit halbjährlicher Verzinsung notiert ist. Der Swap ist diagrammatisch in Abbildung 6.1 dargestellt.

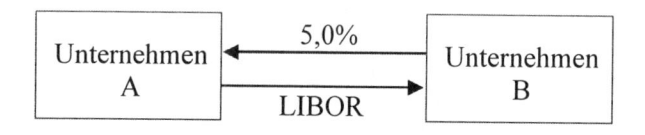

```
                    5,0%
 Unternehmen  <----------  Unternehmen
      A       ---------->       B
                   LIBOR
```

Abbildung 6.1: Zinsswap zwischen Unternehmen A und B

Der erste Zahlungsaustausch findet am 1. September 1998 statt, sechs Monate nach Initiierung des Vertrages. Unternehmen B zahlt Unternehmen A 2,5 Millionen Dollar. Das sind die Zinsen für das Kapital von 100 Millionen Dollar nach einem halben Jahr bei einem Zinssatz von 5 Prozent. Unternehmen A zahlt an Unternehmen B für das Kapital von 100 Millionen Dollar den sechs Monate vor dem 1. September 1998 gültigen sechsmonatigen LIBOR-Zins – also den Zins vom 1. März 1998. Angenommen der sechsmonatige LIBOR-Zins betrug am 1. März 1998 4,2 Prozent. Unternehmen A zahlt Unternehmen B $0{,}5 \times 0{,}042 \times 100$ \$ = 2,1 Millionen Dollar. Bei dieser ersten Zahlung gibt es keinerlei Unsicherheiten, da die Zahlung von dem LIBOR-Zins bestimmt wird, der zur Zeit der Vertragvereinbarung gilt.

Der zweite Zahlungsaustausch findet am 1. März 1999 statt, ein Jahr nach der Initiierung der Vereinbarung. Unternehmen B zahlt 2,5 Millionen Dollar an Unternehmen A. Unternehmen A zahlt Zinsen für das Kapital von 100 Millionen Dollar zum sechsmonatigen LIBOR-Zins, der sechs Monate vor dem 1. März 1999 galt – also den Zins vom 1. September 1998. Angenommen am 1. September 1998 betrug der sechsmonatige LIBOR-Zins 4,8 Prozent. Unternehmen A zahlt 0,5 × 0,048 × 100 $ = 2,4 Millionen Dollar an Unternehmen B.

Insgesamt werden bei dem Swap sechsmal Zahlungen ausgetauscht. Die festen Zahlungen betragen immer 2,5 Millionen Dollar. Die zinsvariablen Zahlungen werden am Zahltag anhand des sechsmonatigen LIBOR-Zinses berechnet, der vor dem Zahltag galt. Ein Zinsswap ist im allgemeinen so strukturiert, dass die eine Seite die Differenz zwischen den beiden Zahlungen an die andere Seite zahlt. Im vorliegenden Beispiel zahlt somit Unternehmen B am 1. September 1998 0,4 Millionen Dollar (= 2,5 Millionen Dollar – 2,1 Millionen Dollar) und am 1. März 1999 0,1 Millionen Dollar (= 2,5 Millionen Dollar – 2,4 Millionen Dollar) an Unternehmen A.

Tabelle 6.1: Cashflows (in Mio $) an Unternehmen B im Rahmen eines dreijährigen Zinsswaps über 100 Millionen Dollar bei Zahlung eines Festzinses von 5 Prozent und Erhalt des LIBOR-Zinses

Datum	LIBOR-Zins (in %)	Erhaltener variabler Cashflow	Gezahlter fixer Cashflow	Cashflow Netto
1. März 1998	4,20			
1. September 1998	4,80	+2,10	−2,50	−2,40
1. März 1999	5,30	+2,40	−2,50	−0,10
1. September 1999	5,50	+2,65	−2,50	+0,15
1. März 2000	5,60	+2,75	−2,50	+0,25
1. September 2000	5,90	+2,80	−2,50	+0,30
1. März 2001	6,40	+2,95	−2,50	+0,45

Tabelle 6.1 liefert ein vollständiges Beispiel für die Zahlungen, die bei einem bestimmten sechsmonatigen LIBOR-Zins-Bündel im Rahmen des

Swaps erfolgen. Die Tabelle zeigt die Swap-Cashflows aus Sicht von Unternehmen B. Das Kapital von 100 Millionen Dollar wird nur zur Berechnung der Zinszahlungen benutzt. Das Kapital selbst wird nicht ausgetauscht. Deshalb wird es *fiktives Kapital* genannt.

Würde das Kapital am Ende des Swap-Laufzeit ausgetauscht, würde dies das Wesen der Vereinbarung in keiner Weise verändern. Das Kapital für die fixen und variablen Zahlungen unterscheidet sich nicht. Beide Unternehmen würden am Ende der Swap-Laufzeit jeweils 100 Millionen Dollar Kapital austauschen, ohne dass diese Transaktion für eine der Parteien einen finanziellen Wert hätte. Tabelle 6.2 zeigt die Cashflows aus Tabelle 6.1 erweitert um den abschließenden Austausch des Kapitals. Die Cashflows in der dritten Spalte dieser Tabelle sind die Cashflows aus einer Kaufposition in einer zinsvariablen Anleihe. Die Cashflows in der vierten Spalte der Tabelle sind die Cashflows aus einer Verkaufsposition in einer festverzinslichen Anleihe. Die Tabelle zeigt, dass der Swap als Tausch einer festverzinslichen Anleihe gegen eine zinsvariable Anleihe gesehen werden kann. Unternehmen B, dessen Position in Tabelle 6.2 beschrieben ist, ist im Besitz einer zinsvariablen Anleihe und hat eine festverzinsliche Anleihe leerverkauft. Unternehmen A ist im Besitz einer festverzinslichen Anleihe und hat eine zinsvariable Anleihe leerverkauft.

Tabelle 6.2: Cashflows (in Mio $) aus Tabelle 6.1, wenn am Ende das Kapital ausgetauscht wird

Datum	LIBOR-Zins (in %)	Erhaltener variabler Cashflow	Gezahlter fixer Cashflow	Cashflow Netto
1. März 1998	4,20			
1. September 1998	4,80	+2,10	−2,50	−2,40
1. März 1999	5,30	+2,40	−2,50	−0,10
1. September 1999	5,50	+2,65	−2,50	+0,15
1. März 2000	5,60	+2,75	−2,50	+0,25
1. September 2000	5,90	+2,80	−2,50	+0,30
1. März 2001	6,40	+102,95	−102,50	+0,45

Diese Charakterisierung der Cashflows hilft zu erklären, warum der sechs Monate vorher gültige variable Zins für die Zahlung gilt. Bei einem zinsvariablen Instrument wird der Zins im allgemeinen zu Beginn der für ihn geltenden Periode festgelegt, und er wird am Ende der Periode gezahlt. Das Timing der zinsvariablen Zahlungen bei einem klassischen Zinsswap wie dem in Tabelle 6.2 reflektiert diese Charakterisierung.

TRANSFORMATION EINER VERBINDLICHKEIT MITTELS EINES SWAPS

Unternehmen B könnte den Swap verwenden, um einen zinsvariablen Kredit in einen festverzinslichen Kredit zu transformieren. Angenommen Unternehmen B vereinbart einen Kredit über 100 Millionen Dollar zum LIBOR plus 80 Basispunkte. (Ein Basispunkt ist ein Hunderstel eines Prozents, so dass der Zins einem LIBOR plus 0,8 Prozent entspricht.) Nach Vereinbarung des Swaps gelten für Unternehmen B folgende Cashflow-Bündel:

1. Es zahlt den LIBOR plus 0,8 Prozent an den externen Kreditgeber.
2. Es erhält den LIBOR im Rahmen des Swaps.
3. Es zahlt 5 Prozent im Rahmen des Swaps.

Diese drei Cashflow-Bündel ergeben netto Zinszahlungen von 5,8 Prozent. Der Swap transformiert den Kredit, den Unternehmen B zu einem variablen Zins aus dem LIBOR plus 80 Basispunkte aufgenommen hat, in einen Kredit mit einem festen Zins von 5,8 Prozent.

Der Swap hat für das Unternehmen A den Effekt, dass er einen Kredit zu einem festen Zins in einen Kredit zu einem variablen Zins transformiert. Angenommen Unternehmen A hat einen Dreijahres-Kredit über 100 Millionen Dollar zum Zinssatz von 5,2 Prozent laufen. Nachdem es den Swap eingegangen ist, gelten für das Unternehmen A folgende Cashflow-Bündel:

1. Es zahlt 5,2 Prozent an die externen Gläubiger.
2. Es zahlt den LIBOR im Rahmen des Swaps.
3. Es erhält 5 Prozent im Rahmen des Swaps.

Diese drei Cashflow-Bündel ergeben netto eine Zinszahlung in Höhe des LIBORs plus 0,2 Prozent (oder LIBOR plus 20 Basispunkte). Der Swap transformiert den Kredit, den Unternehmen A zum Festzins von 5,2 Prozent aufgenommen hat, in einen Kredit zu einem variablen Zins in Höhe des LIBORs plus 20 Basispunkte. Diese potentiellen Nutzungsmöglichkeiten, die der Swap den Unternehmen A und B bietet, sind in Abbildung 6.3 veranschaulicht.

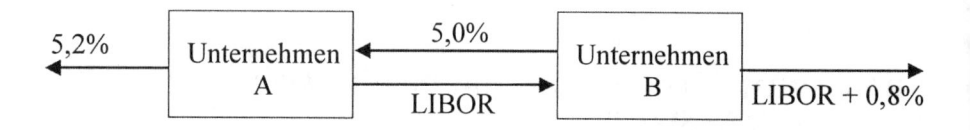

```
          5,0%
5,2% ← Unternehmen ←──── Unternehmen
         A                    B
              LIBOR →            LIBOR + 0,8% →
```

Abbildung 6.2: Unternehmen A und B nutzen den Swap zur Transformation einer Verbindlichkeit

TRANSFORMATION EINER VERMÖGENSWERTES MITTELS EINES SWAPS

Mit einem Swap lässt sich auch das Wesen von Vermögenswerten transformieren. Man betrachte Unternehmen B aus unserem Beispiel. Der Swap kann bewirken, dass ein Vermögenswert, der einen festen Zins abwirft, in einen Vermögenswert transformiert wird, der einen variablen Zins abwirft. Angenommen Unternehmen B besitzt 100 Millionen Dollar in Anleihen, die in den nächsten drei Jahren einen Zins von 4,7 Prozent per Annum abwerfen. Nach Vereinbarung des Swaps ergeben sich für Unternehmen B folgende Cashflow-Bündel:

1. Es bekommt 4,7 Prozent aus den Anleihen.

2. Es bekommt den LIBOR im Rahmen des Swaps.

3. Es zahlt 5 Prozent im Rahmen des Swaps.

Diese drei Cashflow-Bündel ergeben netto einen Zinszufluss in Höhe des LIBORs minus 30 Basispunkte. Unternehmen B kann den Swap somit unter anderem potentiell dazu verwenden, einen Vermögenswert, der 4,7 Prozent abwirft, in einen Vermögenswert zu transformieren, der den LIBOR minus 30 Basispunkte abwirft.

Man betrachte als nächstes Unternehmen A. Mit dem Swap lässt sich ein Vermögenswert, der einen variablen Zins abwirft, in einen Vermögenswert mit festem Zinsertrag transformieren. Angenommen Unternehmen A hat ein Investment von 100 Millionen Dollar, das den LIBOR minus 25 Basispunkte einbringt. Nach Vereinbarung des Swaps ergeben sich für Unternehmen B folgende Cashflow-Bündel:

1. Es erhält für die Investition den LIBOR minus 25 Basispunkte.
2. Es zahlt den LIBOR im Rahmen des Swaps.
3. Es erhält 5 Prozent im Rahmen des Swaps.

Diese drei Cashflow-Bündel führen netto zu einem Zinszufluss von 4,75 Prozent. Unternehmen B kann den Swap somit unter anderem potentiell dazu verwenden, einen Vermögenswert, der den LIBOR minus 25 Basispunkte abwirft, in einen Vermögenswert zu transformieren, der 4,75 Prozent abwirft. Diese potentiellen Nutzungsmöglichkeiten, die der Swap den Unternehmen A und B bietet, sind in Abbildung 6.3 veranschaulicht.

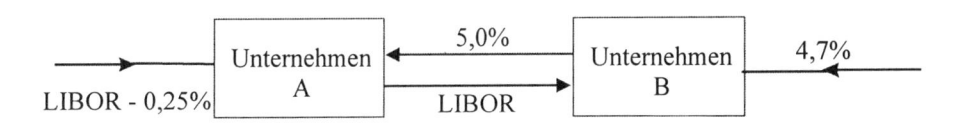

```
                    5,0%
  ──▶ ┌──────────┐ ◀────── ┌──────────┐ 4,7%
       │Unternehmen│         │Unternehmen│ ◀──
LIBOR - 0,25%│    A     │ ──────▶ │    B     │
       └──────────┘  LIBOR  └──────────┘
```

Abbildung 6.3: Unternehmen A und B nutzen den Swap zur Transformation eines Vermögenswertes

DIE ROLLE DES FINANZIELLEN INTERMEDIÄRS

Normalerweise arrangieren zwei Nichtbanken-Unternehmen einen wie in den Abbildungen 6.2 und 6.3 dargestellten Swap nicht direkt. Sie schalten vielmehr einen finanziellen Intermediär wie eine Bank oder eine andere Finanzinstitution zwischen. „Plain vanilla" Swaps über US-Zinsen, bei denen festverzinslich gegen variabel verzinslich getauscht wird, sind normalerweise so strukturiert, dass die Finanzinstitution ungefähr 3 oder 4 Basispunkte (0,03 Prozent bis 0,04 Prozent) je Paar an solchen Verrechnungsgeschäften verdient.

Abbildung 6.4 zeigt die Rolle, die eine Finanzinstitution in einer Situation wie in Abbildung 6.2 haben kann. Die Finanzinstitution arrangiert zwei Swap-Verrechnungsgeschäfte der Unternehmen A und B. Wenn A und B beide den Vertrag erfüllen, macht die Finanzinstitution jährlich einen Gewinn von 0,03 Prozent (3 Basispunkte) auf das Kapital von 100 Millionen

Dollar. (Das ergibt in den drei Jahren 30.000 $ pro Jahr.) Unternehmen B nimmt letztlich also einen Kredit für 5,815 Prozent (statt 5,8 Prozent wie in Abbildung 6.2) auf. Unternehmen A nimmt letztlich einen Kredit zum LIBOR plus 21,5 Basispunkte (statt zum LIBOR plus 20 Basispunkte wie in Abbildung 6.2) auf.

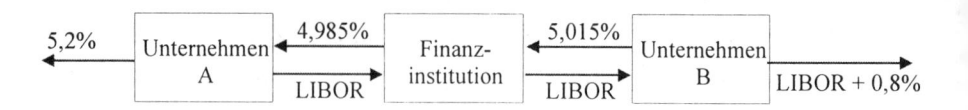

```
         4,985%            5,015%
5,2% ← Unternehmen ← Finanz- ← Unternehmen
        A    →    institution   →    B    → LIBOR + 0,8%
            LIBOR            LIBOR
```

Abbildung 6.4: Zinsswap aus Abbildung 6.2 bei Einschalten einer Finanzinstitution

Abbildung 6.5 veranschaulicht die Rolle der Finanzinstitution in einer Situation wie in Abbildung 6.3. Wieder macht die Finanzinstitution einen sicheren Gewinn von 3 Basispunkten, wenn beide Unternehmen den Vertrag erfüllen. Unternehmen B verdient letztlich den LIBOR minus 31,5 Basispunkte (statt des LIBORs minus 30 Basispunkte wie in Abbildung 6.3). Unternehmen A verdient letztlich 4,735 Prozent (statt 4,75 Prozent wie in Abbildung 6.3).

```
              4,985%            5,015%
→ Unternehmen ← Finanz- ← Unternehmen 4,7%
LIBOR    A     →  institution   →    B    ←
-0,25%        LIBOR            LIBOR
```

Abbildung 6.5: Zinsswap aus Abbildung 6.3 bei Einschalten einer Finanzinstitution

Man beachte, dass in jedem Fall die Finanzinstitution zwei getrennte Kontrakte hat: einen mit Unternehmen A und einen mit Unternehmen B. In den meisten Fällen weiß Unternehmen A nicht einmal, dass die Finanzinstitution einen verrechnenden Swap mit Unternehmen B vereinbart et vice versa. Bricht eines der Unternehmen den Vertrag, muss die Finanzinstitution trotzdem den Vertrag mit dem anderen Unternehmen erfüllen. Der Aufschlag von

3 Basispunkten, den die Finanzinstitution erhebt, soll teilweise auch für das Risiko eines Vertragsbruchs kompensieren.

PREISLISTEN

Der Festzins für einen „plain vanilla" Swap wird normalerweise notiert als bestimmte Zahl von Basispunkten über der Rendite eines T-Note. Tabelle 6.3 zeigt die *Preisliste (indication pricing schedule)*, die die Swap-Händler der Finanzinstitutionen am 17. Oktober 1996 um 16 Uhr New Yorker Zeit verwendeten. Angegeben sind die Kursnotierungen für die potentiellen Gegenparteien. Bei einem fünfjährigen Swap beispielsweise, bei dem eine Finanzinstitution einen Festzins zahlt und einen sechsmonatigen LIBOR bekommt, liegt der Festzins 23 Basispunkte über dem aktuellen T-Note-Zins von 6,24 Prozent. In anderen Worten, die Finanzinstitution legt den Festzins bei 6,47 Prozent fest. Bei einem fünfjährigen Swap dagegen, in dem eine Finanzinstitution einen Festzins erhält und den sechsmonatigen LIBOR zahlt, liegt der Festzins laut Liste 27 Basispunkte über dem aktuellen T-Note-Zins oder bei 6,51 Prozent. Der Gewinn der Bank oder die Spanne zwischen Geld und Brief aus dem Verhandeln zweier miteinander verrechneter fünfjähriger Swaps beträgt somit 4 Basispunkte (0,04 Prozent) per Annum.[1]

Tabelle 6.3: Preisliste für Zinsswaps vom 17. Oktober 1996, 16 Uhr New Yorker Zeit

Laufzeit (Jahre)	Bank zahlt Festzins	Bank erhält Festzins	Aktueller TN*-Zins (%)
2	2jr TN + 17 BP[†]	2jr TN + 20 BP	5,86
3	3jr TN + 19 BP	3jr TN + 22 BP	6,02
4	4jr TN + 22 BP	4jr TN + 26 BP	6,13
5	5jr TN + 23 BP	5jr TN + 27 BP	6,24
7	7jr TN + 30 BP	7jr TN + 33 BP	6,35
10	10jr TN + 32 BP	10jr TN + 36 BP	6,51

*TN = T-Note. [†] BP = Basispunkte.

---

[1] In den Anfangstagen der Swaps waren Spannen zwischen Geld und Brief von 100 Basispunkten möglich. Wie Tabelle 6.3 zeigt, ist die Konkurrenz am Markt heute viel stärker.

Die Swap-Spannen werden zu jedem Zeitpunkt durch Angebot und Nachfrage bestimmt. Wenn mehr Marktteilnehmer einen Festzins statt eines variablen Zinses möchten, hat die Swap-Spanne eine sinkende Tendenz. Im umgekehrten Fall hat die Swap-Spanne eine steigende Tendenz. Tabelle 6.3 würde regelmäßig an die Marktänderungen angepasst werden.

Die in Kapitel 5 diskutierten Day-Count-Konventionen wirken sich auf die Swap-Zahlungen aus. Da der sechsmonatige LIBOR ein Geldmarktzins ist, wird er auf der Basis effektiv/360 mit halbjährlicher Verzinsung notiert. Der T-Note-Zins wird auf der Basis effektiv/effektiv (in Periode) mit halbjährlicher Verzinsung notiert. Das kann für Verwirrung sorgen. Um in einem Jahr mit 365 Tagen einen sechsmonatigen LIBOR-Zins mit einem T-Note-Zins vergleichen zu können, wird entweder der sechsmonatige LIBOR-Zins mit 365/360 multipliziert oder der T-Note-Zins wird mit 360/365 multipliziert. Ein auf dem LIBOR basierender zinsvariabler Cashflow wird am Swap-Zahltag berechnet mit QRn/360, mit Q als Kapital, R als relevantem LIBOR-Zins und n als Anzahl der Tage seit dem letzten Zahltermin.[2]

SWAP AUF VORRAT

In der Praxis ist es unwahrscheinlich, dass zwei Unternehmen gleichzeitig eine Finanzinstitution kontaktieren, weil sie die beiden Positionen in genau dem selben Swap möchten. Aus diesem Grund sind die meisten Finanzinstitutionen darauf vorbereitet, Zinsswaps auf Vorrat zu halten. Gewöhnlich treffen sie eine Swap-Vereinbarungg mit einer Gegenpartei und sichern das Zinsrisiko solange ab, bis sie eine Gegenpartei, die die Gegenposition haben möchte, finden. Die in Kapitel 5 diskutierten Zinsfutures sind eine Möglichkeit für ein Sicherungsgeschäft.

---

[2] Einige der Zahlen, die vorher in diesem Kapitel ausgerechnet wurden, spiegeln nicht ganz genau die Day-Count-Konvention für den LIBOR wider. Beispielsweise wäre der erste zinsvariable Cashflow in Dollar in Tabelle 6.1

$$100 \times 0{,}042 \times \frac{184}{360} = 2{,}1467$$

Der Festzins-Cashflow beträgt bei allen Zahlterminen genau 2,5 Millionen Dollar. Der Netto-Cashflow beträgt bei der ersten Zahlung somit 0,3533 Millionen Dollar.

Das Argument des komparativen Vorteils

Ein Argument, mit dem die Beliebtheit der Swaps oft begründet wird, ist der komparative Vorteil. Man betrachte einen Swap, der zur Transformation einer Verbindlichkeit verwendet wird. Es wird argumentiert, dass einige Unternehmen einen komparativen Vorteil haben, wenn sie Kapital an Festzins-Märkten aufnehmen, wohingegen andere Unternehmen einen Vorteil haben, wenn sie Kapital an Märkten mit variablen Zinsen aufnehmen. Für ein Unternehmen ist es sinnvoll, einen Kredit an dem Markt aufzunehmen, an dem es einen komparativen Vorteil hat. Das kann dazu führen, dass das Unternehmen sich Geld zu einem Festzins leiht, obwohl es einen variablen Zins will, oder dass es umgekehrt zu einem variablen Zins leiht, wenn es einen Festzins will. Der Swap wird benutzt, um einen festverzinslichen Kredit in einen zinsvariablen Kredit zu transformieren et vice versa.

EIN BEISPIEL

Angenommen die beiden Unternehmen A und B wollen für fünf Jahre 10 Millionen Dollar aufnehmen. Es werden ihnen die in Tabelle 6.4 aufgeführten Zinsen angeboten. Angenommen Unternehmen B möchte den Kredit zu einem Festzins haben, während Unternehmen A den Kredit zu einem variablen Zins möchte, der an den sechsmonatigen LIBOR gebunden ist. Die Kreditwürdigkeit von Unternehmen B ist eindeutig niedriger als von Unternehmen A, weil es sowohl an den Märkten mit Festzinsen als auch an den Märkten mit variablen Zinsen einen höheren Zins als Unternehmen A zahlt.

Tabelle 6.4: Kreditzinsen, die als Basis für das Argument des komparativen Vorteils dienen

	Fest	*Variabel*
Unternehmen A	10,0%	6-Monate-LIBOR + 0,3%
Unternehmen B	11,2%	6-Monate-LIBOR + 1,0%

Ein zentrales Merkmal der den Unternehmen A und B angebotenen Zinsen ist, dass der Unterschied zwischen den beiden Festzinsen größer ist als der Unterschied zwischen den beiden variablen Zinsen. Unternehmen B zahlt an den Festzins-Märkten 1,2 Prozent mehr als Unternehmen A und an den

Märkten für variable Zinsen nur 0,7 Prozent mehr als Unternehmen A. Unternehmen B hat anscheinend einen komparativen Vorteil an den Märkten für variable Zinsen, während Unternehmen B anscheinend einen komparativen Vorteil an den Festzins-Märkten hat.[3] Es ist diese scheinbare Anomalie, die zu einer Swap-Vereinbarung führen kann. Unternehmen A nimmt einen Kredit zu einem Festzins von 10% per Annum auf. Unternehmen B nimmt einen zinsvariablen Kredit zum LIBOR plus 1 Prozent per Annum auf. Beide Unternehmen vereinbaren einen Swap, der sichergestellt, dass A letztlich einen zinsvariablen Kredit und B letztlich einen festverzinslichen Kredit hat.

Um zu verstehen, wie der Swap funktionieren könnte, sei angenommen, dass A und B direkt Kontakt miteinander aufnehmen. Die Art von Swap, die sie aushandeln könnten, wird in Abbildung 6.6 gezeigt. Unternehmen A verpflichtet sich, Unternehmen B Zinsen in Höhe des sechsmonatigen LIBORs auf 10 Millionen Dollar zu zahlen. Unternehmen B wiederum verpflichtet sich, Unternehmen A einen Festzins von 9,95 Prozent per Annum auf 10 Millionen Dollar zu zahlen.

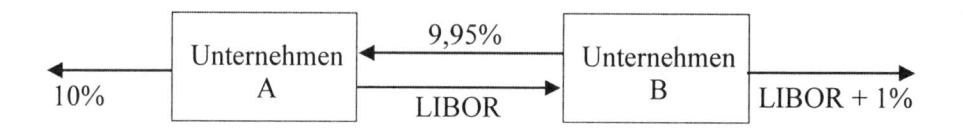

```
                    9,95%
         ┌──────────┐◄──────────┌──────────┐
◄────────│Unternehmen│           │Unternehmen│────────►
  10%    │     A     │──────────►│     B     │ LIBOR + 1%
         └──────────┘   LIBOR   └──────────┘
```

Abbildung 6.6: Swap-Vertrag zwischen A und B, wenn Zinsen in Tabelle 6.4 gelten

Unternehmen A hat drei Bündel an Zins-Cashflows:

1. Es zahlt 10 Prozent per Annum an externe Gläubiger.

2. Es erhält 9,95 Prozent per Annum von B.

3. Es zahlt den LIBOR an B.

---

[3] Hinzuweisen ist darauf, dass Bs komparativer Vorteil an den Märkten für variable Zinsen nicht impliziert, dass B an diesem Markt einen niedrigeren Zins als A zahlt. Es bedeutet, dass der von B bezahlte Extrabetrag, der den von A bezahlten Betrag übersteigt, an diesem Markt kleiner ist. Einer meiner Studenten hat die Situation wie folgt zusammengefasst: „A zahlt mehr weniger an Festzinsmärkten; B zahlt weniger mehr an Märkten mit variablen Zinsen."

Die drei Cashflows haben den Netto-Effekt, dass A den LIBOR plus 0,05 Prozent per Annum zahlt. Unternehmen A muss somit 0,25 Prozent per Annum weniger zahlen als bei einer direkten Kreditaufnahme an Märkten mit variablen Zinsen.

Auch Unternehmen B hat drei Zins-Cashflows:

1. Es zahlt den LIBOR + 1 Prozent an externe Gläubiger.
2. Es erhält den LIBOR von A.
3. Es zahlt 9,95 Prozent per Annum an A.

Die drei Cashflows haben den Netto-Effekt, dass B 10,95 Prozent per Annum zahlt. Das sind 0,25 Prozent per Annum weniger als bei einer direkten Kreditaufnahme an den Festzins-Märkten.

Die Swap-Vereinbarung verbessert anscheinend die Positionen von A und B um jeweils 0,25 Prozent per Annum. Der Gesamtgewinn beträgt somit 0,5 Prozent per Annum. Das Ergebnis hätte auch im voraus berechnet werden können. Der offensichtliche Gesamtgewinn aus einer Swap-Vereinbarung ist immer $|a - b|$, wobei a die Differenz zwischen den Zinssätzen zweier Unternehmen an den Festzins-Märkten und b die Differenz zwischen den Zinssätzen der beiden Unternehmen an den Märkten für variable Zinsen ist. In diesem Fall ist a = 1,2 Prozent und b = 0,7 Prozent.

Wenn A und B nicht direkt miteinander verhandeln, sondern eine Finanzinstitution einschalten, kann dies zu einem Ergebnis wie in Abbildung 6.7 führen. In diesem Fall zahlt Unternehmen A letztlich für den Kredit den LIBOR plus 0,07 Prozent, Unternehmen B zahlt letztlich für den Kredit 10,97 Prozent, die Finanzinstitution verdient eine Spanne von 4 Basispunkten jährlich. Unternehmen A macht 0,23 Prozent Gewinn; Unternehmen B macht einen Gewinn von 0,23 Prozent; und die Finanzinstitution macht einen Gewinn von 0,04 Prozent. Der Gesamtgewinn aller drei Parteien beträgt wie vorher 0,50 Prozent. Tabelle 6.5 fasst dieses Beispiel zusammen.

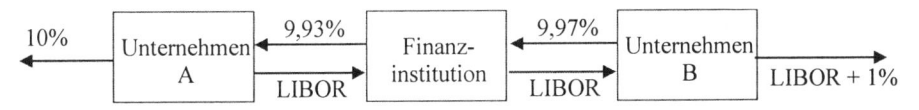

Abbildung 6.7: Swap-Vertrag zwischen A und B, wenn Zinsen in Tabelle 6.4 gelten und ein Finanzintermediär beteiligt ist

Tabelle 6.5: Zinsswap-Vertrag, der auf offensichtlichen komparativen Vorteilen basiert

Am Tisch des Wertpapierhändlers

Unternehmen A und Unternehmen B möchten beide 10 Millionen Dollar für fünf Jahre leihen. A möchte einen zinsvariablen Kredit mit einem Zins, der an den sechsmonatigen LIBOR gebunden ist. Unternehmen B möchte einen Festzinskredit vereinbaren. Folgende Zinssätze werden ihnen angeboten:

	Fest	Variabel
Unternehmen A	10,0%	6-Monate LIBOR + 0,3%
Unternehmen B	11,2%	6-Monate LIBOR + 1,0%

Die Strategie

1. Unternehmen A nimmt einer Kredit zum Festzins von 10 Prozent per Annum auf.
2. Unternehmen B nimmt einen Kredit zum variablen LIBOR + 1 Prozent per Annum auf.
3. Beide Unternehmen swappen.

Der Swap ohne Intermediär

Die Vereinbarung ist in Abbildung 6.6 dargestellt. Unternehmen A verpflichtet sich, Unternehmen B den sechsmonatigen LIBOR-Zins für die 10 Millionen Dollar zu zahlen. Unternehmen B verpflichtet sich im Gegenzug, Unternehmen A einen Zins von 10,95 Prozent per Annum für die 10 Millionen Dollar zu zahlen. Netto leiht A letztlich zum LIBOR + 0,05 Prozent, während B letztlich einen Kreditzins von 10,95 Prozent hat. Beide Parteien verbessern sich durch den Swap um 0,25 Prozent per Annum.

Der Swap mit Intermediär

Die Vereinbarung ist in Abbildung 6.7 dargestellt. A und B swappen mittels eines Finanzintermediärs. Netto leiht A letztlich zum LIBOR + 0,07 Prozent, während B letztlich einen Kreditzins von 10,97 Prozent per Annum hat. Der Intermediär hat eine Spanne von 0,04 Prozent per Annum. Die Parteien A und B verbessern sich durch den Swap um 0,23 Prozent per Annum.

KRITIK AM ARGUMENT DES KOMPARATIVEN VORTEILS

Das Argument des komparativen Vorteils zur Erklärung der Beliebtheit von Zinsswaps lässt Fragen offen. Warum sollten in Tabelle 6.4 die Spannen zwischen den A und B gebotenen Zinssätzen an den Festzins-Märkten und den Märkten für variable Zinsen verschieden sein? Der Swap-Markt existiert bereits seit einigen Jahren, so dass man vernünftigerweise davon ausgehen kann, dass diese Unterschiede durch Arbitrage beseitigt wurden.

Der Grund, dass es anscheinend immer noch Spannen-Differentiale gibt, kann zum einen im Wesen der Kontrakte liegen, die den Unternehmen an den Zins-Märkten angeboten werden. Es ist wahrscheinlich, dass die 10 Prozent und die 11,2 Prozent, die Unternehmen A und B an den Festzins-Märkten bekommen können, die Sätze sind, zu denen die Unternehmen fünfjährige Festzins-Anleihen emittieren können. Der LIBOR + 0,3 Prozent und der LIBOR + 1 Prozent, die Unternehmen A und B an den Märkten für variable Zinsen bekommen können, sind halbjährliche Zinsen. Am Markt für variable Zinsen hat der Gläubiger gewöhnlich die Möglichkeit, die Marge alle sechs Monate zu überprüfen. Ist die Kreditwürdigkeit von Unternehmen A oder B gesunken, hat der Kreditgeber die Möglichkeit, die Spanne über dem LIBOR zu erhöhen. Unter extremen Bedingungen kann der Gläubiger sich weigern, den Kredit bei Fälligkeit überhaupt zu prolongieren. Die Anbieter von Festzins-Krediten haben nicht die Option, die Kreditmodalitäten auf diese Weise zu verändern.[4]

Die Spannen zwischen den Zinssätzen, die A und B geboten werden, spiegeln die Höhe der Wahrscheinlichkeit wider, dass B verglichen mit A den Vertrag bricht. Die Wahrscheinlichkeit, dass A oder B in den nächsten sechs Monaten den Vertrag nicht einhalten, ist sehr gering. Die Statistiken zeigen aber, dass die Wahrscheinlichkeit des Vertragsbruchs bei Unternehmen mit einer relativ geringeren Bonität (wie Unternehmen B) langfristig schneller steigt als bei Unternehmen mit einer relativ höheren Bonität (wie Unternehmen A). Das ist auch der Grund dafür, dass die Spanne bei den fünfjährigen Zinsen größer ist als die Spanne bei den sechsmonatigen Zinsen.

Nachdem B einen zinsvariablen Kredit zum LIBOR + 1 Prozent ausgehandelt und den in Abbildung 6.7 gezeigten Swap vereinbart hat, hat Unternehmen B anscheinend einen festverzinslichen Kredit zu 10,97 Prozent. Die

---

[4] Wenn die zinsvariablen Kredite so strukturiert sind, dass die Spanne über dem LIBOR unabhängig von Veränderungen der Bonität im voraus garantiert ist, verschwindet der komparative Vorteil in Tabelle 6.4 im allgemeinen.

eben dargestellten Argumente zeigen, dass dies nicht wirklich der Fall ist. In der Praxis beträgt der gezahlte Zins nur dann 10,97 Prozent, wenn B auch weiterhin zinsvariable Kredite mit einer Spanne von 1 Prozent über dem LIBOR aufnehmen kann. (Sinkt beispielsweise die Bonität von B, so dass der variable Zins sich auf den LIBOR + 2 Prozent erhöht, steigt der von B zu zahlende Zins auf 11,97 Prozent.) Der relativ hohe fünfjährige Kreditzins, der laut Tabelle 6.4 für B gilt, deutet an, dass der Markt es für wahrscheinlicher hält, dass Bs Spanne für den sechsmonatigen LIBOR-Kredit steigt und nicht fällt. Falls dies zutrifft, dann ist, wenn B den Swap vereinbart, Bs erwarteter durchschnittlicher Kreditzins höher als 10,97 Prozent.

Durch den Swap in Abbildung 6.7 schreibt Unternehmen A nicht nur für die nächsten sechs Monate, sondern für die nächsten fünf Jahre einen LIBOR + 0,07 Prozent fest. Dies ist ein gutes Geschäft für das Unternehmen A, es sei denn, es gibt gute Gründe anzunehmen, dass sich die Bonität von A erhöht. Die Vereinbarung hat aber auch eine Kehrseite für Unternehmen A, nämlich einen möglichen (aber sehr unwahrscheinlichen) Vertragsbruch durch die Finanzinstitution.

Bewertung von Zinsswaps

Geht man davon aus, dass es keinen Vertragsbruch gibt, kann man einen Zinsswap entweder als Kaufposition in einer Anleihe kombiniert mit einer Verkaufsposition in einer anderen Anleihe oder als ein Portefeuille aus Zinsterminkontrakten (forward rate agreement, FRA) betrachten.

BEZIEHUNG ZWISCHEN SWAPWERT UND ANLEIHEKURSEN

Wie in Tabelle 6.2 veranschaulicht, kann ein Swap als Differenz zwischen zwei Anleihen charakterisiert werden. Man betrachte den Swap zwischen einer Finanzinstitution und Unternehmen B in Abbildung 6.4. Obwohl das Kapital nicht ausgetauscht wird, kann man, ohne den Wert des Swap zu ändern, davon ausgehen, dass bei Vertragsende Unternehmen A ein fiktives Kapital von 100 Millionen Dollar an B zahlt und dass B das gleiche fiktive Kapital an A zahlt. Der Swap ist dann identisch mit einem Vertrag, bei dem

1. Unternehmen B der Finanzinstitution 100 Millionen Dollar zum sechsmonatigen LIBOR-Zins leiht

2. Die Finanzinstitution Unternehmen B 100 Millionen Dollar zum Festzins von 5,015 Prozent per Annum leiht

Mit anderen Worten, die Finanzinstitution verkauft Unternehmen B eine zinsvariable (LIBOR) Anleihe über 100 Millionen Dollar und kauft von Unternehmen B eine festverzinsliche (5,015 Prozent per Annum) Anleihe über 100 Millionen Dollar. Für die Finanzinstitution hat der Swap einen Wert, der der Differenz zwischen den Werten der beiden Anleihen entspricht.

Angenommen eine Finanzinstitution erhält im Rahmen eines Swaps feste Zahlungen von k Dollar in den Zeitpunkten t_i ($1 \leq i \leq n$) und zahlt gleichzeitig einen variablen LIBOR. Es gilt:

V_{swap}: Wert des Swaps für die Finanzinstitution

B_{fix}: Wert der festverzinslichen Anleihe, die dem Swap zugrunde liegt

B_{fl}: Wert der zinsvariablen Anleihe, die dem Swap zugrunde liegt

Q: fiktives Kapital in dem Swap-Vertrag

Es folgt, dass

(6.1) $\qquad V_{swap} = B_{fix} - B_{fl}$

Es ist üblich, die Cashflows in einem Swap mit den LIBOR-Sätzen abzuzinsen. Die implizite Annahme ist, dass das mit den Cashflows assoziierte Risiko dem Risiko entspricht, das mit den Cashflows eines Kredits am Interbanken-Markt assoziiert ist.[5] Eine LIBOR-Nullkupon-Ertragskurve wird gewöhnlich aus den Eurodollar-Notierungen und den Swap-Notierungen wie denen in Tabelle 6.3 errechnet. Zu diesem Zweck wird angenommen, dass ein Swap, der zum Durchschnitt von Geld und Brief eingegangen wird, einen Wert von null hat. Der Wert der zinsvariablen Anleihe, die einem solchen Swap zugrunde liegt, entspricht dem Nennwert. Folglich ist der Wert der festverzinslichen Anleihe ebenfalls gleich dem Nennwert. Eine Preisliste wie in Tabelle 6.3 definiert somit eine Anzahl festverzinslicher Anleihen mit einem Wert gleich dem Nennwert. Sie werden *par yield bonds* (Anleihen mit Nominalverzinsung) genannt.

---

[5] Das ist eine Annäherung. Beispielsweise sollten die Cashflows bei einem Swap mit der Bundesregierung mit einer deutlich niedrigeren Rate als die Cashflows bei dem gleichen Swap mit einem BBB bewerteten Unternehmen abgezinst werden.

Man betrachte beispielsweise die Notierungen für den fünfjährigen Swap in Tabelle 6.3. Wenn von den Geld- und Briefkursen der Durchschnitt gebildet wird, ergibt das einen Swap, bei dem 6,49 Prozent gegen den LIBOR getauscht werden. Es wird angenommen, dass die Anleihen, die den festverzinslichen und zinsvariablen Seiten des Swaps zugrunde liegen, einen Wert gleich dem Nennwert haben. Bei der Gestaltung einer Nullkupon-LIBOR-Kurve wird daher angenommen, dass eine fünfjährige Anleihe mit einem Anleihezins von 6,49 Prozent einen Wert gleich dem Nennwert hat; ebenso wird angenommen, dass eine siebenjährige Anleihe, die einen Anleihezins von 6,665 Prozent abwirft, einen Wert gleich dem Nennwert hat; und so weiter. Mittels der in Kapitel 5 beschriebenen Bootstrap-Methode wird aus den Eurodollar-Futuresnotierungen und diesen Par Yield Bonds die Nullkupon-Ertragskurve bestimmt. Die Nullkupon-Ertragskurve definiert die angemessenen Abzinsungssätze, mit denen Gleichung 6.1 auf einen vorhandenen Swap hin bewertet wird.

Um zu sehen, wie Gleichung 6.1 verwendet wird, definieren wie r_i als Abzinsungssatz, der mit der Laufzeit t_i korrespondiert. Da B_{fix} der Wert einer Anleihe ist, die in t_i ($1 \leq i \leq n$) k abwirft und in t_n die Kapitalsumme Q, ist

$$B_{fix} = \sum_{i=1}^{n} k e^{-r_i t_i} + Q e^{-r_n t_n}$$

Als nächstes wird die zinsvariable Anleihe betrachtet. Sofort nach dem Zahltermin ist B_{fl} immer gleich dem fiktiven Kapital Q. Zwischen den Zahlterminen kann man sich die Tatsache zunutze machen, dass B_{fl} sofort nach dem nächsten Zahltermin gleich Q ist. In unserer Notation ist die Zeit bis zur nächsten Zahlung t_1, so dass

$$B_{fl} = Q e^{-r_1 t_1} + k^* e^{-r_1 t_1}$$

mit k* als zinsvariabler Zahlung (bereits bekannt), die in t_1 erfolgt.

In der Situation, in der die Finanzinstitution einen festen Zins zahlt und einen variablen Zins bekommt, werden B_{fix} und B_{fl} auf die gleiche Art berechnet und

$$V_{swap} = B_{fl} - B_{fix}$$

Der Wert des Swaps ist null, wenn er erstmals ausgehandelt wird. Während der Laufzeit kann er einen positiven oder negativen Wert annehmen.

Beispiel

Angenommen eine Finanzinstitution vereinbart im Rahmen eines Swaps, auf ein fiktives Kapital von 100 Millionen Dollar einen sechsmonatigen LIBOR zu zahlen und 8 Prozent per Annum (bei halbjährlicher Verzinsung) zu bekommen. Der Swap hat eine Restlaufzeit von 1,25 Jahren. Die relevanten Abzinsungssätze betragen bei kontinuierlicher Verzinsung und Laufzeiten von 3 Monaten, 9 Monaten und 15 Monaten 10 Prozent, 10,5 Prozent beziehungsweise 11 Prozent. Der sechsmonatige LIBOR-Zins betrug am letzten Zahltermin 10,2 Prozent (bei halbjährlicher Verzinsung). In diesem Fall ist k = 4 Millionen Dollar und k* = 5,1 Millionen Dollar, so dass

$$B_{fix} = 4e^{-0,1 \times 0,25} + 4e^{-0,105 \times 0,75} + 104e^{-0,11 \times 1,25} = 98,24 \text{ Mio Dollar}$$

$$B_{fl} = 5,1e^{-0,1 \times 0,25} + 100e^{-0,1 \times 0,25} = 102,51 \text{ Mio Dollar}$$

Der Wert des Swaps beträgt somit

$$98,24 - 102,51 = -4,27 \text{ Millionen Dollar}$$

Wäre die Bank in der anderen Position gewesen und hätte Festzinsen gezahlt und variable Zinsen bekommen, dann betrüge der Wert des Swaps +4,27 Millionen Dollar. Man beachte, dass man für eine genauere Berechnung bei der Bestimmung von k* die Day-Count-Konvention effektiv/360 berücksichtigen würde (siehe Fußnote 2). Auch würde man das genaue Timing der Festzinszahlungen berücksichtigen.

BEZIEHUNG ZWISCHEN SWAPWERT UND ZINSTERMINKONTRAKTEN

Zinsterminkontrakte (FRAs) wurden in Kapitel 5 eingeführt. Das sind Kontrakte, bei denen für eine bestimmte künftige Periode ein bestimmter Zins vereinbart wird. Ein Zinsswap kann in eine Reihe von Zinsterminkontrakten zerlegt werden. Um dies zu verdeutlichen, gehen wir zurück zu den Swap-Verträgen zwischen der Finanzinstitution und Unternehmen B in Abbildung 6.4. In diesem Vertrag erklärt sich die Finanzinstitution mit einem vom Marktzins unabhängigen Zins von 5,015 Prozent per Annum über mehrere Zeiträume einverstanden. Der Vertrag einer jeden Periode ist ein Zinsterminkontrakt. Der gesamte Swap ist ein Portefeuille aus FRAs.

Wie in Kapitel 5 gezeigt, können FRAs bewertet werden, indem man annimmt, dass die Terminzinssätze realisiert werden. Da ein Swap ein Portefeuille aus Zinsterminkontrakten ist, lässt sich ein Swap auch bewerten, indem man von der Annahme ausgeht, dass die Terminzinssätze realisiert werden. Es wird wie folgt verfahren:[6]

1. Berechnung der Terminzinssätze für jeden LIBOR-Zins, der die Swap-Cashflows bestimmt.
2. Berechnung der Swap-Cashflows auf der Annahme, dass die LIBOR-Zinsen gleich den Terminzinssätzen sind.
3. Gleichsetzen des Swapwerts mit dem Gegenwartswert dieser Cashflows.

Beispiel

Man betrachte nochmals die Situation im obigen Beispiel. Die Cashflows, die in 3 Monaten ausgetauscht werden, sind bereits bestimmt. Ein Zins von 8 Prozent wird gegen einen Zins von 10,2 Prozent getauscht. Für die Finanzinstitution hat der Tausch einen Wert von

$$0{,}5 \times 100 \times (0{,}08 - 0{,}102)e^{-0{,}1 \times 0{,}25} = -1{,}07$$

Um den Wert zu berechnen, den der Tausch in 9 Monaten hat, muss als erstes der Terminzinssatz berechnet werden, der mit dem Zeitraum zwischen den 3 und 9 Monaten korrespondiert. Gleichung 5.1 ergibt

$$\frac{0{,}105 \times 0{,}75 - 0{,}10 \times 0{,}25}{0{,}5} = 0{,}1075$$

oder 10,75 Prozent bei kontinuierlicher Verzinsung. Dies führt über Gleichung 3.4 zu einem Wert von 11,044 Prozent bei halbjährlicher Verzinsung. Der Wert des FRAs, der mit dem Tausch in 9 Monaten korrespondiert, ist folglich

$$0{,}5 \times 100 \times (0{,}08 - 0{,}11044)e^{-0{,}105 \times 0{,}75} = -1{,}41$$

Um den Wert zu berechnen, den der Tausch in 15 Monaten hat, muss als erstes der Terminzinssatz errechnet werden, der mit der Periode

---

[6] Dieses Verfahren funktioniert aber bei nichtstandardisierten Swaps nicht immer.

zwischen den 9 und 15 Monaten korrespondiert. Dies ist gemäß Gleichung 5.1

$$\frac{0{,}11 \times 1{,}25 - 0{,}105 \times 0{,}75}{0{,}5} = 0{,}1175$$

oder 11,75 Prozent bei kontinuierlicher Verzinsung. Bei halbjährlicher Verzinsung ist der Wert gemäß Gleichung 3.4 12,102 Prozent. Der Wert des FRAs, der dem Tausch in 15 Monaten entspricht, ist folglich

$$0{,}5 \times 100 \times (0{,}08 - 0{,}12102)e^{-0{,}11 \times 1{,}25} = -1{,}79$$

Der Swap hat einen Gesamtwert von

$$-1{,}07 - 1{,}41 - 1{,}79 = -4{,}27$$

oder −4,27 Millionen Dollar. Das stimmt überein mit der Berechnung die auf den Anleihekursen basiert.

Zu dem Zeitpunkt, zu dem der Swap eingegangen wird, beträgt sein Wert annähernd null. Das bedeutet, dass die Wertsumme der FRAs, die dem Swap zugrunde liegen, gleich null ist, nicht dass der Wert jedes einzelnen FRAs null ist. Im allgemeinen haben einige FRAs positive Werte, wohingegen andere negative Werte aufweisen.

Man betrachte nochmals die FRAs, die dem Swap zwischen der Finanzinstitution und Unternehmen B in Abbildung 6.4 zugrunde liegen.

Wert des FRAs für die Finanzinstitution < 0, wenn Terminzins > 5,015%

Wert des FRAs für die Finanzinstitution = 0, wenn Terminzins = 5,015%

Wert des FRAs für die Finanzinstitution > 0, wenn Terminzins < 5,015%

Angenommen die Fristenstruktur ist zu dem Zeitpunkt, zu dem der Swap-Vertrag verhandelt wird, aufwärtsgebogen. Das bedeutet, dass die Terminzinssätze steigen, wenn die Laufzeit der FRAs steigt. Da die Summe der FRA-Werte null beträgt, muss der Terminzinssatz bei den ersten Zahlungsterminen unter 5,015 Prozent und bei den späteren Zahlungsterminen über 5,015 Prozent liegen. Die ersten Zahlungen haben für die Finanzinstitution einen positiven Wert, während die späteren Zahlungen einen negativen Wert haben. Ist die Fristenstruktur zu dem Zeitpunkt, zu dem der Swap verhandelt wird, abwärtsgebogen, dann ist das Ergebnis umgekehrt. Die Bedeutung, die die Form der Fristenstruktur für die Werte der Forwardkontrakte hat, die dem Swap zugrunde liegen, ist in Abbildung 6.8 zusammengefasst.

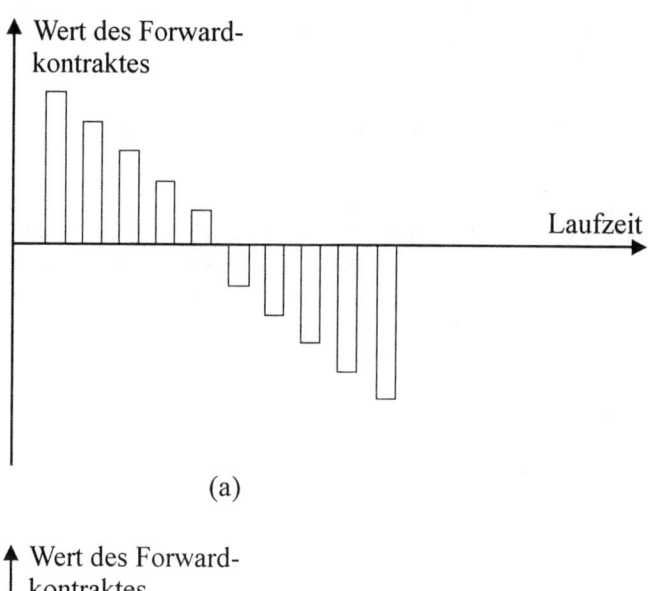

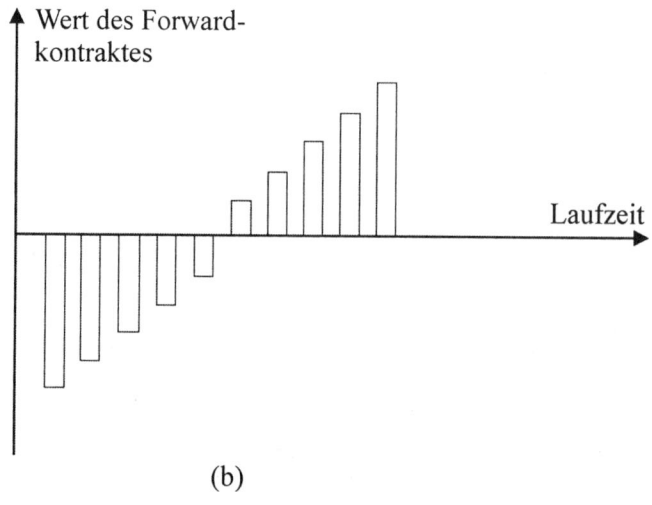

Abbildung 6.8: Wert der Forwardkontrakte, die einem Swap zugrunde liegen, als Funktion der Laufzeit. In (a) ist die Ertragskurve nach oben gebogen und wir bekommen Festzinsen, oder die Kurve ist nach unten gebogen und wir bekommen variable Zinsen; in (b) ist die Ertragskurve nach oben gebogen und wir bekommen variable Zinsen, oder die Kurve ist abwärtsgebogen und wir bekommen Festzinsen.

Währungs-Swaps

Ein ebenfalls beliebter Swap-Typ ist der *Währungs-Swap*. In seiner einfachsten Form werden dabei Kapital und Festzins-Zahlungen für einen Kredit in einer Währung gegen Kapital und Festzins-Zahlungen für einen annähernd äquivalenten Kredit in einer anderen Währung getauscht.

GRÜNDE FÜR WÄHRUNGS-SWAPS

Ein Währungs-Swap kann verwendet werden, um einen Kredit in einer Währung in einen Kredit in einer anderen Währung umzutauschen. Um zu verdeutlichen, wie ein Währungs-Swap funktioniert, sei angenommen, dass Unternehmen A und Unternehmen B die in Tabelle 6.6 aufgeführten fünfjährigen Kreditkosten in US-Dollar und Pfund Sterling haben. Die Daten in der Tabelle deuten an, dass die Zinsen für das Pfund Sterling im allgemeinen höher sind als die Zinsen für den Dollar. Außerdem ist Unternehmen A offenbar kreditwürdiger als Unternehmen B, da es in beiden Währungen günstigere Zinsen bekommt. Aus Sicht des Swap-Traders liegt der interessante Aspekt in Tabelle 6.6 darin, dass die Unterschiede zwischen den Zinssätzen für A und B an den beiden Märkten unterschiedlich sind. Unternehmen B zahlt am US-Dollarmarkt 2 Prozent mehr als Unternehmen A und am Sterling-Markt nur 0,4 Prozent mehr als Unternehmen A.

Tabelle 6.6. Kreditzinsen, die zu einem Währungs-Swap motivieren

	Dollar*	*Pfund Sterling**
Unternehmen A	8,0%	11,6%
Unternehmen B	10,0%	12,0%

*Die notierten Zinsen sind den steuerlichen Vor- und Nachteilen angepasst.

Die Situation ist analog der in Tabelle 6.4. Unternehmen A hat einen komparativen Vorteil am US-Dollarmarkt, während Unternehmen B einen komparativen Vorteil am Sterling-Markt hat. Oben wurde argumentiert, dass die komparativen Vorteile größtenteils illusorisch sind, wenn man die festen und variablen Zinsen vergleicht. Hier werden die Kreditzinsen verglichen, die für zwei verschiedene Währungen verlangt werden, und die Wahrscheinlichkeit, dass die komparativen Vorteile genuin sind, ist größer. Der in Tabelle 6.6

gezeigte komparative Vorteil kann sich ergeben, wenn Unternehmen A ein US-Unternehmen ist, das den US-Investoren besser bekannt ist, und wenn Unternehmen B ein Unternehmen aus dem United Kingdom ist, das den britischen Investoren besser bekannt ist. Er kann auch durch die steuerlichen Umfelder entstehen, in denen A und B operieren. (Wir nehmen an, dass die Zinssätze in Tabelle 6.6 den steuerlichen Vor- und Nachteilen angepasst sind.)

Angenommen A möchte Britische Pfunde und B möchte US-Dollar leihen. Das schafft eine perfekte Situation für einen Währungs-Swap. Unternehmen A und Unternehmen B nehmen an den Märkten Kredite auf, an denen sie einen komparativen Vorteil haben; das heißt, Unternehmen A leiht Dollar, während Unternehmen B das Britische Pfund leiht. Dann transformieren sie mittels eines Währungs-Swap den Kredit von A in einen Kredit über das Britische Pfund und den Kredit von B in einen Kredit über Dollar.

Wie bereits erwähnt beträgt der Unterschied zwischen den Dollar-Zinsen 2,0 Prozent, während der Unterschied zwischen den Pfund-Zinsen 0,4 Prozent beträgt. In Analogie zum Zinsswap erwarten wir einen Gesamtgewinn für alle Parteien von 2,0 − 0,4 = 1,6 Prozent per Annum.

Es gibt viele Möglichkeiten, um den Swap zu organisieren. Abbildung 6.9 zeigt eine mögliche Abmachung. Unternehmen A leiht sich Dollar, Unternehmen B leiht sich Britische Pfunde. Durch den Swap wird für Unternehmen A der Dollar-Zins von 8 Prozent per Annum in einen Pfund-Zins von 11 Prozent per Annum transformiert. Das führt dazu, dass Unternehmen A um 0,6 Prozent per Annum besser dasteht als bei einer direkten Kreditaufnahme an den Sterling-Märkten. Unternehmen B tauscht einen Sterling-Kredit zu 12 Prozent in einen Dollar-Kredit zu 9,4 Prozent und steht damit um 0,6 Prozent besser da als bei einer direkten Kreditaufnahme an den Dollar-Märkten. Der Finanzintermediär erhält 1,4 Prozent per Annum auf seine Dollar-Cashflows und verliert 1 Prozent per Annum auf seine Sterling-Cashflows. Wenn wir vom Unterschied zwischen den beiden Währungen absehen, macht der Intermediär einen Nettogewinn von 0,4 Prozent per Annum. Wie vorhergesagt beträgt der Gesamtgewinn für alle Parteien 1,6 Prozent per Annum.

Bei einer Währungs-Swap-Vereinbarung muss für beide Währungen das Kapital spezifiziert werden. Die Kapitalsummen werden gewöhnlich am Beginn und am Ende einer Swap-Laufzeit ausgetauscht. Sie werden so gewählt, dass sie zu den am Beginn der Swap-Laufzeit geltenden Wechselkursen ungefähr gleich sind. In dem Beispiel in Abbildung 6.9 könnten die Kapitalbeträge 15 Millionen Dollar und 10 Millionen Pfund betragen. Am Anfang fließen die Kapitalbeträge in die Gegenrichtung der Pfeile in Abbildung 6.9. Die Zinszahlungen während der Swap-Laufzeit und die abschließende Kapitalzahlung fließen in Richtung der Pfeile. Zu Beginn des Swap-Geschäftes zahlt Unternehmen A also 15 Millionen Dollar und bekommt 10 Millionen Pfund. Während der Swap-Laufzeit bekommt Unternehmen A jedes Jahr 1,20 Millionen Dollar (= 8 Prozent von 15 Millionen Dollar) und zahlt 1,10 Millionen Pfund (= 11 Prozent von 10 Millionen Pfund). Am Ende der Laufzeit zahlt A einen Kapitalbetrag von 10 Millionen Pfund und bekommt einen Kapitalbetrag von 15 Millionen Dollar.

```
            Dollar 8%              Dollar 9,4%
← ─────── Unternehmen ←─────── Finanz- ←─────── Unternehmen ───────→
Dollar 8%      A    ───────→ institution ───────→    B       Sterling 12%
            Sterling 11%             Sterling 12%
```

Abbildung 6.9: Ein Währungs-Swap

Tabelle 6.7 fasst dieses Beispiel zusammen. In Abbildung 6.9 übernimmt die Finanzinstitution das Devisenrisiko. Jedes Jahr macht die Institution einen Gewinn von 210.000 $ (= 1,4 Prozent von 15 Millionen Dollar) und einen Verlust von 100.000 £ (= 1 Prozent von 10 Millionen Pfund). Der Intermediär kann dieses Risiko vermeiden, indem er für jedes Jahr des Swaps 100.000 £ per Annum am Terminmarkt kauft und auf diese Weise einen Nettogewinn in US-Dollar festschreibt. Gestaltet die Finanzinstitution den Swap um, so dass sie eine Dollar-Spanne von 0,4 Prozent und eine Sterling-Spanne von null hat, könnte dies zu einer Vereinbarung wie in Abbildung 6.10 oder Abbildung 6.11 führen. In Abbildung 6.10 trägt Unternehmen B ein gewisses Devisenrisiko, weil es 1,0 Prozent per Annum in Sterling und 8,4 Prozent in Dollar zahlt. In Abbildung 6.11 trägt Unternehmen A ein gewisses Devisenrisiko, weil es 1 Prozent per Annum in Dollar bekommt und 12 Prozent in Sterling zahlt. Im allgemeinen ist es sinnvoll, dass die Finanzinstitution das Devisenrisiko trägt, weil sie in der besten Position für Hedge-Geschäfte ist.

Wie Zinsswaps halten Finanzinstitutionen auch Währungs-Swaps häufig auf Vorrat. Die Institution beobachtet sorgfältig die Risiken der verschiedenen Währungen, um ihr Risiko abzusichern.

Tabelle 6.7: Eine Währungs-Swap-Vereinbarung

Am Tisch des Wertpapierhändlers

Unternehmen A möchte einen festverzinslichen Fünfjahres-Kredit über 10 Millionen Pfund aufnehmen. Unternehmen B möchte einen festverzinslichen Fünfjahres-Kredit über 15 Millionen Dollar aufnehmen. Folgende Zinsen werden ihnen angeboten:

	Dollar	*Sterling*
Unternehmen A	8,0%	11,6%
Unternehmen B	10,0%	12,0%

Die Strategie

1. Unternehmen A leiht Dollar zu 8 Prozent per Annum.
2. Unternehmen B leiht Sterling zu 12 Prozent per Annum.
3. Sie vereinbaren einen Swap.

Der Swap

Eine mögliche Vereinbarung ist in Abbildung 6.9 gezeigt. Zu Beginn des Swaps fließen die Kapitalzahlungen in die Gegenrichtung der Pfeile, am Ende der Laufzeit fließen sie in Richtung der Pfeile. Unternehmen A leiht letztlich Pfund Sterling zu 11 Prozent per Annum, Unternehmen B leiht letztlich Dollar zu 9,4 Prozent per Annum. Die Finanzinstitution macht einen Gewinn von 1,4 Prozent per Annum beim Dollar und einen Verlust von 1 Prozent per Annum beim Sterling. Die Finanzinstitution kann den Sterling-Abfluss absichern, um einen Gewinn in Dollar festzuschreiben.

Abbildung 6.10: Alternative Vereinbarung für einen Währungs-Swap: Unternehmen B trägt ein Devisenrisiko

```
    ┌──────────┐  Dollar 9%   ┌──────────┐  Dollar 9,4% ┌──────────┐
←───│Unternehmen│◄─────────── │  Finanz- │◄──────────── │Unternehmen│───────────►
Dollar 8%│    A     │───────────► │institution│───────────► │    B     │ Sterling 12%
    └──────────┘ Sterling 12% └──────────┘ Sterling 12% └──────────┘
```

Abbildung 6.11: Alternative Vereinbarung für einen Währungs-Swap: Unternehmen A trägt ein Devisenrisiko

Bewertung von Währungs-Swaps

Wenn es kein Vertragsbruchsrisiko gibt, kann ein Währungs-Swap in eine Position aus zwei Anleihen zerlegt werden, so wie es auch bei einem Zinsswap möglich ist. Man betrachte die Position von Unternehmen B in Abbildung 6.9. Das Unternehmen besitzt eine Sterling-Anleihe, die einen Zins von 12 Prozent per Annum abwirft, und hat eine Dollar-Anleihe leerverkauft, die einen Zins von 9,4 Prozent per Annum abwirft. Wenn V_{swap} der Wert ist, den ein wie in Abbildung 6.9 gezeigter Swap für die Partei hat, die Dollar-Zinsen zahlt, dann gilt allgemein

$$V_{swap} = SB_F - B_D$$

wobei B_F der in der Fremdwährung gemessene Wert der ausländisch denominierten und dem Swap zugrundeliegenden Anleihe, B_D der Wert der dem Swap zugrundeliegenden US-Dollar-Anleihe und S der Devisenkassakurs (ausgedrückt in Anzahl der Einheiten inländischer Währung je Einheit Fremdwährung) ist. Der Wert eines Swaps lässt sich somit aus der Fristenstruktur der Zinsen in der heimischen Währung, der Fristenstruktur der Zinsen in der Fremdwährung und dem Devisenkassakurs bestimmen.

Beispiel

Angenommen die Fristenstruktur der Zinsen ist sowohl in Japan als auch in den USA flach. In Japan beträgt der Zins 4 Prozent per Annum, in den USA beträgt der Zins 9 Prozent per Annum (beide bei kontinuierlicher Verzinsung). Eine Finanzinstitution hat einen Währungs-Swap vereinbart und bekommt einmal im Jahr 5 Prozent per Annum in Yen und zahlt einmal im Jahr 8 Prozent per Annum in Dollar. Die Kapitalsummen betragen in den beiden Währungen 10 Millionen Dollar und 1.200 Millionen Yen. Der Swap läuft noch drei weitere Jahre und der aktuelle Devisenkurs ist 110 Yen = 1 \$. In diesem Fall ist

$$B_D = 0{,}8e^{-0{,}09 \times 1} + 0{,}8e^{-0{,}09 \times 2} + 10{,}8e^{-0{,}09 \times 3} = 9{,}64 \text{ Millionen Dollar}$$

$$B_F = 60e^{-0{,}04 \times 1} + 60e^{-0{,}04 \times 2} + 1.260e^{-0{,}04 \times 3} = 1.230{,}55 \text{ Millionen Yen}$$

Der Swap hat einen Wert von

$$\frac{1.230{,}55}{110} - 9{,}64 = 1{,}55 \text{ Millionen Dollar}$$

Würde die Finanzinstitution Yen zahlen und Dollar bekommen, hätte der Swap einen Wert von $-1{,}55$ Millionen Dollar.

DEKOMPOSITION IN FORWARDKONTRAKTE

Eine alternative Dekomposition von Währungs-Swaps ist ihre Zergliederung in eine Reihe von Forwardkontrakten. Angenommen in Abbildung 6.9 gibt es einen Zahlungstermin pro Jahr. Unternehmen B hat sich verpflichtet, an jedem Zahlungstermin einen Zufluss von 1,2 Millionen Pfund (12 Prozent von 10 Millionen Pfund) gegen einen Abfluss von 1,41 Millionen Dollar (9,4 Prozent von 15 Millionen Dollar) zu tauschen. Zusätzlich hat es sich verpflichtet, am letzten Zahlungstermin einen Zufluss von 10 Millionen Pfund gegen einen Abfluss von 15 Millionen Dollar zu tauschen. Jeder Austausch stellt einen Forwardkontrakt dar. Angenommen t_i ($1 \leq i \leq n$) ist der Abrechnungstermin i, r_i ($1 \leq i \leq n$) ist der kontinuierlich verzinste US-Dollar-Zins für die Periodelänge t_i, F_i ($1 \leq i \leq n$) ist der Devisenterminkurs für t_i. In Kapitel 3 wurde gezeigt, dass der Wert einer Kaufposition in einem Forwardkontrakt unter allen Umständen der Gegenwartswert der Summe ist, um den der Forwardpreis den Lieferkurs übersteigt. Der Wert des Forwardkontraktes für Unternehmen B, der mit dem Austausch der Zinszahlungen in t_i korrespondiert, ist folglich

$$(1{,}2F_i - 1{,}41)e^{-r_i t_i}$$

für $1 \leq i \leq n$. Der Wert des Forwardkontraktes für Unternehmen B, der dem Austausch der Kapitalzahlungen in t_n entspricht, ist

$$(10F_n - 15)e^{-r_n t_n}$$

Beispiel

Man betrachte die Situation in dem vorherigen Beispiel. Der aktuelle Kassakurs ist 110 Yen pro Dollar oder 0,009091 Dollar je Yen. Da die Differenz zwischen Dollar- und Yen-Zinsen 5 Prozent per Annum beträgt, lassen sich mittels Gleichung 3.13 die Devisenterminkurse für ein, zwei beziehungsweise drei Jahre errechnen:

$$0,0099091 e^{0,05 \times 1} = 0,0096$$

$$0,0099091 e^{0,05 \times 2} = 0,0100$$

$$0,0099091 e^{0,05 \times 3} = 0,0106$$

Bei dem Zinsaustausch fließen 60 Millionen Yen zu und 0,8 Millionen Dollar ab. Der risikofreie Zins in Dollar ist 9 Prozent per Annum. Gleichung 3.8 ergibt die Werte der Forwardkontrakte, die mit dem Tausch der Zinsen korrespondieren (in Millionen Dollar):

$$(60 \times 0,0096 - 0,8) e^{-0,09 \times 1} = -0,21$$

$$(60 \times 0,0101 - 0,8) e^{-0,09 \times 2} = -0,16$$

$$(60 \times 0,0106 - 0,8) e^{-0,09 \times 3} = -0,13$$

Beim abschließenden Austausch des Kapitals fließen 1.200 Millionen Yen zu und 10 Millionen Dollar ab. Gleichung 3.8 ergibt den Wert des Forwardkontraktes, der mit dem Tausch korrespondiert (in Millionen Dollar):

$$(1.200 \times 0,0106 - 10) e^{-0,09 \times 3} = 2,04$$

Der Swap hat einen Gesamtwert von $2,04 - 0,13 - 0,16 - 0,21 = 1,54$ Millionen Dollar, was (bei Rundungsfehlern) übereinstimmt mit dem Ergebnis der Berechnungen des vorherigen Beispiels.

Angenommen die Kapitalbeträge in den beiden Währungen sind zu Beginn des Währungs-Swaps genau äquivalent. In diesem Zeitpunkt ist der Gesamtwert des Swaps null. Aber wie im Fall der Zinsswaps bedeutet dies nicht, dass die einzelnen Forwardkontrakte, die dem Swap zugrunde liegen, einen Wert von null haben. Es lässt sich zeigen, dass bei signifikanten Zinsunterschieden zweier Währungen der Zahler der Niedrigzins-Währung in der Position ist, in der die mit dem frühen Austausch der Cashflows korrespondierenden Forwardkontrakte positive Werte haben und der mit dem finalen Austausch der Kapitalsummen korrespondierende Forwardkontrakt einen negativ erwarteten Wert hat. Der Zahler der Hochzins-Währung befindet sich in der umgekehrten Situation; das heißt, die ersten Austauschvorgänge der Cashflows haben negative Werte, und der finale Tausch hat einen positiv erwarteten Wert.

Für den Zahler der Niedrigzins-Währung hat der Swap tendenziell die meiste Zeit seiner Laufzeit einen negativen Wert. Die Forwardkontrakte, die den ersten Zahlungsaustauschvorgängen entsprechen, haben positive Werte, und sobald diese Tauschvorgänge erfolgt sind, tendieren die verbleibenden Forwardkontrakte insgesamt zu einem negativen Wert. Für den Zahler der Hochzins-Währung ist es umgekehrt. Der Wert des Swaps ist über fast die gesamte Laufzeit tendenziell positiv. Diese Ergebnisse sind wichtig für die Bewertung des Kreditrisikos eines Swaps.

Andere Swaps

In seiner allgemeinen Form ist ein Swap ein Kontrakt über den Austausch von Cashflows entsprechend einer Formel, die vom Wert einer oder mehrerer zugrundeliegenden/r Variablen abhängt. Es gibt kein Limit für die Anzahl der verschiedenen Swap-Typen, die man erfinden kann.

Bei einem Zinsswap kann eine Anzahl verschiedener variabler Referenzzinsen benutzt werden. Am meisten verbreitet ist der sechsmonatige LIBOR. Aber auch der dreimonatige LIBOR und der einmonatige Zins für Commercial Paper, der T-Bill-Zins und der steuerfreie Zins für Anleihen von Bundesstaaten oder Gemeinden werden verwendet. Swaps lassen sich so konstruieren, dass ein variabler Zins (z. B. der LIBOR) gegen einen anderen variablen Zins (z. B. Prime rate) geswappt wird. Diese Flexibilität ermöglicht es einer Finanzinstitution, das Risiko abzusichern, das von Vermögenswerten ausgeht, die einem variablen Zins unterliegen und mit Verbindlichkeiten finanziert werden, die einem anderen variablen Zins unterliegen.

Das Kapital in einem Swap-Vertrag kann während der Laufzeit des Swaps variiert und den Bedürfnissen der Gegenparteien angepasst werden. Bei einem *amortisierendem Swap* (amortizing swap) verringert sich das Kapital gemäß einem vorher verabredeten Plan. Der Vertrag kann so gestaltet werden, dass er dem Amortisierungsplan für den Kredit entspricht. Bei einem *Stufenswap* (step-up swap) steigt das Kapital gemäß einem vorher verabredeten Plan, der so gestaltet sein kann, dass er mit dem Abbau des Kredits korrespondiert. Bei *aufgeschobenen Swaps* (deferred swaps) oder *Forward Swaps* beginnen die Parteien nicht mit dem Tausch der Zinszahlungen, bis ein künftiger Termin vereinbart werden kann.

Ein beliebter Swap ist der Tausch eines Festzinses einer Währung gegen einen variablen Zins einer anderen Währung. Als solches ist es eine Kombination aus klassischem („plain vanilla") Zinsswap und Währungs-Swap, wie bereits in diesem Kapitel diskutiert.

Swaps können verlängerbar oder kündbar sein. Bei einem *verlängerbaren Swap* hat eine Partei die Option, die Laufzeit des Swap über den spezifizierten Zeitraum zu verlängern. Bei einem *kündbaren Swap* hat eine Partei die Option, den Swap vorzeitig zu kündigen. Es gibt auch Optionen auf Swaps, sogenannte *Swapoptionen* oder *Swaptionen*. Eine Option auf einen Zinsswap ist im Prinzip eine Option, eine festverzinsliche Anleihe gegen eine zinsvariable Anleihe zu tauschen. Da die zinsvariable Anleihe bei Beginn des Swaps einen Wert gleich ihrem Nennwert hat, kann man Swapoptionen auch als Optionen auf den Wert einer festverzinslichen Anleihe mit einem Basispreis gleich dem Nennwert betrachten. Swapoptionen werden in Kapitel 18 diskutiert.

Bei einem *CMS Swap* (constant maturity swap) wird vereinbart, einen LIBOR-Zins gegen einen Swapsatz zu tauschen. (Ein Beispiel wäre die Vereinbarung, die nächsten 5 Jahre alle sechs Monate den sechsmonatigen LIBOR gegen den zehnjährigen Swapsatz zu tauschen.) Bei einem *CMT Swap* (constant maturity Treasury swap) wird ähnlich vereinbart, einen LIBOR-Zins gegen einen bestimmten Schatz-Zins zu tauschen (z. B. den zehnjährigen Schatz-Zins.) Bei einem *index amortizing rate swap* (manchmal auch *indexed principal swap* genannt) verringert sich das Kapital gemäß dem Zinsniveau. (Je niedriger der Zinssatz, desto größer die Verringerung des Kapitals.) Bei einem *differential swap* oder *diff swap* wird ein variabler Zins der Inlandswährung gegen einen variablen Zins einer Fremdwährung getauscht, wobei sich beide Zinssätze auf das gleiche heimische Kapital beziehen.

Bei einem *Aktienswap* wird vereinbart, Dividenden und Kapitalgewinne, die auf einen Aktienindex realisiert werden, gegen entweder feste oder variable Zinssätze zu tauschen. Portefeuille-Manager können Aktienswaps verwenden, um von einer Anlage in Anleihen umzusteigen auf eine Anlage in Aktien und umgekehrt. Zunehmend beliebt werden *Rohstoffswaps*. Ein Unternehmen, das 100.000 Barrel Öl pro Jahr verbraucht, kann vereinbaren, in den nächsten 10 Jahren 2 Millionen Dollar pro Jahr zu zahlen und dafür 100.000S zurückzubekommen, wobei S der aktuelle Marktpreis je Barrel Öl ist. Mit dieser Vereinbarung würde das Unternehmen die Kosten für einen Barrel Öl bei 20 $ festschreiben. Ein Ölproduzent könnte sich mit dem Tausch einverstanden erklären und dadurch den realisierten Preis für einen Barrel Öl bei 20 $ festschreiben.

Kreditrisiko

Kontrakte wie Swaps, bei denen es sich um private Vereinbarungen zwischen zwei Unternehmen handelt, bergen Kreditrisiken. Man betrachte eine Finanzinstitution, die zwei sich ausgleichende Kontrakte mit den beiden Unternehmen A und B (siehe Abbildungen 6.4, 6.5 oder 6.7) eingeht. Wenn keine Partei einen Vertragsbruch begeht, bleibt die Finanzinstitution vollkommen abgesichert. Die Wertminderung eines Kontraktes wird immer durch die Wertsteigerung des anderen Kontraktes ausgeglichen. Es kann jedoch geschehen, dass eine Partei in finanzielle Schwierigkeiten gerät und den Vertrag nicht einhält. Dann muss die Finanzinstitution aber trotzdem immer noch den Vertrag mit der anderen Partei einhalten.

Angenommen kurz nach Initiierung des Kontraktes in Abbildung 6.4 hat der Kontrakt mit Unternehmen B einen positiven Wert für die Finanzinstitution, während der Kontrakt mit Unternehmen A einen negativen Wert hat. Wenn Unternehmen B den Vertrag bricht, besteht für die Finanzinstitution die Gefahr, den gesamten positiven Wert aus diesem Kontrakt zu verlieren. Um weiterhin abgesichert zu sein, muss sie eine dritte Partei finden, die bereit ist, die Position von Unternehmen B zu übernehmen. Als Anreiz müsste die Finanzinstitution der dritten Partei einen Betrag zahlen, der ungefähr dem Wert des Kontraktes mit B vor Vertragsbruch entspricht.

Eine Finanzinstitution hat nur dann ein Kreditrisiko durch einen Swap, wenn der Swap einen positiven Wert für die Finanzinstitution hat. Was geschieht, wenn dieser Wert negativ ist und die Gegenpartei in finanzielle Schwierigkeiten gerät? Theoretisch könnte die Finanzinstitution einen unerwarteten Gewinn (windfall profit) realisieren, weil der Vertragsbruch sie von einer Verbindlichkeit befreit. In der Praxis ist es wahrscheinlich, dass die Gegenpartei den Kontrakt an eine dritte Partei verkaufen oder die Angelegenheit anderweitig umarrangieren möchte, so dass sie den positiven Wert aus dem

Kontrakt nicht verliert. Die realistischste Annahme für die Finanzinstitution lautet daher folgendermaßen. Meldet die Gegenpartei Konkurs an, gibt es einen Verlust, wenn der Swap einen positiven Wert für die Finanzinstitution hat, und es gibt keine Auswirkung auf die Position der Finanzinstitution, wenn der Swap einen negativen Wert für die Finanzinstitution hat. Diese Situation ist in Abbildung 6.12 zusammengefasst.

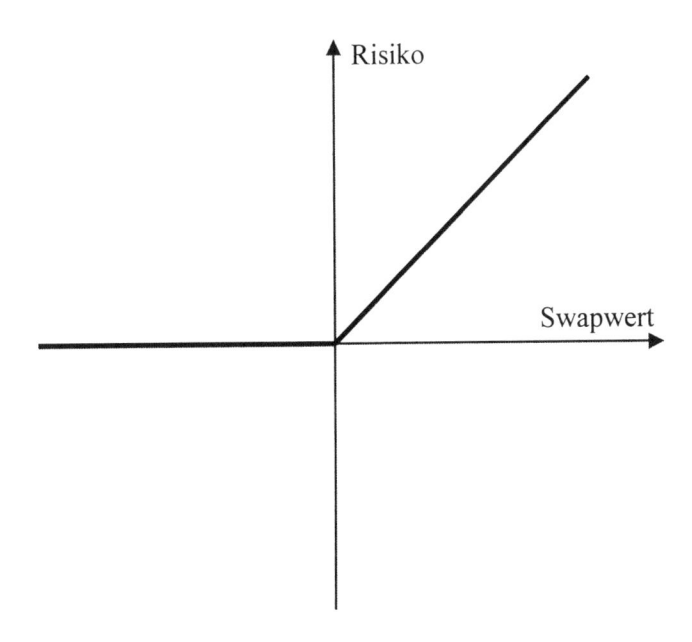

Abbildung 6.12: Das Kreditrisiko bei einem Swap

Bisweilen kann eine Finanzinstitution vorhersagen, bei welchem der beiden sich ausgleichenden Kontrakte die Wahrscheinlichkeit eines positiven Wertes höher ist. Man betrachte den Währungs-Swap in Abbildung 6.9. Die Zinsen für das Pfund Sterling sind höher als die US-Zinsen. Das bedeutet, dass im Lauf der Zeit die Finanzinstitution vermutlich entdecken dürfte, dass ihr Swap mit A einen negativen Wert hat, während ihr Swap mit B einen positiven Wert hat. Die Bonität von B ist daher wichtiger als die Bonität von A.

Allgemein gilt, dass der erwartete Verlust aus einem Vertragsbruch bei einem Währungs-Swap höher ist als der erwartete Verlust aus einem Vertragsbruch bei einem Zins-Swap. Der Grund dafür ist, dass bei einem Währungs-

Swap Kapitalbeträge in verschiedenen Währungen getauscht werden. Bei beiden Swap-Typen ist der erwartete Verlust aus einem Vertragsbruch niedriger als der erwartete Verlust aus einem Vertragsbruch bei einem regulären Kredit, bei dem es um ungefähr den gleichen Kapitalbetrag wie bei dem Swap geht.

Es ist wichtig, bei jedem Kontrakt zwischen dem Kreditrisiko und dem Marktrisiko der Finanzinstitution zu unterscheiden. Wie oben diskutiert entsteht das Kreditrisiko durch die Möglichkeit eines Vertragsbruchs durch die Gegenpartei, wenn der Kontrakt einen positiven Wert für die Finanzinstitution hat. Das Marktrisiko entsteht durch die Möglichkeit, dass Marktvariablen wie Zinssätze und Wechselkurse sich derart entwickeln, dass der Kontrakt für die Finanzinstitution einen negativen Wert bekommt. Marktrisiken lassen sich durch den Abschluss ausgleichender Kontrakte absichern, Kreditrisiken lassen sich nicht so leicht absichern.

Zusammenfassung

Die am weitesten verbreiteten Swaps sind Zinsswaps und Währungs-Swaps. Bei einem Zinsswap verpflichtet sich eine Partei, einer anderen Partei über mehrere Jahre einen Festzins für ein fiktives Kapital zu zahlen. Im Gegenzug bekommt sie für den gleichen Zeitraum einen variablen Zinssatz für ein fiktives Kapital. Bei einem Währungs-Swap verpflichtet sich eine Partei, Zinsen für einen Kapitalbetrag in einer Währung zu zahlen. Im Gegenzug bekommt sie Zinsen für einen Kapitalbetrag in einer anderen Währung.

Normalerweise werden bei einem Zinsswap die Kapitalbeträge nicht ausgetauscht. Bei einem Währungs-Swap werden die Kapitalbeträge gewöhnlich am Beginn und am Ende der Swap-Laufzeit ausgetauscht. Am Anfang der Swap-Laufzeit bekommt die Partei, die den Zins in der ausländischen Währung zahlt, das ausländische Kapital und zahlt das inländische Kapital. Am Ende der Swap-Laufzeit wird das ausländische Kapital bezahlt und das inländische Kapital kassiert.

Ein Zinsswap kann verwendet werden, um einen zinsvariablen Kredit in einen Festzins-Kredit zu transformieren et vice versa. Er kann außerdem verwendet werden, um eine zinsvariable Anlage in eine festverzinsliche Anlage zu transformieren et vice versa. Ein Währungs-Swap kann verwendet werden, um einen Kredit in einer Währung in einen Kredit in einer anderen Währung zu transformieren. Ein Swap ist eine Kaufposition in einer Anleihe kombiniert mit einer Verkaufsposition in einer anderen Anleihe. Alternativ kann ein Swap als ein Portefeuille aus Forwardkontrakten betrachtet werden.

Swaps werden gewöhnlich von Finanzinstitutionen eingerichtet. Um das Zins- oder Währungsrisiko auszuschalten, kann die Finanzinstitution zur gleichen Zeit zwei sich ausgleichende Swap-Verträge mit zwei Parteien eingehen. In der Praxis halten Finanzinstitutionen häufig Swaps auf Vorrat. Das bedeutet, dass sie einen Swap-Vertrag mit einer Partei abschließen und ihr Risiko auf einer Tagesbasis absichern, derweil sich versuchen, eine Partei mit Interesse an der Gegenposition zu finden.

Wenn eine Finanzinstitution zwei sich ausgleichende Swaps mit verschiedenen Gegenparteien eingeht, setzt sie sich einem Kreditrisiko aus. Wenn eine der Gegenparteien Vertragsbruch begeht und der Swap mit dieser Gegenpartei für die Finanzinstitution einen positiven Wert hat, verliert die Finanzinstitution Geld, weil sie den Swap-Vertrag mit der anderen Gegenpartei auch weiterhin erfüllen muss.

Weitere Literatur

Bicksler, J. und A. H. Chen. „An Economic Analysis of Interest Rate Swaps", *Journal of Finance*, no. 3 (1985): 645-655.

Hull, J. „Assessing Credit Risk in a Financial Institution's Off-Balance Sheet Commitments", *Journal of Financial and Quantitative Analysis* 24 (December 1989): 489-502.

Hull, J. und A. White. „The Impact of Default Risk on the Prices of Options and Other Derivative Securities", *Journal of Banking and Finance* 19 (1995): 299-322.

Hull, J. und A. White. „The Price of Default", *RISK* (September 1992): 101-103.

International Swaps and Derivatives Association. „Code of Standard Working Assumptions and Provisions for Swaps", New York.

Layard-Liesching, R. „Swap Fever", *Euromoney* supplement (January 1986): 108-113.

Litzenberger, R. H. „Swaps: Plain and Fanciful", *Journal of Finance* 47, no. 3 (1992): 831-850.

Marshall, J. F. und K. R. Kapner. *Understanding Swap Finance*. Cincinnati, OH: South-Western, 1990.

Smith, C. W., C. W. Smithson und L. M. Wakeman. „The Evolving Market for Swaps", *Midland Corporate Finance Journal* 3 (Winter 1986): 20-32.

Turnbull, S. M. „Swaps: A Zero-Sum Game", *Financial Management* 16, no. 1 (Spring 1987): 15-21.

Wall, L. D. und J. J. Pringle. „Alternative Explanations of Interest Rate Swaps: A Theoretical and Empirical Analysis", *Financial Management* 18, no. 2 (Summer 1989): 59-73.

Testfragen

1. Unternehmen A und B sollen für einen Fünfjahres-Kredit über einen Betrag von 20 Millionen Dollar die folgenden Zinsen per Annum zahlen:

	Festzins	*Variabler Zins*
Unternehmen A	12,0%	LIBOR + 0,1%
Unternehmen B	13,4%	LIBOR + 0,6%

   Unternehmen A braucht einen zinsvariablen Kredit; Unternehmen B braucht einen Kredit mit Festzins. Entwerfen Sie einen Swap, bei dem eine Bank als Intermediär einen Gewinn von netto 0,1 Prozent per Annum macht und der beiden Unternehmen gleichermaßen attraktiv erscheint.

2. Unternehmen X möchte zu einem Festzins US-Dollar aufnehmen. Unternehmen Y möchte zu einem Festzins japanische Yen aufnehmen. Die Geldbeträge, die beide Parteien benötigen, sind bei dem aktuellen Wechselkurs ungefähr gleich. Den Unernehmen wurden die folgenden, steuerlich angepassten Zinsen angeboten:

	Yen	*Dollar*
Unternehmen X	5,0%	9,6%
Unternehmen Y	6,5%	10,0%

Entwerfen Sie einen Swap, bei dem eine Bank als Intermediär einen Gewinn von 50 Basispunkten per Annum macht. Der Swap soll für beide Unternehmen gleichermaßen attraktiv sein. Stellen Sie sicher, dass die Bank das gesamte Währungsrisiko übernimmt.

3. Die Restlaufzeit eines 100 Millionen Dollar hohen Zinsswap beträgt 10 Monate. Im Rahmen des Swaps wird ein sechsmonatiger LIBOR gegen 12 Prozent per Annum getauscht (halbjährlich verzinst). Der durchschnittliche Geld-Brief-Kurs, der gegen den sechsmonatigen LIBOR für Swaps mit allen Laufzeiten getauscht wird, beträgt aktuell bei kontinuierlicher Verzinsung 10 Prozent per Annum. Vor zwei Monaten betrug der sechsmonatige LIBOR-Zins 9,6 Prozent per Annum. Welchen aktuellen Wert hat der Swap für die Partei, die den variablen Zins zahlt? Welchen derzeitigen Wert hat der Swap für die Partei, die den Festzins zahlt?

4. Was ist mit Vorratshaltung von Swaps gemeint?

5. Ein Währungs-Swap hat eine Restlaufzeit von 15 Monaten. Im Rahmen dieses Swaps wird jährlich ein Zins von 14 Prozent für 20 Millionen Pfund Sterling gegen einen Zins von 10 Prozent für 30 Millionen Dollar gezahlt. Die aktuelle Fristenstruktur der Zinssätze ist sowohl im United Kingdom als auch in den USA flach, und wenn der Swap heute verhandelt werden würde, würden Zinsen von 8 Prozent in Dollar und 11 Prozent in Pfund Sterling getauscht. Alle Zinsen sind mit jährlicher Verzinsung notiert. Der aktuelle Devisenkurs (Dollar pro Pfund Sterling) liegt bei 1,6500. Welchen Wert hat der Swap für die Partei, die Pfund Sterling zahlt? Welchen Wert hat der Swap für die Partei, die Dollar zahlt?

6. Erklären Sie den Unterschied zwischen dem Kreditrisiko und dem Marktrisiko eines Finanzkontraktes. Welches Risiko kann man absichern?

7. Erklären Sie, warum eine Bank einem Kreditrisiko ausgesetzt ist, wenn sie zwei ausgleichende Swap-Verträge abschließt.

Fragen und Probleme

1. Unternehmen X und Y bekommen für eine 10-jährige Anlage von 5 Millionen Dollar folgende Zinsen per Annum angeboten:

	Festzins	Variabler Zins
Unternehmen X	8,0%	LIBOR
Unternehmen Y	8,8%	LIBOR

   Unternehmen X braucht eine festverzinsliche Anlage; Unter nehmen Y braucht eine variabel verzinsliche Anlage. Entwerfen Sie einen Swap, der einer Bank als Intermediär einen Gewinn von 0,2 Prozent per Annum einbringt und beiden Unternehmen gleichermaßen attraktiv erscheint.

2. Unternehmen A, ein britischer Hersteller, möchte zu einem Festzins US-Dollar leihen. Unternehmen B, ein US-Multi, möchte zu einem Festzins Pfund Sterling leihen. Folgende Zinsen per Annum werden ihnen angeboten (bereinigt um steuerliche Unterschiede):

	Sterling	US-Dollar
Unternehmen A	12,0%	7,0%
Unternehmen B	10,6%	6,2%

   Entwerfen Sie einen Swap, der einer Bank als Intermediär einen Gewinn von 10 Basispunkten per Annum und den beiden Unternehmen einen Gewinn von je 15 Basispunkten per Annum einbringt.

3. Eine Finanzinstitution verpflichtet sich im Rahmen eines Zinsswaps, 10 Prozent per Annum auf ein fiktives Kapital von 100 Millionen Dollar zu zahlen. Dafür bekommt sie den dreimonatigen LIBOR, natürlich auf das gleiche fiktive Kapital. Die Zahlungen werden alle drei Monate ausgetauscht. Die Restlaufzeit des Swaps beträgt 14 Monate. Der durchschnittliche Geld-Brief-Festzins, der aktuell gegen den dreimonatigen LIBOR geswappt wird, beträgt 12 Prozent per Annum für alle Laufzeiten. Vor einem Monat betrug der dreimonatige LIBOR-Zins 11,8 Prozent per Annum. Alle Zinsen werden vierteljährlich verzinst. Welchen Wert hat der Swap?

4. Angenommen in den Vereinigten Staaten und in Deutschland ist die Fristenstruktur der Zinsen flach. Der Dollar-Zins beträgt 11 Prozent per Annum, der DM-Zins beträgt 8 Prozent per Annum. Der aktuelle Devisenkurs ist 2,10 DM = 1 $. Eine Finanzinstitution zahlt im Rahmen einer Swap-Vereinbarung 5 Prozent per Annum in DM und bekommt 10 Prozent per Annum in Dollar. Die Kapitalbeträge in den beiden Währungen belaufen sich auf 10 Millionen Dollar und 20 Millionen DM. Die Zahlungen werden jährlich ausgetauscht, einen Austausch hat es gerade gegeben. Der Swap läuft noch zwei weitere Jahre. Welchen Wert hat der Swap für die Finanzinstitution? Angenommen wird, dass alle Zinssätze kontinuierlich verzinst werden.

5. Eine Finanzinstitution hat mit Unternehmen X einen Zinsswap vereinbart. Fünf Jahre bekommt sie im Rahmen des Swaps 10 Prozent per Annum und zahlt den sechsmonatigen LIBOR auf ein Kapital von 10 Millionen Dollar. Die Zahlungen erfolgen alle sechs Monate. Angenommen Unternehmen X bricht den Vertrag am sechsten Zahlungstermin (am Ende von Jahr 3), als bei allen Laufzeiten der Zins (bei halbjährlicher Verzinsung) 8 Prozent per Annum beträgt. Wie hoch ist der Verlust der Finanzinstitution? Angenommen der sechsmonatige LIBOR betrug in der Mitte von Jahr 3 9 Prozent per Annum.

6. Eine Finanzinstitution vereinbart mit Unternehmen Y einen 10-jährigen Währungs-Swap. Im Rahmen des Swaps bekommt sie 3 Prozent per Annum in Schweizer Franken und zahlt 8 Prozent per Annum in US-Dollar. Die Zinszahlungen werden einmal im Jahr ausgetauscht. Die Kapitalsummen betragen 7 Millionen Dollar und 10 Millionen Schweizer Franken. Angenommen Unternehmen Y bricht am Ende von Jahr 6 den Vertrag, als der Wechselkurs bei 0,80 $ je Franken liegt. Wie hoch sind die Kosten für die Finanzinstitution? Nehmen Sie an, dass am Ende von Jahr 6 der Zins für alle Laufzeiten 3 Prozent per Annum in Schweizer Franken und 8 Prozent per Annum in Dollar beträgt. Alle Zinssätze sind mit jährlicher Verzinsung notiert.

7. Folgende Zinsen gelten für Unternehmen A und B:

	A	*B*
US-Dollar (variabler Zins)	LIBOR + 0,5%	LIBOR + 1,0%
DM (fester Zins)	5,0%	6,5%

Angenommen A möchte Dollar zum variablen Zins leihen, B möchte DM zum Festzins leihen. Eine Finanzinstitution entwirft einen Swap-Vertrag und verlangt für sich eine Spanne von 50 Basispunkten. Wenn der Swap für A und B gleichermaßen attraktiv sein soll, welche Zinsen werden A und B letztlich zahlen müssen?

8. Unternehmen X hat seinen Sitz im United Kingdom und möchte einen Fünf-Jahres-Kredit über 50 Millionen Dollar zu einem Festzins aufnehmen. Da das Unternehmen in den USA nicht sonderlich bekannt ist, war dies bisher unmöglich. Das Unternehmen hat jedoch die Möglichkeit, einen Fünf-Jahres-Kredit über Pfund Sterling zu einem Festzins von 12 Prozent per Annum aufzunehmen. Unternehmen Y, das in den USA sitzt, möchte für fünf Jahre das Äquivalent zu 50 Millionen Dollar in Pfund Sterling zu einem Festzins leihen. Bislang konnte es den Kredit nicht bekommen, aber ihm wurden US-Dollar für 10,5 Prozent per Annum angeboten. Fünfjährige Staatsanleihen bringen derzeit in den USA eine Rendite von 9,5 Prozent per Annum und im United Kingdom eine Rendite von 10,5 Prozent per Annum. Schlagen Sie einen angemessenen Währungs-Swap vor, der dem Finanzintermediär einen Gewinn von 0,5 Prozent per Annum einbringt.

9. Nachdem die Finanzinstitution ihr Währungsrisiko mit Forwardkontrakten abgesichert hat, ist ihre durchschnittliche Spanne in Abbildung 6.9 sehr wahrscheinlich größer oder kleiner als 40 Basispunkte? Erläutern Sie ihre Antwort.

10. Wie kann man aus zwei anderen Swaps einen aufgeschobenen Swap machen?

11. „Unternehmen mit hohen Kreditrisiken sind diejenigen, die nicht direkt an Festzins-Märkte gehen können. Sie sind die Unternehmen, die sehr wahrscheinlich im Rahmen eines Zinsswaps fixe Zinsen zahlen und variable Zinsen bekommen." Nehmen Sie an, dass diese Behauptung zutrifft. Glauben Sie, dass sich dadurch das Risiko eines Swap-Portefeuilles einer Finanzinstitution erhöht oder verringert? Nehmen Sie an, dass die Wahrscheinlichkeit, dass Unternehmen einen Vertrag nicht einhalten, bei hohen Zinssätzen besonders groß ist.

12. Wie kann eine Finanzinstitution, die Zinsswaps auf Vorrat hat, ihr Zinsänderungsrisiko beobachten?

13. Warum ist der erwartete Verlust bei einem nicht eingehaltenen Swap geringer als der erwartete Verlust bei einem nicht eingehaltenen Kredit mit dem gleichen Kapital?

14. Eine Bank ist der Ansicht, dass ihre Vermögenswerte nicht auf ihre Verbindlichkeiten abgestimmt sind. Sie nimmt zinsvariable Einlagen und vergibt festverzinsliche Kredite. Wie kann die Bank mit Swaps ihr Risiko ausgleichen?

15. Erklären Sie, wie Sie einen Swap bewerten würden, bei dem ein variabler Zins in einer Währung gegen einen festen Zins in einer anderen Währung getauscht wird.

TEIL 2: OPTIONSMÄRKTE

Kapitel 7 Mechanismen der Optionsmärkte

Der Rest dieses Buchs befasst sich mit Optionen. In diesem Kapitel wird erklärt, wie Optionsmärkte organisiert sind, welche Terminologie verwendet wird, wie Kontrakte gehandelt werden, wie Einschusssätze bestimmt werden und so weiter. In den späteren Kapitel werden Themen wie optionsstrategische Geschäfte, Bestimmung der Optionspreise und die Art, wie Portefeuilles mit Optionen abgesichert werden können, untersucht. Dieses Kapitel befasst sich primär mit Aktienoptionen. Währungsoptionen, Indexoptionen sowie Futuresoptionen und ihre Märkte werden in den Kapiteln 12 und 13 abgedeckt.

Optionen unterscheiden sich grundsätzlich von Forward- und Futureskontrakten. Eine Option gibt dem Inhaber der Option das Recht zu einer bestimmten Handlung. Der Inhaber muss dieses Recht nicht ausüben. Bei einem Forward- oder Futureskontrakt dagegen verpflichten sich beide Parteien zu einer bestimmten Handlung. Während der Abschluss eines Forward- oder Futureskontraktes nichts kostet (abgesehen von den Einschusssätzen), muss beim Kauf einer Option eine Vorabzahlung geleistet werden.

Optionstypen

Wie bereits in Kapitel 1 erwähnt, gibt es zwei grundlegende Typen von Optionen. Eine *Call Option* oder *Kaufoption* gibt dem Inhaber das Recht, einen Vermögenswert zu einem bestimmten Termin und einem bestimmten Preis zu kaufen. Eine *Put Option* oder *Verkaufsoption* gibt dem Inhaber das Recht, einen Vermögenswert zu einem bestimmten Termin und einem bestimmten Preis zu verkaufen. Dieser im Kontrakt spezifizierte Termin ist der sogenannte *Auslauftag, Ausübungstag, Erklärungstag, Fälligkeitstag, Fälligkeitstermin* oder das *Verfallsdatum*. Der in dem Kontrakt angegebene Preis ist der *Ausübungskurs* oder *Basispreis*.

Es gibt amerikanische und europäische Optionen, wobei der Unterschied nicht geographisch bestimmt ist. Eine *amerikanische Option* kann jederzeit bis zum Fälligkeitstermin ausgeübt werden, während eine *europäische Option* nur am Fälligkeitstermin selbst ausgeübt werden kann. Die meisten Optionen, die an den Börsen gehandelt werden, sind amerikanische Optionen. Aber europäische Optionen sind im allgemeinen einfacher zu analysieren als amerikanische Optionen, und einige der Eigenschaften einer amerikanischen Option sind häufig vom europäischen Gegenstück abgeleitet.

BEISPIEL FÜR EINE KAUFOPTION

Man betrachte die Situation eines Investors, der eine europäische Kaufoption mit einem Basispreis von 100 $ auf 100 IBM Aktien kauft. Angenommen der Tageskurs der Aktie liegt bei 98 $, der Fälligkeitstermin der Option ist in vier Monaten und der Preis einer Option für den Kauf einer Aktie beträgt 5 $. Die Anfangsinvestition beträgt 500 $. Da es eine europäische Option ist, kann der Investor sie nur am Fälligkeitstermin ausüben. Liegt der Aktienkurs an diesem Tag unter 100 $, übt der Investor die Option sicherlich nicht aus. (Es gibt keinen Grund, eine Aktie für 100 $ zu kaufen, wenn der Marktwert unter 100 $ liegt.) In diesem Fall verliert der Investor seine Anfangsinvestition von 500 $. Liegt der Aktienkurs am Fälligkeitstag über 100 $, wird die Option ausgeübt. Angenommen der Aktienkurs liegt bei 115 $. Durch Ausübung der Option kann der Investor 100 Aktien für je 100 $ kaufen. Werden die Aktien sofort wieder verkauft, macht der Investor unter Nichtberücksichtigung der Transaktionskosten einen Gewinn von 15 $ je Aktie oder 1.500 $ insgesamt. Unter Berücksichtigung der Anfangskosten der Option beträgt der Nettogewinn des Investors 1.000 $.

Tabelle 7.1 fasst dieses Beispiel zusammen. Abbildung 7.1 zeigt, wie sich in dem Beispiel der Nettogewinn oder -verlust eines Investors bei der Option, eine Aktie zu kaufen, mit dem am Fälligkeitstermin geltenden Aktienkurs verändert. Es ist wichtig zu erkennen, dass ein Investor manchmal eine Option ausübt und insgesamt einen Verlust macht. Angenommen in dem Beispiel beträgt der Kurs einer IBM Aktie am Fälligkeitstermin 102 $. Der Investor übt seine Option mit einem Gewinn von $100 \times (102\ \$ - 100\ \$) = 200\ \$$ aus und realisiert einen Gesamtverlust von 300 $, wenn die Anfangskosten der Option berücksichtigt werden. Man ist versucht, dem Investor zu sagen, seine Option unter diesen Umständen nicht auszuüben. Aber eine Nichtausübung würde zu einem Gesamtverlust von 500 $ führen, der schlimmer ist als der Verlust von 300 $, den der Investor bei der Ausübung erleidet. Allgemein gilt, dass Kaufoptionen immer zum Fälligkeitstermin ausgeübt werden sollten, wenn der Aktienkurs über dem Basispreis liegt.

Tabelle 7.1: Gewinn aus einer Kaufoption

Am Tisch des Wertpapierhändlers
Ein Investor kauft eine Kaufoption auf den Kauf von 100 IBM Aktien.
  Basispreis = 100 $
  Aktueller Aktienkurs = 98 $
  Preis der Option für den Kauf einer Aktie = 5 $.
Die Anfangsinvestition beträgt 100 × 5 $ = 500 $.

Das Ergebnis
Am Fälligkeitstermin der Option liegt der Kurs der IBM Aktie bei 115 $. An diesem Tag wird die Option mit folgendem Gewinn ausgeübt

$$(55\ \$ - 40\ \$) \times 100 = 1.500\ \$$$

Unter Berücksichtigung der Anfangskosten der Option beträgt der Nettogewinn

$$1.500\ \$ - 500\ \$ = 1.000\ \$$$

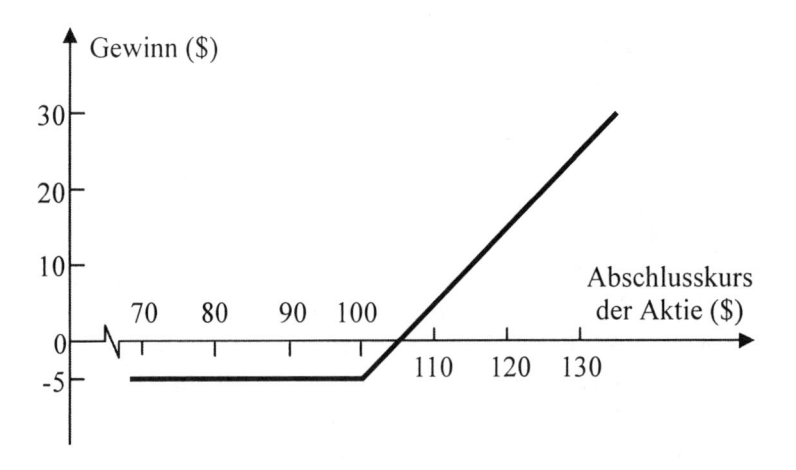

Abbildung 7.1: Gewinn aus dem Kauf einer europäischen Kaufoption auf eine IBM Aktie. Optionspreis = 5 $; Basispreis = 100 $.

BEISPIEL FÜR EINE VERKAUFSOPTION

Während der Käufer einer Kaufoption hofft, dass der Aktienkurs steigt, hofft der Käufer einer Verkaufsoption auf einen sinkenden Kurs. Man betrachte einen Investor, der eine europäische Verkaufsoption auf den Verkauf von 100 Exxon Aktien zum Basispreis von 70 $ kauft. Angenommen der derzeitige Aktienkurs liegt bei 65 $, der Fälligkeitstermin ist in drei Monaten und der Optionspreis für den Verkauf einer Aktie beträgt 7 $. Die Anfangsinvestition beträgt 700 $. Da es sich um eine europäische Option handelt, übt der Investor sie nur aus, wenn der Kurs am Fälligkeitstermin unter 70 $ liegt. Angenommen der Aktienkurs liegt an diesem Tag bei 55 $. Der Investor kann 100 Aktien zu 55 $ je Aktie kaufen, im Rahmen der Verkaufsoption die gleichen Aktien für 70 $ je Aktie verkaufen und so einen Gewinn von 15 $ je Aktie oder 1.500 $ insgesamt machen. (Die Transaktionskosten sind in dieser Rechnung ebenfalls nicht berücksichtigt.) Unter Berücksichtigung der Anfangskosten der Option von 700 $ beträgt der Nettogewinn des Investors 800 $. Es gibt keine Garantie, dass der Investor einen Gewinn macht. Wenn der Aktienkurs am Fälligkeitstermin über 70 $ liegt, läuft die Verkaufsoption wertlos aus und der Investor verliert 700 $. Tabelle 7.2 fasst dieses Beispiel zusammen. Abbildung 7.2 zeigt, wie sich in dem Beispiel der Nettogewinn oder -verlust eines Investors bei der Option, eine Aktie zu verkaufen, mit dem am Fälligkeitstermin geltenden Aktienkurs verändert.

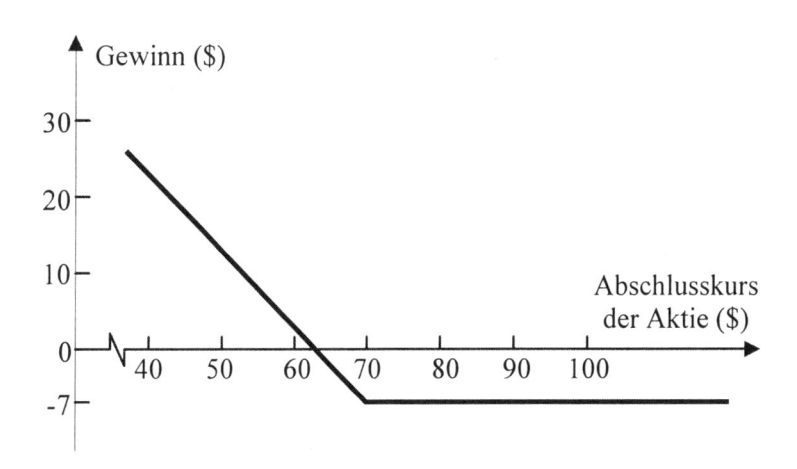

Abbildung 7.2: Gewinn aus dem Kauf einer europäischen Verkaufsoption auf eine Exxon Aktie. Optionspreis = 7 $; Basispreis = 70 $.

Tabelle 7.2: Gewinn aus einer Verkaufsoption

Am Tisch des Wertpapierhändlers
Ein Investor kauft eine Verkaufsoption auf den Verkauf von 100 Exxon Aktien
    Basispreis = 70 $
    Aktueller Aktienkurs = 65 $
    Preis einer Option auf den Kauf einer Aktie = 7 $.
Die Anfangsinvestition beträgt 100 × 7 $ = 700 $.

Das Ergebnis
Am Fälligkeitstermin der Option liegt der Kurs der Exxon Aktie bei 55 $. An diesem Tag kauft der Investor 100 Exxon Aktien, verkauft sie im Rahmen der Verkaufsoption für 70 $ je Aktie und macht einen Gewinn von 15 $ je Aktie oder 1.500 $ insgesamt. Unter Berücksichtigung der Anfangskosten der Option beträgt der Nettogewinn
    1.500 $ − 700 $ = 800 $

VORZEITIGE AUSÜBUNG

Wie bereits erwähnt, handelt es sich bei Aktienoptionen im allgemeinen um amerikanische und nicht um europäische Optionen. Das heißt, dass der Investor in den vorherigen Beispielen mit der Ausübung der Option nicht bis zum Fälligkeitstermin warten muss. Später werden wir sehen, dass es unter einigen Umständen optimal ist, eine amerikanische Option vor ihrer Fälligkeit auszuüben.

Optionspositionen

Bei jedem Optionskontrakt gibt es zwei Seiten. Die eine Seite steht der Investor, der die Kaufposition nimmt (i. e. der die Option kauft). Auf der anderen Seite steht der Investor, der die Verkaufsposition nimmt (i. e. der die Option verkauft). Der Verkäufer einer Option bekommt vorab Geld, hat aber später potentielle Verbindlichkeiten. Der Gewinn oder Verlust des Verkäufers ist umgekehrt dem Gewinn oder Verlust des Käufers der Option. Die Abbildungen 7.3 und 7.4 zeigen die Veränderungen des Gewinns oder Verlustes je nach Aktienkurs am Fälligkeitstermin, den die Verkäufer der in den Abbildungen 7.1 und 7.2 betrachteten Optionen haben.

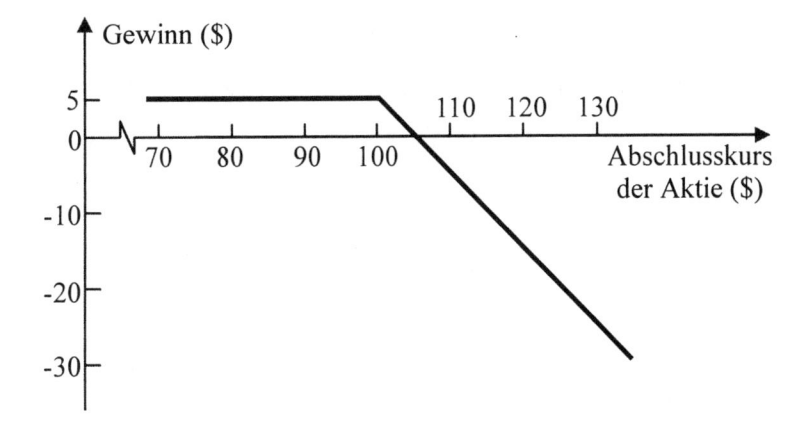

Abbildung 7.3: Gewinn aus dem Verkauf einer europäischen Kaufoption auf eine IBM Aktie. Optionspreis = 5 $; Basispreis = 40 $.

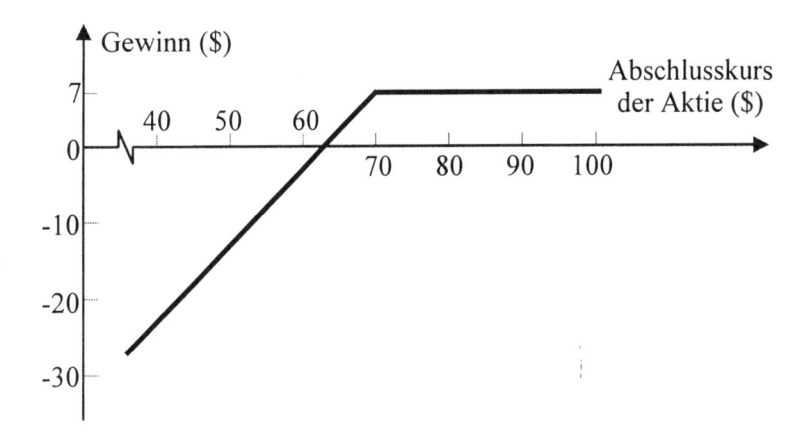

Abbildung 7.4: Gewinn aus dem Verkauf einer europäischen Verkaufsoption auf eine Exxon Aktie. Optionspreis = 7 $; Basispreis = 70 $.

256 TEIL II Optionsmärkte

Es gibt vier Arten von Optionspositionen:

1. Eine Kaufposition (Long Position) in einer Kaufoption (Call)
2. Eine Kaufposition (Long Position) in einer Verkaufsoption (Put)
3. Eine Verkaufsposition (Short Position) in einer Kaufoption (Call)
4. Eine Verkaufsposition (Short Position) in einer Verkaufsoption (Put)

Oft ist es nützlich, europäische Optionspositionen hinsichtlich ihres Wertes zu charakterisieren, den sie bei Fälligkeit für den Investor hat. Dabei werden die Anfangskosten der Option nicht in der Berechnung berücksichtigt. Wenn X der Basispreis und S_T der Schlusskurs des zugrundeliegenden Vermögenswertes oder Basisobjektes ist, dann beträgt der Payoff einer Kaufposition in einer europäischen Kaufoption (Long Call)

$$\max(S_T - X, 0)$$

Dies spiegelt die Tatsache wider, dass die Option ausgeübt wird, wenn $S_T > X$, und nicht ausgeübt wird, wenn $S_T \leq X$. Der Payoff für den Inhaber einer Verkaufsposition in einer europäischen Kaufoption (Short Call) ist

$$-\max(S_T - X, 0) = \min(X - S_T, 0)$$

Der Payoff für den Inhaber einer Kaufposition in einer europäischen Verkaufsoption (Long Put) beträgt

$$\max(X - S_T, 0)$$

Und der Payoff einer Verkaufsposition in einer europäischen Verkaufsoption (Short Put) ist

$$-\max(X - S_T, 0) = \min(S_T - X, 0)$$

Diese Payoffs sind in Abbildung 7.5 graphisch veranschaulicht.

Die Basisobjekte

An den Börsen werden derzeit Optionen auf Aktien, Aktienindizes, Devisen und Futureskontrakte gehandelt. Tabelle 7.3 zeigt eine Liste der US-Börsen, an denen Optionen gehandelt werden. An den meisten dieser Börsen werden Optionen auf Futureskontrakte wie auch Futureskontrakte selbst gehandelt.

KAPITEL 7 Mechanismen der Optionsmärkte 257

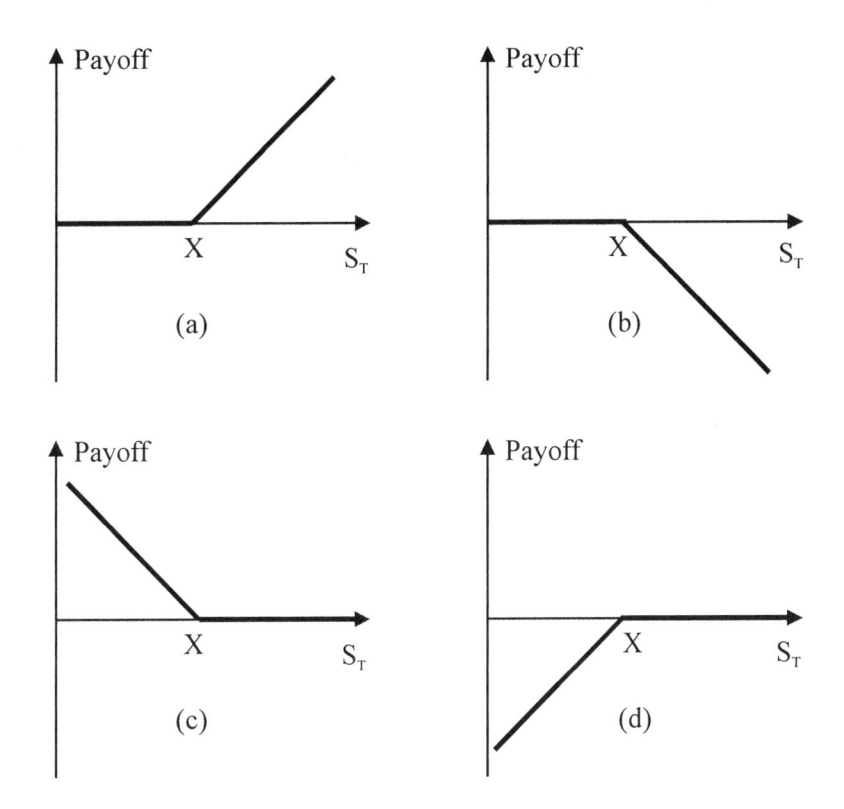

Abbildung 7.5: Payoffs aus Positionen in europäischen Optionen. (a) Long Call, (b) Short Call, (c) Long Put, (d) Short Put. Basispreis = X; Preis des Vermögenswertes bei Fälligkeit = S_T.

AKTIENOPTIONEN

In den USA werden Optionen an der Chicago Board Options Exchange (CBOE), der Philadelphia Stock Exchange (PHLX), der American Stock Exchange (AMEX), der Pacific Stock Exchange (PSE) und der New York Stock Exchange (NYSE) gehandelt. Es werden Optionen auf mehr als 500 verschiedene Aktien gehandelt. Besonders lebhaft werden Optionskontrakte auf IBM, Kodak und General Motors gehandelt. Ein Kontrakt gibt dem Inhaber das Recht, 100 Aktien zu dem spezifizierten Basispreis zu kaufen oder zu verkaufen. Die Kontraktgröße ist bequem, da die Aktien selbst in 100er Einheiten gehandelt werden.

Tabelle 7.3: US-Börsen mit Optionshandel

Chicago Board Options Exchange (CBOE)
400 South LaSalle Street
Chicago, IL 60605
312-786-7465

Philadelphia Stock Exchange (PHLX)
1900 Market Street
Philadelphia, PA 19103
215-496-5000

New York Stock Exchange (NYSE)
11 Wall Street
New York, NY 10005
212-656-3000

American Stock Exchange (AMEX)
86 Trinity Place
New York, NY 10006
212-306-1000

Pacific Stock Exchange (PSE)
301 Pine Street
San Francisco, CA 94104
415-393-4000

DEVISENOPTIONEN

Die größte Börse, an der Devisenoptionen gehandelt werden, ist die Philadelphia Stock Exchange. Sie bietet sowohl europäische als auch amerikanische Kontrakte über eine Vielzahl verschiedenster Devisen. Die Größe eines Kontraktes hängt von der Währung ab. Im Fall des Britischen Pfund beispielsweise hat der Inhaber einer Option das Recht, 31.250 £ zu kaufen oder zu verkaufen; im Fall des Japanischen Yen gibt ein Kontrakt dem Inhaber das Recht, 6,25 Millionen Yen zu kaufen oder zu verkaufen. Kontrakte über Devisenoptionen werden in Kapitel 12 ausführlicher diskutiert.

INDEXOPTIONEN

Derzeit werden viele verschiedene Indexoptionen in den USA gehandelt. Am beliebtesten sind Kontrakte auf den S&P 500 Index (CBOE) und den S&P 100 Index (CBOE). Es gibt amerikanische und europäische Indexoptionen. So ist beispielsweise der Kontrakt auf den S&P 500 europäisch, während der auf den S&P 100 amerikanisch ist. Ein Kontrakt ist über den Kauf oder Verkauf des 100fachen Index zum spezifizierten Basispreis. Die Abrechnung erfolgt in bar, es wird nicht der dem Portefeuille zugrundeliegende Index geliefert. Man betrachte beispielsweise einen Kaufkontrakt auf den S&P 100 mit einem Basispreis von 280. Wird er bei einem Indexwert von

292 ausgeübt, dann zahlt der Verkäufer des Kontraktes dem Inhaber (292 − 280) × 100 = 1.200 $. Die Barzahlung basiert auf den Indexwert am Ende des Tages, an dem die Ausübungsanweisungen erteilt wurden. Es überrascht nicht, dass die Investoren mit der Weitergabe ihrer Anweisungen gewöhnlich bis zum Tagesende warten. Indexoptionen werden in Kapitel 12 ausführlicher diskutiert.

FUTURESOPTIONEN

Das Basisobjekt bei Futuresoptionen (oder Optionen auf Futures) ist ein Futureskontrakt. Der Futureskontrakt wird normalerweise kurz nach dem Verfallsdatum der Option fällig. Futuresoptionen gibt es heute für fast alle Vermögenswerte, für die es auch Futureskontrakte gibt. Wenn eine Kaufoption ausgeübt wird, bekommt der Inhaber von dem Verkäufer eine Kaufposition in dem zugrundeliegenden Futureskontrakt plus einen Barbetrag, der gleich dem Überschuss des Futurespreises über den Basispreis ist. Wenn eine Verkaufsoption ausgeübt wird, bekommt der Inhaber eine Verkaufsposition in dem zugrundeliegenden Futureskontrakt plus einen Barbetrag, der gleich dem Überschuss des Basispreises über den Futurespreis ist. Kontrakte auf Futuresoptionen werden in Kapitel 13 ausführlicher diskutiert.

Spezifikation der Aktienoptionen

Der verbleibende Rest dieses Kapitels konzentriert sich auf Aktienoptionen. Wie bereits erwähnt, ist eine börsengehandelte Aktienoption ein Optionskontrakt im amerikanischen Stil auf den Kauf oder Verkauf von 100 Stück einer Aktie. Details des Kontraktes – der Fälligkeitstermin, der Basispreis, wie groß eine von einem Investor gehaltene Position sein darf, was beim Beschluss einer Dividende geschieht und so weiter – werden von der Börse spezifiziert.

FÄLLIGKEITSTERMINE

Ein Punkt, mit dem eine Aktienoption beschrieben wird, ist der Monat, in dem der Fälligkeitstermin liegt. Ein Januar Call auf IBM ist daher eine Kaufoption auf IBM mit einem Fälligkeitstermin im Januar. Der genaue Fälligkeitstermin ist 10.59 Uhr Central Time am Samstag nach dem dritten Freitag des Fälligkeitsmonats. Der letzte Tag, an dem Optionen gehandelt werden, ist der dritte Freitag im Fälligkeitsmonat. Ein Investor mit einer Kaufposition in einer Option hat normalerweise bis Freitag, 16.30 Uhr Central Time, Zeit, um einen Broker mit der Ausübung der Option zu instruieren. Der Broker hat dann bis 10.59 Uhr am nächsten Tag Zeit, um die Papiere fertig zu machen, mit denen der Börse mitgeteilt wird, dass die Option ausgeübt wird.

Aktienoptionen haben den Zyklus Januar, Februar oder März. Der Januar-Zyklus besteht aus den Monaten Januar, April, Juli und Oktober. Der Februar-Zyklus besteht aus den Monaten Februar, Mai, August und November. Der März-Zyklus besteht aus den Monaten März, Juni, September und Dezember. Wenn der Fälligkeitstermin für den laufenden Monat noch nicht erreicht ist, werden Optionen mit Fälligkeitsterminen im laufenden Monat, dem folgenden Monat und den nächsten zwei Monaten des Zyklus gehandelt. Ist der Fälligkeitstermin für den laufenden Monat bereits verstrichen, werden Optionen mit Fälligkeitsterminen im nächsten Monat, übernächsten Monat und den nächsten zwei Monaten des Fälligkeits-Zyklus gehandelt. Beispielsweise ist IBM im Januar-Zyklus. Am Beginn des Januars werden Optionen mit Fälligkeitsterminen im Januar, Februar, April und Juli gehandelt; am Ende des Januars werden Optionen mit Fälligkeitsterminen im Februar, März, April und Juli gehandelt; Anfang Mai werden Optionen mit Fälligkeitsterminen im Mai, Juni, Juli und Oktober gehandelt; und so weiter. Wenn eine Option ihren Fälligkeitstermin erreicht, beginnt der Handel mit einer anderen. Für einige Aktien werden auch längerfristige Optionen gehandelt, sogenannte LEAPS (long-term equity anticipation securities). Sie haben Laufzeiten bis zu drei Jahren. Die Fälligkeitstermine von LEAPS auf Aktien liegen immer im Januar.

BASISPREISE

Die Börse wählt die Basispreise, zu denen Optionen verkauft werden können. Die Basispreise von Aktienoptionen sind normalerweise in 2½ $, 5 $ oder 10 $ gestaffelt. (Eine Ausnahme gibt es bei einem Aktiensplit oder einer Stockdividende, wie gleich ausführlicher beschrieben wird.) Die übliche Regel für die Börse lautet, dass bei Aktienkursen unter 25 $ die Basispreise eine Staffelung von 2½ $ haben, bei einem Kurs von 25 $ bis 200 $ beträgt die Staffelung 5 $ und bei einem Kurs von über 200 $ beträgt die Staffelung 10 $. Wenn beispielsweise der Kurs einer Aktie 12 $ beträgt, sollte die Option erwartungsgemäß mit Basispreisen von 10, 12½ und 15 gehandelt werden; liegt der Aktienkurs bei 100 $, sollte der Basispreis erwartungsgemäß 90, 95, 100, 105 und 110 betragen.

Wenn ein neuer Fälligkeitstermin eingeführt wird, wählt die Börse gewöhnlich die beiden Basispreise, die dem aktuellen Aktienkurs am nächsten liegen. Wenn einer davon sehr nahe am vorhandenen Aktienkurs liegt, kann auch der Basispreis, der dem aktuellen Aktienkurs am drittnächsten liegt, gewählt werden. Wenn sich der Aktienkurs außerhalb der vom höchsten und niedrigsten Basispreis definierten Bandbreite bewegt, wird normalerweise ein Optionshandel mit einem neuen Basispreis eingeführt. Um diese Regel zu veranschaulichen, stelle man sich vor, dass der Aktienkurs beim Handelsbeginn mit der Oktober Option 53 $ beträgt. Zuerst werden Kauf- und Verkaufsoptionen mit einem Basispreis von 50 und 55 angeboten. Wenn der Aktienkurs über 55 $ steigt, wird ein Basispreis von 60 angeboten; wenn er unter 50 $ fällt, wird ein Basispreis von 45 angeboten; und so weiter.

TERMINOLOGIE

Für jeden gegebenen Vermögenswert können zu jedem gegebenen Zeitpunkt viele verschiedenen Optionskontrakte gehandelt werde. Man betrachte eine Aktie, die vier Fälligkeitstermine und fünf Basispreise hat. Wenn zu jedem Fälligkeitstermin und jedem Basispreis Kauf- und Verkaufsoptionen gehandelt werden, dann sind das insgesamt 40 verschiedene Kontrakte. Alle Optionen vom selben Typ (Kauf- oder Verkaufsoptionen) gehören zu einer *Optionsklasse*. Beispielsweise bilden IBM Kaufoptionen eine Klasse, wohingegen IBM Verkaufsoptionen eine andere Klasse bilden. Eine *Optionsserie* besteht aus den gesamten Optionen einer gegebenen Klasse mit dem gleichen Fälligkeitstermin und Basispreis. In anderen Worten, eine Optionsserie bezieht sich auf einen bestimmten Kontrakt, der gehandelt wird. Die IBM 50 Oktober Kaufoptionen bilden eine Optionsserie.

Optionen sind *im Geld* (in the money), *am Geld* (at the money) und *aus dem Geld* (out of the money). Eine Im-Geld-Option ist eine Option, die dem Inhaber einen positiven Cashflow einbringen würde, wenn er sie sofort ausüben würde. Eine Am-Geld-Option würde zu einem Cashflow von null führen, würde der Inhaber sie sofort ausüben. Und eine Aus-dem-Geld-Option würde einen negativen Cashflow einbringen, wenn der Inhaber die Option sofort ausüben würde. Wenn S der Aktienkurs und X der Basispreis ist, ist eine Kaufoption im Geld bei $S > X$, am Geld bei $S = X$ und aus dem Geld bei $S < X$. Eine Verkaufsoption ist im Geld bei $S < X$, am Geld bei $S = X$ und aus dem Geld bei $S > X$. Es ist klar, dass eine Option nur ausgeübt wird, wenn sie im Geld ist. Abstrahiert man von den Transaktionskosten, dann wird eine Im-Geld-Option immer am Fälligkeitstermin ausgeübt, wenn sie nicht schon vorher ausgeübt worden ist.

Der *intrinsische Wert, Substanzwert* oder *innere Wert* einer Option ist definiert als das Maximum von null und dem Wert, den die Option hätte, würde sie sofort ausgeübt. Bei einer Kaufoption ist der intrinsische Wert somit max(S − X, 0). Bei einer Verkaufsoption ist er max(X − S, 0). Eine amerikanische Im-Geld-Option muss mindestens den intrinsischen Wert haben, da der Inhaber den intrinsischen Wert durch eine sofortige Ausübung realisieren kann. Oft ist es für den Inhaber eine amerikanischen Im-Geld-Option optimal, wenn er wartet, statt sofort auszuüben. Die Option hat dann einen sogenannten *Zeitwert*. Der Gesamtwert einer Option ist die Summe des intrinsischen Wertes und ihres Zeitwertes.

FLEX-OPTIONEN

Einige Börsen bieten neuerdings *Flex-Optionen* (flexible exchange options) an. Das sind Optionen, bei denen die Wertpapierhändler auf dem Börsenparkett nichtstandardisierten Bedingungen zustimmen. Zu diesen nichtstandardisierten Bedingungen können Basispreise oder Fälligkeitstermine gehören, die sich von denen unterscheiden, die normalerweise von der Börse angeboten werden. Flex-Optionen sind ein Versuch der Options-Börsen, Geschäfte an den Freiverkehrsmärkten wieder an sich zu ziehen.

DIVIDENDEN UND AKTIENSPLITS

Die frühen Freiverkehrsoptionen waren dividendengeschützt. Wenn ein Unternehmen eine Bardividende beschloss, wurde der Basispreis der Optionen auf diese Unternehmensaktie am Ex-Dividenden-Tag um den Dividendenbetrag gekürzt. Börsengehandelte Optionen werden im allgemeinen nicht den Bardividenden angepasst. In anderen Worten, wenn eine Bardividende beschlossen wird, werden die Bedingungen des Optionskontraktes nicht angepasst. Wie wir in Kapitel 11 sehen werden, hat dies signifikante Implikationen für die Art der Optionsbewertung.

Börsengehandelte Optionen werden Aktiensplits angepasst. Ein Aktiensplit erfolgt dann, wenn die vorhandenen Aktien in mehrere Aktien „gesplittet" werden. Bei einem 3-zu-1 Aktiensplit beispielsweise werden drei neue Aktien als Ersatz für je eine vorhandene Aktie emittiert. Da ein Aktiensplit weder die Vermögenswerte noch die Ertragsfähigkeit eines Unternehmens beeinflusst, hat er keine Wirkung auf den Wohlstand der Aktionäre des Unternehmens. Da sich weiter nichts verändert, müsste ein 3-zu-1 Split lediglich dazu führen, dass der Aktienkurs auf ein Drittel seines vorherigen Wertes sinkt. Im allgemeinen führt ein n-zu-m Aktiensplit zu einem Kursrückgang auf m/n seines vorherigen Wertes. Die Bedingungen der Optionskontrakte werden angepasst, um die erwarteten Veränderungen des Aktienkurses, die durch einen Aktiensplit entstehen, widerzuspiegeln. Nach einem n-zu-m Aktiensplit wird der Basispreis auf m/n seines vorherigen Wertes verringert, und die Zahl der Aktien, die von einem Kontrakt abgedeckt werden, steigt auf n/m des vorherigen Wertes. Wenn der Aktienkurs wie erwartet fällt, bleiben die Positionen sowohl der Verkäufer als auch der Käufer eines Kontraktes unverändert.

Beispiel

Man betrachte eine Kaufoption auf den Kauf von 100 Aktien eines Unternehmens zu 30 $ je Aktie. Angenommen das Unternehmen macht einen 2-zu-1 Aktiensplit. Die Bedingungen des Optionskontraktes werden dann dahingehend geändert, dass der Inhaber das Recht hat, 200 Aktien für 15 $ je Aktie zu kaufen.

Aktienoptionen werden den Stockdividenden angepasst. Bei einer Stockdividende emittiert ein Unternehmen Aktien an seine vorhandenen Aktionäre. Eine Stockdividende von 20 Prozent bedeutet beispielsweise, dass ein Investor für fünf Aktien, die er bereits besitzt, eine neue Aktie erhält. Wie ein Aktiensplit hat auch eine Stockdividende keine Auswirkung auf die Vermögenswerte oder Ertragskraft eines Unternehmens. Der Aktienkurs dürfte als Reaktion auf die Stockdividende sinken. Die Stockdividende von 20 Prozent ist im Prinzip dasselbe wie ein 6-zu-5 Aktiensplit. Bleibt alles andere gleich, müsste der Aktienkurs auf 5/6 seines vorherigen Wertes sinken. Wie beim Aktiensplit werden die Bedingungen der Option angepasst, um den erwarteten Kursrückgang, der aus der Stockdividende folgt, widerzuspiegeln.

Beispiel

Man betrachte eine Verkaufsoption auf den Verkauf von 100 Aktien eines Unternehmens zu 15 $ je Aktie. Angenommen das Unternehmen beschließt eine Stockdividende von 25 Prozent. Das entspricht einem 5-zu-4 Aktiensplit. Die Bedingungen des Optionskontraktes werden dahingehend geändert, dass der Inhaber das Recht bekommt, 125 Aktien für 12 $ zu verkaufen.

Anpassungen werden auch für Bezugsrechtsemissionen vorgenommen. Das grundlegende Verfahren ist, den theoretischen Preis der Bezugsrechte zu berechnen und dann den Basispreis um diesen Betrag zu verringern. Wie Brown ausführt, steht der Optionsinhaber bei diesem Verfahren etwas schlechter da als vor der Emission.[1]

POSITIONSLIMITS UND AUSÜBUNGSLIMITS

Die Börse spezifiziert ein *Positionslimit* für jede Aktie, für die Optionen gehandelt werden. Das Positionslimit definiert die maximale Anzahl der Optionskontrakte, die ein Investor auf einer Seite des Marktes halten kann. Für diesen Zweck wird unterstellt, dass Long Calls und Short Puts auf der gleichen Marktseite sind. Außerdem wird unterstellt, dass Short Calls und Long Puts ebenfalls auf der gleichen Marktseite sind. Das *Ausübungslimit* gleicht dem Positionslimit. Es definiert die maximale Anzahl der Kontrakte, die von jedem Individuum (oder jeder Gruppe von zusammenarbeitenden Individuen) in jedem Zeitraum von fünf aufeinanderfolgenden Werktagen ausgeübt werden kann. Das Positions/Ausübungslimit beträgt normalerweise 3.000, 5.500 oder 8.000 Kontrakte. Optionen auf lebhaft gehandelte Aktien mit hoher Börsenkapitalisierung haben normalerweise Positions- oder Ausübungslimit von 8.000. Optionen auf Aktien mit geringer Kapitalisierung haben normalerweise Positions/Ausübungslimits von 3.000 oder 5.500.

Mit der Einrichtung von Positionslimits und Ausübungslimits soll verhindert werden, dass der Markt in unzulässiger Weise von den Aktivitäten einzelner Investoren oder einer Investorengruppe beeinflusst wird. Es ist jedoch umstritten, ob solche Limits tatsächlich nötig sind.

Zeitungsnotierungen

In vielen Zeitungen sind Optionsnotierungen abgedruckt. Im *Wall Street Journal* befinden sich die Optionsnotierungen derzeit unter der Überschrift „Listed Options" in der Rubrik Money and Investing. Tabelle 7.4 zeigt die Notierungen im *Wall Street Journal* vom Mittwoch, dem 25. September

---

[1] Siehe R. L. Brown, „Adjusting Option Contracts to Reflect Capitalization Changes", *Journal of Business Finance and Accounting* 16 (1989): 247-254.

1996. Die Notierungen beziehen sich auf den Handel vom Vortag (Dienstag, 24. September 1996).

Tabelle 7.4: Aktienoptionsnotierungen aus dem *Wall Street Journal* vom 25. September 1996

Option/Strike		Exp.	– Call –		– Put –	
			Vol.	Last	Vol.	Last
ADC Tel	50	Nov	250	14	…	…
ADT	20	Oct	55	1 3/16	…	…
AGCO	25	Nov	60	7/8	…	…
AMR	75	Oct	280	8	…	2 1/8
80 7/8	80	Oct	350	4	17	4 1/2
80 7/8	85	Oct	78	1 1/8	10	…
ASA	37 1/2	Oct	60	1 7/8	…	…
39 1/4	40	Oct	272	3/4	…	…
39 1/4	42 1/2	Nov	59	3/8	…	…
AST Rs	5	Nov	80	1/2	…	…
AT&T	45	Oct	143	6 3/4	283	3/16
51 1/2	45	Jan	139	8	37	1/2
51 1/2	45	Apr	67	8 1/2	30	3/4
51 1/2	50	Oct	1115	2 3/4	2372	11/16
51 1/2	50	Jan	495	4	697	1 3/4
51 1/2	50	Apr	59	5	224	2 1/8
51 1/2	55	Oct	7086	3/8	688	3 1/2
51 1/2	55	Nov	1066	15/16	136	3 5/8
51 1/2	55	Jan	1923	1 11/16	510	4 1/8
51 1/2	55	Apr	150	2 3/8	71	4 1/2
51 1/2	60	Oct	1796	1/8	76	8 3/8
51 1/2	60	Jan	500	5/8	57	8 1/2
51 1/2	60	Apr	53	1	11	8 1/2
51 1/2	65	Jan	345	1/4	45	12 1/2
51 1/2	70	Jan	679	1/8	…	…
AamesF	45	Oct	363	4 7/8	41	1 3/16
48 7/8	45	Dec	610	5 1/4	8	3 5/8
48 7/8	50	Oct	28	2 1/8	64	3 3/8
48 7/8	50	Dec	18	3 1/4	250	5
48 7/8	55	Dec	74	2 1/2	…	…
AccuStff	25	Oct	100	1	10	1 3/4
24 3/8	25	Nov	261	2	…	…

Quelle: *Wall Street Journal*, 25.9.1996. Copyright ©1996, Dow Jones and Company, Inc.

266 TEIL II Optionsmärkte

Das Unternehmen, auf dessen Aktien die Option verkauft wird, ist zusammen mit dem Schlusskurs in der ersten Spalte aufgelistet. Der Basispreis und der Fälligkeitsmonat erscheinen in der zweiten und dritten Spalte. Bei einer Kaufoption, die mit einem gegebenem Basispreis und Fälligkeitsmonat gehandelt wird, zeigen die nächsten beiden Spalten das Handelsvolumen und den Preis für die Kaufoption beim letzten Handel. Die beiden letzten Spalten zeigen das gleiche für die Verkaufsoption.

Der notierte Preis ist der Preis einer Option für den Kauf oder Verkauf einer Aktie. Wie bereits erwähnt, ist ein Kontrakt über den Kauf oder Verkauf von 100 Aktien. Somit kostet ein Kontrakt den 100fachen angegebenen Preis. Da die meisten Optionen unter 10 $ kosten, einige sogar unter 1 $, müssen Investoren nicht extrem wohlhabend sein, um Optionsgeschäfte zu tätigen.

Das *Wall Street Journal* zeigt außerdem den gesamte Kaufumsatz (call volume) und Verkaufsumsatz (put volume) sowie die gesamten offenen Kaufpositionen (call open interest) und offenen Verkaufspositionen (put open interest) jeder Börse. Die Zahlen, die am 25. September 1996 in der Zeitung standen, sind in Tabelle 7.5 angegeben. Der Umsatz oder das Volumen gibt die Gesamtzahl der an diesem Tag gehandelten Kontrakte an. Die offene Position ist die Gesamtzahl der ausstehenden Kontrakte.

Tabelle 7.5: Volumen und offene Positionen, aus dem *Wall Street Journal* vom 25. September 1996

Börse	Kaufvolumen	Offene Kaufpositionen	Verkaufsvolumen	Offene Verkaufspositionen
Chicago Board	416.621	6.757.254	357.350	4.742.077
American	141.035	4.386.239	65.757	2.108.078
Philadelphia	66.193	1.708.700	16.890	741.071
Pacific	102.472	2.364.546	53.419	1.112.426
New York	9.116	913.042	2.613	420.211
Gesamt	735.437	16.129.781	396.029	9.123.863

Tabelle 7.4 zeigt, dass es am 24. September 1996 offenbar Arbitrage-Möglichkeiten gab. Beispielsweise wurde eine Oktober Put auf eine Aktie von AT&T und einem Basispreis von 60 mit 8⅜ notiert. Da der Aktienkurs 51½ betrug, hätte man anscheinend, wenn man diese Verkaufsoption gekauft

KAPITEL 7 Mechanismen der Optionsmärkte   267

und die Option sofort ausgeübt hätte, einen Gewinn von ⅛ gemacht. Tatsächlich aber dürfte es diese Arten von Arbitrage-Möglichkeiten mit an Sicherheit grenzender Wahrscheinlichkeit gar nicht gegeben haben. Tabelle 7.4 gibt die Kurse an, mit denen der Handel am 24. September 1996 geschlossen wurde. Der letzte Handel mit dem Oktober AT&T Put mit dem Basispreis 60 hat vermutlich viel früher am Tag stattgefunden als der letzte Handel mit der Aktie. Hätte man versucht, zu der Zeit, als die Aktie zuletzt gehandelt wurde, eine Option zu handeln, dann läge der Preis der Verkaufsoption über 8⅜.

Handel

Der Optionshandel ähnelt in vielfacher Hinsicht (siehe Kapitel 2) dem Futureshandel. Eine Börse hat eine Anzahl von Mitgliedern (Individuen und Unternehmen), die einen sogenannten Sitz an der Börse haben. Ein Sitz an der Börse erlaubt dem Mitglied, auf das Börsenparkett zu gehen und mit anderen Mitgliedern zu handeln.

DER MARKET MAKER

Die meisten Börsen (einschließlich der CBOE) verwenden ein Market-Maker-System, um den Handel zu befördern. Ein Market Maker für eine bestimmte Option ist eine Person, die auf Anfrage sowohl einen Geld- als auch einen Briefkurs für die Option notiert. Der Geldkurs ist der Preis, zu dem der Market Maker bereit ist zu kaufen, der Briefkurs ist der Preis, zu dem der Market Maker bereit ist zu verkaufen. Zu dem Zeitpunkt, zu dem Geld und Brief notiert werden, weiß der Market Maker nicht, ob der Händler, der um die Notierungen gebeten hat, die Option kaufen oder verkaufen will. Der Briefkurs ist immer höher als der Geldkurs, und der Betrag, um den der Briefkurs den Geldkurs übersteigt, ist die Geld-Brief-Spanne. Die Börse legt Obergrenzen für die Geld-Brief-Spanne fest. Beispielsweise kann sie spezifizieren, dass die Spanne bei Optionen, die unter 0,50 $ notiert sind, nicht über 0,25 $ liegen darf, dass sie bei Optionen, die zwischen 0,50 $ und 10 $ notiert sind, nicht mehr als 0,50 $ betragen darf, dass sie bei Optionen, die zwischen 10 $ und 20 $ notiert sind, nicht mehr als 0,75 $ und bei Optionen, die über 20 $ notiert sind, nicht mehr als 1 $ betragen darf.

Die Existenz des Market Makers stellt sicher, dass Kauf- und Verkaufsorder immer ohne Verzögerungen zu irgendeinem Kurs ausgeführt werden können. Die Market Maker sorgen also für zusätzliche Liquidität am Markt. Die Market Maker selbst machen ihre Gewinne durch die Geld-Brief-Spanne. Sie sichern ihre Risiken mit diversen Plänen ab, die später in diesem Buch diskutiert werden.

DER PARKETTHÄNDLER

Parketthändler führen Geschäfte für die allgemeine Öffentlichkeit durch. Wenn ein Investor einen Broker kontaktiert, um eine Option zu kaufen oder zu verkaufen, dann leitet der Broker die Order an den Parketthändler seiner Brokerfirma an der Börse weiter, an der die Option gehandelt wird. Wenn die Brokerfirma keinen eigenen Parketthändler hat, dann hat sie im allgemeinen eine Vereinbarung mit einem unabhängigen Parketthändler oder dem Parketthändler einer anderen Brokerfirma.

Die Orderarten, die die allgemeine Öffentlichkeit platzieren kann, ähneln denen, die an den Futuresmärkten platziert werden können (siehe Kapitel 2). Eine Marktorder ist sofort auszuführen; bei einer interessewahrenden Order liegt das Timing des Handels im Ermessen des Parketthändlers; eine Limit-Order spezifiziert den schlechtesten Kurs, zu dem die Order noch ausgeführt werden darf; usw.

Der Parketthändler handelt entweder mit anderen Parketthändlern oder mit Market Makern. Parketthändler bekommen entweder eine Provision oder ein Gehalt von dem Brokerhaus, für das sie die Geschäfte machen.

DER ORDER BOOK OFFICIAL

Viele Order, die an die Parketthändler weitergeleitet werden, sind Limit-Order. Das bedeutet, dass sie nur zu einem spezifizierten oder besseren Kurs ausgeführt werden dürfen. Oft passiert es, dass eine Limit-Order nicht sofort ausgeführt werden kann, wenn sie den Parketthändler erreicht. (Zum Beispiel kann eine Limit-Order über den Kauf einer Kaufoption zu 5 $ nicht sofort ausgeführt werden, wenn der Market Maker den Geldkurs mit 4¾ $ und den Briefkurs mit 5¼ $ notiert.) An den meisten Börsen leitet der Parketthändler in einem solchen Fall die Order an den sogenannten *Order Book Official* (oder *Board Broker*) weiter. Dieser Angestellte der Börse gibt die Order zusammen mit anderen öffentlichen Limit-Ordern in den Computer ein um sicherzustellen, dass die Order ausgeführt wird, sobald das Kurslimit erreicht wird. Sämtliche Händler haben Zugriff auf Informationen über die ausstehenden Limit-Order.

Das System, dass auf dem Market Maker und dem Order Book Official basiert, kann kontrastiert werden mit dem System des amtlichen Kursmaklers, das an Optionsbörsen wie der AMEX und der PHLX verwendet wird und das am meisten verbreitete System im Aktienhandel ist. Bei diesem System arbeitet ein sogenannter *amtlicher Kursmakler* als Market Maker und führt gleichzeitig eine Liste der Limit-Order. Anders als der Order Book Official macht der amtliche Kursmakler seine Informationen über die Limit-Order nicht den anderen Händlern zugänglich.

GEGENORDER

Ein Investor, der eine Option gekauft hat, kann die Position glattstellen, indem er eine Gegenorder über den Verkauf der gleichen Option ausgibt. Ebenso kann ein Investor, der eine Option verkauft hat, die Position glattstellen, indem er eine Gegenorder über den Kauf der gleichen Position ausgibt. Wenn beim Handel mit einem Optionskontrakt keiner der Investoren eine vorhandene Position ausgleicht, steigen die ausstehenden Kontrakte um einen Kontrakt. Wenn einer der Investoren eine vorhandene Position ausgleicht, der andere jedoch nicht, bleiben die ausstehenden Kontrakte gleich. Wenn beide Investoren ihre vorhandenen Positionen ausgleichen, sinken die ausstehenden Kontrakte um einen Kontrakt.

Provisionen

Die Provisionen, die ein Investor zahlen muss, variieren von Broker zu Broker. Im allgemeinen erheben Discount Broker niedrigere Provisionen als Broker, die einen Komplett-Service anbieten. Die tatsächlich verlangte Summe setzt sich zusammen aus einem Fixkostenanteil und einem prozentualen Anteil am umgesetzten Dollarbetrag. Tabelle 7.6 zeigt eine mögliche Gebührenliste eines Discount Brokers. Nach dieser Liste kostet der Kauf oder Verkauf eines Kontraktes immer 30 $ (für den ersten Kontrakt beträgt sowohl die maximale als auch die minimale Provision 30 $). Der Kauf von acht Kontrakten bei einem Optionspreis von 3 $ kostet somit 20 $ + (0,02 × 2.400 $) = 68 $ Provision.

Tabelle 7.6: Typische Provisionsliste eines Discount Brokers

Dollarbetrag des Geschäfts	Provision*
< 2.500 $	20 $ + 0,02 vom Dollarbetrag
2.500 $ bis 10.000 $	45 $ + 0,01 vom Dollarbetrag
> 10.000 $	120 $ + 0,0025 vom Dollarbetrag

*Die maximale Provision beträgt 30 $ je Kontrakt für die ersten fünf Kontrakte plus 20 $ je Kontrakt für jeden weiteren Kontrakt. Die Mindest-Provision beträgt 30 $ je Kontrakt für den ersten Kontrakt plus 2 $ je Kontrakt für jeden weiteren Kontrakt.

Wenn eine Optionsposition durch den Abschluss eines Gegenhandels glattgestellt wird, muss erneut eine Provision gezahlt werden. Wird die Option ausgeübt, ist die Provision die gleiche, die der Investor zahlen müsste, wenn er eine Order für den Kauf oder Verkauf des Basisobjektes platzierte. Üblicherweise sind das 1 bis 2 Prozent vom Wert der Aktie.

Man betrachte einen Investor, der einen Kaufoptionskontrakt mit einem Basispreis von 50 $ bei einem Aktienkurs von 49 $ kauft. Angenommen der Optionspreis beträgt 4,50 $, so dass die Kosten für den Kontrakt 450 $ betragen. Im Rahmen der Provisionsliste in Tabelle 7.6 muss der Investor beim Kauf der Option 30 $ Provision zahlen. Angenommen der Aktienkurs steigt und die Option wird bei einem Aktienkurs von 60 $ ausgeübt. Wenn man unterstellt, dass der Investor 1,5 Prozent Provision für Aktiengeschäfte zahlt, beträgt die zu zahlende Provision bei Ausübung der Option

$$0{,}015 \times 60\ \$ \times 100 = 90\ \$$$

Die gezahlte Gesamtprovision beträgt somit 120 $, und der Nettogewinn des Investors beträgt

$$1.000\ \$ - 450\ \$ - 120\ \$ = 430\ \$$$

Man beachte, dass der Investor 60 $ an Provisionen sparen könnte, wenn er die Option für 10 $ verkaufen würde statt sie auszuüben. (Die beim Verkauf der Option zu zahlende Provision beträgt in unserem Beispiel lediglich 30 $). Im allgemeinen wird durch das Provisionssystem bewirkt, dass Investoren animiert werden, Optionen zu verkaufen statt sie auszuüben.

Versteckte Kosten beim Optionsgeschäft (und beim Aktiengeschäft) sind die Geld-Brief-Spannen der Market Maker. Angenommen der Geldkurs in dem soeben betrachteten Beispiel beträgt beim Kauf der Option 4,00 $ und der Briefkurs beträgt 4,50 $. Man kann vernünftigerweise annehmen, dass der „faire" Preis für die Option genau zwischen dem Geldkurs und dem Briefkurs liegt, also bei 4,25 $. Die Kosten für den Käufer und den Verkäufer in dem Market-Maker-System werden durch die Differenz zwischen dem fairen Preis und dem gezahlten Preis gebildet. Diese beträgt 0,25 $ je Option oder 25 $ je Kontrakt.

EINSCHÜSSE

Wenn ein Investor Aktien kauft, kann er entweder bar zahlen oder ein Marginkonto oder Effektenkreditkonto verwenden. Der Originaleinschuss beträgt normalerweise 50 Prozent des Aktienwertes, der Mindesteinschuss beträgt normalerweise 25 Prozent des Aktienwertes. Das Marginkonto funktioniert genauso wie bei Futureskontrakten (siehe Kapitel 2). Wenn Kauf- oder Verkaufsoptionen gekauft werden, muss der Optionspreis vollständig bezahlt werden. Investoren dürfen Optionen nicht auf Marge kaufen, weil Optionen bereits eine substantiellen Hebel beinhalten. Ein Kauf auf Marge würde diesen Hebel auf ein inakzeptables Niveau heben.

Ein Investor, der Optionen verkauft, muss Geld auf dem Marginkonto haben. Sowohl der Broker des Investors als auch die Börse möchten sichergehen, dass der Investor keine Vertragswidrigkeit begeht, wenn die Option ausgeübt wird. Die erforderliche Höhe des Einschusses oder der Margin hängt von den Umständen ab.

VERKAUF NICHT ABGESICHERTER OPTIONEN

Eine *nicht abgesicherte Option* ist eine Option, die nicht mit einer Gegenposition in der zugrundeliegenden Aktie kombiniert ist. Bei einer nicht abgesicherten Option richtet sich der Originaleinschuss nach dem höheren Betrag der beiden folgenden Berechnungen:

1. Insgesamt 100 Prozent der Erlöse aus dem Verkauf plus 20 Prozent des zugrundeliegenden Aktienkurses, abzüglich des eventuellen Betrages, um den die Option aus dem Geld ist.

2. Insgesamt 100 Prozent aus den Optionserlösen plus 10 Prozent des zugrundeliegenden Aktienkurses.

Die 20 Prozent in den obigen Berechnungen werden bei Optionen auf einen breit angelegten Index durch 15 Prozent ersetzt, da der Indexkurs normalerweise weniger volatil ist als der Kurs einer einzelnen Aktie.

Beispiel

Ein Investor verkauft vier nicht abgesicherte Kaufoptionskontrakte auf eine Aktie. Der Optionspreis beträgt 5 $, der Basispreis beträgt 40 $ und der Aktienkurs liegt bei 38 $. Da die Option 2 $ aus dem Geld ist, ergibt die erste Berechnung

$$400[5 + 0{,}2 \times 38 - 2] = 4.240\ \$$$

Die zweite Berechnung ergibt

$$400[5 + 0{,}1 \times 38] = 3.520\ \$$$

Der erforderliche Originaleinschuss beträgt somit 4.240 $. Würde es sich bei der Option um eine Verkaufsoption handeln, wäre sie 2 $ im Geld und der Originaleinschuss betrüge

$$400[5 + 0{,}2 \times 38] = 5.040\ \$$$

In beiden Fällen können die Erlöse aus dem Verkauf, 2.000 $, als Teil des Marginkontos verwendet werden.

Eine Berechnung ähnlich der Berechnung des Originaleinschusses (allerdings ersetzt der Tageskurs die Verkaufserlöse) wird jeden Tag wiederholt. Geldmittel können vom Marginkonto abgezogen werden, wenn die Berechnung andeutet, dass der erforderliche Einschuss niedriger ist als der aktuelle Saldo des Marginkontos. Wenn die Berechnung ergibt, dass ein signifikant höherer Einschuss erforderlich ist, geht dem Investor eine Nachschussforderung zu.

VERKAUF ABGESICHERTER KAUFOPTIONEN

Beim Verkauf abgesicherter Kaufoptionen besitzt der Investor die Aktien bereits, die er vielleicht liefern muss. Abgesicherte Kaufoptionen sind bei weitem risikoärmer als nicht abgesicherte Kaufoptionen, weil dem Investor schlimmstenfalls passieren kann, dass er Aktien aus seinem Besitz zu einem Kurs unterhalb des Marktwertes verkaufen muss. Wenn abgesicherte Kaufoptionen aus dem Geld sind, ist kein Einschuss nötig. Der Investor kann die

Aktien, wie bereits beschrieben, über ein Marginkonto kaufen, und der Preis, den der Investor für die Option bekommt, kann teilweise für diese Einschusssätze verwendet werden. Wenn die Optionen im Geld sind, ist kein Einschuss für die Optionen nötigt. Um aber die Aktienposition des Investors zu berechnen, wird der Aktienkurs gegebenenfalls um das Ausmaß, in dem die Option im Geld ist, verringert. Das kann den Betrag begrenzen, den der Investor vom Marginkonto abziehen kann, wenn der Aktienkurs steigt.

Beispiel

> Ein Investor beschließt, 200 Aktien auf Marge zu kaufen und zwei Kaufoptionskontrakte auf die Aktie zu verkaufen. Der Aktienkurs liegt bei 63 \$, der Basispreis beträgt 60 \$ und der Optionspreis beträgt 7 \$. Das Marginkonto ermöglicht dem Investor, 50 Prozent des Preises für die Aktien oder 6.300 \$ zu leihen. Der Investor kann außerdem den Preis, den er für die Option bekommt, 7 \$ × 200 = 1.400 \$, zur Finanzierung des Aktienkaufs verwenden. Die Aktien kosten 63 \$ × 200 = 12.600 \$. Der Mindestbarbetrag, den der Investor für die Geschäfte aufbringen muss, beträgt somit
>
> 12.600 \$ − 6.300 \$ − 1.400 \$ = 4.900 \$

In Kapitel 9 werden kompliziertere Optionsgeschäftsstrategien untersucht, wie Spreads, Kombinationen, Straddles und Strangles. Bei diesen Handelsstrategien gibt es spezielle Regeln für die Bestimmung der Einschusssätze.

Die Options Clearing Corporation

Die Options Clearing Corporation (OCC) hat eine ähnliche Funktion für Optionsmärkte wie das Clearinghouse für Futuresmärkte (siehe Kapitel 2). Sie garantiert, dass die Optionsverkäufer ihre Verpflichtungen im Rahmen der Optionskontrakte erfüllen, und sie führt eine Liste mit allen Kauf- und Verkaufspositionen. Die OCC besteht aus mehreren Mitgliedern, und alle Optionsgeschäfte müssen über ein Mitglied abgerechnet werden. Wenn eine Brokerfirma nicht selbst Mitglied einer OCC an einer Börse ist, muss sie ihre Geschäfte über ein Mitglied abrechnen. Die Mitglieder müssen eine Mindestkapitalsumme haben und in einen speziellen Fonds einzahlen, der dafür verwendet werden kann, wenn ein Mitglied einer Optionsverpflichtung nicht nachkommt.

Wenn ein Käufer eine Option kauft, muss er sie am folgenden Werktag vollständig bezahlen. Die Gelder werden bei der OCC hinterlegt. Der Verkäufer einer Option unterhält ein Marginkonto bei einem Broker, wie bereits beschrieben. Der Broker unterhält ein Marginkonto bei einem Mitglied der OCC. Das Mitglied der OCC wiederum unterhält ein Marginkonto bei der OCC. Die im vorherigen Abschnitt beschriebenen Einschusssätze sind die Einschusssätze, die die OCC ihren Mitgliedern auferlegt. Eine Brokerfirma kann von ihren Kunden höhere Einschüsse verlangen. Sie kann aber nie niedrigere Einschüsse verlangen.

AUSÜBUNG EINER OPTION

Wenn ein Investor dem Broker mitteilt, dass er eine Option ausüben will, schickt der Broker wiederum eine Mitteilung an das OCC-Mitglied, mit dem es seine Geschäfte abrechnet. Dieses Mitglied platziert eine Ausübungsorder bei der OCC. Die OCC wählt per Zufallsprinzip ein Mitglied mit einer ausstehenden Verkaufsposition in der gleichen Option aus. Das Mitglied wählt unter Verwendung eines im voraus bestimmten Verfahrens einen bestimmten Investor, der die Option verkauft hat. Wenn die Option eine Kaufoption ist, muss dieser Investor Aktien zum Basispreis verkaufen. Wenn sie eine Verkaufsoption ist, muss der Investor Aktien zum Basispreis kaufen. Der Investor ist aufgefordert, seiner Verpflichtung nachzukommen. Wenn eine Option ausgeübt wird, verringern sich die ausstehenden Positionen um eine Position.

Bei Fälligkeit der Option sollten alle Im-Geld-Optionen ausgeübt sein, es sei denn, die Transaktionskosten sind so hoch, dass sie den Payoff aus der Option wegfressen. Einige Brokerfirmen üben für ihre Kunden Optionen automatisch bei Fälligkeit aus, wenn dies im Interesse ihrer Kunden ist. Viele Börsen haben Regeln für das Ausüben von Optionen, die bei Fälligkeit im Geld sind.

Regulierung

Optionsmärkte werden auf verschiedene Weise reguliert. Sowohl die Börse als auch die Options Clearing Corporation stellen Regeln für das Verhalten der Händler auf. Außerdem haben sowohl die Bundesregierung als auch die Bundesstaaten Regulierungsbehörden eingerichtet. Allgemein lässt sich feststellen, dass die Optionsmärkte eine Bereitschaft zur Selbstregulierung demonstrieren. Es hat keine größeren Skandale oder Vertragsbrüche seitens der OCC-Mitglieder gegeben. Die Investoren können der Art und Weise, wie der Markt geführt wird, ein hohes Vertrauensniveau entgegenbringen.

Die Securities and Exchange Commission ist auf bundesstaatlicher Ebene für die Regulierung von Optionsmärkten für Aktien, Aktienindizes, Devisen und Anleihen verantwortlich. Die Commodity Futures Trading Commission ist für die Regulierung der Märkte für Optionen auf Futures verantwortlich. Die großen Optionsmärkte befinden sich in den Staaten Illinois und New York. Diese Staaten vollstrecken aktiv ihre eigenen Gesetze über unakzeptable Geschäftspraktiken.

Besteuerung

Die Bestimmung der steuerlichen Implikationen von Optionen kann ziemlich trickreich sein, und ein Investor, der an einer Position zweifelt, sollte einen Steuerexperten konsultieren. Als allgemeine Regel für Investoren gilt, dass Gewinne und Verluste aus dem Handel mit Aktienoptionen wie Kapitalgewinne und -verluste versteuert werden. Die Art, wie Kapitalgewinne und Kapitalverluste in den USA versteuert werden, wurde in Kapitel 2 diskutiert. Der Inhaber einer Option verbucht einen Gewinn oder Verlust, wenn (1) die Option unausgeübt ausläuft, wenn (2) die Option verkauft wird oder wenn (3) die Option ausgeübt wird. Wenn eine Kaufoption ausgeübt wird, ist das so, als hätte der Verkäufer eine Aktie zum Basispreis plus dem ursprünglichen Kaufoptionspreis verkauft. Die Partei mit der Kaufposition wird betrachtet, als hätte sie die Aktie zum Basispreis plus dem Kaufoptionspreis gekauft. (Das wird dann als Basis für die Berechnung des Gewinns oder des Verlustes dieser Partei verwendet, wenn die Aktie schließlich verkauft wird.) Wenn eine Verkaufsoption ausgeübt wird, ist das so, als hätte die Partei mit der Kaufposition eine Aktie zum Basispreis minus dem ursprünglichen Verkaufsoptionspreis verkauft. Der Verkäufer wird betrachtet, als hätte er die Aktie zum Basispreis minus dem Verkaufsoptionspreis gekauft. (Das wird dann als Basis für die Berechnung des Gewinns oder des Verlustes des Verkäufers verwendet, wenn die Aktie schließlich verkauft wird.) Die Broker-Provisionen sind in allen Fällen abzugsfähig.

SCHEINGESCHÄFTREGEL

Eine steuerliche Überlegung beim Optionshandel in den USA ist die Scheingeschäftregel. Um diese Regel zu verstehen, stelle man sich einen Investor vor, der eine Aktie zum Kurs von 60 $ kauft und langfristig zu halten plant. Fällt der Kurs auf 40 $, könnte der Investor versucht sein, die Aktie zu verkaufen und dann sofort zurückzukaufen, so dass ein steuerlicher Verlust von 20 $ entsteht. Um dies zu verhindern, haben die Steuerbehörden bestimmt, dass, wenn der Rückkauf innerhalb von 30 Tagen vor und nach dem Verkauf erfolgt, Verluste aus dem Verkauf nicht abzugsfähig sind. Diese Regel ist wichtig für Optionshändler, weil, bezogen auf die Scheingeschäftregel, eine Kaufoption auf eine Aktie betrachtet wird, als handele es sich dabei um die Aktie selbst. Verkauft man also eine Aktie mit Verlust und kauft innerhalb der 30-tägigen Periode eine Kaufoption, darf der Verlust nicht abgezogen werden.

STEUERPLANUNG MIT OPTIONEN

Manchmal werden Optionen und andere Derivative verwendet, um Steuerkosten zu minimieren oder Steuervorteile zu maximieren. Eine einfache Transaktion ist die Cross-Order-Arbitrage. Ein Unternehmen kauft eine Option in einem Steuer-Gerichtsbezirk, in der die Kosten für die Option sofort steuerlich abgerechnet werden können, und verkauft eine identische Option in einem anderen Steuer-Gerichtsbezirk, in der das Einkommen aus dem Optionsverkauf nur versteuert werden muss, wenn die Option ausgeübt wird oder ausläuft. Es gibt andere Transaktionen, die komplexer sind. So ist es beispielsweise manchmal für ein US-Unternehmen vorteilhafter, eine Im-Geld-Option über einen ihrer Vermögenswerte an ein verbundenes Unternehmen in einem ausländischen Gerichtsbezirk zu verkaufen. Das US-Unternehmen muss das Einkommen bis zur Ausübung der Option nicht versteuern. Im Ergebnis hat das Unternehmen einen Kredit von dem ausländischen Unternehmen bekommen, ohne dass Kuponsteuern für die Zinsen berechnet werden. Bei sorgfältiger Strukturierung lassen sich Optionen auch verwenden, um ein Hybridinstrument zu schaffen, das als Eigenkapital für das Rating oder zu Zecken der Finanzberichterstattung und als Verbindlichkeit für steuerliche Zwecke benutzt wird. Als Schuldeninstrument kann die Option die Kapitalkosten eines Unternehmens signifikant senken, weil es steuerliche Vorteile für die dafür zu zahlenden Zinsen oder Dividenden gibt.

Viele Steuerbehörden wollen neue Gesetze schaffen, um zu verhindern, dass Derivative zu steuerlichen Zwecken verwendet werden. Bevor er sich der steuermotivierten Transaktion zuwendet, sollte ein Finanzleiter sich vorher genau überlegen, welche Konsequenzen ein neues Steuergesetz für die Transaktion hat und welche Kosten dadurch entstehen könnten.

Warrants und Wandelanleihen

Bei den bis jetzt beschriebenen börsengehandelten Optionen treffen sich Käufer und Verkäufer auf dem Börsenparkett. Während des Handels fluktuiert die Anzahl der ausstehenden Kontrakte. Ein Warrant ist eine Option, die auf völlig andere Weise entsteht. *Warrants* werden von einem Unternehmen oder einer Finanzinstitution emittiert (i. e. verkauft). In einigen Fällen werden sie anschließend an der Börse gehandelt. Die Anzahl der ausstehenden Kontrakte wird durch die Größe der ursprünglichen Emission bestimmt und ändert sich nur, wenn Optionen ausgeübt werden oder auslaufen. Warrants werden fast genauso wie Aktien gekauft und verkauft, die Einbeziehung der Options Clearing Corporation ist unnötig. Wenn ein Warrant ausgeübt wird, rechnet der ursprüngliche Emittent mit dem gegenwärtigen Inhaber des Warrant ab.

Kauf-Warrants werden häufig von Unternehmen auf ihre eigenen Aktien emittiert. Bei einer Schuldverschreibung könnte beispielsweise ein Unternehmen den Investoren ein Paket anbieten, das aus Anleihen plus Kauf-Warrants auf die eigenen Aktien besteht. Wenn die Warrants ausgeübt werden, verkauft das Unternehmen neue Vorratsaktien zu dem im Kontrakt spezifizierten Basispreis an den Warrant-Inhaber. Der Basispreis und der Fälligkeitstermin der Warrants müssen nicht mit denen der regulär börsengehandelten Kaufoptionen korrespondieren. Üblicherweise haben Warrants längere Laufzeiten als börsengehandelte Kaufoptionen.

Verkaufs- und Kauf-Warrants werden auch von Finanzinstitutionen verkauft, die damit eine Nachfrage des Marktes befriedigen wollen. Das Basisobjekt ist in der Regel ein Index, eine Währung oder eine Ware. Sobald die Finanzinstitution den Warrant emittiert hat, muss sie ihr Risiko absichern. Die Techniken dafür werden in Kapitel 14 beschrieben.

Wandelanleihen sind Schuldinstrumente mit eingebetteten Optionen. Der Inhaber hat das Recht, nach einer gewissen Zeit die Wandelanleihen gemäß einer bestimmten Tauschrate gegen Aktien des emittierenden Unternehmens einzutauschen. Oftmals ist eine Wandelanleihe *kündbar*. Das heißt, dass sie von dem Emittenten zu einem bestimmten Preis und einem bestimmten

Termin zurückgekauft werden kann. Sobald die Wandelanleihen gekündigt sind, darf der Inhaber immer noch entscheiden, ob er sie vor dem Rückkauf konvertieren will. Die Wirkung einer Kündigungsklausel besteht somit oft darin, dem Emittenten das Recht zu geben, die Inhaber vorzeitig zu einem Umtausch der Anleihen in Aktien zu bewegen. Wenn die Anleihe konvertiert wird, gibt das Unternehmen den Inhabern dafür neue Vorratsaktien. Wenn, grob geschätzt, die Zinsen als konstant angenommen und die Kündigungsklauseln ignoriert werden, kann eine Wandelanleihe auch als ein reguläres Schuldinstrument plus Kauf-Warrants betrachtet werden.

Freiverkehrsmärkte

Der Freiverkehrsmarkt oder dritte Markt für Optionen hat seit Anfang der 80er Jahre zunehmend an Bedeutung gewonnen. An diesem Markt verhandeln die Finanzinstitutionen, Finanzleiter der Unternehmen und Fondsmanager telefonisch. Es gibt eine große Bandbreite an Vermögenswerten, die den Optionen zugrunde liegen. Besonders beliebt am Freiverkehrsmarkt sind Optionen auf Fremdwährungen und Zinsen. Der größte potentielle Nachteil am Freiverkehrsmarkt ist, dass sich beide Transaktionsseiten einem gewissen Kreditrisiko aussetzen. Beim Versuch, diesen Nachteil abzuschaffen, greifen die Marktteilnehmer zu einer Reihe von Maßnahmen. Beispielsweise wird die Gegenpartei zur Deponierung einer Sicherheit verpflichtet.

Die Instrumente, die am Freiverkehrsmarkt gehandelt werden, werden oftmals von Finanzinstitutionen so strukturiert, dass sie exakt den Bedürfnissen ihrer Kunden entsprechen. Dazu gehört manchmal, dass die Kunden den Fälligkeitstermin, die Basispreise und Kontraktgrößen auswählen dürfen, so dass sich die Optionen von denen an der Börse gehandelten dahingehend unterscheiden. In anderen Fällen wird das Wesen der Option verändert. Eine solche Option wird *exotische Option* genannt. Es folgen einige Beispiele für exotische Optionen, die am Freiverkehrsmarkt gehandelt werden.

Beispiel 1: Barrier Optionen

Die beliebtesten Barrier Optionen sind Knock-Out- und Knock-In-Optionen. Die Existenz einer Knock-Out-Option ist dann beendet, wenn der Preis des Basisobjektes ein vorher festgelegtes Niveau erreicht, die sogenannte Barriere. Die Existenz einer Knock-In-Option beginnt erst dann, wenn der Preis des Basisobjektes das Barriereni-

KAPITEL 7 Mechanismen der Optionsmärkte 279

veau erreicht. Es gibt vier verschiedene Arten von Knock-In- und Knock-Out-Kaufoptionen. Ein *down-and-out call* ist eine Knock-Out-Kaufoption, bei der die Barriere unter dem Tageskurs des Basisobjektes liegt. Ein *down-and-in call* ist eine Knock-In-Kaufoption, bei der die Barriere unter dem Tageskurs des Basisobjektes liegt. Ein *up-and-out call* ist eine Knock-Out-Kaufoption, bei der die Barriere über dem Tageskurs des Basisobjektes liegt. Ein *up-and-in call* ist eine Knock-In-Kaufoption, bei der die Barriere über dem Tageskurs des Basisobjektes liegt. Die vier Arten von Knock-In- und Knock-Out-Verkaufsoptionen sind analog definiert.

Beispiel 2: Asiatische Optionen

Asiatische Optionen haben einen Payoff, der auf dem Durchschnittpreis des Basisobjektes in der Laufzeit basiert, nicht auf dem letzten Kurs des Vermögenswertes. Ein *average-price call* hat einen Payoff von null oder entspricht dem Betrag, um den der Durchschnittspreis den Basispreis übersteigt, je nach dem welcher Wert größer ist. Ein *average-price put* hat einen Payoff von null oder ist gleich dem Betrag, um den der Basispreis den Durchschnittspreis des Basisobjektes übersteigt, je nach dem welcher Wert größer ist.

Beispiel 3: Binäre Optionen

Binäre Optionen sind Optionen mit diskontinuierlichen Payoffs. Ein Beispiel ist der *cash-or-nothing call*. Bei dieser Kaufoption gibt es keinen Payoff, wenn der Basisobjektkurs unter dem Basispreis liegt, und einen festen Betrag, wenn er darüber liegt. Ein weiteres Beispiel ist der *asset-or-nothing call*. Wenn der Basisobjektkurs über dem Basispreis liegt, gibt es einen Payoff in Höhe des Basisobjektkurses. Wenn nicht, ist der Payoff gleich null. *Cash-or-nothing puts* und *asset-or-nothing puts* sind entsprechend definiert.

Beispiel 3: Chooser Optionen

Bei einer Chooser Option kann der Inhaber an einem bestimmten Termin vor der Fälligkeit wählen, ob die Option eine Kauf- oder Verkaufsoption ist.

Beispiel 5: Zusammengesetzte Optionen

Eine zusammengesetzte (compound) Option ist eine Option auf eine Option. Es gibt vier Arten: eine Kaufoption auf eine Kaufoption, eine Kaufoption auf eine Verkaufsoption, eine Verkaufsoption auf eine Kaufoption und eine Verkaufsoption auf eine Verkaufsoption. In allen Fällen gibt es zwei Basispreise: einen für die Ausübung der ersten Option, einen weiteren für die Ausübung der zweiten Option.

Beispiel 6: Lookback Optionen

Bei einer Lookback Option hängt der Payoff vom Höchst- oder Tiefstkurs des Basisobjektes während der Optionslaufzeit ab. Bei einem *lookback call* ist der Payoff gleich dem Schlusskurs des Basisobjektes minus dem Tiefstkurs des Basisobjektes. Bei einem *lookback put* ist der Payoff gleich dem Aktienhöchstkurs minus dem Schlusskurs der Aktie.

Zusammenfassung

Es gibt zwei Arten von Optionen: Kaufoptionen (calls) und Verkaufsoptionen (puts). Eine Kaufoption gibt dem Inhaber das Recht, den zugrundeliegenden Vermögenswert zu einem bestimmten Termin und einem bestimmten Preis zu kaufen. Eine Verkaufsoption gibt dem Inhaber das Recht, den zugrundeliegenden Vermögenswert zu einem bestimmten Termin und einem bestimmten Preis zu verkaufen. Es gibt vier mögliche Positionen an den Optionsmärkten: eine Kaufposition in einer Kaufoption, eine Verkaufsposition in einer Kaufoption, eine Kaufposition in einer Verkaufsoption und eine Verkaufsposition in einer Verkaufsoption. Hat man eine Verkaufsposition in einer Option, bedeutet das, dass man eine Option verkauft. Derzeit werden Optionen auf Aktien, Aktienindizes, Devisen, Futureskontrakte und Anleihen gehandelt.

Die Börse muss die Bedingungen der Optionskontrakte, die sie handelt, spezifizieren. Insbesondere muss sie die Kontraktgröße, den genauen Fälligkeitstermin und den Basispreis bestimmen. Ein Aktienoptionskontrakt gibt dem Inhaber das Recht, 100 Aktien zu kaufen oder zu verkaufen. Der Fälligkeitstermin des Aktienoptionskontraktes ist 10:59 Uhr Central Time am Samstag unmittelbar nach dem dritten Freitag des Fälligkeitsmonats. Zu jedem gegebenen Zeitpunkt werden Optionen mit vier verschiedenen Fälligkeitsmonaten gehandelt. Die Basispreise haben, abhängig vom Aktienkurs, Intervalle von 2½ $, 5 $ oder 10 $. Im allgemeinen liegt der Basispreis bei Beginn des Optionsgeschäftes in der Nähe des Tageskurses der Aktie.

Die Modalitäten der Optionen werden nicht den Bardividenden angepasst. Aber sie werden an Stockdividenden, Aktiensplits und Bezugsrechtsemissionen angepasst. Ziel dieser Anpassungen ist es, die Positionen der Kontraktverkäufer und -käufer unverändert zu lassen.

Die meisten Optionsbörsen verwenden ein Market-Maker-System. Ein Market Maker ist eine Person, die sowohl den Geldkurs (Preis, zu dem er zu kaufen bereit ist) als auch den Briefkurs (Preis, zu dem er zu verkaufen bereit ist) notiert. Market Maker verbessern die Liquidität des Marktes und stellen sicher, dass es keine Verzögerung bei der Ausführung von Marktaufträgen gibt. Ihr Gewinn ist die Differenz aus ihren Geld- und Briefkursen (bekannt als Geld-Brief-Spanne). Die Börse spezifiziert obere Limits für die Geld-Brief-Spanne.

Verkäufer von Optionen haben potentielle Verpflichtungen und müssen daher Marginkonten bei ihren Brokern führen, auf denen sie Einschüsse einzahlen. Wenn der Broker kein Mitglied der Options Clearing Corporation ist, hat der Broker ein Marginkonto bei einer Firma, die Mitglied ist. Diese Firma wiederum hat dann auch ein Marginkonto bei der Options Clearing Corporation. Die Options Clearing Corporation ist dafür verantwortlich, dass alle ausstehenden Kontrakte festgehalten werden, sie muss sich um die Ausübung von Optionen kümmern und so weiter.

Nicht alle Optionen werden an Börsen gehandelt. Viele Optionen werden telefonisch am Freiverkehrsmarkt gehandelt. Ein Vorteil dieser Freiverkehrs-Optionen ist, dass die Finanzinstitutionen sie auf die speziellen Bedürfnisse eines Finanzleiters oder Fondsmanagers zuschneiden können.

Weitere Literatur

Brown, R. L. „Adjusting Option Contracts to Reflect Capitalization Changes", *Journal of Business and Accounting* 16 (1989): 247-254.

Chance, D. M. *An Introduction to Options and Futures Markets*. Orlando, FL: Dryden Press, 1989.

Chicago Board Options Exchange. *Margin Manual*. Chicago, 1991.

Chicago Board Options Exchange. *Reference Manual.* Chicago, 1982.

Chicago Board Options Exchange. *Understanding Options.* Chicago, 1985.

Clasing, H. K. *The Dow Jones-Irwin Guide to Put and Call Trading.* Homewood, IL: Dow Jones-Irwin, 1987.

Cox, J. C. und M. Rubinstein. *Options Markets.* Englewood Cliffs, NJ: Prentice Hall, 1985.

Gastineau, G. *The Stock Options Manual.* New York: McGraw-Hill, 1979.

McMillan, L. G. *Options as a Strategic Investment.* New York: New York Institute of Finance, 1986.

Phillips, S. M. und C. W. Smith. „Trading Costs for Listed Options: The Implications for Market Efficiency", *Journal of Financial Economics* 8 (1980): 179-201.

Testfragen

1. Ein Investor kauft für 3 $ eine europäische Verkaufsoption auf eine Aktie. Der Aktienkurs liegt bei 42 $, der Basispreis ist 40 $. Unter welchen Umständen macht der Investor einen Gewinn? Unter welchen Umständen wird die Option ausgeübt? Zeichnen Sie ein Diagramm, das die variierenden Gewinne des Investors in Abhängigkeit vom Aktienkurs bei Fälligkeit der Option aufzeigt.

2. Ein Investor verkauft für 4 $ eine europäische Kaufoption auf eine Aktie. Der Aktienkurs liegt bei 47 $, der Basispreis ist 50 $. Unter welchen Umständen macht der Investor einen Gewinn? Unter welchen Umständen wird die Option ausgeübt? Zeichnen Sie ein Diagramm, das die variierenden Gewinne des Investors in Abhängigkeit vom Aktienkurs bei Fälligkeit der Option aufzeigt.

3. Ein Investor kauft eine Kaufoption mit dem Basispreis X und verkauft eine Verkaufsoption mit demselben Basispreis. Beschreiben Sie die Position des Investors.

4. Erklären Sie, warum Broker Einschüsse brauchen, wenn ihre Kunden Optionen verkaufen, warum sie aber keine brauchen, wenn ihre Kunden Optionen kaufen.

5. Eine Aktienoption ist im Zyklus Februar, Mai, August und November. Welche Optionen werden (a) am 1. April und (b) am 30. Mai gehandelt?

6. Ein Unternehmen beschließt einen 3-zu-1 Aktiensplit. Erklären Sie, wie sich die Modalitäten einer Kaufoption mit dem Basispreis 60 $ ändern.

7. Erklären Sie den Unterschied zwischen dem System des amtlichen Kursmaklers und dem System des Market Makers/Order Book Official.

Fragen und Probleme

1. Angenommen eine europäische Kaufoption, eine Aktie zum Kurs von 50,00 $ zu kaufen, kostet 2,50 $ und wird bis zur Fälligkeit gehalten. Unter welchen Umständen macht der Inhaber der Option einen Gewinn? Unter welchen Umständen wird die Option ausgeübt? Veranschaulichen Sie anhand eines Diagramms, wie der Gewinn aus einer Kaufposition in der Option vom Aktienkurs bei Fälligkeit der Option abhängt.

2. Angenommen eine europäische Verkaufsoption, eine Aktie zum Kurs von 60 $ zu verkaufen, kostet 4 $ und wird bis zur Fälligkeit gehalten. Unter welchen Umständen macht der Verkäufer der Option (die Partei mit der Verkaufsposition) einen Gewinn? Unter welchen Umständen wird die Option ausgeübt? Veranschaulichen Sie anhand eines Diagramms, wie der Gewinn aus einer Verkaufsposition in der Option vom Aktienkurs bei Fälligkeit der Option abhängt.

3. Beschreiben Sie den Anschlusswert des folgenden Portefeuilles: eine neu erworbene Kaufposition in einem Fowardkontrakt auf einen Vermögenswert und eine Kaufposition in einer europäischen Verkaufsoption auf den Vermögenswert mit der gleichen Fälligkeit wie der Forwardkontrakt und einem Basispreis, der zum Zeitpunkt der Portefeuillebildung gleich dem Forwardpreis des Vermögenswertes ist. Zeigen Sie, dass die europäische Verkaufsoption den gleichen Wert hat wie eine europäische Kaufoption mit dem gleichen Basispreis und gleicher Fälligkeit.

4. Zeichnen Sie ein Diagramm und zeigen Sie, wie der Gewinn oder Verlust eines Investors mit dem Endkurs der Aktien variiert, wenn das Portefeuille wie folgt zusammengesetzt ist:

   a. Eine Aktie und eine Verkaufsposition in einer Kaufoption.
   b. Zwei Aktien und eine Verkaufsposition in einer Kaufoption.
   c. Eine Aktie und eine Verkaufsposition in zwei Kaufoptionen.
   d. Eine Aktie und eine Verkaufsposition in vier Kaufoptionen.

   Nehmen Sie für alle vier Fälle an, dass die Kaufoption einen Basispreis hat, der gleich dem Tageskurs der Aktie ist.

5. Erklären Sie, warum eine amerikanische Option immer mindestens genau so viel wert ist wie eine europäische Option auf den gleichen Vermögenswert mit dem selben Basispreis und dem selben Fälligkeitstermin.

6. Erklären Sie, warum eine amerikanische Option mindestens immer einen Wert hat, der ihrem intrinsischen Wert entspricht.

7. Erklären Sie sorgfältig den Unterschied zwischen dem Verkauf einer Kaufoption und dem Kauf einer Verkaufsoption.

8. Der Finanzleiter eines Unternehmens möchte zwischen Optionen und Forwardkontrakten wählen, um das Devisenrisiko seines Unternehmens abzusichern. Diskutieren Sie die Vorteile und Nachteile, die jedes Mittel hat.

9. Angenommen der Kassakurs des Pfund Sterling und US-Dollar sowie die Devisenterminkurse lauten wie folgt:

Kassakurs	1,8470
90 Tage Termin	1,8381
180 Tage Termin	1,8291

   Welche Möglichkeiten hat ein Investor in den folgenden Situationen?

   a. Eine europäische 180 Tage Kaufoption, 1 £ für 1,80 $ zu kaufen, kostet 0,0250 $.
   b. Eine europäische 90 Tage Verkaufsoption, 1 £ für 1,86 $ zu verkaufen, kostet 0,0200 $.

10. Betrachten Sie einen börsengehandelten Kaufoptionskontrakt über den Kauf von 500 Aktien zu einem Basispreis von 40 $ und einer Laufzeit von vier Monaten. Erklären Sie, wie sich die Modalitäten des Optionskontraktes ändern bei

   a. einer Stockdividende von 10 Prozent

   b. einer Bardividende von 10 Prozent

   c. einem Aktiensplit von 4 zu 1.

11. „Wenn die meisten Kaufoptionen auf eine Aktie im Geld sind, ist es wahrscheinlich, dass der Aktienkurs in den letzten paar Monaten rapide angestiegen ist." Diskutieren Sie diese Behauptung.

12. Welchen Effekt hat eine unerwartete Bardividende auf (a) einen Kaufoptionspreis und (b) einen Verkaufsoptionspreis?

13. Optionen auf die Aktie von General Motors sind im Zyklus März, Juni, September und Dezember. Welche Optionen werden am (a) 1. März, (b) 30. Juni und (c) 5. August gehandelt?

14. Erklären Sie, warum die Geld-Brief-Spanne des Market Makers für die Optionsanleger ein echtes Kostenelement darstellt?

15. Ein Investor verkauft fünf nicht abgesicherte Kaufoptionskontrakte. Der Optionspreis beträgt 3,50 $, der Basispreis ist 60,00 $ und der Aktienkurs liegt bei 57,00 $. Wie hoch ist der Originaleinschusssatz?

16. Ein Investor kauft 500 Aktien und verkauft fünf Kaufoptionskontrakte auf die Aktie. Der Basispreis ist 30 $. Der Preis für die Option beträgt 3 $. Wie hoch ist die Mindestinvestition in bar, wenn der Aktienkurs bei 28 $ liegt?

17. Beschreiben Sie den Payoff eines Portefeuilles, das aus einer europäischen down-and-out Kaufoption und einer europäischen down-and-in Kaufoption auf den gleichen Vermögenswert besteht. Beide Optionen haben den gleichen Basispreis, die gleiche Barriere und die gleiche Laufzeit.

18. Beschreiben Sie den Payoff eines Portefeuilles, das aus einer Lookback Kaufoption und einer Lookback Verkaufsoption auf den gleichen Vermögenswert und mit der gleichen Laufzeit besteht.

Kapitel 8 Grundlegende Merkmale von Aktienoptionen

In diesem Kapitel werden die Faktoren betrachtet, die die Aktienoptionspreise beeinflussen. Außerdem werden an einer Reihe von verschiedenen Arbitrage-Argumenten die Beziehungen zwischen europäischen Optionspreisen, amerikanischen Optionspreisen und dem zugrundeliegenden Aktienkurs untersucht. Die wichtigste Beziehung ist die Put-Call-Parität, eine Beziehung zwischen europäischen Kaufoptionspreisen und europäischen Verkaufsoptionspreisen. Das Kapitel untersucht zudem, ob amerikanische Optionen vorzeitig ausgeübt werden sollten. Es wird gezeigt, dass es nie optimal ist, eine amerikanische Kaufoption auf eine dividendenlose Aktie vor dem Fälligkeitstermin der Option auszuüben, dass aber die vorzeitige Ausübung einer amerikanischen Verkaufsoption auf eine solche Aktie aber unter gewissen Umständen optimal sein kann.

Bestimmungsfaktoren des Optionspreises

Es gibt sechs Faktoren, die den Preis einer Option bestimmen:

1. Der Tageskurs der Aktie, S
2. Der Basispreis, X
3. Die Laufzeit, T
4. Die Volatilität des Aktienkurses, σ
5. Der risikofreie Zins, r
6. Die für die Laufzeit der Option erwarteten Dividenden

In diesem Abschnitt wird gezeigt, wie sich der Optionspreis verhält, wenn einer dieser Faktoren bei Konstanthaltung der anderen Faktoren verändert wird. Die Ergebnisse sind in Tabelle 8.1 zusammengefasst.

Die Abbildungen 8.1 und 8.2 zeigen, wie der Preis einer europäischen Kauf- und Verkaufsoption von den ersten fünf Faktoren abhängt, wenn $S = 50$, $X = 50$, $r = 5$ Prozent per Annum, $\sigma = 30$ Prozent per Annum, $T = 1$ Jahr und die Dividenden gleich null sind. In diesem Fall beträgt der Preis der Kaufoption 7,116 und der Preis der Verkaufsoption 4,677.

Tabelle 8.1: Zusammenfassung des Effektes auf den Preis einer Aktienoption, wenn eine Variable erhöht wird, während die anderen unverändert bleiben*

Variable	Europäische Kaufoption	Europäische Verkaufsoption	Amerikanische Kaufoption	Amerikanische Verkaufsoption
Aktienkurs	+	−	+	−
Basispreis	−	+	−	+
Laufzeit	?	?	+	+
Volatilität	+	+	+	+
Risikofreier Zins	+	−	+	−
Dividenden	−	+	−	+

* + zeigt an, dass ein Anstieg der Variable zu einem Optionspreisanstieg führt;
− zeigt an, dass ein Anstieg der Variable zu einer Optionspreissenkung führt;
? zeigt an, dass die Beziehung unsicher ist.

AKTIENKURS UND BASISPREIS

Wenn eine Kaufoption zu einem künftigen Zeitpunkt ausgeübt wird, ist der Payoff die Summe, um den der Aktienkurs den Basispreis übersteigt. Bei steigendem Aktienkurs gewinnen Kaufoptionen somit an Wert, bei steigendem Basispreis verlieren sie an Wert. Bei einer Verkaufsoption ist der Payoff bei der Ausübung die Summe, um den der Basispreis den Aktienkurs übersteigt. Verkaufsoptionen verhalten sich somit umgekehrt den Kaufoptionen. Bei steigendem Aktienkurs verlieren sie an Wert, bei steigendem Basispreis gewinnen sie an Wert. Die Abbildungen 8.1a, b, c und d zeigen, wie Kaufoptions- und Verkaufsoptionspreise vom Aktienkurs und Basispreis abhängen.

LAUFZEIT

Als nächstes wird die Wirkung des Fälligkeitstermins betrachtet. Amerikanische Kauf- und Verkaufsoptionen gewinnen an Wert, wenn die Zeit bis zur Fälligkeit steigt. Man betrachte zwei Optionen, die sich nur durch die Laufzeit unterscheiden. Der Inhaber einer langfristigen Option hat alle Ausübungsmöglichkeiten, die auch der Inhaber einer kurzfristigen Option hat – und mehr. Die langfristige Option muss daher immer mindestens so viel wert sein wie die kurzfristige Option. Die Abbildungen 8.1e und f veranschaulichen, wie Kauf- und Verkaufsoptionen von der Laufzeit abhängen.

Europäische Kauf- und Verkaufsoptionen werden nicht notwendigerweise mit steigender Laufzeit wertvoller. Der Inhaber einer langfristigen europäischen Option hat nicht all die Ausübungsmöglichkeiten, die ein Inhaber einer kurzfristigen europäischen Option hat. Der Inhaber der langfristigen europäischen Option kann ausüben, wenn die europäische Option ihren Fälligkeitstermin erreicht. Man betrachte zwei europäische Kaufoptionen auf eine Aktie: die eine wird in einem Monat fällig, die andere in zwei Monaten. Angenommen es wird erwartet, dass nach sechs Wochen eine sehr hohe Dividende gezahlt wird. Die Dividende sorgt dafür, dass der Aktienkurs sinkt, so dass die kurzfristige Option mehr wert sein könnte als die langfristige Option.

VOLATILITÄT

In Kapitel 11 wird detailliert gezeigt, wie Volatilität definiert wird. Grob gesagt ist die *Volatilität* eines Aktienkurses ein Maß dafür, wie unsicher wir hinsichtlich der künftigen Aktienkursbewegungen sind. Bei steigender Volatilität wächst die Wahrscheinlichkeit, dass die Aktie sich besonders gut oder besonders schlecht entwickelt. Für den Inhaber der Aktie gleichen sich diese beiden Ergebnisse tendenziell aus. Dies trifft aber nicht auf den Inhaber einer Kauf- oder Verkaufsoption zu. Der Inhaber einer Kaufoption profitiert von Kursanstiegen, sein Risiko im Fall eines Kursverfalls ist jedoch begrenzt, weil er höchstens den Preis der Option verlieren kann. Der Inhaber einer Verkaufsoption profitiert von Kursrückgängen, sein Risiko im Fall eines Kursanstiegs ist jedoch begrenzt. Der Wert der Kauf- und Verkaufsoptionen wächst also mit steigender Volatilität (siehe Abbildungen 8.2a und b).

RISIKOFREIER ZINS

Der risikofreie Zins hat einen weniger eindeutigen Einfluss auf den Preis einer Option. Wenn die Zinsen in einer Volkswirtschaft steigen, steigt auch die erwartete Wachstumsrate des Aktienkurses tendenziell. Der Gegenwartswert aller künftigen Cashflows, die der Optionsinhaber bekommt, sinkt jedoch. Diese beiden Effekte senken tendenziell den Wert einer Verkaufsoption. Folglich sinken die Verkaufsoptionspreise, wenn der risikofreie Zins steigt (siehe Abbildung 8.2d). Bei Kaufoptionen führt der erste Effekt tendenziell zu einem Preisanstieg, der zweite Effekt führt tendenziell zu einem

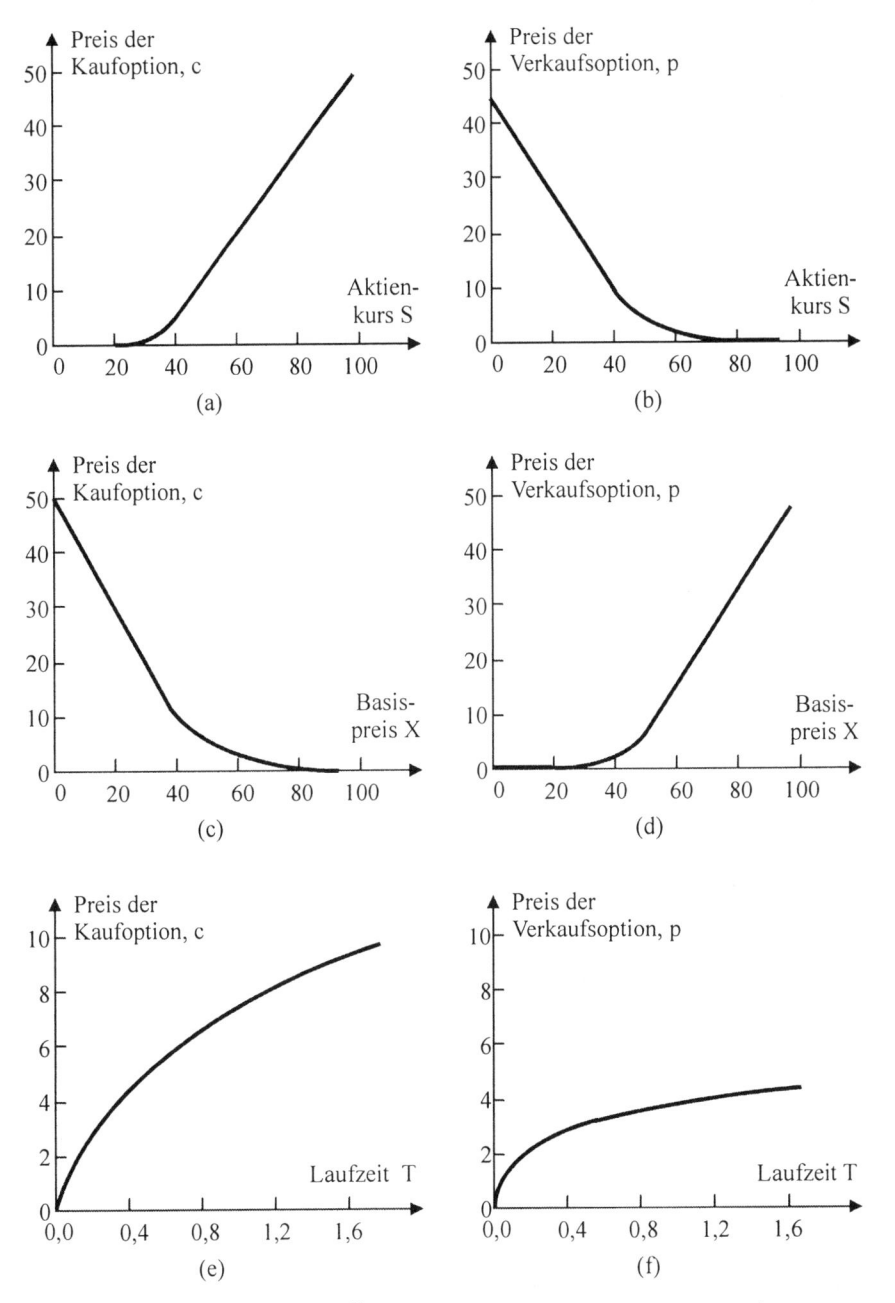

Abbildung 8.1: Effekt der Änderungen des Aktienkurses, Basispreises und der Laufzeit auf die Optionspreise. $S = 50$, $X = 50$, $r = 5$ Prozent, $\sigma = 30$ Prozent und $T = 1$

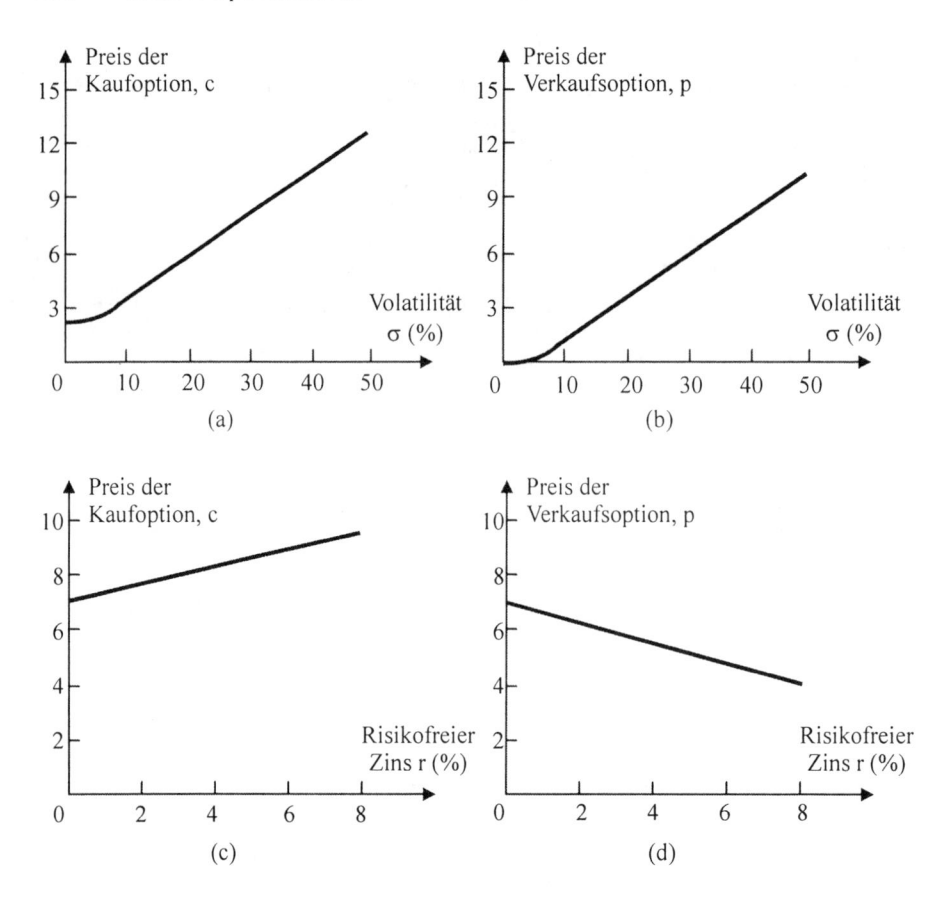

Abbildung 8.2: Effekt der Änderungen der Volatilität und des risikofreien Zinses auf die Optionspreise. S = 50, X = 50, r = 5 Prozent, σ = 30 Prozent und T = 1

Preisrückgang. Es lässt sich zeigen, dass der erste Effekt den zweiten Effekt immer dominiert; das heißt, die Preise von Kaufoptionen steigen immer mit steigendem risikofreien Zins (siehe Abbildung 8.2c).

Hervorzuheben ist, dass bei diesen Ergebnisse immer angenommen wird, dass alle anderen Variablen konstant bleiben. In der Praxis fallen (steigen) die Aktienkurse tendenziell, wenn die Zinsen steigen (fallen). Der Nettoeffekt einer Zinsänderung und der begleitenden Aktienkursänderung könnte genau gegenteilig zu dem eben Beschriebenen sein.

DIVIDENDEN

Dividenden bewirken, dass der Aktienkurs am Ex-Dividendentag sinkt. Das sind schlechte Nachrichten für den Wert von Kaufoptionen und gute Nachrichten für den Wert von Verkaufsoptionen. Der Wert einer Kaufoption hat somit eine negative Beziehung zur Höhe der antizipierten Dividenden, der Wert einer Verkaufsoption hat eine positive Beziehung zur Höhe der antizipierten Dividenden.

Annahmen

In diesem Kapitel werden Annahmen getroffen, die denen für die Ableitung von Forward- und Futurespreisen in Kapitel 3 ähneln. Angenommen es gibt einige Marktteilnehmer, wie große Investitionsbanken, für die folgendes gilt

1. Es gibt keine Transaktionskosten
2. Alle Handelsgewinne (abzüglich Handelsverluste) unterliegen dem gleichen Steuersatz
3. Die Kreditvergabe und Kreditaufnahme erfolgt zum risikofreien Zins

Angenommen diese Marktteilnehmer sind bereit, Arbitrage-Möglichkeiten zu nutzen, sobald sie sich bieten. Wie bereits in den Kapiteln 1 und 3 diskutiert, bedeutet dies, dass die Arbitrage-Möglichkeit sehr schnell wieder verschwindet. Für den Zweck unserer Analyse ist es daher vernünftig anzunehmen, dass es keine Arbitrage-Möglichkeiten gibt.

Notation

Es gilt folgende Notation:

S: aktueller Aktienkurs

X: Basispreis der Option

T: Laufzeit der Option

S_T: Aktienkurs in Zeitpunkt T

r: kontinuierlich verzinster risikofreier Zins für eine Investition mit der Laufzeit T

C: Wert einer amerikanischen Kaufoption auf den Kauf einer Aktie

P: Wert einer amerikanischen Verkaufsoption auf den Verkauf einer Aktie

c: Wert einer europäischen Kaufoption auf den Kauf einer Aktie

p: Wert einer europäischen Verkaufsoption auf den Verkauf einer Aktie

Hinzuweisen ist darauf, dass r der nominale Zins ist, nicht der reale Zins. Wir können davon ausgehen, dass r > 0. Andernfalls würde eine risikofreie Investition keine Vorteile gegenüber Bargeld bieten. (Wäre r < 0, wäre Bargeld gegenüber einer risikofreien Investition in der Tat vorzuziehen.)

Ober- und Untergrenzen der Optionspreise

In diesem Abschnitt werden Ober- und Untergrenzen der Optionspreise abgeleitet. Diese Grenzen hängen nicht von irgendwelchen bestimmten Annahmen über die im vorherigen Abschnitt erwähnten Faktoren ab (außer r > 0). Wenn ein Optionspreis über der Obergrenze oder unter der Untergrenze liegt, gibt es profitable Möglichkeiten für Arbitrageure.

OBERGRENZEN

Eine amerikanische oder europäische Kaufoption gibt ihrem Inhaber das Recht, eine Aktie zu einem bestimmten Kurs zu kaufen. Egal was geschieht, die Option kann nie mehr wert sein als die Aktie. Deshalb bildet der Aktienkurs die Obergrenze des Optionspreises:

$$c \leq S \text{ und } C \leq S$$

Würden diese Beziehungen nicht zutreffen, könnte ein Arbitrageur sehr leicht einen risikolosen Gewinn machen, indem er die Aktie kauft und die Kaufoption verkauft.

Eine amerikanische oder europäische Verkaufsoption gibt ihrem Inhaber das Recht, eine Aktie zu X zu verkaufen. Egal wie tief der Aktienkurs sinkt, die Option kann nie mehr wert als X sein. Deshalb gilt

KAPITEL 8 Grundlegende Merkmale von Aktienoptionen

$$p \leq X \text{ und } P \leq X$$

Bei europäischen Optionen wissen wir, dass die Option im Zeitpunkt T weniger wert ist als X. Folglich muss sie nun weniger wert sein als der Gegenwartswert von X:

$$p \leq Xe^{-rT}$$

Würde dies nicht zutreffen, dann könnte ein Arbitrageur einen risikofreien Gewinn machen, indem er die Option verkauft und den Erlös aus dem Verkauf zum risikofreien Zins investiert.

UNTERGRENZEN FÜR KAUFOPTIONEN AUF DIVIDENDENLOSE AKTIEN

Eine Untergrenze für den Preis einer europäischen Kaufoption auf eine dividendenlose Aktie ist

$$S - Xe^{-rT}$$

Als erstes betrachten wir ein numerisches Beispiel, danach ein formaleres Argument.

Angenommen S = 20 \$, X = 18 \$, r = 10 Prozent per Annum und T = 1 Jahr. In diesem Fall ist

$$S - Xe^{-rT} = 20 - 18e^{-0,1} = 3,71$$

oder 3,71 \$. Man betrachte die Situation, in der eine europäische Kaufoption 3 \$ kostet, was weniger als das theoretische Minimum von 3,71 \$ ist. Ein Arbitrageur kann die Kaufoption kaufen, die Aktie leerverkaufen und so einen Barzufluss von 20,00 \$ − 3,00 \$ = 17,00 \$ erzielen. Wenn das Geld ein Jahr zu einem Zins von 10 Prozent per Annum investiert wird, wachsen die 17,00 \$ auf $17e^{0,1}$ = 18,79 \$. Am Ende des Jahres läuft die Option aus. Wenn der Aktienkurs über 18,00 \$ liegt, übt der Arbitrageur die Option für 18,00 \$ aus, stellt die Verkaufsposition glatt und macht einen Gewinn von

$$18,79 \text{ \$} - 18,00 \text{ \$} = 0,79 \text{ \$}$$

Liegt der Aktienkurs unter 18,00 \$, wird die Aktie am Markt gekauft und die Verkaufsposition glattgestellt. Dann ist der Gewinn des Arbitrageurs sogar noch höher. Liegt der Aktienkurs beispielsweise bei 17,00 \$, dann beträgt der Gewinn des Arbitrageurs

294   TEIL II Optionsmärkte

$$18{,}79\ \$ - 17{,}00\ \$ = 1{,}79\ \$$$

Dieses Beispiel ist in Tabelle 8.2 veranschaulicht.

Tabelle 8.2: Arbitrage-Möglichkeiten bei einer europäischen Kaufoption, deren Preis unter der Untergrenze liegt

Am Tisch des Wertpapierhändlers

Ein Investor hat soeben folgende Notierungen für eine europäische Kaufoption auf eine dividendenlose Aktie mit einem Basispreis von 18 $ und einer Laufzeit von einem Jahr bekommen:

Aktienkurs: 20 $
Optionspreis: 3 $

Der risikofreie Zins für eine Anlage über ein Jahr beträgt 10 Prozent per Annum.

Möglichkeit

1. Kauf der Option.
2. Leerverkauf der Aktie.
3. Überschuss zu 10 Prozent per Annum investieren.

Das Ergebnis

Diese Strategie liefert einen sofortigen positiven Cashflow von 20,00 $ − 3 $ = 17,00 $. Die 17,00 $ werden zu 10 Prozent per Annum investiert und sind nach einem Jahr auf $17e^{0,1} = 18{,}79\ \$$ angewachsen. Zu diesem Zeitpunkt läuft die Option aus. Liegt der Aktienkurs über 18,00 $ liegt, übt der Investor die Option aus und stellt die Verkaufsposition mit einem Gewinn von

$$18{,}79\ \$ - 18{,}00\ \$ = 0{,}79\ \$$$

glatt. Liegt der Kurs der Aktie am Ende des Jahres unter 18,00 $, wird die Aktie am Markt gekauft und die Verkaufsposition glattgestellt. Der Investor macht einen Gewinn von

$$18{,}79 - S_T$$

wobei S_T der Aktienkurs ist. Da $S_T < 18$, beträgt der Gewinn mindestens 0,79 $.

KAPITEL 8 Grundlegende Merkmale von Aktienoptionen

Für eine formalere Argumentation betrachten wir die beiden folgenden Portefeuilles:

Portefeuille A: eine europäische Kaufoption plus ein Bargeldbetrag in Höhe von Xe^{-rT}

Portefeuille B: eine Aktie

Bei Portefeuille A wächst das Bargeld, wenn es zum risikofreien Zins investiert wird, bis zum Zeitpunkt T auf den Betrag X an. Ist $S_T > X$, wird die Kaufoption im Zeitpunkt T ausgeübt und Portefeuille A hat den Wert S_T. Ist $S_T < X$, läuft die Kaufoption ohne Wert aus und das Portefeuille hat den Wert X. Folglich hat Portefeuille A in Zeitpunkt X den Wert

$$\max(S_T, X)$$

Portefeuille B hat im Zeitpunkt T den Wert S_T. Daher ist Portefeuille A im Zeitpunkt T immer soviel wert wie und manchmal mehr wert als Portefeuille B. Folglich muss das in Abwesenheit von Arbitrage-Möglichkeiten auch für den heutigen Tag gelten. Daher ist

$$c + Xe^{-rT} > S$$

oder

$$c > S - Xe^{-rT}$$

Da das Schlimmste, was einer Kaufoption passieren kann, ist, dass sie ohne Wert ausläuft, muss ihr Wert positiv sein. Das bedeutet, dass $c > 0$ und daher

(8.1) $$c > \max(S - Xe^{-rT}), 0$$

Beispiel

Man betrachte eine europäische Kaufoption auf eine dividendenlose Aktie. Der Aktienkurs liegt bei 51 \$, der Basispreis beträgt 50 \$, die Laufzeit beträgt sechs Monate und der risikofreie Zins liegt bei 12 Prozent per Annum. In diesem Fall ist $S = 51$, $X = 50$, $T = 0,5$ und $r = 0,12$. Entsprechend Gleichung 8.1 ist die Untergrenze für den Optionspreis $S - Xe^{-rT}$ oder

$$51 - 50e^{-0,12 \times 0,5} = 3,91 \text{ \$}$$

UNTERGRENZE FÜR EUROPÄISCHE VERKAUFSOPTIONEN AUF DIVIDENDENLOSE AKTIEN

Bei einer europäischen Verkaufsoption auf eine dividendenlose Aktie hat der Preis die Untergrenze

$$Xe^{-rT} - S$$

Wieder betrachten wir als erstes ein numerisches Beispiel, gefolgt von einem formaleren Argument.

Angenommen S = 37 $, X = 40 $, r = 5 Prozent per Annum und T = 0,5 Jahre. In diesem Fall ist

$$Xe^{-rT} - S = 40e^{-0,05 \times 0,5} - 37 = 2,01 \text{ \$}$$

Man betrachte eine Situation, in der der Preis für die europäische Verkaufsoption 1 $ beträgt, was weniger als das theoretische Minimum von 2,01 $ ist. Ein Arbitrageur kann sich 38 $ für sechs Monate leihen, um sowohl die Verkaufsoption als auch die Aktie zu kaufen. Nach den sechs Monaten muss der Arbitrageur $38e^{0,05 \times 0,5}$ = 38,96 $ zurückzahlen. Liegt der Aktienkurs unter 40,00 $, übt der Arbitrageur die Option auf den Verkauf der Aktie zu 40,00 $ aus, zahlt den Kredit zurück und macht einen Gewinn von

$$40,00 \text{ \$} - 38,96 \text{ \$} = 1,04 \text{ \$}$$

Liegt der Aktienkurs über 40,00 $, lässt der Arbitrageur die Option verfallen, verkauft die Aktie und zahlt den Kredit mit einem noch größeren Gewinn zurück. Liegt der Aktienkurs beispielsweise bei 42,00 $, beträgt der Gewinn des Arbitrageurs

$$42,00 \text{ \$} - 38,96 \text{ \$} = 3,04 \text{ \$}$$

Dieses Beispiel ist in Tabelle 8.3 veranschaulicht. Für eine formalere Argumentation betrachten wir die zwei folgenden Portefeuilles:

Portefeuille C: eine europäische Verkaufsoption plus eine Aktie

Portefeuille D: ein Bargeldbetrag in Höhe von Xe^{-rT}

Wenn $S_T < X$ ist, wird die Option in Portefeuille C im Zeitpunkt T ausgeübt und das Portefeuille hat den Wert X. Wenn $S_T > X$ ist, läuft die Verkaufsoption ohne Wert aus und das Portefeuille hat im Zeitpunkt T den Wert S_T. Somit hat Portefeuille C im Zeitpunkt T den Wert

$$\max(S_T, X)$$

Tabelle 8.3: Arbitrage-Möglichkeiten, wenn der Preis einer europäischen Verkaufsoption unter der Untergrenze liegt

Am Tisch des Wertpapierhändlers

Ein Investor hat soeben folgende Notierungen für eine europäische Verkaufsoption auf eine dividendenlose Aktie mit dem Basispreis 40 $ und einer Laufzeit von sechs Monaten bekommen:

Aktienkurs: 37 $
Optionspreis: 1 $

Der risikofreie Zins für eine Anlage über sechs Monate beträgt 10 Prozent per Annum.

Möglichkeit

1. 38 $ für sechs Monate leihen.
2. Eine Option kaufen
3. Eine Aktie kaufen.

Das Ergebnis

Nach den sechs Monaten müssen $38e^{0,05 \times 0,5} = 38{,}96$ $ für den Kredit gezahlt werden. Liegt der Aktienkurs zu diesem Zeitpunkt unter 40,00 $, übt der Arbitrageur die Option auf den Verkauf der Aktie zu 40,00 $ aus und macht einen Gewinn von

40,00 $ − 38,96 $ = 1,04 $

Liegt der Aktienkurs über 40,00 $, verkauft der Investor die Aktie und zahlt den Kredit mit einem Gewinn von

$S_T - 38{,}96$

zurück, wobei S_T der Aktienkurs ist. Der Gewinn beträgt mindestens 1,04 $.

Angenommen das Bargeld wird zum risikofreien Zins angelegt, dann hat Portefeuille D im Zeitpunkt T den Wert X. Somit ist Portefeuille C immer mindestens genauso viel wert und manchmal mehr wert als Portefeuille D im Zeitpunkt T. Folglich muss in Abwesenheit von Arbitrage-Möglichkeiten Portefeuille C heute immer mehr wert sein als Portefeuille D. Deshalb ist

$$p + S > Xe^{-rT}$$

oder

$$p > Xe^{-rT} - S$$

Da das Schlimmste, was einer Verkaufsoption passieren kann, ist, dass sie ohne Wert ausläuft, muss ihr Wert positiv sein. Das bedeutet, dass

(8.2) $\qquad p > \max(Xe^{-rT} - S, 0)$

Beispiel

Man betrachte eine europäische Verkaufsoption auf eine dividendenlose Aktie mit einem Aktienkurs von 38 $,einem Basispreis von 40 $, einer Laufzeit von drei Monaten und einem risikofreien Zins von 10 Prozent per Annum. In diesem Fall ist S = 38, X = 40, T = 0,25 und r = 0,10. Gemäß Gleichung 8.2 ist die Untergrenze für den Optionspreis $Xe^{-rT} - S$ oder

$$40e^{-0,1 \times 0,25} - 38 = 1,01 \, \$$$

Put-Call-Parität

Als nächstes wird eine wichtige Beziehung zwischen p und c abgeleitet. Man betrachte die folgenden zwei Portefeuilles aus dem vorherigen Abschnitt:

Portefeuille A: eine europäische Kaufoption plus ein Bargeldbetrag in Höhe von Xe^{-rT}

Portefeuille C: eine europäische Verkaufsoption plus eine Aktie

Beide haben bei Fälligkeit der Option den Wert

$$\max(S_T, X)$$

Da es sich um europäische Optionen handelt, können sie nicht vor dem Fälligkeitstermin ausgeübt werden. Die Werte der Portefeuilles müssen daher heute identisch sein. Das bedeutet, dass

(8.3) $\qquad c + Xe^{-rT} = p + S$

Dies ist die bekannte *Put-Call-Parität*. Sie zeigt, dass der Wert einer europäischen Kaufoption mit bestimmtem Basispreis und Fälligkeitstermin vom Wert einer europäischen Verkaufsoption mit gleichem Basispreis und Fälligkeitstermin abgezogen werden kann und vice versa.

Wenn Gleichung 8.3 nicht hält, gibt es Arbitrage-Möglichkeiten. Angenommen der Aktienkurs liegt bei 31 $, der Basispreis beträgt 30 $, der risikofreie Zins beträgt 10 Prozent per Annum, eine dreimonatige europäische Kaufoption kostet 3 $ und eine dreimonatige europäische Verkaufsoption kostet 2,25 $. In diesem Fall ist

$$c + Xe^{-rT} = 3 + 30e^{-0,1 \times 0,25} = 32,26 \text{ \$}$$

$$p + S = 2,25 + 31 = 33,25 \text{ \$}$$

Portefeuille C hat im Vergleich zu Portefeuille A einen zu hohen Preis. Die richtige Arbitrage-Strategie lautet, die Wertpapiere in Portefeuille A zu kaufen und die Wertpapiere in Portefeuille C leerzuverkaufen. Bei dieser Strategie wird die Kaufoption gekauft und es werden sowohl die Verkaufsoption als auch die Aktie leerverkauft, um vorab den positiven Cashflow

$$-3 + 2,25 + 31 = 30,25 \text{ \$}$$

zu generieren. Wenn dieser Betrag zum risikofreien Zins investiert wird, wächst er in drei Monaten auf $30,25 e^{0,1 \times 0,25} = 31,02$ \$ an.

Liegt der Aktienkurs bei Fälligkeit der Option über 30 $, wird die Kaufoption ausgeübt. Liegt sie unter 30 $, wird die Verkaufsoption ausgeübt. In beiden Fällen kauft der Investor letztlich eine Aktie für 30 $. Mit dieser Aktie stellt er die Verkaufsposition glatt. Der Nettogewinn beträgt somit

$$31,02 \text{ \$} - 30,00 \text{ \$} = 1,02 \text{ \$}$$

Dieses Beispiel ist in Tabelle 8.4 veranschaulicht.

Für eine alternative Situation sei angenommen, dass der Preis der Kaufoption 3 $ ist und der Preis der Verkaufsoption 1 $. In diesem Fall ist

$$c + Xe^{-rT} = 3 + 30e^{-0,1 \times 0,25} = 32,26 \text{ \$}$$

$$p + S = 1 + 31 = 32,00 \text{ \$}$$

Portefeuille A hat im Vergleich zu Portefeuille C einen zu hohen Preis. Ein Arbitrageur kann die Wertpapiere in Portefeuille A leerverkaufen und die Wertpapiere in Portefeuille C kaufen, um einen Gewinn festzuschreiben. Bei der Strategie wird die Kaufoption leerverkauft und es werden sowohl Verkaufsoption als auch Aktie mit einer Anfangsinvestition von

Tabelle 8.4: Arbitrage-Möglichkeit, wenn die Put-Call-Parität nicht hält: der Preis der Kaufoption ist gegenüber dem Preis der Verkaufsoption zu niedrig

Am Tisch des Wertpapierhändlers

Ein Investor hat soeben folgende Notierungen für Optionen auf eine Aktie mit einem Wert von 31 $ bekommen, wobei der risikofreie Zins 10 Prozent per Annum beträgt. Beide Optionen haben einen Basispreis von 30 $ und eine Laufzeit von drei Monaten.

Europäische Kaufoption: 3 $
Europäische Verkaufsoption: 2¼ $

Strategie
1. Kauf der Kaufoption.
2. Leerverkauf der Verkaufsoption.
3. Leerverkauf der Aktie.

Das Ergebnis

Diese Strategie führt zu einem anfänglichen Cashflow von 31,00 $ − 3,00 $ + 2,25 $ = 30,25 $. Wenn dieser Betrag zum risikofreien Zins investiert wird, wächst er in drei Monaten auf $30{,}25e^{0,1 \times 0,25} = 31{,}02$ $ an. Am Ende der drei Monate sind folgende Situationen möglich:

1. Der Aktienkurs liegt über 30,00 $. Der Investor übt die Kaufoption aus. Das bedeutet, dass er eine Aktie für 30 $ kauft. Die Verkaufsposition wird glattgestellt, und der Nettogewinn beträgt 31,02 $ − 30,00 $ = 1,02 $.
2. Der Aktienkurs liegt unter 30,00 $. Die Gegenpartei übt die Verkaufsoption aus. Das bedeutet ebenfalls, dass der Investor eine Aktie für 30,00 $ kauft. Die Verkaufsposition wird glattgestellt, und der Nettogewinn beträgt wiederum 31,02 $ − 30,00 $ = 1,02 $.

---

31 $ + 1 $ − 3 $ = 29 $

gekauft. Wenn die Investition zum risikofreien Zins finanziert wird, müssen am Ende der drei Monate $29e^{0,1 \times 0,25} = 29{,}73$ $ zurückgezahlt werden. Wie im vorherigen Fall wird entweder die Kauf- oder die Verkaufsoption ausgeübt. Die verkaufte Kaufoptions- und gekaufte Verkaufsoptionsposition führt somit dazu, dass die Aktie für 30 $ verkauft wird. Der Nettogewinn beträgt

KAPITEL 8 Grundlegende Merkmale von Aktienoptionen   301

$$30{,}00\ \$ - 29{,}73\ \$ = 0{,}27\ \$$$

Dieses Beispiel ist in Tabelle 8.5 veranschaulicht.

Tabelle 8.5: Arbitrage-Möglichkeit, wenn die Put-Call-Parität nicht hält: der Preis der Verkaufsoption ist relativ zum Preis der Kaufoption zu niedrig

Am Tisch des Wertpapierhändlers

Ein Investor hat soeben folgende Notierungen für Optionen auf eine Aktie mit einem Wert von 31 $ bekommen, wobei der risikofreie Zins 10 Prozent per Annum beträgt. Beide Optionen haben einen Basispreis von 30 $ und eine Laufzeit von drei Monaten.

Europäische Kaufoption: 3 $
Europäische Verkaufsoption: 1 $

Strategie
1. Verkauf der Kaufoption.
2. Kauf der Verkaufsoption.
3. Kauf der Aktie.

Das Ergebnis

Diese Strategie führt im Zeitpunkt null zu einer Anfangsinvestition von 31 $ + 1 $ - 3 $ = 29 $. Wird die Anlage zum risikofreien Zins finanziert, müssen nach drei Monaten $29e^{0{,}1 \times 0{,}25} = 29{,}73$ $ zurückbezahlt werden. Folgende Situationen sind möglich:

1. Der Aktienkurs liegt über 30,00 $. Die Gegenpartei übt die Kaufoption aus. Das heißt, dass der Investor seine Aktie für 30 $ verkaufen muss. Der Nettogewinn beträgt 30,00 $ - 29,73 $ = 0,27 $.
2. Der Aktienkurs liegt unter 30,00 $. Der Investor übt die Verkaufsoption aus. Auch das heißt, dass die Aktie für 30,00 $ verkauft wird. Der Nettogewinn beträgt wiederum 30,00 $ - 29,73 $ = 0,27 $.

Vorzeitige Ausübung: Kaufoptionen auf eine dividendenlose Aktie

In diesem Abschnitt wird gezeigt, dass es niemals optional ist, eine amerikanische Kaufoption auf eine dividendenlose Aktie vor dem Fälligkeitstermin auszuüben.

Um die allgemeinere Gültigkeit dieses Arguments zu veranschaulichen, betrachte man eine in einem Monat fällig werdende amerikanische Kaufoption auf eine dividendenlose Aktie, wenn der Aktienkurs bei 50 $ liegt und der Basispreis 40 $ beträgt. Die Option ist tief im Geld, und der Investor, der die Option besitzt, könnte versucht sein, die Option umgehend auszuüben. Wenn der Investor aber plant, die Aktie länger als einen Monat zu halten, ist das nicht die beste Strategie. Es ist besser, die Option zu halten und am Ende des Monats auszuüben. Der Basispreis von 40 $ wird dann einen Monat später bezahlt als in dem Fall, in dem der Investor die Option umgehend ausüben würde, so dass der Investor für die 40 $ einen Monat lang Zinsen bekommt. Da die Aktie keine Dividende abwirft, wird auch kein Einkommen aus der Aktie geopfert. Das Warten hat gegenüber der sofortigen Ausübung den weiteren Vorteil, dass die Möglichkeit besteht (wie gering auch immer sie sein mag), dass der Kurs der Aktie in dem Monat unter 40 $ fällt. In dem Fall übt der Investor seine Option nicht aus und ist froh über seine Entscheidung, sie nicht vorzeitig ausgeübt zu haben!

Dieses Argument zeigt, dass es keine Vorteile bringt, eine Option vorzeitig auszuüben, wenn der Investor plant, die Aktie für die Restlaufzeit der Option zu halten (in diesem Fall einen Monat). Was ist, wenn der Investor die Aktie für aktuell überbewertet hält und überlegt, die Option auszuüben und die Aktie zu verkaufen? In diesem Fall steht sich der Investor besser, wenn er die Option verkauft statt sie auszuüben.[1] Die Option wird dann von einem anderen Investor gekauft, der die Aktie halten möchte. Solche Investoren muss es geben. Andernfalls läge der aktuelle Aktienkurs nicht bei 50 $. Der Preis, der für die Option erzielt wird, ist aus bereits erwähnten Gründen höher als ihr intrinsischer Wert von 10 $. Gleichung 8.1 zeigt, dass der Marktpreis der Option immer höher sein muss als

$$50 - 40e^{-0,1 \times 0,08333} = 10,33 \text{ \$}$$

Andernfalls gibt es Arbitrage-Möglichkeiten.

---

[1] Als alternative Strategie kann der Investor die Option behalten und die Aktie leerverkaufen, um einen höheren Gewinn als 10 $ festzuschreiben.

KAPITEL 8 Grundlegende Merkmale von Aktienoptionen

Für eine formalere Argumentation betrachten wir die beiden folgenden Portefeuilles:

Portefeuille E: eine amerikanische Kaufoption plus ein Barbetrag in Höhe von Xe^{-rT}

Portefeuille F: eine Aktie

Bei Fälligkeit der Option hat das Bargeld in Portefeuille E den Wert X. Zu einem früheren Zeitpunkt t beträgt der Wert $Xe^{-r(T-t)}$. Wird die Kaufoption im Zeitpunkt t ausgeübt, hat Portefeuille E den Wert

$$S - X + Xe^{-r(T-t)}$$

Das ist immer weniger als S, wenn t < T, da r > 0. Portefeuille E ist somit immer weniger wert als Portefeuille F, wenn die Kaufoption vor Fälligkeit ausgeübt wird. Wird die Kaufoption bis zur Fälligkeit gehalten, hat Portefeuille E im Zeitpunkt T den Wert

$$\max(S_T, X)$$

Der Wert von Portefeuille F ist S_T. Es gibt immer die Möglichkeit, dass S_T < X. Das bedeutet, dass Portefeuille E immer so viel wie und manchmal mehr wert ist als Portefeuille F.

Wir haben gesehen, dass Portefeuille E weniger wert ist als Portefeuille F, wenn die Option sofort ausgeübt wird, dass sie aber mindestens so viel wert ist wie Portefeuille F, wenn der Inhaber der Option mit der Ausübung bis zur Fälligkeit wartet. Daraus folgt, dass eine Kaufoption auf eine dividendenlose Aktie niemals vor dem Fälligkeitstermin ausgeübt werden sollte. Eine amerikanische Kaufoption auf eine dividendenlose Aktie hat daher den gleichen Wert wie die entsprechende europäische Kaufoption auf die gleiche Aktie:

$$C = c$$

Mit Gleichung 8.1 lässt sich das schneller beweisen:

$$c > S - Xe^{-rT}$$

Da der Inhaber der amerikanischen Kaufoption alle Ausübungsmöglichkeiten hat, die auch der Inhaber der europäischen Kaufoption besitzt, folgt, dass

$$C \geq c$$

Daher ist

$$C > S - Xe^{-rT}$$

Bei gegebenem r > 0 folgt, dass C > S − X. Wäre eine vorzeitige Ausübung optimal, würde C gleich S − X sein. Daraus lässt sich ableiten, dass eine vorzeitige Ausübung nie optimal sein kann.

Abbildung 8.3 zeigt allgemein, wie der Preis der Kaufoption mit S und X variiert. Sie zeigt, dass der Preis der Kaufoption immer über dem intrinsischen Wert von max(S − X, 0) liegt. Wenn r oder T oder die Volatilität steigt, bewegt sich der Preis der Kaufoption in die von den Pfeilen angezeigte Richtung (i. e. er entfernt sich vom intrinsischen Wert).

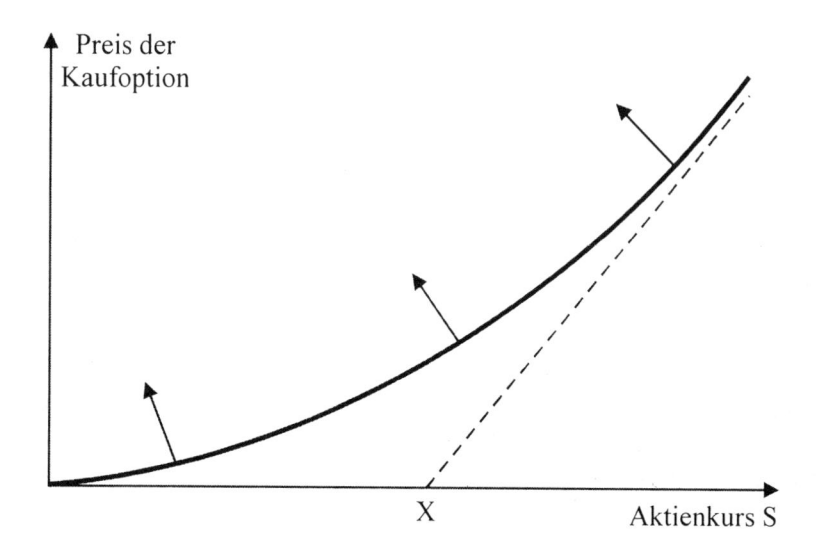

Abbildung 8.3: Preisänderung einer amerikanischen oder europäischen Kaufoption auf eine dividendenlose Aktie in Abhängigkeit vom Aktienkurs S

Ein Grund, warum eine Kaufoption nicht vorzeitig ausgeübt werden sollte, ist die Versicherung, die sie bietet. Eine Kaufoption, die statt der Aktie selbst gehalten wird, versichert den Inhaber gegen einen Kursverfall unterhalb des Basispreisniveaus. Hat der Investor die Option erst einmal ausgeübt und den Basispreis gegen den Aktienkurs getauscht, ist diese Versicherung weg. Ein weiterer Grund betrifft den Zeitwert des Geldes. Für die Perspektive des

KAPITEL 8 Grundlegende Merkmale von Aktienoptionen   305

Optionsinhabers gilt, je später der Basispreis ausgezahlt wird umso besser ist es.

Vorzeitige Ausübung: Verkaufsoptionen auf eine dividendenlose Aktie

Es kann optimal sein, eine amerikanische Verkaufsoption auf eine dividendenlose Aktie vorzeitig auszuüben. Eine Verkaufsoption sollte jederzeit, wenn sie tief genug im Geld ist, ausgeübt werden.

Um dies zu veranschaulichen, betrachte man eine Extremsituation. Angenommen der Basispreis beträgt 10 $ und der Aktienkurs ist praktisch null. Durch eine sofortige Ausübung realisiert ein Investor einen sofortigen Gewinn von 10 $. Wenn der Investor wartet, kann es passieren, dass sein Gewinn aus der Ausübung kleiner als 10 $ ist, aber er kann nicht größer als 10 $ sein, weil negative Aktienkurse nicht möglich sind. Außerdem ist es vorteilhafter, jetzt die 10 $ zu kassieren als später. Folglich sollte die Option sofort ausgeübt werden.

Die Betrachtung der beiden folgenden Portefeuilles ist instruktiv:

Portefeuille G: eine amerikanische Verkaufsoption plus eine Aktie

Portefeuille H: ein Bargeldbetrag in Höhe von Xe^{-rT}

Wenn die Option in t < T ausgeübt wird, bekommt Portefeuille G den Wert X, während Portefeuille H den Wert $Xe^{-r(T-t)}$ hat. Portefeuille G ist somit mehr wert als Portefeuille H. Wenn die Option bis zur Fälligkeit gehalten wird, bekommt Portefeuille G den Wert

$$\max(X, S_T)$$

während Portefeuille H den Wert X hat. Portefeuille G ist somit mindestens genauso viel und möglicherweise mehr wert als Portefeuille H. Man beachte den Unterschied zwischen dieser Situation und der aus dem vorherigen Abschnitt. Hier kann nicht argumentiert werden, dass eine vorzeitige Ausübung nicht wünschenswert ist, da Portefeuille G attraktiver aussieht als Portefeuille H, unabhängig von der Entscheidung über die vorzeitige Ausübung.

Wie eine Kaufoption bietet auch eine Verkaufsoption eine Versicherung. Eine Verkaufsoption sichert, wenn sie zusammen mit der Aktie gehalten wird, den Inhaber gegen einen Kursverfall unterhalb eines bestimmten Niveaus ab. Eine Verkaufsoption unterscheidet sich jedoch insofern von einer Kaufoption, als es für einen Investor optimal sein kann, auf diese Versicherung zu verzichten und vorzeitig auszuüben, um den Basispreis sofort zu realisieren. Allgemein gilt, dass die vorzeitige Ausübung einer Verkaufsoption mit sinkendem S, steigendem r und sinkender Volatilität an Attraktivität zunimmt.

Aus Gleichung 8.2 ist bekannt, dass

$$p > Xe^{-rT} - S$$

Bei einer amerikanischen Verkaufsoption mit dem Preis muss immer die stärkere Bedingung

$$P \geq X - S$$

halten, da eine sofortige Ausübung jederzeit möglich ist.

Abbildung 8.4 zeigt allgemein, wie der Preis einer amerikanischen Verkaufsoption in Abhängigkeit von S variiert. Unter der Voraussetzung, dass r > 0 ist, ist es immer optimal, eine amerikanische Verkaufsoption sofort auszuüben, wenn der Aktienkurs ausreichend niedrig ist. Wenn eine vorzeitige Ausübung optimal ist, hat die Option den Wert X − S. Die Kurve, die den Wert der Verkaufsoption darstellt, verschmilzt bei einem ausreichend kleinen Wert von S mit dem intrinsischen Wert der Verkaufsoption, X − S. In Abbildung 8.4 wird dieser Wert als Punkt A gezeigt. Der Wert der Verkaufsoption bewegt sich in die von den Pfeilen angezeigte Richtung, wenn r sinkt, wenn die Volatilität steigt und wenn T steigt.

Da es einige Situationen gibt, in denen die vorzeitige Ausübung einer amerikanischen Verkaufsoption wünschenswert ist, hat eine amerikanische Verkaufsoption folglich immer einen höheren Wert als die korrespondierende europäische Verkaufsoption. Da eine amerikanische Verkaufsoption außerdem mitunter wertmäßig ihrem intrinsischen Wert entspricht (siehe Abbildung 8.4), muss eine europäische Verkaufsoption folglich mitunter einen Wert haben, der unter ihrem intrinsischen Wert liegt. Abbildung 8.5 zeigt, wie sich der Preis einer europäischen Verkaufsoption in Abhängigkeit vom Aktienkurs verändert. In Abbildung 8.5 muss Punkt B, in dem der Preis der Option gleich ihrem intrinsischen Wert ist, einen höheren Aktienkurswert darstellen als Punkt A in Abbildung 8.4. Punkt E in Abbildung 8.5 liegt dort, wo S = 0 und der Preis der europäischen Verkaufsoption Xe^{-rT} beträgt.

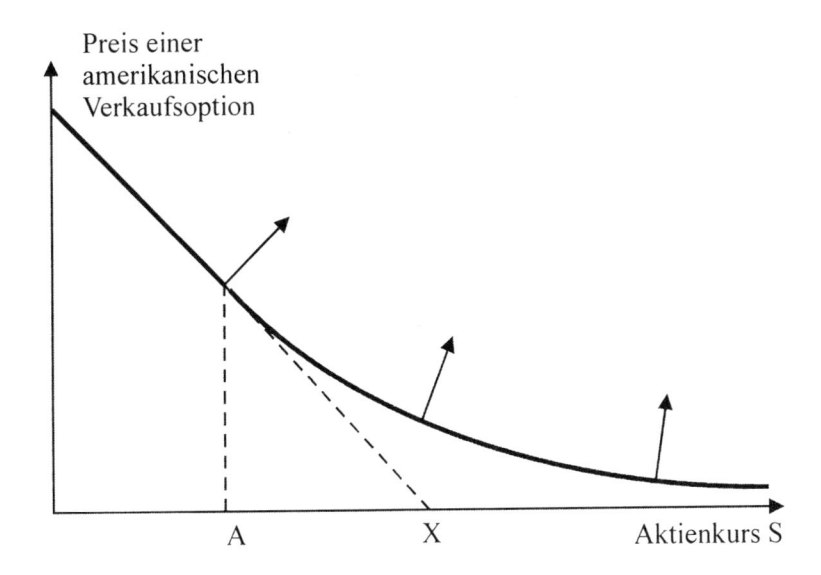

KAPITEL 8 Grundlegende Merkmale von Aktienoptionen   307

Abbildung 8.4: Preisänderung einer amerikanischen Verkaufsoption in Abhängigkeit vom Aktienkurs S

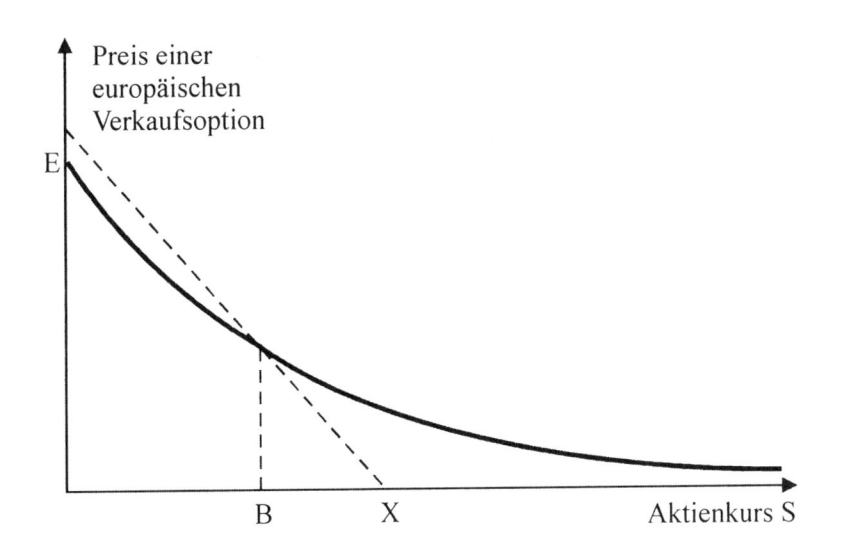

Abbildung 8.5: Preisänderung einer europäischen Verkaufsoption in Abhängigkeit vom Aktienkurs S

Beziehung zwischen den Preisen amerikanischer Verkaufs- und Kaufoptionen

Die Put-Call-Parität hält nur bei europäischen Optionen. Es ist aber möglich, einige Beziehungen für amerikanische Optionspreise abzuleiten. Aus P > p und Gleichung 8.3 folgt, dass

$$P > c + Xe^{-rT} - S$$

und aus c = C folgt

$$P > C + Xe^{-rT} - S$$

oder

(8.4) $$C - P < S - Xe^{-rT}$$

Zu einer weiteren Beziehung zwischen C und P betrachte man

Portefeuille I: Eine europäische Kaufoption plus ein Bargeldbetrag in Höhe von X

Portefeuille J: Eine amerikanische Verkaufsoption plus eine Aktie

Beide Optionen haben den gleichen Basispreis und den gleichen Fälligkeitstermin. Angenommen das Bargeld in Portefeuille I wird zum risikofreien Zins investiert. Wenn die Verkaufsoption nicht vorzeitig ausgeübt wird, hat Portefeuille J im Zeitpunkt T den Wert

$$\max(S_T, X)$$

Portefeuille I hat in diesem Zeitpunkt den Wert

$$\max(S_T, X) + Xe^{rT} - X$$

Portefeuille I ist somit mehr wert als Portefeuille J. Weiterhin sei angenommen, dass die Verkaufsoption in Portefeuille J vorzeitig ausgeübt wird – sagen wir, im Zeitpunkt t. Portefeuille J hat dann im Zeitpunkt t den Wert X. Selbst wenn jedoch die Kaufoption wertlos wäre, hätte Portefeuille I im Zeitpunkt t den Wert Xe^{rT}. Daraus folgt, dass Portefeuille I unter allen Umständen mehr wert ist als Portefeuille J.

Daher ist

$$c + X > P + S$$

KAPITEL 8 Grundlegende Merkmale von Aktienoptionen

Aus c = C folgt, dass

$$C + X > P + S$$

oder

$$C - P > S - X$$

Mit Gleichung 8.4 kombiniert, ergibt das

(8.5) $$S - X < C - P < S - Xe^{-rT}$$

Beispiel

Eine amerikanische Kaufoption auf eine dividendenlose Aktie mit einem Basispreis von 20 $ und einer Laufzeit von fünf Monaten hat einen Wert von 1,50 $. Dies muss auch der Wert einer europäischen Kaufoption auf die gleiche Aktie mit dem gleichen Basispreis und der gleichen Laufzeit sein. Angenommen der Tageskurs der Aktie liegt bei 19,00 $ und der risikofreie Zins beträgt 10 Prozent per Annum. Umformung von Gleichung 8.3 ergibt den Preis einer europäischen Verkaufsoption mit einem Basispreis von 20 $ und einer Laufzeit von fünf Monaten

$$1{,}50 + 20e^{-0{,}1 \times 5/12} - 19 = 1{,}68 \$$$

Gleichung 8.5 ergibt

$$19 - 20 < C - P < 19 - 20e^{-0{,}1 \times 5/12}$$

oder

$$1 > P - C > 0{,}18$$

was zeigt, dass P − C zwischen 1,00 $ und 0,18 $ liegt. Bei einem C von 1,50 $ muss P zwischen 1,68 $ und 2,50 $ liegen. Mit anderen Worten, die Preisobergrenze einer amerikanischen Verkaufsoption mit gleichem Basispreis und Fälligkeitstermin wie die amerikanische Kaufoption liegt bei 2,50 $, die Preisuntergrenze liegt bei 1,68 $.

Wirkung von Dividenden

Die bislang in diesem Kapitel erzielten Ergebnisse basieren auf Optionen auf dividendenlose Aktien. In diesem Abschnitt wird die Bedeutung der Dividenden untersucht. In den USA haben börsengehandelte Aktienoptionen im allgemeinen Laufzeiten von unter acht Monaten. Die Dividenden, die in der Laufzeit der Option gezahlt werden, lassen sich normalerweise mit ziemlicher Genauigkeit vorhersagen. D soll für den Gegenwartswert der Dividenden während der Optionslaufzeit stehen. Bei der Berechnung von D wird davon ausgegangen, dass es eine Dividende am Ex-Dividendentag gibt.

UNTERGRENZEN FÜR KAUF- UND VERKAUFSOPTIONEN

Die Portefeuilles A und B lassen sich wie folgt neu definieren:

Portefeuille A: eine europäische Kaufoption plus ein Barbetrag in der Höhe $D + Xe^{-rT}$

Portefeuille B: eine Aktie

Ein ähnliches Argument wie zur Herleitung von Gleichung 8.1 zeigt, dass

(8.6) $$c > S - D - Xe^{-rT}$$

Auch die Portefeuilles C und D lassen sich wie folgt redefinieren:

Portefeuille C: eine europäische Verkaufsoption plus eine Aktie

Portefeuille D: ein Barbetrag in der Höhe $D + Xe^{-rT}$

Ein ähnliches Argument wie zur Herleitung von Gleichung 8.2 zeigt, dass

(8.7) $$p > D + Xe^{-rT} - S$$

VORZEITIGE AUSÜBUNG

Wenn Dividenden erwartet werden, kann es sein, dass eine amerikanische Kaufoption durchaus auch vorzeitig ausgeübt wird. Manchmal ist es optimal, eine amerikanische Kaufoption unmittelbar vor dem Ex-Dividendentag auszuüben. Die Dividende führt nämlich dazu, dass der Aktienkurs fällt, so dass die Option weniger attraktiv wird. Es ist niemals optimal, eine Kaufoption zu

KAPITEL 8 Grundlegende Merkmale von Aktienoptionen   311

anderen Terminen auszuüben. Dieser Punkt wird in Kapitel 11 eingehender diskutiert.

PUT-CALL-PARITÄT

Vergleicht man die Werte der redefinierten Portefeuilles A und C im Zeitpunkt T, dann zeigt sich, dass das Ergebnis der Put-Call-Parität in Gleichung 8.3 unter Berücksichtigung der Dividenden zu

(8.8) $\qquad c + D + Xe^{-rT} = p + S$

wird. Gleichung 8.5 wird unter Berücksichtigung der Dividenden zu

(8.9) $\qquad S - D - X < C - P < S - Xe^{-rT}$

Um diese Ungleichheit zu beweisen, werden Portefeuille I und J redefiniert als

Portefeuille I: eine europäische Kaufoption plus ein Barbetrag in der Höhe $D + X$

Portefeuille J: eine amerikanische Verkaufsoption plus eine Aktie

Unabhängig davon, was geschieht, lässt sich zeigen, dass Portefeuille I mehr wert ist als Portefeuille J. Daher ist

$$P + S < c + D + X$$

Da eine europäische Kaufoption nie mehr wert ist als ihr amerikanisches Gegenstück, oder $c < C$, folgt

$$P + S < C + D + X$$

oder

$$S - D - X < C - P$$

Das beweist die erste Hälfte der Ungleichheit in Gleichung 8.9. Für eine dividendenlose Aktie hat Gleichung 8.5 gezeigt, dass

$$C - P < S - Xe^{-rT}$$

Da die Dividenden den Wert einer Kaufoption senken und den Wert einer Verkaufsoption steigern, muss diese Ungleichheit auch für Optionen auf Dividenden abwerfende Aktien gelten. Das beweist die zweite Hälfte der Ungleichheit in Gleichung 8.9.

312 TEIL II Optionsmärkte

Empirische Forschung

Die empirische Forschung zum Testen der Ergebnisse in diesem Kapitel scheint relativ einfach durchzuführen sein, sobald die erforderlichen Daten erst einmal erhoben sind. Tatsächlich aber gibt es eine Reihe von Komplikationen:

1. Es ist wichtig sicherzustellen, dass Optionspreise und Aktienkurse exakt zur gleichen Zeit beobachtet werden. Es reicht beispielsweise nicht aus, die täglichen Schlusskurse zu beobachten, wenn man nach Arbitrage-Möglichkeiten sucht. Auf diesen Punkt wurde bereits in Kapitel 7 im Zusammenhang mit den Daten in Tabelle 7.4 hingewiesen.

2. Wichtig ist die sorgfältige Betrachtung, ob ein Wertpapierhändler einen Vorteil aus beobachtbaren Arbitrage-Möglichkeiten ziehen könnte. Wenn die Möglichkeit nur momentan existiert, kann es sein, dass sie praktisch nicht nutzbar ist.

3. Bei der Bestimmung, ob Arbitrage-Möglichkeiten gegeben sind, müssen die Transaktionskosten berücksichtigt werden.

4. Die Put-Call-Parität hält nur bei europäischen Optionen. Börsengehandelte Aktienoptionen sind amerikanisch.

5. Die Dividenden, die während der Laufzeit der Option anfallen, müssen geschätzt werden.

Am Ende dieses Kapitels sind Arbeiten von Bhattacharya, Galai, Gould und Galai, Klemkosky und Resnick sowie Stoll aufgeführt, die sich mit der empirischen Forschung befassen. Galai und Bhattacharya untersuchen, ob Optionspreise überhaupt jemals unter ihren theoretischen Untergrenzen liegen; Stoll, Gould und Galai sowie Klemkosky und Resnick prüfen die Put-Call-Parität auf Haltbarkeit. Wir betrachten die Ergebnisse von Bhattacharya, Klemkosky und Resnick.

Bhattacharya untersuchte in seiner Studie, ob die theoretischen Untergrenzen für Kaufoptionen auf die Praxis übertragbar waren. Seine Daten bestanden aus den Transaktionspreisen für Optionen auf 58 Aktien über eine 196-tägige Periode zwischen August 1976 und Juni 1977. Im ersten Test untersuchte er, ob die Optionen die Bedingung erfüllten, dass der Preis höher als der intrinsische Wert ist —das heißt, ob $C > \max(S - X, 0)$. Mehr als 86.000 Optionspreise wurden untersucht, und ungefähr 1,3 Prozent verletzten diese

Bedingung. In 29 Prozent der Fälle wurde die Bedingung beim nächsten Handel wieder erfüllt, was zeigt, dass die Händler in der Praxis nicht in der Lage gewesen wären, davon zu profitieren. Wenn man die Transaktionskosten berücksichtigte, verschwanden die profitablen Möglichkeiten, die durch diese Verletzung entstanden waren. In seinem zweiten Test untersuchte Bhattacharya, ob Optionen über der Untergrenze $S - D - Xe^{-rT}$ verkauft wurden. (Siehe Gleichung 8.6.) Er fand heraus, dass in 7,6 Prozent der beobachteten Fälle tatsächlich unter der Untergrenze verkauft wurde. Wenn man jedoch die Transaktionskosten berücksichtigte, führte dies nicht zu gewinnbringenden Möglichkeiten.

Klemkoky und Resnick verwendeten für ihren Test der Put-Call-Parität Daten von Optionspreisen aus dem Handel zwischen Juli 1977 und Juni 1987. Sie unterwarfen diese Daten diversen Tests, um die Wahrscheinlichkeit einer vorzeitigen Ausübung zu bestimmen, und sie schieden Daten aus, bei denen eine vorzeitige Ausübung für möglich gehalten wurde. Bei dieser Vorgehensweise hielten sie es für gerechtfertigt, amerikanische Optionen wie europäische Optionen zu behandeln. Sie identifizierten 540 Situationen, in denen eine Arbitrage-Möglichkeit ähnlich wie in Tabelle 8.4 vorkam, und 540 Situationen mit einer Arbitrage-Möglichkeit ähnlich der in Tabelle 8.5. Unter Berücksichtigung der Transaktionskosten waren immer noch 38 Möglichkeiten nach Tabelle 8.4 (Preis der Kaufoption gegenüber dem Preis der Verkaufsoption zu niedrig) und 147 Möglichkeiten nach Tabelle 8.5 (Preis der Kaufoption gegenüber dem Preis der Verkaufsoption zu hoch) profitabel. Die Möglichkeiten blieben bestehen, wenn entweder eine 5- oder eine 15-minütige Verzögerung zwischen dem Erkennen der Möglichkeit und der Ausführung des Handels angenommen wurde. Klemkosky und Resnick zogen die Schlussfolgerung, dass einige Händler, vor allem Market Maker, Arbitrage-Möglichkeiten in dem beobachteten Zeitraum hatten.

Zusammenfassung

Es gibt sechs Faktoren, die den Wert von Aktienoptionen beeinflussen: der Tageskurs der Aktie, der Basispreis, der Fälligkeitstermin, die Volatilität des Aktienkurses, der risikofreie Zins und die Dividenden, die während der Laufzeit der Option erwartet werden. Im allgemeinen steigt der Wert einer Kaufoption, wenn der Tageskurs der Aktie, die Laufzeit, die Volatilität und der risikofreie Zins steigen. Der Wert der Kaufoption sinkt, wenn der Basispreis und die erwarteten Dividenden steigen. Im allgemeinen steigt der Wert einer Verkaufsoption, wenn der Basispreis, die Laufzeit, die Volatilität und die erwarteten Dividenden steigen. Der Wert einer Verkaufsoption sinkt, wenn der Tageskurs der Aktie und der risikofreie Zins steigen.

Es lassen sich einige Schlussfolgerungen über den Wert von Aktienoptionen ziehen, ohne Annahmen über die Volatilität der Aktienkurse zu treffen. Der Preis einer Kaufoption auf eine Aktie beispielsweise muss immer weniger wert sein als der Preis für die Aktie selbst. Ebenso muss der Preis einer Verkaufsoption auf eine Aktie immer weniger wert sein als der Basispreis der Option.

Eine Kaufoption auf eine dividendenlose Aktie muss mehr wert sein als

$$\max(S - Xe^{-rT}, 0)$$

wobei S der Aktienkurs, X der Basispreis, r der risikofreie Zins und T die Zeit bis zur Fälligkeit ist. Eine Verkaufsoption auf eine dividendenlose Aktie muss mehr wert sein als

$$\max(Xe^{-rT} - S, 0)$$

Wenn Dividenden mit einem Gegenwartswert von D gezahlt werden, bekommt eine Kaufoption die Untergrenze

$$\max(S - D - Xe^{-rT}, 0)$$

und eine Verkaufsoption bekommt die Untergrenze

$$\max(Xe^{-rT} + D - S, 0)$$

Die Put-Call-Parität ist eine Beziehung zwischen dem Preis c einer europäischen Kaufoption auf eine Aktie und dem Preis p einer europäischen Verkaufsoption auf eine Aktie. Bei einer dividendenlosen Aktie ist das

$$c + Xe^{-rT} = p + S$$

Bei einer Dividenden abwerfenden Aktie lautet die Put-Call-Parität

$$c + D + Xe^{-rT} = p + S$$

Die Put-Call-Parität gilt nicht für amerikanische Optionen. Es ist aber möglich, mit Hilfe von Arbitrage-Argumenten Ober- und Untergrenzen für die Differenz zwischen dem Preis einer amerikanischen Kaufoption und dem Preis einer amerikanischen Verkaufsoption zu bestimmen.

In Kapitel 11 wird die Analyse aus diesem Kapitel mit spezifischen Annahmen über das wahrscheinliche Verhalten der Aktienkurse fortgeführt. Diese

Analyse wird uns ermöglichen, genaue Preisformeln für europäische Aktienoptionen abzuleiten. In Kapitel 16 wird gezeigt, wie numerische Verfahren zur Preisbestimmung amerikanischer Optionen verwendet werden.

Weitere Literatur

Bhattacharya, M. „Transaction Data Tests of Efficiency of the Chicago Board Options Exchange", *Journal of Financial Economics* 12 (1983): 162-185.

Galai, D. „Empirical Tests of Boundary Conditions for CBOE Options", *Journal of Financial Economics* 6 (1978): 187-211.

Gould, J. P. und D. Galai. „Transactions Costs and the Relationship between Put and Call Prices", *Journal of Financial Economics* 1 (1974): 105-129.

Klemkosky, R. C. und B. G. Resnick. „An Ex-Ante Analysis of Put-Call Parity", *Journal of Financial Economics* 8 (1980): 363-378.

Klemkosky, R. C. und B. G. Resnick. „Put-Call Parity and Market Efficiency", *Journal of Finance* 34 (December 1979): 1141-1155.

Merton, R. C. „The Relationship between Put and Call Prices: Comment", *Journal of Finance* 28 (March 1973): 183-184.

Merton, R. C. „Theory of Rational Option Pricing", *Bell Journal of Economics and Management Science* 4 (Spring 1973): 141-183.

Stoll, H. R. „The Relationship between Put and Call Prices", *Journal of Finance* 31 (May 1969): 319-332.

Testfragen

1. Listen Sie die sechs Faktoren auf, die die Preise von Aktienoptionen beeinflussen.

2. Welche Untergrenze hat der Preis einer viermonatigen Kaufoption auf eine dividendenlose Aktie, wenn der Aktienkurs bei 28 $ liegt, der Basispreis 25 $ und der risikofreie Zins 8 Prozent per Annum betragen?

3. Welche Untergrenze hat der Preis einer einmonatigen europäischen Verkaufsoption auf eine dividendenlose Aktie, wenn der Aktienkurs bei 12 $ liegt, der Basispreis 15 $ und der risikofreie Zins 6 Prozent per Annum betragen?

4. Nennen Sie zwei Gründe, warum eine vorzeitige Ausübung einer amerikanischen Kaufoption auf eine dividendenlose Aktie nicht optimal ist. Der erste Grund sollte den Zeitwert des Geldes betreffen. Der zweite Grund sollte auch bei einem Zinssatz von null greifen.

5. „Die vorzeitige Ausübung einer amerikanischen Verkaufsoption ist ein Tradeoff zwischen dem Zeitwert des Geldes und dem Versicherungswert einer Verkaufsoption." Erläutern Sie diese Behauptung.

6. Eine europäische Kaufoption und Verkaufsoption auf eine Aktie haben beide einen Basispreis von 20 $ und sind in drei Monaten fällig. Beide werden für 3 $ verkauft. Der risikofreie Zins liegt bei 10 Prozent per Annum, der Tageskurs der Aktie liegt bei 19 $, und es wird erwartet, dass in einem Monat eine Dividende von 1 $ anfällt. Identifizieren Sie die Arbitrage-Möglichkeiten, die einem Wertpapierhändler offen stehen.

7. Erklären Sie, warum die Argumente, die zu der Put-Call-Parität bei europäischen Optionen führen, nicht zu einem ähnlichen Ergebnis bei amerikanischen Optionen führen.

Fragen und Probleme

1. Wie hoch ist die Preisuntergrenze für eine sechsmonatige Kaufoption auf eine dividendenlose Aktie, wenn der Aktienkurs bei 80 $ liegt, der Basispreis 75 $ ist und der risikofreie Zins 10 Prozent per Annum beträgt?

2. Wie hoch ist die Preisuntergrenze für eine zweimonatige europäische Verkaufsoption auf eine dividendenlose Aktie, wenn der Aktienkurs bei 58 $ liegt, der Basispreis 65 $ ist und der risikofreie Zins 5 Prozent per Annum beträgt?

3. Eine viermonatige europäische Kaufoption auf eine Dividenden abwerfende Aktie wird derzeitig für 5 $ verkauft. Der Aktienkurs liegt bei 64 $, der Basispreis beträgt 60 $ und in einem Monat wird ein Dividende von 0,80 $ erwartet. Der risikofreie Zins beträgt für alle

KAPITEL 8 Grundlegende Merkmale von Aktienoptionen   317

Laufzeiten 12 Prozent per Annum. Welche Möglichkeiten hat ein Arbitrageur?

4. Eine einmonatige europäische Verkaufsoption auf eine dividendenlose Aktie wird derzeitig für 2½ $ verkauft. Der Aktienkurs liegt bei 47 $, der Basispreis beträgt 50 $, der risikofreie Zins 6 Prozent per Annum. Welche Möglichkeiten hat ein Arbitrageur?

5. Geben Sie eine intuitive Erklärung dafür, warum die vorzeitige Ausübung einer amerikanischen Verkaufsoption mit steigendem risikofreien Zins und sinkender Volatilität attraktiver wird.

6. Eine europäische Kaufoption, die in sechs Monaten fällig wird und einen Basispreis von 30 $ hat, kostet 2 $. Der zugrundeliegende Aktienkurs liegt bei 29 $, und in zwei Monaten und in fünf Monaten wird jeweils eine Dividende von 0,50 $ erwartet. Die Fristenstruktur ist flach, wobei alle risikofreien Zinssätze 10 Prozent betragen. Welchen Preis hat eine europäische Verkaufsoption, die in sechs Monaten fällig wird und einen Basispreis von 30 $ hat?

7. Erklären Sie genau die Arbitrage-Möglichkeiten in Problem 6, wenn der Preis der europäischen Verkaufsoption 3 $ beträgt.

8. Der Preis für eine amerikanischen Kaufoption auf eine dividendenlose Aktie ist 4 $. Der Aktienkurs liegt bei 31 $, der Basispreis beträgt 30 $ und der Fälligkeitstermin ist in drei Monaten. Der risikofrei Zins ist 8 Prozent. Leiten Sie die Ober- und Untergrenze für den Preis einer amerikanischen Verkaufsoption auf die gleiche Aktie mit dem gleichen Basispreis und Fälligkeitstermin ab.

9. Erklären Sie genau die Arbitrage-Möglichkeiten in Problem 8, wenn der Preis der amerikanischen Verkaufsoption höher ist als die berechnete Obergrenze.

10. Angenommen c_1, c_2 und c_3 sind die Preise für europäische Kaufoptionen mit den Basispreisen X_1, X_2 beziehungsweise X_3, wobei $X_3 > X_2 > X_1$ und $X_3 - X_2 = X_2 - X_1$. Alle Optionen haben die gleiche Laufzeit. Zeigen Sie, dass

$$c_2 \leq 0{,}5(c_1 + c_3)$$

(Hinweis: Betrachten Sie ein Portefeuille, das aus einer gekauften Option mit dem Basispreis X_1 und einer gekauften Option mit dem

Basispreis X_3 sowie zwei leerverkauften Optionen mit dem Basispreis X_2 besteht.)

11. Welches Ergebnis hat Problem 10, wenn es sich um europäische Verkaufsoptionen handelt?

12. Angenommen Sie sind der Manager und einzige Besitzer eines stark kreditfinanzierten Unternehmens. Sämtliche Verbindlichkeiten sind in einem Jahr fällig. Wenn zu dem Zeitpunkt der Wert des Unternehmens größer ist als der Nennwert der Verbindlichkeiten, zahlen Sie ihre Schulden. Wenn der Wert des Unternehmens kleiner ist als der Nennwert der Verbindlichkeiten, erklären Sie den Bankrott und das Unternehmen gehört den Kreditgebern.

   a. Drücken Sie Ihre Position als eine Option auf den Wert des Unternehmens aus.

   b. Drücken Sie die Position der Kreditgeber in Begriffen von Optionen auf den Wert des Unternehmens aus.

   c. Was können Sie machen, um den Wert Ihrer Position zu vergrößern?

Kapitel 9 Handelsstrategien mit Optionen

Die Gewinnstruktur, die sich ergibt, wenn in eine einzelne Aktienoption investiert wird, wurde in Kapitel 7 diskutiert. Dieses Kapitel deckt nun eine größere Bandbreite von Gewinnstrukturen ab, die sich bei der Verwendung von Optionen ergeben. Die Erklärungen der Gewinnstrukturen basieren auf der Annahme, dass das Basisobjekt eine Aktie ist. Ähnliche Gewinnstrukturen sind aber auch bei anderen Basisobjekten wie Devisen, Aktienindizes und Futureskontrakte möglich.

Im ersten Abschnitt wird gezeigt, was passiert, wenn eine Position in einer Aktienoption mit einer Position in der Aktie selbst kombiniert wird. Als nächstes werden die Gewinnstrukturen untersucht, die sich ergeben, wenn in zwei oder mehr verschiedene Optionen auf die gleiche Aktie investiert wird. Eine der Attraktivitäten von Optionen liegt darin, dass man mit ihnen die unterschiedlichsten Payoff-Funktionen schaffen kann. Wenn nicht anders erwähnt, werden in diesem Kapitel europäische Optionen betrachtet. Gegen Ende dieses Kapitels wird gezeigt, dass, wenn europäische Optionen mit jedem einzeln möglichen Basispreis erhältlich wären, theoretisch jede Payoff-Funktion geschaffen werden kann.

Strategien mit einer einzelnen Option und einer Aktie

Es gibt eine Reihe von verschiedenen Handelsstrategien mit einer einzelnen Aktienoption und der Aktie selbst. Die Gewinne daraus werden in Abbildung 9.1 gezeigt. In dieser Abbildung und in anderen Abbildungen in diesem Kapitel zeigt die gestrichelte Linie die Beziehung zwischen Gewinn und Aktienkurs für die einzelnen Wertpapiere, die das Portefeuille bilden, während die durchgezogene Linie die Beziehung zwischen dem Gewinn und dem Aktienkurs für das Gesamtportefeuille zeigt.

Das Portefeuille in Abbildung 9.1a besteht aus einer Kaufposition in einer Aktie plus einer Verkaufsposition in einer Kaufoption. Die Investment-Strategie dieses Portefeuilles ist bekannt als *Verkauf einer gedeckten Option*. Die gekaufte Aktienposition „deckt" oder sichert den Investor vor der Möglichkeit eines starken Kursverfalls der Aktie. In Abbildung 9.1b wird eine Verkaufsposition in einer Aktie mit einer Kaufposition in einer Kaufoption kombiniert. Dies ist das Gegenteil vom Verkauf einer gedeckten Option. In Abbildung 9.1c besteht die Investment-Strategie aus dem Kauf einer Ver-

320 TEIL II Optionsmärkte

kaufsoption auf eine Aktie und der Aktie selbst. Diese Herangehensweise wird auch *schützende Verkaufsoptionsstrategie* genannt. In Abbildung 9.1d wird eine Verkaufsposition in einer Verkaufsoption mit einer Verkaufsposition in einer Aktie kombiniert. Dies ist das Gegenteil einer schützenden Verkaufsoptionsstrategie.

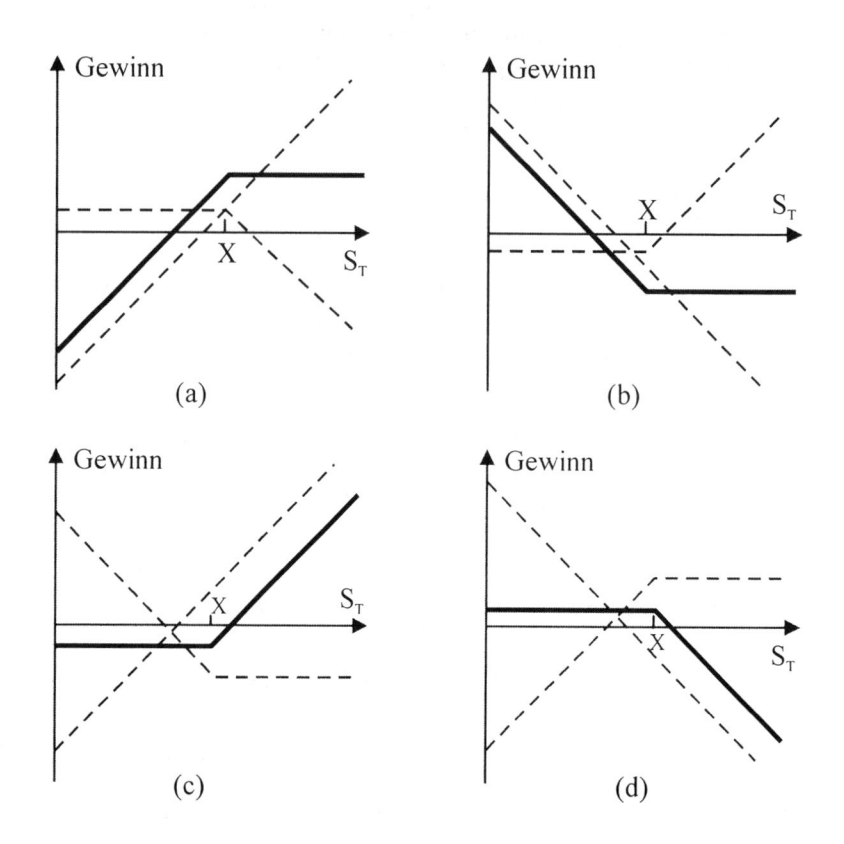

Abbildung 9.1: Gewinnmuster. (a) Kaufposition in Aktie kombiniert mit Verkaufsposition in Kaufoption, (b) Verkaufsposition in Aktie kombiniert mit Kaufposition in Kaufoption, (c) Kaufposition in Verkaufsoption kombiniert mit Kaufposition in Aktie, (d) Verkaufsposition in Verkaufsoption kombiniert mit Verkaufsposition in Aktie

Die Gewinnstrukturen in den Abbildungen 9.1a, b, c und d haben das gleiche allgemeine Muster wie die in Kapitel 7 diskutierten Gewinnstrukturen von

KAPITEL 9 Handelsstrategien mit Optionen   321

Verkaufspositionen in Verkaufsoptionen, Kaufpositionen in Verkaufsoptionen, Kaufpositionen in Kaufoptionen beziehungsweise Verkaufspositionen in Kaufoptionen. Die Put-Call-Parität zeigt, warum dies so ist. Die Beziehung der Put-Call-Parität ist aus Kapitel 8 bekannt

(9.1) $$p + S = c + Xe^{-rT} + D$$

mit p als Preis einer europäischen Verkaufsoption, S als Aktienkurs, c als Preis einer europäischen Kaufoption, X als für beide geltender Basispreis, r als risikofreier Zins, T als Laufzeit der Verkaufs- und Kaufoption und D als Gegenwartswert der in der Optionslaufzeit erwarteten Dividenden.

Gleichung 9.1 zeigt, dass eine Kaufposition in einer Verkaufsoption kombiniert mit einer Kaufposition in der Aktie äquivalent einer Kaufposition in einer Kaufoption plus einem gewissen Betrag in bar (= $Xe^{-rT} + D$) ist. Das erklärt, warum die Gewinnstruktur in Abbildung 9.1c der Gewinnstruktur einer Kaufposition in einer Kaufoption ähnelt. Die Position in Abbildung 9.1d ist umgekehrt der Position in Abbildung 9.1c und führt daher zu einer Gewinnstruktur, die der einer Verkaufsposition in einer Kaufoption ähnelt.

Umstellen von Gleichung 9.1 führt zu

$$S - c = Xe^{-rT} + D - p$$

In anderen Worten, eine Kaufposition in einer Aktie kombiniert mit einer Verkaufsposition in einer Kaufoption ist äquivalent einer Verkaufsposition in einer Verkaufsoption plus einem bestimmten Barbetrag (= $Xe^{-rT} + D$). Diese Gleichheit erklärt, warum die Gewinnstruktur in Abbildung 9.1a ähnlich der Gewinnstruktur einer Verkaufsposition in einer Verkaufsoption ist. Die Position in Abbildung 9.1b ist umgekehrt der Position in Abbildung 9.1a und führt daher zu einer Gewinnstruktur ähnlich der aus einer Kaufposition in einer Verkaufsoption.

Spreads

Bei einer Handelsstrategie mit Spreads hat der Investor eine Position in zwei oder mehr Optionen des gleichen Typs (i. e. zwei oder mehr Kaufoptionen oder zwei oder mehr Verkaufsoptionen).

BULL SPREADS

Eine der beliebtesten Spread-Arten ist der *Bull Spread* oder *Hausse-Spread*. Er kann gebildet werden, indem eine Kaufoption auf eine Aktie mit einem bestimmten Basispreis gekauft und eine Kaufoption auf die gleiche Aktie mit einem höheren Basispreis verkauft wird. Beide Optionen haben den gleichen Fälligkeitstermin. Die Strategie ist in Abbildung 9.2 veranschaulicht. Die separat anfallenden Gewinne aus den beiden Optionspositionen werden durch die gestrichelten Linien angezeigt. Der Gewinn aus der Gesamtstrategie ist die Summe der Gewinne, die durch die gestrichelten Linien angegeben werden, und wird durch die durchgezogene Linie angezeigt. Da der Preis einer Kaufoption immer sinkt, wenn der Basispreis steigt, ist der Wert der verkauften Option immer niedriger als der Wert der gekauften Option. Besteht ein Bull Spread aus Kaufoptionen, ist folglich immer eine Anfangsinvestition nötig.

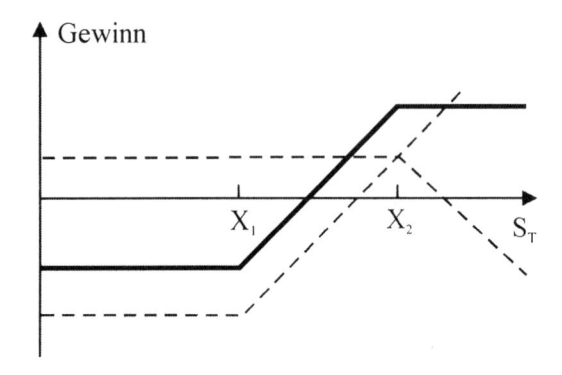

Abbildung 9.2: Bull Spread aus Kaufoptionen

Angenommen X_1 ist der Basispreis der gekauften Kaufoption, X_2 ist der Basispreis der verkauften Kaufoption und S_T ist der Aktienkurs am Fälligkeitstermin der Optionen. Tabelle 9.1 zeigt den gesamten Payoff, der unter verschiedenen Umständen durch einen Bull Spread realisiert wird. Wenn der Aktienkurs höher als der höhere Basispreis ist, ist der Payoff die Differenz zwischen den beiden Basispreisen oder $X_2 - X_1$. Liegt der Aktienkurs am Fälligkeitstermin zwischen den beiden Basispreisen, beträgt der Payoff $S_T - X_1$. Liegt der Aktienkurs am Fälligkeitstermin unter dem niedrigeren Basispreis, beträgt der Payoff null. Der Gewinn in Abbildung 9.2 wird berechnet, indem die Anfangsinvestition vom Payoff subtrahiert wird.

Tabelle 9.1: Payoff aus einem Bull Spread

Bandbreite des Aktienkurses	Payoff aus gekaufter Kaufoption	Payoff aus verkaufter Kaufoption	Gesamter Payoff
$S_T \geq X_2$	$S_T - X_1$	$X_2 - S_T$	$X_2 - X_1$
$X_1 < S_T < X_2$	$S_T - X_1$	0	$S_T - X_1$
$S_T \leq X_1$	0	0	0

Eine Bull-Spread-Strategie begrenzt das Kursgewinnpotential des Investors und gleichzeitig das Risiko des Kursrückgangs. Man könnte die Strategie beschreiben als eine, bei der ein Investor eine Kaufoption mit dem Basispreis X_1 kauft und sich entscheidet, einen Teil des Kursgewinnpotentials zu opfern, indem er eine Kaufoption mit dem Basispreis X_2 ($X_2 > X_1$) verkauft. Dafür, dass er das Kursgewinnpotential beschränkt, bekommt der Investor den Preis der Option mit dem Basispreis X_2. Es lassen sich drei Arten von Bull Spreads unterscheiden:

1. Beide Kaufoptionen sind anfangs aus dem Geld.
2. Eine Kaufoption ist anfangs im Geld, die andere ist anfangs aus dem Geld.
3. Beide Kaufoptionen sind anfangs im Geld.

Am aggressivsten sind Bull Spreads vom Typ 1. Ihre Einrichtung kostet wenig, und es besteht eine geringe Wahrscheinlichkeit auf einen relativ hohen Payoff (= $X_2 - X_1$). Typ 2 ist konservativer, Typ 3 am konservativsten.

Beispiel

Ein Investor kauft für 3 $ eine Kaufoption mit dem Basispreis 30 $ und verkauft für 1 $ eine Kaufoption mit dem Basispreis 35 $. Liegt der Aktienkurs über 35 $, beträgt der Payoff aus dieser Bull-Spread-Strategie 5 $, bei einem Kurs unter 30 $ ist der Payoff null. Wenn der Aktienkurs zwischen 30 $ und 35 $ liegt, ist der Payoff der Betrag, um den der Aktienkurs über 30 $ liegt. Die Kosten der Strategie betragen 3 $ − 1 $ = 2 $. Somit ergibt sich folgender Gewinn:

Bandbreite des Aktienkurses	Gewinn
$S_T \leq 30$	−2
$30 < S_T < 35$	$S_T - 32$
$S_T \geq 35$	3

Bull Spreads können auch gebildet werden, indem man eine Verkaufsoption mit einem niedrigen Basispreis kauft und eine Verkaufsoption mit einem hohen Basispreis verkauft (siehe Abbildung 9.3). Anders als ein Bull Spread, der aus Kaufoptionen gebildet wird, bekommt der Investor bei einem Bull Spread aus Verkaufsoptionen vorab einen Cashflow (unter Nichtberücksichtigung der Einschusssätze) und einen Payoff, der entweder negativ oder null ist.

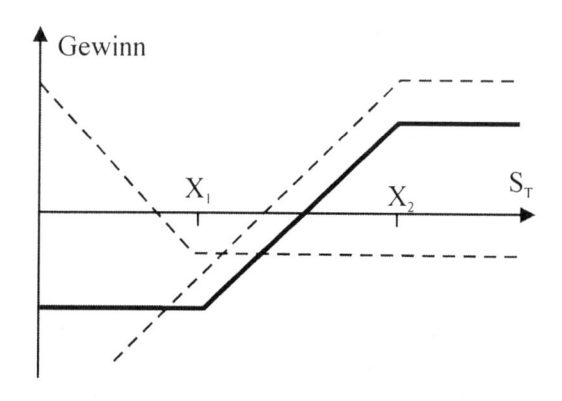

Abbildung 9.3: Bull Spread aus Verkaufsoptionen

BEAR SPREADS

Ein Investor, der einen Bull Spread kauft, hofft auf steigende Aktienkurse. Dagegen hofft ein Investor, der einen *Bear Spread* oder *Baisse-Spread* kauft, auf sinkende Aktienkurse. Wie ein Bull Spread kann ein Bear Spread durch den Kauf einer Kaufoption mit einem Basispreis und dem Verkauf einer

Kaufoption mit einem anderen Basispreis gebildet werden. Im Fall des Bear Spread jedoch ist der Basispreis der gekauften Option höher als der Basispreis der verkauften Option. In Abbildung 9.4 ist der Gewinn aus dem Spread durch die durchgehende Linie gekennzeichnet. Ein Bear Spread aus Kaufoptionen verlangt einen anfänglichen Cashflow (unter Nichtberücksichtigung der Einschusssätze), da der Preis der verkauften Kaufoption höher ist als der Preis der gekauften Kaufoption.

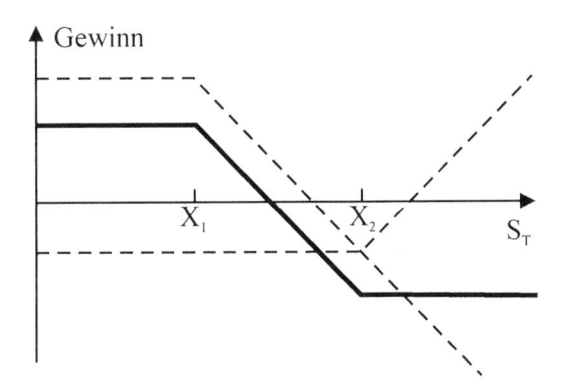

Abbildung 9.4: Bear Spread aus Kaufoptionen

Angenommen X_1 und X_2 sind die Basispreise, mit $X_1 < X_2$. Tabelle 9.2 zeigt die Payoffs, die unter verschiedenen Umständen aus einem Bear Spread realisiert werden. Liegt der Aktienkurs über X_2, ist der Payoff mit $-(X_2 - X_1)$ negativ. Liegt der Aktienkurs unter X_1, ist der Payoff null. Liegt der Aktienkurs zwischen X_1 und X_2, ist der Payoff $-(S_T - X_1)$. Der Gewinn wird berechnet, indem der anfängliche Geldzufluss zum Payoff addiert wird.

Beispiel

Ein Investor kauft für 1 $ eine Kaufoption mit dem Basispreis 35 $ und verkauft für 3 $ eine Kaufoption mit dem Basispreis 30 $. Bei einem Aktienkurs über 35 $ beträgt der Payoff aus dieser Bear-Spread-Strategie -5 $, bei einem Kurs unter 30 $ ist der Payoff null. Liegt der Aktienkurs zwischen 30 $ und 35 $, ist der Payoff $-(S_T - 30)$. Die Investition generiert vorab 3 $ − 1 $ = 2 $. Somit ergibt sich folgender Gewinn:

Bandbreite des Aktienkurses	Gewinn
$S_T \leq 30$	+2
$30 < S_T < 35$	$32 - S_T$
$S_T \geq 35$	−3

Tabelle 9.2: Payoff aus einem Bear Spread

Bandbreite des Aktienkurses	Payoff aus gekaufter Kaufoption	Payoff aus verkaufter Kaufoption	Gesamter Payoff
$S_T \geq X_2$	$S_T - X_2$	$X_1 - S_T$	$-(X_2 - X_1)$
$X_1 < S_T < X_2$	0	$X_1 - S_T$	$-(S_T - X_1)$
$S_T \leq X_1$	0	0	0

Wie Bull Spreads begrenzen auch Bear Spreads die Kursgewinnchance und das Kursrückgangsrisiko des Investors. Bear Spreads können statt mit Kaufoptionen auch mit Verkaufsoptionen gebildet werden. Der Investor kauft eine Verkaufsoption mit einem hohen Basispreis und verkauft eine Verkaufsoption mit einem niedrigen Basispreis, wie in Abbildung 9.5 veranschaulicht. Bear Spreads aus Verkaufsoptionen erfordern eine Anfangsinvestition. Im Grunde hat der Investor eine Verkaufsoption mit einem bestimmten Basispreis gekauft und sich entschieden, einen Teil des Gewinnpotentials zu opfern, indem er ein Verkaufsoption mit einem niedrigeren Basispreis verkauft. Im Gegenzug für den aufgegebenen Gewinn bekommt der Investor den Preis der verkauften Option.

BUTTERFLY SPREADS

Bei einem *Butterfly Spread* gibt es drei Positionen in Optionen mit verschiedenen Basispreisen. Er kann gebildet werden, indem der Investor eine Kaufoption mit dem relativ niedrigen Basispreis X_1 kauft; er kauft außerdem eine Kaufoption mit dem relativ hohen Basispreis X_3; er verkauft zwei Kaufoptionen mit einem Basispreis X_2, der genau zwischen X_1 und X_3 liegt. Im allgemeinen liegt X_2 nahe dem Tageskurs der Aktie. Die Gewinnstruktur aus der Strategie ist in Abbildung 9.6 dargestellt. Ein Butterfly Spread führt zu einem Gewinn, wenn der Aktienkurs in der Nähe von X_2 bleibt, kann aber zu einem kleinen Verlust führen, wenn es eine signifikante Kursbewegung in eine der beiden Richtungen gibt. Dieser Spread eignet sich somit als Strategie für einen Investor, der starke Kursbewegungen für unwahrscheinlich hält. Vorab ist eine kleine Investition nötig. Der Payoff aus dem Butterfly Spread ist in Tabelle 9.3 aufgeführt.

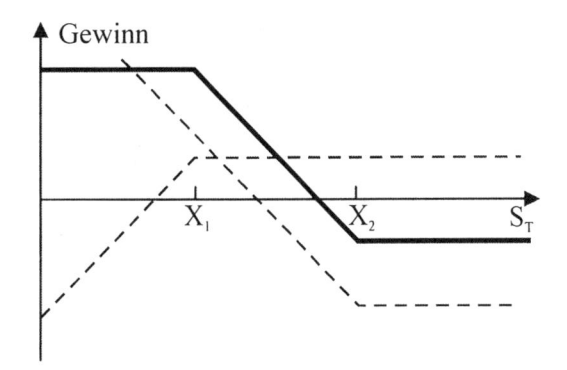

Abbildung 9.5: Bear Spread aus Verkaufsoptionen

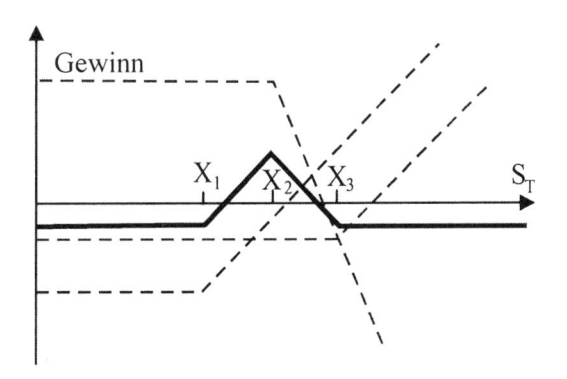

Abbildung 9.6: Butterfly Spread aus Kaufoptionen

Tabelle 9.3: Payoff aus einem Butterfly Spread

Bandbreite des Aktienkurses	Payoff aus 1. gekaufter Kaufoption	Payoff aus 2. gekaufter Kaufoption	Payoff aus verkauften Kaufoptionen	Gesamter Payoff*
$S_T < X_1$	0	0	0	0
$X_1 < S_T < X_2$	$S_T - X_1$	0	0	$S_T - X_1$
$X_2 < S_T < X_3$	$S_T - X_1$	0	$-2(S_T - X_2)$	$X_3 - S_T$
$S_T > X_3$	$S_T - X_1$	$S_T - X_3$	$-2(S_T - X_2)$	0

* Diese Payoffs werden berechnet mittels der Beziehung $X_2 = 0{,}5(X_1 + X_3)$.

Angenommen eine bestimmte Aktie ist derzeit 61 $ wert. Man betrachte einen Investor, der glaubt, dass es in den nächsten sechs Monaten keine signifikante Kursbewegung geben wird. Angenommen es gelten folgende Marktpreise für sechsmonatige Kaufoptionen:

Basispreis ($)	Preis der Kaufoption ($)
55	10
60	7
65	5

Der Investor kann einen Butterfly Spread bilden, indem er eine Kaufoption mit dem Basispreis 55 $ und eine Kaufoption mit dem Basispreis 65 $ kauft sowie zwei Kaufoptionen mit dem Basispreis 60 $ verkauft. Die Bildung dieses Spreads kostet 10 $ + 5 $ − (2 × 7 $) = 1 $. Wenn der Aktienkurs in sechs Monaten über 65 $ oder unter 55 $ liegt, gibt es keinen Payoff und der Investor hat einen Netto-Verlust von 1 $ zu verzeichnen. Liegt der Aktienkurs zwischen 56 $ und 64 $, macht der Investor einen Gewinn. Den maximalen Gewinn von 4 $ bekommt er, wenn der Aktienkurs in sechs Monaten bei 60 $ liegt. Dieses Beispiel ist in Tabelle 9.4 zusammengefasst.

Tabelle 9.4: Verwendung eines Butterfly Spreads

Am Tisch des Wertpapierhändlers

Der Kurs einer Aktie liegt derzeit bei 61 $. Die Preise für Kaufoptionen, die in sechs Monaten fällig sind, sind notiert mit

Basispreis = 55 $, Preis der Kaufoption = 10 $

Basispreis = 60 $, Preis der Kaufoption = 7 $

Basispreis = 65 $, Preis der Kaufoption = 5 $

Der Investor hält es für unwahrscheinlich, dass es in den nächsten sechs Monaten signifikante Kursbewegungen gibt.

Strategie

Der Investor stellt einen Butterfly Spread zusammen:
1. Er kauft eine Kaufoption mit einem Basispreis von 55 $.
2. Er kauft eine Kaufoption mit einem Basispreis von 65 $.
3. Er verkauft zwei Kaufoptionen mit einem Basispreis von 60 $.

Die Kosten betragen 10 $ + 5 $ − (2 × 7 $) = 1 $. Die Strategie führt zu einem Nettoverlust (maximal 1 $), wenn der Aktienkurs unter 56 $ rutscht oder über 64 $ steigt. Sie führt zu einem Gewinn, wenn er zwischen 56 $ und 64 $ bleibt. Der maximale Gewinn von 4 $ wird realisiert, wenn der Aktienkurs am Fälligkeitstermin bei 60 $ liegt.

Butterfly Spreads lassen sich auch aus Verkaufsoptionen bilden. Der Investor kauft eine Verkaufsoption mit einem niedrigen Basispreis, kauft eine Verkaufsoption mit einem höheren Basispreis und verkauft zwei Verkaufsoptionen mit einem mittleren Basispreis, wie in Abbildung 9.7 gezeigt. Der Butterfly Spread in dem gerade betrachteten Beispiel könnte gebildet werden, indem man eine Verkaufsoption mit einem Basispreis von 55 $ und eine Verkaufsoption mit einem Basispreis von 65 $ kauft und zwei Verkaufsoptionen mit einem Basispreis von 60 $ verkauft. Wenn es sich bei allen Optionen um europäische handelt, führt die Verwendung von Verkaufsoptionen zum gleichen Spread wie die Verwendung von Kaufoptionen. Anhand der Put-Call-Parität kann gezeigt werden, dass die Anfangsinvestitionen in beiden Fällen gleich sind.

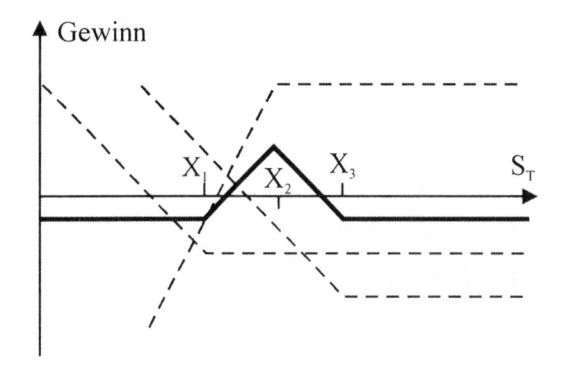

Abbildung 9.7: Butterfly Spread aus Verkaufsoptionen

Ein Butterfly Spread kann verkauft oder leerverkauft werden, indem die umgekehrte Strategie verfolgt wird. Man verkauft Optionen mit den Basispreisen X_1 und X_3 und kauft zwei Optionen mit dem mittleren Basispreis X_2. Diese Strategie wirft einen bescheidenen Gewinn ab, wenn es eine signifikante Bewegung des Aktienkurses gibt.

KALENDER SPREADS

Bis jetzt sind wir davon ausgegangen, dass die Optionen, die für die Bildung eines Spreads verwendet werden, alle gleichzeitig fällig werden. Nun untersuchen wir *Kalender Spreads* oder *horizontale Spreads*, bei denen die Optionen den gleichen Basispreis aber verschiedene Fälligkeitstermine haben.

Ein Kalender Spread kann durch den Verkauf einer Kaufoption mit einem bestimmten Basispreis und dem Kauf einer längerfristigen Kaufoption mit dem gleichen Basispreis gebildet werden. Je länger die Laufzeit der Option, desto teurer ist sie. Ein Kalender Spread erfordert daher eine Anfangsinvestition. Angenommen die langfristige Option wird verkauft, wenn die kurzfristige Option ausläuft. Dann hat der Kalender Spread die in Abbildung 9.8 gezeigte Gewinnstruktur. Die Struktur ähnelt der des Butterfly Spreads in Abbildung 9.6. Der Investor macht einen Gewinn, wenn der Aktienkurs am Fälligkeitstermin der kurzfristigen Option nahe dem Basispreis der kurzfristigen Option liegt. Er macht aber einen Verlust, wenn der Aktienkurs signifikant über oder signifikant unter diesem Basispreis liegt.

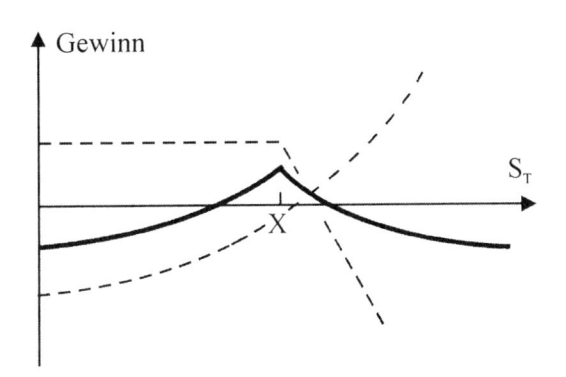

Abbildung 9.8: Kalender Spread aus zwei Kaufoptionen

Um die Gewinnstruktur eines Kalender Spreads zu verstehen, betrachten wir als erstes, was passiert, wenn der Aktienkurs bei Fälligkeit der kurzfristigen Option sehr niedrig ist. Die kurzfristige Option ist wertlos, und der Wert der langfristigen Option liegt bei null. Der Investor erleidet also einen Verlust, der nur etwas unterhalb der Kosten liegt, die er anfangs für die Bildung des Spreads ausgegeben hat. Als nächstes betrachten wir, was geschieht, wenn der Aktienkurs S_T bei Fälligkeit der kurzfristigen Option sehr hoch ist. Der Kurzläufer kostet den Investor $S_T - X$, und der Langläufer (angenommen eine vorzeitige Ausübung ist nicht optimal) ist etwas mehr wert als $S_T - X$, mit X als Basispreis der Optionen. Wieder macht der Investor einen Nettoverlust, der etwas unter den anfänglichen Set-Up-Kosten für den Spread liegt. Wenn S_T in der Nähe von X liegt, kostet die kurzfristige Option den Investor entweder einen kleinen Betrag oder überhaupt nichts. Aber die langfristige Option ist immer noch sehr wertvoll. In diesem Fall wird ein signifikanter Nettogewinn erzielt.

Bei einem *neutraler Kalender Spread* wird ein Basispreis in der Nähe des aktuellen Aktienkurses gewählt. Bei einem *hausseorientierten* (bullish oder optimistisch) *Kalender Spread* ist der Basispreis höher, bei einem *baisseorientierten* (bearish oder pessimistisch) *Kalender Spread* ist er niedriger.

Kalender Spreads lassen sich nicht nur aus Kaufoptionen, sondern ebenso aus Verkaufsoptionen bilden. Der Investor kauft eine langfristige Verkaufsoption und verkauft eine kurzfristige Verkaufsoption. Wie in Abbildung 9.9 gezeigt, ähnelt die Gewinnstruktur der, die man bei der Verwendung von Kaufoptionen erhält.

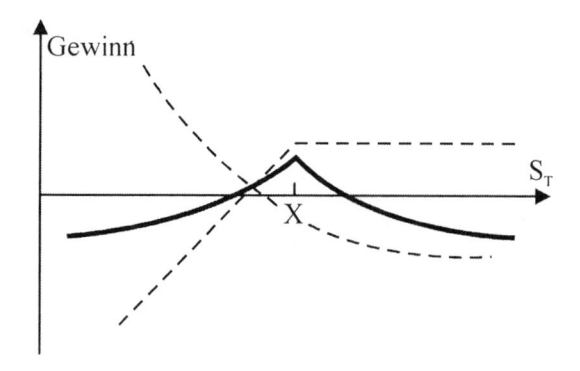

Abbildung 9.9: Kalender Spread aus zwei Verkaufsoptionen

Ein *umgekehrter* (reverse) *Kalender Spread* ist das Gegenteil zu den Kalender Spreads in den Abbildungen 9.8 und 9.9 Der Investor kauft eine kurzfristige Option und verkauft eine langfristige Option. Er macht einen kleinen Gewinn, wenn der Aktienkurs bei Fälligkeit des Kurzläufers deutlich unter oder deutlich über dem Basispreis des Kurzläufers liegt. Aber er macht einen signifikanten Verlust, wenn der Kurs in der Nähe des Basispreises liegt.

DIAGONALE SPREADS

Bull, Bear und Kalender Spreads können aus einer Kaufposition in einer Kaufoption und einer Verkaufsposition in einer anderen Kaufoption gebildet werden. Bei Bull und Bear Spreads haben die Kaufoptionen unterschiedliche Basispreise und den gleichen Fälligkeitstermin. Bei Kalender Spreads haben die Kaufoptionen den gleichen Basispreis und verschiedene Fälligkeitstermine. Bei einem *diagonalen Spread* haben die Kaufoptionen einen anderen Fälligkeitstermin und Basispreis. Es gibt verschiedene Arten von diagonalen Spreads. Ihre Gewinnstrukturen sind im allgemeinen Variationen der Gewinnstrukturen entsprechender Bull oder Bear Spreads.

Kombinationen

Eine *Kombination* ist eine Strategie im Optionshandel, bei der man eine Position in einer Kauf- und einer Verkaufsoption auf die gleiche Aktie kauft. Wir betrachten Straddles, Strips, Straps und Strangles.

STRADDLE

Der *Straddle* ist eine beliebte Kombination, bei der man eine Kaufoption und eine Verkaufsoption mit gleichem Basispreis und Fälligkeitstermin kauft. Die Gewinnstruktur ist in Abbildung 9.10 gezeigt. Der Basispreis ist mit X bezeichnet. Wenn der Aktienkurs bei Fälligkeit der Optionen in der Nähe dieses Basispreises liegt, führt der Straddle zu einem Verlust. Wenn es aber deutliche Abweichungen nach oben oder unten gibt, realisiert der Investor einen signifikanten Gewinn. Der Payoff aus dem Straddle ist in Tabelle 9.5 berechnet.

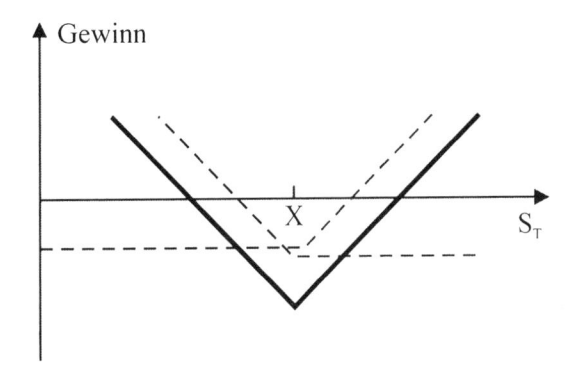

Abbildung 9.10: Straddle

Ein Straddle ist dann angemessen, wenn der Investor eine starke Kursbewegung einer Aktie erwartet, aber nicht weiß, in welche Richtung die Aktie sich bewegen wird. Man betrachte einen Investor, der meint, dass sich der Kurs einer bestimmten Aktie, die aktuell mit 69 $ an der Börse notiert ist, in den nächsten drei Monaten signifikant bewegen wird. Der Investor könnte einen Straddle bilden, indem er eine Kauf- und eine Verkaufsoption mit einem Basispreis von 70 $ und einer Laufzeit von drei Monaten kauft. Angenommen die Kaufoption kostet 4 $ und die Verkaufsoption kostet 3 $. Wenn der Aktienkurs bei 69 $ stehen bleibt, kann man leicht sehen, dass die Strategie den Investor 6 $ kostet. (Er tätigt vorab eine Investition von 7 $, die Kaufoption läuft ohne Wert aus, die Verkaufsoption läuft mit einem Wert von 1 $ aus.) Wenn der Aktienkurs auf 70 $ steigt, erleidet der Investor einen Verlust von 7 $. (Das ist das Schlimmste, was ihm passieren kann.) Wenn der Kurs jedoch auf 90 $ springt, macht der Investor einen Gewinn von 13 $; wenn der Kurs auf 55 $ fällt, macht der Investor einen Gewinn von 8 $; und so weiter. Das Beispiel ist in Tabelle 9.6 zusammenfasst.

Tabelle 9.5: Payoff aus einem Straddle

Bandbreite des Aktienkurses	Payoff aus Kaufoption	Payoff aus Verkaufsoption	Gesamter Payoff
$S_T \leq X$	0	$X - S_T$	$X - S_T$
$S_T > X$	$S_T - X$	0	$S_T - X$

Tabelle 9.6: Verwendung eines Straddles

Am Tisch des Wertpapierhändlers

Eine Aktie wird derzeit mit 69 $ gehandelt. Eine dreimonatige Kaufoption mit dem Basispreis von 70 $ kostet 4 $, eine dreimonatige Verkaufsoption mit dem gleichen Basispreis kostet 3 $. Der Investor erwartet für die nächsten drei Monate eine starke Kursschwankung (entweder nach oben oder nach unten).

Die Strategie

Der Händler kauft Kauf- und Verkaufsoptionen. Das Schlimmste, was passieren kann, ist, dass der Aktienkurs in drei Monaten bei 70 $ liegt. In diesem Fall kostet die Strategie 7 $. Je mehr der Kurs aber über 70 $ liegt, desto profitabler ist die Strategie. Liegt der Aktienkurs beispielsweise bei 90 $, führt die Strategie zu einem Gewinn von 13 $. Wenn der Kurs bei 55 $ liegt, ergibt die Strategie einen Gewinn von 8 $.

Damit ein Straddle eine effektive Strategie ist, muss sich die Überzeugung des Investors hinsichtlich der Aktie von denen der anderen Marktteilnehmer unterscheiden. Wenn allgemein die Ansicht verbreitet ist, dass es einen großen Sprung im Aktienkurs gibt, spiegelt sich diese Sicht in den Preisen der Optionen wider. Der Investor stellt dann fest, dass die Preise für Optionen auf diese Aktie signifikant teurer sind als auf eine ähnliche Aktie, bei der kein Sprung erwartet wird. (Dieser Punkt wird in Kapitel 17 näher untersucht.)

Der Straddle in Abbildung 9.10 wird mitunter auch *Bottom Straddle* oder *Straddle Purchase* (purchase = kaufen) genannt. Ein *Top Straddle* oder *Straddle Write* (write = verkaufen) ist die umgekehrte Position. Er wird gebildet, indem eine Kaufoption und eine Verkaufsoption mit gleichem Basispreis und Fälligkeitstermin verkauft werden. Das ist eine hochriskante Strategie. Wenn der Aktienkurs am Fälligkeitstermin nahe beim Basispreis liegt, erzielt der Investor einen signifikanten Gewinn. Der Verlust aber, der durch eine starke Bewegung nach oben oder unten entsteht, ist unbegrenzt.

STRIPS UND STRAPS

Ein *Strip* besteht aus einer Kaufposition in einer Kaufoption und zwei Verkaufsoptionen mit gleichem Basispreis und Fälligkeitstermin. Ein *Strap* besteht aus einer Kaufposition in zwei Kaufoptionen und einer Verkaufsoption mit gleichem Basispreis und Fälligkeitstermin. Die Gewinnstrukturen der Strips und Straps sind in Abbildung 9.11 dargestellt. Bei einem Strip setzt der Investor darauf, dass es eine starke Kursbewegung geben wird, wobei er einen Kursrückgang für wahrscheinlicher hält als einen Kursanstieg. Bei einem Strap spekuliert der Investor ebenfalls darauf, dass es eine starke Kursbewegung geben wird. In diesem Fall aber hält er einen Kursanstieg für wahrscheinlicher als einen Kursrückgang.

STRANGLES

Bei einem *Strangle*, auch *bottom vertical combination* genannt, kauft der Investor eine Verkaufs- und eine Kaufoption mit gleichen Fälligkeitsterminen und unterschiedlichen Basispreisen. Abbildung 9.12 zeigt die Gewinnstruktur eines Strangles. Der Basispreis der Kaufoption, X_2, ist höher als der Basispreis der Verkaufsoption, X_1. Die Payoff-Funktion für einen Strangle wird in Tabelle 9.7 berechnet.

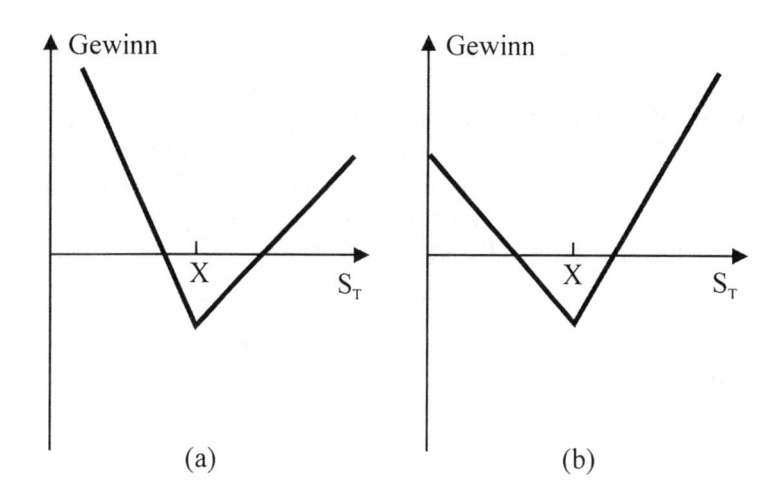

Abbildung 9.11: Gewinnstrukturen. (A) Strip; (b) Strap

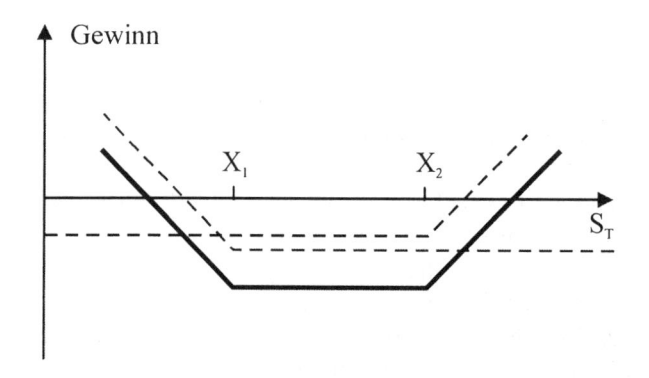

Abbildung 9.12: Strangle

Ein Strangle ist eine Strategie, die einem Straddle ähnelt. Der Investor setzt darauf, dass es eine starke Kursbewegung geben wird, ist aber unsicher, ob nach oben oder nach unten. Ein Vergleich der Abbildungen 9.12 und 9.10 zeigt, dass die Kursbewegung bei einem Strangle stärker sein muss als bei einem Straddle, damit der Investor einen Gewinn erzielt. Aber bei einem Strangle ist, wenn der Aktienkurs bei einem zentralen Wert endet, das Risiko eines Kursrückgangs kleiner.

Tabelle 9.7: Payoff aus einem Strangle

Bandbreite des Aktienkurses	Payoff aus Kaufoption	Payoff aus Verkaufsoption	Gesamter Payoff
$S_T \leq X_1$	0	$X_1 - S_T$	$X_1 - S_T$
$X_1 < S_T < X_2$	0	0	0
$S_T \geq X_2$	$S_T - X_2$	0	$S_T - X_2$

Die Gewinnstruktur eines Strangles hängt davon ab, wie eng die Basispreise beieinander liegen. Je weiter sie auseinander liegen, desto geringer das Risiko des Kursrückgangs und desto weiter muss sich der Aktienkurs bewegen, damit ein Gewinn realisiert wird.

Der Verkauf eines Strangles wird mitunter auch als *top vertical combination* bezeichnet. Er bietet sich einem Investor an, der keine starken Kursbewegungen erwartet. Wie der Verkauf eines Straddles aber ist auch dies eine riskante Strategie, denn der potentielle Verlust für den Investor ist unbegrenzt.

Weitere Payoffs

In diesem Kapitel wurden nur einige Möglichkeiten gezeigt, wie mit Optionen interessante Beziehungen zwischen Gewinn und Aktienkurs hergestellt werden können. Wären europäische Optionen, die in Zeitpunkt T auslaufen, zu jedem einzeln möglichen Basispreis erhältlich, dann wäre theoretisch jede Payoff-Funktion in Zeitpunkt T möglich. Am einfachsten kann man sich das am Beispiel einer Serie von Butterfly Spreads vorstellen. Ein Butterfly Spread wird ja bekanntlich durch den Kauf von Optionen mit den Basispreisen X_1 und X_3 und den Verkauf zweier Optionen mit dem Basispreis X_2 gebildet, wobei $X_1 < X_2 < X_3$ und $X_3 - X_2 = X_2 - X_1$. Abbildung 9.13 zeigt den Payoff aus einem Butterfly Spread. Die Struktur könnte beschrieben werden als eine Spitze. Wenn X_1 und X_3 sich annähern, wird die Spitze kleiner. Durch eine wohlüberlegte Kombination einer großen Anzahl sehr kleiner Spitzen ist eine Annäherung an jede Payoff-Funktion möglich.

```
        ▲ Payoff
        │
        │        ╱╲
        │       ╱  ╲
        │──────╱────╲──────────▶
        │    X₁ X₂ X₃      S_T
        │
```

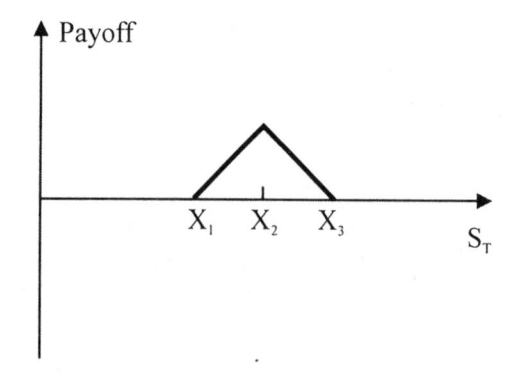

Abbildung 9.13: Payoff aus einem Butterfly Spread

Zusammenfassung

Es gibt eine Anzahl von Handelsstrategien mit einer einzelnen Option und der zugrundeliegenden Aktie. Beispielsweise wird beim Verkauf einer gedeckten Kaufoption die Aktie gekauft und eine Kaufoption auf die Aktie verkauft; bei einer gesicherten Verkaufsoption wird eine Verkaufsoption gekauft und die Aktie gekauft. Ersteres ähnelt dem Verkauf einer Verkaufsoption; letzteres ähnelt dem Kauf einer Kaufoption.

Bei Spreads wird entweder eine Position in zwei oder mehr Kaufoptionen oder eine Position in zwei oder mehr Verkaufsoptionen gekauft. Ein Bull Spread entsteht durch den Kauf einer Kaufoption (Verkaufsoption) mit einem niedrigen Basispreis und dem Verkauf einer Kaufoption (Verkaufsoption) mit einem hohen Basispreis. Ein Bear Spread entsteht durch den Kauf einer Kaufoption (Verkaufsoption) mit einem hohen Basispreis und dem Verkauf einer Kaufoption (Verkaufsoption) mit einem niedrigen Basispreis. Bei einem Butterfly Spread werden Kaufoptionen (Verkaufsoptionen) mit einem niedrigen und einem hohen Basispreis gekauft und zwei Kaufoptionen (Verkaufsoptionen) mit einem mittleren Basispreis verkauft. Bei einem Kalender Spread wird eine Kaufoption (Verkaufsoption) mit kurzer Laufzeit verkauft und eine Kaufoption (Verkaufsoption) mit einer längeren Laufzeit gekauft. Eine diagonaler Spread besteht aus einer Kaufposition in einer Option und einer Verkaufsposition in einer anderen Option, wobei sowohl der Basispreis als auch die Laufzeit verschieden sind.

Kombinationen bestehen aus einer Position in Kauf- und Verkaufsoptionen auf dieselbe Aktie. Eine Straddle-Kombination besteht aus einer Kaufposition in einer Kaufoption und einer Kaufposition in einer Verkaufsoption mit gleichem Basispreis und Fälligkeitstermin. Ein Strip besteht aus einer Kaufposition in einer Kaufoption und zwei Verkaufsoptionen mit gleichem Basispreis und Fälligkeitstermin. Ein Strap besteht aus einer Kaufposition in zwei Kaufoptionen und einer Verkaufsoption mit gleichem Basispreis und Fälligkeitstermin. Ein Strangle besteht aus einer Kaufposition in einer Kaufoption und einer Verkaufsoption mit anderem Basispreis und gleichem Fälligkeitstermin. Es gibt noch viele andere verschiedene Möglichkeiten, um mit Optionen interessante Payoffs zu erzielen. Es ist nicht überraschend, dass der Optionshandel zunehmend an Bedeutung gewinnt und auch weiterhin die Investoren fasziniert.

Weitere Literatur

Bookstaber, R. M. *Option Pricing and Strategies in Investing.* Reading, MA: Addison-Wesley, 1981.

Chance, D. M. *An Introduction to Options and Futures.* Orlando, FL: Dryden Press, 1989.

Degler, W. H. und H. P. Becker. „19 Option Strategies and When to Use Them", *Futures* (June 1984).

Gastineau, G. *The Stock Options Manual.* 2. Aufl. New York: McGraw-Hill, 1979.

McMillan, L. G. *Options as a Strategic Investment.* 2. Aufl. New York: Institute of Finance, 1986.

Slivka, R. „Call Option Spreading", *Journal of Portfolio Management* 7 (Spring 1981): 71-76.

Welch, W. W. *Strategies for Put and Call Option Trading.* Cambridge, MA: Winthrop, 1982.

Yates, J. W. und R. W. Kopprasch. „Writing Covered Call Options: Profits and Risks", *Journal of Portfolio Management* 6 (Fall 1980): 74-80.

Testfragen

1. Was ist mit einer schützenden Verkaufsoption gemeint? Welche Position in Kaufoptionen ist äquivalent einer schützenden Verkaufsoption?
2. Erläutern Sie zwei Möglichkeiten zur Bildung eines Bear Spreads.
3. Wann ist es für einen Investor sinnvoll, einen Butterfly Spread zu kaufen?
4. Es werden Kaufoptionen auf eine Aktie mit den Basispreisen 15 $, 17½ $ und 20 $ und Fälligkeitsterminen in drei Monaten angeboten. Die Optionen kosten 4 $, 2 $ beziehungsweise ½ $. Erklären Sie, wie man aus diesen Optionen einen Butterfly Spread bilden kann. Erstellen Sie eine Tabelle, in der Sie zeigen, wie der Gewinn aus dem Butterfly Spread in Abhängigkeit vom Aktienkurs variiert.
5. Mit welcher Handelsstrategie bekommt man einen umgekehrten Kalender Spread?
6. Was ist der Unterschied zwischen einem Strangle und einem Straddle?
7. Eine Kaufoption mit einem Basispreis von 50 $ kostet 2 $. Eine Verkaufsoption mit einem Basispreis von 45 $ kostet 3 $. Erläutern Sie, wie man aus diesen beiden Optionen einen Strangle bildet. Wie sieht die Gewinnstruktur aus diesem Strangle aus?

Fragen und Probleme

1. Verwenden Sie die Put-Call-Parität, um die Anfangsinvestition für einen Bull Spread aus Kaufoptionen in Beziehung zu setzen zu der Anfangsinvestition für einen Bull Spread aus Verkaufsoptionen.
2. Erklären Sie, wie aus Verkaufsoptionen ein aggressiver Bear Spread gebildet wird.
3. Angenommen Verkaufsoptionen auf eine Aktie mit den Basispreisen 30 $ und 35 $ kosten 4 $ beziehungsweise 7 $. Wie bildet man aus diesen Optionen (a) einen Bull Spread und (b) einen Bear Spread?

KAPITEL 9 Handelsstrategien mit Optionen   341

Erstellen Sie eine Tabelle, die den Gewinn und Payoff beider Spreads zeigt.

4. Drei Verkaufsoptionen auf eine Aktie haben den gleichen Fälligkeitstermin und die Basispreise 55 $, 60 $ und 65 $. Die Marktpreise betragen 3 $, 5 $ beziehungsweise 8 $. Erklären Sie, wie man daraus einen Butterfly Spread macht. Erstellen Sie eine Tabelle, die den Gewinn aus der Strategie zeigt. Bei welcher Kursbandbreite führt der Butterfly Spread zu einem Verlust?

5. Zeigen Sie mittels der Put-Call-Parität, dass die Kosten für die Bildung eines Butterfly Spreads aus europäischen Verkaufsoptionen mit den Kosten für die Bildung eines Butterfly Spreads aus europäischen Kaufoptionen identisch sind.

6. Es wird ein diagonaler Spread durch den Kauf einer Kaufoption mit dem Basispreis X_2 und dem Fälligkeitstermin T_2 sowie dem Verkauf einer Kaufoption mit dem Basispreis X_1 und dem Fälligkeitstermin T_1 ($T_2 > T_1$) gebildet. Zeichnen Sie ein Diagramm, das den Gewinn zeigt, wenn (a) $X_2 > X_1$ und (b) $X_2 < X_1$.

7. Eine Kaufoption mit einem Basispreis von 60 $ kostet 6 $. Eine Verkaufsoption mit gleichem Basispreis und Fälligkeitstermin kostet 4 $. Erstellen Sie eine Tabelle mit dem Gewinn aus einem Straddle. Bei welcher Kursbandbreite führt der Straddle zu einem Verlust?

8. Erstellen Sie eine Tabelle mit dem Payoff aus einem Bull Spread, der aus Verkaufsoptionen mit den Basispreisen X_1 und X_2 besteht ($X_2 > X_1$).

9. Ein Investor erwartet einen großen Kurssprung bei einer Aktie, ist sich aber über die Richtung nicht sicher. Identifizieren Sie sechs verschiedene Strategien, die der Investor verfolgen kann, und erklären Sie ihre Unterschiede.

10. Wie kann man aus Optionen einen Forwardkontrakt auf eine Aktie mit bestimmtem Lieferpreis und Liefertermin machen?

11. Ein Box Spread ist eine Kombination aus einem Bull Spread aus Kaufoptionen mit den Basispreisen X_1 und X_2 sowie einem Bear Spread aus Verkaufsoptionen mit den gleichen Basispreisen. Alle Optionen haben den gleichen Fälligkeitstermin. Was sind die Charakteristika eines Box Spreads?

12. Was für ein Ergebnis bekommt man, wenn bei einem Strangle der Basispreis der Verkaufsoption höher ist als der Basispreis der Kaufoption?

13. Zeichnen Sie ein Diagramm, das die Gewinn- und Verlustvariationen in Abhängigkeit vom Endkurs der Aktie zeigt, wobei das Portefeuille aus folgenden Papieren besteht:

   a. Eine Aktie und eine Verkaufsposition in einer Kaufoption

   b. Zwei Aktien und eine Verkaufsposition in einer Kaufoption

   c. Eine Aktie und eine Verkaufsposition in zwei Kaufoptionen

   d. Eine Aktie und eine Verkaufsposition in vier Kaufoptionen

   In allen Fällen wird unterstellt, dass die Kaufoption einen Basispreis hat, der gleich dem aktuellen Aktienkurs ist.

Kapitel 10 Einführung in Binomial-Bäume

Eine nützliche und sehr beliebte Technik für die Preisbestimmung einer Aktienoption ist die Konstruktion eines *Binomial-Baumes*. Das ist ein Diagramm mit den verschiedenen möglichen Pfaden, denen ein Aktienkurs während der Optionslaufzeit folgen könnte. Zunächst werden in diesem Kapitel Binomial-Bäume und ihre Beziehung zu einem wichtigen Prinzip betrachtet, der risikoneutralen Bewertung. Die folgende Herangehensweise orientiert sich an Cox, Ross und Rubinstein 1979.

Das Material in diesem Kapitel soll nur der Einführung dienen. Weitere Details darüber, wie im Zusammenhang mit Binomial-Bäumen numerische Verfahren implementiert werden, finden sich in Kapitel 16.

Das einstufige Binomial-Modell

Begonnen wird mit der Betrachtung einer sehr einfachen Situation: Der Kurs einer Aktie liegt derzeit bei 20 $, und es ist bekannt, dass nach drei Monaten der Aktienkurs entweder bei 22 $ oder 18 $ liegen wird. Es soll eine europäische Kaufoption auf den Kauf der Aktie für 21 $ in drei Monaten bewertet werden. Diese Option hat in drei Monaten einen von zwei Werten. Wenn der Aktienkurs bei 22 $ liegt, hat die Option einen Wert von 1 $; liegt der Kurs bei 18 $, hat die Option einen Wert von null. Die Situation ist in Abbildung 10.1 dargestellt.

Es zeigt sich, dass man in diesem Beispiel ein relativ simples Argument zur Preisbestimmung der Option benutzen kann. Die einzige Annahme, die man braucht, ist, dass es keine Aritrage-Möglichkeiten gibt. Es wird ein derartiges Portefeuille aus der Aktie und der Option gebildet, dass über den Wert des Portefeuilles am Ende der drei Monate keine Unsicherheit besteht. Da das Portefeuille risikofrei ist, gilt das Argument, dass die Rendite des Portefeuilles gleich dem risikofreien Zins sein muss. Als nächstes werden die Kosten für die Einrichtung des Portefeuilles errechnet und somit auch der Preis der Option. Da es zwei Wertpapiere gibt (die Aktie und die Aktienoption) und nur zwei mögliche Ergebnisse, ist es immer möglich, das risikofreie Portefeuille einzurichten.

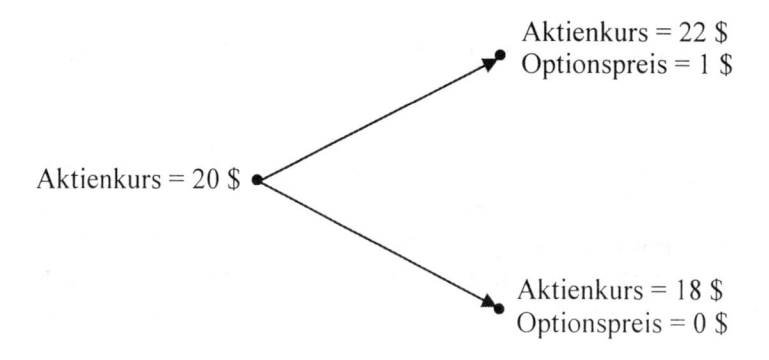

```
                              Aktienkurs = 22 $
                         ↗    Optionspreis = 1 $
Aktienkurs = 20 $ •
                         ↘    Aktienkurs = 18 $
                              Optionspreis = 0 $
```

Abbildung 10.1: Numerisches Beispiel für eine Aktienkursbewegung

Man betrachte ein Portefeuille, das aus einer Verkaufsposition in Δ Aktien und einer Verkaufsposition in einer Kaufoption besteht. Berechnet wird der Wert von Δ, der das Portefeuille risikofrei macht. Wenn der Aktienkurs von 20 \$ auf 22 \$ steigt, beträgt der Wert der Aktien 22Δ, und der Wert der Option ist gleich 1, so dass der Gesamtwert des Portefeuilles $22\Delta - 1$ ist. Wenn der Aktienkurs von 20 \$ auf 18 \$ sinkt, beträgt der Wert der Aktien 18Δ, und der Wert der Option ist gleich null, so dass das Portefeuille einen Gesamtwert von 18Δ hat. Das Portefeuille ist risikofrei, wenn der Wert für Δ so gewählt wird, dass der Schlusswert des Portefeuilles für beide Alternativen gleich ist. Das bedeutet

$$22\Delta - 1 = 18\Delta$$

oder

$$\Delta = 0{,}25$$

Der Investor eines risikofreien Portefeuilles hat daher

im Besitz: 0,25 Aktien

leerverkauft: 1 Option

Steigt der Aktienkurs auf 22 \$, beträgt der Wert des Portefeuilles

$$22 \times 0{,}25 - 1 = 4{,}5$$

Fällt der Aktienkurs auf 18 \$, beträgt der Wert des Portefeuilles

$$18 \times 0{,}25 = 4{,}5$$

Unabhängig davon, ob der Aktienkurs steigt oder fällt, ist das Portefeuille am Ende der Optionslaufzeit immer 4,5 wert.

Risikofreie Portefeuilles müssen, wenn es keine Arbitrage-Möglichkeiten gibt, eine Rendite in Höhe des risikofreien Zinses abwerfen. Angenommen der risikofreie Zins beträgt in diesem Fall 12 Prozent per Annum. Folglich muss der heutige Wert des Portefeuilles gleich dem Gegenwartswert von 4,5 sein oder

$$4,5e^{-0,12 \times 0,25} = 4,367$$

Es ist bekannt, dass der Wert des heutigen Aktienkurses 20 $ beträgt. Angenommen der Optionspreis wird mit f bezeichnet. Somit hat das Portefeuille heute einen Wert von

$$20 \times 0,25 - f = 5 - f$$

Daraus folgt, dass

$$5 - f = 4,367$$

oder

$$f = 0,633$$

Das zeigt, dass in Abwesenheit von Arbitrage-Möglichkeiten die Option einen Marktwert von 0,633 haben muss. Wenn die Option einen höheren Wert als 0,633 hätte, würde die Einrichtung des Portefeuilles weniger als 4,367 kosten und eine höhere als die risikofreie Rendite abwerfen. Wenn die Option einen niedrigeren Wert als 0,633 hätte, dann wäre durch den Leerverkauf des Portefeuilles die Möglichkeit gegeben, einen Kredit zu einem Zins aufzunehmen, der unter dem risikofreien Zins liegt.

EINE VERALLGEMEINERUNG

Das gerade gezeigte Argument lässt sich verallgemeinern, wenn man eine Aktie mit dem Kurs S und eine Option auf die Aktie mit dem Marktwert f betrachtet. Angenommen die Option hat die Laufzeit T und der Aktienkurs kann während der Optionslaufzeit von S auf Su steigen oder von S auf Sd fallen (u > 1; d < 1). Steigt der Kurs, beträgt die proportionale Zunahme des Aktienkurses u − 1; fällt der Kurs, beträgt die proportionale Abnahme 1 − d. Steigt der Kurs auf Su, wird angenommen, dass der Payoff aus der Option f_u

beträgt; fällt der Kurs auf Sd, wird angenommen, dass der Payoff aus der Option f_d beträgt. Die Situation ist in Abbildung 10.2 veranschaulicht.

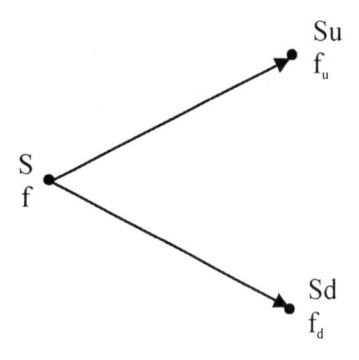

Abbildung 10.2: Aktienkurse und Optionspreise in einem allgemeinen einstufigen Baum

Wie zuvor stelle man sich ein Portefeuille vor, das aus einer Kaufposition in Δ Aktien und einer Verkaufsposition in einer Option besteht. Es wird nun der Wert von Δ berechnet, der das Portefeuille risikofrei macht. Bei einer Kurssteigerung hat das Portefeuille am Ende der Optionslaufzeit den Wert

$$Su\Delta - f_u$$

Wenn der Kurs fällt, beträgt der Wert

$$Sd\Delta - f_d$$

Beide sind gleich, wenn

$$Su\Delta - f_u = Sd\Delta - f_d$$

oder

(10.1) $$\Delta = \frac{f_u - f_d}{Su - Sd}$$

In diesem Fall ist das Portefeuille risikofrei und muss den risikofreien Zins abwerfen. Gleichung 10.1 zeigt, dass Δ das Verhältnis der Änderung des Optionspreises zur Änderung des Aktienkurses ist, während man sich zwischen den Knoten bewegt.

Bezeichnet man den risikofreien Zins als r, beträgt der Gegenwartswert des Portefeuilles

$$[Su\Delta - f_u]e^{-rT}$$

Die Kosten für die Einrichtung des Portefeuilles betragen

$$S\Delta - f$$

Folglich ist

$$S\Delta - f = [Su\Delta - f_u]e^{-rT}$$

Gleichung 10.1 für Δ eingesetzt und Vereinfachung ergibt

(10.2) $\qquad f = e^{-rT}[pf_u + (1-p)f_d]$

wobei

(10.3) $\qquad p = \dfrac{e^{rT} - d}{u - d}$

Die Gleichungen 10.2 und 10.3 ermöglichen eine Preisbestimmung der Option mittels des einstufigen Binomial-Modells.

In dem oben betrachteten numerischen Beispiel (siehe Abbildung 10.1) ist u = 1,1, d = 0,9, r = 0,12, T = 0,25, f_u = 1 und f_d = 0. Eingesetzt in Gleichung 10.3 ergibt das

$$p = \frac{e^{0,12 \times 0,25} - 0,9}{1,1 - 0,9} = 0,6523$$

Eingesetzt in Gleichung 10.2 ergibt das

$$f = e^{-0,12 \times 0,25}[0,6523 \times 1 + 0,3477 \times 0] = 0,633$$

Das Ergebnis stimmt mit der Antwort überein, die oben in diesem Abschnitt gegeben wurde.

IRRELEVANZ DER ERWARTETEN AKTIENRENDITE

Die Preisbestimmungsformel für die Option in Gleichung 10.2 lässt die Wahrscheinlichkeiten einer Kurssteigerung oder eines Kursrückgangs unberücksichtigt. Wir erhalten beispielsweise bei einer Anstiegswahrscheinlichkeit von 0,5 den gleichen Optionspreis wie bei einer Wahrscheinlichkeit von 0,9. Das überrascht und erscheint intuitiv widersprüchlich. Es ist nur natürlich anzunehmen, dass mit wachsender Wahrscheinlichkeit eines Kursanstiegs auch der Wert der Kaufoption auf die Aktie steigt und der Wert der Verkaufsoption auf die Aktie fällt. Das ist aber nicht der Fall.

Der zentrale Grund ist, dass die Option nicht in absoluten Werten gemessen wird. Der Wert wird bezogen auf den Preis des Basisobjektes berechnet. Die Wahrscheinlichkeiten eines Kursanstiegs oder Kursrückgangs sind bereits im Kurs der Aktie enthalten. Sie müssen also nicht nochmals berücksichtigt werden, wenn die Option bezogen auf den Aktienkurs bewertet wird.

Risikoneutrale Bewertung

Obgleich bei der Herleitung von Gleichung 10.2 keine Annahmen über die Wahrscheinlichkeiten von Kursanstiegen oder Kursrückgängen getroffen werden müssen, ist es normal, die Variable p in Gleichung 10.2 als Wahrscheinlichkeit eines Kursanstiegs zu interpretieren. Die Variable $1 - p$ ist dann die Wahrscheinlichkeit eines Kursrückgangs, und der Ausdruck

$$pf_u + (1 - p)f_d$$

ist der erwartete Payoff aus der Option. Mit dieser Interpretation von p besagt Gleichung 10.2, dass der Wert der Option heute der erwartete künftige Wert, abgezinst um den risikofreien Zins, ist.

Als nächstes wird die erwartete Rendite der Aktie untersucht, wenn ein Kursanstieg mit der Wahrscheinlichkeit p angenommen wird. Der erwartete Aktienkurs im Zeitpunkt T, $E(S_T)$, ist gegeben durch

$$E(S_T) = pSu + (1 - p)Sd$$

oder

$$E(S_T) = pS(u - d) + Sd$$

Gleichung 10.3 für p eingesetzt ergibt

(10.4) $$E(S_T) = Se^{rT}$$

Die Gleichung zeigt, dass der Aktienkurs durchschnittlich mit dem risikofreien Zins steigt. Wird die Wahrscheinlichkeit eines Anstiegs mit p gleichgesetzt, ist dies somit äquivalent der Annahme, dass die Rendite der Aktie gleich dem risikofreien Zins ist.

In einer *risikoneutralen Welt* sind alle Individuen indifferent gegenüber dem Risiko. In einer solchen Welt brauchen Investoren keine Kompensation für ihr Risiko, und die erwartete Rendite aller Wertpapiere entspricht dem risikofreien Zins. Gleichung 10.4 zeigt, dass wir eine risikoneutrale Welt annehmen, wenn wir die Wahrscheinlichkeit eines Kursanstiegs gleich p setzen. Gleichung 10.2 zeigt, dass der Wert der Option ihr erwarteter Payoff in einer risikoneutralen Welt, abgezinst mit dem risikofreien Zins, ist.

Dieses Ergebnis ist ein Beispiel für ein wichtiges Prinzip bei der Optionspreisbestimmung, das als *risikoneutrale Bewertung* bekannt ist. Das Prinzip besagt, dass man bei vollständiger Straflosigkeit bei der Preisbestimmung von Optionen von einer risikoneutralen Welt ausgehen kann. Die resultierenden Preise sind nicht nur in einer risikoneutralen Welt korrekt, sondern auch in anderen Welten.

DAS ÜBERARBEITETE EINSTUFIGE BINOMIAL-BEISPIEL

Um das Prinzip der risikoneutralen Bewertung zu veranschaulichen, betrachte man erneut das Beispiel in Abbildung 10.1. Der Aktienkurs liegt aktuell bei 20 $ und steigt in drei Monaten entweder auf 22 $ oder fällt auf 18 $. Die betrachtete Option ist eine europäische Kaufoption mit einem Basispreis von 21 $ und einer Laufzeit von drei Monaten. Der risikofreie Zins beträgt 12 Prozent per Annum.

Die Wahrscheinlichkeit eines Kursanstiegs in einer risikoneutralen Welt wird mit p definiert. Der Wert p lässt sich aus Gleichung 10.3 errechnen. Alternativ kann argumentiert werden, dass in einer risikoneutralen Welt die erwartete Rendite der Aktie gleich dem risikofreien Zins von 12 Prozent sein muss. Das bedeutet, dass p

$$22p + 18(1 - p) = 20e^{0,12 \times 0,25}$$

oder

$$4p = 20e^{0,12 \times 0,25} - 18$$

erfüllen muss. Das heißt, p muss 0,6523 sein.

Am Ende der drei Monate hat die Kaufoption eine Wahrscheinlichkeit von 0,6523, dass sie einen Wert von 1 hat, und eine Wahrscheinlichkeit von 0,3477, dass sie einen Wert von null hat. Ihr erwarteter Wert beträgt somit

$$0{,}6523 \times 1 + 0{,}3477 \times 0 = 0{,}6523$$

Abgezinst mit dem risikofreien Zins beträgt der Wert der Option heute

$$0{,}6523 e^{-0{,}12 \times 0{,}25}$$

oder 0,633 $. Das entspricht dem Wert, den wir vorher errechnet haben, und es zeigt, dass Nicht-Arbitrage-Argumente und eine risikoneutrale Bewertung zum gleichen Ergebnis führen.

Zweistufige Binomial-Bäume

Die Analyse wird nun erweitert um den zweistufigen Binomial-Baum, wie in Abbildung 10.3 gezeigt. Hier startet der Aktienkurs mit 20 $ und steigt oder fällt in den zwei Zeitstufen jeweils um 10 Prozent. Angenommen jede Zeitstufe ist drei Monate lang und der risikofreie Zins beträgt 12 Prozent per Annum. Wie zuvor wird eine Option mit dem Basispreis 21 $ betrachtet.

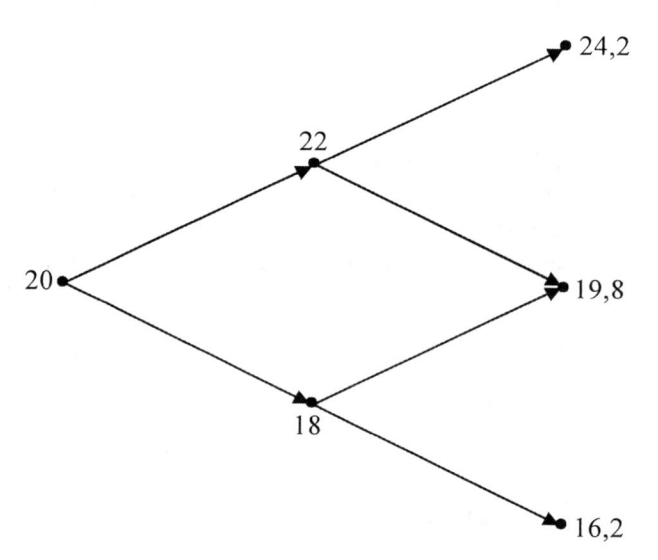

Abbildung 10.3: Aktienkurse in einem zweistufigen Binomial-Baum

Ziel der Analyse ist die Berechnung des Optionspreises im Anfangsknoten des Baumes. Das erfolgt durch wiederholte Anwendung der oben aufgestellten Prinzipien. Abbildung 10.4 zeigt den gleichen Baum wie Abbildung 10.3, aber mit dem Aktienkurs und dem Optionspreis in jedem Knoten. (Der Aktienkurs ist die obere Zahl, der Optionspreis ist die untere Zahl.) Die Optionspreise in den Endknoten des Baumes sind leicht zu berechnen. Sie sind die Payoffs aus der Option. Im Knoten D beträgt der Aktienkurs 24,2, der Optionspreis ist 24,2 − 21 = 3,2; in den Knoten E und F ist die Option aus dem Geld und ihr Wert ist null.

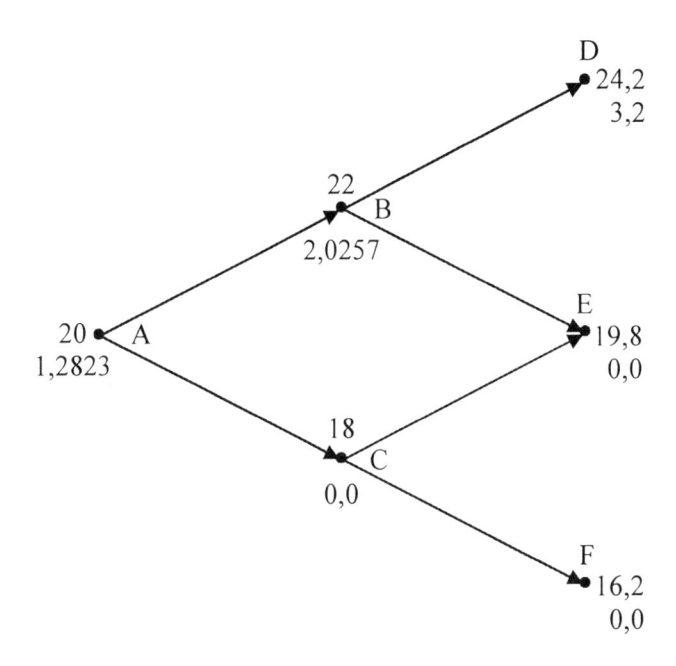

Abbildung 10.4: Aktienkurse und Optionspreise in einem zweistufigen Binomial-Baum. Die obere Zahl im Knoten ist der Aktienkurs; die untere Zahl ist der Optionspreis.

In Knoten C ist der Optionspreis null, weil Knoten C entweder zu Knoten E oder Knoten F führt, und in beiden Knoten ist der Optionspreis null. Wir berechnen den Optionspreis im Knoten B, indem wir unsere Aufmerksamkeit auf den Teil des Baumes konzentrieren, der in Abbildung 10.5 gezeigt ist. Die bereits in diesem Kapitel verwendete Notation ($u = 1,1$, $d = 0,9$, $r =$

0,12 und T = 0,25, so dass p = 0,6523) und Gleichung 10.2 ergeben den Wert der Option im Knoten B:

$$e^{-0,12 \times 0,25}[0,6523 \times 3,2 + 0,3477 \times 0] = 2,0257$$

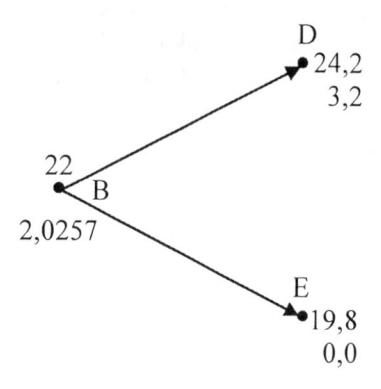

```
                    D
                  • 24,2
                    3,2
         22
          < B
  2,0257
                    E
                  • 19,8
                    0,0
```

Abbildung 10.5: Bewertung des Optionspreises im Knoten B

Bleibt noch die Berechnung des Optionspreises im Anfangsknoten A. Das wird gemacht, indem wir uns auf die erste Stufe des Baumes konzentrieren. Wir wissen, dass der Wert der Option im Knoten B 2,0257 und im Knoten C null ist. Somit folgt aus Gleichung 10.2 der Wert im Knoten A:

$$e^{-0,12 \times 0,25}[0,6523 \times 2,0257 + 0,3477 \times 0] = 1,2823$$

Die Option ist 1,2823 $ wert.

Anzumerken ist, dass dieses Beispiel so konstruiert ist, dass u und d (die proportionalen Auf- und Abwärtsbewegungen des Kurses) in jedem Knoten des Baumes gleich sind und dass auch die Zeitstufen gleich lang sind. Das führt zu dem Ergebnis, dass die mit Gleichung 10.3 errechnete risikoneutrale Wahrscheinlichkeit p in allen Knoten gleich ist.

EINE VERALLGEMEINERUNG

Um das zweistufige Beispiel zu verallgemeinern, betrachte man die Situation in Abbildung 10.6. Der Aktienkurs liegt anfangs bei S. In jeder Zeitstufe bewegt er sich u multipliziert mit dem Anfangswert nach oben oder d multipliziert mit dem Anfangswert nach unten. Die Notation für den Wert der Option ist an dem Baum gezeigt. (Nach zwei Aufwärtsbewegungen beispielsweise beträgt der Wert der Option f_{uu}.) Angenommen der risikofreie Zins beträgt r und die Zeitstufen haben eine Länge von ΔT Jahren.

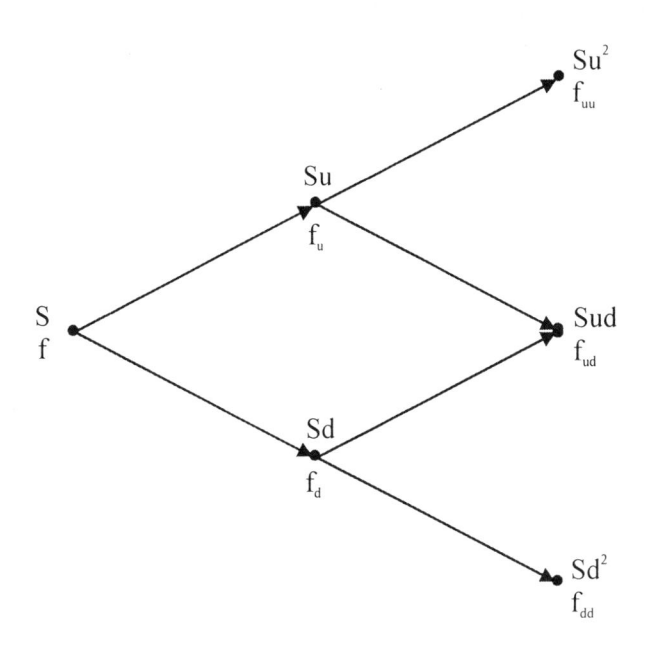

Abbildung 10.6: Aktienkurse und Optionspreise in einem allgemeinen zweistufigen Baum

Die wiederholte Anwendung von Gleichung 10.2 ergibt

(**10.5**) $\qquad f_u = e^{-r\Delta T}[pf_{uu} + (1-p)f_{ud}]$

(**10.6**) $\qquad f_d = e^{-r\Delta T}[pf_{ud} + (1-p)f_{dd}]$

(**10.7**) $\qquad f = e^{-r\Delta T}[pf_u + (1-p)f_d]$

Einsetzen der Gleichungen 10.5 und 10.6 in 10.7 ergibt

(**10.8**) $\qquad f = e^{-2r\Delta T}[p^2 f_{uu} + 2p(1-p)f_{ud} + (1-p)^2 f_{dd}]$

Das ist konsistent mit dem Prinzip der oben erwähnten risikoneutralen Bewertung. Die Variablen p^2, $2p(1-p)$ und $(1-p)^2$ sind die Wahrscheinlichkeiten für das Erreichen des oberen, mittleren und unteren Endknoten. Der Optionspreis entspricht seinem erwarteten Payoff in einer risikoneutralen Welt, abgezinst mit dem risikofreien Zins.

Wird die Verallgemeinerung der Binomial-Bäume weiter vorangetrieben, indem weitere Stufen hinzugefügt werden, entdeckt man, dass das Prinzip der risikoneutralen Bewertung seine Gültigkeit behält. Der Optionspreis ist immer gleich seinem erwarteten Payoff in einer risikoneutralen Welt, abgezinst mit dem risikofreien Zins.

Ein Beispiel für eine Verkaufsoption

Mit den in diesem Kapitel beschriebenen Verfahren lassen sich alle Preise von Derivativen bestimmen, die von Aktien abhängig sind, deren Kursänderungen binomial sind. Man betrachte eine zweijährige europäische Verkaufsoption mit einem Basispreis von 52 $ auf eine Aktie, deren aktueller Kurs bei 50 $ liegt. Angenommen es gibt zwei einjährige Zeitstufen, und in jeder Zeitstufe bewegt sich der Kurs entweder um 20 Prozent nach oben oder um 20 Prozent nach unten. Angenommen wird außerdem, dass der risikofreie Zins 5 Prozent beträgt.

Der Baum ist in Abbildung 10.7 dargestellt. Der Wert der risikoneutralen Wahrscheinlichkeit p ist gegeben mit

$$p = \frac{e^{0,05 \times 1} - 0,8}{1,2 - 0,8} = 0,6282$$

Die möglichen Endkurse der Aktie sind 72 $, 48 $ und 32 $. In diesem Fall sind $f_{uu} = 0$, $f_{ud} = 4$ und $f_{dd} = 20$. Gleichung 10.8 ergibt

$$f = e^{-2 \times 0,05 \times 1}[0,6282^2 \times 0 + 2 \times 0,6282 \times 0,3718 \times 4 + 0,3718^2 \times 20]$$

$$= 4,1923$$

Der Wert der Verkaufsoption beträgt 4,1923 $. Dieses Ergebnis lässt sich auch mit Gleichung 10.2 errechnen und indem man sich stufenweise durch den Baum zurückarbeitet. Abbildung 10.7 zeigt die so errechneten Zwischenwerte der Optionspreise.

```
                          72
                        •
                          0
              60
            •
         1,4147
                              48
    50                      •
  •                           4
  4,1923
              40
            •
         9,4636
                              32
                            •
                              20
```

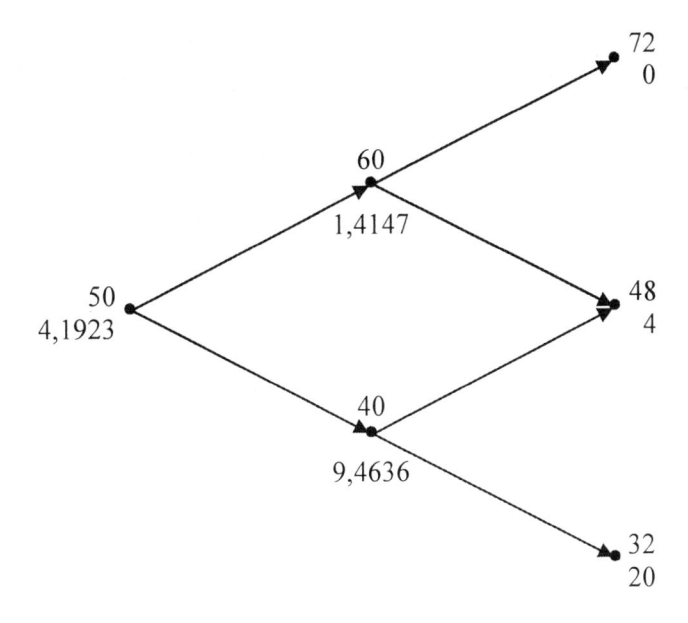

Abbildung 10.7: Bewertung einer europäischen Verkaufsoption mit dem zweistufigen Baum. Die obere Zahl im Knoten ist der Aktienkurs; die untere Zahl ist der Optionspreis.

Amerikanische Optionen

Bis hierin waren alle betrachteten Optionen europäisch. Es soll nun gezeigt werden, wie amerikanische Optionen mittels eines Binomial-Baumes wie in den Abbildungen 10.4 oder 10.7 bewertet werden können. Bei dem Verfahren arbeitet man sich vom Baumende zum Baumanfang zurück, wobei an jedem Knoten geprüft wird, ob einem vorzeitige Ausübung optimal ist. Der Wert der Option an den Endknoten entspricht dem der europäischen Option. In früheren Knoten hat die Option den größeren der beiden folgenden Werte:

1. Der Wert, den Gleichung 10.2 ergibt
2. Der Payoff aus vorzeitiger Ausübung

Zur Veranschaulichung betrachte man, was in Abbildung 10.7 passiert, wenn es sich bei der betrachteten Option nicht um eine europäische, sondern um eine amerikanische Option handelt. Die Aktienkurse und ihre Wahrscheinlichkeiten sind unverändert. Die Optionswerte in den Endknoten sind ebenfalls unverändert. Gemäß Gleichung 10.2 hat die Option im Knoten B den Wert 1,4147, während der Payoff aus einer vorzeitigen Ausübung negativ ist (= −8). Im Knoten B ist eine vorzeitige Ausübung eindeutig nicht optimal, und die Option hat in diesem Knoten den Wert 1,4147. Im Knoten C hat die Option gemäß Gleichung 10.2 den Wert 9,4636, während eine vorzeitige Ausübung einen Payoff von 12 ergibt. In diesem Fall ist eine vorzeitige Ausübung optimal, und die Option hat in diesem Knoten den Wert 12. Im Anfangsknoten A ist der Wert gemäß Gleichung 10.2

$$e^{-0,05 \times 1}[0,6282 \times 1,4147 + 0,3718 \times 12,0] = 5,0894$$

Und der Payoff aus einer vorzeitigen Ausübung ist 2. In diesem Fall ist eine vorzeitige Ausübung nicht optimal. Die Option hat folglich einen Wert von 5,0894 $. Die neuen Baumwerte sind in Abbildung 10.8 eingetragen.

In Kapitel 16 wird detaillierter gezeigt, wie amerikanische Optionen mittels Binomial-Bäumen bewertet werden.

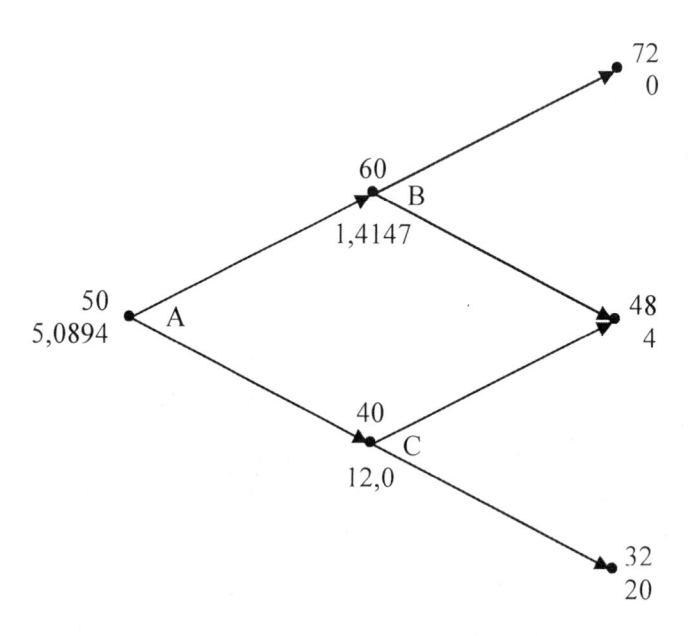

Abbildung 10.8: Bewertung einer amerikanischen Verkaufsoption mit dem zweistufigen Baum. Die obere Zahl im Knoten ist der Aktienkurs; die untere Zahl ist der Optionspreis.

Delta

In dieser Phase ist eine Diskussion von *Delta* sinnvoll, einem wichtigen Parameter bei der Preisbestimmung und der Absicherung (hedging) von Optionen.

Das Delta einer Aktienoption ist das Verhältnis der Preisveränderung einer Aktienoption zur Kursveränderung der zugrundeliegenden Aktie. Es ist die Anzahl der Aktieneinheiten, die für jede leerverkaufte Option gehalten werden sollte, um einen risikolosen Hedge zu haben. Es entspricht dem Δ, das bereits in diesem Kapitel eingeführt wurde. Die Gestaltung eines risikolosen Hedge wird mitunter auch *Delta Hedging* genannt. Das Delta einer Kaufoption ist positiv, während das Delta einer Verkaufsoption negativ ist.

Aus Abbildung 10.1 lässt sich der Delta-Wert der betrachteten Kaufoption errechnen:

$$\frac{1-0}{22-18} = 0,25$$

Das liegt daran, dass sich bei einer Kursbewegung von 18 $ auf 22 $ der Optionspreis von 0 $ auf 1 $ verändert.

In Abbildung 10.4 beträgt das mit den Kursbewegungen nach der ersten Zeitstufe korrespondierende Delta

$$\frac{2,0257-0}{22-18} = 0,5064$$

Das mit den Kursbewegungen nach der zweiten Zeitstufe korrespondierende Delta beträgt

$$\frac{3,2-0}{24,2-19,8} = 0,7273$$

wenn es eine Aufwärtsbewegung in der ersten Zeitstufe gegeben hat.

Das Delta beträgt

$$\frac{0-0}{19,8-16} = 0$$

wenn es eine Abwärtsbewegung in der ersten Zeitstufe gegeben hat.

Abbildung 10.7 ergibt für das Ende der ersten Zeitstufe das Delta

$$\frac{1{,}4147-9{,}4636}{60-40} = -0{,}4024$$

Nach dem Ende der zweiten Zeitstufe beträgt das Delta entweder

$$\frac{0-4}{72-48} = -0{,}1667$$

oder

$$\frac{4-20}{48-32} = -1{,}0000$$

Das zweistufige Beispiel zeigt, dass sich das Delta über die Zeit verändert. (In Abbildung 10.4 ändert sich das Delta von 0,5064 auf entweder 0,7273 oder 0; in Abbildung 10.7 ändert es sich von −0,4024 auf entweder −0,1667 oder −1,0000.) Um sich mit einer Option und der zugrundeliegenden Aktie risikofrei abzusichern, muss der Aktienbestand periodisch angepasst werden. Auf diese Optionseigenschaft wird in den Kapiteln 11 und 14 nochmals eingegangen.

Binomial-Bäume in der Praxis

Die bis hierin vorgestellten Binomial-Modelle sind unrealistisch einfach. Es ist klar, dass ein Analyst nur eine sehr grobe Annäherung an einen Optionspreis bekommt, wenn er annimmt, dass Kursbewegungen während der Laufzeit der Option aus ein oder zwei binomialen Stufen bestehen.

Wenn Binomial-Bäume in der Praxis angewendet werden, wird die Laufzeit der Option üblicherweise in 30 oder mehr Zeitstufen aufgeteilt. In jeder Zeitstufe gibt es eine binomiale Kursbewegung. Bei 30 Zeitstufen bedeutet das, dass 31 Endkurse der Aktie und 2^{30} oder ungefähr 1 Milliarde mögliche Aktienkurspfade betrachtet werden.

Die Werte von u und d werden aus der Volatilität des Aktienkurses, σ, bestimmt. Es gibt eine Reihe von verschiedenen Möglichkeiten, um diese Bestimmung vorzunehmen. Wenn Δt als Länge einer Zeitstufe definiert wird, ist eine Möglichkeit, wenn man

KAPITEL 10 Einführung in Binomial-Bäume   359

und
$$u = e^{\sigma\sqrt{\Delta t}}$$

$$d = \frac{1}{u}$$

setzt. Das vollständige Bündel an Gleichungen, das den Baum definiert, ist dann

$$u = e^{\sigma\sqrt{\Delta t}}; \quad d = e^{-\sigma\sqrt{\Delta t}}$$

$$p = \frac{e^{r\Delta t} - d}{u - d}$$

In Kapitel 16 werden diese Formeln sowie die praktischen Probleme bei der Konstruktion und der Verwendung von Binomial-Bäumen weiter diskutiert.

Zusammenfassung

Dieses Kapitel bietet einen ersten Überblick über die Bewertung von Aktienoptionen. Wenn Aktienkursbewegungen während der Laufzeit einer Option von einem einstufigen Binomial-Baum bestimmt werden, ist es möglich, ein Portefeuille aus einer Aktienoption und der Aktie einzurichten, das risikofrei ist. In einer Welt ohne Arbitrage-Möglichkeiten müssen risikofreie Portefeuilles den risikofreien Zinssatz abwerfen. Dadurch lässt sich ein auf die Aktie bezogener Preis für die Aktienoption bestimmen. Interessant ist, dass über die Wahrscheinlichkeiten der Aufwärts- und Abwärtsbewegungen der Aktie in den einzelnen Knoten keine Annahmen benötigt werden.

Wenn Aktienkursbewegungen von mehrstufigen Binomial-Bäumen bestimmt werden, kann man jede binomiale Stufe separat betrachten und sich vom Lebensende der Option bis zum Anfang durcharbeiten, um den Marktwert der Option zu errechnen. Wieder werden nur Nicht-Arbitrage-Argumente verwendet, und es sich auch keine Annahmen über die Wahrscheinlichkeiten der Auf- und Abwärtsbewegungen der Aktie in den Knoten erforderlich.

Eine andere Herangehensweise an die Bewertung von Aktienoptionen betrifft die risikoneutrale Bewertung. Dieses sehr wichtige Prinzip besagt, dass, wenn man eine Option bezogen auf die zugrundeliegende Aktie bewertet, eine risikoneutrale Welt angenommen werden darf. Mit numerischen Beispielen und algebraisch wurde in diesem Kapitel gezeigt, dass Nicht-Arbitrage-Argumente und risikoneutrale Bewertung immer dieselben Optionspreise ergeben.

Das Delta einer Aktienoption, Δ, betrachtet die Wirkung einer kleinen Veränderung des zugrundeliegenden Aktienkurses auf die Veränderung des Optionspreises. Delta ist das Verhältnis der Veränderung des Optionspreises zur Veränderung des Aktienkurses. Für eine risikofreie Position sollte ein Investor Δ Aktien für jede leerverkaufte Option kaufen. Die Untersuchung eines typischen Binomial-Baumes zeigt, dass sich das Delta während der Optionslaufzeit verändern kann. Das bedeutet, dass risikofreie Positionen nicht automatisch risikofrei bleiben. Sie müssen periodisch angepasst werden.

Im nächsten Kapitel wird die analytische Black-Scholes-Herangehensweise an die Preisbestimmung von Optionen untersucht. In den Kapiteln 12 und 13 werden andere Optionsarten vorgestellt. In Kapitel 14 werden statistische Maßzahlen für das Hedgen betrachtet, wie das Delta. In Kapitel 16 kehren wir zu den Binomial-Bäumen zurück und zeigen in einer komplexeren Diskussion, wie sie implementiert werden.

Weitere Literatur

Cox, J., S. Ross und M. Rubinstein. „Option Pricing: A Simplified Approach", *Journal of Financial Economics* 7 (October 1979): 229-264.

Rendleman, R. und B. Bartter. „Two-State Option Pricing", *Journal of Finance* 34 (1979): 1092-1110.

Testfragen

1. Der aktuelle Kurs einer Aktie liegt bei 40 $. Es ist bekannt, dass er nach einem Monat entweder bei 42 $ oder 38 $ liegt. Der risikofreie Zins beträgt bei kontinuierlicher Verzinsung 8 Prozent per Annum. Wie hoch ist der Wert einer einmonatigen europäischen Kaufoption mit einem Basispreis von 39 $?

2. Erläutern Sie die beiden Herangehensweisen der Nicht-Arbitrage- und risikoneutrale Bewertung bei der Bewertung einer europäischen Option unter Verwendung eines einstufigen Binomial-Baumes.

3. Was ist das Delta einer Aktienoption?

4. Der aktuelle Kurs einer Aktie liegt bei 50 $. Es ist bekannt, dass er nach sechs Monaten entweder bei 45 $ oder 55 $ liegt. Der risikofreie Zins beträgt bei kontinuierlicher Verzinsung 10 Prozent per Annum. Wie hoch ist der Wert einer sechsmonatigen europäischen Verkaufsoption mit einem Basispreis von 50 $?

5. Der aktuelle Kurs einer Aktie liegt bei 100 $. Es wird erwartet, dass er in den nächsten zwei sechsmonatigen Zeitstufen entweder um 10 Prozent steigt oder um 10 Prozent fällt. Der risikofreie Zins beträgt bei kontinuierlicher Verzinsung 8 Prozent per Annum. Wie hoch ist der Wert einer einjährigen europäischen Kaufoption mit einem Basispreis von 100 $?

6. Es gilt die gleiche Situation wie in Testfrage 5. Wie hoch ist der Wert einer einjährigen europäischen Verkaufsoption mit einem Basispreis von 100 $? Verifizieren Sie, dass die Preise der europäischen Kaufoption und der europäischen Verkaufsoption die Put-Call-Parität erfüllen.

7. Betrachten Sie eine Situation, in der die Aktienkursbewegungen während der Laufzeit einer europäischen Option bestimmt werden von einem zweistufigen Binomial-Baum. Erklären Sie, warum es nicht möglich ist, eine Position in der Aktie und der Option einzurichten, die über die gesamte Laufzeit der Option risikofrei bleibt.

Fragen und Probleme

1. Der aktuelle Kurs einer Aktie liegt bei 50 $. Es ist bekannt, dass er am Ende der nächsten zwei Monate entweder bei 53 $ oder bei 48 $ liegt. Der risikofreie Zins beträgt bei kontinuierlicher Verzinsung 10 Prozent per Annum. Wie hoch ist der Wert einer zweimonatigen europäischen Kaufoption mit einem Basispreis von 49 $? Verwenden Sie Nicht-Arbitrage-Argumente.

2. Der aktuelle Kurs einer Aktie liegt bei 80 $. Es ist bekannt, dass er am Ende der nächsten vier Monate entweder bei 75 $ oder bei 85 $

liegt. Der risikofreie Zins beträgt bei kontinuierlicher Verzinsung 5 Prozent per Annum. Wie hoch ist der Wert einer viermonatigen europäischen Verkaufsoption mit einem Basispreis von 80 $? Verwenden Sie Nicht-Arbitrage-Argumente.

3. Der aktuelle Kurs einer Aktie liegt bei 50 $. Es ist bekannt, dass er am Ende der nächsten sechs Monate entweder bei 60 $ oder bei 42 $ liegt. Der risikofreie Zins beträgt bei kontinuierlicher Verzinsung 12 Prozent per Annum. Berechnen Sie den Wert einer sechsmonatigen europäischen Kaufoption auf die Aktie mit einem Basispreis von 48 $. Verifizieren Sie, dass Nicht-Arbitrage-Argumente und die Argumente der risikoneutralen Bewertung zu den gleichen Ergebnissen führen.

4. Der aktuelle Kurs einer Aktie liegt bei 40 $. Es ist bekannt, dass er am Ende der nächsten drei Monate entweder bei 45 $ oder bei 35 $ liegt. Der risikofreie Zins beträgt bei vierteljährlicher Verzinsung 8 Prozent per Annum. Berechnen Sie den Wert einer dreimonatigen europäischen Verkaufsoption auf die Aktie mit einem Basispreis von 40 $. Verifizieren Sie, dass Nicht-Arbitrage-Argumente und die Argumente der risikoneutralen Bewertung zu den gleichen Ergebnissen führen.

5. Der aktuelle Kurs einer Aktie liegt bei 50 $. Es wird erwartet, dass er in den beiden nächsten dreimonatigen Perioden jeweils entweder um 6 Prozent steigt oder um 5 Prozent fällt. Der risikofreie Zins beträgt bei kontinuierlicher Verzinsung 5 Prozent per Annum. Wie hoch ist der Wert einer sechsmonatigen europäischen Kaufoption mit einem Basispreis von 51 $?

6. Es gilt die gleiche Situation wie in Problem 5. Wie hoch ist der Wert einer sechsmonatigen europäischen Verkaufsoption mit einem Basispreis von 51 $? Verifizieren Sie, dass die Preise für die europäische Kaufoption und die europäische Verkaufsoption die Put-Call-Parität erfüllen. Wenn die Verkaufsoption amerikanisch wäre, wäre eine vorzeitige Ausübung in einem der Knoten des Baumes optimal?

7. Der aktuelle Kurs einer Aktie liegt bei 40 $. Es wird erwartet, dass er in den beiden nächsten dreimonatigen Perioden jeweils entweder um 10 Prozent steigt oder um 10 Prozent fällt. Der risikofreie Zins beträgt bei kontinuierlicher Verzinsung 12 Prozent per Annum.

KAPITEL 10 Einführung in Binomial-Bäume   363

a. Wie hoch ist der Wert einer sechsmonatigen europäischen Verkaufsoption mit einem Basispreis von 42 $?

b. Wie hoch ist der Wert einer sechsmonatigen amerikanischen Verkaufsoption mit einem Basispreis von 42 $?

8. Gehen Sie nach dem Prinzip „Versuch und Irrtum" vor, um zu schätzen, wie hoch der Basispreis in Problem 7 sein muss, damit er für eine sofortige Ausübung der Option optimal ist.

9. Der aktuelle Kurs einer Aktie liegt bei 25 $. Es ist bekannt, dass er am Ende der nächsten zwei Monate entweder bei 23 $ oder bei 27 $ liegt. Der risikofreie Zins beträgt bei kontinuierlicher Verzinsung 10 Prozent per Annum. Angenommen S_T ist der Aktienkurs am Ende der zwei Monate. Wie hoch ist der Wert eines Derivativs, das zu diesem Zeitpunkt einen Payoff von S_T^2 hat?

Kapitel 11 Preisbestimmung von Aktienoptionen mit Black-Scholes

Anfang der 70er Jahre gelang Fischer Black, Myron Scholes und Robert Merton ein wichtiger Durchbruch bei der Preisbestimmung von Aktienoptionen.[1] Ihre Arbeit hat einen großen Einfluss darauf, wie Marktteilnehmer Optionen bewerten und absichern. In diesem Kapitel werden die Black-Scholes-Ergebnisse und die Annahmen untersucht, auf denen sie basieren. Es wird außerdem stärker als in den bisherigen Kapiteln auf die Bedeutung der Volatilität eingegangen und gezeigt, wie die Volatilität anhand von historischen Daten geschätzt oder implizit von Optionspreisen abgeleitet werden kann. Gegen Ende des Kapitels wird überprüft, wie die Black-Scholes-Ergebnisse erweitert werden können, damit man sie auch für europäische Kaufoptionen auf Dividenden abwerfende Aktien verwenden kann.

Annahme über die Entwicklung von Aktienkursen

In einem Preismodell über Aktienoptionen müssen einige Annahmen über die zeitliche Aktienkursentwicklung getroffen werden. Wenn der Aktienkurs heute bei 100 $ liegt, wie sieht die Wahrscheinlichkeitsverteilung für den Kurs in einem Tag, einer Woche oder einem Jahr aus?

Dem Black-Scholes-Modell liegt die Annahme zugrunde, dass der Kurs einem *Zufallsweg* oder *Randomweg* folgt. Das bedeutet, dass proportionale Veränderungen des Aktienkurses in einem kurzen Zeitraum normal verteilt sind. Folgende Definitionen gelten:

μ: die erwartete Rendite der Aktie

σ: die Volatilität des Aktienkurses

Der arithmetische Mittelwert der proportionalen Änderung im Zeitraum Δt ist $\mu \Delta t$. Die Standardabweichung der proportionalen Änderung beträgt

---

[1] Siehe F. Black und M. Scholes, „The Pricing of Options and Corporate Liabilities", *Journal of Political Economy* 81 (May-June 1973): 637-659; und R. C. Merton, „Theory of Rational Option Pricing", *Bell Journal of Economics and Management Science* 4 (Spring 1973): 141-183.

$\sigma\sqrt{\Delta t}$. Die Annahme, die dem Black-Scholes-Modell zugrunde liegt, lautet somit

(11.1) $$\frac{\Delta S}{S} \sim \phi(\mu\Delta t, \sigma\sqrt{\Delta t})$$

wobei ΔS die Änderung von S im Zeitraum Δt ist und $\phi(m, s)$ die normale Verteilung mit dem arithmetischen Mittelwert m und der Standardabweichung s bezeichnet.

DIE LOG-NORMALVERTEILUNG

Die Annahme eines Zufallsweges impliziert, dass der Aktienkurs zu jedem gegebenen künftigen Zeitpunkt eine *log-normale* Verteilung aufweist. Die allgemeine Form einer log-normalen Verteilung ist in Abbildung 11.1 zu sehen. Sie kann mit der bekannteren Normalverteilung in Abbildung 11.2 kontrastiert werden. Während eine Variable mit einer Normalverteilung jeden positiven oder negativen Wert annehmen kann, muss eine log-normalverteilte Variable immer positiv sein. Eine Normalverteilung ist symmetrisch; eine Log-Normalverteilung ist verzerrt, wobei arithmetischer Mittelwert, Median und Modus unterschiedlich sind.

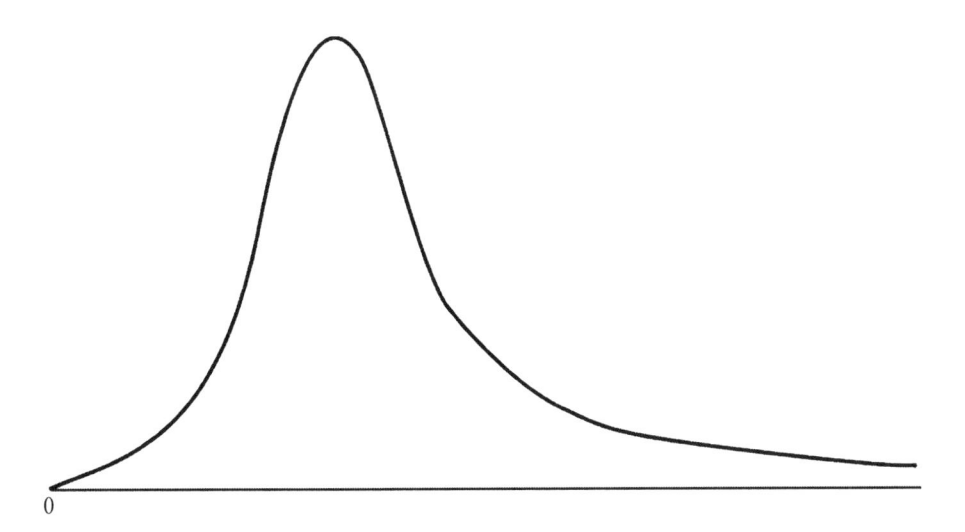

Abbildung 11.1: Log-Normalverteilung

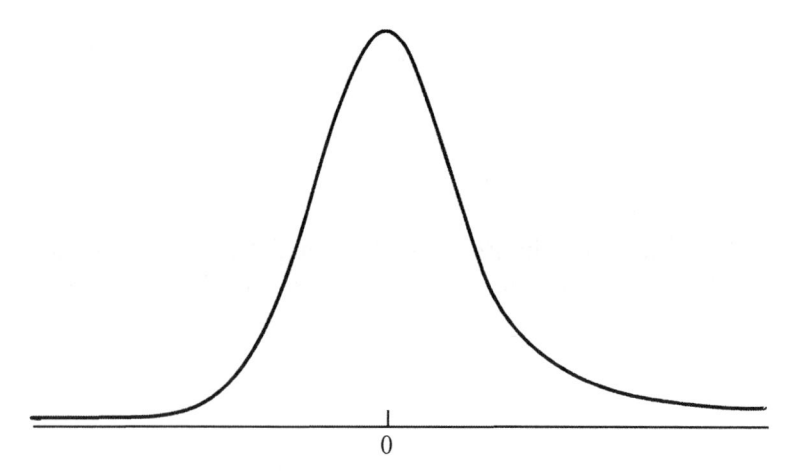

Abbildung 11.2: Normalverteilung

Eine Variable mit einer Log-Normalverteilung besitzt die Eigenschaft, dass ihr natürlicher Logarithmus normalverteilt ist. Die Black-Scholes-Annahme über Aktienkurse impliziert somit, dass $\ln S_T$ normal ist, wobei S_T der Aktienkurs zu einem künftigen Zeitpunkt T ist. Der arithmetische Mittelwert und die Standardabweichung von $\ln S_T$ sind

$$\ln S + \left(\mu - \frac{\sigma^2}{2}\right)T$$

und

$$\sigma\sqrt{T}$$

wobei S der aktuelle Aktienkurs ist. Dieses Ergebnis lässt sich umformulieren zu

(11.2) $$\ln S_T \sim \phi\left[\ln S + \left(\mu - \frac{\sigma^2}{2}\right)T, \sigma\sqrt{T}\right]$$

Der erwartete Wert oder Mittelwert von S_T, $E(S_T)$, ist gegeben durch

(11.3) $$E(S_T) = Se^{\mu T}$$

Das passt zu der Definition von μ als der erwarteten Rendite. Die Varianz von S_T, $\text{var}(S_T)$, ist gegeben durch

$$\mathrm{var}(S_T) = S^2 e^{2\mu T}(e^{\sigma^2 T} - 1)$$

Beispiel

Man betrachte eine Aktie mit einem Anfangskurs von 40 $, einer erwarteten Rendite von 16 Prozent per Annum und einer Volatilität von 20 Prozent per Annum. Gleichung 11.2 gibt die Wahrscheinlichkeitsverteilung des Aktienkurses, S_T, in sechs Monaten an mit

$$\ln S_T \sim \phi\left[\ln 40 + \left(0{,}16 - \frac{0{,}2^2}{2}\right)0{,}5,\ 0{,}2\sqrt{0{,}5}\right]$$

oder

$$\ln S_T \sim \phi(3.759,\ 0{,}141)$$

Die Wahrscheinlichkeit, dass der Wert einer normalverteilten Variable zwischen den zwei Standardabweichungen ihres arithmetischen Mittelwertes liegt, beträgt 95 Prozent. Mit 95 Prozent Konfidenz ist somit

$$3{,}477 < \ln S_T < 4{,}041$$

Das impliziert, dass

$$e^{3{,}477} < S_T < e^{4{,}041}$$

oder

$$32{,}36 < S_T < 56{,}88$$

Die Wahrscheinlichkeit, dass der Aktienkurs in sechs Monaten zwischen 32,36 und 56,88 liegt, beträgt 95 Prozent. Der arithmetische Mittelwert und die Varianz von S_T sind

$$40 e^{0{,}16 \times 0{,}5} = 43{,}33$$

und

$$40^2 e^{2 \times 0{,}16 \times 0{,}5}(e^{0{,}2 \times 0{,}2 \times 0{,}5} - 1) = 37{,}93$$

Mit Gleichung 11.2 lässt sich zeigen, dass

(11.4) $$\ln\frac{S_T}{S} \sim \phi\left[\left(\mu - \frac{\sigma^2}{2}\right)T, \sigma\sqrt{T}\right]$$

Wenn T = 1, ist der Ausdruck ln(S_T/S) die kontinuierlich verzinste Rendite, die die Aktie in einem Jahr hervorbringt.[2] Der arithmetische Mittelwert und die Standardabweichung der kontinuierlich verzinsten Rendite in einem Jahr sind somit $\mu - \sigma^2/2$ beziehungsweise σ.

Beispiel

Man betrachte eine Aktie mit einer erwarteten Rendite von 17 Prozent per Annum und einer Volatilität von 20 Prozent per Annum. Die Wahrscheinlichkeitsverteilung der (kontinuierlich verzinsten) Rendite, die in einem Jahr realisiert wird, ist normal, mit einem arithmetischen Mittelwert von

$$0{,}17 - \frac{0{,}2^2}{2} = 0{,}15$$

oder 15 Prozent und einer Standardabweichung von 20 Prozent. Da die Wahrscheinlichkeit, dass eine normalverteilte Variable zwischen zwei Standardabweichungen ihres arithmetischen Mittelwertes liegt, 95 Prozent beträgt, können wir mit einer Konfidenz von 95 Prozent sagen, dass die Rendite, die in einem Jahr realisiert wird, zwischen −25 Prozent und +55 Prozent liegen wird.

Als nächstes betrachten wir detaillierter das Wesen der erwarteten Rendite und des Volatilitätsparameters in dem log-normalen Aktienkursmodell.

Die erwartete Rendite

Die erwartete Rendite, μ, die die Investoren von der Aktie fordern, hängt von der Höhe des Risikos der Aktie ab. Je höher das Risiko, desto höher die Rendite. Sie hängt auch von dem Zinsniveau der Volkswirtschaft ab. Je höher der risikofreie Zins, desto höher die erwartete Rendite, die von jeder

---

[2] Wie in Kapitel 3 diskutiert, ist es wichtig, zwischen der kontinuierlich verzinsten Rendite und der unverzinsten Rendite zu unterscheiden. Erstere ist ln(S_T/S), letztere ist (S_T − S)/S.

KAPITEL 11 Preisbestimmung von Aktienoptionen mit Black-Scholes

gegebenen Aktie gefordert wird. Glücklicherweise müssen wir uns nicht detailliert mit den Determinanten von µ befassen. Es zeigt sich, dass der Wert einer Aktienoption, wenn er als Wert der zugrundeliegenden Aktie ausgedrückt wird, überhaupt nicht von µ abhängt. Trotzdem gibt es einen Aspekt bei der erwarteten Rendite einer Aktie, der häufig für Verwirrung sorgt und erklärt werden sollte.

Gleichung 11.1 zeigt, dass $\mu\Delta t$ die erwartete proportionale Änderung von S in dem sehr kurzen Zeitraum Δt ist. Das bedeutet, dass µ die (auf Jahresbasis umgerechnete) erwartete Rendite im Zeitraum Δt ist, ausgedrückt mit der Verzinsungshäufigkeit von Δt. Da Δt sehr klein ist, ist es natürlich anzunehmen, dass µ auch die erwartete kontinuierlich verzinste Rendite ist. Das trifft aber nicht zu. Gleichung 11.4 zeigt, dass die erwartete kontinuierlich verzinste Rendite pro Jahr $\mu - \sigma^2/2$ ist.

Um zu verstehen, was hier vorgeht, ist es sinnvoll, sich ein einfaches Beispiel anzusehen. Angenommen folgende Zahlen stellen die sequentiellen Aktienrenditen per Annum bei jährlicher Verzinsung dar:

$$15\%, \quad 20\%, \quad 30\%, \quad -20\%, \quad 25\%$$

Der arithmetische Mittelwert der Renditen, der gemessen wird, indem die Summe der Renditen durch 5 dividiert wird, ist 14%. Tatsächlich aber würde ein Investor weniger als 14% per Annum verdienen, wenn er die Aktie fünf Jahre behält. Am Ende der fünf Jahre hätten 100 Dollar einen Wert von

$$100 \times 1{,}15 \times 1{,}20 \times 1{,}30 \times 0{,}80 \times 1{,}25 = 179{,}40\ \$$$

Dagegen hätte eine Rendite von 14 Prozent bei kontinuierlicher Verzinsung einen Wert von

$$100 \times 1{,}14^5 = 192{,}54\ \$$$

Die tatsächliche durchschnittliche Rendite, die der Investor bekommt, beträgt bei kontinuierlicher Verzinsung

$$(1{,}7940)^{1/5} - 1 = 0{,}124$$

oder 12,4 Prozent per Annum.

Dieses Beispiel veranschaulicht das allgemeine Ergebnis, dass der arithmetische Mittelwert der Rendite, die in verschiedenen Jahren verdient wird, nicht notwendigerweise identisch ist mit dem arithmetischen Mittelwert der Rendite per Annum über mehrere Jahre bei jährlicher Verzinsung. Es kann gezeigt werden, dass, wenn die Renditen nicht jedes Jahr gleich sind, ersterer immer größer ist als letzterer.[3]

An der Periode von einem Jahr in diesem Ergebnis ist nichts Magisches. Angenommen die Periode für die Messung der Renditen wird zunehmend verkürzt und die Zahl der Beobachtungen vergrößert. Dann bekommt man die beiden folgenden Schätzungen:

1. Den Durchschnitt der Renditen, die in sehr kurzen Perioden mit der Länge Δt anfallen, ausgedrückt mit der Verzinsungshäufigkeit von Δt

2. Die erwartete Rendite über einen längeren Zeitraum, ausgedrückt mit der Verzinsungshäufigkeit von Δt

Analog den vorherigen Ausführungen ist zu erwarten, dass Schätzung 1 größer ist als Schätzung 2. Das ist auch tatsächlich der Fall. Wenn Δt im Endpunkt gegen null geht, beträgt die erste Schätzung μ, während die zweite Schätzung $\mu - \sigma^2/2$ beträgt.

Die Argumente in diesem Abschnitt zeigen, dass der Begriff *erwartete Rendite* mehrdeutig ist. Er kann sich entweder auf μ oder auf $\mu - \sigma^2/2$ beziehen. Soweit nicht anders angegeben, soll er sich im vorliegenden Buch immer auf μ beziehen.

Volatilität

Die Volatilität einer Aktie, σ, ist ein Maß für die Unsicherheit über die Renditen, die die Aktie abwirft. Die normalen Volatilitätswerte einer Aktie bewegen sich zwischen 0,2 und 0,4 per Annum. Oftmals wird die Volatilität als prozentualer Anteil ausgedrückt. So kann es beispielsweise heißen, dass die Volatilität von IBM 25% beträgt. Nimmt man an, dass die Zeit in Jahren gemessen wird, bedeutet dies, dass $\sigma = 0,25$.

Gleichung 11.4 weist auf eine genaue Definition der Volatilität hin:

---

[3] Einige Leser erkennen vielleicht, dass das Ergebnis äquivalent der Behauptung ist, dass der arithmetische Mittelwert eines Zahlenbündels immer größer ist als das geometrische Mittel, wenn die Zahlen nicht identisch sind.

Die Volatilität eines Aktienkurses ist die Standardabweichung der Rendite, die die Aktie in einem Jahr abwirft, wenn die Rendite kontinuierlich verzinst ausgedrückt wird.

In einer groben Annäherung ist $\sigma\sqrt{T}$ die Standardabweichung der proportionalen Veränderung des Aktienkurses im Zeitraum T. Man betrachte eine Situation, in der $\sigma = 0,3$ oder 30 Prozent per Annum ist. Die Standardabweichung der proportionalen Veränderung beträgt in einem Jahr annäherungsweise 30 Prozent; die Standardabweichung der proportionalen Veränderung beträgt in sechs Monaten annäherungsweise $30\sqrt{0,5} = 21,2$ Prozent; die Standardabweichung der proportionalen Veränderung beträgt in drei Monaten annäherungsweise $30\sqrt{0,25} = 15$ Prozent; und so weiter. Genauer ausgedrückt kann man sagen, dass die Standardabweichung der Veränderung von ln S im Zeitraum T gleich $\sigma\sqrt{T}$ ist.

Man bemerke, dass unsere Unsicherheit über den künftigen Aktienkurs, gemessen durch seine Standardabweichung, mit der Quadratwurzel des Zeithorizonts steigt. Sie steigt nicht linear.

Schätzung der Volatilität anhand historischer Daten

Die Volatilität lässt sich anhand der Aufzeichnungen über die Aktienkursentwicklung schätzen. Normalerweise wird der Aktienkurs in fixen Zeitintervallen beobachtet (z. B. täglich, wöchentlich oder monatlich). Wir definieren

n + 1: Zahl der Beobachtungen

S_i: Aktienkurs am Ende von Intervall i (i = 0, 1, ..., n)

τ: Länge des Zeitintervalls in Jahren

Außerdem soll gelten:

$$u_i = \ln\left(\frac{S_i}{S_{i-1}}\right)$$

Eine Schätzung, s, der Standardabweichung der u_i's ist gegeben durch

TEIL II Optionsmärkte

$$s = \sqrt{\frac{1}{n-1}\sum_{i=1}^{n}(u_i - \bar{u})^2}$$

oder

$$s = \sqrt{\frac{1}{n-1}\sum_{i=1}^{n}u_i^2 - \frac{1}{n(n-1)}\left(\sum_{i=1}^{n}u_i\right)^2}$$

wobei $\bar{u}$ der arithmetische Mittelwert der u_i's ist.

Gleichung 11.4 ergibt die Standardabweichung der u_i's mit $\sigma\sqrt{\tau}$. Die Variable s ist somit ein Schätzwert von $\sigma\sqrt{\tau}$. Es folgt, dass σ selbst geschätzt werden kann als $\hat{\sigma}$, mit

$$\hat{\sigma} = \frac{s}{\sqrt{\tau}}$$

Es kann gezeigt werden, dass der Standardfehler annähernd $\hat{\sigma}/\sqrt{2n}$ beträgt.

Es ist nicht leicht, einen angemessenen Wert für n zu wählen. Mehr Daten führen im allgemeinen zu größerer Genauigkeit, aber σ verändert sich über die Zeit, und Daten, die zu alt sind, sind vielleicht nicht mehr relevant für eine Prognose. Einigermaßen gut funktioniert anscheinend ein Kompromiss, bei dem die täglichen Schlusskurse der letzten 90 bis 180 Tage herangezogen werden. Eine wichtige Frage bei der Schätzung und Verwendung von Volatilitätsparametern lautet, ob die Zeit in Kalendertagen oder Börsentagen gemessen werden sollte. Diese Frage wird später in diesem Kapitel ausführlicher diskutiert.

Beispiel

Tabelle 11.1 zeigt eine mögliche Sequenz eines Aktienkurses in 21 aufeinanderfolgenden Börsentagen. In diesem Fall ist

$$\sum u_i = 0{,}09531 \text{ und } \sum u_i^2 = 0{,}00333$$

Die Schätzwert der Standardabweichung der täglichen Rendite beträgt

$$\sqrt{\frac{0{,}00333}{19} - \frac{0{,}09531^2}{380}} = 0{,}0123$$

Angenommen es gibt 252 Börsentage im Jahr, $\tau = 1/252$ und die Daten ergeben eine geschätzte Volatilität per Annum von $0{,}0123\sqrt{252} = 0{,}195$. Die geschätzte Volatilität beträgt 19,5 Prozent per Annum. Der Standardfehler dieser Schätzung beträgt

$$\frac{0{,}195}{\sqrt{2 \times 20}} = 0{,}031$$

oder 3,1 Prozent per Annum.

Tabelle 11.1: Berechnung der Volatilität

Tag	Schlusskurs ($)	Preismessziffer S_i/S_{i-1}	Tagesrendite $u_i = ln(S_i/S_{i-1})$
0	20		
1	20⅛	1,00625	0,00623
2	19⅞	0,98758	−0,01250
3	20	1,00629	0,00627
4	20½	1,02500	0,02469
5	20¼	0,98781	−0,01227
6	20⅞	1,03086	0,03040
7	20⅞	1,00000	0,00000
8	20⅞	1,00000	0,00000
9	20¾	0,99401	−0,00601
10	20¾	1,00000	0,00000
11	21	1,01205	0,01198
12	21⅛	1,00595	0,00593
13	20⅞	0,98817	−0,01190
14	20⅞	1,00000	0,00000
15	21¼	1,01796	0,01780
16	21⅜	1,00588	0,00587
17	21⅜	1,00000	0,00000
18	21¼	0,99415	−0,00587
19	21¾	1,02353	0,02326
20	22	1,01149	0,01143

Vorstehende Analyse unterstellt, dass die Aktie keine Dividenden abwirft. Sie lässt sich aber auf Dividenden abwerfende Aktien übertragen. Die Rendite u_i in einem Zeitintervall, der einen Ex-Dividendentag einschließt, ist gegeben durch

$$u_i = \ln \frac{S_i + D}{S_{i-1}}$$

mit D als Dividendenbetrag. Die Rendite in anderen Zeitintervallen beträgt immer noch

$$u_i = \ln \frac{S_i}{S_{i-1}}$$

Da steuerliche Faktoren bei der Bestimmung der Rendite um einen Ex-Dividendentag herum eine Rolle spielen, ist es vermutlich am besten, Daten, die einen Ex-Dividendentag einschließen, überhaupt nicht zu berücksichtigen.

Annahmen im Black-Scholes-Modell

Black und Scholes trafen bei der Ableitung ihrer Optionspreisformel folgende Annahmen:

1. Das Aktienkursverhalten korrespondiert mit dem lognormalen Modell, das oben in dem Kapitel entwickelt wurde, wobei μ und σ konstant sind.

2. Es gibt keine Transaktionskosten oder Steuern. Alle Wertpapiere sind uneingeschränkt zerlegbar.

3. Während der Laufzeit der Option fallen keine Dividenden an.

4. Es existieren keine risikofreien Arbitrage-Möglichkeiten.

5. Der Wertpapierhandel verläuft kontinuierlich.

6. Die Investoren können zum einheitlichen Zinssatz Geld leihen oder verleihen.

7. Der kurzfristige risikofreie Zins r ist konstant.

Einige dieser Annahmen wurden von anderen Wissenschaftlern gelockert. Beispielsweise lässt sich das Black-Scholes-Modell variieren, wenn r und σ Funktionen der Zeit sind. Und weiter unten in diesem Kapitel wird gezeigt, dass die Formel auch dahingehend angepasst werden kann, dass Dividenden berücksichtigt werden.

Die Analyse von Black-Scholes/Merton

Die Analyse von Black-Scholes/Merton ist analog der Nicht-Arbitrage-Analyse, die in Kapitel 10 verwendet wurde, um Optionen zu bewerten, wenn die Aktienkursänderungen binomial sind. Es wird ein risikofreies Portefeuille eingerichtet, das aus einer Position in der Option und einer Position in der zugrundeliegenden Aktie besteht. Existieren keine Arbitrage-Möglichkeiten, muss die Rendite des Portefeuilles dem risikofreien Zins r entsprechen. Das führt zu einer Differentialgleichung, die von der Option erfüllt werden muss.

Der Grund, warum ein risikofreies Portefeuille eingerichtet werden kann, ist, dass Aktienkurs und Optionspreis von der gleichen zugrundeliegenden Risikoquelle beeinflusst werden: den Bewegungen des Aktienkurses. In jeder kurzen Periode ist der Preis einer Kaufoption vollkommen positiv mit dem Kurs der zugrundeliegenden Aktie korreliert; der Preis einer Verkaufsoption ist vollkommen negativ mit dem Kurs der zugrundeliegenden Aktie korreliert. Wird ein Portefeuille aus der Aktie und der zugehörigen Option eingerichtet, gleicht der Gewinn oder Verlust aus der Aktienposition immer den Gewinn oder Verlust aus der Optionsposition aus, so dass der Gesamtwert des Portefeuilles am Ende der kurzen Periode mit Sicherheit bekannt ist.

Man nehme beispielsweise an, dass in einem bestimmten Zeitpunkt die Beziehung zwischen einer kleinen Änderung des Aktienkurses, ΔS, und der resultierenden kleinen Änderung des Preises einer europäischen Kaufoption, Δc, gegeben ist durch

$$\Delta c = 0{,}4 \Delta S$$

Das bedeutet, dass die Steigung der Geraden, die die Beziehung zwischen c und S darstellt, 0,4 beträgt, wie in Abbildung 11.3 gezeigt. Das risikofreie Portefeuille besteht dann aus

1. Einer Kaufposition in 0,4 Aktien
2. Einer Verkaufsposition in 1 Kaufoption

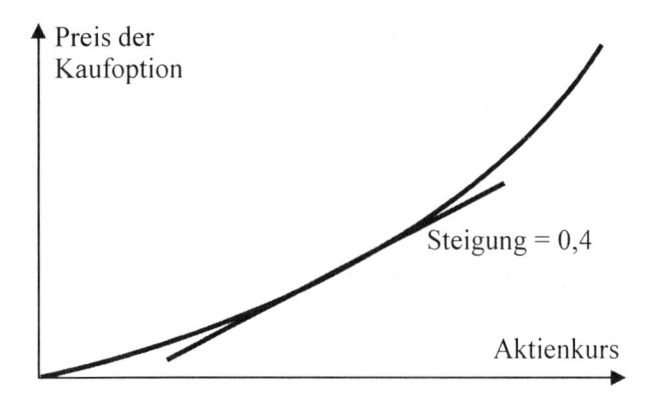

Abbildung 11.3: Beziehung zwischen c und S

Es gibt einen wichtigen Unterschied zwischen der Analyse von Black-Scholes/Merton und der Analyse mit dem Binomial-Modell in Kapitel 10. Bei Black-Scholes/Merton ist die Position, die eingerichtet wird, nur eine sehr kurze Periode risikofrei. (Theoretisch bleibt sie nur für einen unmittelbaren Augenblick risikofrei.) Um risikofrei zu bleiben, muss sie immer wieder angepasst oder *rebalanciert* werden.[4] Beispielsweise kann sich die Beziehung zwischen Δc und ΔS von heute $\Delta c = 0{,}4\Delta S$ in zwei Wochen auf $\Delta c = 0{,}5\Delta S$ verändern. Wenn dem so ist, muss der Investor statt der 0,4 Aktien 0,5 Aktien pro verkaufter Kaufoption halten. Trotzdem bleibt es aber richtig, dass die Rendite eines risikofreien Portefeuilles in jeder kurzen Periode dem risikofreien Zins entsprechen muss. Das ist das zentrale Element des Argumentes von Black-Scholes/Merton und führt zu deren Preisformeln.

DIE PREISFORMELN

Die Black-Scholes-Formeln für die Preise europäischer Kauf- und Verkaufsoptionen auf dividendenlose Aktien lauten

(11.5) $$c = SN(d_1) - Xe^{-rT}N(d_2)$$

(11.6) $$p = Xe^{-rT}N(-d_2) - SN(-d_1)$$

wobei

---

[4] Das Rebalancieren von Portefeuilles wird eingehender in Kapitel 14 untersucht.

KAPITEL 11 Preisbestimmung von Aktienoptionen mit Black-Scholes

$$d_1 = \frac{\ln(S/X) + (r + \sigma^2/2)T}{\sigma\sqrt{T}}$$

$$d_2 = \frac{\ln(S/X) + (r - \sigma^2/2)T}{\sigma\sqrt{T}} = d_1 - \sigma\sqrt{T}$$

Die Funktion N(x) ist die kumulative Wahrscheinlichkeitsfunktion für eine standardisierte normale Variable. Mit anderen Worten, sie ist die Wahrscheinlichkeit, dass eine Variable mit einer standardnormalen Verteilung, $\phi(0,1)$, kleiner als x ist. Dies ist in Abbildung 11.4 veranschaulicht. Die restlichen Notationen in den Gleichungen 11.5 und 11.6 sollten bekannt sein. Die Variablen c und p sind die Preise für die europäischen Kauf- und Verkaufsoptionen, S ist der Aktienkurs, X der Basispreis, r der risikofreie Zins, T ist die Laufzeit bis zur Fälligkeit und σ ist die Volatilität des Aktienkurses. Da der Preis der amerikanischen Kaufoption, C, gleich dem Preis der europäischen Kaufoption, c, auf eine dividendenlose Aktie ist, gibt Gleichung 11.5 auch den Preis einer amerikanischen Kaufoption an. Leider gibt es keine genaue analytische Formel für den Wert einer amerikanischen Verkaufsoption auf eine dividendenlose Aktie. In Kapitel 16 werden einige numerische Verfahren vorgestellt.

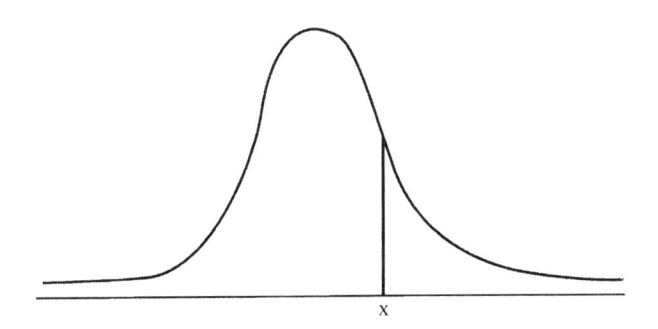

Abbildung 11.4: Der Bereich unter der Kurve links neben x stellt N(x) dar

Theoretisch ist die Black-Scholes-Formel nur korrekt, wenn der kurzfristige Zins r konstant ist. In der Praxis wird für die Formel normalerweise der Zins r verwendet, der dem risikofreien Zins einer Investition mit der Laufzeit T entspricht.

EIGENSCHAFTEN DER BLACK-SCHOLES-FORMELN

Ein vollständiger Beweis der Black-Scholes-Formel würde den Rahmen des vorliegenden Buches sprengen. In dieser Phase wird gezeigt, dass die Formeln die richtigen allgemeinen Eigenschaften haben, indem demonstriert wird, was geschieht, wenn einige der Parameter extreme Werte annehmen.

Wenn der Aktienkurs S sehr hoch wird, ist es nahezu sicher, dass eine Kaufoption ausgeübt wird. Sie ähnelt dann einem Forwardkontrakt mit dem Lieferpreis X. Gleichung 3.9 liefert den erwarteten Preis der Kaufoption

$$S - Xe^{-rT}$$

Das ist in der Tat der Preis der Kaufoption, den auch Gleichung 11.5 liefert, da, wenn S sehr groß wird, sowohl d_1 als auch d_2 sehr groß werden und $N(d_1)$ und $N(d_2)$ beide in der Nähe von 1,0 liegen.

Wenn der Aktienkurs sehr hoch wird, geht der Preis einer europäischen Verkaufsoption, p, gegen null. Dieses Ergebnis ist konsistent mit Gleichung 11.6, da $N(-d_1)$ und $N(-d_2)$ beide nahe null liegen.

Wenn der Aktienkurs sehr niedrig wird, werden d_1 und d_2 beide sehr groß und negativ. $N(d_1)$ und $N(d_2)$ sind dann beide nahe null, der Preis einer Kaufoption liegt laut Gleichung 11.5 nahe null. Das war zu erwarten. Außerdem nähern sich $N(-d_1)$ und $N(-d_2)$ 1 an, so dass der Preis der Verkaufsoption, der sich aus Gleichung 11.6 ergibt, nahe $Xe^{-rT} - S$ liegt. Auch das war zu erwarten.

DIE KUMULATIVE NORMALVERTEILUNGSFUNKTION

Das einzige Problem bei der Anwendung der Gleichungen 11.5 und 11.6 ist die Berechnung der kumulativen Normalverteilungsfunktion N. Am Ende des vorliegenden Buches stehen Tabellen für N. Diese Funktion kann auch mittels der polynomischen Annäherung bewertet werden. Für folgende Gleichungen lässt sich eine solche Annäherung leicht mittels eines Taschenrechners durchführen:

$$N(x) = 1 - (a_1 k + a_2 k^2 + a_3 k^3) N'(x) \qquad \text{wenn } x \geq 0$$

$$N(x) = 1 - N(-x) \qquad \text{wenn } x < 0$$

wobei

KAPITEL 11 Preisbestimmung von Aktienoptionen mit Black-Scholes   379

$$k = \frac{1}{1+\alpha x}$$

$$\alpha = 0{,}33267$$

$$a_1 = 0{,}4361836$$

$$a_2 = -0{,}1201676$$

$$a_3 = 0{,}9372980$$

und

$$N'(x) = \frac{1}{\sqrt{2\pi}} e^{-x^2/2}$$

Das ergibt Werte für N(x), die immer bis auf 0,0002 genau sind.

Beispiel

Sechs Monate vor Fälligkeit einer Option liegt der Aktienkurs bei 42 $, der Basispreis der Option ist 40 $, der risikofreie Zins ist 10 Prozent per Annum und die Volatilität beträgt 20 Prozent per Annum. Das bedeutet, dass S = 42, X = 40, r = 0,1, σ = 0,2 und T = 0,5,

$$d_1 = \frac{\ln(42/40) + (0{,}1 + 0{,}2^2/2) \times 0{,}5}{0{,}2\sqrt{0{,}5}} = 0{,}7693$$

$$d_2 = \frac{\ln(42/40) + (0{,}1 - 0{,}2^2/2) \times 0{,}5}{0{,}2\sqrt{0{,}5}} = 0{,}6278$$

und

$$Xe^{-rT} = 40e^{-0{,}1 \times 0{,}5} = 38{,}049$$

Wenn es sich bei der Option um eine europäische Kaufoption handelt, ergibt sich ihr Wert c aus

$$c = 42N(0{,}7693) - 38{,}049N(0{,}6278)$$

Wenn es sich bei der Option um eine europäische Verkaufsoption handelt, ergibt sich ihr Wert p aus p = 38,049N(−0,6278) − 42N(−0,7693)

Mit der gerade gegebenen polynomischen Annäherung oder den Tabellen am Ende des Buches erhalten wir

$$N(0,7693) = 0,7791, \quad N(-0,7693) = 0,2209$$
$$N(0,6278) = 0,7349, \quad N(-0,6278) = 0,2651$$

so dass

$$c = 4,76, \quad p = 0,81$$

Der Aktienkurs muss um 2,76 $ steigen, damit der Käufer der Kaufoption ohne Verlust arbeitet. Ähnlich muss der Kurs um 2,81 $ fallen, damit der Käufer der Verkaufsoption ohne Verlust arbeitet.

Risikoneutrale Bewertung

Ein wichtiges Ergebnis der Preisbestimmung von Derivativen ist die sogenannte risikoneutrale Bewertung. Dieses Prinzip wurde in Kapitel 10 eingeführt und besagt folgendes:

> Jedes Wertpapier, das von anderen gehandelten Wertpapieren abhängt, kann auf Basis der Annahme bewertet werden, dass die Investoren risikoneutral sind.

Anzumerken ist, dass die risikoneutrale Bewertung nicht besagt, dass die Investoren risikoneutral sind. Sie besagt, dass Derivative wie Optionen aufgrund der Annahme, dass Investoren risikoneutral sind, bewertet werden können. Das bedeutet, dass die Risikopräferenzen der Investoren keine Auswirkung auf den Wert einer Aktienoption haben, wenn der Wert als Funktion des Kurses der zugrundeliegenden Aktie ausgedrückt wird. Das erklärt, warum μ in den Gleichungen 11.5 und 11.6 nicht vorkommt.

Die risikoneutrale Bewertung ist ein sehr mächtiges Werkzeug, weil in einer risikoneutralen Welt zwei besonders einfache Ergebnisse halten:

1. Die erwartete Rendite aller Wertpapiere entspricht dem risikofreien Zins.

2. Der risikofreie Zins ist der geeignete Abzinsungssatz, der auf erwartete künftige Cashflows anzuwenden ist.

KAPITEL 11 Preisbestimmung von Aktienoptionen mit Black-Scholes

Optionen und andere Derivative, die zu einem bestimmten Zeitpunkt einen Payoff liefern, können mit der risikoneutralen Bewertung bewertet werden. Dabei wird wie folgt verfahren:

1. Es wird angenommen, dass die erwartete Rendite des Basisobjektes dem risikofreien Zins r entspricht (i. e. angenommen wird, dass $\mu = r$).
2. Der für den Fälligkeitstermin erwartete Payoff einer Option wird errechnet.
3. Der erwartete Payoff wird mit dem risikofreien Zins abgezinst.

Anwendung auf den Forwardkontrakt

Mit diesem Verfahren lassen sich die Black-Scholes-Formeln ableiten, aber die Mathematik ist sehr kompliziert und soll hier nicht vorgestellt werden. Stattdessen soll das Verfahren anhand der Bewertung eines Forwardkontraktes auf eine dividendenlose Aktie veranschaulicht werden. (Dieser Kontrakt wurde bereits mit einem anderen Ansatz in Kapitel 3 bewertet.) Es wird angenommen, dass die Zinsen konstant und gleich r sind.

Man betrachte eine Kaufposition in einem Forwardkontrakt, der in T fällig wird und den Lieferpreis K hat. Der Kontrakt hat bei Fälligkeit den Wert

$$S_T - K$$

Oben in diesem Kapitel wurde gezeigt, dass der erwartete Wert von S_T gleich $Se^{\mu T}$ ist. In einer risikoneutralen Welt wird daraus Se^{rT}. In einer risikoneutralen Welt ist der erwartete Payoff des Kontraktes bei Fälligkeit somit

$$Se^{rT} - K$$

Zinst man mit dem risikofreien Zins r über den Zeitraum T ab, erhält man den heutigen Wert f des Forwardkontraktes

$$f = e^{-rT}(Se^{rT} - K) = S - Ke^{-rT}$$

Das stimmt mit dem Ergebnis aus Gleichung 3.9 überein.

Implizite Volatilitäten

Ein Parameter in den Black-Scholes-Preisformeln, der nicht direkt beobachtet werden kann, ist die Volatilität des Aktienkurses. Oben in diesem Kapitel wurde gezeigt, wie man die Volatilität anhand der Kurshistorie einer Aktie schätzen kann. In dieser Phase nun ist es angebracht, die *implizite Volatilität* einzuführen. Das ist die Volatilität, die ein am Markt beobachteter Optionspreis impliziert.

Um die grundlegende Idee zu veranschaulichen, nehme man an, dass der Wert einer Kaufoption auf eine dividendenlose Aktie 1⅞ (= 1,875) beträgt, wenn $S = 21$, $X = 20$, $r = 0,1$ und $T = 0,25$. Die implizite Volatilität ist der Wert von σ, der, wenn in Gleichung 11.5 eingesetzt, $c = 1,875$ ergibt. Es ist nicht möglich, Gleichung 11.5 zu invertieren, so dass σ als Funktion von S, X, r, T und c ausgedrückt wird, aber mit einem Mehrfachsuchverfahren kann das implizite σ gefunden werden. Man könnte damit beginnen, indem man $\sigma = 0,20$ setzt. Das ergibt einen Wert für c von 1,76, der zu niedrig ist. Da c eine wachsende Funktion von σ ist, muss der Wert von σ höher sein. Als nächstes könnte man für σ den Wert 0,30 einsetzen. Dann bekommt man für c den Wert 2,10, der zu hoch ist. Das bedeutet also, dass σ zwischen 0,20 und 0,30 liegt. Als nächstes wird für σ der Wert 0,25 eingesetzt. Auch der erweist sich als zu hoch. Der Wert für σ muss also zwischen 0,20 und 0,25 liegen. Auf diese Weise kann man fortfahren und bei jeder Iteration den Bereich von σ halbieren, so dass man den richtigen Wert von σ mit jeder erforderlichen Genauigkeit bekommt.[5] Die implizite Volatilität in diesem Beispiel beträgt 0,235 oder 23,5 Prozent per Annum.

Implizite Volatilitäten können verwendet werden, um die Meinung des Marktes zur Volatilität einer bestimmten Aktie zu beobachten. Die Händler berechnen die implizite Volatilität oftmals anhand einer lebhaft gehandelten Option und benutzen das Ergebnis, um den Preis einer weniger lebhaft gehandelten Option auf die gleiche Aktie zu berechnen. Sehr oft erhält man simultan mehrere implizite Volatilitäten verschiedener Optionen auf die gleiche Aktie, so dass man anhand eines angemessen gewichteten Durchschnitts der einzelnen impliziten Volatilitäten die zusammengesetzte implizite Volatilität der Aktie berechnet. Die Gewichtung, die jede implizite Volatilität bei dieser Berechnung bekommt, sollte die Sensitivität des Optionspreises gegenüber der Volatilität spiegeln. Zur Veranschaulichung stelle man

---

[5] Diese Methode wird zu Illustrationszwecken gezeigt. In der Praxis werden normalerweise andere, mächtigere Verfahren verwendet.

sich vor, dass zwei implizite Volatilitätsschätzwerte erhältlich sind. Der erste beträgt 21 Prozent per Annum und basiert auf einer Am-Geld-Option; die zweite beträgt 26 Prozent per Annum und basiert auf einer Tief-aus-dem-Geld-Option mit der gleichen Laufzeit. Der Preis der Am-Geld-Option ist sehr viel sensitiver gegenüber der Volatilität als der Preis der Tief-aus-dem-Geld-Option. Er liefert daher mehr Informationen über die „wahre" implizite Volatilität. Man könnte also die implizite Volatilität der Am-Geld-Option mit 0,9 gewichten und die der Tief-aus-dem-Geld-Option mit 0,1. Die gewichtete durchschnittliche implizite Volatilität beträgt somit

$$0,9 \times 0,21 + 0,1 \times 0,26 = 0,215$$

oder 21,5 Prozent per Annum. Beckers, Chiras und Manaster, Latane und Rendleman sowie Whaley diskutieren verschiedene Gewichtungsschemata (siehe Literatur am Kapitelende). Die Volatilitätssensitivität eines Optionspreises ist das Verhältnis, mit der sich der Preis gegenüber der Volatilität verändert.[6] Beckers kam, nachdem er mehrere Gewichtungsschemata untersucht hatte, zu dem Schluss, dass man die besten Resultate erzielt, wenn man nur die Option verwendet, deren Preis am sensitivsten auf σ reagiert. Für unser Beispiel würde der Beckers-Ansatz somit eine Volatilität von 21 Prozent schätzen.

Ursachen der Volatilität

Als nächstes werden die Ursachen der Volatilität betrachtet. Einige Analysten meinen, dass die Volatilität eines Aktienkurses allein durch die zufällige Verbreitung neuer Informationen über die künftigen Renditen der Aktie bestimmt wird. Andere wiederum sind der Ansicht, dass die Volatilität vor allem durch den Handel verursacht wird. Eine interessante Frage ist somit, ob die Volatilität bei geöffneter Börse genauso ist wie bei geschlossener.

Fama und French (siehe Referenzen am Ende des Kapitels) haben diese Frage empirisch untersucht. Sie haben über einen langen Zeitraum Daten über den Aktienkurs am Ende eines jeden Handelstages erhoben und dann folgendes berechnet:

---

[6] Die Berechnung der Rate, mit der sich der Preis gegenüber der Volatilität verändert, wird in den Kapitel 14 und 16 diskutiert.

1. Die Varianz der Aktienkursrenditen zwischen dem Börsenschluss des einen Tages und dem Börsenschluss des nächsten Handelstages, wobei dazwischen keine Tage lagen, an denen kein Handel stattfand
2. Die Varianz der Aktienkursrenditen zwischen dem Börsenschluss am Freitag und dem Börsenschluss am Montag

Wenn die Börsen- und Nicht-Börsentage äquivalent sind, müsste die Varianz in Situation 2 dreimal so groß sein wie die Varianz in Situation 1. Fama fand heraus, dass sie nur um 22 Prozent höher lag. French kam zu ähnlichen Ergebnissen. Er fand heraus, dass sie 19 Prozent höher war.

Diese Ergebnisse deuten an, dass die Volatilität bei geöffneter Börse viel höher ist als bei geschlossener Börse. Verfechter der traditionellen Sicht, dass die Volatilität nur durch neue Informationen verursacht wird, könnten versucht sein zu argumentieren, dass die meisten neuen Informationen über Aktien während der Börsenstunden eingehen.[7] Studien über die Futurespreise landwirtschaftlicher Erzeugnisse, die größtenteils vom Wetter abhängen, zeigen jedoch, dass sie sich ähnlich wie Aktienkurse verhalten; das heißt, sie sind während der Börsenstunden viel volatiler. Die Wahrscheinlichkeit, dass Nachrichten über das Wetter verbreitet werden, dürfte aber an jedem Tag gleich groß sein. Der einzig vernünftige Grund scheint zu sein, dass die Volatilität sehr stark vom Handel selbst verursacht wird.[8]

Welche Implikationen hat dies für die Messung der Volatilität und das Black-Scholes-Modell? Die Ergebnisse deuten an, dass Tage, an denen die Börse geschlossen ist, ignoriert werden sollten, wenn man anhand historischer Daten die Volatilitäten berechnet und wenn man Volatilitäten zur Optionsbewertung verwendet. Beispielsweise sollte die Volatilität per Annum mittels der Volatilität je Handelstag anhand folgender Formel berechnet werden

$$\text{Volatilität per Annum} = \text{Volatilität per Handelstag} \times \sqrt{\text{Zahl der Handelstage per Annum}}$$

---

[7] Dieses Argument ist jedoch fragwürdig. Oft werden wichtig Ankündigungen (z. B. über Umsätze und Gewinne) gemacht, wenn die Börse geschlossen ist.

[8] Zu dieser Diskussion siehe den Aufsatz von French und Roll, der am Kapitelende in der Literaturliste aufgeführt ist. Im Zusammenhang mit Portefeuille-Versicherungsschemata in Kapitel 14 wird eine Möglichkeit des Handels betrachtet, Volatilität zu generieren.

KAPITEL 11 Preisbestimmung von Aktienoptionen mit Black-Scholes 385

Dies ist der Ansatz, der oben in diesem Kapitel in Verbindung mit den Daten in Tabelle 11.1 verwendet wurde. Normalerweise wird im Aktienkontext angenommen, dass ein Jahr 252 Handelstage hat.

Dividenden

Bis hierhin wurde davon ausgegangen, dass die Aktie, auf die die Option verkauft wird, keine Dividenden abwirft. In der Praxis ist dies nicht immer der Fall. Als nächstes werden die Ergebnisse um die Annahme erweitert, dass die Dividenden einer Aktie während der Laufzeit der Option genau vorhersagbar sind. Da handelbare Optionen gewöhnlich Laufzeiten von unter acht Monaten haben, ist diese Annahme nicht unrealistisch.

Der kritische Tag für die Bewertung von Optionen ist der Ex-Dividendentag. An diesem Tag sinkt der Aktienkurs um den Betrag der Dividende.[9] Dadurch sinkt der Wert der Kaufoptionen und steigt der Wert der Verkaufsoptionen.

EUROPÄISCHE OPTIONEN

Europäische Optionen können analysiert werden, wenn man annimmt, dass der Aktienkurs aus der Summe zweier Komponenten besteht: einer risikofreien Komponente, die verwendet wird, um die bekannten Dividenden während der Laufzeit der Option zu zahlen, und einer risikobehafteten Komponente. Die risikofreie Komponente ist zu jedem gegebenen Zeitpunkt der Gegenwartswert der gesamten Dividenden während der Laufzeit der Option, vom Ex-Dividentag bis heute abgezinst mit dem risikofreien Zins. Die Black-Scholes-Formel ist dann richtig, wenn S gleichgesetzt wird mit der risikobehafteten Komponente. Operational bedeutet das, dass die Black-Scholes-Formel verwendet werden kann, vorausgesetzt der Aktienkurs wird um den Gegenwartswert aller Dividenden während der Laufzeit der Option verringert, wobei vom Ex-Dividendentag bis heute mit dem risikofreien Zins

---

[9] Aus steuerlichen Gründen kann der Aktienkurs um weniger als die Dividendensumme sinken. Um dieses Phänomen zu berücksichtigen, müssen wir den Begriff *Dividende* im Kontext der Optionspreisbestimmung als durch die Dividende verursachte Reduktion des Aktienkurses am Ex-Dividendtag interpretieren. Wird also eine Dividende von 1 $ je Aktie antizipiert und der Aktienkurs sinkt am Ex-Dividendentag gewöhnlich um 80 Prozent der Dividende, dann sollte aus Analysegründen eine Dividende von 0,80 $ unterstellt werden.

abgezinst wird. Eine Dividende wird nur dann in den Berechnungen berücksichtigt, wenn der Ex-Dividendentag in die Laufzeit der Option fällt.

Beispiel

Man betrachte eine europäische Kaufoption auf eine Aktie mit einem Ex-Dividentag in zwei Monaten und einem in fünf Monaten. Die erwartete Dividende beträgt an jedem Ex-Dividendentag 0,50 $. Der aktuelle Aktienkurs liegt bei 40 $, der Basispreis ist 40 $, die Aktienkursvolatilität beträgt 30 Prozent per Annum, der risikofreie Zins beträgt 9 Prozent per Annum und die Zeit bis zur Fälligkeit beträgt sechs Monate. Der Gegenwartswert der Dividende ist

$$0,5e^{-0,09 \times 2/12} + 0,5e^{-0,09 \times 5/12} = 0,9741$$

Somit kann der Optionspreis mit der Black-Scholes-Formel berechnet werden, wobei S = 39,0259, X = 40, r = 0,09, σ = 0,3 und T = 0,5.

$$d_1 = \frac{\ln(39,0259/40) + (0,09 + 0,3^2/2) \times 0,5}{0,3\sqrt{0,5}} = 0,2017$$

$$d_2 = \frac{\ln(39,0259/40) + (0,09 + 0,3^2/2)}{0,3\sqrt{0,5}} = -0,0104$$

Die polynomische Annäherung ergibt

$N(d_1) = 0,5800$ und $N(d_2) = 0,4959$

Gleichung 11.5 ergibt den Preis der Kaufoption

$$39,0259 \times 0,5800 - 40e^{-0,09 \times 0,5} \times 0,4959 = 3,67$$

oder 3,67 $.

Mit diesem Verfahren sollte σ in der Black-Scholes-Formel die Volatilität der risikobehafteten Komponente des Aktienkurses sein – nicht die Volatilität des Aktienkurses selbst. In der Praxis wird oft angenommen, dass beide gleich sind. In der Theorie beträgt die Volatilität der risikobehafteten Komponente annäherungsweise S/(S − D) multipliziert mit der Volatilität des Aktienkurses, wobei D der Gegenwartswert der Dividenden und S der Aktienkurs ist.

KAPITEL 11 Preisbestimmung von Aktienoptionen mit Black-Scholes 387

AMERIKANISCHE KAUFOPTIONEN

In Kapitel 8 wurde gezeigt, dass amerikanische Kaufoptionen nie vorzeitig ausgeübt werden sollten, wenn die zugrundeliegende Aktie keine Dividenden abwirft. Werden Dividenden gezahlt, ist manchmal eine Ausübung kurz vor dem Ex-Dividendentag der Aktie optimal. Der Grund ist leicht nachzuvollziehen. Durch die Dividende verliert sowohl die Aktie als auch die Kaufoption an Wert. Wenn die Dividende ausreichend hoch und die Kaufoption ausreichend im Geld ist, kann es sinnvoll sein, auf den verbleibenden Zeitwert der Option zu verzichten, um die ungünstigen Effekte der Dividende auf den Aktienkurs zu vermeiden.

In der Praxis werden Kaufoptionen meistens vorzeitig ausgeübt, kurz vor dem letzten Ex-Dividendentag. Die Analyse in Appendix 11A zeigt an, warum dies so ist, und sie leitet die Bedingungen ab, unter denen eine vorzeitige Ausübung optimal sein kann. Hier soll nun ein von Fischer Black vorgeschlagenes approximatives Verfahren zur Bewertung amerikanischer Kaufoptionen auf Dividenden abwerfende Aktien beschrieben werden.

DIE ANNÄHERUNG VON BLACK

Bei der Annäherung von Black werden die Preise von zwei europäischen Optionen berechnet:

1. Eine Option, die zur gleichen Zeit fällig wird wie die amerikanische Option

2. Eine Option, die kurz vor dem letzten, in die Optionslaufzeit fallenden Ex-Dividendentag fällig wird

Basispreis, Anfangskurs der Aktie, risikofreier Zins und Volatilität entsprechen den Werten der betrachteten Option. Der Preis der amerikanischen Option wird gleich dem höheren der beiden Preise der europäischen Optionen gesetzt.

Beispiel

Kehren Sie zu dem vorherigen Beispiel zurück, nehmen Sie aber ab, dass die Option eine amerikanische ist und keine europäische. Der Gegenwartswert der ersten Dividende beträgt

$$0{,}5e^{-0{,}1667 \times 0{,}09} = 0{,}4926$$

Angenommen die Option läuft kurz vor dem letzten Ex-Dividendentag aus. Der Wert der Option lässt sich dann mittels der Black-Scholes-Formel berechnet, wobei S = 39,5074, X = 40, r = 0,09, σ = 0,30 und T = 0,4167. Er beträgt 3,52 $. Bei der Annäherung nach Black muss der höhere dieses Wertes und des Wertes der Option genommen werden, wenn sie nur am Ende der sechs Monate ausgeübt werden kann. Aus dem vorherigen Beispiel ist bekannt, dass der Preis der Kaufoption 3,67 $ beträgt. Da dies der höhere der beiden Werte ist, ergibt die Annäherung von Black, dass die amerikanische Kaufoption 3,67 $ wert ist.

Zusammenfassung

Die übliche Annahme bei der Preisbestimmung von Aktienoptionen ist, dass der Kurs einer Aktie zu irgendeinem künftigen Zeitpunkt bei einem gegebenen heutigen Kurs log-normal ist. Das wiederum impliziert, dass die kontinuierlich verzinste Rendite der Aktie in einem Zeitraum normalverteilt ist. Unsere Unsicherheit über künftige Aktienkurse wächst, je weiter unser Zeithorizont ist. In einer groben Annäherung kann man sagen, dass die Standardabweichung des Aktienkurses proportional der Quadratwurzel unseres Zeithorizontes ist.

Um die Volatilität eines Aktienkurses, σ, empirisch zu schätzen, muss der Aktienkurs in festen Intervallen (z. B. täglich, wöchentlich oder monatlich) beobachtet werden. Für jede Periode wird der natürliche Logarithmus des Verhältnisses vom Aktienkurs am Ende der Periode zum Aktienkurs am Beginn der Periode berechnet. Die Volatilität wird als Standardabweichung dieser Zahlen geschätzt, dividiert durch die Quadratwurzel der Periodenlänge in Jahren. Normalerweise werden für die Volatilitätsberechnung die Tage, an denen die Börse geschlossen ist, bei der Messung der Periode ignoriert.

Bei der Bewertung von Aktienoptionen wird eine risikofreie Position in der Option und der Aktie eingerichtet. Da Aktienkurs und Optionspreis von der gleichen zugrundeliegenden Unsicherheitsquelle abhängen, lässt sich eine solche Position immer einrichten. Die Position bleibt nur kurze Zeit risikofrei. Doch die Rendite einer risikofreien Position muss immer dem risikofreien Zins entsprechen, wenn es keine Arbitrage-Möglichkeiten gibt. Es ist diese Tatsache, die es ermöglicht, den Optionspreis in Form des Aktienkurses zu bewerten. Die ursprüngliche Black-Scholes-Gleichung gibt den Wert einer europäischen Kauf- oder Verkaufsoption auf eine dividendenlose Aktie in Form von fünf Variablen an: Aktienkurs, Basispreis, risikofreier Zins, Volatilität und Zeit bis zur Fälligkeit.

Es überrascht, dass die erwartete Rendite der Aktie nicht in die Black-Scholes-Gleichung eingeht. Es gibt ein allgemeines Prinzip, die sogenannte risikoneutrale Bewertung, die besagt, dass jedes Wertpapier, das von anderen handelbaren Wertpapieren abhängt, auf Grundlage der Annahme bewertet werden kann, dass die Welt risikoneutral ist. Das Ergebnis erweist sich in der Praxis als sehr nützlich. In einer risikoneutralen Welt entspricht die erwartete Rendite aller Wertpapiere gleich dem risikofreien Zins, und der richtige Abzinsungssatz für die erwarteten Cashflows entspricht ebenfalls dem risikofreien Zins.

Eine implizite Volatilität ist die Volatilität, die, wenn sie in die Black-Scholes-Gleichung oder deren Erweiterungen eingesetzt wird, den Marktpreis der Option ergibt. Die Händler beobachten die impliziten Volatilitäten und verwenden mitunter die implizite Volatilität eines Aktienoptionspreises, um den Preis einer anderen Option auf die gleiche Aktie zu berechnen. Empirische Ergebnisse zeigen, dass die Volatilität einer Aktie bei geöffneter Börse viel höher als bei geschlossener Börse ist. Das deutet an, dass der Handel selbst im gewissen Maß die Aktienkursvolatilität verursacht.

Die Black-Scholes-Ergebnisse lassen sich leicht auf europäische Kauf- und Verkaufsoptionen auf Dividenden abwerfende Aktien erweitern. Ein Verfahren sieht die Verwendung der Black-Scholes-Formel vor, wobei der Aktienkurs um den Gegenwartswert der Dividenden, die in der Optionslaufzeit antizipiert werden, reduziert und die Volatilität mit der Volatilität des Aktienkurses abzüglich dem Gegenwartswert dieser Dividenden gleichgesetzt wird. Fischer Black schlägt für die Bewertung amerikanischer Kaufoptionen auf eine Dividenden abwerfende Aktie eine Annäherung vor. Bei seinem Ansatz wird der Preis gleichgesetzt mit dem höheren Preis zweier europäischer Optionen. Die erste europäische Option läuft zur selben Zeit aus wie die amerikanische Option; die zweite läuft unmittelbar vor dem letzten Ex-Dividendentag aus.

Weitere Literatur

Über die Black-Scholes-Formel und ihre Erweiterungen

Black, F. „Fact and Fantasy in the Use of Options and Corporate Liabilities", *Financial Analysts Journal* 31 (July-August 1975): 36-41, 61-72.

Black, F. und M. Scholes. „The Pricing of Options and Corporate Liabilities", *Journal of Political Economy* 81 (May-June 1973): 637-659.

Hull, J. *Options, Futures, and Other Derivatives*. 3. Aufl. Englewood Cliffs, NJ: Prentice Hall, 1997.

Merton, R. C. „Theory of Rational Option Pricing", *Bell Journal of Economics and Management Science* 4 (Spring 1973): 141-183.

Smith, C. W. „Option Pricing: A Review", *Journal of Financial Economics* 3 (March 1976): 3-51.

Über die Gewichtungsschemata für implizite Volatilitäten

Beckers, S. „Standard Deviations in Option Prices as Predictors of Future Stock Price Variability", *Journal of Banking and Finance* 5 (September 1981): 363-382.

Chiras, D. P. und S. Manaster. „The Information Content of Option Prices and a Test of Market Efficiency", *Journal of Financial Economics* 6 (1978): 213-234.

Latane, H. und R. J. Rendleman. „Standard Deviation of Stock Price Ratios Implied by Option Premia", *Journal of Finance* 31 (May 1976): 369-382.

Whaley, R. E. „Valuation of American Call Options on Dividend-paying Stocks: Empirical Tests", *Journal of Financial Economics* 10 (March 1982): 29-58.

Über die Ursachen der Volatilität

Fama, E. E. „The Behavior of Stock Market Prices", *Journal of Business* 38 (January 1965): 34-105.

French, K. R. „Stock Returns and the Weekend Effect", *Journal of Financial Economics* 8 (March 1980): 55-69.

French, K. und R. Roll. „Stock Return Variances: The Arrival of Information and the Reaction of Traders", *Journal of Financial Economics* 17 (September 1986): 5-26.

Über analytische Lösungen für die Preisbestimmung amerikanischer Kaufoptionen

Geske, R. „Comments on Whaley's Note", *Journal of Financial Economics* 9 (June 1981): 213-215.

Geske, R. „A Note on an Analytic Valuation Formula for Unprotected American Call Options on Stocks with Known Dividends", *Journal of Financial Economics* 7 (1979): 375-380.

Roll, R. „An Analytical Formula for Unprotected American Call Options on Stocks with Known Dividends", *Journal of Financial Economics* 5 (1977): 251-258.

Whaley, R. „On the Valuation of American Call Options on Stocks with Known Dividends", *Journal of Financial Economics* 9 (1981): 207-211.

Testfragen

1. Welche Annahme trifft das Black-Scholes-Preismodell über die Wahrscheinlichkeitsverteilung des Aktienkurses in einem Jahr? Wie ist die Modell-Annahme hinsichtlich der kontinuierlich verzinsten Rendite der Aktie während dieses Jahres?

2. Die Volatilität eines Aktienkurses beträgt 30 Prozent per Annum. Wie hoch ist die Standardabweichung der proportionalen Preisänderung an einem Handelstag?

3. Erläutern Sie, wie die Black-Scholes-Formeln mittels der risikoneutralen Bewertung abgeleitet werden können.

4. Berechnen Sie den Preis einer dreimonatigen europäischen Verkaufsoption auf eine dividendenlose Aktie mit einem Basispreis von 50 $, wenn der aktuelle Aktienkurs bei 50 $ liegt, der risikofreie Zins 10 Prozent per Annum und die Volatilität 30 Prozent per Annum beträgt.

5. Wie wirkt sich das auf die Berechnungen in Testfrage 4 aus, wenn in zwei Monaten eine Dividende von 1,50 $ erwartet wird?

6. Was bedeutet implizite Volatilität? Wie würden Sie die Volatilität berechnen, die der Preis einer europäischen Verkaufsoption impliziert?

7. Wie funktioniert Blacks Annäherung an die Bewertung einer amerikanischen Kaufoption auf eine Dividenden abwerfende Aktie?

Fragen und Probleme

1. Der Kurs einer Aktie liegt derzeit bei 50 $. Nehmen Sie an, dass die erwartete Rendite der Aktie 18 Prozent per Annum und die Volatilität 30 Prozent per Annum beträgt. Wie ist die Wahrscheinlichkeitsverteilung des Aktienkurses in zwei Jahren? Berechnen Sie den Mittelwert und die Standardabweichung der Verteilung. Bestimmen Sie 95-prozentige Konfidenzbereiche.

2. Der Kurs einer Aktie liegt derzeit bei 40 $. Nehmen Sie an, dass die erwartete Rendite der Aktie 15 Prozent und ihre Volatilität 25 Prozent beträgt. Wie ist die Wahrscheinlichkeitsverteilung für die Rendite (bei kontinuierlicher Verzinsung), die in einer einjährigen Periode anfällt?

3. Ein Aktienkurs hat eine erwartete Rendite von 16 Prozent und eine Volatilität von 35 Prozent. Der Tageskurs liegt bei 38 $.

    a. Wie hoch ist die Wahrscheinlichkeit, dass eine europäische Kaufoption auf die Aktie mit einem Basispreis von 40 $ und einer Fälligkeit in sechs Monaten ausgeübt wird?

    b. Wie hoch ist die Wahrscheinlichkeit, dass eine europäische Verkaufsoption mit gleichem Basispreis und gleicher Fälligkeit ausgeübt wird?

4. Beweisen Sie unter Verwendung der Notation in diesem Kapitel, dass ein 95-prozentiger Konfidenzbereich von S_T zwischen

    $$Se^{(\mu-\sigma^2/2)T-2\sigma\sqrt{T}} \quad \text{und} \quad Se^{(\mu-\sigma^2/2)T+2\sigma\sqrt{T}}$$

    liegt.

5. Ein Portefeuille-Manager kündigt an, dass die durchschnittlich realisierte Rendite in jedem der letzten 10 Jahre 20 Prozent per Annum betrug. Inwiefern ist diese Behauptung irreführend?

6. Angenommen am Ende von jeweils 15 aufeinanderfolgenden Wochen werden folgende Aktienkurse (in Dollar) beobachtet:

KAPITEL 11 Preisbestimmung von Aktienoptionen mit Black-Scholes 393

30¼ 32,   31⅛, 30⅛, 30¼, 30⅜, 30⅝, 33,
32⅞, 33,   33½, 33½, 33¾, 33½, 33¼

Schätzen Sie die Volatilität des Aktienkurses. Welchen Standardfehler hat Ihre Schätzung?

7. Angenommen eine dividendenlose Aktie hat die erwartete Rendite μ und die Volatilität σ. Eine innovative Finanzinstitution hat soeben verkündet, dass sie ein Derivativ handeln will, das in Zeitpunkt T folgenden Payoff in Dollar hat

$$\frac{1}{T}\ln\left(\frac{S_T}{S_0}\right)$$

Die Variablen S_0 und S_T bezeichnen die Werte des Aktienkurses in den Zeitpunkten null und T.

   a. Beschreiben Sie den Payoff dieses Derivativs.

   b. Verwenden Sie die risikoneutrale Bewertung, um den Preis des Derivativs im Zeitpunkt null zu errechnen.

   c. Verwenden Sie die risikoneutrale Bewertung, um den Preis des Derivativs im Zeitpunkt t in Form des Aktienkurses S im Zeitpunkt t zu berechnen, wobei $0 \leq t \leq T$.

8. Wenn das Derivativ in Problem 7 ein Erfolg ist, möchte die Institution ein weiteres Derivativ anbieten, das im Zeitpunkt T einen Payoff in Dollar von S_T^2 hat. Verwenden Sie die risikoneutrale Bewertung, um den Preis des Derivativs im Zeitpunkt t in Form des Aktienkurses S im Zeitpunkt t zu berechnen, wobei $0 \leq t \leq T$. (*Hinweis:* Der erwartete Wert von S_T^2 kann aus dem in diesem Kapitel gegebenen arithmetischen Mittelwert und der Varianz von S_T berechnet werden).

9. Wie hoch ist der Preis einer europäischen Kaufoption auf eine dividendenlose Aktie bei einem Aktienkurs von 52 $, einem Basispreis von 50 $, einem risikofreien Zins von 12 Prozent per Annum, einer Volatilität von 30 Prozent per Annum und einer Laufzeit von drei Monaten?

10. Wie hoch ist der Preis einer europäischen Verkaufsoption auf eine dividendenlose Aktie bei einem Aktienkurs von 69 $, einem Basis-

preis von 70 $, einem risikofreien Zins von 5 Prozent per Annum, einer Volatilität von 35 Prozent per Annum und einer Laufzeit von sechs Monaten?

11. Betrachten Sie eine Option auf eine dividendenlose Aktie bei einem Aktienkurs von 30 $, einem Basispreis von 29 $, einem risikofreien Zins von 5 Prozent per Annum einer Volatilität von 25 Prozent per Annum und einer Laufzeit von vier Monaten.

   a. Welchen Preis hat die Option, wenn es sich um eine europäische Kaufoption handelt?

   b. Welchen Preis hat die Option, wenn es sich um eine amerikanische Kaufoption handelt?

   c. Welchen Preis hat die Option, wenn es sich um eine europäische Verkaufsoption handelt?

   d. Verifizieren Sie, dass die Put-Call-Parität hält.

12. Nehmen Sie an, dass die Aktie in Problem 11 in anderthalb Monaten Ex-Dividende geht. Die erwartete Dividende beträgt 50 Cents.

   a. Welchen Preis hat die Option, wenn es sich um eine europäische Kaufoption handelt?

   b. Welchen Preis hat die Option, wenn es sich um eine europäische Verkaufsoption handelt?

13. Eine Kaufoption auf eine dividendenlose Aktie hat einen Marktpreis von 2½ $. Der Aktienkurs liegt bei 15 $, der Basispreis ist 13 $, die Laufzeit drei Monate und der risikofreie Zins 5 Prozent per Annum. Wie hoch ist die implizite Volatilität?

14. Zeigen Sie, dass die Black-Scholes-Formel für eine Kaufoption einen Preis ergibt, der bei $T \to 0$ zu $\max(S - X, 0)$ tendiert.

15. Erläutern Sie ausführlich, warum Blacks Ansatz zu Bewertung einer amerikanischen Kaufoption auf eine Dividenden abwerfende Aktie selbst dann eine näherungsweise Antwort geben kann, wenn nur eine Dividende antizipiert wird. Wird mit Blacks Ansatz der wahre Optionswert untertrieben oder übertrieben? Erläutern Sie Ihre Antwort.

APPENDIX 11 A

Die vorzeitige Ausübung amerikanischer Kaufoptionen auf Dividenden abwerfende Aktien

In Kapitel 8 wurde gezeigt, dass es nie optimal ist, eine amerikanische Kaufoption auf eine dividendenlose Aktie vor dem Fälligkeitstag auszuüben. Ein ähnliches Argument zeigt, dass eine Kaufoption auf eine Dividenden zahlende Aktie nur unmittelbar vor einem Ex-Dividendentag und am Fälligkeitstag ausgeübt werden sollte. Angenommen n Dividentage werden antizipiert und t_1, t_2, ... t_n sind die Momente unmittelbar bevor die Aktie Ex-Dividende geht, wobei $t_1 < t_2 < ... t_n$. Die Dividenden an diesen Terminen sind benannt mit D_1, D_2, ... D_3.

Wir beginnen, indem wir die Möglichkeit einer vorzeitigen Ausübung unmittelbar vor dem letzten Ex-Dividendentag (i. e. im Zeitpunkt t_n) betrachten. Wenn die Option in t_n ausgeübt wird, bekommt der Investor

$$S(t_n) - X$$

Wenn die Option nicht ausgeübt wird, fällt der Aktienkurs auf $S(t_n) - D_n$. Wie in Kapitel 8 gezeigt, hat der Preis der Option dann die Untergrenze

$$S(t_n) - D_n - Xe^{-r(T-t_n)}$$

Daraus folgt, dass, wenn

$$S(t_n) - D_n - Xe^{-r(T-t_n)} \geq S(t_n) - X$$

also

(11A.1) $$D_n \leq X(1 - e^{-r(T-t_n)})$$

es nicht optimal sein kann, in t_n auszuüben. Wenn andererseits

(11A.2) $$D_n > X(1 - e^{-r(T-t_n)})$$

ist, lässt sich zeigen, dass es bei einem ausreichend hohen Wert von $S(t_n)$ immer optimal ist, in t_n auszuüben. Die Wahrscheinlichkeit, dass die Ungleichheit in Gleichung 11A.2 erfüllt wird, ist dann sehr hoch, wenn der finale Ex-Dividendentag sehr nahe bei dem Fälligkeitstermin der Option liegt (i. e. wenn $T - t_n$ klein ist) und die Dividende hoch ist.

Als nächstes betrachte man den vorletzten Ex-Dividendentag t_{n-1}. Wenn die Option in t_{n-1} ausgeübt wird, bekommt der Investor

$$S(t_{n-1}) - X$$

Wenn die Option nicht in t_{n-1} ausgeübt wird, fällt der Aktienkurs auf $S(t_{n-1}) - D_{n-1}$ und der nächste Termin, an dem die Ausübung erfolgen kann, ist t_n. Wird die Option nicht in t_{n-1} ausgeübt, hat der Optionspreis die Untergrenze

$$S(t_{n-1}) - D_{n-1} - Xe^{-r(t_n - t_{n-1})}$$

Daraus folgt, dass, wenn

$$S(t_{n-1}) - D_{n-1} - Xe^{-r(t_n - t_{n-1})} \geq S(t_{n-1}) - X$$

oder

$$D_{n-1} \leq X(1 - e^{-r(t_n - t_{n-1})})$$

ist, es nicht optimal sein kann, in t_{n-1} auszuüben. Ähnlich gilt für jedes $i < n$, wenn

(11A.3) $$D_i \leq X(1 - e^{-r(t_{i+1} - t_i)})$$

dass eine Ausübung in t_i nicht optimal ist.

Die Ungleichheit in 11A.3 entspricht annäherungsweise

$$D_i \leq Xr(t_{i+1} - t_i)$$

Angenommen X liegt sehr nahe am aktuellen Kurs der Aktie, dann müsste die Dividendenrendite der Aktie entweder nahe oder über dem risikofreien Zins liegen, damit die Ungleichheit nicht erfüllt ist. Das ist gewöhnlich nicht der Fall.

Aus dieser Analyse kann geschlossen werden, dass in den meisten Fällen der einzige Zeitpunkt, der für die vorzeitige Ausübung einer amerikanischen Kaufoption betrachtet werden muss, der letzte Ex-Dividentag t_n ist. Wenn zudem die Ungleichheit in Gleichung 11A.3 für $i = 1, 2, ..., n-1$ und auch die Ungleichheit in Gleichung 11.A.1 hält, kann man sicher sein, dass eine vorzeitige Ausübung niemals optimal ist.

APPENDIX 11 A Die vorzeitige Ausübung amerikanischer Kaufoptionen auf Dividenden abwerfende Aktien

Beispiel

Man betrachte das Beispiel, das in diesem Kapitel verwendet wurde, um europäische Optionen auf eine Dividenden abwerfende Aktie zu bewerten: $S = 40$, $X = 40$, $r = 0,09$, $\sigma = 0,30$, $t_1 = 0,1667$, $t_2 = 0,4167$, $T = 0,5$ und $D_1 = D_2 = 0,5$. Wir nehmen an, dass es sich bei der Option um eine amerikanische Option handelt und nicht um eine europäische. In diesem Fall ist

$$X(1 - e^{-r(T_2 - t_1)}) = 40(1 - e^{-0,09 \times 0,25}) = 0,89$$

Da dies mehr ist als 0,5, folgt aus Gleichung 11A.3, dass die Option niemals am ersten Ex-Dividendentag ausgeübt werden sollte. Ebenso ist

$$X(1 - e^{-r(T - t_2)}) = 40(1 - e^{-0,09 \times 0,08333}) = 0,30$$

Da dies weniger ist als 0,5, folgt aus Gleichung 11A.1, dass, wenn die Option ausreichend tief im Geld ist, sie am zweiten Ex-Dividendentag ausgeübt werden sollte.

Kapitel 12 Optionen auf Aktienindizes und Währungen

Dieses Kapitel thematisiert das Problem der Bewertung von Optionen auf Aktienindizes und Währungen. In einem ersten Schritt werden einige Resultate aus den Kapiteln 8, 10 und 11 um europäische Optionen auf eine Aktie, die eine kontinuierliche Dividendenrendite abwirft, erweitert. Dann wird argumentiert, dass Aktienindizes und Währungen analog zu Aktien sind, die eine kontinuierliche Dividendenrendite abwerfen. Die grundlegenden Ergebnisse, die für Optionen auf eine Aktie gelten, die eine kontinuierliche Dividendenrendite abwirft, können somit auch für diese Optionsarten verwendet werden.

Eine einfache Regel

In diesem Abschnitt wird eine einfache Regel vorgestellt, mit der Ergebnisse, die für europäische Optionen auf einen dividendenlose Aktie gelten, erweitert werden können, so dass sie auch auf europäische Optionen auf Aktien, die eine bekannte Dividendenrendite abwerfen, anwendbar sind.

Man betrachte den Unterschied zwischen einer Aktie, die per Annum eine kontinuierliche Dividendenrendite mit der Rate q abwirft, und eine ähnliche Aktie, die keine Dividenden zahlt. Wie bereits in Kapitel 11 erläutert, führt eine Dividendenzahlung dazu, dass der Kurs der Aktie um den Dividendenbetrag fällt. Die Zahlung einer kontinuierlichen Dividendenrendite mit der Rate q führt somit dazu, dass die Wachstumsrate des Aktienkurses um den Betrag q kleiner ist als gegenüber einer Situation, in der es keine Dividendenrendite gibt. Wenn bei einer kontinuierlichen Dividendenrendite q der Aktienkurs von heute S auf S_T im Zeitpunkt T steigt, dann wächst er in Abwesenheit von Dividenden von heute S auf $S_T e^{qT}$ im Zeitpunkt T. Alternativ wächst die Aktie in Abwesenheit von Dividenden von heute Se^{-qT} auf S_T im Zeitpunkt T.

Dieses Argument zeigt, dass wir für den Aktienkurs im Zeitpunkt T in beiden der folgenden Fälle die gleiche Wahrscheinlichkeitsverteilung bekommen:

1. Die Aktie startet mit dem Kurs S und wirft eine kontinuierliche Dividendenrendite mit der Rate q ab.

KAPITEL 12 Optionen auf Aktienindizes und Währungen 399

2. Die Aktie startet mit dem Kurs Se^{-qT} und wirft keine Dividendenrendite ab.

Das führt zu einer einfachen Regel:

Bewertet man eine europäische Option mit der Laufzeit T auf eine Aktie, die eine bekannte Dividendenrendite mit der Rate q abwirft, verringert man den aktuellen Aktienkurs von S auf Se^{-qT} und bewertet dann die Option so, als würde die Aktie keine Dividenden abwerfen.

UNTERGRENZEN FÜR OPTIONSPREISE

In einer ersten Anwendung dieser Regel betrachte man das Problem der Grenzbestimmung für den Preis einer europäischen Option auf eine Aktie, die eine Dividendenrendite mit der Rate q abwirft. Ersetzt man in Gleichung 8.1 S durch Se^{-qT}, erhält man die Untergrenze für den europäischen Kaufoptionspreis c

(12.1) $$c > Se^{-qT} - Xe^{-rT}$$

Das lässt sich auch direkt anhand der Betrachtung der zwei folgenden Portefeuilles beweisen:

Portefeuille A: eine europäische Kaufoption plus ein Barbetrag in Höhe von Xe^{-rT}

Portefeuille B: e^{-qT} Aktien mit Dividenden, die in weitere Aktien angelegt werden

Das Bargeld in Portefeuille A wächst, wenn es zum risikofreien Zins reinvestiert wird, im Zeitpunkt T auf X an. Wenn $S_T > X$ ist, wird die Kaufoption im Zeitpunkt T ausgeübt und das Portefeuille A hat den Wert S_T. Wenn $S_T < X$ ist, läuft die Kaufoption ohne Wert aus und das Portefeuille hat den Wert X. Das Portefeuille hat somit im Zeitpunkt T einen Wert von

$$\max(S_T, X)$$

Wegen der Reinvestition der Dividenden besteht Portefeuille B im Zeitpunkt T aus einer Aktie. Es hat somit zu diesem Zeitpunkt einen Wert von S_T. Folglich hat Portefeuille A im Zeitpunkt T immer mindestens den gleichen und manchmal einen höheren Wert als Portefeuille B. In Abwesenheit von Arbitrage-Möglichkeiten muss dies auch für heute gelten. Daher ist

$$c + Xe^{-rT} > Se^{-qT}$$

oder

$$c > Se^{-qT} - Xe^{-rT}$$

Um eine Untergrenze für eine europäische Verkaufsoption zu bekommen, wird ähnlich verfahren und das S in Gleichung 8.2 durch Se^{-qT} ersetzt, so dass man

(12.2) $$p > Xe^{-rT} - Se^{-qT}$$

erhält. Dieses Ergebnis kann ebenfalls direkt bewiesen werden, wenn man folgende Portefeuilles betrachtet:

Portefeuille C: eine europäische Verkaufsoption plus e^{-qT} Aktien mit Dividenden, die in weitere Aktien reinvestiert werden

Portefeuille D: ein Barbetrag in Höhe von Xe^{-rT}

PUT-CALL-PARITÄT

Ersetzt man S in Gleichung 8.3 durch Se^{-qT}, erhält man die Put-Call-Parität für eine Option auf eine Aktie, die eine kontinuierliche Dividendenrendite mit der Rate q abwirft:

(12.3) $$c + Xe^{-rT} = p + Se^{-qT}$$

Dieses Ergebnis kann ebenfalls direkt bewiesen werden, wenn man folgende Portefeuilles betrachtet:

Portefeuille A: eine europäische Kaufoption plus ein Barbetrag in Höhe von Xe^{-rT}

Portefeuille C: eine europäische Verkaufsoption plus e^{-qT} Aktien mit Dividenden, die in weitere Aktien reinvestiert werden

Beide Portefeuilles haben im Zeitpunkt T einen Wert von max(S_T, X). Sie müssen somit heute den gleichen Wert haben, daraus folgt die Put-Call-Parität in Gleichung 12.3.

Preisformeln

Ersetzt man in den Black-Scholes-Formeln (Gleichungen 11.5 und 11.6) das S durch Se^{-qT}, erhält man den Preis c einer europäischen Kaufoption und den

Preis p einer europäischen Verkaufsoption auf eine Aktie, die eine kontinuierliche Dividendenrendite mit der Rate q abwirft:

(12.4) $\quad c = Se^{-qT} N(d_1) - Xe^{-rT} N(d_2)$

(12.5) $\quad p = Xe^{-rT} N(-d_2) - Se^{-qT} N(-d_1)$

Da

$$\ln \frac{Se^{-qT}}{X} = \ln \frac{S}{X} - qT$$

sind d_1 und d_2 gegeben durch

$$d_1 = \frac{\ln(S/X) + (r - q + \sigma^2/2)T}{\sigma\sqrt{T}}$$

und

$$d_2 = \frac{\ln(S/X) + (r - q - \sigma^2/2)T}{\sigma\sqrt{T}} = d_1 - \sigma\sqrt{T}$$

Diese Ergebnisse wurden erstmals von Merton[1] abgeleitet. Wie in Kapitel 11 diskutiert, sollte der Begriff *Dividende* für den Zweck der Optionsbewertung definiert werden als eine durch die beschlossenen Dividenden bewirkte Verringerung des Aktienkurses am Ex-Dividendentag. Wenn die Dividendenrendite bekannt, aber während der Optionslaufzeit nicht konstant ist, sind die Gleichungen 12.4 und 12.5 immer noch richtig, wobei q gleich die durchschnittliche, auf Jahresbasis umgerechnete Dividendenrendite ist.

Binomial-Bäume

Als nächstes wird die Wirkung einer Dividendenrendite mit der Rate q auf die Ergebnisse des Binomial-Modells in Kapitel 10 untersucht.

Man betrachte die Situation in Abbildung 12.1, in der der Aktienkurs mit S startet und entweder auf S_u steigt oder auf S_d fällt. Wie in Kapitel 10 wird p als Wahrscheinlichkeit einer Aufwärtsbewegung in einer risikoneutralen

---

[1] Siehe R. C. Merton, „Theory of Rational Option Pricing", *Bell Journal of Economics and Management Science* 4 (Spring 1973): 141-183.

Welt definiert. In einer risikoneutralen Welt muss die Gesamtrendite der Aktie dem risikofreien Zins r entsprechen. Die Dividenden ergeben eine Rendite, die gleich q ist. Die Rendite in Form der Kapitalgewinne muss r − q sein. Das bedeutet, dass p

(12.6) $$pSu + (1-p)Sd = Se^{(r-q)T}$$

oder

(12.7) $$p = \frac{e^{(r-q)T} - d}{u - d}$$

erfüllen muss.

Wie in Kapitel 10 erwähnt, ist der Wert des Derivativs im Zeitpunkt null der erwartete Payoff in einer risikoneutralen Welt, abgezinst mit dem risikofreien Zins:

(12.8) $$f = e^{-rT}[pf_u + (1-p)f_d]$$

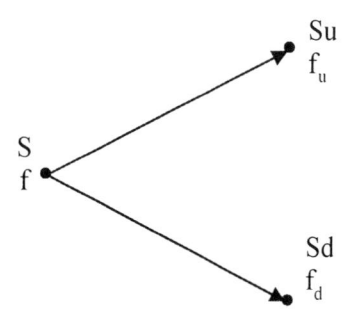

```
              Su
              f_u
      ↗
S
f  •
      ↘
              Sd
              f_d
```

Abbildung 12.1: Aktienkurs und Optionspreis in einem einstufigen Binomial-Baum, wobei die Aktie eine Dividende mit der Rate q abwirft

Beispiel

Angenommen der Anfangskurs der Aktie liegt bei 30 $ und der Aktienkurs steigt in den nächsten sechs Monaten entweder auf 36 $ oder fällt auf 24 $. Der sechsmonatige risikofreie Zins beträgt 5 Prozent, und es wird erwartet, dass die Aktie in den sechs Monaten eine Dividendenrendite von 3 Prozent abwirft. In diesem Fall ist u = 1,2, d = 0,8 und

$$p = \frac{e^{(0,05-0,03)\times 0,5} - 0,8}{1,2 - 0,8} = 0,5251$$

Man betrachte eine sechsmonatige Verkaufsoption auf eine Aktie mit einem Basispreis von 28 $. Wenn der Kurs steigt, ist der Payoff null; wenn er sinkt, ist der Payoff 4. Die Option hat somit einen Wert von

$$e^{-0,05 \times 0,5} [0,5251 \times 0 + 0,4749 \times 4] = 1,85$$

Optionen auf Aktienindizes

Wie in Kapitel 7 diskutiert, gibt es diverse Börsen, an denen Aktienindizes gehandelt werden. Einige der Indizes beziehen sich auf die Marktbewegungen insgesamt. Andere basieren auf der Leistung eines bestimmten Sektors (z. B. Computer-Technologie, Öl und Gas, Transport oder Telephon).

NOTIERUNGEN

Tabelle 12.1 zeigt die Notierungen für Optionen auf die Indizes S&P 100 und S&P 500, abgedruckt in der Sektion Money and Investing des *Wall Street Journal* am Mittwoch, dem 25. September 1996. Dies sind die beiden beliebtesten Indexoptionen, beide werden an der CBOE gehandelt. Die Notierungen beziehen sich auf den Kurs, zu dem der letzte Handel am Dienstag, dem 24. September 1996, erfolgte. Die Schlusskurse der Indizes S&P 100 und S&P 500 lagen am 24. September 1996 bei 661,60 und 685,61.

Die Optionen auf den S&P 500 sind europäisch, während die auf den S&P 100 amerikanisch sind. Alle werden in bar abgerechnet, statt über die Lieferung der Wertpapiere, die dem Index zugrunde liegen. Das bedeutet, dass bei Ausübung der Option der Inhaber einer Kaufoption S − X in bar bekommt und der Verkäufer der Option diesen Betrag in bar zahlt, wobei S der Wert des Index und X der Basispreis ist. Ähnlich bekommt der Inhaber einer Verkaufsoption X − S in bar und der Verkäufer der Option zahlt diesen Betrag in bar. Die Barzahlung basiert auf dem Indexwert am Ende des Tages, an dem die Ausübungsanweisungen ausgegeben werden. Jeder Kontrakt hat einen Wert von 100 $ multipliziert mit dem Wert des Index.

Tabelle 12.1: Notierungen der Aktienindexoptionen aus dem *Wall Street Journal* vom 25. September 1996 (Auszug)

INDEX OPTIONS TRADING
S & P 100 INDEX (OEX)

Oct	555p	856	¼	...		3,451
Oct	560p	301	5/16	−	1/16	1,547
Nov	560p	306	1	−	3/16	832
Oct	565p	1	⅜	...		1,773
Oct	635c	4	36	+	5	4,951
Call Vol	63,765			Open Int.		168,088
Put Vol.	73,754			Open Int.		229,970

S & P 500 INDEX (OEX)

Dec	450p	90	¼	...		11,555
Dec	500p	15	½	...		9,360
Oct	525p	150	1/16	...		922
Dec	525p	10	11/16	...		10,714
Oct	550p	50	⅛	−	1/16	1,772

Strike		Vol.	Last	Net Chg.		Open Int.
Dec	650p	1,559	8⅛	+	¼	41,929
Oct	655p	2,289	2¼	−	⅛	16,484
Dec	655p	16	8⅜	−	¼	1,811
Oct	660c	501	31¼	+	⅛	9,013
Oct	660p	1,693	3	−	⅛	18,067
Call Vol.	59,567			Open Int.	508,266	
Put Vol.	78,239			Open Int.	851,793	

LEAPS-LONG TERM
S & P 100 INDEX – CB

Dec 97	40p	15	¼	...		8899
Dec 97	42½p	5	⅜	+	⅛	2536
Dec 97	45p	3	7/16	+	1/16	4020
Dec 97	55p	40	1⅛	...		9308
Dec 97	60p	76	1⅞	...		17208
Call Vol. 250				Open Int. 36,516		
Put Vol. 512				Open Int. 266,790		

S & P 500 INDEX – CB

Dec 97	40p	14	¼	+	⅛	22493
Dec 96	55p	5	⅛	...		11766
Dec 97	57½p	100	1	−	1/16	3465
Dec 96	60p	20	5/16	...		25046
Dec 97	60p	203	1 7/16	...		21093
Call Vol. 97				Open Int. 15,505		
Put Vol. 1,231				Open Int. 374,611		

Quelle: Wall Street Journal, 25. 9.1996. Copyright ©1996, Dow Jones and Company, Inc.

Beispiel

Laut Tabelle 12.1 kostete ein Kontrakt einer Oktober Kaufoption auf den S&P 100 mit dem Basispreis 635 am 24. September 1996 36 × 100 = 3.600 $. Der Index hatte an diesem Tag bei Handelsschluss einen Wert von 661,60, so dass die Option im Geld war. Ein Inhaber, der den Optionskontrakt am 24. September 1996 ausgeübt hätte, hätte (661,60 − 635,00) × 100 = 2.660 $ in bar bekommen.

Tabelle 12.1 zeigt zudem, dass an der Börse nicht nur kurzdatierte Optionen, sondern auch langfristigere Optionen gehandelt werden, sogenannte LEAPS. Das Akronym LEAPS steht für Long-term Equity AnticiPation Securities und ist eine Schöpfung der CBOE. LEAPS sind börsengehandelte Optionen mit Laufzeiten bis zu drei Jahren. Für die Notierung des Basispreises und des Optionspreises wird der Index durch 10 dividiert. Ein Kontrakt ist eine Option auf 100 multipliziert mit dem Zehntel des Index (oder auf den zehnfachen Index). Die Fälligkeitstermine von LEAPS auf Indizes liegen im Dezember. LEAPS auf den S&P 100 sind amerikanisch, LEAPS auf den S&P 500 sind europäisch. Wie in Kapitel 7 erwähnt, werden an der CBOE und diversen anderen Börsen auch LEAPS auf zahlreiche einzelne Aktien gehandelt.

Eine weitere Innovation der CBOE sind *Caps*, die auf den S&P 100 und den S&P 500 gehandelt werden. Das sind Optionen, deren Payoff gekappt ist, so dass er 30 $ nicht überschreiten kann. Die Optionen sind bis auf folgende Ausnahmen europäisch: Ein Call Cap wird automatisch an dem Tag ausgeübt, an dem der Index mit einem Wert von mehr als 30 $ über dem Basispreis schließt; ein Put Cap wird automatisch an dem Tag ausgeübt, an dem der Index mit einem Wert von mehr als 30 $ unter dem Cap-Niveau schließt.

An der CBOE werden auch *Flex Optionen* auf Indizes gehandelt. Wie in Kapitel 7 erwähnt, sind das Optionen, bei denen der Händler den Fälligkeitstermin, den Basispreis, die Tatsache, ob die Option amerikanisch oder europäisch ist, sowie die Abrechnungsbasis bestimmt.

PORTFOLIO-VERSICHERUNG

Portefeuille-Manager können Index-Optionen verwenden, um das Risiko des Kursrückgangs zu begrenzen. Angenommen der Wert eines Index ist S. Man betrachte einen Manager, der ein gut diversifiziertes Portefeuille verwaltet, das ein Beta von 1,0 hat. Ein Beta von 1,0 impliziert, dass die Renditen des Portefeuilles die des Index spiegeln. Wenn die Dividendenrendite des Portefeuilles gleich der Dividendenrendite des Index ist, ist zu erwarten, dass die prozentualen Änderungen des Portefeuillewertes ungefähr gleich den prozentualen Änderungen des Indexwertes sind. Jeder Kontrakt auf den S&P 500 ist über den Index multipliziert mit 100. Folglich ist der Wert des Portefeuilles gegen die Möglichkeit, dass der Index unter X fällt, geschützt, wenn der Manager je 100$ Dollar in dem Portefeuille einen Verkaufsoptionskontrakt mit dem Basispreis X kauft. Angenommen das Portefeuille des Managers ist 500.000 $ wert und der Index hat einen Wert von 250. Das Portefeuille hat einen Wert von 2.000 multipliziert mit dem Index. Der Manager kann sich dagegen versichern, dass sein Portefeuille in den nächsten drei Monaten unter 480.000 $ fällt, indem er 20 Verkaufsoptionskontrakte mit einem Basispreis von 240 $ kauft. Um zu zeigen, wie das funktioniert, betrachte man eine Situation, in der der Index innerhalb von drei Monaten auf 225 fällt. Das Portefeuille ist dann ungefähr 450.000 $ wert. Aber der Payoff der Optionen beträgt 20 × (240 − 225) × 100 = 30.000 $, so dass der Gesamtwert des Portefeuilles auf den versicherten Wert von 480.000 $ ansteigt. Dieses Beispiel ist in Tabelle 12.2 zusammengefasst.

Tabelle 12.2: Optionen als Werteschutz einer Portefeuilles, das den S&P 100 spiegelt

Am Tisch des Wertpapierhändlers

Ein Manager, der für ein Portefeuille mit einem Wert von 500.000 $ verantwortlich ist, sorgt sich, dass die Kurse in den nächsten drei Monaten fallen. Er möchte sich mit Indexoptionen absichern. Es wird angenommen, dass das Portefeuille recht genau den S&P 100 spiegelt, der aktuell bei 250 steht. Es wird eine dreimonatige Verkaufsoption auf den S&P 100 mit einem Basispreis von 240 angeboten.

Die Strategie

Der Manager kauft 20 Verkaufsoptionskontrakte mit einem Basispreis von 240. Mit dieser Strategie will er sicherstellen, dass der Wert der Position nicht unter 480.000 $ fällt.

Das Ergebnis

In den nächsten drei Monaten fällt der Index auf 225. Das Portefeuille ist noch 450.000 $ wert. Der Payoff aus den Optionen beträgt 20 × (240 − 225) × 100 = 30.000 $ und hebt den Gesamtwert der Position auf 450.000 $ + 30.000 $ = 480.000 $.

KAPITEL 12 Optionen auf Aktienindizes und Währungen   407

WENN DAS BETA DES PORTEFEUILLES NICHT 1,0 IST

Wenn nicht erwartet wird, dass die Renditen des Portefeuilles gleich denen des Index sind, kann man das Kapitalanlagepreis-Modell verwenden. Dieses Modell stellt sicher, dass die den risikofreien Zins übersteigende erwartete Rendite des Portefeuilles gleich β multipliziert mit der den risikofreien Zins übersteigenden Rendite des Marktindex ist. Man betrachte ein Portefeuille mit β = 2,0. Angenommen es hat derzeit einen Wert von 1 Million Dollar. Des weiteren sei angenommen, dass der aktuelle risikofreie Zins 12 Prozent per Annum beträgt, eine Dividendenrendite für das Portefeuille und den Index von 4 Prozent per Annum erwartet wird und der aktuelle Wert des Index bei 250 liegt. Tabelle 12.3 zeigt die erwartete Beziehung zwischen dem Niveau des Index und dem Wert des Portefeuilles in drei Monaten.

Tabelle 12.3: Beziehung zwischen dem Wert des Index und dem Wert des Portefeuilles bei β = 2,0

Wert des Index in drei Monaten	Wert des Portefeuilles in drei Monaten (Millionen $)
270	1,14
260	1,06
250	0,98
240	0,90
230	0,82

Um die Berechnungssequenz zu veranschaulichen, die für die Herleitung von Tabelle 12.3 nötig ist, betrachte man, was passiert, wenn der Index in drei Monaten einen Wert von 260 hat:

Wert des Index in drei Monaten	260
Rendite aus Änderung des Index	10/250 oder 4 Prozent dreimonatlich
Dividenden des Index	0,25 × 4 = 1 Prozent dreimonatlich
Gesamtrendite des Index	4 + 1 = 5 Prozent dreimonatlich
Risikofreier Zins	0,25 × 12 = 3 Prozent dreimonatlich
Überschussrendite des Index über	

den risikofreien Zins 5 − 3 = 2 Prozent dreimonatlich
Überschussrendite des Portefeuilles
über den risikofreien Zins 2 × 2 = 4 Prozent dreimonatlich
Rendite des Portefeuilles 3 + 4 = 7 Prozent dreimonatlich
Dividenden des Portefeuilles 0,25 × 4 = 1 Prozent dreimonatlich
Wertzuwachs des Portefeuilles 7 − 1 = 6 Prozent dreimonatlich
Wert des Portefeuilles 1 × 1,06 = 1,06 Millionen Dollar

Angenommen der Wert des Index ist S. Man kann zeigen, dass für jede 100S Dollar in dem Portefeuille insgesamt β Verkaufskontrakte gekauft werden sollten. Der Basispreis sollte dem Wert entsprechen, der von dem Index erwartet wird, wenn der Wert des Portefeuilles den versicherten Wert erreicht. Angenommen der versicherte Wert in unserem Beispiel beträgt 0,90 Millionen Dollar. Tabelle 12.3 zeigt, dass der angemessene Basispreis der gekauften Verkaufsoptionen 240 ist. In diesem Fall ist 100S = 25.000 $ und das Portefeuille hat einen Wert von 1 Million Dollar. Da 1.000.000/25.000 = 40 und β = 2,0, besteht die richtige Strategie darin, 80 Verkaufsoptionskontrakte mit einem Basispreis von 240 zu kaufen.

Um zu veranschaulichen, dass das erforderliche Ergebnis erzielt wurde, betrachte man, was passiert, wenn der Indexwert auf 230 fällt. Wie in Tabelle 12.3 gezeigt wird, hat das Portefeuille einen Wert von 0,82 Millionen Dollar. Die Verkaufsoptionen haben einen Payoff von (240 − 230) × 80 × 100 = 80.000 $, und das ist genau die Summe, die benötigt wird, damit der Gesamtwert des Portefeuilles von 0,82 Millionen Dollar auf das erforderliche Niveau von 0,90 Millionen Dollar angehoben wird. Das Beispiel ist in Tabelle 12.4 zusammengefasst.

BEWERTUNG

Bei der Bewertung von Indexfutures in Kapitel 3 wurde angenommen, dass der Index wie ein Wertpapier behandelt werden kann, das einen bekannte Dividendenrendite abwirft. Bei der Bewertung von Indexoptionen sind die Annahmen ähnlich. Das bedeutet, dass die Gleichungen 12.1 und 12.2 eine Untergrenze für die europäischen Indexoptionen markieren; Gleichung 12.3 ist das Ergebnis der Put-Call-Parität bei europäischen Indexoptionen; und die Gleichungen 12.4 und 12.5 können verwendet werden, um europäische Optionen auf einen Index zu bewerten. In allen Fällen entspricht S dem Wert des Index, σ ist gleich der Volatilität des Index und q ist gleich der durchschnittlichen, auf Jahresbasis umgerechneten Rendite des Index während der Laufzeit der Option. Bei der Berechnung von q sollten nur Dividenden berücksichtigt werden, deren Ex-Dividendentag in die Laufzeit der Option fällt.

Tabelle 12.4: Optionen als Werteschutz eines Portefeuilles, das ein Beta von 2,0 hat

Am Tisch des Wertpapierhändlers

Ein Manager, der für ein Portefeuille mit einem Wert von 1 Million Dollar verantwortlich ist, sorgt sich, dass die Kurse in den nächsten drei Monaten absacken. Er möchte sich mit Indexoptionen absichern. Das Portefeuille hat ein Beta von 2,0, der S&P 100 steht aktuell bei 250 und es wird eine dreimonatige Verkaufsoption auf den S&P 500 mit einem Basispreis von 240 angeboten. Es wird eine Dividendenrendite für den Index und das Portefeuille von 4 Prozent per Annum erwartet, der risikofreie Zins beträgt 12 Prozent per Annum.

Die Strategie

Der Manager kauft 80 Verkaufsoptionskontrakte mit einem Basispreis von 240. Mit der Strategie will er sicherstellen, dass der Wert der Position nicht unter 0,90 Millionen Dollar fällt.

Das Ergebnis

Der Wert des Portefeuilles fällt in den nächsten drei Monaten auf 0,82 Millionen Dollar. Der Wert des Index fällt auf 230. Der Payoff der Optionen beträgt $80 \times (240 - 230) \times 100 = 80.000$ \$, was den Gesamtwert des Portefeuilles auf die erforderlichen 0,90 Millionen Dollar anhebt.

In den USA fallen die Ex-Dividendentage tendenziell in die jeweils erste Woche der Monate Februar, Mai, August und November. Der richtige Wert von q dürfte somit zu jedem gegebenen Zeitpunkt von der Laufzeit der Option abhängen. Das trifft vor allem auf einige ausländische Indizes zu. In Japan beispielsweise haben alle Unternehmen tendenziell die gleichen Ex-Dividendentage.

Beispiel

Man betrachte eine europäische Kaufoption auf den S&P 500, die in zwei Monaten fällig wird. Der aktuelle Wert des Index liegt bei 310, der Basispreis ist 300, der risikofreie Zins beträgt 8 Prozent per Annum und die Volatilität des Index beträgt 20 Prozent per Annum. Im ersten und zweiten Monate werden jeweils Dividendenrenditen von 0,2 Prozent beziehungsweise 0,3 Prozent erwartet. In diesem Fall ist S = 310, X = 300, r = 0,08, σ = 0,2 und T = 2/12. Die gesamte Dividendenrendite während der Laufzeit der Option beträgt somit 0,2 + 0,3 = 0,5 Prozent. Das sind 3 Prozent per Annum. Somit ist q = 0,03 und

$$d_1 = \frac{\ln(310/300) + (0,08 - 0,03 + 0,2^2/2) \times 2/12}{0,2\sqrt{2/12}} = 0,5444$$

$$d_2 = \frac{\ln(310/300) + (0,08 - 0,03 - 0,2^2/2) \times 2/12}{0,2\sqrt{2/12}} = 0,4628$$

$$N(d_1) = 0,7069, \quad N(d_2) = 0,6782$$

Der Preis der Kaufoption, c, ergibt sich aus Gleichung 12.4:

$$c = 310 \times 0,7069 e^{-0,03 \times 2/12} - 300 \times 0,6782 e^{-0,08 \times 2/12} = 17,28$$

Ein Kontrakt kostet 1,728 $.

Wenn die absoluten Dividendenbeträge (nicht die Dividendenrendite), die für die dem Index zugrundeliegenden Aktien gezahlt werden, als bekannt angenommen werden, kann die grundlegende Black-Scholes-Formel verwendet werden, wobei der Anfangskurs der Aktie um den Gegenwartswert der Dividenden reduziert wird. Diese Herangehensweise wird in Kapitel 11 für eine Aktie, die bekannte Dividenden abwirft, empfohlen. Diese Herangehensweise mag für einen breit angelegten Index schwierig zu implementieren sein, da man dafür die erwarteten Dividenden aller Aktien kennen muss, die dem Index zugrunde liegen.

Unter einigen Umständen ist es optimal, amerikanische Verkaufsoptionen auf einen Index vor dem Fälligkeitstermin auszuüben. In geringerem Ausmaß trifft das auch auf amerikanische Kaufoptionen auf einen Index zu. Amerikanische Optionspreise von Aktienindizes sind daher immer ein wenig mehr wert als die entsprechenden Preise europäischer Optionen auf Aktienindizes. In Kapitel 16 werden numerische Verfahren für die Bewertung amerikanischer Indexoptionen gezeigt.

Währungsoptionen

Die Philadelphia Stock Exchange hat 1982 mit dem Handel von Währungsoptionen begonnen. Seitdem ist der Markt rapide gewachsen. Zu den gehandelten Währungen gehören der Australische Dollar, das Britische Pfund, der Kanadische Dollar, die Deutsche Mark, der Japanische Yen, der Französische Franc und der Schweizer Franken. Bei den meisten dieser Währungen handelt die Philadelphia Stock Exchange sowohl mit europäischen als auch mit amerikanischen Optionen. Ein erheblicher Anteil des Handels mit Währungsoptionen entfällt auf den Handel außerhalb organisierter Börsen. Viele Banken und andere Finanzinstitutionen verkaufen oder kaufen Währungsoptionen, deren Basispreise, Fälligkeitstermine und andere Eigenschaften auf die Bedürfnisse ihrer gewerblichen Kunden zugeschnitten sind.

Für einen gewerblichen Kunden, der ein Fremdwährungsrisiko absichern möchte, sind Währungsoptionen eine interessante Alternative zu Forwardkontrakten. Ein Unternehmen, das zu einem bestimmten künftigen Termin Pfund Sterling bekommt, kann sein Risiko durch den Kauf von Verkaufsoptionen auf das Pfund Sterling absichern, die zu diesem Termin fällig werden. Die Strategie garantiert, dass der Wert des Pfund Sterling nicht unter dem Basispreis liegt, und sie erlaubt dem Unternehmen gleichzeitig, von vorteilhaften Devisenschwankungen zu profitieren. Ähnlich kann ein Unternehmen, dass zu einem bestimmten künftigen Termin in Pfund Sterling bezahlen muss, sein Risiko durch den Kauf von Kaufoptionen auf das Pfund Sterling absichern, die zu diesem Termin fällig werden. Diese Herangehensweise stellt sicher, dass die Kosten für das Pfund Sterling eine bestimmte Summe nicht übersteigen, während das Unternehmen gleichzeitig von vorteilhaften Devisenschwankungen profitieren kann. Während Forwardkontrakte den Devisenkurs für eine künftige Transaktion festschreiben, stellt eine Option eine Art Versicherung dar. Die Versicherung ist nicht kostenlos. Es kostet nichts, eine Forwardtransaktion einzugehen, aber bei Optionen wird vorab eine Prämie fällig.

NOTIERUNGEN

Tabelle 12.5 zeigt die Schlusspreise einiger Währungsoptionen, die am Dienstag, dem 24. September 1996, an der Philadelphia Stock Exchange gehandelt wurden. Die Kurse wurden am Mittwoch, dem 25. September 1996, im *Wall Street Journal* abgedruckt. Der genaue Fälligkeitstermin einer Währungsoption ist der Samstag, der dem dritten Mittwoch des Fälligkeitsmonats vorangeht. Die Kontrakteinheiten stehen am Beginn eines jeden Tabellenabschnitts. Die Optionspreise stehen für den Kauf oder Verkauf einer Fremdwährungseinheit in US-Dollar. Beim Japanischen Yen sind die Preise in hunderstel Cents angegeben. Bei den anderen Währungen sind sie in Cents angegeben. Somit hat der Inhaber eines Kontraktes über eine Verkaufsoption auf das Britische Pfund mit einem Basispreis von 156 Cent und dem Fälligkeitsmonat Oktober das Recht, 31.250 £ für 44.750 US-Dollar (= 1,56 × 31.250) zu verkaufen. Der angezeigte Preis des Kontraktes beträgt 31.250 × 0,0075 = 234,37 $. Der Devisenkassakurs ist mit 156,09 Cent je Pfund Sterling angegeben.

Tabelle 12.5: Währungsoptionspreise an der Philadelphia Stock Exchange vom 24. September 1996 (Auszug)

OPTIONS
PHILADELPHIA EXCHANGE

		Calls		Puts	
	Vol.	Last	Vol.		Last
British Pound					156.09
31,250 British Pound EOM-cents per unit.					
5 Sep	8	0.83	...		...
31,250 British Pounds-cents per unit.					
156 Oct	...	...	80		0.75
156 Dec	...	...	12		1.73
British Pound-G Mark					235.52
31,250 British Pound-German mark EOM.					
236 Sep	256	0.34	...		...

Quelle: Wall Street Journal, 25. 9.1996. Copyright ©1996, Dow Jones and Company, Inc.

BEWERTUNG

Um Währungsoptionen zu bewerten, definieren wir S als Devisenkassakurs. Genau genommen ist S der Wert einer Fremdwährungseinheit in US-Dollar. Wie in Kapitel 3 erwähnt, ist eine Fremdwährung analog einer Aktie mit einer bekannten Dividendenrendite. Der Inhaber einer Fremdwährung bekommt eine „Dividendenrendite" gleich dem risikofreien Zins r_f in der Fremdwährung. Ersetzt man in den Gleichungen 12.1 und 12.2 das q durch r_f

KAPITEL 12 Optionen auf Aktienindizes und Währungen 413

bekommt man die Grenzen für den Preis einer europäischen Kaufoption, c, und den Preis einer europäischen Verkaufsoption, p:

$$c > Se^{-r_f T} - Xe^{-rT}$$

$$p > Xe^{-rT} - Se^{-r_f T}$$

Ersetzt man in Gleichung 12.3 das q durch r_f, erhält man das Ergebnis der Put-Call-Parität für die Währungsoptionen:

$$c + Xe^{-rT} = p + Se^{-r_f T}$$

Ersetzt man in den Gleichungen 12.4 und 12.5 das q durch r_f, erhält man die Preisformeln für die Währungsoptionen:

(12.9) $$c = Se^{-r_f T} N(d_1) - Xe^{-rT} N(d_2)$$

(12.10) $$p = Xe^{-rT} N(-d_2) - Se^{-r_f T} N(-d_1)$$

wobei

$$d_1 = \frac{\ln(S/X) + (r - r_f + \sigma^2/2)T}{\sigma\sqrt{T}}$$

und

$$d_2 = \frac{\ln(S/X) + (r - r_f - \sigma^2/2)T}{\sigma\sqrt{T}} = d_1 - \sigma\sqrt{T}$$

Es wird angenommen, dass der heimische Zinssatz r und der ausländische Zinssatz r_f beide konstant und für alle Laufzeiten gleich sind. Verkaufs- und Kaufoptionen auf Währungsoptionen sind insofern symmetrisch, als eine Verkaufsoption auf den Verkauf von Währung A für Währung B zum Basispreis X das gleiche ist wie eine Kaufoption auf den Kauf von B für A zu 1/X.

Beispiel

Man betrachte eine viermonatige europäische Kaufoption auf das Britische Pfund. Angenommen der aktuelle Wechselkurs beträgt 1,6000, der Basispreis ist 1,6000, der risikofreie Zins in den USA beträgt 8

Prozent per Annum, der risikofreie Zins in Großbritannien beträgt 11 Prozent per Annum und der Optionspreis liegt bei 4,3 Cent. In diesem Fall ist S = 1,6, X = 1,6, r = 0,08, r_f = 0,11, T = 0,3333 und c = 0,043. Die implizite Volatilität kann über Versuch und Irrtum berechnet werden. Eine Volatilität von 20 Prozent ergibt einen Optionspreis von 0,0639; eine Volatilität von 10 Prozent ergibt einen Optionspreis von 0,0285; und so weiter. Die implizite Volatilität beträgt 14,1 Prozent.

Gleichung 3.13 ergibt bei einer Fälligkeit in T den Terminzins F

$$F = Se^{(r-r_f)T}$$

Somit lassen sich 12.9 und 12.10 vereinfachen zu

(12.11) $\qquad c = e^{-rT}[FN(d_1) - XN(d_2)]$

(12.12) $\qquad p = e^{-rT}[XN(-d_2) - FN(-d_1)]$

wobei

$$d_1 = \frac{\ln(F/X) + \sigma^2 T/2}{\sigma\sqrt{T}}$$

und

$$d_2 = \frac{\ln(F/X) - \sigma^2 T/2}{\sigma\sqrt{T}} = d_1 - \sigma\sqrt{T}$$

Hinzuweisen ist darauf, dass die Gleichungen 12.11 und 12.12 nur dann angewendet werden können, wenn die Fälligkeitstermine des Forwardkontraktes und der Option gleich sind.

Unter einigen Umständen ist es optimal, eine amerikanische Währungsoption vor dem Fälligkeitstermin auszuüben. Somit sind amerikanische Währungsoptionen mehr wert als die entsprechenden europäischen Währungsoptionen. Im allgemeinen ist bei Kaufoptionen auf hochverzinsliche Währungen und Verkaufsoptionen auf niedrigverzinsliche Währungen die Wahrscheinlichkeit einer vorzeitigen Ausübung am höchsten. Der Grund liegt darin, dass von einer hochverzinslichen Währung erwartet wird, dass sie gegenüber dem US-Dollar abgewertet wird; von einer niedrigverzinslichen Währung wird erwartet, dass sie gegenüber dem US-Dollar aufgewertet wird. Leider gibt es keine analytischen Formeln für die Bewertung amerika-

KAPITEL 12 Optionen auf Aktienindizes und Währungen   415

nischer Währungsoptionen. In Kapitel 16 wird ein numerisches Beispiel vorgestellt.

Zusammenfassung

Die Black-Scholes-Formel zur Bewertung europäischer Optionen auf eine dividendenlose Aktie kann erweitert werden, so dass sie auch europäische Optionen auf eine Aktie mit einer bekannten kontinuierlichen Dividendenrendite abdeckt. In der Praxis werfen Aktien keine kontinuierlichen Dividendenrenditen ab. Aber eine Reihe von anderen Vermögenswerten, für die Optionen verkauft werden, können analog einer Aktie mit einer kontinuierlichen Dividendenrendite betrachtet werden. Folgende Ergebnisse wurden in diesem Kapitel verwendet:

1. Ein Aktienindex ist analog einer Aktie, die eine kontinuierliche Dividendenrendite abwirft. Die Dividendenrendite ist die Dividendenrendite der Aktien, die den Index bilden.

2. Eine Fremdwährung ist analog einer Aktie, die eine kontinuierliche Dividendenrendite abwirft. Die Dividendenrendite ist der ausländische risikofreie Zins.

Die Erweiterung von Black-Scholes kann somit verwendet werden, um europäische Optionen auf Aktienindizes und Fremdwährungen zu bewerten. In Kapitel 16 wird gezeigt, dass diese Analogien auch nützlich sind für eine numerische Bewertung amerikanischer Optionen auf diese Vermögenswerte.

Indexoptionen werden in bar abgerechnet. Bei Ausübung einer Kaufoption auf einen Index bekommt der Inhaber den Betrag, um den der Index zum Börsenschluss den Basispreis übersteigt. Ähnlich bekommt der Inhaber einer Verkaufsoption auf einen Index bei Ausübung der Option den Betrag, um den der Basispreis zum Börsenschluss den Index übersteigt. Indexoptionen können zur Portfolio-Versicherung verwendet werden. Wenn der Wert des Portefeuilles den Index spiegelt, ist es angemessen, eine Verkaufsoption je 100S Dollar im Portefeuille zu kaufen, wobei S der Wert des Index ist. Wenn das Portefeuille den Index nicht spiegelt, sollten je 100S Dollar im Portefeuille β Verkaufsoptionen gekauft werden, wobei β das Beta des Portefeuilles ist, das mittels des Kapitalanlagepreis-Modells berechnet wird. Der Basispreis der gekauften Verkaufsoptionen sollte das Niveau der erforderlichen Versicherung spiegeln.

Währungsoptionen werden derzeit sowohl an Börsen als auch am Freiverkehrsmarkt gehandelt. Finanzleiter von Unternehmen können Optionen verwenden, um ein Wechselkursrisiko abzusichern. So kann beispielsweise der Finanzleiter eines US-Unternehmens, der weiß, dass sein Unternehmen zu einem bestimmten Termin einen Betrag in Pfund Sterling bekommt, sich absichern, indem er Verkaufsoptionen kauft, die zu dem gleichen Termin fällig werden. Ähnlich kann ein Finanzleiter eines US-Unternehmens, der weiß, dass sein Unternehmen zu einem bestimmten Termin einen Betrag in Pfund Sterling zahlt, das Risiko durch den Kauf von Kaufoptionen absichern, die zu dem Termin fällig werden.

Weitere Literatur

Allgemein

Merton, R. C. „Theory of Rational Option Pricing", *Bell Journal of Economics and Management Science* 4 (Spring 1973): 141-183.

Stoll, H. R. und R. E. Whaley. „New Option Instruments: Arbitrageable Linkages and Valuation", *Advances in Futures and Options Research* 1, pt. A (1986): 25-62.

Zu Optionen auf Aktienindizes

Chance, D. M. „Empirical Tests of the Pricing of Index Call Options", Advances in Futures and Options Research 1, pt. A (1986): 141-166.

Zu Optionen auf Währungen

Amin, K. und R. A. Jarrow. „Pricing Foreign Currency Options under Stochastic Interest Rates", *Journal of International Money and Finance* 10 (1991): 310-329.

Biger, N. und J. Hull. „The Valuation of Currency Options", *Financial Management* 12 (Spring 1983): 24-28.

Bodurtha, J. N. und G. R. Courtadon. „Tests of an American Option Pricing Model on the Foreign Currency Options Market", *Journal of Financial and Quantitative Analysis* 22 (June 1987): 153-167.

Garman, M. B. und S. W. Kohlhagen. „Foreign Currency Option Values", *Journal of International Money and Finance* 2 (December 1983): 231-237.

Grabbe, J. O. „The Pricing of Call and Put Options on Foreign Exchange", *Journal of International Money and Finance* 2 (December 1983): 239-253.

Testfragen

1. Ein Portefeuille ist derzeit 10 Millionen Dollar wert und hat ein Beta von 1,0. Der S&P 100 steht derzeit bei 250. Erklären Sie, wie eine Verkaufsoption auf den S&P 100 mit einem Basispreis von 240 als Portfolio-Versicherung verwendet werden kann.

2. „Wenn wir erst mal wissen, wie Optionen auf eine Aktie mit einer kontinuierlichen Dividendenrendite bewertet werden, wissen wir auch, wie Optionen auf Aktienindizes und Währungen bewertet werden." Erläutern Sie diese Behauptung.

3. Ein Aktienindiz steht derzeit bei 300, die Dividendenrendite des Index ist 3 Prozent per Annum, der risikofreie Zins liegt bei 8 Prozent per Annum. Wie ist die Untergrenze für den Preis eines sechsmonatigen europäischen Kaufoption auf den Index, wenn der Basispreis 290 beträgt?

4. Eine Währung ist derzeit 0,80 $ wert. Es wird erwartet, dass ihr Wert in den nächsten zwei Monaten monatlich um 2 Prozent steigt oder fällt. Der heimische risikofreie Zins beträgt 6 Prozent und der ausländische beträgt 8 Prozent. Welchen Wert hat eine zweimonatige europäische Kaufoption mit einem Basispreis von 0,80 $?

5. Erklären Sie, wie Unternehmen ihr Wechselkursrisiko mit Währungsoptionen hedgen.

6. Berechnen Sie den Wert einer dreimonatigen europäischen Am-Geld-Kaufoption auf einen Aktienindex, wenn der Index bei 250 steht, der risikofreie Zins 10 Prozent per Annum beträgt, die Volatilität des Index bei 18 Prozent per Annum und die Dividendenrendite des Index bei 3 Prozent per Annum liegt.

7. Berechnen Sie den Wert einer achtmonatigen europäischen Verkaufsoption auf eine Währung mit einem Basispreis von 0,50. Der aktuelle Wechselkurs liegt bei 0,52, die Volatilität des Wechselkurses ist 12 Prozent, der heimische risikofreie Zins ist 4 Prozent per Annum, der ausländische risikofreie Zins beträgt 8 Prozent per Annum.

Fragen und Probleme

1. Angenommen eine Börse bildet einen Aktienindex, der der Rendite, einschließlich Dividenden, eines bestimmten Portefeuilles folgt. Erklären Sie, wie Sie (a) Futureskontrakte und (b) europäische Optionen auf den Index bewerten.

2. Eine Fremdwährung ist derzeit 1,50 $ wert. Der heimische risikofreie Zins beträgt 5 Prozent, der ausländische risikofreie Zins beträgt 9 Prozent. Berechnen Sie die Untergrenze für den Wert einer sechsmonatigen Kaufoption auf die Währung mit einem Basispreis von 1,40 $, wenn die Option (a) europäisch und (b) amerikanisch ist.

3. Betrachten Sie einen Aktienindex, der derzeit bei 250 steht. Die Dividendenrendite des Index liegt bei 4 Prozent per Annum, der risikofreie Zins beträgt 6 Prozent per Annum. Eine dreimonatige europäische Kaufoption auf den Index mit einem Basispreis von 245 ist derzeit 10 $ wert. Wie hoch ist der Wert einer dreimonatigen Verkaufsoption auf den Index mit einem Basispreis von 245?

4. Der S&P Index steht derzeit bei 348 und hat eine Volatilität von 30 Prozent per Annum. Der risikofreie Zins beträgt 7 Prozent per Annum, der Index wirft eine Dividendenrendite von 4 Prozent per Annum ab. Berechnen Sie den Wert einer dreimonatigen europäischen Verkaufsoption mit einem Basispreis von 350.

5. Angenommen der Kassakurs des Kanadischen Dollar liegt bei 0,75 US-Dollar und der Wechselkurs zwischen dem Kanadischen Dollar und dem US-Dollar hat eine Volatilität von 4 Prozent per Annum. Der risikofreie Zins in Kanada liegt bei 9 Prozent per Annum, in den USA bei 7 Prozent per Annum. Berechnen Sie den Wert einer europäischen Kaufoption mit einem Basispreis von 0,75 $ und einem Fälligkeitstermin in neun Monaten.

6. Zeigen Sie, dass, wenn C der Preis einer amerikanischen Kaufoption auf eine Aktie mit einer Dividendenrendite q und P der Preis einer amerikanischen Verkaufsoption auf die gleiche Aktie mit gleichem Basispreis X und gleichem Fälligkeitstermin T ist, folgendes gilt:

$$Se^{-qT} - X < C - P < S - Xe^{-rT}$$

wobei S der Aktienkurs, r der risikofreie Zins und r > 0 ist. (Hinweis: Um die erste Hälfte der Ungleichheit zu erhalten, betrachten Sie die möglichen Werte von:

Portefeuille A: eine europäische Kaufoption plus ein zum risikofreien Zins investierter Betrag X

Portefeuille B: eine amerikanische Verkaufsoption plus e^{-qT} in Aktien, deren Dividenden in die Aktie reinvestiert werden

Um die zweite Hälfte der Ungleichheit zu erhalten, betrachten Sie die möglichen Werte von:

Portefeuille C: eine amerikanische Kaufoption plus ein zum risikofreien Zins investierter Betrag Xe^{-rT}

Portefeuille D: eine europäische Verkaufsoption plus eine Aktie mit Dividenden, die in die Aktie reinvestiert werden.)

7. Zeigen Sie, dass eine Kaufoption auf eine Währung den gleichen Preis hat wie die entsprechende Verkaufsoption auf die Währung, wenn der Forwardpreis gleich dem Basispreis ist.

8. Ein Aktienindex steht derzeit bei 300. Es wird erwartet, dass er in den nächsten beiden Dreimonatszeiträumen um 10 Prozent steigt oder fällt. Der risikofreie Zins liegt bei 8 Prozent, die Dividendenrendite des Index beträgt 3 Prozent. Welchen Wert hat eine sechsmonatige Verkaufsoption auf den Index mit einem Basispreis von 300, wenn sie (a) europäisch und (b) amerikanisch ist?

9. Würden Sie erwarten, dass die Volatilität eines Aktienindex größer oder kleiner ist als die Volatilität einer typischen Aktie? Erläutern Sie Ihre Antwort.

10. Ein offener Investmentfonds verkündet, dass die Gehälter der Fondsmanager von der Performance des Fonds abhängen. Verliert der Fonds Geld, sind die Gehälter gleich null. Macht der Fonds Gewinn, sind die Gehälter proportional dem Gewinn. Beschreiben Sie das Gehalt eines Fondsmanagers als eine Option. Wie wird sich ein Fondsmanager bei dieser Art der Bezahlung verhalten?

11. Wachsen oder fallen die Kosten einer Portfolio-Versicherung, wenn das Beta des Portefeuilles steigt? Erläutern Sie Ihre Antwort.

420   TEIL II Optionsmärkte

12. Angenommen ein Portefeuille hat einen Wert von 60 Millionen Dollar und der S&P 500 steht bei 300. Wenn der Wert des Portefeuilles den Wert des Index spiegelt, welche Optionen sollte man kaufen, um das Portefeuille davor zu schützen, dass sein Wert binnen eines Jahres unter 54 Millionen Dollar sinkt?

13. Betrachten Sie nochmals die Situation in Problem 12. Angenommen das Portefeuille hat ein Beta von 2,0, der risikofreie Zins beträgt 5 Prozent per Annum und die Dividendenrendite für das Portefeuille und den Index liegt bei je 3 Prozent per Annum. Welche Optionen sollten Sie kaufen, um das Portefeuille davor zu schützen, dass sein Wert unter 54 Millionen Dollar fällt?

Kapitel 13 Optionen auf Futures

Die Optionen, die bislang betrachtet wurden, geben dem Inhaber das Recht, einen bestimmten Vermögenswert zu einem bestimmten Termin zu kaufen oder zu verkaufen. Man kann sie *Kassaoptionen* oder *Spotoptionen* nennen, weil, wenn die Optionen ausgeübt werden, der Kauf oder Verkauf des Vermögenswertes sofort zum vereinbarten Preis erfolgt. In diesem Kapitel werden *Optionen auf Futures* betrachtet. Der Inhaber eines solchen Kontraktes hat bei der Ausübung der Option das Recht, den Vermögenswert zu dem vereinbarten Preis zu einem künftigen Termin zu kaufen oder zu verkaufen.

Die Commodity Futures Trading Commission autorisierte erstmals 1982 in einem Experiment den Handel mit Optionen auf Futures. Der dauerhafte Handel wurde 1987 eingeführt, und seitdem hat dieser Kontrakt bei den Investoren enorm an Beliebtheit gewonnen.

In diesem Kapitel wird gezeigt, wie Optionen auf Futures funktionieren und was die Unterschiede zwischen Optionen auf Futures und Spotoptionen sind. Es wird untersucht, wie man entweder mit Binomial-Bäumen oder Formeln, die denen von Black-Scholes zur Preisbestimmung von Aktienoptionen ähneln, die Preise für europäische Optionen auf Futures bestimmen kann. Auch die relative Preisbestimmung von Optionen auf Futures und Spotoptionen wird untersucht.

Das Wesen von Optionen auf Futures

Eine Option auf einen Futures bedeutet das Recht aber nicht die Verpflichtung, zu einem bestimmten Termin und einem bestimmten Futurespreis einen Futureskontrakt einzugehen. Eine Kaufoption auf Futures gibt das Recht, einen Long Futureskontrakt (Kaufposition in Futureskontrakt) zu einem bestimmten Preis einzugehen; eine Verkaufsoption gibt das Recht, einen Short Futureskontrakt (Verkaufsposition in Futureskontrakt) zu einem bestimmten Preis einzugehen. Die meistens Optionen auf Futures sind amerikanisch; das heißt, dass sie jederzeit während der Kontraktlaufzeit ausgeübt werden können. Der Fälligkeitstermin einer Option auf einen Futureskontrakt liegt im allgemeinen einen Tag oder einige Tage vor dem frühesten Liefertermin des zugrundeliegenden Futureskontraktes.

Um zu veranschaulichen, wie Optionen auf Futureskontrakte funktionieren, betrachte man die Position eines Investors, der eine Juli Kaufoption auf einen Futures mit einem Basispreis von 500 $ je Unze gekauft hat. Der Vermögenswert, der einem Kontrakt zugrunde liegt, besteht aus 100 Unzen Gold. Wie bei anderen börsengehandelten Optionskontrakten muss der Investor für die Option zahlen, wenn er den Kontrakt abschließt. Wenn die Kaufoption auf Futures ausgeübt wird, bekommt der Investor einen Long Futureskontrakt und es erfolgt eine Abrechnung in bar, die reflektiert, dass der Investor den Kontrakt zum Basispreis eingeht. Angenommen der Juli Futurespreis liegt zu dem Zeitpunkt, zu dem die Option ausgeübt wird, bei 540 und der jüngste Abrechnungspreis für den Juli Futureskontrakt ist 538. Der Investor bekommt einen Geldbetrag, der dem Überschuss des jüngsten Abrechnungspreises über dem Basispreis entspricht. Diese Summe wird dem Marginkonto unseres Investors gutgeschrieben. Sie beträgt in unserem Beispiel (538 − 500) × 100 oder 3.800 $.

Wenn der Investor seinen Juli Futureskontrakt sofort glattstellt, beträgt der Gewinn aus dem Futureskontrakt (540 − 538) × 100 = 200 $. Der gesamte Payoff aus der Ausübung der Option auf den Futureskontrakt ist somit 4.000 $. Das entspricht dem Juli Futurespreis zur Zeit der Ausübung minus dem Basispreis. Behält der Investor den Futureskontrakt, muss er möglicherweise einen Nachschuss leisten. Das Beispiel ist in Tabelle 13.1 zusammengefasst.

Tabelle 13.1: Kaufoptionen auf Futures

Am Tisch des Wertpapierhändlers

Ein Investor kauft eine Juli Kaufoption auf einen Gold Futureskontrakt. Die Kontrakteinheit beträgt 100 Unzen. Der Basispreis ist 500.

Die Ausübungsentscheidung

Der Investor übt aus, wenn der Juli Gold Futurespreis bei 540 und der letzte Abrechnungspreis bei 538 liegt.

Das Ergebnis

Der Investor bekommt einen Long Futureskontrakt plus Bargeld in Höhe von (538 − 500) × 100 oder 3.800 $. Der Investor beschließt, die Long Futures Position sofort mit einem Gewinn von (540 − 538) × 100 = 200 $ glattzustellen. Der gesamte Payoff, den der Investor durch die Ausübung bekommt, beträgt somit 4.000 $.

Der Investor, der eine Kaufoption auf einen Futures verkauft, erhält die Optionsprämie, hat aber das Risiko, dass der Kontrakt ausgeübt wird. Wird der Kontrakt ausgeübt, hat dieser Investor eine Verkaufsposition in Futures. Der Betrag F − X wird von seinem Marginkonto abgebucht, wobei F der letzte Abrechnungspreis ist. Das Clearinghouse sorgt dafür, dass der optionsausübende Investor auf der anderen Transaktionsseite den Betrag erhält.

Verkaufsoptionen auf Futures funktionieren analog den Kaufoptionen. Man betrachte einen Investor, der eine September Verkaufsoption auf Mais Futures mit einem Basispreis von 200 Cent je Bushel kauft. Die Kontrakteinheit beträgt 5.000 Bushel. Wird die Verkaufsoption auf den Futures ausgeübt, erhält der Investor einen Short Futureskontrakt plus eine Abrechnung in bar. Angenommen der Kontrakt wird ausgeübt, wenn der September Futurespreis bei 180 Cent und der jüngste Abrechnungspreis bei 179 Cent liegt. Der Investor bekommt einen Betrag in bar, der gleich dem Überschuss des Basispreises über dem jüngsten Abrechnungspreis ist. In unserem Beispiel sind das (2,00 − 1,79) × 5.000 = 1.050 $. Sie werden dem Marginkonto des Investors gutgeschrieben. Stellt der Investor den Juli Futureskontrakt sofort glatt, beträgt der Verlust aus dem Short Futureskontrakt (1,80 − 1,79) × 5.000 = 50 $. Der gesamte Payoff aus der Ausübung der Option auf den Futures beträgt somit 1.000 $. Das entspricht dem Basispreis minus dem Juli Futurespreis zur Zeit der Ausübung. Wie im Fall der Kaufoption auf den Futures muss der Investor möglicherweise nachschießen, wenn er beschließt, die Futures Position zu behalten. Tabelle 13.2 fasst das Beispiel zusammen.

Tabelle 13.2: Verkaufsoptionen auf Futures

Am Tisch des Wertpapierhändlers
Ein Investor kauft eine September Kaufoption auf einen Mais Futureskontrakt. Die Kontrakteinheit beträgt 5.000 Bushel. Der Basispreis ist 200 Cent.

Die Ausübungsentscheidung
Der Investor übt aus, wenn der September Put Futurespreis bei 180 und der jüngste Abrechnungspreis bei 179 liegt.

Das Ergebnis
Der Investor bekommt einen Short Futureskontrakt plus (2,00 − 1,79) × 5.000 = 1.050 $ in bar. Er beschließt, die Short Futures Position sofort mit einem Verlust von (1,80 − 1,79) × 5.000 = 50 $ glattzustellen. Der gesamte Payoff aus der Ausübungsentscheidung beträgt somit 1.000 $.

Der Investor auf der anderen Seite der Transaktion (i. e. der Investor, der die Verkaufsoption auf den Futures verkauft hat), bekommt eine Long Futures Position, wenn die Option ausgeübt wird, der Überschuss des Basispreises über dem jüngsten Abrechnungspreis wird vom Marginkonto des Investors abgezogen.

Notierungen

Wie bereits erwähnt, sind die meisten Optionen auf Futures amerikanisch und benannt nach dem Monat, in dem der zugrundeliegende Futureskontrakt fällig wird – nicht nach dem Fälligkeitsmonat der Option. Der Fälligkeitstermin des Optionskontraktes ist normalerweise am Tag oder einige Tage vor dem frühesten Liefertermin des zugrundeliegenden Futureskontraktes. Beispielsweise laufen die NYSE Index Futures Optionen und die S&P Index Futures Optionen am gleichen Tag wie der zugrundeliegende Futureskontrakt aus; die CME Währungsfutures Optionen laufen zwei Werktage vor Fälligkeit des Futureskontraktes aus; die CBOT T-Bond Futures Option läuft am ersten Freitag aus, der mindestens fünf Werktage vor dem Ende des Monats liegt, welcher dem Fälligkeitsmonat des Futureskontraktes unmittelbar vorausgeht.

Tabelle 13.3 zeigt die Notierungen für Optionen auf Futures, abgedruckt im *Wall Street Journal* vom 25. September 1996. Am beliebtesten sind Kontrakte auf T-Bonds (CBOT) und den Eurodollar (CME). Bei den T-Bonds gibt es fast 500.000 offene Positionen bei den Verkaufsoptionen und Kaufoptionen (puts/calls open interest), bei dem Eurodollar dagegen über 1,5 Millionen. Beliebt sind auch Kontrakte auf Mais (CBOT), Sojabohnen (CBOT), Zucker (CSCE), Rohöl (NYMEX), Heizöl (NYMEX), Gold (COMEX), den Yen (CME), die D-Mark (CME), T-Notes (CBOT), fünfjährige T-Notes (CBOT), die Euromark (LIFFE), deutsche Staatsanleihen (LIFFE) und den S&P 500 (CME).

Tabelle 13.3: Schlusspreise für Optionen auf Futures am 14. September 1996 (Auszug)

FUTURES OPTIONS PRICES
INTEREST RATE

T-BONDS (CBT)
$ 100,000; points and 64ths of 100%

Strike Price	Calls-Settle			Puts-Settle		
	Nov	Dec	Mar	Nov	Dec	Mar
107	2-10	....	....	0-34	....	....
108	1-31	2-00	2-48	0-55	1-24	2-38
109	0-60	....	....	1-20	....	....
110	0-35	1-03	1-55	1-59	2-27	3-43
111	0-20	....	....	2-44	...	....
112	0-09	0-30	1-13	....	3-53	4-62

Est. vol. 27,000;
Mn vol. 13,701 calls; 28,548 puts
Op. int. Mon 278,973 calls; 208,727 puts

T-NOTES (CBT)
$ 100,000; points and 64ths of 100%

Strike Price	Calls-Settle			Puts-Settle		
	Nov	Dec	Mar	Nov	Dec	Mar
105	....	2-24	2-50	0-12	0-29	1-10
106	1-22	1-42	2-12	0-27	0-47	1-34
107	0-48	1-06	1-43	0-52	1-10	2-00
108	0-23	0-43	1-16	....	1-47	2-37
109	0-09	0-24	0-58	....	2-27	....
110	0-03	0-12	0-41	....	3-15	....

Est vol 50,005 Mn 3,909 calls 6,704 puts
Op int Mon 133,163 calls; 117,877 puts

5 YR TREAS NOTES (CBT)
$ 100,000; points and 64ths of 100%

Strike Price	Calls-Settle			Puts-Settle		
	Nov	Dec	Mar	Nov	Dec	Mar
10400	....	1-45	....	....	0-10	....
10450	1-10	1-21	....	1-39	0-15	1-03
10500	0-52	1-00	....	....	0-25	1-17
10550	0-34	0-47	....	....	0-39	....
10600	0-21	0-33	....	....	....	....
10650	0-12	0-22	....	....	....	....

Est vol 35,000 Mn 4,387 calls 4,166 puts
Op int Mon 42,505 calls; 42,863 puts

EURODOLLAR (CME)
$ million; pts. of 100%

Strike Price	Calls-Settle			Puts-Settle		
	Oct	Nov	Dec	Oct	Nov	Dec
9375	0.43	....	0.45	0.00	0.01	0.03
9400	0.19	0.22	0.24	0.02	0.04	0.06
9425	0.04	0.07	0.09	0.11	0.14	0.16
9450	0.00	0.02	0.02	0.32	....	0.34
9475	0.00	....	0.00	....	....	0.57
9500	0.00	....	0.00	....	....	0.82

Est. vol. 131,200; Mn vol. 31,476 calls; 38, 782 puts
Op. int. Mon 803,933 calls; 894,431 puts

Quelle: Wall Street Journal, 25. 9.1996. Copyright ©1996, Dow Jones and Company, Inc.

Gründe für die Beliebtheit von Optionen auf Futures

Natürlich stellt sich die Frage, warum jemand mit Optionen auf Futures handelt, statt mit Optionen auf das Basisobjekt. Der Hauptgrund scheint zu sein, dass ein Futureskontrakt oftmals liquider und leichter handelbar ist als der zugrundeliegende Vermögenswert. Des weiteren kann man den Futurespreis sofort nachsehen, denn er ist durch den Handel an der Futuresbörse bekannt, während man den Kassakurs des Basisobjektes nicht unbedingt so schnell bekommt.

Man betrachte die T-Bonds. Der Markt für T-Bond Futures ist viel lebhafter als der Markt für irgendeinen speziellen T-Bond. Auch kennt man sofort den Preis für T-Bond Futureskontrakte, weil diese Kontrakte an der CBOT gehandelt werden. Dagegen kann man den aktuellen Marktpreis eines T-Bond nur bekommen, wenn man einen oder mehrere Händler kontaktiert. Es überrascht somit nicht, dass Investoren lieber T-Bond Futureskontrakte als T-Bonds geliefert bekommen.

Andere Beispiele für Vermögenswerte, deren Futures leichter zu handeln sind als das Basisobjekt, sind Handelswaren. Es ist viel leichter und bequemer, einen Futureskontrakt über Lebendschweine zu liefern oder abzunehmen als die Schweine selbst zu liefern oder abzunehmen.

Ein wichtiger Punkt bei einer Option auf einen Futures ist, dass die Ausübung normalerweise nicht zur Lieferung des Basisobjektes führt, da in den meisten Fällen der zugrundeliegende Futureskontrakt vor der Lieferung glattgestellt wird. Optionen auf Futures werden somit normalerweise in bar abgerechnet. Das finden viele Investoren gut, besonders diejenigen mit begrenztem Kapital, für die es schwierig ist, die Finanzmittel für den Kauf des Basisobjektes aufzubringen, wenn die Option ausgeübt wird.

Ein weiterer Vorteil, der mitunter genannt wird, ist, dass Futures und Optionen auf Futures an nebeneinanderliegenden Maklerständen an derselben Börse gehandelt werden. Dies fördert Hedging, Arbitrage und Spekulation. Außerdem hebt es tendenziell die Effizienz des Marktes.

Ein letzter Punkt ist, dass Optionen auf Futures in den meisten Situationen tendenziell niedrigere Transaktionskosten zur Folge haben als Spotoptionen.

Put-Call-Parität

In Kapitel 8 wurde eine Put-Call-Paritätsbeziehung für europäische Aktienoptionen abgeleitet. Nun wird ein ähnliches Argument zur Ableitung einer Put-Call-Paritätsbeziehung für europäische Futuresoptionen verwendet.

Man betrachte europäische Kauf- und Verkaufsoptionen auf Futures, beide mit dem Basispreis X und dem Fälligkeitstermin T. Es lassen sich zwei Portefeuilles formen:

Portefeuille A: eine europäische Kaufoption auf einen Futures plus ein Barbetrag in Höhe Xe^{-rT}

Portefeuille B: eine europäische Verkaufsoption auf einen Futures plus ein Long Futureskontrakt plus ein Barbetrag in Höhe Fe^{-rT}

Das Bargeld in Portefeuille A kann zum risikofreien Zins r investiert werden und wächst bis zum Zeitpunkt T auf X an. F_T sei der Futurespreis bei Fälligkeit der Option. Wenn $F_T > X$ ist, wird die Kaufoption in Portefeuille A ausgeübt und Portefeuille A hat den Wert F_T. Wenn $F_T \leq X$ ist, wird die Kaufoption nicht ausgeübt und Portefeuille A hat den Wert X. Der Wert von Portefeuille A in Zeitpunkt T ist somit

$$\max(F_T, X)$$

Das Bargeld in Portefeuille B kann zum risikofreien Zins investiert werden und wächst bis zum Zeitpunkt T auf F an. Die Verkaufsoption liefert einen Payoff von $\max(X - F_T, 0)$. Der Futureskontrakt liefert einen Payoff von $F_T - F$.[1] Portefeuille B hat somit im Zeitpunkt T einen Wert von

$$F + (F_T - F) + \max(X - F_T, 0) = \max(F_T - X)$$

Da die beiden Portefeuilles im Zeitpunkt T den gleichen Wert haben und es keine vorzeitigen Ausübungsmöglichkeiten gibt, haben sie folglich auch heute den gleichen Wert. Portefeuille A hat heute einen Wert von

$$c + Xe^{-rT}$$

---

[1] Diese Analyse geht von der Annahme aus, dass es keine Unterschiede zwischen den Payoffs aus Futureskontrakten und Forwardkontrakten gibt, wenn beide zur gleichen Zeit abgeschlossen werden.

wobei c der Preis der Kaufoption auf den Futures ist. Das Marking-to-Market-Verfahren stellt sicher, dass der Futureskontrakt in Portefeuille B heute einen Wert von null hat. Portefeuille B hat somit einen Wert von

$$p + Fe^{-rT}$$

wobei p der Preis der Verkaufsoption auf den Futures ist. Daraus folgt

(13.1) $$c + Xe^{-rT} = p + Fe^{-rT}$$

Beispiel

Angenommen der Preis einer europäischen Kaufoption auf Silber Futures mit einer Lieferung in sechs Monaten beträgt 0,56 $ je Unze bei einem Basispreis von 8,50 $. Angenommen der Silber Futurespreis mit Lieferung in sechs Monaten liegt derzeit bei 8,00 $ und der risikofreie Zins für eine Investition, die in sechs Monaten fällig wird, beträgt 10 Prozent per Annum. Durch Umstellen von Gleichung 13.1 erhält man den Preis einer europäischen Verkaufsoption auf Silber Futures, die die gleiche Laufzeit und den gleichen Fälligkeitstermin wie die Kaufoption hat:

$$0{,}56 + 8{,}50e^{-0{,}1 \times 0{,}5} - 8{,}00e^{-0{,}1 \times 0{,}5} = 1{,}04$$

Als nächstes betrachte man eine amerikanische Kaufoption auf einen Futures mit dem Preis C und eine amerikanische Verkaufsoption auf einen Futures mit dem Preis P. Beide haben den gleichen Basispreis X und den gleichen Fälligkeitstermin T. Die Beziehung zwischen C und P bei Abwesenheit von Arbitrage-Möglichkeiten ist

(13.2) $$Fe^{-rT} - X < C - P < F - X e^{-rT}$$

Um dies zu beweisen, betrachten wir

Portefeuille C: eine europäische Kaufoption auf einen Futures plus ein Barbetrag in der Höhe X

Portefeuille D: eine amerikanische Verkaufsoption auf einen Futures plus ein Long Futureskontrakt plus ein Barbetrag in der Höhe Fe^{-rT}

Portefeuille E: eine amerikanische Kaufoption auf einen Futures plus ein Betrag Xe^{-rT}, der zum risikofreien Zins investiert wird

KAPITEL 13 Optionen auf Futures

Portefeuille F: eine europäische Verkaufsoption auf einen Futures plus ein Barbetrag F plus eine Kaufposition in einem Futureskontrakt

Unabhängig von der Entscheidung über eine vorzeitige Ausübung der amerikanischen Option in Portefeuille D, ist Portefeuille D zu dem Zeitpunkt, zu dem die amerikanische Option ausgeübt wird, immer weniger wert als Portefeuille C. Daher ist Portefeuille D heute weniger wert als Portefeuille C und

$$P + Fe^{-rT} < c + X$$

Da eine europäische Kaufoption immer weniger wert ist als ihr amerikanisches Gegenstück

$$c \leq C$$

so dass

$$P + Fe^{-rT} < C + X$$

oder

$$Fe^{-rT} - X < C - P$$

Das beweist die erste Hälfte der Beziehung in Gleichung 13.2.

Unabhängig von der Entscheidung über eine vorzeitige Ausübung der amerikanischen Option in Portefeuille E, ist Portefeuille F zu dem Zeitpunkt, zu dem die amerikanische Option ausgeübt wird, immer mehr wert als Portefeuille E. Daher muss Portefeuille F heute mehr wert sein als Portefeuille E.

Somit ist

$$C + Xe^{-rT} < p + F$$

Da $p \leq P$, ist

$$C + Xe^{-rT} < P + F$$

oder

$$C - P < F - Xe^{-rT}$$

Das beweist die zweite Hälfte der Beziehung in Gleichung 13.2.

Grenzen für Optionen auf Futures

Die Put-Call-Paritätsbeziehung in Gleichung 13.1 liefert die Grenzen für europäische Kauf- und Verkaufsoptionen. Da der Preis einer Verkaufsoption, p, immer größer null sein muss, folgt aus Gleichung 13.1, dass

$$c + Xe^{-rT} > Fe^{-rT}$$

oder

(13.3) $$c > (F - X)e^{-rT}$$

Da auch der Preis einer Kaufoption immer größer null sein muss, folgt aus Gleichung 13.1, dass

$$Xe^{-rT} < Fe^{-rT} + p$$

oder

(13.4) $$p > (X - F)e^{-rT}$$

Diese Grenzen ähneln denen, die in Kapitel 8 für europäische Aktienoptionen abgeleitet wurden. Die Preise europäischer Kauf- und Verkaufsoptionen bewegen sich in der Nähe ihrer Untergrenzen, wenn die Optionen tief im Geld sind. Um zu sehen, warum das so ist, kehren wir zur Put-Call-Paritätsbeziehung in Gleichung 13.1 zurück. Wenn eine Kaufoption tief im Geld ist, ist die entsprechende Verkaufsoption tief aus dem Geld. Das bedeutet, dass p sehr nahe bei null liegt. Die Differenz zwischen c und seiner Untergrenze ist gleich p, so dass der Preis der Kaufoption sehr nahe an seiner Untergrenze sein muss. Ein ähnliches Argument gilt auch für Verkaufsoptionen.

Da amerikanische Optionen auf Futures jederzeit ausgeübt werden können, ist

$$C > F - X$$

und

$$P > X - F$$

Bei positiven Zinsen ist somit die Preisuntergrenze einer amerikanischen Option immer höher als die Preisuntergrenze einer europäischen Option. Das ist konsistent mit der Tatsache, dass immer die Möglichkeit besteht, dass eine amerikanische Option auf einen Futures vorzeitig ausgeübt wird.

Bewertung von Optionen auf Futures mit Binomial-Bäumen

In diesem Abschnitt wird ein ähnlicher Binomial-Baum-Ansatz wie in Kapitel 10 zur Preisbestimmung von Optionen auf Futures verwendet. Der zentrale Unterschied zwischen dem hier präsentierten Argument und dem Argument in Kapitel 10 ist, dass beim Abschluss eines Futureskontraktes vorab keine Kosten anfallen.

Angenommen der aktuelle Futurespreis liegt bei 30 und es wird erwartet, dass er im nächsten Monat auf 33 steigt oder auf 28 fällt. Man betrachte eine einmonatige Kaufoption auf den Futures mit einem Basispreis von 29. Diese Situation ist in Abbildung 13.1 zu sehen. Wenn der Futurespreis auf 33 steigt, hat die Option einen Payoff von 4 und der Wert des Futureskontraktes ist 3. Wenn der Futurespreis auf 28 fällt, ist der Payoff der Option null und der Futureskontrakt hat einen Wert von −2.

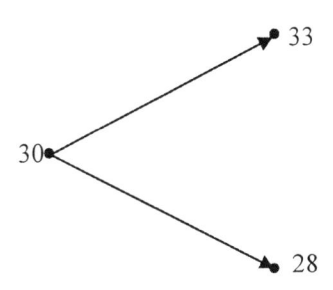

Abbildung 13.1: Numerisches Beispiel für Futurespreisschwankungen

Um einen risikolosen Hedge einzurichten, betrachten wir ein Portefeuille, das aus einer Verkaufsposition in einem Optionskontrakt und einer Kaufposition in Δ Futureskontrakten besteht. Wenn der Futurespreis auf 33 steigt, hat das Portefeuille einen Wert von $3\Delta - 4$; wenn er auf 28 fällt, hat das Portefeuille den Wert -2Δ. Das Portefeuille ist risikolos, wenn beide gleich sind – das heißt, wenn

$$3\Delta - 4 = -2\Delta$$

oder $\Delta = 0{,}8$.

Bei diesem Wert von Δ wissen wir, dass das Portefeuille in einem Monat einen Wert von 3 × 0,8 − 4 = −1,6 hat. Angenommen der risikofreie Zins beträgt 6 Prozent. Der Wert des Portefeuilles heute ist folglich

$$-1{,}6e^{-0{,}06 \times 0{,}08333} = -1{,}592$$

Das Portefeuille besteht aus einer verkauften Option und Δ Futureskontrakten. Da der Wert des Futureskontraktes heute null ist, muss der Wert der Option heute 1,592 sein.

EINE VERALLGEMEINERUNG

Diese Analyse kann verallgemeinert werden, wenn man einen Futurespreis betrachtet, der bei F beginnt und antizipatorisch im Zeitraum T auf Fu steigt oder auf Fd fällt. Wir betrachten eine Option, die im Zeitpunkt T fällig wird, und nehmen an, dass ihr Payoff f_u ist, wenn der Futurespreis steigt, und F_d, wenn er fällt. Die Situation ist in Abbildung 13.2 dargestellt.

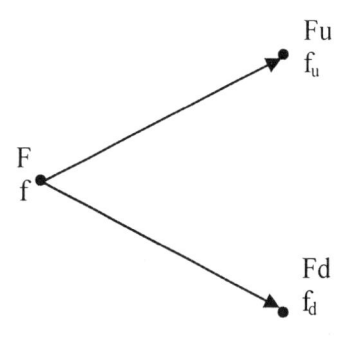

Abbildung 13.2: Futurespreis und Optionspreise: allgemeine Situation

In diesem Fall besteht das risikofreie Portefeuille aus einer Verkaufsposition in einer Option kombiniert mit einer Kaufposition in Δ Futureskontrakten, wobei

$$\Delta = \frac{f_u - f_d}{Fu - Fd}$$

Das Portefeuille hat im Zeitpunkt T dann immer den Wert

$$(Fu - F)\Delta - f_u$$

Wenn r der risikofreie Zins ist, erhält man den Wert des Portefeuilles heute:

$$[(Fu - F)\Delta - f_u]e^{-rT}$$

Ein anderer Ausdruck für den Gegenwartswert des Portefeuilles ist $-f$, wobei f der heutige Wert der Option ist. Daraus folgt, dass

$$-f = [(Fu - F)\Delta - f_u]e^{-rT}$$

Ersetzt man Δ und vereinfacht die Gleichung, erhält man

(13.5) $$f = e^{-rT}[pf_u + (1-p)f_d]$$

wobei

(13.6) $$p = \frac{1-d}{u-d}$$

In dem oben betrachteten Beispiel (siehe Abbildung 13.1) ist u = 1,1, d = 0,9333, r = 0,06, T = 0,08333, f_u = 4 und f_d = 0. Gleichung 13.6 ergibt

$$p = \frac{1 - 0,9333}{1,1 - 0,9333} = 0,4$$

Und Gleichung 13.5 ergibt

$$f = e^{-0,06 \times 0,08333}[0,4 \times 4 + 0,6 \times 0] = 1,592$$

Dieses Ergebnis stimmt mit der Antwort, die wir für dieses Beispiel weiter oben erhalten haben, überein.

Ein Futurespreis als Aktie, die eine kontinuierliche Dividendenrendite abwirft

Es gibt ein allgemeines Ergebnis, wodurch die Analyse von Optionen auf Futures analog der Analyse von Optionen auf Aktien mit kontinuierlicher Dividendenrendite wird. Dieses Ergebnis lautet, dass die Futurespreise sich genauso verhalten wie eine Aktie mit einer kontinuierlichen Dividendenrendite in der Höhe des heimischen risikofreien Zinses r.

Einen Hinweis darauf, dass dies so sein könnte, liefert ein Vergleich der Gleichungen 13.5 und 13.6 mit den Gleichungen 12.7 und 12.8. Die beiden Gleichungspaare sind identisch, wenn man q = r setzt. Ein weiterer Hinweis ist, dass die Optionspreise für Futures die gleichen Untergrenzen und die gleiche Put-Call-Paritätsbeziehung haben wie Optionspreise für eine Aktie mit einer kontinuierlichen Dividendenrendite q, wenn der Aktienkurs durch den Futurespreis ersetzt und q = r gesetzt wird.

Dieses Ergebnis kann man verstehen, wenn man daran denkt, dass ein Futureskontrakt eine Investition von null erfordert. In einer risikoneutralen Welt muss der erwartete Gewinn aus einer Position in einer Investition, deren Einrichtung null Kosten verursacht, null sein. In einer risikoneutralen Welt muss der erwartete Payoff aus einem Futureskontrakt somit null sein. In einer risikoneutralen Welt muss die erwartete Wachstumsrate des Futurespreises somit null sein. Wie in Kapitel 12 erwähnt, wächst in einer risikoneutralen Welt eine Aktie, die eine Dividende mit der Rate q abwirft, mit einer erwarteten Rate von r − q. Setzt man q = r, ist die erwartete Wachstumsrate des Aktienkurses null, wodurch er analog einem Futurespreis wird.

Bewertung von Optionen auf Futures mit dem Modell von Black

Europäische Optionen auf Futures lassen sich mit den Gleichungen 12.4 und 12.5 bewerten, wenn man q = r setzt. Fischer Black zeigte dies als erster in einem 1976 veröffentlichten Paper. Die zugrundeliegende Annahme ist, dass Futurespreise die gleiche log-normale Eigenschaft haben, wie bereits in Kapitel 11 für Aktienkurse angenommen wurde. Der Preis einer europäischen Kaufoption, c, und der Preis einer europäischen Verkaufsoption, p, auf einen Futures ergibt sich aus den Gleichungen 12.4 und 12.5, wobei S ersetzt wird durch F und q = r:

(13.7) $$c = e^{-rT}[FN(d_1) - XN(d_2)]$$

(13.8) $$p = e^{-rT}[XN(-d_2) - FN(-d_1)]$$

wobei

$$d_1 = \frac{\ln(F/X) + \sigma^2 T/2}{\sigma\sqrt{T}}$$

$$d_2 = \frac{\ln(F/X) - \sigma^2 T/2}{\sigma\sqrt{T}} = d_1 - \sigma\sqrt{T}$$

und σ die Volatilität des Futurespreises ist. Wenn Carrykosten und Convenience Yield lediglich Funktionen der Zeit sind, kann gezeigt werden, dass die Volatilität des Futurespreises die gleiche ist wie die Volatilität des Basisobjektes. Man denke daran, dass es für die Formel von Black nicht nötig ist, dass Optionskontrakt und Futureskontrakt gleichzeitig fällig werden.

Beispiel

Man betrachte eine europäische Verkaufsoption auf einen Rohöl Futures. Die Laufzeit beträgt vier Monate, der aktuelle Futurespreis liegt bei 20 \$, der Basispreis ist 20 \$, der risikofreie Zins liegt bei 9 Prozent per Annum und die Volatilität des Futurespreises bei 25 Prozent per Annum. In diesem Fall ist F = 20, X = 20, r = 0,09, T = 4/12, σ = 0,25 und ln(F/X) = 0, so dass

$$d_1 = \frac{\sigma\sqrt{T}}{2} = 0{,}07216$$

$$d_2 = -\frac{\sigma\sqrt{T}}{2} = -0{,}07216$$

$$N(-d_1) = 0{,}4712, \qquad N(-d_2) = 0{,}5288$$

Der Preis der Verkaufsoption, p, ergibt sich aus

$$p = e^{-0{,}09 \times 4/12}(20 \times 0{,}5288 - 20 \times 0{,}4712) = 1{,}12$$

oder 1,12 \$.

Vergleich der Preise von Optionen auf Futures und Spotoptionen

Die Payoffs europäischer Spot Kaufoptionen mit dem Basispreis X betragen

$$\max(S_T - X, 0)$$

wobei S_T der Spotpreis oder Kassapreis bei Fälligkeit der Option ist. Der Payoff einer europäischen Kaufoption auf einen Futures mit dem gleichen Basispreis beträgt

$$\max(F_T - X, 0)$$

wobei F_T der Futurespreis bei Fälligkeit der Option ist. Wenn die europäische Option auf den Futures zur gleichen Zeit fällig wird wie der Futureskontrakt, ist $F_T = S_T$ und beide Optionen sind theoretisch äquivalent. Wenn die europäische Kaufoption auf den Futures vor dem Futureskontrakt fällig wird, ist sie auf einem normalen Markt (auf dem die Futurespreise höher sind als die Spotpreise) mehr wert als die entsprechende Spotoption und auf einem invertierten Markt (auf dem die Futurespreise kleiner sind als die Spot Preise) weniger wert als die entsprechende Spotoption.[2]

Ähnlich hat eine europäische Verkaufsoption auf einen Futures den gleichen Wert wie ihr Spotoptions-Gegenstück, wenn die Option auf den Futures zur gleichen Zeit wie der Futureskontrakt fällig wird. Wird die europäische Verkaufsoption auf den Futures vor dem Futureskontrakt fällig, ist sie auf einem normalen Markt weniger wert als die entsprechende Spotoption und auf einem invertierten Markt mehr wert als die entsprechende Spotoption.

ERGEBNISSE FÜR AMERIKANISCHE OPTIONEN

Handelbare Optionen auf Futures sind normalerweise amerikanisch. Angenommen der risikofreie Zins r ist positiv, dann besteht immer die Möglichkeit, dass es optimal ist, eine amerikanische Option auf einen Futures vorzeitig auszuüben. Amerikanische Optionen auf Futures sind somit mehr wert als ihre europäischen Gegenstücke. In Kapitel 16 werden numerische Verfahren für die Bewertung amerikanischer Optionen auf Futures vorgestellt.

---

[2] Die Spotoption, die einer Option auf einen Futures „entspricht", wird hier definiert als eine Option mit dem gleichen Basispreis und Fälligkeitstermin.

Es ist nicht allgemein richtig, dass eine amerikanische Option auf einen Futures den gleichen Wert hat wie die entsprechende amerikanische Option auf das Basisobjekt, wenn die Futures- und Optionskontrakte die gleiche Fälligkeit haben. Man nehme beispielsweise einen normalen Markt an, auf dem die Futurespreise vor Fälligkeit konsistent höher sind als die Spotpreise. Das trifft auf die meisten Aktienindizes, Gold, Silber, niedrigverzinsliche Währungen und einige Waren zu. Eine amerikanische Kaufoption auf einen Futures muss mehr wert sein als die korrespondierende amerikanische Kaufoption auf das Basisobjekt. Der Grund ist, dass in einigen Situationen die Option auf den Futures vorzeitig ausgeübt wird, und in diesem Fall hat der Optionsinhaber einen höheren Gewinn. Ähnlich muss eine amerikanische Verkaufsoption auf einen Futures weniger wert sein als die korrespondierende amerikanische Verkaufsoption auf das Basisobjekt. Bei einem invertierten Markt mit Futurespreisen, die konsistent niedriger als die Spotpreise sind, wie dies bei hochverzinslichen Währungen und einigen Waren der Fall ist, muss es genau umgekehrt sein. Amerikanische Kaufoptionen auf Futures sind weniger wert als die korrespondierende amerikanische Kaufoption auf das Basisobjekt, während amerikanische Verkaufsoptionen auf Futures mehr wert sind als die korrespondierende amerikanische Verkaufsoption auf das Basisobjekt.

Der gerade beschriebene Unterschied zwischen amerikanischen Optionen auf Futures und amerikanischen Optionen auf Vermögenswerten trifft zu, wenn der Futureskontrakt später als der Optionskontrakt fällig wird und ebenso bei zeitgleicher Fälligkeit. Tatsächlich sind die Unterschiede tendenziell größer, je später der Futureskontrakt fällig wird.

Zusammenfassung

Bei Optionen auf Futures muss der zugrundeliegende Futureskontrakt bei Ausübung angedient werden. Wenn eine Kaufoption ausgeübt wird, erhält der Inhaber eine Kaufposition in einen Futures plus einen Betrag in bar, der dem Überschuss des Futurespreises über dem Basispreis entspricht. Ähnlich bekommt der Inhaber einer Verkaufsoption bei der Ausübung eine Verkaufsposition plus einen Betrag in bar, der dem Überschuss des Basispreises über dem Futurespreis entspricht. Der Futureskontrakt, der angedient wird, ist üblicherweise etwas später fällig als die Option.

Ein Futurespreis verhält sich genauso wie eine Aktie, die eine kontinuierliche Dividendenrendite gleich dem risikofreien Zins r abwirft. Das bedeutet, dass die in Kapitel 12 gezeigten Resultate für Optionen auf Aktien mit einer kontinuierlichen Dividendenrendite auf Futuresoptionen übertragen werden können, wenn man den Aktienkurs durch den Futurespreis ersetzt und die Dividendenrendite mit dem risikofreien Zins gleichsetzt.

1976 entwickelte Fischer Black die ersten Preisformeln für europäische Optionen auf Futures. In den Formeln wird angenommen, dass der Futurespreis eine konstante Volatilität hat, so dass der Futurespreis bei Fälligkeit der Option log-normal verteilt ist.

Wenn wir annehmen, dass die beiden Fälligkeitstermine identisch sind, ist eine europäische Option auf einen Futures genauso viel wert wie die entsprechende europäische Option auf das Basisobjekt. Das trifft nicht auf amerikanische Optionen zu. Wenn der Futuresmarkt normal ist, ist eine amerikanische Kaufoption auf einen Futures mehr wert als die amerikanische Kaufoption auf das Basisobjekt, während eine amerikanische Verkaufsoption auf einen Futures weniger wert ist als die amerikanische Verkaufsoption auf das Basisobjekt. Wenn der Futuresmarkt invertiert ist, verhält es sich genau umgekehrt.

Weitere Literatur

Black, F. „The Pricing of Commodity Contracts", *Journal of Financial Economics* 3 (1976): 167-179.

Brenner, M., G. Courtadon und M. Subrahmanyam. „Options on Spot and Options on Futures", *Journal of Finance* 40 (December 1985) : 1303-1317.

Ramaswamy, K. und S. M. Sundaresan. „The Valuation of Options on Futures Contracts", *Journal of Finance* 40 (December 1985): 1319-1340.

Wolf, A. „Fundamentals of Commodity Options on Futures", *Journal of Futures Markets* 2 (1982): 391-408.

Testfragen

1. Erläutern Sie den Unterschied zwischen einer Kaufoption auf den Yen und einer Kaufoption auf Yen Futures.

2. Warum werden Optionen auf Bond Futures lebhafter gehandelt als Optionen auf Bonds?

3. „Ein Futurespreis ist wie eine Aktie, die eine kontinuierliche Dividendenrendite abwirft." Was ist die kontinuierliche Dividendenrendite?

4. Ein Futurespreis steht aktuell bei 50. Nach sechs Monaten steht er entweder bei 56 oder 46. Der risikofreie Zins beträgt 6 Prozent per Annum. Welchen Wert hat eine sechsmonatige europäische Kaufoption mit einem Basispreis von 50?

5. Wie unterscheidet sich die Put-Call-Paritätsformel einer Option auf Futures von der Put-Call-Parität einer Option auf eine dividendenlose Aktie?

6. Betrachten Sie eine amerikanische Kaufoption auf einen Futures, wobei der Futureskontrakt und der Optionskontrakt gleichzeitig fällig werden. Unter welchen Umständen ist die Option auf den Futures mehr wert als die entsprechende amerikanische Option auf das Basisobjekt?

7. Berechnen Sie den Wert einer fünfmonatigen europäischen Verkaufsoption auf einen Futures, bei einem Futurespreis von 19 $, einem Basispreis von 20 $, einem risikofreien Zins von 12 Prozent per Annum und einer Volatilität des Futurespreises von 20 Prozent per Annum.

Fragen und Probleme

1. Angenommen Sie kaufen einen Verkaufsoptionskontrakt auf einen Oktober Gold Futures mit einem Basispreis von 400 $ je Unze. Die Kontrakteinheit für die Lieferung beträgt 100 Unzen. Was passiert, wenn Sie die Option bei einem Oktober Futurespreis von 380 $ ausüben?

2. Angenommen Sie verkaufen einen Kaufoptionskontrakt auf einen April Lebendvieh Futures mit einem Basispreis von 70 Cents je Pfund. Die Kontrakteinheit für die Lieferung beträgt 40.000 Pfund. Was passiert, wenn die Option bei einem Futurespreis von 75 Cents ausgeübt wird?

440 TEIL II Optionsmärkte

3. Betrachten Sie eine zweimonatige Kaufoption auf einen Futures mit einem Basispreis von 40, wenn der risikofreie Zins bei 10 Prozent per Annum liegt. Der aktuelle Futurespreis ist 47. Welche Untergrenze hat der Wert dieser Futuresoption, wenn sie (a) europäisch und (b) amerikanisch ist?

4. Betrachten Sie eine viermonatige Verkaufsoption auf einen Futures mit einem Basispreis von 50, wenn der risikofreie Zins bei 10 Prozent per Annum liegt. Der aktuelle Futurespreis ist 47. Welche Untergrenze hat der Wert der Futuresoption, wenn sie (a) europäisch und (b) amerikanisch ist?

5. Ein Futurespreis liegt aktuell bei 40. Es ist bekannt, dass der Preis nach drei Monaten entweder bei 35 oder 45 liegt. Welchen Wert hat eine dreimonatige europäische Kaufoption auf den Futures mit dem Basispreis 42, wenn der risikofreie Zins bei 7 Prozent per Annum liegt?

6. Ein Futurespreis liegt aktuell bei 60. Es ist bekannt, dass der Preis in jeder der nächsten beiden dreimonatigen Perioden entweder um 10 Prozent steigt oder um 10 Prozent fällt. Der risikofreie Zins liegt bei 8 Prozent per Annum. Welchen Wert hat eine sechsmonatige europäische Kaufoption auf den Futures mit dem Basispreis 60? Wäre die Option amerikanisch, wäre es sinnvoll, sie jemals vorzeitig auszuüben?

7. Wie hoch ist in Problem 6 der Wert einer sechsmonatigen europäischen Verkaufsoption auf Futures mit dem Basispreis 60? Wäre die Verkaufsoption amerikanisch, wäre es jemals sinnvoll, sie vorzeitig auszuüben? Verifizieren Sie, dass die Preise der in Problem 6 errechneten Kaufoptionen und die hier berechneten Preise der Verkaufsoptionen die Put-Call-Paritätsbeziehungen erfüllen.

8. Ein Futurespreis liegt aktuell bei 25, die Volatilität beträgt 30 Prozent per Annum und der risikofreie Zins 10 Prozent per Annum. Wie hoch ist der Wert einer neunmonatigen europäischen Kaufoption auf den Futures mit einem Basispreis von 26?

9. Ein Futurespreis liegt aktuell bei 70, die Volatilität beträgt 20 Prozent per Annum und der risikofreie Zins 6 Prozent per Annum. Wie hoch ist der Wert einer fünfmonatigen europäischen Verkaufsoption auf den Futures mit einem Basispreis von 65?

KAPITEL 13 Optionen auf Futures   441

10. Errechnen Sie anhand der folgenden Informationen über eine europäische Verkaufsoption auf Sojabohnen Futures die implizite Volatilität der Sojabohnen Futurespreise:

Aktueller Futurespreis	525
Basispreis	525
Risikofreier Zins	6 Prozent per Annum
Laufzeit	5 Monate
Preis der Verkaufsoption	20

11. Angenommen ein Futurespreis liegt derzeit bei 35. Eine europäische Kaufoption und eine europäische Verkaufsoption auf den Futures mit einem Basispreis von 34 haben beide am Markt einen Preis von 2. Der risikofreie Zins beträgt 10 Prozent per Annum. Identifizieren Sie eine Arbitrage-Möglichkeit.

12. „Der Preis einer europäischen Am-Geld-Kaufoption auf einen Futures ist immer gleich dem Preis einer ähnlichen europäischen Am-Geld-Verkaufsoption auf einen Futures." Erklären Sie, warum diese Behauptung stimmt.

13. Angenommen ein Futurespreis liegt derzeit bei 30. Der risikofreie Zins beträgt 5 Prozent per Annum. Eine dreimonatige amerikanische Kaufoption auf einen Futures mit dem Basispreis 28 hat einen Wert von 4. Berechnen Sie die Grenzen für den Preis einer dreimonatigen amerikanischen Verkaufsoption auf einen Futures mit dem Basispreis 28.

442 TEIL II Optionsmärkte

Kapitel 14 Hedgen von Optionspositionen und die synthetische Bildung von Optionen

Wie bereits in vorherigen Kapiteln erwähnt wurde, wird ein großer Teil des Optionshandels am Freiverkehrsmarkt abgewickelt. An diesem Markt werden die Geschäfte telefonisch vereinbart. Auf der einen Seite des Handels sitzt eine Finanzinstitution. Auf der anderen Seite sitzt ein Gelddisponent, ein Finanzvorstand oder eine andere Finanzinstitution. Dieses Kapitel konzentriert sich auf die Risiken, die eine Finanzinstitution beim Handel am Freiverkehrsmarkt trägt, und wie man diese Risiken managen kann. Ein Großteil der dargestellten Analyse ist auch für Market Maker, die an der Börse mit Optionen handeln, und für Finanzvorstände und Disponenten, die regelmäßig mit Optionen handeln, nützlich.

Theoretisch kann eine Finanzinstitution ihr Risiko aus einem Optionskontrakt absichern, indem sie eine Gegenposition in genau dem gleichen Kontrakt abschließt. In der Praxis sind Optionskontrakte im Freiverkehr oft so gestaltet, dass sie den Bedürfnissen einer bestimmten Gegenpartei entsprechen, so dass es unmöglich oder prohibitiv teuer ist, ein Gegengeschäft mit einer anderen Gegenpartei abzuschließen. Daher benötigt man alternative Hedging-Strategien. Diese Alternativen werden in diesem Kapitel diskutiert.

Das Kapitel betrachtet Delta, Gamma, Theta, Vega und Rho. Das sind Maße für die verschiedenen Risikodimensionen eines Portefeuilles aus Optionen. Außerdem wird in diesem Kapitel die synthetische Herstellung von Optionen untersucht. Es wird sich zeigen, dass dieses Verfahren eng verwandt ist mit dem Hedging von Optionen, da die synthetische Herstellung einer Optionsposition im Kern die gleiche Aufgabe ist wie das Hedgen der gegenteiligen Optionsposition.

Ein Beispiel

In den nächsten Abschnitten wird als Beispiel die Position einer Finanzinstitution herangezogen, die für 300.000 $ eine europäische Kaufoption auf 100.000 dividendenlose Aktien verkauft hat. Es wird angenommen, dass der Aktienkurs bei 49 $ liegt, der Basispreis ist 50 $, der risikofreie Zins liegt bei 5 Prozent per Annum, die Aktienkursvolatilität liegt bei 20 Prozent per Annum, die Laufzeit beträgt 20 Wochen (0,3846 Jahre) und die erwartete und die erwartete Rendite der Aktie beträgt 13 Prozent per

KAPITEL 14 Hedgen von Optionspositionen und die synthetische Bildung von Optionen

und die erwartete Rendite der Aktie beträgt 13 Prozent per Annum.[1] Bei der üblichen Notation im vorliegenden Buch bedeutet das, dass

$$S = 49, X = 50, r = 0{,}05, \sigma = 0{,}20, T = 0{,}3846, \mu = 0{,}13$$

Normalerweise verkaufen Finanzinstitutionen keine Kaufoptionen auf einzelne Aktien. Aber eine Kaufoption auf eine Aktie ist ein schönes Beispiel, um daran unsere Ideen zu entwickeln. Natürlich lassen sich die Punkte, auf die verwiesen wird, auch auf andere Optionsarten und andere Derivative übertragen.

Der Black-Scholes-Preis der Option ist ungefähr 240.000 $. Die Finanzinstitution hat somit die Option für 60.000 $ über ihren theoretischen Wert verkauft und muss nun ihr Risiko absichern.

Ungesicherte und gedeckte Positionen

Eine mögliche Strategie der Finanzinstitution besteht darin, nichts zu tun – eine *ungesicherte Position* anzunehmen. Wenn die Kaufoption ausgeübt wird, muss die Finanzinstitution 100.000 Aktien zum Tageskurs kaufen, um die Kaufoption abzudecken. Die Kosten für die Finanzinstitution betragen 100.000 multipliziert mit dem Betrag, um den der Aktienkurs den Basispreis übersteigt. Steht der Aktienkurs beispielsweise nach 20 Wochen bei 60 $, kostet die Option der Finanzinstitution 1 Million Dollar, was erheblich mehr ist als der Preis von 300.000 $, den sie für die Option bekommen hat. Eine ungesicherte Position ist dann gut, wenn der Aktienkurs nach 20 Wochen unter 50 $ steht. Dann kostet die Option der Finanzinstitution nichts, es wird ein Gewinn von 300.000 $ realisiert.

Als Alternative zur ungesicherten Position kann die Finanzinstitution eine *gedeckte Position* annehmen. Dafür kauft sie, sobald die Option verkauft ist, 100.000 Aktien. Wenn die Option ausgeübt wird, ist diese Strategie gut, aber unter anderen Umständen kann sie zu erheblichen Verlusten führen. Wenn die Option nicht ausgeübt wird, kann es passieren, dass die gedeckte Position teuer wird. Fällt beispielsweise der Aktienkurs auf 40 $, verliert die Finanzinstitution 900.000 $ durch die Aktienposition. Das sind ebenfalls erheblich mehr als die 300.000 $, die für die Option berechnet wurden. Die Put-Call-

---

[1] Wie in den Kapiteln 10 und 11 gezeigt wurde, ist die erwartete Rendite irrelevant für die Preisbestimmung der Option. Sie wird hier angegeben, weil sie Auswirkungen auf die Effektivität des Hedging-Schemas haben kann.

Parität zeigt, dass das Risiko aus dem Verkauf einer gedeckten Kaufoption genauso hoch ist wie das aus dem Verkauf einer ungesicherten Verkaufsoption.

Weder eine ungesicherte Position noch eine gedeckte Position bieten eine befriedigende Absicherung. Wenn die Annahmen, die der Black-Scholes-Formel zugrunde liegen, halten, sollten die Kosten der Finanzinstitution für den Verkauf der Option immer durchschnittlich 240.000 $ für beide Ansätze betragen.[2] Die Kosten können aber immer in einem Bereich von null bis über 1 Million Dollar schwanken. Eine vollkommene Absicherung würde sicherstellen, dass die Kosten immer bei 240.000 $ liegen; das heißt, die Standardabweichung der Kosten für den Verkauf der Option und ihre Absicherung ist null.

Eine Stop-Loss-Strategie

Ein interessantes Hedging-Schema, das mitunter vorgeschlagen wird, ist die *Stop-Loss-Strategie*. Zur Veranschaulichung der grundlegenden Idee betrachte man eine Institution, die eine Kaufoption mit dem Basispreis X auf den Kauf einer Aktieneinheit verkauft hat. Bei dem Hedging-Schema kauft die Institution eine Einheit der Aktie, sobald deren Kurs über X steigt, und verkauft sie, sobald der Kurs unter X fällt. Ziel ist es, eine ungesicherte Position zu halten, wenn der Aktienkurs unter X liegt, und eine gedeckte Position zu halten, wenn der Aktienkurs über X liegt. Das Schema soll sicherstellen, dass die Institution die Aktie im Zeitpunkt T besitzt, falls die Option im Geld schließt, und sie nicht besitzt, falls die Option aus dem Geld schließt. Diese Strategie führt offenbar zu Payoffs, die den Payoffs aus der Option entsprechen. In der in Abbildung 14.1 gezeigten Situation kauft man, wenn man diese Strategie verfolgt, die Aktie in t_1, verkauft sie in t_2, kauft sie in t_3, verkauft sie in t_4, kauft sie in t_5 und liefert sie in T.

---

[2] Präziser ausgedrückt heißt das, dass bei beiden Ansätzen der Gegenwartswert der erwarteten Kosten 240.000 $ beträgt, vorausgesetzt es werden angemessene risikoangepasste Abzinsungssätze verwendet. Im Gleichgewicht muss der Wert eines Wertpapiers gleich dem Gegenwartswert der erwarteten Cashflows sein, die das Wertpapier für den Inhaber abwirft.

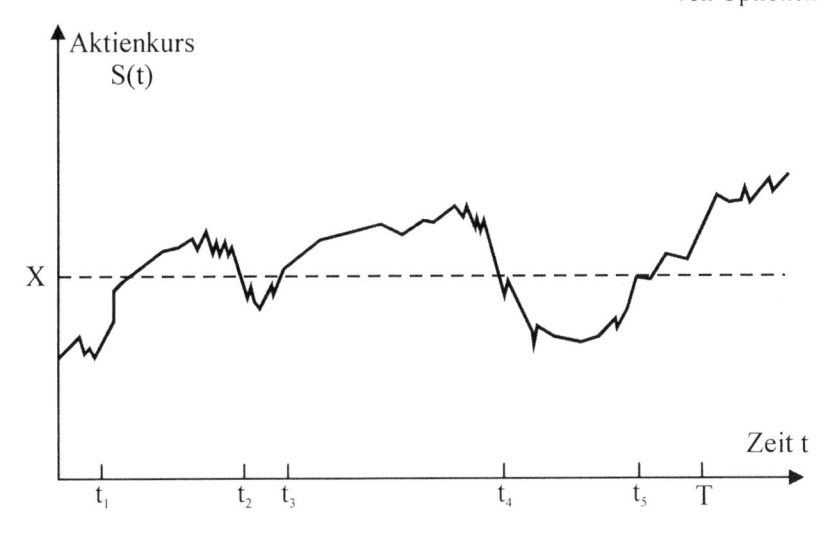

KAPITEL 14 Hedgen von Optionspositionen und die synthetische Bildung von Optionen

Abbildung 14.1: Eine Stop-Loss-Strategie

Wie üblich wird der Anfangskurs der Aktie mit S bezeichnet. Die Kosten für die anfängliche Einrichtung der Absicherung betragen S, wenn S > X, ansonsten sind sie null. Auf den ersten Blick sieht es so aus, als würden die Gesamtkosten für den Verkauf und die Sicherung der Option, Q, gegeben durch

(14.1) $$Q = \max(S - X, 0)$$

da alle Käufe und Verkäufe nach dem Zeitpunkt 0 zum Kurs X erfolgen. Würde dies stimmen, würde das Hedging-Schema in Abwesenheit von Transaktionskosten hervorragend funktionieren. Des weiteren wären die Kosten für die Absicherung der Option immer kleiner als der Black-Scholes-Preis. Ein Investor könnte somit durch den Verkauf von Optionen und deren Absicherung risikofreie Gewinne realisieren.

Es gibt zwei wichtige Gründe, warum Gleichung 14.1 nicht richtig ist. Der erste ist, dass der Hedger die Cashflows zu verschiedenen Zeitpunkten bekommt und sie abgezinst werden müssen. Der zweite ist, dass die Käufe und Verkäufe nicht genau zum gleichen Kurs X getätigt werden können. Der zweite Punkt ist zentral. Wenn man eine risikoneutrale Welt mit einem Zins von null annimmt, kann man rechtfertigen, dass der Zeitwert des Geldes ignoriert wird. Aber man kann nicht die Annahme rechtfertigen, dass die

Käufe und Verkäufe zum gleichen Kurs erfolgen. Wenn die Märkte effizient sind, kann der Hedger nicht wissen, ob, wenn der Kurs gleich X ist, er über X steigt oder unter X fällt.

Aus praktischen Erwägungen müssen die Käufe bei einem Kurs von X + δ und die Verkäufe bei X − δ erfolgen, wobei δ eine kleine positive Zahl ist. Jeder Kauf und nachfolgende Verkauf beinhaltet mithin Kosten (abgesehen von den Transaktionskosten) in Höhe 2δ. Eine natürliche Antwort seitens des Hedgers ist, die Kursbewegungen genauer zu beobachten, um δ zu reduzieren. Angenommen der Aktienkurs ändert sich kontinuierlich, dann kann δ durch eine genaue Beobachtung der Aktienkurse willkürlich klein gemacht werden. Aber wenn δ kleiner wird, häufen sich auch tendenziell die Handelsaktivitäten. Selbst wenn also die Kosten pro Handelsaktivität reduziert werden, werden sie durch eine zunehmende Frequenz der Handelsaktivität wieder ausgeglichen. Bei δ → 0 tendiert die erwartete Zahl der Handelsaktivitäten gegen unendlich.

Obwohl eine Stop-Loss-Strategie oberflächlich betrachtet attraktiv erscheint, stellt sie kein sonderlich gut funktionierendes Hedging-Schema dar. Man betrachte ihre Verwendung für eine Option, die aus dem Geld ist. Wenn der Aktienkurs den Basispreis X nie erreicht, kostet das Hedging-Schema nichts. Kreuzt der Pfad des Aktienkurses den Basispreis jedoch sehr häufig, dürfte das Schema ziemlich teuer werden. Die gesamte Performance des Schemas lässt sich mit der Monte Carlo Simulation bewerten. Dazu nimmt man Zufallsstichproben der Pfade des Aktienkurses und beobachtet die Ergebnisse, die die Anwendung des Schemas hat. Tabelle 14.1 zeigt die Ergebnisse für die oben betrachtete Option. Bei der Tabelle wird davon ausgegangen, dass der Aktienkurs am Ende von Zeitintervallen beobachtet wird, die die Länge Δt haben.[3] Das Maß für die Hedge-Performance ist das Verhältnis der Standardabweichung der Hedging-Kosten für die Option zum Black-Scholes-Preis der Option. Jedes Ergebnis basiert auf 1.000 Stichprobenpfaden des Aktienkurses und hat eine Standardabweichung von ungefähr 2 Prozent. Es scheint unmöglich zu sein, ein Maß für die Hedge-Performance zu bekommen, dass unter 0,7 liegt, egal wie klein Δt wird.

---

[3] Die genaue Hedging-Regel, die verwendet wurde, lautet wie folgt. Wenn der Aktienkurs in einem Zeitintervall von der Länge Δt von unter X auf über X steigt, wird am Ende des Intervalls gekauft. Wenn er in dem Zeitintervall von über X auf unter X fällt, wird am Ende des Intervalls verkauft. Andernfalls wird nichts gemacht.

Tabelle 14.1: Performance der Stop-Loss-Strategie

Das Performance-Maß ist das Verhältnis der Standardabweichung der Kosten für den Verkauf der Option und ihre Absicherung zum theoretischen Wert der Option.

Δt (Wochen)	5	4	2	1	0,5	0,25
Hedge-Performance	1,02	0,93	0,82	0,77	0,76	0,76

Ausgereiftere Hedging-Schemata

Die meisten Optionshändler verwenden Hedging-Schemata, die ausgereifter sind als die bislang beschriebenen. In einem ersten Schritt versuchen sie, ihr Portefeuille für das nächste kleine Zeitintervall gegen kleine Preisänderungen des Basisobjektes zu immunisieren. Das ist das sogenannte *Delta Hedging*. Dann richten sie ihre Aufmerksamkeit auf das sogenannte *Gamma* und *Vega*. Gamma ist die Veränderungsrate von Delta gegenüber dem Preis des Basisobjektes; Vega ist die Veränderungsrate des Portefeuilles gegenüber der Volatilität des Basisobjektes. Bei einem Gamma in der Nähe von null ist das Portefeuille unempfindlich gegenüber recht starken Preisänderungen des Basisobjektes; bei einem Vega in der Nähe von null ist das Portefeuille unempfindlich gegenüber kleinen Änderungen der Volatilität. Optionshändler können sich außerdem noch auf *Theta* und *Rho* konzentrieren. Theta ist die Veränderungsrate des Options-Portefeuilles im Zeitablauf, Rho ist die Veränderungsrate des Options-Portefeuilles gegenüber dem risikofreien Zins. Händler führen auch Szenarien-Analysen durch. In den nächsten Abschnitten werden diese Herangehensweise detaillierter untersucht.

Delta Hedging

Das *Delta* einer Option, Δ, wurde in Kapitel 10 eingeführt. Es ist definiert als Veränderungsrate des Optionspreises gegenüber dem Basisobjektpreis. Es ist die Steigung der Kurve, die den Optionspreis in Bezug zum Basisobjektpreis setzt. Angenommen das Delta einer Kaufoption auf eine Aktie ist 0,6. Das bedeutet, dass sich bei einer kleinen Änderung des Aktienkurses der Optionspreis um ungefähr 60 Prozent dieses Betrages verändert. Abbildung 14.2 zeigt die Beziehung zwischen dem Preis einer Kaufoption und dem Kurs der zugrundeliegenden Aktie. Bei einem Aktienkurs von A liegt der

Optionspreis bei B, und Δ ist der angezeigte Gradient. In einer Annäherung ist

$$\Delta = \frac{\Delta c}{\Delta S} \quad (14.2)$$

wobei ΔS eine kleine Änderung des Aktienkurses und Δc die entsprechende Änderung des Kaufoptionspreises ist.

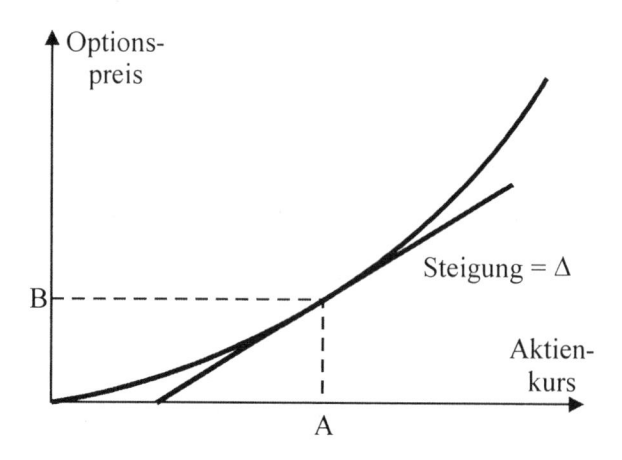

Abbildung 14.2: Berechnung von Delta

Man betrachte eine Kaufoption mit einem Delta von 0,6. Angenommen der Optionspreis liegt bei 10 $ und der Aktienkurs bei 100 $. Man stelle sich einen Investor vor, der 20 Optionskontrakte verkauft hat – das heißt, Optionen auf den Kauf von 2.000 Aktien. Die Position des Investors kann durch den Kauf von 0,6 × 2.000 = 1.200 Aktien abgesichert werden. Der Gewinn (Verlust) aus der Optionsposition würde tendenziell durch den Verlust (Gewinn) der Aktienposition ausgeglichen werden. Steigt beispielsweise der Aktienkurs um 1 $ (was zu einen Gewinn von 1.200 $ aus den gekauften Aktien führt), steigt der Optionspreis tendenziell um 0,6 × 1 $ = 0,60 $ (was zu einem Verlust von 1.200 $ aus den verkauften Optionen führt); fällt der Aktienkurs um 1 $ (was zu einen Verlust von 1.200 $ aus den gekauften Aktien führt), fällt der Optionspreis tendenziell um 0,60 $ (was zu einem Verlust von 1.200 $ aus den verkauften Optionen führt).

KAPITEL 14 Hedgen von Optionspositionen und die synthetische Bildung von Optionen

In diesem Beispiel ist das Delta der Optionsposition des Investors $0{,}6 \times (-2.000) = -1.200$. Mit anderen Worten, der Investor verliert durch die verkaufte Optionsposition $1.200\Delta S$, wenn der Aktienkurs um ΔS steigt. Das Delta der Aktie ist per Definition 1,0, und die Kaufposition in 1.200 Aktien hat ein Delta von +1.200. Das Delta der Gesamtposition des Investors ist somit null. Das Delta der Vermögenswertposition gleicht das Delta der Optionsposition aus. Eine Position mit einem Delta von null wird auch als *Delta neutral* bezeichnet.

Es ist wichtig zu erkennen, dass, da sich das Delta verändert, die Position des Investors nur eine relativ kurze Zeit Delta abgesichert (oder Delta neutral) ist. In der Praxis muss, wenn ein Delta-Hedging implementiert ist, die Absicherung periodisch angepasst werden. Das ist das sogenannte *Rebalancing* (Beseitigung des Ungleichgewichts). In unserem Beispiel steigt der Aktienkurs nach drei Tagen vielleicht auf 110 $. Wie in Abbildung 14.2 gezeigt, führt eine Kursanstieg zu einem Delta-Anstieg. Angenommen das Delta steigt von 0,6 auf 0,65. Demnach müssten zusätzlich $0{,}5 \times 2.000 = 100$ Aktien gekauft werden, um abgesichert zu bleiben. Das Beispiel ist in Tabelle 14.2 zusammengefasst.

Tabelle 14.2: Verwendung von Delta Hedging

Am Tisch des Wertpapierhändlers

Ein Investor hat 20 Optionskontrakte (2.000 Optionen) auf eine bestimmte Aktie verkauft. Der Optionspreis ist 10 $, der Aktienkurs liegt bei 100 $, das Delta der Option ist 0,6. Der Investor möchte seine Position absichern.

Strategie

Der Investor kauft sofort $0{,}6 \times 2.000 = 1.200$ Aktien. Im nächsten kurzen Zeitabschnitt ändert sich der Preis der Kaufoption um tendenziell 60 Prozent der Kursänderung und der Gewinn (Verlust) aus der Kaufoption wird durch den Verlust (Gewinn) aus der Aktie ausgeglichen. Im Zeitablauf verändert sich Delta, die Aktienposition muss angepasst werden. Wenn Delta nach drei Tagen beispielsweise auf 0,65 steigt, müssen weitere $0{,}05 \times 2.000 = 100$ Aktien gekauft werden.

Das gerade beschriebene Delta Hedging-Schema ist ein Beispiel für ein *dynamisches Hedging-Schema*. Dieses Schema erfordert eine periodische Anpassung der Hedge-Position. Dem dynamischen Hegding steht das *statische*

Hedging gegenüber, bei dem die Absicherung einmal eingerichtet und nie angepasst wird. Statische Hedging-Schemata werden mitunter auch als *Hedge-and-Forget-Schemata* bezeichnet. In Kapitel 3 ist eine Reihe von Beispielen aufgeführt.

Zwischen dem Delta und der Black-Scholes-Analyse gibt es einen engen Bezug. Wie bereits in Kapitel 11 erläutert wurde, zeigten Black und Scholes, dass es möglich ist, ein risikofreies Portefeuille einzurichten, das aus einer Position in einer Option auf eine Aktie und aus einer Position in der Aktie besteht. Ausgedrückt in Form von Δ, ist das Portefeuille von Black and Scholes

-1: Option

$+\Delta$: Aktien

Unter Verwendung dieser neuen Terminologie kann man sagen, dass Black und Scholes Optionen bewerteten, indem sie eine Delta neutrale Position einrichteten und argumentierten, dass die Rendite der Position dem risikofreien Zins entsprechen sollte.

FORWARDKONTRAKTE

Das Konzept des Delta kann auch auf andere Derivative als Optionen angewendet werden. Es ist instruktiv, sich Forwardkontrakte über dividendenlose Aktien anzusehen.

Gleichung 3.9 zeigt, dass, wenn sich der Kurs einer dividendenlosen Aktie um ΔS und sich sonst nichts ändert, der Wert eines Forwardkontraktes auf eine Aktie sich ebenfalls um ΔS ändert. Das Delta eines Forwardkontraktes auf eine dividendenlose Aktie ist somit immer 1,0. Folglich kann ein verkaufter Forwardkontrakt auf eine Aktie durch den Kauf einer Aktie abgesichert werden, während ein gekaufter Forwardkontrakt auf eine Aktie durch den Leerverkauf einer Aktie abgesichert werden kann. Das sind Hedge-and-Forget-Schemata. Da Delta immer 1,0 ist, müssen während der Kontraktlaufzeit keinerlei Änderungen an der Aktienposition vorgenommen werden.

DELTA EUROPÄISCHER KAUF- UND VERKAUFSOPTIONEN

Für eine europäische Kaufoption auf eine dividendenlose Aktie lässt sich zeigen, dass

KAPITEL 14 Hedgen von Optionspositionen und die synthetische Bildung von Optionen

$$\Delta = N(d_1)$$

wobei d_1 definiert ist wie in Gleichung 11.5. Für das Delta Hedging einer Verkaufsposition in einer europäischen Kaufoption muss man somit zu jedem gegebenen Zeitpunkt eine Kaufposition in $N(d_1)$ Aktien halten. Ähnlich muss man für das Delta Hedging einer Kaufposition in einer europäischen Kaufoption zu jedem gegebenen Zeitpunkt eine Verkaufsposition in $N(d_1)$ Aktien halten.

Für eine europäische Verkaufsoption auf eine dividendenlose Aktie ist Delta gegeben durch

$$\Delta = N(d_1) - 1$$

wobei d_1 definiert ist wie in Gleichung 11.5. Delta ist negativ, was bedeutet, dass eine Kaufposition in einer Verkaufsoption mit einer Kaufposition in der zugrundeliegenden Aktie und eine Verkaufsposition in einer Verkaufsoption mit einer Verkaufsposition in der zugrundeliegenden Aktie abgesichert werden sollte. Abbildung 14.3 zeigt die kursabhängige Delta-Variation einer Kaufoption und einer Verkaufsoption. Abbildung 14.4 zeigt die Delta-Variation in Abhängigkeit von der Laufzeit der Im-Geld-, Am-Geld- und Aus-dem-Geld-Kaufoptionen.

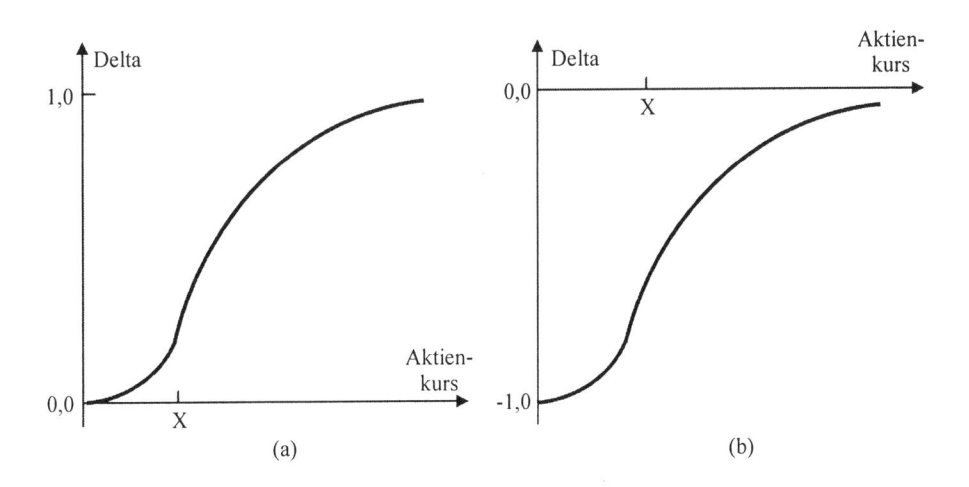

Abbildung 14.3: Kursabhängige Delta-Variation einer (a) Kaufoption und einer (b) Verkaufsoption auf eine dividendenlose Aktie

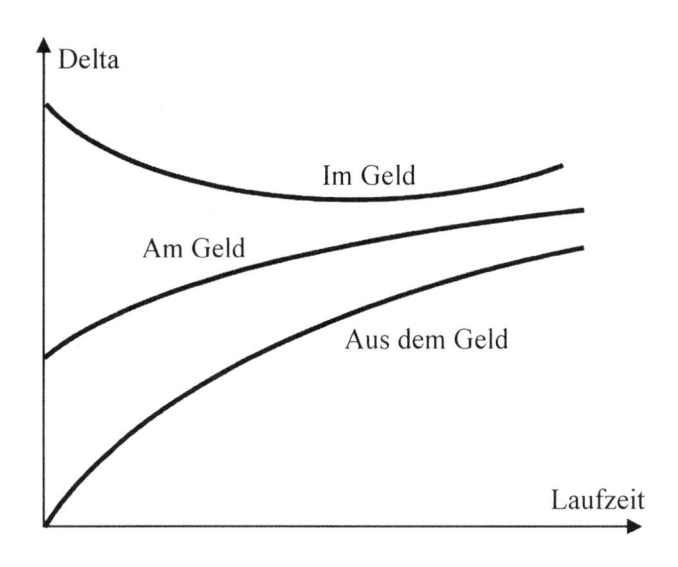

Abbildung 14.4: Laufzeitabhängige Delta-Variation einer Kaufoption

SIMULATIONEN

Die Tabellen 14.3 und 14.4 liefern zwei Delta-Hedging-Simulationen für das oben betrachtete Beispiel, in dem eine Finanzinstitution eine Option mit einem Wert von 240.000 $ verkauft. Es wird angenommen, dass der Hedge wöchentlich angepasst wird. In beiden Tabellen wird für Delta ein anfänglicher Wert von 0,522 errechnet. Sobald die Option verkauft ist, muss ein Kredit von 2.557.800 $ aufgenommen werden, um 52.200 Aktien zum Kurs von 49 $ zu kaufen. Die Zinskosten in der ersten Woche betragen 2.500 $.

In Tabelle 14.3 fällt der Aktienkurs am Ende der ersten Woche auf 48⅛ $. Das Delta sinkt auf 0,458, und zur Aufrechterhaltung des Hedge müssen 6.400 Aktien verkauft werden. Bei dieser Strategie werden 308.000 $ in bar realisiert, und am Ende von Woche 1 sind die kumulativen Kredite auf 2.252.300 $ reduziert. In der zweiten Woche fällt der Kurs auf 47⅜ $, das Delta fällt wieder, und so weiter. Gegen Ende der Optionslaufzeit wird offensichtlich, dass die Option ausgeübt wird, das Delta nähert sich dem Wert 1,0 an. In Woche 20 hat der Hedger somit eine voll gedeckte Position. Der Hedger bekommt für seine gehaltenen Aktien 5 Millionen Dollar, so dass die Gesamtkosten für den Verkauf der Option und ihre Absicherung 263.400 $ betragen.

KAPITEL 14 Hedgen von Optionspositionen und die synthetische Bildung 453
von Optionen

Tabelle 14.3: Simulation eines Delta Hedges

Die Option schließt im Geld. Die Hedging-Kosten betragen 263.400 $.

Woche	Aktienkurs	Delta	Gekaufte Aktien	Kosten der gekauften Aktien (000 $)	Kumulative Kosten inkl. Zinsen (000 $)	Zinsen (000 $)
0	49	0,522	52.200	2.557,8	2.557,8	2,5
1	48⅛	0,458	(6.400)	(308,0)	2.252,3	2,2
2	47⅜	0,400	(5.800)	(274,8)	1.979,7	1,9
3	50¼	0,595	19.600	984,9	2.996,5	2,9
4	51¾	0,693	9.700	502,0	3.471,3	3,3
5	53⅛	0,774	8.100	430,3	3.904,9	3,8
6	53	0,771	(300)	(15,9)	3.892,8	3,7
7	51⅞	0,706	(6.500)	(337,2)	3.559,3	3,4
8	51⅜	0,674	(3.200)	(164,4)	3.398,4	3,3
9	53	0,787	11.300	598,9	4.000,5	3,8
10	49⅞	0,550	(23.700)	(1.182,0)	2.822,3	2,7
11	48½	0,413	(13.700)	(664,4)	2.160,6	2,1
12	49⅞	0,542	12.900	643,4	2.806,1	2,7
13	50⅜	0,591	4.900	246,8	3.055,6	2,9
14	52⅛	0,768	17.700	922,6	3.981,2	3,8
15	51⅞	0,759	(900)	(46,7)	3.938,3	3,8
16	52⅞	0,865	10.600	560,5	4.502,6	4,3
17	54⅞	0,978	11.300	620,1	5.127,0	4,9
18	54⅝	0,990	1.200	65,6	5.197,5	5,0
19	55⅞	1,000	1.000	55,9	5.258,3	5,1
20	57¼	1,000	0	0,0	5.263,4	

Tabelle 14.4 zeigt eine alternative Sequenz dahingehend, dass die Option aus dem Geld schließt. Als deutlich wird, dass die Option nicht ausgeübt wird, nähert sich Delta einem Wert von null an. In Woche 20 hat der Hedger eine ungesicherte Position und Gesamtkosten von insgesamt 256.600 $.

Die Hedging-Kosten für die Option in den Tabellen 14.3 und 14.4 sind, wenn sie auf den Beginn der Periode abgezinst werden, nahe aber nicht gleich dem Black-Scholes-Preis von 240.000 $. Wenn das Hedging-Schema perfekt funktionierte, würden die abgezinsten Hedging-Kosten für jeden simulierten Aktienkurspfad gleich dem Black-Scholes-Preis sein. Der Grund

454 TEIL II Optionsmärkte

für die Kostenabweichung des Delta-Hedging ist, dass der Hedge nur einmal in der Woche angepasst wird. Wenn das Rebalancing häufiger erfolgt, wird auch die Abweichung der Hedging-Kosten geringer.

Tabelle 14.4: Simulation eines Delta Hedges

Die Option schließt aus dem Geld. Die Hedging-Kosten betragen 256.600 $.

Woche	Aktienkurs	Delta	Gekaufte Aktien	Kosten der gekauften Aktien (000 $)	Kumulative Kosten inkl. Zinsen (000 $)	Zinsen (000 $)
0	49	0,522	52.200	2.557,8	2.557,8	2,5
1	49¾	0,568	4.600	228,9	2.789,1	2,7
2	52	0,705	13.700	712,4	3.504,2	3,4
3	50	0,579	(12.600)	(630,0)	2.877,6	2,8
4	48⅜	0,459	(12.000)	(580,5)	2.299,8	2,2
5	48¼	0,443	(1.600)	(77,2)	2.224,8	2,1
6	48¾	0,475	3.200	156,0	2.383,0	2,3
7	49⅝	0,540	6.500	322,6	2.707,8	2,6
8	48¼	0,420	(12.000)	(579,0)	2.131,4	2,0
9	48¼	0,410	(1.000)	(48,2)	2.085,2	2,0
10	51⅛	0,658	24.800	1.267,9	3.355,1	3,2
11	51½	0,692	3.400	175,1	3.533,5	3,4
12	49⅞	0,542	(15.000)	(748,1)	2.788,7	2,7
13	49⅞	0,538	(400)	(20,0)	2.771,5	2,7
14	48¾	0,400	(13.800)	(672,7)	2.101,4	2,0
15	47½	0,236	(16.400)	(779,0)	1.324,4	1,3
16	48	0,261	2.500	120,0	1.445,7	1,4
17	46¼	0,062	(19.900)	(920,4)	526,7	0,5
18	48⅛	0,183	12.100	582,3	1.109,5	1,1
19	46⅝	0,007	(17.600)	(820,6)	290,0	0,3
20	48⅛	0,000	(700)	(33,7)	256,6	

Tabelle 14.5 zeigt das Performance-Maß des Delta-Hedging aufgrund von 1.000 simulierten Kursschwankungen für unser Beispiel. Wie in Tabelle 14.1 ist das Performance-Maß das Verhältnis der Standardabweichung der Hedging-Kosten für die Option zum Black-Scholes-Preis der Option. Es ist

eindeutig, dass das Delta Hedging eine große Verbesserung gegenüber der Stop-Loss-Strategie darstellt. Anders als eine Stop-Loss-Strategie hat eine Delta Hedging-Strategie eine Performance, die sich stetig verbessert, je öfter der Hedge beobachtet wird.

Tabelle 14.5: Performance des Delta Hedging

Das Performance-Maß ist das Verhältnis zwischen der Standardabweichung der Kosten für den Verkauf und das Hedgen der Option und dem theoretischen Preis der Option.

Zeit zwischen Hedge-Rebalancing (Wochen)	5	4	2	1	0,5	0,25
Performance-Maß	0,43	0,39	0,26	0,19	0,14	0,09

Mit dem Delta Hedging soll das Gesamtvermögen einer Finanzinstitution weitgehend unverändert erhalten bleiben. Anfänglich ist der Wert der verkauften Option 240.000 $. In der Situation, die in Tabelle 14.3 beschrieben wird, kann für Woche 9 ein Optionswert von 414.500 $ errechnet werden. Somit hat die Finanzinstitution 174.500 $ durch ihre Optionsposition verloren. Ihre Bargeldposition, gemessen durch die kumulativen Kosten, ist in Woche 9 um 1.442.700 $ schlechter als in Woche 0. Der Wert der gehaltenen Aktien ist von 2.557.800 $ auf 4.171.100 $ gestiegen. Netto hat sich das Gesamtvermögen der Finanzinstitution lediglich um 3.900 $ verändert.

WOHER DIE KOSTEN KOMMEN

Durch das Delta-Hedging-Schema in den Tabellen 14.3 und 14.4 wird im Effekt eine Kaufposition in der Option synthetisch geschaffen. Das neutralisiert die Verkaufsposition, die durch die verkaufte Option entstanden ist. Bei dem Schema wird im allgemeinen eine Aktie verkauft, kurz nachdem ihr Kurs gefallen ist, und eine Aktie gekauft, kurz nachdem ihr Kurs gestiegen ist. Man könnte es ein Kauf-hoch-und-verkaufe-tief-Schema nennen! Die Kosten in Höhe von 240.000 $ entstehen durch die durchschnittliche Differenz zwischen dem Kurs, zu dem die Aktie gekauft wird, und dem Kurs, zu dem sie wieder verkauft wird. Anzumerken ist, dass die Simulationen in den Tabellen 14.3 und 14.4 insofern idealisiert sind, als dass sie von einer konstanten Volatilität und null Transaktionskosten ausgehen.

DELTA ANDERER EUROPÄISCHER OPTIONEN

Europäische Kaufoptionen auf einen Aktienindex mit der Dividendenrendite q haben ein Delta von

$$\Delta = e^{-qT} N(d_1)$$

wobei d_1 wie in Gleichung 12.4 definiert ist. Europäische Verkaufsoptionen auf den Aktienindex haben ein Delta von

$$\Delta = e^{-qT} [N(d_1) - 1]$$

Europäische Kaufoptionen auf eine Währung haben ein Delta von

$$\Delta = e^{-r_f T} N(d_1)$$

wobei r_f der ausländische risikofreie Zins und d_1 wie in Gleichung 12.9 definiert ist. Europäische Verkaufsoptionen auf eine Währung haben ein Delta von

$$\Delta = e^{-r_f T} [N(d_1) - 1]$$

Europäische Kaufoptionen auf Futures haben ein Delta von

$$\Delta = e^{-rT} N(d_1)$$

wobei d_1 wie in Gleichung 13.7 definiert ist. Europäische Verkaufsoptionen auf Futures haben ein Delta von

$$\Delta = e^{-rT} [N(d_1) - 1]$$

Beispiel

Eine Bank verkauft eine sechsmonatige europäische Option auf den Verkauf von 1 Million Pfund Sterling zu einem Wechselkurs von 1,6000. Angenommen der aktuelle Wechselkurs liegt bei 1,6200, der risikofreie Zins im Vereinigten Königreich beträgt 13 Prozent per Annum, der risikofreie Zins in den USA beträgt 10 Prozent per Annum und die Volatilität des Pfund Sterling liegt bei 15 Prozent. In diesem Fall ist $S = 1,6200$, $X = 1,6000$, $r = 0,10$, $r_f = 0,13$, $\sigma = 0,15$ und $T = 0,5$. Das Delta einer Verkaufsoption auf eine Währung ist

$$[N(d_1) - 1] e^{-r_f T}$$

wobei d_1 durch Gleichung 12.9 gegeben ist. Es lässt sich zeigen, dass

$$d_1 = 0{,}0287$$

$$N(d_1) = 0{,}5115$$

so dass das Delta der Verkaufsoption $-0{,}458$ ist. Das ist das Delta einer Kaufposition in einer Verkaufsoption. (Es bedeutet, dass der Preis der Verkaufsoption um 45,8 Prozent der Wertsteigerung der Währung sinkt.) Die Bank hat ein Delta für die gesamte verkaufte Optionsposition von $+458.000$. Für das Delta Hedging muss somit anfänglich eine Verkaufsposition in Pfund Sterling von 458.000 £ eingerichtet werden. Diese Verkaufsposition in Pfund Sterling hat ein Delta von -458.000 und neutralisiert das Delta der Optionsposition. Im Zeitablauf muss die Verkaufsposition verändert werden.

VERWENDUNG VON FUTURES

Das Delta des Basisobjektes ist per Definition 1,0. In der Praxis wird das Delta Hedging oft durchgeführt, indem eine Position in einem Futureskontrakt statt eine Position in dem Basisobjekt verwendet wird. Der Kontrakt, der verwendet wird, muss nicht zur gleichen Zeit fällig werden wie die Option. Folgende Definitionen werden vorgenommen:

T^*: Fälligkeit des Futureskontraktes

H_A: für Delta Hedging benötigte Position in dem Vermögenswert im Zeitpunkt t

H_F: für Delta Hedging alternativ benötigte Position in Futureskontrakten im Zeitpunkt t

Wenn das Basisobjekt eine dividendenlose Aktie ist, ergibt sich aus Gleichung 3.5 der Futurespreis F

$$F = S e^{rT^*}$$

Steigt der Aktienkurs um ΔS, beträgt der Gewinn aus dem Futureskontrakt $e^{rT^*} \Delta S$. Folglich haben $e^{rT^*} \Delta S$ Futureskontrakte die gleiche Sensitivität gegenüber den Kursschwankungen wie eine Aktie. Somit ist

$$H_F = e^{-rT^*} H_A$$

Wenn das Basisobjekt eine Aktie oder ein Index mit der Dividendenrendite q ist, zeigt ein ähnliches Argument, dass

(14.3) $$H_F = e^{-(r-q)T^*} H_A$$

Wenn das Basisobjekt eine Währung ist, ist

$$H_F = e^{-(r-r_f)T^*} H_A$$

Beispiel

Man betrachte die Option in dem vorherigen Beispiel. Angenommen die Bank beschließt, mit neunmonatigen Währungsfutureskontrakten zu hedgen. In dem Fall ist $T^* = 0{,}75$ und

$$e^{-(r-r_f)T^*} = 1{,}0228$$

so dass die Verkaufsposition in Währungsfutures, die für das Delta Hedging benötigt wird, $1{,}0228 \times 458.000 = 468.442$ £ beträgt. Da jeder Futureskontrakt über den Kauf oder Verkauf von 62.500 £ ist, müssen sieben Kontrakte leerverkauft werden. (Sieben ist die nächstgrößere ganze Zahl bei 468.422/62.500).

Es ist interessant zu sehen, dass sich das Delta eines Futureskontraktes von dem Delta des entsprechenden Forwardkontraktes unterscheidet. Das trifft sogar dann zu, wenn die Zinssätze konstant sind und der Forwardpreis gleich dem Futurespreis ist. Man betrachte eine Situation, in der das Basisobjekt eine dividendenlose Aktie ist. Das Delta eines Futureskontraktes auf eine Einheit des Vermögenswertes ist e^{rT^*}, während das Delta eines Forwardkontraktes auf eine Einheit des Vermögenswertes, wie oben diskutiert, 1,0 ist.

DELTA EINES PORTEFEUILLES

Wenn ein Portefeuille aus Optionen auf einen Vermögenswert gehalten wird, ist das Delta des Portefeuilles einfach die Summe der Deltas der einzelnen Optionen in dem Portefeuille. Wenn ein Portefeuille aus einer Summe w_1 von Option i ($1 \leq i \leq n$) besteht, ergibt sich das Delta des Portefeuilles aus

$$\Delta = \sum_{i=1}^{n} w_i \Delta_i$$

KAPITEL 14 Hedgen von Optionspositionen und die synthetische Bildung von Optionen

wobei Δ_i das Delta der Option i ist. Die Formel kann verwendet werden, um die für das Delta Hedging benötigte Position in dem Basisobjekt oder in einem Futureskontrakt auf das Basisobjekt zu berechnen. Wenn diese Position eingerichtet ist, ist das Delta des Portefeuilles null und das Portefeuille wird als Delta neutral bezeichnet.

Man betrachte eine Finanzinstitution, die folgende drei Positionen in Optionen auf den Kauf oder Verkauf der Deutschen Mark hat:

1. Eine Kaufposition in 100.000 Kaufoptionen mit dem Basispreis 0,55 und einer Fälligkeit in drei Monaten. Jede Option hat ein Delta von 0,533.

2. Eine Verkaufsposition in 200.000 Kaufoptionen mit dem Basispreis 0,56 und einer Fälligkeit in fünf Monaten. Jede Option hat ein Delta von 0,468.

3. Eine Verkaufsposition in 50.000 Verkaufsoptionen mit dem Basispreis 0,56 und einer Fälligkeit in zwei Monaten. Jede Option hat ein Delta von $-0{,}508$.

Das Delta des gesamten Portefeuilles beträgt

$$0{,}533 \times 100.000 - 200.000 \times 0{,}468 - 50.000 \times (-0{,}508) = -14.900$$

Das bedeutet, dass das Portefeuille mit einer Kaufposition in 14.900 DM Delta neutral gemacht werden kann.

Man könnte in diesem Beispiel das Portefeuille auch mit einem sechsmonatigen Futureskontrakt Delta neutral machen. Angenommen der risikofreie Zins beträgt in den USA 8 Prozent per Annum und in Deutschland 4 Prozent per Annum. Die Kaufposition in DM-Futures für eine Delta-Neutralität beträgt

$$14.900 e^{-(0{,}08 - 0{,}04) \times 0{,}5} = 14.605$$

Dieses Beispiel ist in Tabelle 14.6 zusammengefasst.

Die Beibehaltung einer Delta neutralen Position in einer einzigen Option und dem Basisobjekt, wie es in den Tabellen 14.3 und 14.4 gezeigt wird, mag aufgrund der Transaktionskosten für Kauf und Verkauf prohibitiv teuer sein. Bei einem großen Portefeuille aber ist Delta Neutralität ein leichter durchführbares Ziel. Es muss nur ein Geschäft in dem Basisobjekt durchgeführt werden, damit das Delta des gesamten Portefeuilles auf null geht. Die Transaktionskosten für das Hedging verteilen sich über viele Optionskontrakte.

Tabelle 14.6: Ein Portefeuille Delta neutral gestalten

Am Tisch des Wertpapierhändlers
Eine Finanzinstitution hat folgende drei Positionen in DM:
1. Eine Kaufposition in 100.000 Kaufoptionen mit dem Basispreis 0,55 und einer Fälligkeit in drei Monaten. Das Delta der Option ist 0,533.
2. Eine Verkaufsposition in 200.000 Kaufoptionen mit dem Basispreis 0,56 und einer Fälligkeit in fünf Monaten. Das Delta der Option ist 0,468.
3. Eine Verkaufsposition in 50.000 Verkaufsoptionen mit dem Basispreis 0,56 und einer Fälligkeit in zwei Monaten. Das Delta der Option ist $-0,508$.

Die Finanzinstitution möchte das Portefeuille Delta neutral machen. Der risikofreie Zins in den USA und Deutschland ist 8 Prozent per Annum beziehungsweise 4 Prozent per Annum.

Berechnung von Delta
Das Delta des Portefeuilles ist

0,533 × 100.000 − 0,468 × 200.000 + 0,508 × 50.000 = −14.900

Strategie I
Erwerb einer Kaufposition in 14.900 DM.

Strategie II
Erwerb einer Kaufposition in einem sechsmonatigen Futureskontrakt über

$$14.900 e^{-(0,08 - 0,04) \times 0,5} = 14.605 \text{ DM}$$

Theta

Das *Theta* eines Portefeuilles aus Optionen, Θ, ist die Rate, mit der sich der Wert des Portefeuilles im Zeitablauf (i. e. mit sinkendem T) verändert, wobei alles andere unverändert bleibt. Es wird auch manchmal als *time decay* des Portefeuilles bezeichnet. Bei einer europäischen Kaufoption auf eine dividendenlose Aktie ist

KAPITEL 14 Hedgen von Optionspositionen und die synthetische Bildung von Optionen

$$\Theta = -\frac{SN'(d_1)\sigma}{2\sqrt{T}} - rXe^{-rT}N(d_2)$$

wobei d_1 und d_2 wie in Gleichung 11.5 definiert sind und

(14.4) $$N'(x) = \frac{1}{\sqrt{2\pi}}e^{-x^2/2}$$

Bei einer europäischen Verkaufsoption auf die Aktie ist

$$\Theta = -\frac{SN'(d_1)\sigma}{2\sqrt{T}} + rXe^{-rT}N(-d_2)$$

Bei einer europäischen Kaufoption auf einen Aktienindex, der eine Dividende mit der Rate q abwirft, ist

$$\Theta = -\frac{SN'(d_1)\sigma e^{-qT}}{2\sqrt{T}} + qSN(d_1)e^{-qT} - rXe^{-rT}N(d_2)$$

wobei d_1 und d_2 wie in Gleichung 12.4 definiert sind. Bei einer europäischen Verkaufsoption auf den Aktienindex ist

$$\Theta = -\frac{SN'(d_1)\sigma e^{-qT}}{2\sqrt{T}} - qSN(-d_1)e^{-qT} + rXe^{-rT}N(-d_2)$$

Bei $q = r_f$ liefern diese beiden letzten Gleichungen die Thetas für europäische Kauf- und Verkaufsoptionen auf Währungen. Bei $q = r$ und $S = F$ liefern sie die Thetas für europäische Optionen auf Futures.

Beispiel

Man betrachte eine viermonatige Verkaufsoption auf einen Aktienindex. Der aktuelle Wert des Index ist 305, der Basispreis 300, die Dividendenrendite 3 Prozent per Annum, der risikofreie Zins 8 Prozent per Annum und die Volatilität des Index 25 Prozent per Annum. In diesem Fall ist $S = 305$, $X = 300$, $q = 0{,}03$, $r = 0{,}08$, $\sigma = 0{,}25$ und $T = 0{,}3333$. Das Theta der Option ist

$$-\frac{SN'(d_1)\sigma e^{-qT}}{2\sqrt{T}} - qSN(-d_1)e^{-qT} + rXe^{-rT}N(-d_2) = -18{,}15$$

Das bedeutet, dass, wenn 0,01 Jahre (2,5 Handelstage) vergehen, ohne dass sich der Wert und die Volatilität des Index verändern, der Wert der Option um 0,1815 sinkt.

Das Theta einer Option ist normalerweise negativ.[4] Der Grund ist, dass mit sinkender Restlaufzeit und Konstanz aller anderen Faktoren die Option tendenziell an Wert verliert.

Abbildung 14.5 zeigt, wie bei einer Kaufoption auf eine Aktie das Θ mit dem Aktienkurs variiert. Ist der Aktienkurs sehr niedrig, ist Theta nahe null. Bei einer Am-Geld-Kaufoption ist Theta sehr groß und negativ. Steigt der Kurs stark, tendiert Theta gegen $-rXe^{-rT}$. Abbildung 14.6 zeigt die typischen Muster, wie sich Θ mit der Laufzeit für Kaufoptionen im Geld, am Geld und aus dem Geld verändert.

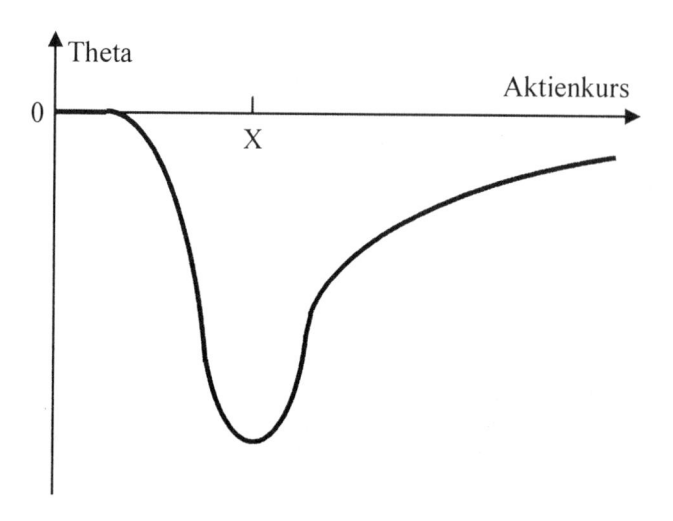

Abbildung 14.5: Theta-Variation einer europäischen Kaufoption in Abhängigkeit vom Aktienkurs

---

[4] Beispiele für Optionen mit nichtnegativem Theta sind europäische Im-Geld-Verkaufsoptionen auf eine dividendenlose Aktie und europäische Im-Geld-Kaufoptionen auf eine Währung mit sehr hohem Zins.

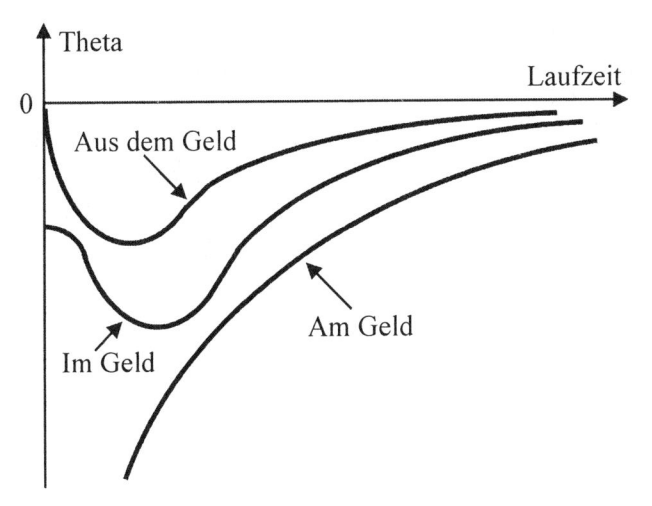

KAPITEL 14 Hedgen von Optionspositionen und die synthetische Bildung 463
von Optionen

Abbildung 14.6: Theta-Variation einer europäischen Kaufoption in Abhängigkeit von der Laufzeit

Theta ist nicht der gleiche Hedge-Parametertyp wie Delta. Es gibt eine Unsicherheit über die kurzfristige Veränderung des Basisobjektpreises, aber über den Zeitablauf selbst gibt es keine Unsicherheit. Es ist sinnvoll, sich gegen Preisschwankungen des Basisobjektes abzusichern, aber es ist wenig sinnvoll, sich gegen die Auswirkung des Zeitablaufs abzusichern. Trotzdem sehen viele Händler in Theta eine nützliche deskriptive statistische Maßzahl für das Portefeuille. Später wird noch gezeigt, dass Theta in einem Delta neutralen Portefeuille ein Ersatz für Gamma ist.

Gamma

Das *Gamma*, Γ, eines Portefeuilles aus Optionen auf einen zugrundeliegenden Vermögenswert ist die Rate, mit der sich das Delta des Portefeuilles gegenüber dem Preis des Basisobjektes verändert. Ist Gamma klein, ändert sich Delta langsam, und es müssen relativ selten Anpassungen vorgenommen werden, damit das Portefeuille Delta neutral bleibt. Ist Gamma in absoluten Zahlen jedoch groß, ist Delta hochsensitiv gegenüber dem Preis des Basisobjektes. Dann ist es sehr riskant, ein Delta neutrales Portefeuille auch nur kurze Zeit unverändert zu lassen. Abbildung 14.7 zeigt dieses Problem.

464　TEIL II Optionsmärkte

Steigt der Aktienkurs von S auf S', geht man beim Delta Hedging davon aus, dass der Optionspreis von C auf C' steigt, während er aber in Wirklichkeit von C auf C'' steigt. Die Differenz zwischen C' und C'' führt zu einem Hedging-Fehler. Dieser Fehler hängt von der Krümmung der Beziehung zwischen dem Optionspreis und dem Aktienkurs ab. Gamma misst diese Krümmung.[5]

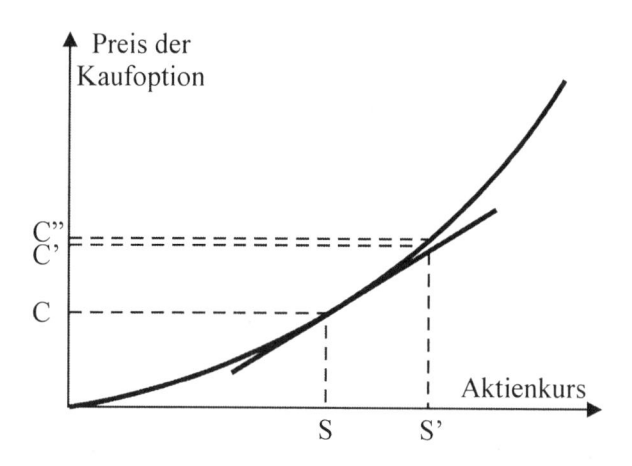

Abbildung 14.7: Durch die Krümmung oder Gamma eingeführter Hedging-Fehler

Angenommen ΔS ist die Änderung des Basisobjektpreises in dem kleinen Zeitintervall Δt und $\Delta \Pi$ ist die entsprechende Preisänderung des Portefeuilles. Bleiben Terme wie Δt^2 unberücksichtigt, lässt sich für ein Delta neutrales Portefeuille zeigen, dass

$$\Delta \Pi = \Theta \Delta t + \frac{\Gamma \Delta S^2}{2}$$

wobei Θ das Theta des Portefeuilles ist. Abbildung 14.8 zeigt das Wesen dieser Beziehung zwischen $\Delta \Pi$ und ΔS. Man kann sehen, dass, wenn Gamma positiv ist, der Wert des Portefeuilles sinkt, wenn sich S nicht verändert, dass er aber steigt, wenn es eine starke positive oder negative Veränderung

---

[5] Tatsächlich wird das Gamma einer Option mitunter von Praktikern als ihre *Krümmung* bezeichnet.

von S gibt. Wenn Gamma negativ ist, verhält es sich genau umgekehrt. Das Portefeuille nimmt an Wert zu, wenn sich S nicht ändert, und verliert an Wert, wenn es eine starke negative oder positive Veränderung von S gibt. Mit steigendem absoluten Wert von Gamma steigt die Sensitivität des Portefeuille-Wertes gegenüber S.

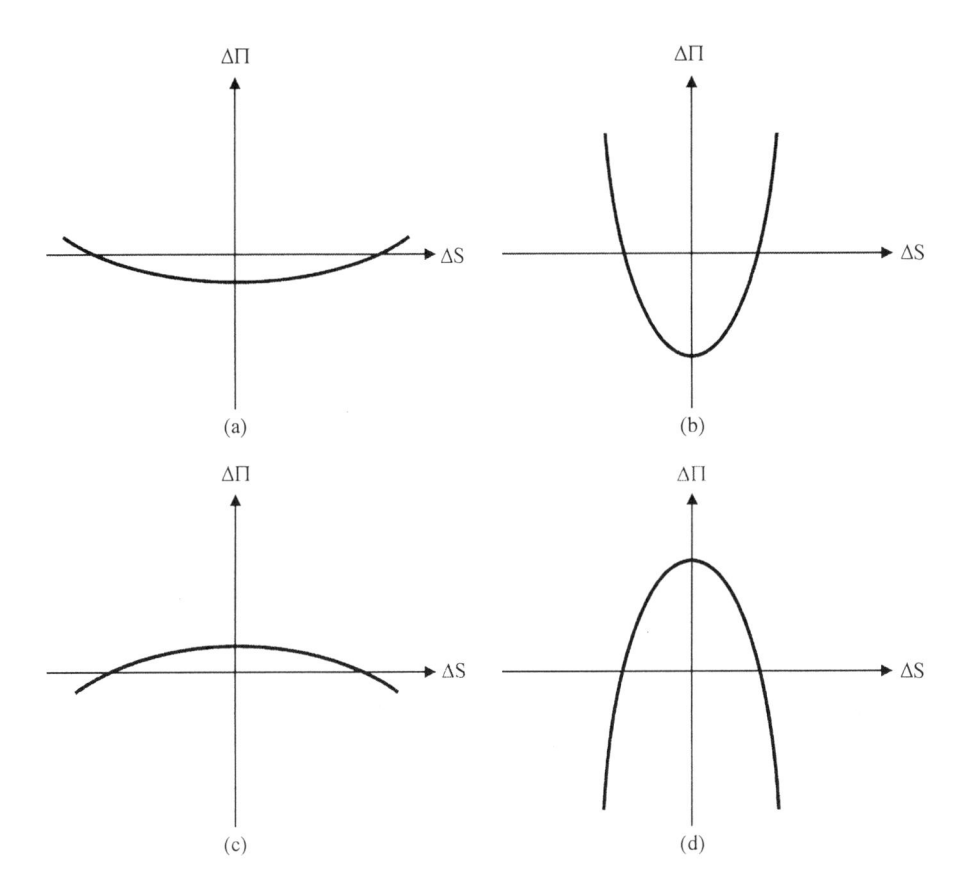

Abbildung 14.8: Alternative Beziehungen zwischen $\Delta\Pi$ und ΔS für ein Delta neutrales Portefeuille; (a) schwach positives Gamma, (b) stark positives Gamma, (c) schwach negatives Gamma und (d) stark negatives Gamma.

Beispiel

Angenommen das Gamma eines Delta neutralen Portefeuilles aus Optionen auf einen Vermögenswert ist −10.000. Die obige Gleichung zeigt, dass, wenn sich der Preis des Vermögenswertes kurzfristig um +2 oder −2 verändert, es einen unerwarteten Wertverlust des Portefeuilles von annähernd $0{,}5 \times 10.000 \times 2^2 = 20.000$ \$ gibt.

EIN PORTEFEUILLE GAMMA NEUTRAL GESTALTEN

Ein *lineares Derivativ* ist ein Derivativ, dessen Wert linear abhängig vom Preis des Basisobjektes ist. Ein *nichtlineares Derivativ* ist ein Derivativ, dessen Wert eine nichtlineare Funktion des Basisobjektpreises ist. Da lineare Derivative ein Gamma von null haben, ist es nötig, ein nichtlineares Derivativ in das Portefeuille einzuführen, um dessen Gamma zu ändern. Eine Position in dem Basisobjekt selbst oder ein Forwardkontrakt auf das Basisobjekt haben beide ein Gamma von null und können nicht verwendet werden, um das Gamma eines Portefeuilles zu verändern. Man benötigt eine Position in einer Option oder in einem ähnlichen Derivativ.

Angenommen ein Delta neutrales Portefeuille hat ein Gamma von Γ und eine handelbare Option hat ein Gamma on Γ_T. Wenn die Zahl der dem Portefeuille hinzugefügten handelbaren Optionen w_T ist, ist das Gamma des Portefeuilles

$$w_T \Gamma_T + \Gamma$$

Um das Portefeuille Gamma neutral zu machen, ist folglich eine Position in handelbaren Optionen von $-\Gamma/\Gamma_T$ erforderlich. Die Einbeziehung der handelbaren Option dürfte wahrscheinlich das Delta des Portefeuilles verändern, so dass die Position in dem Basisobjekt verändert werden muss, um Delta neutral zu bleiben. Anzumerken ist, dass das Portefeuille nur für eine kurze Zeit Gamma neutral ist. Im Zeitablauf bleibt Gamma nur neutral, wenn die Position in der handelbaren Option angepasst wird, so dass sie immer gleich $-\Gamma/\Gamma_T$ ist.

Macht man ein Delta neutrales Portefeuille Gamma neutral, kann dies als erste Korrektur der Tatsache angesehen werden, dass die Position in dem Basisobjekt nicht kontinuierlich verändert werden kann, wenn man Delta Hedging vornimmt. Die Delta Neutralität bietet zwischen dem Rebalancing Schutz gegen relativ kleine Kursschwankungen. Die Gamma Neutralität bietet zwischen dem Hedge-Rebalancing Schutz gegen größere Kurs-

KAPITEL 14 Hedgen von Optionspositionen und die synthetische Bildung von Optionen

schwankungen. Angenommen ein Portefeuille ist Delta neutral und hat ein Gamma von −3.000. Delta und Gamma einer bestimmten handelbaren Kaufoption sind 0,62 beziehungsweise 1,50. Das Portefeuille kann Gamma neutral gemacht werden, wenn dem Portefeuille eine Kaufposition in

$$\frac{3.000}{1,5} = 2.000$$

handelbaren Kaufoptionen hinzugefügt wird. Das Delta des Portefeuilles ändert sich dann aber von null auf 2.000 × 0,62 = 1.240. Daher muss ein Teil (1.240) des Basisobjektes aus dem Portefeuille verkauft werden, damit das Portefeuille Delta neutral bleibt. Dieses Beispiel ist in Tabelle 14.7 zusammengefasst.

Tabelle 14.7: Ein Portefeuille Gamma und Delta neutral gestalten

Am Tisch des Wertpapierhändlers

Das Portefeuille eines Investors ist Delta neutral und hat ein Gamma von −3.000. Delta und Gamma einer bestimmten handelbaren Kaufoption sind 0,62 beziehungsweise 1,50. Der Investor möchte, dass sein Portefeuille Gamma und Delta neutral wird.

Strategie

Das Portefeuille wird Gamma neutral durch den Kauf von 2.000 Optionen (20 Kontrakte). Durch den Kauf steigt Delta aber auf 1.240. Daher muss gleichzeitig mit dem Kauf der handelbaren Optionen ein Teil (1.240) des Basisobjektes verkauft werden.

BERECHNUNG VON GAMMA

Eine europäische Kauf- oder Verkaufsoption auf eine dividendenlose Aktie hat ein Gamma von

$$\Gamma = \frac{N'(d_1)}{S\sigma\sqrt{T}}$$

wobei d_1 definiert ist wie in Gleichung 11.5 und N'(x) durch Gleichung 14.4 gegeben ist. Das Gamma ist immer positiv und variiert mit S wie in Abbildung 14.9 gezeigt. Abbildung 14.10 zeigt, wie sich Gamma für Optionen aus dem Geld, am Geld und im Geld in Abhängigkeit von der Laufzeit verändert. Bei einer Am-Geld-Option steigt Gamma mit abnehmender Laufzeit. Kurzläufige Am-Geld-Optionen haben sehr hohe Gammas, was bedeutet, dass der Positionswert des Optionsinhabers sehr sensitiv auf Kurssprünge reagiert.

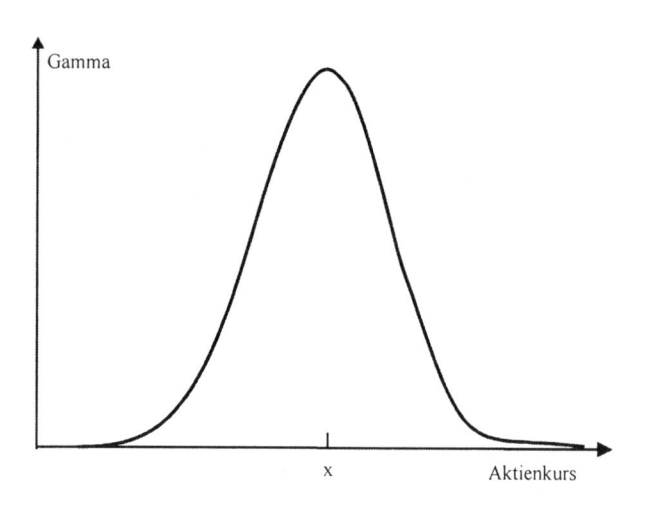

Abbildung 14.9: Gamma-Variation einer Option in Abhängigkeit vom Aktienkurs

Bei einer europäischen Kauf- oder Verkaufsoption auf einen Aktienindex, der eine kontinuierliche Dividende mit der Rate q abwirft, ist

$$\Gamma = \frac{N'(d_1)e^{-qT}}{S\sigma\sqrt{T}}$$

wobei d_1 definiert ist wie in Gleichung 12.4. Diese Formel liefert das Gamma für eine europäische Option auf eine Währung, wenn q gleich dem ausländischen risikofreien Zins gesetzt wird, und liefert das Gamma für eine europäische Option auf Futures, wenn q = r und S = F.

Beispiel

Man betrachte eine viermonatige Verkaufsoption auf einen Aktienindex. Der aktuelle Wert des Index ist 305, der Basispreis 300, die Divi-

KAPITEL 14 Hedgen von Optionspositionen und die synthetische Bildung 469
von Optionen

dendenrendite 3 Prozent per Annum, der risikofreie Zins 8 Prozent per Annum und die Volatilität des Index 25 Prozent per Annum. In diesem Fall ist S = 305, X = 300, q = 0,03, r = 0,08, σ = 0,25 und T = 4/12. Das Gamma der Indexoption ergibt sich aus

$$\frac{N'(d_1)e^{-qT}}{S\sigma\sqrt{T}} = 0,00857$$

Somit führt ein Indexanstieg von 1 (von 305 auf 306) zu einer Steigerung des Deltas der Option um annähernd 0,00857.

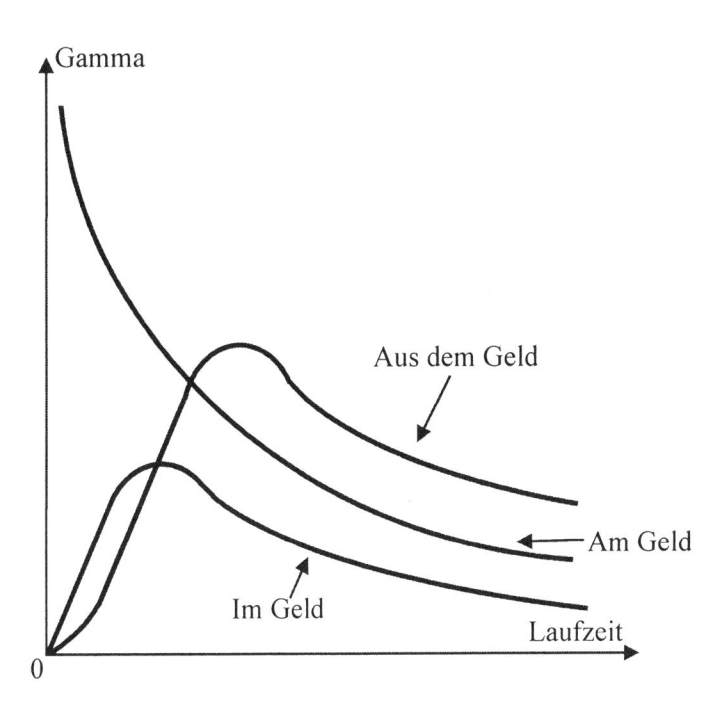

Abbildung 14.10: Gamma-Variation einer Aktienoption in Abhängigkeit von der Laufzeit

Die Beziehung von Delta, Theta und Gamma

Angenommen f ist der Wert einer Kaufoption oder einer Verkaufsoption oder eines anderen Derivativs, dessen Basisobjekt der Kurs einer Aktie ist, die eine kontinuierliche Dividende mit der Rate q abwirft. Es kann gezeigt werden, dass

(14.5) $$\Theta + (r - q)S\Delta + \frac{1}{2}\sigma^2 S^2 \Gamma = rf$$

Das trifft zu, wenn f der Wert eines Portefeuilles aus Derivativen auf die Aktie oder der Wert einzelner Derivative ist. Ein analoges Ergebnis gilt, wenn das Basisobjekt eine Währung ($q = r_f$) ist und wenn es sich um einen Futurespreis ($q = r$) handelt.

Bei einem Delta neutralen Portefeuille ist $\Delta = 0$ und

$$\Theta + \frac{1}{2}\sigma^2 S^2 \Gamma = rf$$

Diese Gleichung ist mit Abbildung 14.8 konsistent. Sie zeigt, dass, wenn Θ groß und positiv ist, Gamma tendenziell groß und negativ ist, et vice versa. Mit anderen Worten, Theta ist ein Ersatz für Gamma, wenn ein Portefeuille Delta neutral ist.

Anzumerken ist, dass, wenn Gamma und Delta beide null sind, $\Theta = r_f$, was zeigt, dass der Wert des Portefeuilles mit dem risikofreien Zins wächst.[6]

Vega

Bis jetzt wurde implizit davon ausgegangen, dass die Volatilität des Vermögenswertes, der einem Derivativ zugrunde liegt, konstant ist. In der Praxis ändern sich die Volatilitäten im Zeitablauf. Somit kann sich der Wert eines Derivativs aufgrund einer Volatilitätsschwankung ändern, aber auch aufgrund von Änderungen des Basisobjektpreises und wegen des Zeitablaufs.

Das *Vega* eines Portefeuilles aus Derivativen ist die Rate, mit der sich der Wert des Portefeuilles gegenüber der Volatilität des Basisobjektes ändert.[7]

---

[6] Die Ergebnisse in diesem Abschnitt basieren auf der Annahme, dass die Volatilität des Basisobjektes null ist.

KAPITEL 14 Hedgen von Optionspositionen und die synthetische Bildung von Optionen

Wenn Vega in absoluten Zahlen hoch ist, reagiert der Wert des Portefeuilles gegenüber kleinen Änderungen der Volatilität sehr sensitiv. Wenn Vega in absoluten Zahlen klein ist, haben Volatilitätsänderungen eine relativ geringe Auswirkung auf den Wert des Portefeuilles.

Eine Position in dem Basisobjekt hat ein Vega von null. Man kann das Vega eines Portefeuilles ändert, indem man eine Position in einer Option hinzufügt. Wenn Vega das Vega des Portefeuilles und $Vega_T$ das Vega einer handelbaren Option ist, wird das Portefeuille sofort Vega neutral, wenn dem Portefeuille eine Position handelbarer Optionen in Höhe $-Vega/Vega_T$ hinzugefügt wird. Leider ist ein Portefeuille, das Gamma neutral ist, im allgemeinen nicht Vega neutral et vice versa. Wenn ein Hedger ein Portefeuille benötigt, dass sowohl Gamma als auch Vega neutral ist, muss er mindestens zwei vom Basisobjekt abhängige handelbare Derivative verwenden.

Beispiel

Man betrachte ein Portefeuille, das Delta neutral ist, ein Gamma von -5.000 und ein Vega von -8.000 hat. Eine handelbare Option hat ein Gamma von 0,5, ein Vega von 2,0 und ein Delta von 0,6. Das Portefeuille kann Vega neutral gemacht werden, wenn eine Kaufposition in 4.000 handelbaren Optionen hinzugefügt wird. Das würde Delta auf 2.400 anheben und erfordern, dass 2.400 Einheiten des Vermögenswertes verkauft werden, damit das Portefeuille Delta neutral bleibt. Das Gamma des Portefeuilles würde sich von -5.000 auf -3.000 verändern.

Um ein Portefeuille Gamma und Vega neutral zu machen, nehmen wir an, dass es eine zweite handelbare Option mit einem Gamma von 0,8, einem Vega von 1,2 und einem Delta von 0,5 gibt. Wenn w_1 und w_2 die Mengen der beiden handelbaren Optionen sind, die in das Portefeuille aufgenommen werden, ist es notwendig, dass

$$-5.000 + 0,5w_1 + 0,8w_2 = 0$$

$$-8.000 + 2,0w_1 + 1,2w_2 = 0$$

Die Lösungen dieser Gleichungen betragen $w_1 = 400$ und $w_2 = 6.000$. Das Portefeuille kann somit Gamma und Vega neutral gemacht werden, indem 400 der ersten handelbaren Option und 6.000 der zweiten

---

[7] Vega wird mitunter auch als Lambda, Kappa oder Sigma bezeichnet.

handelbaren Option hinzugefügt werden. Das Delta des Portefeuilles nach der Erweiterung um die Positionen in den beiden handelbaren Optionen ist 400 × 0,6 + 6.000 × 0,5 = 3.240. Folglich müssen 3.240 Einheiten des Vermögenswertes verkauft werden, damit das Portefeuille Delta neutral bleibt.

Bei einer europäischen Kauf- oder Verkaufsoption auf eine dividendenlose Aktie ist

$$\text{Vega} = S\sqrt{T}N'(d_1)$$

wobei d_1 definiert ist wie in Gleichung 11.5. Die Formel für N'(x) ist durch Gleichung 14.4 gegeben. Bei einer europäischen Kauf- oder Verkaufsoption auf eine Aktie oder einen Aktienindex mit einer kontinuierlichen Dividendenrendite der Rate q ist

$$\text{Vega} = S\sqrt{T}N'(d_1)e^{-qT}$$

wobei d_1 definiert ist wie in Gleichung 12.4. Diese Gleichung liefert das Vega für eine europäische Währungsoption, wenn q durch r_f ersetzt wird. Und sie liefert das Vega für eine europäische Option auf Futures, wenn q durch r und S durch F ersetzt wird. Das Vega einer Option ist immer positiv. Abbildung 14.11 zeigt allgemein, wie Vega in Abhängigkeit von S variiert.

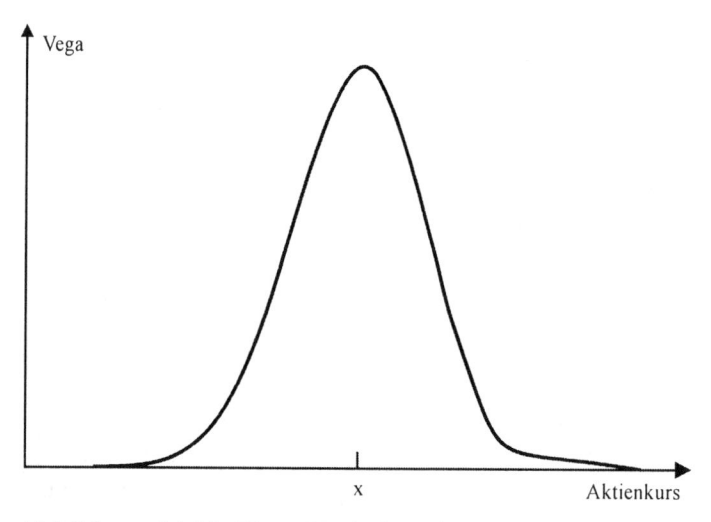

Abbildung 14.11: Vega-Variation einer Option in Abhängigkeit vom Aktienkurs

Die Gamma-Neutralität korrigiert Fehler, die durch die Tatsache entstehen, dass zwischen dem Hedge-Rebalancing Zeit vergeht. Die Vega-Neutralität korrigiert Fehler durch ein nicht konstantes σ. Wie zu erwarten ist, hängt es von der Zeit zwischen dem Hedge-Rebalancing und der Volatilität der Volatilität ab, ob es am besten ist, eine verfügbare handelbare Option für ein Vega- oder Gamma-Hedging zu verwenden.[8]

Beispiel

Man betrachte eine viermonatige Verkaufsoption auf einen Aktienindex. Der aktuelle Wert des Index liegt bei 305, der Basispreis ist 300, die Dividendenrendite 3 Prozent per Annum, der risikofreie Zins 8 Prozent per Annum und die Volatilität des Index 25 Prozent per Annum. In diesem Fall ist S = 305, X = 300, q = 0,03, r = 0,08, σ = 0,25 und T = 4/12. Das Vega der Option ist

$$S\sqrt{T}N'(d_1)e^{-qT} = 66,44$$

Ein einprozentiger (0,01) Anstieg der Volatilität (von 25 Prozent auf 26 Prozent) führt zu einer Wertsteigerung der Option von ungefähr 0,6644 (= 0,01 × 66,44).

Rho

Das *Rho* eines Portefeuilles aus Optionen ist die Rate, mit der sich der Wert des Portefeuilles gegenüber dem Zinssatz verändert. Es misst die Sensitivität des Portefeuillewertes gegenüber dem Zins. Bei einer europäischen Kaufoption auf eine dividendenlose Aktie ist

$$rho = XTe^{-rT}N(d_2)$$

wobei d_2 definiert ist wie in Gleichung 11.5 Bei einer europäischen Verkaufsoption ist

$$rho = -XTe^{-rT}N(-d_2)$$

---

[8] Zu einer Diskussion dieses Themas siehe J. Hull und A. White „Hedging the Risks from Writing Foreign Currency Options", *Journal of International Money and Finance* 6 (June 1987): 131-152.

Die gleichen Formeln gelten für europäische Kauf- und Verkaufsoptionen auf Aktien und Aktienindizes mit einer Dividendenrendite, die die Rate q hat, wenn die Definition von d_2 entsprechend verändert wird.

Beispiel

Man betrachte eine viermonatige Verkaufsoption auf einen Aktienindex. Der aktuelle Wert des Index liegt bei 305, der Basispreis ist 300, die Dividendenrendite 3 Prozent per Annum, der risikofreie Zins 8 Prozent per Annum und die Volatilität des Index 25 Prozent per Annum. In diesem Fall ist S = 305, X = 300, q = 0,03, r = 0,08, σ = 0,25 und T = 4/12. Das Rho der Option ist

$$-XTe^{-rT} N(-d_2) = -42,57$$

Das bedeutet, dass bei einer einprozentigen (0,01) Veränderung des risikofreien Zinses (von 8 Prozent auf 9 Prozent) der Wert der Option um 0,4257 fällt (= 0,01 × 42,57).

Bei Währungsoptionen gibt es zwei Rhos, die den zwei Zinssätzen entsprechen. Das Rho, das dem heimischen Zins entspricht, ergibt sich aus den bereits gezeigten Formeln. Das mit dem ausländischen Zinssatz für eine europäische Kaufoption auf eine Währung korrespondierende Rho ergibt sich aus

$$rho = -Te^{-r_f T} SN(d_1)$$

Bei einer europäischen Verkaufsoption ist

$$rho = Te^{-r_f T} SN(-d_1)$$

Hedging in der Praxis

Es wäre falsch, den Eindruck zu vermitteln, dass Optionshändler, die für Finanzinstitutionen arbeiten, ständig ihre Portefeuilles neu ausbalancieren, damit Delta, Gamma, Vega und so weiter neutral bleiben. Für ein großes, von einem einzigen Basisobjekt abhängigen Portefeuille ist es normalerweise möglich, Delta durch ein tägliches Rebalancing der Position in dem Basisobjekt neutral zu halten. Es ist aber meistens nicht möglich, Gamma oder Vega neutral zu halten, da es schwierig ist, Optionen oder andere nichtlineare Derivative zu finden, die in dem erforderlichen Umfang zu Wettbewerbspreisen gehandelt werden. In den meisten Fällen werden Gamma und Vega beobachtet. Nehmen sie zu hohe positive oder negative Werte an, werden Korrekturmaßnahmen ergriffen.

Zum Großteil konzentriert sich die Arbeit der Finanzinstitutionen darauf, Kauf- und Verkaufsoptionen an ihre Kunden zu verkaufen. Verkaufte Kaufoptionen und verkaufte Verkaufsoptionen haben negative Gammas und negative Vegas. Im Zeitablauf werden somit sowohl Gamma als auch Vega des Portefeuilles einer Finanzinstitution tendenziell zunehmend negativ. Unter diesen Umständen suchen Händler, die für eine Finanzinstitution arbeiten, immer nach Möglichkeiten, Optionen zu Wettbewerbspreisen zu kaufen (i. e. ein positives Gamma und ein positives Vega zu akquirieren).

Szenario-Analyse

Abgesehen von der Beobachtung von Risiken wie Delta, Gamma und Vega führen Optionshändler auch häufig Szenario-Analysen durch. Bei dieser Analyse berechnen sie den Gewinn oder den Verlust ihres Portefeuilles über einen spezifischen Zeitraum im Rahmen diverser Szenarien. Die gewählte Periode dürfte dabei von der Liquidität der Instrumente abhängen. Die Szenarien werden entweder vom Management gewählt oder von einem Modell generiert.

Man betrachte eine Bank mit einem Portefeuille aus Optionen auf eine Fremdwährung. Es gibt zwei wichtige Variablen, von denen der Wert des Portefeuilles abhängt. Das sind der Wechselkurs und die Wechselkursvolatilität. Angenommen der Wechselkurs liegt derzeit bei 1,000 und seine Volatilität beträgt 10 Prozent per Annum. Die Bank könnte eine Tabelle wie Tabelle 14.8 erstellen, die bei verschiedenen Szenarien den Gewinn oder Verlust in einer zweiwöchigen Periode zeigt. Diese Tabelle berücksichtigt sieben verschiedene Wechselkurse und drei verschiedene Volatilitäten. Da in der zweiwöchigen Periode eine Standardabweichung von eins in der Schwankung des Wechselkurses ungefähr 0,02 ist, werden Wechselkursschwankungen mit ungefähr eins, zwei und drei Standardabweichungen betrachtet.

Der größte Verlust in Tabelle 14.8 ist ganz unten rechts verzeichnet. Der Verlust entspricht einem Volatilitätsanstieg auf 12% und einem Wechselkursanstieg auf 1,06. Es ist anzumerken, dass ein Options-Portefeuilles seinem Wesen nach so ist, dass die höchsten Verluste nicht immer mit einer der vier Ecken in der Tabelle korrespondieren. Man nehme beispielsweise an, dass das Portefeuille einer Bank aus einem reversen Butterfly Spread (siehe Kapitel 9) besteht. Der Verlust ist dann am größten, wenn der Wechselkurs sich nicht verändert.

Tabelle 14.8: Gewinn oder Verlust in zwei Wochen bei verschiedenen Szenarien (in Millionen Dollar)

				Wechselkurs			
Volatilität	0,94	0,96	0,98	1,00	1,02	1,04	1,06
8%	+102	+55	+25	+6	−10	−34	−80
10%	+80	+40	+17	+2	−14	−38	−85
12%	+60	+25	+9	−2	−18	−42	−90

Portfolio-Versicherung

Ein Portefeuille-Manager, der ein gut diversifiziertes Aktien-Portefeuille hat, ist mitunter daran interessiert, sich dagegen zu versichern, dass der Portefeuille-Wert unter ein bestimmtes Niveau sinkt. Eine Möglichkeit, die er hat, ist, dass er in Verbindung mit dem Aktien-Portefeuille Verkaufsoptionen auf einen Aktienindex hält. Diese Strategie wurde in Kapitel 12 diskutiert.

Man betrachte einen Disponenten, der ein Portefeuille von 30 Millionen Dollar hat, dessen Wert den Wert des S&P 500 spiegelt. Angenommen der S&P 500 steht bei 300 und der Manager möchte sich dagegen versichern, dass der Portefeuille-Wert in den nächsten sechs Monaten unter 29 Millionen Dollar fällt. Der Manager kann 1.000 sechsmonatige Verkaufsoptionskontrakte auf den S&P 500 mit einem Basispreis von 290 und einer Laufzeit von sechs Monaten kaufen. Fällt der Index unter 290, sind die Verkaufsoptionen im Geld und kompensieren den Manager für den Rückgang des Portefeuille-Wertes. Man betrachte den Fall, in dem der Index am Ende der sechs Monate auf 270 fällt. Der Wert des betrachteten Aktien-Portefeuilles dürfte bei ungefähr 27 Millionen Dollar liegen. Da jeder Optionskontrakt über 100 multipliziert mit dem Index ist, beträgt der Gesamtwert der Verkaufsoptionen 2 Millionen Dollar. Das bringt den Wert des Gesamtbestandes auf 20 Millionen Dollar zurück.

SYNTHETISCHE BILDUNG VON OPTIONEN

Eine alternative Herangehensweise, die der Portefeuille-Manager hat, ist die synthetische Bildung von Verkaufsoptionen. Bei dieser Strategie wird eine Position in dem Basisobjekt (oder Futures auf das Basisobjekt) gekauft, so dass das Delta der Position gleich dem Delta der erforderlichen Option bleibt. Ist eine höhere Genauigkeit gefordert, besteht der nächste Schritt darin, handelbare Optionen zu verwenden, um Gamma und Vega der erforderlichen Option anzupassen. Die Position, die nötig ist, um eine Option synthetisch zu erschaffen, ist umgekehrt der Position, die nötig ist, um sie zu hedgen. Das ist eine simple Spiegelung der Tatsache, dass bei dem Verfahren zum Hedgen einer Option eine gleiche und gegenteilige Option synthetisch gestaltet wird.

Es gibt zwei Gründe, warum es für einen Portefeuille-Manager attraktiv sein kann, die erforderliche Verkaufsoption synthetisch zu schaffen statt am Markt zu kaufen. Der erste ist, dass Optionsmärkte nicht immer die Liquidität haben, um Geschäfte zu absorbieren, die Manager großer Fonds gerne durchführen möchten. Der zweite ist, dass Disponenten oftmals Basispreise und Fälligkeitstermine brauchen, die die an den Märkten gehandelten Optionen nicht bieten können.

Die synthetische Option kann aus Aktiengeschäften oder Geschäften mit Futureskontrakten auf Indizes hergestellt werden. Als erstes wird die Bildung einer Verkaufsoption durch Aktiengeschäfte betrachtet. Man betrachte erneut den Disponenten mit seinem gut diversifizierten, 30 Millionen Dollar wertvollen Portefeuille, der auf das Portefeuille eine europäische Verkaufsoption mit einem Basispreis von 29 Millionen Dollar und einer Fälligkeit in sechs Monaten kaufen möchte. Das Delta einer europäischen Verkaufsoption auf einen Index ergibt sich, wie bereits erwähnt, aus

(14.6) $$\Delta = e^{-qT}[N(d_1) - 1]$$

wobei, mit der üblichen Notation,

$$d_1 = \frac{\ln(S/X) + (r - q + \sigma^2/2)T}{\sigma\sqrt{T}}$$

Da das Portefeuille des Disponenten den Index spiegelt, ist dies auch das Delta einer Verkaufsoption auf das Portefeuille, wenn es als einzelnes Wertpapier betrachtet wird. Das Delta ist negativ. Entsprechend sollte der Disponent bei der Bildung einer synthetischen Verkaufsoption sicherstellen, dass zu jedem gegebenen Zeitpunkt ein Anteil von

478   TEIL II Optionsmärkte

$$e^{-qT}[1 - N(d_1)]$$

der Aktien in dem ursprünglichen 30-Millionen-Dollar-Portefeuille verkauft und die Erlöse in risikofreie Vermögenswerte investiert sind. Mit sinkendem Wert des ursprünglichen Portefeuilles wird das Delta der Verkaufsoption immer negativer und der Anteil des verkauften Portefeuilles muss gesteigert werden. Mit steigendem Wert des ursprünglichen Portefeuilles wird das Delta der Verkaufsoption immer weniger negativ und der Anteil des verkauften Portefeuilles muss gesenkt werden (i. e. ein Teil des ursprünglichen Portefeuilles muss zurückgekauft werden).

Bei dieser Art der strategischen Portfolio-Versicherung werden zu jedem gegebenen Zeitpunkt Geldmittel zwischen dem Aktien-Portefeuille, für das die Versicherung benötigt wird, und risikofreien Vermögenswerten aufgeteilt. Bei steigendem Wert des Aktien-Portefeuilles werden risikofreie Vermögenswerte verkauft und die Position in dem Aktien-Portefeuille wird vergrößert. Bei sinkendem Wert des Aktien-Portefeuilles wird die Position in dem Aktien-Portefeuille verkleinert und es werden risikofreie Vermögenswerte gekauft. Die Kosten der Versicherung entstehen aus der Tatsache, dass der Portefeuille-Manager immer verkauft, wenn der Kurs bereits sinkt, und immer kauft, wenn der Kurs bereits steigt.

VERWENDUNG VON INDEX FUTURES

Es kann vorteilhafter sein, eine Portfolio-Versicherung mit Index Futures statt mit den zugrundeliegenden Aktien durchzuführen, weil die mit den Aktienindexgeschäften assoziierten Transaktionskosten normalerweise niedriger sind als die mit den Geschäften in den zugrundeliegenden Aktien assoziierten Kosten. Der oben betrachtete Manager lässt das 30 Millionen Dollar wertvolle Aktien-Portefeuille intakt und tätigt einen Leerverkauf von Index Futureskontrakten. Der Dollarbetrag der proportional zum Portefeuille-Wert leerverkauften Futureskontrakte ergibt sich aus den Gleichungen 14.3 und 14.6

$$e^{-qT} e^{-(r-q)T^*}[1 - N(d_1)] = e^{q(T^*-T)} e^{-rT^*}[1 - N(d_1)]$$

wobei T^* die Fälligkeit des Futureskontraktes ist. Wenn das Portefeuille einen Wert von K_1 multipliziert mit dem Index und jeder Index Futureskontrakt über K_2 multipliziert mit dem Index ist, beträgt die Zahl der leerzuverkaufenden Futureskontrakte zu jedem gegebenen Zeitpunkt

KAPITEL 14 Hedgen von Optionspositionen und die synthetische Bildung von Optionen

$$e^{q(T^*-T)}e^{-rT^*}[1-N(d_1)]\frac{K_1}{K_2}$$

Beispiel

Angenommen in dem zu Beginn dieses Abschnitts gegebenen Beispiel ist die Marktvolatilität 25 Prozent per Annum, der risikofreie Zins 9 Prozent per Annum und die Dividendenrendite am Markt 3 Prozent per Annum. In diesem Fall ist S = 300, X = 290, r = 0,09, q = 0,03, σ = 0,25 und T = 0,5. Das Delta der erforderlichen Option ist

$$e^{-qT}[N(d_1)-1] = -0{,}322$$

Werden zur Bildung der Option Geschäfte mit dem Portefeuille gemacht, müssen folglich anfänglich 32,2 Prozent des Portefeuilles verkauft werden. Werden neunmonatige Futureskontrakte af den S&P 500 verwendet, ist T* - T = 0,25, T* = 0,75, K_1 = 100.000 und K_2 = 500, so dass

$$e^{q(T^*-T)}e^{-rT^*}[1-N(d_1)]\frac{K_1}{K_2} = 61{,}6$$

Futureskontrakte leerverkauft werden müssten.

Bis hierhin wurde davon ausgegangen, dass das Portefeuille den Index spiegelt. Wie bereits in Kapitel 12 diskutiert, kann das Hedging-Schema auch auf andere Situationen angepasst werden. Der Basispreis der verwendeten Optionen sollte dem erwarteten Niveau des Marktindex entsprechen, wenn der Portefeuille-Wert seinen versicherten Wert erreicht. Die Zahl der verwendeten Indexoptionen sollte β multipliziert mit der Zahl der Optionen betragen, die nötig wären, hätte das Portefeuille ein Beta von 1,0.

HÄUFIGKEIT DES REBALANCING UND DER 19. OKTOBER 1987

Ein wichtiges Thema bei der Verwendung synthetischer Verkaufsoptionen als Portfolio-Versicherung ist die Häufigkeit, mit der der Portefeuille-Manager seine Position anpassen oder neu ausbalancieren sollte. Gibt es keine Transaktionskosten, ist ein kontinuierliches Rebalancing optimal. Wenn aber Transaktionskosten entstehen, sinkt die optimale Häufigkeit des Rebalancing.

Die synthetische Schaffung von Verkaufsoptionen auf den Index funktioniert nicht gut, wenn sich die Volatilität des Index schnell ändert oder wenn der Index starke Sprünge aufweist. Am Montag, dem 19. Oktober 1987, fiel der Dow Jones Industrial Average um über 500 Punkte. Portefeuille-Manager, die sich über den Kauf handelbarer Verkaufsoptionen versichert haben, überlebten diesen Crash gut. Diejenigen aber, die sich für eine Schaffung synthetischer Optionen entschieden hatten, mussten erleben, dass sie weder Aktien noch Index Futures schnell genug verkaufen konnten, um ihre Position zu schützen.

Volatilität des Aktienmarktes

Weiter oben wurde bereits die Frage untersucht, ob die Volatilität allein durch das Eintreffen neuer Informationen verursacht wird oder ob der Handel selbst die Volatilität generiert. Portfolio-Versicherungsschemata wie die oben diskutierten haben das Potential, die Volatilität zu steigern. Fallen die Kurse, führt das dazu, dass die Portefeuille-Manager entweder Aktien oder Futureskontrakte auf Indizes verkaufen. Beide Aktionen können den Kursverfall verstärken. Der Verkauf von Aktien kann den Kurs des Marktindex direkt senken. Der Verkauf von Futureskontrakten auf Indizes kann die Futurespreise senken. Über den Mechanismus der Index-Arbitrage entsteht ein Verkaufsdruck auf die Aktien (siehe Kapitel 3), so dass der Marktindex in diesem Fall ebenfalls fallen kann. Ähnlich führen steigende Kurse dazu, dass die Portefeuille-Manager entsprechend der Portfolio-Versicherungsschemata entweder Aktien oder Futureskontrakte kaufen. Das kann den Kursanstieg verstärken.

Zusätzlich zu den formalen Versicherungsschemata können wir vermuten, dass viele Investoren bewusst oder unbewusst eigenen Portfolio-Versicherungsschemata folgen. Beispielsweise kann ein Investor geneigt sein, in einen Markt einzusteigen, wenn der Kurs steigt, und bei fallendem Kurs auszusteigen, um sein Kursrückgangsrisiko zu minimieren.

Ob Portfolio-Versicherungsschemata (formal oder informal) die Volatilität beeinflussen, hängt davon ab, wie leicht der Markt die Geschäfte absorbieren kann, die durch die Portfolio-Versicherung generiert werden. Wenn der Portfolio-Versicherungshandel nur einen kleinen Teil des Gesamthandels ausmacht, dann dürfte er keine Auswirkungen haben. Mit zunehmender Beliebtheit der Portfolio-Versicherung aber wächst ihre destabilisierende Wirkung auf den Markt.

KAPITEL 14 Hedgen von Optionspositionen und die synthetische Bildung 481
von Optionen

BRADY COMMISSION REPORT

Der Report der Brady Commission über den Crash vom 19. Oktober 1987 lieferte interessante Einsichten über die damalige Wirkung der Portfolio-Versicherung auf den Markt.[9] Die Brady Commission schätzte, dass im Oktober 1987 ungefähr 60 bis 90 Milliarden Dollar an Aktien im Rahmen von Portfolio-Versicherungen gehalten wurden. In der Zeit vom Mittwoch, dem 14. Oktober 1987, bis zum Freitag, dem 16. Oktober 1987, fiel der Markt um ungefähr zehn Prozent, wobei die Kurse am stärksten am Freitag Nachmittag nachgaben. Der Fall hätte als Folge der Portfolio-Versicherungsschemata mindestens Verkäufe von Aktien und Index Futures in Höhe von 12 Milliarden Dollar generieren müssen.[10] Tatsächlich aber wurden weniger als 4 Milliarden Dollar verkauft, was bedeutet, dass Portfolio-Versicherer mit riesigen Verkaufsmengen, die ihnen ihre Versicherungsmodelle diktierten, in die Folgewoche gingen. Die Brady Commission schätzte, dass am Montag, dem 19. Oktober, die Verkaufsprogramme dreier Portfolio-Versicherer für 10 Prozent der Verkäufe an der New York Stock Exchange verantwortlich waren und dass die Portfolio-Versicherungsverkäufe 21,3 Prozent der Gesamtverkäufe an allen Index Futuresmärkten ausmachten. Es ist wahrscheinlich, dass die Portfolio-Versicherung die Kurse nach unten drückte. Es ist signifikant, dass, aggregiert betrachtet, die Portfolio-Versicherer nur einen relativ kleinen, von den Modellen generierten Teil des Gesamthandels durchführten. Es ist überflüssig zu sagen, dass die Beliebtheit der Portfolio-Versicherungsschemata, die auf dem dynamischen Handel mit Aktien und Futures basieren, nach diesem Oktober 1987 sichtbar zurückgegangen ist.

Zusammenfassung

Die Finanzinstitutionen bieten ihren Kunden viele verschiedene Optionsprodukte. Oft entsprechen die Optionen nicht den an den Börsen gehandelten standardisierten Produkten. Die Finanzinstitutionen stehen dann vor dem Problem, ihr Risiko abzusichern, zu hedgen. Die ungesicherten und gedeck-

---

[9] Siehe „Report of the Presidential Task Force on Market Mechanisms", January 1988.
[10] Als Orientierungsmarke soll hier erwähnt werden, dass am Montag, dem 19. Oktober, alle vorherigen Rekorde gebrochen wurden, als 604 Millionen Aktien im Wert von 21 Milliarden Dollar an der New York Stock Exchange gehandelt wurden. An diesem Tag wurden S&P 500 Futureskontrakte im Wert von ungefähr 20 Milliarden Dollar gehandelt.

ten Positionen stellen für sie ein inakzeptables Risikoniveau dar. Eine Möglichkeit, die mitunter vorgeschlagen wird, ist die Stop-Loss-Strategie. Dabei wird eine ungesicherte Position gehalten, wenn eine Option aus dem Geld ist, und in eine gedeckte Position konvertiert, sobald die Option im Geld ist. Dies ist zwar oberflächlich gesehen attraktiv, aber die Strategie funktioniert nicht sonderlich gut.

Das Delta Δ einer Option ist die Rate, mit der sich ihr Preis gegenüber dem Preis des Basisobjektes verändert. Beim Delta Hedging wird eine Position mit einem Delta gleich null geschaffen (manchmal auch Delta neutrale Position genannt). Da das Delta des Basisobjektes 1,0 ist, besteht eine Möglichkeit der Absicherung darin, eine Position von $-\Delta$ in dem Basisobjekt für jede abzusichernde gekaufte Option zu kaufen. Das Delta einer Option verändert sich im Zeitablauf. Das bedeutet, dass die Position in dem Basisobjekt häufig angepasst werden muss.

Sobald eine Optionsposition Delta neutral gemacht ist, wird als nächstes häufig das Gamma überprüft. Das Gamma einer Option ist die Rate, mit der sich ihr Delta gegenüber dem Preis des Basisobjektes verändert. Es ist ein Maß für die Steigung der Kurve, die sich aus der Beziehung zwischen Optionspreis und Basisobjektpreis ergibt. Die Wirkung dieser Steigung auf die Performance des Delta Hedging kann verringert werden, indem eine Optionsposition Gamma neutral gemacht wird. Wenn Γ das Gamma der abzusichernden Position ist, kann es normalerweise verkleinert werden, indem man eine Position in einer handelbaren Option kauft, die ein Gamma von $-\Gamma$ hat.

Delta und Gamma Hedging basieren beide auf der Annahme, dass die Volatilität des Basisobjektes konstant ist. In der Praxis verändern sich die Volatilitäten im Zeitablauf. Das Vega einer Option oder eines Options-Portefeuilles misst die Rate, mit der sich der Wert der Option oder des Options-Portefeuilles gegenüber der Volatilität verändert. Ein Händler, der eine Optionsposition gegen Volatilitätsschwankungen hedgen möchte, kann die Position Vega neutral machen. Wie bei dem Verfahren zur Neutralisierung des Gamma wird dabei normalerweise eine Gegenposition in einer handelbaren Option gekauft. Will der Händler sowohl ein neutrales Gamma als auch ein neutrales Vega, braucht er normalerweise zwei handelbare Optionen.

Zwei andere Maße für das Risiko einer Optionsposition sind Theta und Rho. Theta misst die Rate, mit der sich bei Konstanz aller anderen Faktoren der Wert der Position im Zeitablauf verändert. Rho misst die Rate, mit der sich bei Konstanz aller anderen Faktoren der Wert der Position gegenüber dem kurzfristigen Zins verändert.

Mitunter sind Portefeuille-Manager an der Herstellung synthetischer Optionen interessiert, um ein Aktien-Portefeuille zu versichern. Das können sie entweder, indem sie mit dem Portefeuille oder mit Index Futures auf das Portefeuille handeln. Beim Handel mit dem Portefeuille wird das Portefeuille in Aktien und risikofreie Wertpapiere gesplittet. Sinkt der Kurs, wird mehr in risikofreie Wertpapiere investiert. Steigt der Kurs, wird mehr in Aktien investiert. Beim Handel mit Index Futures bleibt das Aktien-Portefeuille unangetastet und Index Futures werden verkauft. Sinkt der Kurs, werden mehr Index Futures verkauft; steigt er, werden weniger verkauft. Diese Strategie funktioniert unter normalen Marktumständen gut. Aber am Montag, dem 19. Oktober 1987, als der Dow Jones Industrial Average um über 500 Punkte nachgab, funktionierte sie schlecht. Die Portfolio-Versicherer waren nicht in der Lage, Aktien oder Index Futures schnell genug zu verkaufen, um ihre Positionen zu schützen.

Weitere Literatur

Über das Hedgen von Optionspositionen

Boyle, P. P. und D. Emanuel. „Discretely Adjusted Option Hedges", *Journal of Financial Economics* 8 (1980): 259-282.

Dillman, S. und J. Harding. „Life after Delta: The Gamma Factor", *Euromoney* supplement (February 1985): 14-17.

Figlewski, S. „Options Arbitrage in Imperfect Markets", *Journal of Finance* 44 (December 1989): 1289-1311.

Galai, D. „The Components of the Return from Hedging Options against Stocks", *Journal of Business* 56 (January 1983): 45-54.

Hull, J. und A. White. „Hedging the Risks from Writing Foreign Currency Options", *Journal of International Money and Finance* 6 (June 1987): 131-152.

Über die Portfolio-Versicherung

Asay, M. und C. Edelberg. „Can a Dynamic Strategy Replicate the Returns on an Option?" *Journal of Futures Markets* 6 (Spring 1986): 63-70.

Bookstaber, R. und J. A. Langsam. „Portfolio Insurance Trading Rules", *Journal of Futures Markets* 8 (February 1988): 15-31.

Etzioni, E. S. „Rebalance Disciplines for Portfolio Insurance", *Journal of Portfolio Insurance* 13 (Fall 1986): 59-62.

Leland, H. E. „Option Pricing and Replication with Transaction Costs", *Journal of Finance* 40 (December 1985): 1283-1301.

Leland. H. E. „Who Should Buy Portfolio Insurance?" *Journal of Finance* 35 (May 1980): 581-594.

Rubinstein, M. „Alternative Paths for Portfolio Insurance", *Financial Analysts Journal* 41 (July-August 1985): 42-52.

Rubinstein, M. und H. E. Leland. „Replicating Options with Positions in Stock and Cash", *Financial Analysts Journal* 37 (July-August 1981): 63-72.

Tilley, J. A. und G. O. Latainer. „A Synthetic Option Framework for Asset Allocation", *Financial Analysts Journal* 41 (May-June 1985): 32-41.

Testfragen

1. Erklären Sie, wie man für den Verkäufer einer Aus-dem-Geld-Kaufoption ein Stop-Loss-Hedging-Schema implementieren kann. Warum ist dies eine relativ schlechte Absicherung?

2. Was bedeutet es, wenn eine Option ein Delta von 0,7 hat? Wie kann man eine Verkaufsposition in 1.000 Optionen Delta neutral machen, wenn jede Option ein Delta von 0,7 hat?

3. Berechnen Sie das Delta einer sechsmonatigen europäischen Am-Geld-Kaufoption auf eine dividendenlose Aktie, wenn der risikofreie Zins bei 10 Prozent per Annum liegt und die Volatilität des Aktienkurses bei 25 Prozent per Annum.

4. Was bedeutet es, wenn das Theta einer Optionsposition −0,1 beträgt, wenn die Zeit in Jahren gemessen wird? Wenn ein Händler meint, dass sich weder der Aktienkurs noch dessen implizite Volatilität ändert, welche Art Optionsposition ist dann angemessen?

5. Was ist mit dem Gamma einer Optionsposition gemeint? Welche Risiken gibt es, wenn das Gamma einer Position groß und negativ und das Delta null ist?

6. „Das Verfahren zur Bildung einer synthetischen Optionsposition ist umgekehrt dem Verfahren für das Hedgen einer Optionsposition." Erläutern Sie diese Behauptung.

7. Warum hat die Portfolio-Versicherung am 19. Oktober 1987 so schlecht funktioniert?

Fragen und Probleme

1. Ein von einer Bank angebotenes Einlageninstrument garantiert den Investoren in einer sechsmonatigen Periode eine Rendite, die (a) null ist und (b) 40 Prozent der Rendite eines Marktindex beträgt, je nach dem, welcher Wert größer ist. Ein Investor plant, 100.000 $ in dieses Instrument zu investieren. Beschreiben Sie den Payoff als eine Option auf den Index. Angenommen der risikofreie Zins ist 8 Prozent per Annum, die Dividendenrendite aus dem Index ist 3 Prozent per Annum und die Volatilität des Index beträgt 25 Prozent per Annum: Macht der Investor mit dem Produktkauf ein gutes Geschäft?

2. Der Black-Scholes-Preis einer Aus-dem-Geld-Kaufoption mit einem Basispreis von 40 $ beträgt 4 $. Ein Händler, der die Option verkauft hat, plant die Anwendung einer Stop-Loss-Strategie. Sein Plan ist, bei 40⅛ $ zu kaufen und bei 39⅞ $ zu verkaufen. Schätzen Sie, wie oft die Aktie gekauft oder verkauft wird.

3. Angenommen der Kurs einer Aktie liegt derzeit bei 20 $, und eine Kaufoption mit einem Basispreis von 25 $ wird unter Verwendung einer kontinuierlich wechselnden Position in der Aktie synthetisch hergestellt. Betrachten Sie die beiden folgenden Szenarien:

    a. Der Aktienkurs steigt in der Laufzeit der Option stetig von 20 $ auf 35 $.

    b. Der Aktienkurs oszilliert stark und endet schließlich bei 35 $.

    In welchem Szenario ist die synthetisch hergestellte Option teurer? Erläutern Sie Ihre Antwort.

4. Wie ist das Delta einer Verkaufsposition in 1.000 europäischen Kaufoptionen auf Silber Futures? Die Optionen werden in acht Monaten fällig, der Futureskontrakt, dem die Option zugrunde liegt, wird in neun Monaten fällig. Der aktuelle neunmonatige Futures-

preis liegt bei 8 $ je Unze, der Basispreis der Option ist 8 $, der risikofreie Zins beträgt 12 Prozent per Annum und die Volatilität von Silber liegt bei 18 Prozent per Annum.

5. Zurück zu Problem 4. Welche Ausgangsposition in neunmonatigen Silber Futures ist für ein Delta Hedging nötig? Wenn dafür Silber verwendet wird, wie ist die Anfangsposition? Wenn einjährige Silber Futures verwendet werden, wie ist die Anfangsposition? Gehen Sie davon aus, dass für das Silber keine Lagerkosten anfallen.

6. Ein Unternehmen verwendet das Delta Hedging, um ein Portefeuille aus Kaufpositionen in Verkaufs- und Kaufoptionen auf eine Währung zu hedgen. Was ergibt das beste Resultat?

    a. Ein praktisch konstanter Kassakurs

    b. Wilde Schwankungen des Kassakurses.

    Erläutern Sie Ihre Antwort.

7. Wiederholen Sie Problem 6 für eine Finanzinstitution mit einem Portefeuille aus Verkaufspositionen in Verkaufs- und Kaufoptionen auf eine Währung.

8. Eine Finanzinstitution hat soeben 1.000 siebenmonatige europäische Kaufoptionen auf den Japanischen Yen verkauft. Angenommen der Devisenkassakurs ist 0,80 Cent je Yen, der Basispreis ist 0,81 Cent je Yen, der risikofreie Zins in den USA liegt bei 8 Prozent per Annum, der risikofreie Zins in Japan liegt bei 5 Prozent per Annum und die Volatilität des Yen ist 15 Prozent per Annum. Berechnen Sie für die Finanzinstitution Delta, Gamma, Vega, Theta und Rho der Position. Interpretieren Sie jede Zahl.

9. Eine Finanzinstitution hat folgendes Portefeuille mit Freiverkehrs-Optionen auf das Pfund Sterling:

Art	Position	Delta der Option	Gamma der Option	Vega der Option
Kaufoption	−1.000	0,50	2,2	1,8
Kaufoption	−500	0,80	0,6	0,2
Verkaufsoption	−2.000	−0,40	1,3	0,7
Kaufoption	−500	0,70	1,8	1,4

KAPITEL 14 Hedgen von Optionspositionen und die synthetische Bildung 487
von Optionen

Es wird eine handelbare Option mit einem Delta von 0,6, einem Gamma von 1,5 und einem Vega von 0,8 angeboten.

a. Durch welche Position in der handelbaren Option und in Pfund Sterling würde das Portefeuille sowohl Gamma neutral als auch Delta neutral werden?

b. Durch welche Position in der handelbaren Option und in Pfund Sterling würde das Portefeuille sowohl Vega neutral als auch Delta neutral werden?

10. Man betrachte nochmals die Situation in Problem 9. Angenommen es wird eine zweite handelbare Option mit einem Delta von 0,1, einem Gamma von 0,5 und einem Vega von 0,6 angeboten. Wie könnte man das Portefeuille Delta, Gamma und Vega neutral gestalten?

11. Unter welchen Umständen kann man eine Position in einer am Freiverkehrsmarkt gehandelten europäischen Option auf einen Aktienindex durch die Aufnahme einer einzelnen handelbaren europäischen Option in das Portefeuille sowohl Gamma als auch Vega neutral machen?

12. Ein Disponent hat ein gut diversifiziertes Portefeuille, das die Performance des S&P 500 spiegelt und 90 Millionen Dollar wert ist. Der Wert des S&P 500 liegt bei 300, und der Portefeuille-Manager möchte sich eine Versicherung dagegen kaufen, dass sein Portefeuille in den nächsten sechs Monaten mehr als 5 Prozent an Wert verliert. Der risikofreie Zins liegt bei 6 Prozent per Annum. Die Dividendenrendite beträgt für das Portefeuille und den S&P 500 je 3 Prozent per Annum, die Volatilität des Index ist 30 Prozent per Annum.

a. Wie viel kostet die Versicherung, wenn der Disponent handelbare europäische Verkaufsoptionen kauft?

b. Erläutern Sie genau die alternativen Strategien, die der Disponent hinsichtlich handelbarer europäischer Kaufoptionen hat, und zeigen Sie, dass sie zum selben Ergebnis führen.

c. Wie sollte die Anfangsposition sein, wenn der Disponent beschließt, das Portefeuille zu versichern, indem er zum Teil risikofreie Wertpapiere in seinem Portefeuilles hält?

488 TEIL II Optionsmärkte

d. Wie sollte die Anfangsposition sein, wenn der Disponent beschließt, das Portefeuille zu versichern, indem er neunmonatige Index Futures verwendet?

13. Wiederholen Sie Problem 12 unter der Annahme, dass das Portefeuille ein Beta von 1,5 hat. Nehmen Sie an, dass die Dividendenrendite aus dem Portefeuilles 4 Prozent per Annum beträgt.

14. Zeigen Sie durch Ersetzen verschiedener Terme in Gleichung 14.5., dass die Gleichung zutrifft auf:

   a. Eine einzelne europäische Kaufoption auf eine dividendenlose Aktie

   b. Eine einzelne europäische Verkaufsoption auf eine dividendenlose Aktie

   c. Jedes Portefeuille aus europäischen Kauf- und Verkaufsoptionen auf eine dividendenlose Aktie

15. Hat ein Forwardkontrakt das gleiche Delta wie der entsprechende Futureskontrakt? Erläutern Sie Ihre Antwort.

16. Die Position einer Bank in einem bestimmten Devisenkurs hat ein Delta von 30.000 und ein Gamma von 4.000. Erklären Sie, wie diese Zahlen interpretiert werden können. Der Devisenkurs (Anzahl der Einheiten heimischer Währung pro Einheit Fremdwährung) ist 1,35. Welche Position würden Sie kaufen, um die Position Delta neutral zu machen? Nach kurzer Zeit steigt der Devisenkurs auf 1,37. Schätzen Sie das neue Delta. Mit welchem zusätzlichen Geschäft kann die Position Delta neutral gehalten werden? Angenommen die Bank hat anfangs eine Delta neutrale Position eingerichtet. Hat sie durch die Devisenkursschwankung Geld gewonnen oder verloren?

Kapitel 15 Value at Risk

In Kapitel 14 wurden Maße wie Delta, Gamma und Vega zur Beschreibung der verschiedenen Risikoaspekte eines Portefeuilles vorgestellt, das aus Optionen und anderen finanziellen Vermögenswerten besteht. Eine Finanzinstitution berechnet normalerweise täglich jedes einzelne Maß für jede Marktvariable, der sie ausgesetzt ist. Oft gibt es Hunderte oder gar Tausende dieser Marktvariablen. Eine Delta-Gamma-Vega-Analyse führt folglich zu tagtäglich anfallenden immensen Zahlen an verschiedenen Risikomaßen. Diese Risikomaße liefern wertvolle Informationen für die Händler, die für das Managen der verschiedenen Komponenten des Portefeuilles einer Finanzinstitution verantwortlich sind, aber für das obere Management haben sie nur einen begrenzten Nutzen.

Dennis Weatherstone, ehemaliger Chairman von J. P. Morgan, ist ein Beispiel für ein Mitglied des oberen Managements, der der Ansicht war, dass ein einziges Maß für das Gesamtrisiko berechnet werden müsste. Er verlangte, dass man ihm jeden Tag nach Büroschluss einen einseitigen Bericht aushändigte, in dem die globalen Risiken des Unternehmens zusammengefasst und der potentielle Verlust der nächsten 24 Stunden eingeschätzt wurde. Das Ergebnis war J. P. Morgans berühmter „4.15 Report" (abgeleitet von der Tatsache, dass Weatherstone den Bericht täglich um 4:15 P.M. – i. e. 16.15 Uhr – bekam) und die Geburt eines erstaunlich erfolgreichen Werkzeugs für das Risikomanagement, des sogenannten *Value at Risk*.

Value at Risk (VAR) ist ein Versuch, das Gesamtrisiko eines Portefeuilles aus finanziellen Vermögenswerten in einer einzigen Zahl zusammenzufassen. Mittlerweile wird er von vielen Finanzleitern und Disponenten sowie von Finanzinstitutionen verwendet. Die Berechnung des VAR wurde im Oktober 1994 vereinfacht, als J. P. Morgan seine RiskMetrics-Datenbank mit den Volatilitäten und Korrelationen allen Marktteilnehmern kostenfrei zugänglich machte. Ein weiterer Grund für die Durchsetzung des VAR waren die Aktionen der Regulatoren. Beispielsweise benötigen die Regulatoren heute alle Datenbanken, um den VAR zu berechnen, und sie benutzen den VAR zur Bestimmung des Kapitals, das eine Bank als Spiegel der von ihr getragenen Marktrisiken halten muss.[1]

---

[1] Siehe P. Jackson, D. J. Maude und W. Perraudin. „Bank Capital and Value at Risk", *Journal of Derivatives* 4, 3 (Spring 1997): 73-90.

Eine VAR-Berechnung zielt darauf, eine Behauptung der folgenden Art vornehmen zu können: „Wir sind X Prozent sicher, dass wir in den nächsten N Tagen nicht mehr als V Dollar verlieren." Ein attraktives Merkmal des VAR ist seine leichte Verständlichkeit. Im Kern wird die leichte Frage gestellt: „Wie schlecht können sich die Dinge entwickeln?" Die Variable V ist das VAR des Portefeuilles. Sie ist eine Funktion zweier Parameter: des Zeithorizonts N und des Konfidenz- oder Vertrauensniveaus X. Wenn die Regulatoren das Kapital einer Bank berechnen, setzen sie N = 10 und X = 99. Das bedeutet, dass sie die Verluste einer zehntägigen Periode betrachten, von denen erwartet wird, dass sie nur in einem Prozent der Zeit eintreten.

Volatilitäten und Korrelationen

Volatilitäten spielen für die Bestimmung des VAR eine zentrale Rolle. Zur Erinnerung, wie die Volatilität bei der Preisbestimmung von Optionen definiert wurde, sei nochmals auf Gleichung 11.4 verwiesen. Sie zeigt, dass die Standardabweichung einer kontinuierlich verzinsten Rendite für einen Vermögenswert im Zeitraum T den Wert $\sigma\sqrt{T}$ hat, wobei σ die Volatilität des Vermögenswertes ist. Bei der Preisbestimmung von Optionen wird T in Jahren gemessen. Setzt man T = 1, sieht man, dass die Volatilität des Vermögenswertes, σ, die Standardabweichung der kontinuierlich verzinsten Rendite ist, die der Vermögenswert in einem Jahr einbringt.

Bei der Berechnung des VAR wird T in Tagen gemessen, so dass σ die „Volatilität pro Tag" und nicht die „Volatilität pro Jahr" ist. Die Volatilität eines Vermögenswertes pro Tag kann definiert werden als die Standardabweichung der kontinuierlich verzinsten Rendite, die ein Vermögenswert an einem Tag abwirft. Welche Beziehung besteht zwischen der Volatilität pro Jahr, die bei der Preisbestimmung von Optionen verwendet wird, und der Volatilität pro Tag, die bei der Berechnung des VAR verwendet wird? Definiert man σ_{yr} als Volatilität eines bestimmten Vermögenswertes pro Jahr und σ_{day} als äquivalente Volatilität des Vermögenswertes pro Tag und unterstellt man außerdem 252 Handelstage in einem Jahr, kann man mit Gleichung 11.4 die Standardabweichung der kontinuierlich verzinsten Rendite des Vermögenswertes in einem Jahr entweder als σ_{yr} oder $\sigma_{day}\sqrt{252}$ schreiben. Daraus folgt

$$\sigma_{day} = \frac{\sigma_{yr}}{\sqrt{252}}$$

so dass die tägliche Volatilität ungefähr 6 Prozent der jährlichen Volatilität ausmacht.

In Kapitel 11 wurde gezeigt, dass σ_{yr} annähernd der Standardabweichung der proportionalen Veränderung des Vermögenswertpreises in einem Jahr entspricht. Ähnlich entspricht σ_{day} annähernd der Standardabweichung der proportionalen Veränderung des Vermögenswertpreises an einem Tag. Im Fall von σ_{day} ist die Annäherung sehr gut, und für die Berechnung des VAR wird angenommen, dass die tägliche Volatilität des Vermögenswertpreises oder jeder anderen Marktvariablen genau der Standardabweichung der proportionalen täglichen Veränderungen entspricht.

Es ist wichtig anzumerken, dass bei der J. P. Morgan RiskMetrics Datenbank der Begriff Volatilität anders definiert als die hier dargestellte Standard-Definition. Sie definiert die Volatilität als 1,65fache Standardabweichung; das heißt, die Volatilität des RiskMetrics beträgt $1{,}65\sigma_{day}$. Die Tabellen am Buchende zeigen, dass $N(-1{,}65) = 0{,}05$. Nimmt man eine normale Verteilung an, kann die RiskMetrics-Volatilität folglich interpretiert werden als Rückgang einer Marktvariablen, wobei erwartet wird, dass er in nur 5 Prozent der Tage überschritten wird.

SCHÄTZUNG DER VOLATILITÄT

In diesem Abschnitt wird σ_n definiert als die am Tag n berechnete Volatilität einer Marktvariablen je Tag. Das Quadrat der Volatilität, σ_n^2, ist die *Varianzrate* der Marktvariablen am Tag n.

Der Standardansatz zur Schätzung von σ_n aufgrund historischer Daten wurde in Kapitel 11 diskutiert. Angenommen die Marktvariable hat an den Tagen 0, 1, ..., n die Werte $S_0, S_1, ... S_n$. Definitorisch sei

$$u_i = \ln \frac{S_i}{S_{i-1}}$$

für $1 \leq i \leq n$, und die geschätzte Varianzrate beträgt

$$\sigma_n^2 = \frac{1}{n-1} \sum_{i=1}^{n} (u_i - \bar{u})^2$$

wobei $\bar{u}$ das arithmetische Mittel der u_i's ist:

492   TEIL II Optionsmärkte

$$\bar{u} = \frac{1}{n} u_i$$

Ohne zu ungenau zu werden, kann man annehmen, dass $\bar{u} = 0$ ist. Ist n ausreichend groß, kann man außerdem n − 1 durch n ersetzen, so dass die obige Formel für σ_n^2 vereinfacht wird zu

(15.1) $$\sigma_n^2 = \frac{1}{n} \sum_{i=1}^{n} u_i^2$$

Gleichung 15.1 gewichtet alle u_i^2's gleich. Alternativ könnte man einen *exponentiell gewichteten gleitenden Mittelwert* (exponentially weighted moving average, EWMA) verwenden, bei dem die Gewichte, die man den u_i^2's gibt, sinken, je weiter wir uns in der Zeit zurückbewegen. Dieser Ansatz führt zu einer einfachen Formel, mit der man den Schätzwert der Volatilität am Tag n errechnet, indem man den am Tag n − 1 errechneten Schätzwert und die zwischen Tag n − 1 und Tag n beobachtete proportionale Veränderung der Marktvariablen verwendet. Die Formel lautet

(15.2) $$\sigma_n^2 = \lambda \sigma_{n-1}^2 + (1-\lambda) u_n^2$$

für ein konstantes λ ($0 < \lambda < 1$).

Um zu verstehen, was hier passiert, wird σ_{n-1}^2 in Gleichung 15.2 ersetzt. Das ergibt

$$\sigma_n^2 = \lambda \left[\lambda \sigma_{n-2}^2 + (1-\lambda) u_{n-1}^2 \right] + (1-\lambda) u_n^2$$

oder

$$\sigma_n^2 = (1-\lambda)(u_n^2 + \lambda u_{n-1}^2) + \lambda^2 \sigma_{n-2}^2$$

Ähnliches Ersetzen von σ_{n-2} ergibt

$$\sigma_n^2 = (1-\lambda)(u_n^2 + \lambda u_{n-1}^2 + \lambda^2 u_{n-2}^2) + \lambda^3 \sigma_{n-3}^2$$

Fährt man auf diese Weise fort, kann man sehen, dass

$$\sigma_n^2 = (1-\lambda) \sum_{j=0}^{n-1} \lambda^j u_{n-j}^2 + \lambda^n \sigma_0^2$$

Das zeigt, dass die Gewichte, die die u_i^2's bekommen, exponentiell sinken, je weiter man in der Zeit zurückgeht. Jedes Gewicht ist λ multipliziert mit dem vorherigen Gewicht. Bei einem großen n ist der Term $\lambda^n \sigma_0^2$ ausreichend klein, um ignoriert zu werden, so dass σ_n^2 allein von dem gewichteten Durchschnitt von u_i^2 bestimmt wird.

Beispiel

Angenommen λ ist 0,90, die am Tag n − 1 errechnete Volatilität ist 1 Prozent und die proportionale Veränderung der Marktvariablen zwischen dem Tag n − 1 und dem Tag n ist 2 Prozent. In dem Fall ist $\sigma_{n-1}^2 = 0{,}01^2 = 0{,}0001$ und $u_n^2 = 0{,}02^2 = 0{,}0004$. Gleichung 15.2 ergibt

$$\sigma_n^2 = 0{,}9 \times 0{,}0001 + 0{,}1 \times 0{,}0004 = 0{,}00013$$

Der Schätzwert der Volatilität am Tag n, σ_n, ist somit $\sqrt{0{,}00013}$ oder 1,14 Prozent. Man beachte, dass der erwartete Wert von u_n^2 gleich σ_{n-1}^2 oder 0,0001 ist. In dem Beispiel ist der realisierte Wert von u_n^2 größer als der erwartete Wert, was zu einem steigenden Schätzwert unserer Volatilität führt. Wäre der realisierte Wert von u_n^2 kleiner als der erwartete Wert, wäre der Schätzwert unserer Volatilität gesunken.

Der EWMA-Ansatz hat die attraktive Eigenschaft, dass relativ wenig Daten gespeichert werden müssen. Zu jedem gegebenen Zeitpunkt muss man sich lediglich an den aktuellen Schätzwert der Varianzrate und an den zuletzt beobachteten Wert der Marktvariablen erinnern. Wird ein neuer Wert für die Marktvariable beobachtet, berechnet man ein neues u_n^2 und benutzt Gleichung 15.2, um der Schätzwert der Varianzrate zu aktualisieren. Der alte Schätzwert der Varianzrate und der alte Wert der Marktvariablen können dann gelöscht werden.

Der EWMA-Ansatz wurde entworfen, um die Änderungen der Volatilität zu verfolgen. Steigt beispielsweise die Volatilität einer Marktvariablen, steigen die für die u_i^2's berechneten Werte ebenfalls tendenziell. Gemäß Gleichung 15.2 führt dies dazu, dass unser Schätzwert für die tägliche Volatilität steigt. Der Wert von λ bestimmt, wie stark der Schätzwert der täglichen Volatilität auf die jüngst beobachteten u_i^2's reagiert. Ein kleines λ gibt dem jüngeren Wert von u_i^2 ein großes Gewicht, und die Schätzwerte, die für die aufeinanderfolgenden Tage errechnet werden, sind selbst hochvolatil. Ein hohes λ (i. e. ein Wert nahe 1) führt zu Schätzwerten für die tägliche Volatilität, die relativ langsam auf neue Informationen reagieren, die von u_i^2 geliefert werden.

Die RiskMetric-Datenbank verwendet den EWMA-Ansatz zur Berechnung der täglichen Volatilitäten. Nach einigen Experimenten merkte J. P. Morgan, dass ein λ-Wert von 0,94 zu den besten Vorhersagen über die tägliche Volatilität führte.

SCHÄTZUNG DER KORRELATIONEN

Die Korrelation zwischen zwei Variablen X und Y kann definiert werden als

$$\frac{\text{cov}(X,Y)}{\sigma_X \sigma_Y}$$

mit σ_X und σ_Y als Standardabweichung von X und Y und cov(X, Y) als Kovarianz zwischen X und Y. Die Kovarianz zwischen X und Y ist definiert als

$$E[(X - \mu_X)(Y - \mu_Y)]$$

mit μ_X und μ_Y als arithmetische Mittel von X und Y und E als der erwartete Wert.

Man betrachte zwei verschiedene Marktvariablen, U und V. Wir definieren u_i und v_i als die proportionalen Veränderungen von U und V am Tag i. Weiterhin wird definiert:

$\sigma_{u,n}$: tägliche Volatilität der Variablen U, berechnet am Tag n

$\sigma_{v,n}$: tägliche Volatilität der Variablen V, berechnet am Tag n

cov_n: Kovarianz zwischen den täglichen Veränderungen von U und V, berechnet am Tag n

Der Schätzwert der Korrelation zwischen U und V am Tag n ist somit

$$\frac{\text{cov}_n}{\sigma_{u,n} \sigma_{v,n}}$$

Benutzt man ein Schema mit gleichen Gewichtungen und nimmt man an, dass die arithmetischen Mittel von u_i und v_i null sind, lassen sich mit Gleichung 15.1 die Varianzraten von U und V schätzen:

$$\sigma_{u,n}^2 = \frac{1}{n} \sum_{i=1}^{n} u_i^2$$

$$\sigma_{v,n}^2 = \frac{1}{n} \sum_{i=1}^{n} v_i^2$$

Ein ähnlicher Schätzwert ergibt sich für die Kovarianz zwischen U und V[2]

(15.3) $$\mathrm{cov}_n = \frac{1}{n} \sum_{i=1}^{n} u_i v_i$$

Gleichung 15.3 gibt allen $u_i v_i$'s das gleiche Gewicht. Alternativ kann ein EWMA-Modell ähnlich Gleichung 15.2 verwendet werden. Die Formel für die Aktualisierung des Kovarianzschätzwertes lautet dann

$$\mathrm{cov}_n = \lambda \mathrm{cov}_{n-1} + (1 - \lambda) u_n v_n$$

Eine ähnliche Analyse wie die, die für das EWMA-Volatilitätsmodell gezeigt wurde, zeigt, dass die Gewichte der beobachteten $u_i v_i$'s sinken, je weiter man in der Zeit zurückgeht. Je kleiner λ, desto größer das Gewicht der jüngeren Beobachtungen.

Beispiel

Angenommen $\lambda = 0{,}95$ und die Korrelation, die zwischen den beiden Variablen U und V am Tag $n - 1$ berechnet wird, ist 0,6. Außerdem sei angenommen, dass die Volatilitäten, die für U und V am Tag $n - 1$ berechnet werden, 1 Prozent beziehungsweise 2 Prozent betragen. Aus der Beziehung zwischen Korrelation und Kovarianz ergibt sich die Kovarianz zwischen U und V am Tag $n - 1$

$$0{,}6 \times 0{,}01 \times 0{,}02 = 0{,}00012$$

---

[2] Wie in Gleichung 15.1 wird auch in dieser Formel angenommen, dass die erwarteten Veränderungen der Marktvariablen null sind.

Angenommen die proportionalen Veränderungen von U und V betragen zwischen dem Tag n − 1 und dem Tag n 0,5 Prozent beziehungsweise 2,5 Prozent. Die Varianzraten und die Kovarianz werden wie folgt aktualisiert:

$$\sigma_{u,n}^2 = 0{,}95 \times 0{,}01^2 + 0{,}05 \times 0{,}005^2 = 0{,}00009625$$

$$\sigma_{v,n}^2 = 0{,}95 \times 0{,}02^2 + 0{,}05 \times 0{,}025^2 = 0{,}00041125$$

$$\operatorname{cov}_n^2 = 0{,}95 \times 0{,}00012 + 0{,}05 \times 0{,}005 \times 0{,}025 = 0{,}00012025$$

Die neue Volatilität von U ist $\sqrt{0{,}00009625}$ = 0,981 Prozent, die neue Volatilität von V ist $\sqrt{0{,}00041125}$ = 2,028 Prozent. Der neue Korrelationskoeffizient von U und V ist

$$\frac{0{,}00012025}{0{,}00981 \times 0{,}02028} = 0{,}6044$$

Aus technischen Gründen ist es wichtig, konsistent bei der Berechnung der Varianzen und Kovarianzen zu sein. Wenn Varianzen berechnet werden, indem man die letzten n Datenpositionen gleichgewichtet, sollte man das auch bei den Kovarianzen machen; aktualisiert man die Varianzen mit einem EWMA-Modell mit $\lambda = 0{,}94$, sollte man das auch bei den Kovarianzen machen; und so weiter.

Berechnung des VAR in einfachen Situationen

Als nächstes wird gezeigt, wie man den VAR in einfachen Situationen berechnet. Man betrachte als erstes ein Portefeuille, das aus einer Position in IBM Aktien mit einem Wert von 10 Millionen Dollar besteht. Angenommen N = 10 und X = 99, so dass wir bei einem Konfidenzniveau von 99 Prozent an den Verlusten in den nächsten zehn Tagen interessiert sind.

Angenommen die Volatilität der IBM Aktie beträgt 2 Prozent je Tag (was ungefähr 32 Prozent je Jahr sind). Da die Größe der Position 10 Millionen Dollar beträgt, beträgt die Standardabweichung der täglichen Veränderungen des Positionswertes 2 Prozent von 10 Millionen Dollar oder 200.000 $. Unter der Annahme, dass die Veränderungen an den aufeinanderfolgenden Tagen unabhängig voneinander sind, wird erwartet, dass die Standardabweichung der Veränderung in der zehntägigen Periode $\sqrt{10}$ multipliziert mit der Veränderung in einer eintägigen Periode beträgt. Die Standardabweichung der Veränderung des IBM-Portefeuille-Wertes in dem zehntägigen Zeitraum beträgt somit 200.000 $\sqrt{10}$ oder 632.456 $.

Üblicherweise nimmt man bei den VAR-Berechnungen an, dass die erwartete preisliche Veränderung einer Marktvariablen in der betrachteten Periode null ist.[3] Das trifft zwar nicht genau zu, aber es ist eine vernünftige Annahme. Die erwartete preisliche Veränderung einer Marktvariablen ist in einem kurzen Zeitraum im allgemeinen klein, vergleicht man sie mit der Standardabweichung der Veränderung. Nimmt man beispielsweise an, dass IBM eine erwartete Rendite von 18 Prozent hat, dann beträgt die erwartete Kursveränderung in einer eintägigen Periode 18/252 oder ungefähr 0,07 Prozent, während die Kursveränderung eine Standardabweichung von 2 Prozent hat. In einer zehntägigen Periode beträgt die erwartete Kursveränderung 18/25,2 oder ungefähr 0,7 Prozent, während die Standardabweichung der Kursveränderung 2 $\sqrt{10}$ oder ungefähr 6,3 Prozent beträgt.

Bis hierin haben wir berechnet, dass die Veränderung des Wertes eines aus IBM Aktien bestehenden Portefeuilles in einer zehntägigen Periode eine Standardabweichung von 632.456 $ und ein arithmetisches Mittel (zumindest annäherungsweise) von null hat. Wir nehmen an, dass diese Veränderung normalverteilt ist.[4] Aus der Tabelle am Ende dieses Buches ist zu entnehmen, dass N(0,01) = −2,33. Das bedeutet, dass es eine einprozentige Wahrscheinlichkeit gibt, dass eine normalverteilte Variable um mehr als 2,33 Standardabweichungen an Wert verliert. Äquivalent bedeutet das, dass eine normalverteilte Variable mit einer Wahrscheinlichkeit von 99 Prozent nicht mehr als 2,33 Standardabweichungen an Wert verliert. Der 99 Prozent/10 Tage-VAR für unser aus IBM Aktien im Wert von 10 Millionen Dollar bestehendes Portefeuille beträgt somit

$$2{,}33 \times 632.456 = 1.473.621 \ \$$$

---

[3] Wie bereits oben erwähnt, wird diese Annahme oft auch dann getroffen, wenn Volatilitäten und Korrelationen zu Zwecken des Risikomanagements errechnet werden.

[4] Die Annahme, dass die proportionale Veränderung des Preises eines Vermögenswertes über einen kurzen Zeitraum normal ist, ist konsistent mit der üblicherweise bei der Optionspreisbildung getroffenen Annahme, dass die Wahrscheinlichkeitsverteilung des Preises eines Vermögenswertes am Ende eines relativ langen Zeitraumes log normal ist.

Man betrachte als nächstes ein Portefeuille, das aus einer Position in AT&T Aktien mit einem Wert von 5 Millionen Dollar besteht, und nehme an, dass die tägliche Volatilität der AT&T 1 Prozent (annähernd 16 Prozent im Jahr) beträgt. Eine ähnliche Rechnung wie die für IBM zeigt, dass die Standardabweichung der Portefeuille-Wertveränderung je 10 Tage

$$5.000.000 \times 0,01 \times \sqrt{10} = 158.144$$

beträgt. Der VAR bei 99 Prozent/10 Tage ist somit

$$158.114 \times 2,33 = 368.405$$

Als nächstes betrachte man ein Portefeuille, das aus 10 Millionen Dollar in IBM Aktien und 5 Millionen Dollar in AT&T Aktien besteht. Angenommen die Korrelation zwischen den Renditen der beiden Aktien über einen kurzen Zeitraum ist 0,7. Ein Standardergebnis aus der Statistik besagt, dass sich, wenn zwei Variablen X und Y Standardabweichungen von σ_X und σ_Y und einen Korrelationskoeffizienten gleich ρ haben, die Standardabweichung von X + Y ergibt aus

$$\sigma_{X+Y} = \sqrt{\sigma_X^2 + \sigma_Y^2 + 2\rho\sigma_X\sigma_Y}$$

Diese Gleichung soll nun angewendet werden. Dafür wird X mit der Wertveränderung der IBM Position über einen zehntägigen Zeitraum gleichgesetzt und Y wird mit der Wertveränderung der AT&T Position über ebenfalls einen zehntägigen Zeitraum gleichgesetzt, so dass

$$\sigma_X = 632.456 \quad \sigma_Y = 158.114$$

Die Standardabweichung der Wertveränderung des Portefeuilles, das aus beiden Aktien besteht, beträgt somit in der zehntägigen Periode

$$\sqrt{632.456^2 + 158.114^2 + 2 \times 0,7 \times 632.456 \times 158.114} = 751.665$$

Das bedeutet, dass das Portefeuille einen 99 Prozent/10-Tage-VAR von

$$751.665 \times 2,33 = 1.751.379 \,\$$$

hat. Dieses Beispiel ist in Tabelle 15.1 zusammengefasst.

Tabelle 15.1: Berechnung des VAR für eine einfache Situation

Am Tisch des Wertpapierhändlers

Ein Unternehmen hat ein Portefeuille, das aus 10 Millionen Dollar in IBM Aktien und 5 Millionen Dollar in AT&T Aktien besteht. Die tägliche Volatilität der IBM ist 2 Prozent, die tägliche Volatilität der AT&T ist 1 Prozent und der Korrelationskoeffizient der Renditen der beiden Aktien ist 0,7.

Berechnung des Value at Risk

Die Standardabweichung der Wertveränderung der IBM Position je 10 Tage ist $10.000.000 \times 0,02 \times \sqrt{10} = 632.456$ \$. Die Standardabweichung der Wertveränderung der AT&T Position je 10 Tage ist $5.000.000 \times 0,01 \times \sqrt{10} = 158.114$ \$. Die Standardabweichung der Wertveränderung des Portefeuilles je 10 Tage beträgt somit

$$\sqrt{632.456^2 + 158.114^2 + 2 \times 0,7 \times 632.456 \times 158.114} = 751.665 \text{ \$}$$

Bei einem Konfidenzniveau von 99 Prozent und einer Periode von 10 Tagen bekommt man einen VAR von

$$751.665 \times 2,33 = 1.751.379 \text{ \$}$$

DIE VORTEILE DER DIVERSIFIKATION

Das soeben betrachtete Beispiel hat folgendes ergeben:

1. Der VAR für das Portefeuilles aus IBM Aktien ist 1.473.621 \$
2. Der VAR für das Portefeuille aus AT&T Aktien ist 368.405 \$
3. Der VAR für das Portefeuille aus IBM und AT&T ist 1.751.379 \$

Der Betrag

$$(1.473.621 + 368.405) - 1.751.379 = 90.647 \text{ \$}$$

repräsentiert die Vorteile der Diversifikation. Wären IBM und AT&T perfekt korreliert, wäre der VAR für das Portefeuille aus IBM und AT&T gleich dem VAR für das IBM Portefeuille plus dem VAR für das AT&T Portefeuille. Eine nicht perfekte Korrelation führt dazu, dass ein Teil des Risikos „wegdiversifiziert" wird.

Ein lineares Modell

Das gerade betrachtete Beispiel veranschaulicht, dass die VAR-Berechnungen unter folgenden Annahmen geradlinig sind:

1. Die Veränderung des Portefeuilles-Wertes ist linear bezogen auf die Wertveränderungen der zugrundeliegenden Marktvariablen.
2. Die Veränderungen der Werte der zugrundeliegenden Marktvariablen sind normalverteilt.

Um dieses Beispiel zu verallgemeinern, wird nun angenommen, dass es n zugrundeliegende Marktvariablen gibt und

(15.4) $$\Delta P = \sum_{i=1}^{n} \alpha_i \Delta x_i$$

wobei ΔP die Veränderung des Portefeuille-Wertes an einem Tag in Dollar ist, die Δx_i's ($1 \leq i \leq n$) sind die proportionalen Veränderungen der zugrundeliegenden Marktvariablen an dem Tag und die α_i's ($1 \leq i \leq n$) sind Konstanten.

Wir definieren σ_i als tägliche Volatilität der i-ten Marktvariablen und ρ_{ij} als Koeffizient der Korrelation zwischen den täglichen Veränderungen der Marktvariablen i und der Marktvariablen j. Das bedeutet, dass σ_i die Standardabweichung von Δx_i und ρ_{ij} der Koeffizient der Korrelation zwischen Δx_i und Δx_j ist. Aus den Eigenschaften der mehrdimensionalen Normalverteilung ergibt sich die Standardabweichung von ΔP, σ_P

$$\sigma_P^2 = \sum_{i=1}^{n} \sum_{j=1}^{n} \alpha_i \alpha_j \sigma_i \sigma_j \rho_{ij}$$

Die Gleichung kann auch umgeschrieben werden zu

(15.5) $$\sigma_P^2 = \sum_{i=1}^{n} \alpha_i^2 \sigma_i^2 + 2\sum_{i<j} \rho_{ij} \alpha_i \alpha_j \sigma_i \sigma_j$$

wobei die zweite Summierung über alle Werte von i und j erfolgt, für die i < j.

Um Gleichung 15.5 in der Anwendung zu zeigen, betrachte man das Beispiel in dem vorherigen Abschnitt. In dem Fall ist n = 2, Δx_1 und Δx_2 sind die proportionalen Kursveränderungen von IBM und AT&T an einem Tag. Misst man die Werte in Millionen Dollar, hat man

$$\Delta P = 10\Delta x_1 + 5\Delta x_2$$

so dass $\alpha_1 = 10$ und $\alpha_2 = 5$. Die anderen Parameter sind $\sigma_1 = 0{,}02$, $\sigma_2 = 0{,}01$ und $\rho_{12} = 0{,}7$. Gleichung 15.5 ergibt

$$\sigma_P^2 = 10^2 \times 0{,}02^2 + 5^2 \times 0{,}01^2 + 2 \times 10 \times 5 \times 0{,}7 \times 0{,}02 \times 0{,}01 = 0{,}0565$$

so dass $\sigma_P = 0{,}238$. Das ist die Standardabweichung der Veränderung des Portefeuille-Wertes je Tag (in Millionen Dollar). In einem zehntägigen Zeitraum beträgt die Standardabweichung der Veränderung $0{,}238\sqrt{10} = 0{,}752$, so dass der 99 Prozent/10 Tage-VAR $0{,}752 \times 2{,}33 = 1{,}751$ Millionen Dollar beträgt. Das ist das gleiche Ergebnis wie im vorherigen Abschnitt.

WIE MAN MIT ANLEIHEN UMGEHT

In dieser Phase ist es angebracht, sich eingehender damit zu befassen, wie in Gleichung 15.4 mit Anleihen umgegangen wird. Man betrachte ein Portefeuille aus US-amerikanischen T-Bonds. Es wäre lästig, jede einzelne Anleihe in dem Portefeuille als separate Marktvariable zu behandeln. Deshalb verwenden wir als Marktvariablen Nullkupon-Anleihen mit Standard-Laufzeiten von einem Monat, drei Monaten, einem Jahr, zwei Jahren, fünf Jahren, sieben Jahren und so weiter. Die Δx_i's sind definiert als proportionale Preisveränderungen dieser Nullkupon-Anleihen.

Jeder T-Bond in dem Portefeuille muss als Portefeuille aus den Nullkupon-Anleihen mit den Standard-Laufzeiten dargestellt werden. In der ersten Phase betrachtet man einen T-Bond als ein Portefeuille seiner konstituierenden Nullkupon-Anleihen. Die Position in jeder der Nullkupon-Anleihen wird dann in eine äquivalente Position in den benachbarten Nullkupon-Anleihen mit Standardlaufzeiten transformiert.[5]

Beispielhaft betrachte man eine 1 Million Dollar Position in einem T-Bond mit einer Laufzeit von 1,2 Jahren, der halbjährlich einen Kupon von 6 Prozent abwirft. Diese Anleihe wird in einem ersten Schritt als 300.000 $ Position in eine 0,2-jährige Nullkupon-Anleihe plus eine 300.000 $ Position in

---

[5] Zu einer Beschreibung, wie diese Transformation durchgeführt werden kann, siehe J. P. Morgan, *RiskMetrics* Monitor (Fourth Quarter 1995). Die Transformation ist so gestaltet, dass sowohl Wert als auch Volatilität der Position unverändert bleiben.

eine 0,7-jährige Nullkupon-Anleihe plus eine 1,3 Millionen Dollar Position in eine 1,2-jährige Nullkupon-Anleihe betrachtet. Dann wird die Position in der 0,2-jährigen Anleihe durch eine äquivalente Position in einmonatige und dreimonatige Nullkupon-Anleihen ersetzt; die Position in der 0,7-jährigen Nullkupon-Anleihe wird durch eine äquivalente Position in dreimonatige und einjährige Nullkupon-Anleihen ersetzt; und die Position in der 1,2-jährigen Nullkupon-Anleihe wird durch eine äquivalente Position in einjährige und zweijährige Nullkupon-Anleihen ersetzt. Das Ergebnis ist, dass für die VAR-Berechnung die Position in der 1,2-jährigen Kupon-Anleihe als Position in Nullkupon-Anleihen mit Laufzeiten von einem Monat, drei Monaten, einem Jahr und zwei Jahren betrachtet wird.

WANN DAS LINEARE MODELL ANGEWENDET WERDEN KANN

Das einfachste Beispiel für die Anwendung des linearen Modells ist ein Portefeuille ohne Derivative, das aus Positionen in Aktien, Anleihen, Fremdwährungen und Waren besteht. In diesem Fall ist die Wertveränderung des Portefeuilles linear abhängig von den Wertveränderungen der zugrundeliegenden Marktvariablen (Aktienkurse, Nullkupon-Anleihekurse, Devisenkurse, Warenpreise), und die Anwendung von Gleichung 15.5 ist ein Erweiterung des Beispiels in Tabelle 15.1.

Ein Beispiel für ein Derivativ, das in einem linearen Modell behandelt werden kann, ist ein Forwardkontrakt auf den Kauf einer Fremdwährung. Angenommen der Kontrakt wird im Zeitpunkt T fällig. Er kann als Tausch einer ausländischen, im Zeitpunkt T fälligen Nullkupon-Anleihe gegen eine heimische, im Zeitpunkt T fällige Nullkupon-Anleihe betrachtet werden. Somit wird der Forwardkontrakt für die Berechnung des VAR als Kaufposition in einer ausländischen Anleihe kombiniert mit einer Verkaufsposition in einer heimischen Anleihe behandelt.

Als nächstes betrachten wir einen Zinsswap. Wie in Kapitel 6 erklärt wurde, kann der Zinsswap als Tausch einer zinsvariablen Anleihe gegen eine festverzinsliche Anleihe gesehen werden. Die festverzinsliche Anleihe ist eine reguläre zinstragende Anleihe, die in der bereits beschriebenen Art wie ein Portefeuille aus Nullkupon-Anleihen behandelt werden kann. Die zinsvariable Anleihe hat kurz nach dem nächsten Zahltermin einen Wert in Höhe ihres Nennwertes. Sie kann daher als Nullkupon-Anleihe betrachtet werden, deren Kapital gleich dem Kapital ist, das dem Swap zugrunde liegt, und deren Fälligkeitstermin gleich dem nächsten Zinsanpassungstermin entspricht. Der Zinsswap wird somit auf ein Portefeuille aus Kauf- und Verkaufspositionen in Nullkupon-Anleihen reduziert.

DAS LINEARE MODELL UND OPTIONEN

Das lineare Modell ist, wenn das Portefeuille Optionen enthält, nur annähernd zutreffend. Man betrachte beispielsweise ein Portefeuille, das aus Optionen auf eine einzelne Aktie besteht. Angenommen das Delta der Position (berechnet wie in Kapitel 14 beschrieben) ist δ. Da δ die Wertveränderung des Portefeuilles gegenüber S ist, trifft näherungsweise zu, dass

$$\delta = \frac{\Delta P}{\Delta S}$$

oder

(15.6) $$\Delta P = \delta \Delta S$$

wobei ΔS die in Dollar ausgedrückte Veränderung des Aktienkurses an einem Tag ist. Wir definieren Δx als proportionale Veränderung des Aktienkurses an einem Tag:

$$\Delta x = \frac{\Delta S}{S}$$

Daraus folgt, dass es zwischen ΔP und Δx die näherungsweise Beziehung

$$\Delta P = S \delta \Delta x$$

gibt. Besteht eine Position aus mehreren zugrundeliegenden Marktvariablen, zu denen auch Optionen gehören, lässt sich auf ähnliche Weise eine annähernde lineare Beziehung zwischen ΔP und den Δx_i's ableiten. Die Beziehung lautet

$$\Delta P = \sum_i S_i \delta_i \Delta x_i$$

wobei S_i der Preis der i-ten Marktvariablen und δ_i das Delta des Portefeuilles hinsichtlich der Marktvariablen i ist. Das korrespondiert mit Gleichung 15.4

$$\Delta P = \sum_{i=1}^{n} \alpha_i x_i$$

wobei $\alpha_i = S_i \delta_i$. Somit kann Gleichung 15.5 zur Berechnung der Standardabweichung von ΔP verwendet werden.

Beispiel

Man betrachte eine Investition in Optionen auf IBM und AT&T. Die Optionen auf IBM haben ein Delta von 1.000, die Optionen von AT&T haben ein Delta von 20.000. Die Kurs der IBM Aktie liegt bei 120 $, der Kurs der AT&T Aktie liegt bei 30 $. Als eine Annäherung kann man formulieren

$$\Delta P = 120 \times 1.000 \Delta x_1 + 30 \times 20.000 \Delta x_2$$

oder

$$\Delta P = 120.000 \Delta x_1 + 600.000 \Delta x_2$$

wobei Δx_1 und Δx_2 die proportionalen Veränderungen der Kurse von IBM und AT&T an einem Tag sind und ΔP die sich daraus ergebende Veränderung des Portefeuille-Wertes ist. Angenommen die tägliche Volatilität von IBM ist 2 Prozent und die von AT&T ist 1 Prozent. Dann ist die Standardabweichung von ΔP (in Tausend Dollar)

$$\sqrt{(120 \times 0{,}02)^2 + (600 \times 0{,}01)^2 + 2 \times 120 \times 0{,}02 \times 600 \times 0{,}01 \times 0{,}7} = 7{.}869$$

Der VAR bei 95 Prozent/5 Tage ist somit

$$1{,}65 \times \sqrt{5} \times 7{.}869 = 29{.}033 \,\$$$

Ein quadratisches Modell

Wenn in einem Portefeuille Optionen enthalten sind, ist das im vorherigen Abschnitt diskutierte Modell bestenfalls eine Annäherung. Es lässt das Gamma unberücksichtigt. Wie in Kapitel 14 diskutiert wurde, ist Delta definiert als die Rate, mit der sich ein Portefeuille-Wert gegenüber einer zugrundeliegenden Marktvariablen verändert, und Gamma ist als die Rate definiert, mit der sich das Delta gegenüber der Marktvariablen verändert. Gamma misst die Krümmung der Beziehung zwischen dem Portefeuille-Wert und einer zugrundeliegenden Marktvariablen.

Abbildung 15.1 zeigt die Wirkung eines Gamma ungleich null auf die Wahrscheinlichkeitsverteilung von ΔP. Wenn Gamma positiv ist, ist die Wahrscheinlichkeitsverteilung von ΔP tendenziell positiv schief; bei einem negativen Gamma ist sie tendenziell negativ schief. Die Abbildungen 15.2 und 15.3 veranschaulichen den Grund für dieses Ergebnis. Abbildung 15.2 zeigt die Beziehung zwischen dem Wert einer gekauften Kaufoption (Long Call) und dem Preis des zugrundeliegenden Vermögenswertes. Eine gekaufte Kaufoption ist ein Beispiel für eine Optionsposition mit positivem Gamma. Die Abbildung zeigt, dass, wenn die Wahrscheinlichkeitsverteilung des Preises des zugrundeliegenden Vermögenswertes normal ist, die Wahrscheinlichkeitsverteilung für den Optionspreis positiv schief ist. Abbildung 15.3 zeigt die Beziehung zwischen dem Wert einer verkauften Kaufoption (Short Call) und dem Preis des zugrundeliegenden Vermögenswertes. Eine Position in einer verkauften Kaufoption hat ein negatives Gamma. In diesem Fall kann man sehen, dass eine Normalverteilung des Preises des zugrundeliegenden Vermögenswertes transformiert wird in eine negative Schiefverteilung des Wertes der Optionsposition.

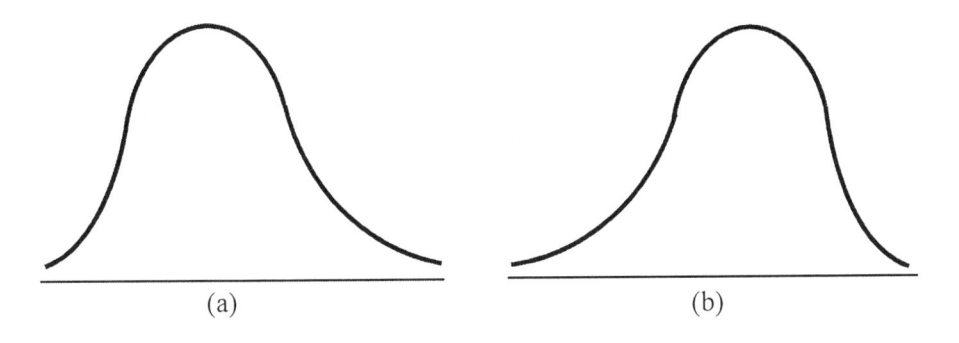

Abbildung 15.1: Wahrscheinlichkeitsverteilung eines Portefeuille-Wertes mit (a) positivem Gamma und mit (b) negativem Gamma

Der VAR eines Portefeuilles hängt zentral vom linken Endabschnitt der Wahrscheinlichkeitsverteilung von ΔP ab. Wird beispielsweise ein Konfidenzniveau von 99 Prozent verwendet, ist der VAR der Wert des linken Endabschnitts, unter dem nur 1 Prozent der Verteilung liegt. Wie in den Abbildungen 15.1a und 15.2 angedeutet, tendiert ein Portefeuille mit einem positiven Gamma zu einem dünnen linken Kurvenendabschnitt und einem fetten rechten Kurvenendabschnitt. Nimmt man an, dass die Verteilung normal ist, wird tendenziell ein zu hoher VAR errechnet. Wie die Abbildungen 15.1b und 15.3 andeuten, tendiert ein Portefeuille mit einem negativen Gamma zu einem fetten linken Kurvenendabschnitt und einem dünnen rechten Endabschnitt. Nimmt man an, dass die Verteilung normal ist, wird tendenziell ein zu niedriger VAR errechnet.

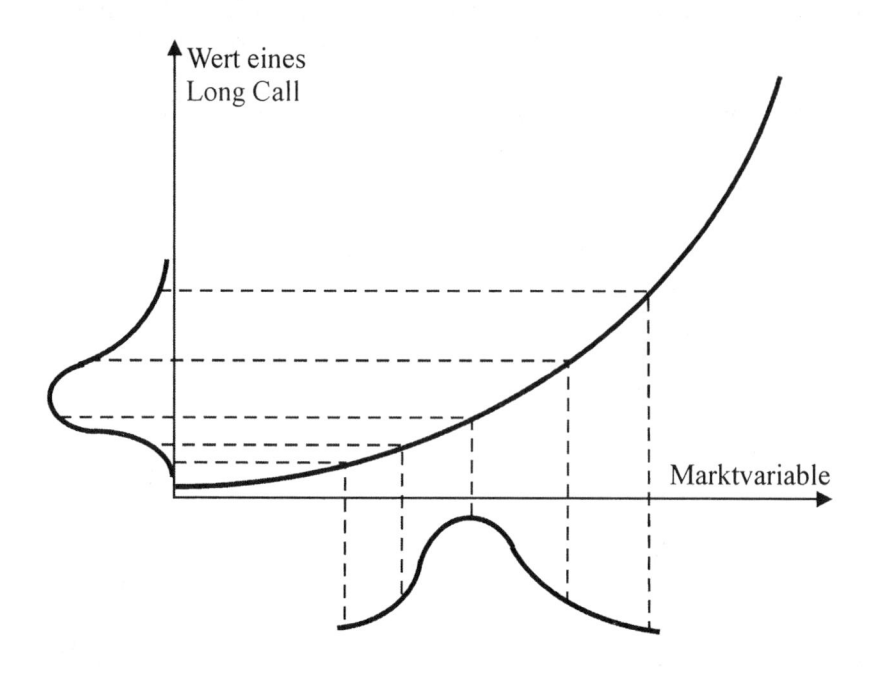

Abbildung 15.2: Übersetzung der normalen Wahrscheinlichkeitsverteilung einer Marktvariablen in eine Wahrscheinlichkeitsverteilung für den Wert eines Long Call

Um den VAR genauer als mit dem linearen Modell zu schätzen, wird mit den beiden Maßen Delta und Gamma eine Beziehung zwischen ΔP und den Δx_i's hergestellt. Man betrachte ein Portefeuille, das von einem einzigen Vermögenswert mit dem Preis S abhängt. Angenommen das Delta eines Portefeuilles ist δ und das Gamma ist γ. Gegenüber der Annäherung in Gleichung 15.6 ergibt sich mit

$$\Delta P = \delta \Delta S + \frac{1}{2}\gamma \Delta S^2$$

eine Verbesserung.[6] Setzt man

$$\Delta x = \frac{\Delta S}{S}$$

wird die Gleichung reduziert auf

$$\Delta P = S\delta \Delta x + \frac{1}{2}S^2\gamma \Delta x^2$$

Bei einem Portefeuille mit n zugrundeliegenden Marktvariablen wird die Gleichung zu

$$\Delta P = \sum_{i=1}^{n} S_i \delta_i \Delta x_i + \sum_{i=1}^{n} \frac{1}{2} S_i^2 \gamma_i \Delta x_i^2$$

wobei S_i der Wert der Marktvariablen i ist und δ_i und γ_i Delta und Gamma hinsichtlich der Marktvariablen i sind. Umformuliert wird die Gleichung zu

(15.7) $$\Delta P = \sum_{i=1}^{n} \alpha_i \Delta x_i + \sum_{i=1}^{n} \beta_i \Delta x_i^2$$

wobei $\alpha_i = S_i \delta_i$ und $\beta_i = S_i^2 \gamma_i / 2$.[7] Leider kann man mit dieser Gleichung nicht so leicht arbeiten wie mit Gleichung 15.4. Wie später in diesem Kapitel noch gezeigt wird, kann man sie in Verbindung mit einem Simulations-Ansatz verwenden.

---

[6] Diese Annäherung erwächst aus einer Taylor Reihenerweiterung von ΔP. Wie üblich bei VAR-Berechnungen wird die durch den Zeitablauf bewirkte erwartete Veränderung von ΔP vernachlässigt.

[7] In Gleichung 15.7 wird die vereinfachende Annahme getroffen, dass jede Option in dem Portefeuille nur von einer einzigen Marktvariablen abhängt. Wenn diese Annahme nicht getroffen wird, bekommt die Gleichung die allgemeinere Form

$$\Delta P = \sum_{i=1}^{n} \alpha_i \Delta x_i + \sum_{i=1}^{n} \beta_{ij} \Delta x_i \Delta x_j$$

508 TEIL II Optionsmärkte

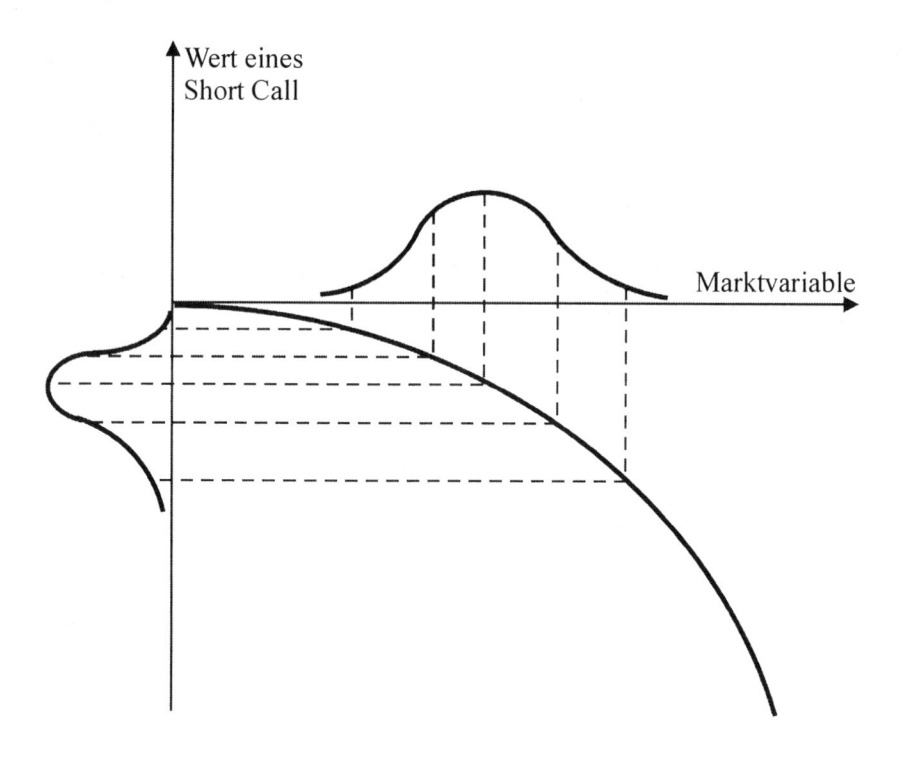

Abbildung 15.3: Übersetzung der normalen Wahrscheinlichkeitsverteilung einer Marktvariablen in die Wahrscheinlichkeitsverteilung für den Wert eines Short Call

Gleichung 15.7 kann verwendet werden, um Momente von ΔP zu berechnen. Die beiden ersten Momente sind

$$E(\Delta P) = \sum_{i=1}^{n} \beta_i \sigma_i^2$$

$$E(\Delta P^2) = \sum_{i=1}^{n} \sum_{j=1}^{n} \left[\alpha_i \alpha_j \sigma_i \sigma_j \rho_{ij} + \beta_i \beta_j \sigma_i^2 \sigma_j^2 (1 + 2\rho^2) \right]$$

wobei E den Erwartungsoperator bezeichnet. Diese können für eine Normalverteilung passend gemacht werden, aber wie bereits betont wurde, ist die Annahme, dass ΔP normal ist, nicht ideal. Alternativ können höhere Momente von ΔP berechnet werden. Diese höheren Momente können dann in

Verbindung mit der Cornish-Fisher-Erweiterung verwendet werden, um die Fraktile (Bruchteile) der Wahrscheinlichkeitsverteilung von ΔP zu schätzen, die mit dem erforderlichen VAR korrespondieren.[8] In Appendix 15A steht die Formel für das dritte Moment der Wahrscheinlichkeitsverteilung, und es wird gezeigt, wie man damit einen verbesserten VAR berechnet.

Monte Carlo Simulation

Eine Alternative zu den bis hierin beschriebenen Ansätzen ist die Monte Carlo Simulation, mit der eine Wahrscheinlichkeitsverteilung für ΔP generiert werden kann. Angenommen man möchte den eintägigen VAR für ein Portefeuille berechnen. Man verfährt wie folgt:

1. Das heutige Portefeuille wird in der üblichen Weise unter Verwendung der aktuellen Werte der Marktvariablen errechnet.

2. Aus der mehrdimensionalen normalen Wahrscheinlichkeitsverteilung der Δx_i's wird einmal eine Probe gezogen.[9]

3. Die Werte der Δx_i's, die in der Stichprobe gezogen wurden, werden verwendet, um den Wert einer jeden Marktvariablen am Ende eines Tages zu berechnen.

4. Am Ende des Tages wird das Portefeuille in der üblichen Weise neu bewertet.

5. Der in Stufe 1 berechnete Wert wird von dem Wert in Stufe 4 subtrahiert, um eine Stichprobe ΔP zu bestimmen.

6. Um eine Wahrscheinlichkeitsverteilung für ΔP zu erhalten, werden die Stufen 2 bis 5 mehrmals wiederholt.

Der VAR wird als angemessenes Fraktil der Wahrscheinlichkeitsverteilung von ΔP berechnet. Angenommen es werden 5.000 verschiedene Stichprobenwerte von ΔP in der soeben beschriebenen Weise berechnet. Der 99 Pro-

---

[8] Die Cornish-Fisher-Erweiterung liefert eine Beziehung zwischen den Momenten einer Verteilung und ihren Fraktilen. Zu einer Beschreibung siehe N. L. Johnson und S. Kotz, *Distributions in Statistics: Continuous Univariate Distributions 1*. New York: John Wiley and Sons, 1972.

[9] Eine Möglichkeit, wie das gemacht wird, wird beschrieben in J. C. Hull, *Options, Futures, and Other Derivatives*. 3. Aufl. Englewood Cliffs, NJ: Prentice Hall, 1997.

zent/1 Tag-VAR ist der ΔP-Wert für das 50st schlechteste Ergebnis; der 95 Prozent/1 Tag-VAR ist der ΔP-Wert für das 250st schlechteste Ergebnis; und so weiter. Der VAR für N Tage wird berechnet, indem der 1-Tag-VAR mit $\sqrt{N}$ multipliziert wird.

Der Nachteil der Monte Carlo Simulation ist ihre große Langsamkeit, weil das Gesamtportefeuille eines Unternehmens (das aus Hunderten oder Tausenden verschiedenen Instrumenten bestehen kann) sehr oft neu bewertet werden muss. Man kann das Verfahren beschleunigen, wenn man annimmt, dass Gleichung 15.7 die Beziehung zwischen ΔP und den Δx_i's beschreibt. Dann kann man in der Monte Carlo Simulation geradewegs von Stufe 2 zu Stufe 5 springen und die erforderliche komplette Neubewertung des Portefeuilles vermeiden.

Verwendung historischer Daten

Einige Unternehmen wollen nicht von der Annahme ausgehen, dass die Wahrscheinlichkeitsverteilungen der Marktvariablen normal sind. Stattdessen berechnen sie den VAR mit einer Simulation, die auf den historischen Schwankungen der Marktvariablen beruht. Im ersten Schritt wird eine Datenbank eingerichtet, die aus den Tagesschwankungen aller Marktvariablen der letzten Jahren besteht. Beim ersten Simulationsversuch wird angenommen, dass die prozentualen Veränderungen jeder Marktvariablen identisch sind mit den Schwankungen am von der Datenbank erfassten ersten Tag; beim zweiten Simulationsversuch wird angenommen, dass die prozentualen Veränderungen mit denen des zweiten von der Datenbank erfassten Tages identisch sind; und so weiter. Für jeden Simulationsversuch wird die Veränderung des Portefeuille-Wertes, ΔP, berechnet, und der VAR wird berechnet als angemessenes Fraktil der Wahrscheinlichkeitsverteilung von ΔP. Man bekommt die Veränderung des Portefeuille-Wertes entweder durch eine Neubewertung des Portefeuilles oder durch Verwendung von Gleichung 15.7.

Der Vorteil dieser Herangehensweise, bei der historische Daten herangezogen werden, ist, dass sie genau die historische Wahrscheinlichkeitsverteilung der Marktvariablen spiegelt. Ihr Nachteil ist, dass die Zahl der Simulationsversuche auf die Zahl der Tage begrenzt ist, für die Daten erhältlich sind. Zudem sind Sensitivitätsanalysen schwer durchzuführen, und es ist nicht einfach, Variablen, für die es keine Marktdaten gibt, in der Analyse zu berücksichtigen.

Bei vielen Marktvariablen, vor allem bei Wechselkursen, weist die aus historischen Daten errechnete Wahrscheinlichkeitsverteilung der Tagesveränderungen „fette Kurvenendabschnitte" auf, so dass extreme Ergebnisse wahrscheinlicher sind als eine Normalverteilung prognostiziert hätte. Dieses Phänomen ist als *positive Wölbung* bekannt. Einige Autoren schlagen vor, die positive Wölbung einer Marktvariablen unter der Annahme zu modellieren, dass die Wahrscheinlichkeitsverteilung der Tagesveränderungen der Variablen eine Mischung aus zwei Normalverteilungen ist.[10] Mit diesem Ansatz lassen sich die Nachteile überwinden, die durch die Verwendung historischer Daten entstehen, und gleichzeitig liefert sie eine gute Repräsentation des tatsächlichen Verhaltens vieler Marktvariablen.

Stress Test

Zusätzlich zur Berechnung des VAR führen viele Unternehmen auch einen Stress Test an ihrem Portefeuille durch. Dabei wird eingeschätzt, wie sich das Portefeuille bei einigen der extremsten Marktschwankungen der letzten 10 bis 20 Jahren verhalten hätte.

Um beispielsweise die Wirkung einer extremen Schwankung der US-Aktienkurse zu testen, könnte ein Unternehmen die proportionale Veränderung aller Marktvariablen gleichsetzen mit denen am 19. Oktober 1987 (als der S&P 500 um 22,3 Standardabweichungen schwankte). Wenn man das für zu extrem hält, könnte das Unternehmen den 8. Januar 1988 wählen (als der S&P 500 um 6,8 Standardabweichungen schwankte). Um die Wirkung extremer Zinsschwankungen im Vereinigten Königreich zu testen, könnte das Unternehmen die proportionale Veränderung aller Marktvariablen gleichsetzen mit denen am 10. April 1992 (als die Renditen einer zehnjährigen Anleihe um 7,7 Standardabweichungen schwankten).

Stress Tests können als eine Möglichkeit betrachtet werden, extreme Ereignisse, die von Zeit zu Zeit vorkommen, zu berücksichtigen, aber gemäß der für die Marktvariablen angenommen Wahrscheinlichkeitsverteilungen praktisch unmöglich sind. Hat eine Marktvariable an einem Tag eine Standardabweichung von fünf, ist das ein solches Extrem. Unter der Annahme einer Normalverteilung passiert das einmal in 7.000 Jahren. In der Praxis aber

---

[10] Siehe zum Beispiel J. C. Hull und A. White, „Taking Account of the Kurtosis in Market Variables When Calculating Value at Risk", Working paper, University of Toronto, 1997.

kommt eine Tagesschwankung mit einer Standardabweichung von fünf durchaus ein- oder zweimal in zehn Jahren vor.

Zusammenfassung

Eine Berechnung des Value at Risk (VAR) zielt darauf ab, eine Behauptung in folgender Form machen zu können: „Wir sind X Prozent sicher, dass wir in den nächsten N Tagen nicht mehr als V Dollar verlieren." Die Variable V ist der VAR, X ist das Konfidenzniveau und N der Zeithorizont.

Die Berechnung des VAR kann durch zwei Annahmen stark vereinfacht werden:

1. Die Veränderung des Portefeuille-Wertes (ΔP) ist linear abhängig von den proportionalen Veränderungen der Marktvariablen (der Δx_i's).

2. Die Δx_i's sind normalverteilt.

Die Wahrscheinlichkeitsverteilung von ΔP ist dann normal, und es gibt analytische Formeln, mit denen die Standardabweichung von ΔP zu den Volatilitäten und Korrelationen der zugrundeliegenden Marktvariablen in Beziehung gesetzt wird. Der VAR lässt sich anhand der bekannten Eigenschaften der Normalverteilung berechnen.

Sind in einem Portefeuille Optionen, dann ist die Beziehung zwischen ΔP und den Δx_i's nicht mehr linear. Kennt man das Gamma des Portefeuilles, kann man eine annähernde quadratische Beziehung zwischen ΔP und den Δx_i's ableiten. Dadurch können Momente der Wahrscheinlichkeitsverteilung von ΔP berechnet werden, und mit der Cornish-Fisher-Erweiterung lässt sich der VAR errechnen.

Eine andere Herangehensweise an die VAR-Berechnung eines Portefeuilles, in dem Optionen sind, ist die Monte Carlo Simulation. Dabei werden wiederholt Stichproben aus der Normalverteilung der Δx_i's gezogen, um die Wahrscheinlichkeitsverteilung von ΔP zu berechnen. Man bekommt den Wert von ΔP, der mit einem bestimmten Bündel Δx_i's korrespondiert, indem man entweder das Portefeuille neubewertet oder die näherungsweise quadratische Beziehung verwendet.

Alternativ zu der Annahme, dass die Δx_i's normal sind, kann man den VAR schätzen, indem man anhand historischer Daten eine Simulation durchführt.

Bei dieser Herangehensweise muss eine Datenbank eingerichtet werden, die über einen Zeitraum die Tagesschwankungen aller Marktvariablen beinhaltet. Beim ersten Simulationsversuch wird angenommen, dass die prozentualen Veränderungen einer jeden Marktvariablen denen des ersten von der Datenbank erfassten Tages entsprechen; beim zweiten Simulationsversuch wird angenommen, dass die prozentualen Veränderungen einer jeden Marktvariablen denen des zweiten erfassten Tages entsprechen; und so weiter. Bei jedem Simulationsversuch wird die Veränderung des Portefeuille-Wertes, ΔP, berechnet, und der VAR wird als angemessenes Fraktil der Wahrscheinlichkeitsverteilung von ΔP berechnet.

Weitere Literatur

Duffie, D. und J. Pan. „An Overview of Value at Risk", *Journal of Derivatives* 4, 3 (Spring 1997): 7-49.

Hendricks, D. „Evaluation of Value-at-Risk Models Using Historical Data", *Economic Policy Review*, Federal Reserve Bank of New York, vol. 2 (April 1996): 36-69.

Hooper, G. „Value at Risk: A New Methodology for Measuring Portfolio Risk", *Business Review*, Federal Reserve Bank of Philadelphia (July-August 1996): 19-29.

Hull, J. C. and A. White. „Taking Account of the Kurtosis in Market Variables When Calculating Value at Risk", Working paper, University of Toronto, 1997.

Jackson, P., D. J. Maude und W. Perraudin. „Bank Capital and Value at Risk", *Journal of Derivatives* 4, 3 (Spring 1997): 73-90.

Jamshidian, F. und Y. Zhu. „Scenario Simulation Model: Theory and Methodology", *Finance and Stochastics* 1 (1997): 43-67.

Jorion, P. *Value at Risk: The New Benchmark for Controlling Market Risk.* Chicago: Irwin, 1997.

J. P. Morgan. *RiskMetrics Technical Manual.* New York: J. P. Morgan Bank, 1995.

Risk Publications. „Value at Risk", *RISK* supplement (June 1996).

Testfragen

1. Erklären Sie das Modell des exponentiell gewichteten gleitenden Mittelwertes (EWMA) für die Schätzung der Volatilität anhand historischer Daten.

2. Die tägliche Volatilität eines Vermögenswertes wird aktuell auf 1,5 Prozent geschätzt, der Preis des Vermögenswertes betrug gestern 30,00 $ bei Handelsschluss. Der Parameter λ im EWMA-Modell ist 0,94. Angenommen der Preis des Vermögenswertes beträgt heute 30,50 $ bei Handelsschluss. Wie wird die Volatilität im EWMA-Modell aktualisiert?

3. Betrachten Sie eine Position, die aus einer Investition von 300.000 $ in Vermögenswert A und einer Investition von 500.000 $ in Vermögenswert B besteht. Angenommen die täglichen Volatilitäten der Vermögenswerte betragen 1,8 Prozent beziehungsweise 1,2 Prozent und der Koeffizient der Korrelation zwischen den Renditen ist 0,3. Welchen Value at Risk hat das Portefeuille bei 95 Prozent/5 Tage?

4. Ein Unternehmen verwendet ein EWMA-Modell zur Vorhersage der Volatilität. Es beschließt, den Parameter λ von 0,95 auf 0,85 zu verändern. Erklären Sie, welche Auswirkungen dies wahrscheinlich auf die Vorhersagen haben dürfte.

5. Eine Finanzinstitution hat ein Portefeuille aus Optionen auf den Wechselkurs von US-Dollar und Pfund Sterling. Das Delta des Portefeuilles ist 56,0. Der aktuelle Wechselkurs liegt bei 1,5000. Leiten Sie eine näherungsweise lineare Beziehung zwischen der Veränderung des Portefeuille-Wertes und der proportionalen Veränderung des Wechselkurses ab. Schätzen Sie den 99 Prozent/10 Tage-VAR, wenn die tägliche Volatilität des Wechselkurses 0,7 Prozent beträgt.

6. Angenommen Sie wissen, dass das Gamma des Portefeuilles in der vorherigen Testfrage 16,0 ist. Wie verändert das Ihre Schätzung der Beziehung zwischen der Änderung des Portefeuille-Wertes und der proportionalen Veränderung des Wechselkurses?

7. Angenommen ein Unternehmen hat ein Portefeuille aus Positionen in Aktien, Anleihen, Fremdwährungen und Waren. Angenommen es sind keine Derivative dabei. Erläutern Sie die Annahmen, die dem (a) linearen Modell und (b) dem historischen Daten-Modell für die Berechnung des VAR zugrunde liegen.

KAPITEL 15 Value at Risk 515

Fragen und Probleme

1. Die Volatilität einer bestimmten Marktvariablen ist 30 Prozent per Annum. Berechnen Sie einen 99 Prozent Konfidenzbereich für die Größe der proportionalen täglichen Veränderung der Variablen.

2. Erläutern Sie, wie zum Zweck der VAR-Berechnung ein Zinsswap in ein Portefeuille aus Nullkupon-Anleihen mit Standard-Laufzeiten transformiert wird.

3. Erläutern Sie, warum das lineare Modell nur näherungsweise VAR-Schätzungen für ein Portefeuille, das Optionen enthält, liefern kann.

4. Der aktuelle Schätzwert für die tägliche Volatilität des Wechselkurses von US-Dollar und Pfund Sterling liegt bei 0,6 Prozent, der Wechselkurs lag gestern um 16.00 Uhr bei 1,5000. Der Parameter λ in dem EWMA-Modell ist 0,9. Angenommen heute um 16.00 Uhr liegt der Wechselkurs bei 1,4950. Wie würde man den Schätzwert der täglichen Volatilität aktualisieren?

5. Angenommen die aktuellen täglichen Volatilitäten von Vermögenswert A und Vermögenswert B sind 1,6 Prozent beziehungsweise 2,5 Prozent. Der aktuelle Schätzwert des Koeffizienten der Korrelation zwischen den Renditen der beiden Vermögenswerte ist 0,25. Die Preise der beiden Vermögenswerte betrugen gestern bei Handelsschluss 20 $ und 40 $. Der Parameter λ, der in dem EWMA-Modell verwendet wird, ist 0,95.

    a. Berechnen Sie den aktuellen Schätzwert der Kovarianz zwischen den Vermögenswerten.

    b. Angenommen die Kurse der Vermögenswerte betragen heute bei Handelsschluss 20,50 $ und 40,50 $. Aktualisieren Sie den Schätzwert der Korrelation.

6. Angenommen die tägliche Volatilität des FT-SE 100 Aktienindex (gemessen in Pfund Sterling) beträgt 1,8 Prozent und die tägliche Volatilität des Wechselkurses von Dollar und Pfund Sterling liegt bei 0,9 Prozent. Angenommen sei außerdem, dass die Korrelation zwischen dem FT-SE 100 und dem Wechselkurs von Dollar und Pfund Sterling 0,4 ist. Welche Volatilität hat der FT-SE 100 bei einer Übersetzung in US-Dollar? Nehmen Sie an, dass der Dollar-Sterling-Wechselkurs als Dollarbetrag je Pfund Sterling ausgedrückt

wird. (Hinweis: Wenn Z = XY, ist die proportionale tägliche Veränderung von Z gleich der proportionalen täglichen Veränderung von X plus der proportionalen täglichen Veränderung von Y.)

7. Angenommen in Problem 6 ist die Korrelation zwischen dem S&P 500 Index (gemessen in Dollar) und dem FT-SE 100 Index (gemessen in Sterling) 0,7, die Korrelation zwischen dem S&P 500 Index (gemessen in Dollar) und dem Dollar-Sterling-Wechselkurs ist 0,3, die tägliche Volatilität des S&P 500 Index ist 1,6 Prozent. Wie ist die Korrelation zwischen dem S&P 500 Index (gemessen in Dollar) und dem FT-SE 100 Index bei einer Übersetzung in Dollar? (Hinweis: Bei drei Variablen X, Y und Z ist die Kovarianz zwischen X + Y und Z gleich der Kovarianz zwischen X und Z plus der Kovarianz zwischen Y und Z.

8. Betrachten Sie eine Position, die aus einer Investition von 300.000 $ in Gold und einer Investition von 500.000 $ in Silber besteht. Nehmen Sie an, dass die täglichen Volatilitäten dieser beiden Vermögenswerte 1,8 Prozent beziehungsweise 1,2 Prozent betragen und dass der Koeffizient der Korrelation zwischen ihren Renditen 0,6 ist. Welchen 97,5 Prozent/10 Tage VAR hat das Portefeuille? Wie stark verringert sich der VAR durch die Diversifikation?

9. Betrachten Sie ein Portefeuille aus Optionen auf einen einzigen Vermögenswert. Nehmen Sie an, dass das Delta des Portefeuilles 12 ist und dass der Vermögenswert einen Wert von 10 $ und eine tägliche Volatilität von 2 Prozent hat. Schätzen Sie den 95 Prozent/1 Tag VAR für das Portefeuille.

10. Nehmen Sie an, dass das Gamma eines Portefeuilles in Problem 9 den Wert −2,6 hat. Leiten Sie eine quadratische Beziehung zwischen der Veränderung des Portefeuille-Wertes und der proportionalen Veränderung des Preises des zugrundeliegenden Vermögenswertes an einem Tag ab.

   a. Berechnen Sie die ersten drei Momente der Veränderung des Portefeuille-Wertes.

   b. Berechnen Sie den 95 Prozent/1 Tag VAR des Portefeuilles anhand der beiden ersten Momente und aufgrund der Annahme, dass die Veränderung des Portefeuilles normalverteilt ist.

c. Verwenden Sie das dritte Moment und die Cornish-Fisher-Erweiterung, um Ihre Antwort für (b) zu überarbeiten.

11. Ein Unternehmen hat einen sechsmonatigen Forwardkontrakt über den Kauf von 1 Million Pfund Sterling für 1,5 Millionen Dollar. Die tägliche Volatilität einer sechsmonatigen Nullkupon-Sterling-LIBOR-Anleihe (wenn der Preis in Dollar übersetzt wird) ist 0,06 Prozent, die tägliche Volatilität einer sechsmonatigen Nullkupon-Dollar-LIBOR-Anleihe ist 0,05 Prozent. Die Korrelation zwischen den Renditen der beiden Anleihen ist 0,8. Der aktuelle Wechselkurs ist 1,53. Berechnen Sie die Standardabweichung der Veränderung des Dollar-Wertes für den Forwardkontrakt für einen Tag. Wie hoch ist der 99 Prozent/10 Tage VAR? Nehmen Sie an, dass der sechsmonatige Zins für das Pfund Sterling und den Dollar bei kontinuierlicher Verzinsung je 5 Prozent per Annum beträgt.

APPENDIX 15A

VAR-Schätzung mit der Cornish-Fisher-Erweiterung

Wie in Gleichung 15.7 gezeigt wurde, ist

(15A.1) $$\Delta P = \sum_{i=1}^{n} \alpha_i \Delta x_i + \sum_{i=1}^{n} \beta_i \Delta x_i^2$$

eine Annäherung an ΔP für ein Portefeuille mit Optionen. Es lässt sich zeigen, dass dies folgende Implikationen hat:

$$E(\Delta P) = \sum_i \beta_i \sigma_i^2$$

$$E(\Delta P^2) = \sum_{i,j} \left[\alpha_i \alpha_j \sigma_i \sigma_j \rho_{ij} + \beta_i \beta_j \sigma_i^2 \sigma_j^2 (1 + 2\rho^2) \right]$$

$$E(\Delta P^3) = 3 \sum_{i,j,k} \alpha_i \alpha_j \beta_k \sigma_k^2 \sigma_i \sigma_j (\rho_{ij} + 2\rho_{ki}\rho_{kj})$$

$$+ \sum_{i,j,k} \beta_i \beta_j \beta_k \sigma_i^2 \sigma_j^2 \sigma_k^2 (1 + 2\rho_{jk}^2 + 2\rho_{ik}^2 + 2\rho_{ij}^2 + 8\rho_{ij}\rho_{jk}\rho_{ki})$$

Definiere μ_P und σ_P als den arithmetischen Mittelwert und die Standardabweichung von ΔP. Die Schiefe der Wahrscheinlichkeitsverteilung von ΔP, ξ_P, ist definiert als

$$\xi_P = \frac{1}{\sigma_P^3} E\left[(\Delta P - \mu_P)^3\right] = \frac{1}{\sigma_P^3} \left[E(\Delta P^3) - 3E(\Delta P^2)\mu_P + 2\mu_P^3 \right]$$

Auf der Grundlage des dritten Moments von ΔP schätzt die Cornish-Fisher-Erweiterung das prozentuale q der Verteilung von ΔP als[11]

$$\mu_P + w_q \sigma_P$$

wobei

---

[11] Für eine größere Genauigkeit kann man höhere Momente verwenden.

APPENDIX 15A VAR-Schätzung mit der Cornish-Fisher-Erweiterung   519

$$w_q = z_q + \frac{1}{6}(z_q^2 - 1)\xi_P$$

und z_q das prozentuale q der Standardnormalverteilung $\phi(0, 1)$ ist.

Beispiel

Für ein bestimmtes Portefeuille werden die Werte $\mu_P = -0{,}2$, $\sigma_P = 2{,}2$ und $\xi_P = -0{,}4$ berechnet. Unter der Annahme, dass die Wahrscheinlichkeitsverteilung von ΔP normal ist, ist das 1-prozentige Fraktil der Wahrscheinlichkeitsverteilung von ΔP

$$-0{,}2 - 2{,}33 \times 2{,}2 = -5{,}326$$

In anderen Worten, mit 99-prozentiger Sicherheit kann davon ausgegangen werden, dass

$$\Delta P > -5{,}326.$$

Nimmt man die Cornish-Fisher-Erweiterung zur Schiefekorrektur und setzt man $q = 0{,}01$ erhält man

$$w_q = -2{,}33 - \frac{1}{6}(2{,}33^2 - 1) \times 0{,}4 = -2{,}625$$

so dass das 1-prozentige Fraktil der Verteilung

$$-0{,}2 - 2{,}625 \times 2{,}2 = -5{,}976$$

ist. Die Berücksichtigung der Schiefe verändert somit den VAR-Wert von 5,326 auf 5,976.

Kapitel 16 Numerische Bewertung von Optionen mit Binomial-Bäumen

Wie in den Kapiteln 11, 12 und 13 gezeigt wurde, können das Black-Scholes-Modell und seine Erweiterungen zur Bewertung europäischer Kauf- und Verkaufsoptionen auf Aktien, Aktienindizes, Währungen und Futureskontrakten verwendet werden. In diesem Kapitel wird ein beliebtes numerisches Verfahren gezeigt, mit dem entweder europäische oder amerikanische Optionen bewertet werden können. Das Verfahren ist eine Erweiterung der Analyse in Kapitel 10. Zusätzlich zur Bewertung von Optionen kann es angewendet werden, um Delta, Gamma, Theta, Vega und Rho zu messen, die in Kapitel 14 eingeführt wurden.

Das Binomial-Modell und dividendenlose Aktien

In Kapitel 10 wurden ein- und zweistufige Binomial-Bäume für dividendenlose Aktien eingeführt, und es wurde gezeigt, wie sie zur Bewertung europäischer und amerikanischer Optionen verwendet werden. Diese Binomial-Bäume wurden lediglich zur Veranschaulichung dargestellt und sind keine enge Annäherung an das tatsächliche Kursverhalten der Aktien. Realistischer ist die Annahme, dass die Kursbewegungen sich aus vielen kleinen Binomialbewegungen zusammensetzen. Diese Annahme liegt dem weit verbreiteten numerischen Verfahren zugrunde, das erstmals von Cox, Ross und Rubinstein[1] vorgeschlagen wurde.

Man betrachte die Bewertung einer Option auf eine dividendenlose Aktie. Man beginnt, indem man die Laufzeit der Option in viele kleine Zeitintervalle mit der Länge Δt teilt. Es wird angenommen, dass der Aktienkurs sich in jedem Zeitintervall vom Anfangswert S zu einem von zwei neuen Werten bewegt, Su oder Sd. Dieses Modell ist in Abbildung 16.1 dargestellt. Im allgemeinen ist u > 1 und d < 1. Die Bewegung von S nach Su ist somit eine Aufwärtsbewegung, die Bewegung von S nach Sd ist eine Abwärtsbewegung. Es wird angenommen, dass die Wahrscheinlichkeit einer Aufwärtsbewegung p und dass die Wahrscheinlichkeit einer Abwärtsbewegung 1 − p ist.

---

[1] Siehe J. Cox, S. Ross und M. Rubinstein. „Option Pricing: A Simplified Approach", *Journal of Financial Economics* 7 (October 1979): 229-264.

KAPITEL 16 Numerische Bewertung von Optionen mit Binomial-Bäumen

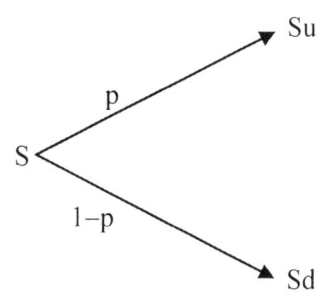

```
         p    Su
        ↗
    S
        ↘
        1-p
              Sd
```

Abbildung 16.1: Aktienkursbewegung im Zeitraum Δt im Binomial-Modell

RISIKONEUTRALE BEWERTUNG

Das Prinzip der risikoneutralen Bewertung, das in den Kapiteln 10 und 11 diskutiert wurde, besagt, dass jedes von einem Aktienkurs abhängige Wertpapier unter der Annahme bewertet werden kann, dass die Welt risikoneutral ist. Das bedeutet, dass für die Bewertung einer Option (oder eines anderen Derivativs) folgende Annahmen getroffen werden können:

1. Die erwartete Rendite aller gehandelten Wertpapiere ist der risikofreie Zins.
2. Künftige Cashflows können bewertet werden, indem ihre erwarteten Werte mit dem risikofreien Zins abgezinst werden.

Bei der Verwendung des Binomial-Modells wird in vorliegendem Buch von dem Prinzip der risikoneutralen Bewertung ausgegangen.

BESTIMMUNG VON p, u UND d

Die Parameter p, u und d müssen die richtigen Werte für den arithmetischen Mittelwert und die Varianz des Aktienkurses im Zeitintervall Δt geben. Da in einer risikoneutralen Welt gearbeitet wird, hat eine Aktie eine erwartete Rendite in Höhe des risikofreien Zinses r. Daher liegt der erwartete Wert des Aktienkurses am Ende von Zeitintervall Δt bei $Se^{r\Delta t}$, wobei S der Aktienkurs zu Beginn des Zeitintervalls ist. Daraus folgt, dass

(16.1) $$Se^{r\Delta t} = pSu + (1-p)Sd$$

oder

(16.2) $$e^{r\Delta t} = pu + (1-p)d$$

Bekanntlich wurde in dem Aktienkursmodell in Kapitel 11 festgehalten, dass die Standardabweichung der proportionalen Veränderung des Aktienkurses in einem kleinen Zeitintervall Δt den Wert $\sigma\sqrt{\Delta t}$ hat. Das bedeutet, dass die Varianz der tatsächlichen Veränderung des Aktienkurses in Δt einen Wert von $S^2\sigma^2\Delta t$ hat. Die Varianz einer Variablen Q ist definiert als $E(Q^2) - E(Q)^2$, wobei E den erwarteten Wert bezeichnet. Daraus folgt, dass

$$S^2\sigma^2\Delta t = pS^2u^2 + (1-p)S^2d^2 - S^2[pu + (1-p)d]^2$$

oder

(16.3) $$\sigma^2\Delta t = pu^2 + (1-p)d^2 - [pu + (1-p)d]^2$$

Die Gleichungen 16.2 und 16.3 legen p, u und d zwei Bedingungen auf. Eine dritte, häufig verwendete Bedingung ist

$$u = \frac{1}{d}$$

Man kann zeigen, dass, vorausgesetzt Δt ist klein, die drei Bedingungen folgende Implikationen haben:

(16.4) $$p = \frac{a-d}{u-d}$$

(16.5) $$u = e^{\sigma\sqrt{\Delta t}}$$

(16.6) $$d = e^{-\sigma\sqrt{\Delta t}}$$

wobei

(16.7) $$a = e^{r\Delta t}$$

Die Gleichungen 16.4 und 16.7 korrespondieren mit Gleichung 10.3, die sich als richtig erwies, wenn im Rahmen von Nicht-Arbitrage-Möglichkeiten sowie risikoneutraler Bewertung argumentiert wird.

BINOMIAL-BAUM UND AKTIENKURSE

Der vollständige Baum der Aktienkurse, der in dem Binomial-Modell betrachtet wird, ist in Abbildung 16.2 dargestellt. In Zeitpunkt null ist der Aktienkurs S bekannt. Im Intervall Δt gibt es zwei mögliche Aktienkurse, Su und Sd; in 2Δt gibt es drei mögliche Aktienkurse, Su^2, S und Sd^2; und so weiter. Im allgemeinen werden im Intervall iΔt insgesamt i + 1 Aktienkurse betrachtet. Sie lauten

$$Su^j d^{i-j} \qquad j = 0, 1, ..., i$$

Man beachte, dass die Beziehung u = 1/d benutzt wird, um für jeden Knoten in Abbildung 16.2 den Aktienkurs zu errechnen. Zum Beispiel ist $Su^2 d = Su$. Außerdem ist darauf hinzuweisen, dass der Baum insofern neukombiniert, als dass eine Aufwärtsbewegung, der eine Abwärtsbewegung folgt, zu dem gleichen Aktienkurs führt wie eine Abwärtsbewegung, der eine Aufwärtsbewegung folgt. Das verringert die Zahl der Knoten in dem Baum erheblich.

ABARBEITUNG DES BINOMIAL-BAUMES

Optionen werden bewertet, indem man am Ende des Baumes anfängt (Zeitpunkt T) und sich rückwärts durcharbeitet. Der Wert der Option im Zeitpunkt T ist bekannt. Beispielsweise hat eine Verkaufsoption den Wert max(X − S_T, 0), eine Kaufoption hat den Wert max(S_T − X, 0), wobei S_T der Aktienkurs im Zeitpunkt T und X der Basispreis ist. Da eine risikoneutrale Welt angenommen wird, kann der Wert in jedem Knoten von T − Δt als erwarteter Wert im Zeitpunkt T, der über den Zeitraum Δt mit der Rate r abgezinst wird, berechnet werden. Ähnlich kann der Wert in jedem Knoten von T − 2Δt als erwarteter Wert in T − Δt, der über den Zeitraum Δt mit der Rate r abgezinst wird, berechnet werden; und so weiter. Wenn die Option amerikanisch ist, muss unbedingt in jedem Knoten überprüft werden, ob es sinnvoll ist, die Option vorzeitig auszuüben oder sie eine weitere Periode Δt zu halten. Indem man sich durch alle Knoten arbeitet, bekommt man schließlich den Wert der Option im Zeitpunkt null.

EIN BEISPIEL

Das Verfahren lässt sich anhand eines Beispiels verdeutlichen. Man betrachte eine fünfmonatige amerikanische Verkaufsoption auf eine dividendenlose Aktie, deren Kurs bei 50 $ steht. Der Basispreis ist 50 $, der risikofreie Zins 10 Prozent per Annum und die Volatilität 40 Prozent per Annum. Bei der üblichen Notation in diesem Buch bedeutet das, dass S = 50, X = 50, r = 0,10, σ = 0,40 und T = 5/12. Angenommen die Laufzeit der Option wird für die Konstruktion eines Binomial-Baumes in fünf Intervalle von je einem

Monat (1/12 Jahr) geteilt. Dann ist $\Delta t = 1/12$. Die Gleichungen 16.4 bis 16.7 ergeben

$$u = e^{\sigma\sqrt{\Delta t}} = 1{,}1224, \qquad d = e^{-\sigma\sqrt{\Delta t}} = 0{,}8909$$

$$a = e^{r\Delta t} = 1{,}0084, \qquad p = \frac{a-d}{u-d} = 0{,}5076$$

$$1 - p = 0{,}4924$$

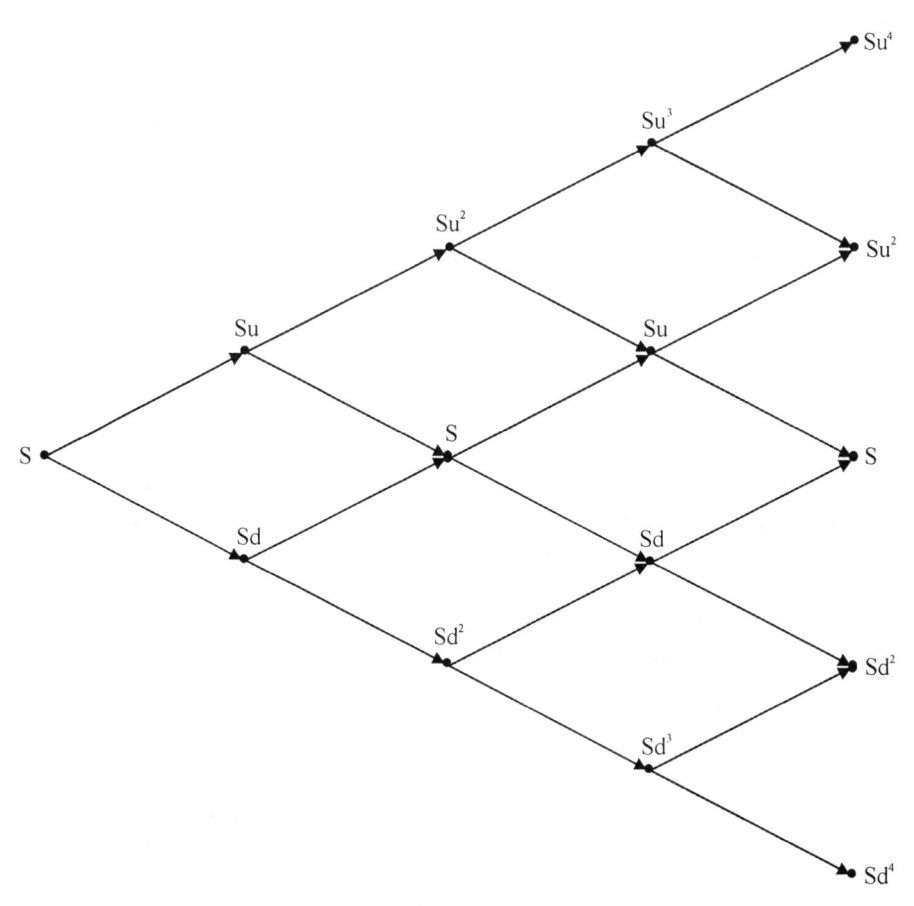

Abbildung 16.2: Baum zur Bewertung einer Aktienoption

KAPITEL 16 Numerische Bewertung von Optionen mit Binomial-Bäumen   525

Abbildung 16.3 zeigt den Binomial-Baum. In jedem Knoten stehen zwei Zahlen. Die obere zeigt den Aktienkurs in dem Knoten; die untere zeigt den Wert der Option in dem Knoten. Die Wahrscheinlichkeit einer Aufwärtsbewegung ist immer 0,5076; die Wahrscheinlichkeit einer Abwärtsbewegung ist immer 0,4924.

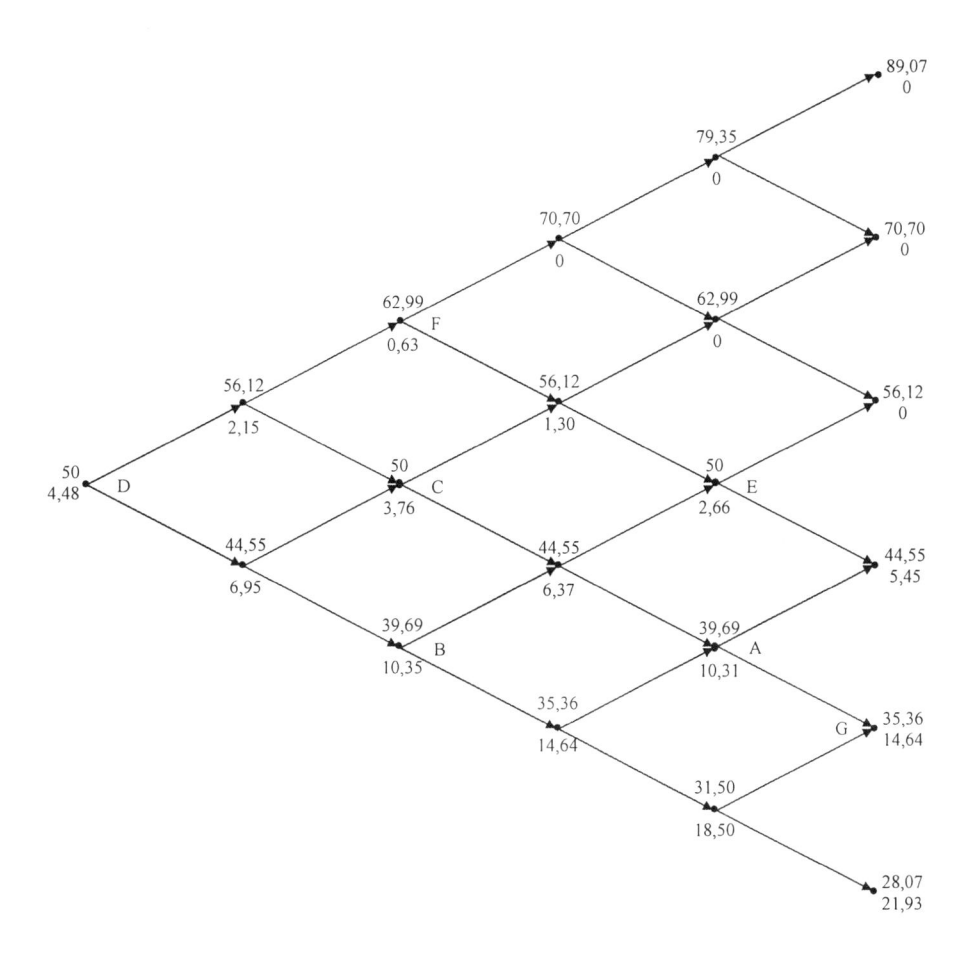

Abbildung 16.3: Binomial-Baum für eine amerikanische Verkaufsoption auf eine dividendenlose Aktie

Der Aktienkurs in dem j-ten Knoten (j = 0, 1, ..., i) in iΔt wird berechnet als $Su^j d^{i-j}$. So liegt beispielsweise der Aktienkurs im Knoten A (i = 4, j = 1) bei

$50 \times 1{,}1224 \times 0{,}8909^3 = 39{,}69$ \$. Die Optionspreise in den letzten Knoten werden berechnet als $\max(X - S_T, 0)$. So beträgt beispielsweise der Optionspreis im Knoten G $50 - 35{,}36 = 14{,}64$ \$.

Die Optionspreise in den vorletzten Knoten werden aus den Optionspreisen der letzten Knoten errechnet. Als erstes für angenommen, dass in den Knoten keine Ausübung der Option erfolgt. Das bedeutet, dass der Optionspreis errechnet wird als Gegenwartswert des erwarteten Optionspreises in Δt. So wird beispielsweise der Optionspreis in E errechnet als

$$(0{,}5076 \times 0 + 0{,}4924 \times 5{,}45)e^{-0{,}10 \times 1/12} = 2{,}66 \text{ \$}$$

In A wird er berechnet als

$$(0{,}5076 \times 5{,}45 + 0{,}4924 \times 14{,}64)e^{-0{,}10 \times 1/12} = 9{,}90 \text{ \$}$$

Dann wird überprüft, ob eine vorzeitig Ausübung oder ein Halten der Option vorteilhafter ist. In Knoten E hätte eine Option bei vorzeitiger Ausübung den Wert null, da sowohl Aktienkurs als auch Basispreis 50 \$ betragen. Es ist eindeutig am besten, wenn man wartet. Der korrekte Wert der Option in Knoten E ist somit 2,66 \$. Das ist anders in Knoten A. Wird die Option ausgeübt, hat sie einen Wert von 50,00 \$ $-$ 39,69 \$ $=$ 10,31 \$. Das ist mehr als 9,90 \$. Wird Knoten A erreicht, sollte die Option ausgeübt werden, und der korrekte Wert der Option in Knoten A beträgt 10,31 \$.

Auf ähnliche Weise werden die Optionspreise in den früheren Knoten errechnet. Hinzuweisen ist darauf, dass es nicht immer am besten ist, eine Option vorzeitig auszuüben, wenn sie im Geld ist. Man betrachte Knoten B. Wird die Option ausgeübt, hat sie einen Wert von 50,00 \$ $-$ 39,69 \$ $=$ 10,31 \$. Wird sie aber gehalten, hat sie den Wert

$$(0{,}5076 \times 6{,}37 + 0{,}4924 \times 14{,}64)e^{-0{,}10 \times 1/12} = 10{,}35 \text{ \$}$$

Die Option sollte daher in diesem Knoten nicht ausgeübt werden, und der korrekte Optionswert in dem Knoten beträgt 10,35 \$.

Arbeitet man sich durch den Baum zurück, bekommt man den Wert der Option im Anfangsknoten. Er beträgt 4,48 \$. Dies ist unsere numerische Schätzung für den Zeitwert der Option. In der Praxis würde man kleine Werte für Δt und sehr viel mehr Knoten verwenden. Der wahre Wert der Option, den man bekommt, wenn man viele Zeitschritte verwendet, ist 4,29 \$.

KAPITEL 16 Numerische Bewertung von Optionen mit Binomial-Bäumen

ALGEBRAISCHE DARSTELLUNG DER HERANGEHENSWEISE

Angenommen das Leben einer amerikanischen Verkaufsoption auf eine dividendenlose Aktie wird in N Subintervalle mit der Länge Δt geteilt. Wir definieren f_{ij} als Wert der Option in $i\Delta t$, wenn der Aktienkurs $Su^j d^{i-j}$ für $0 \leq i \leq N$, $0 \leq j \leq i$ ist. Das ist der Wert der Option im Knoten (i, j). Da eine amerikanische Verkaufsoption an ihrem Fälligkeitstag den Wert $\max(X - S_T, 0)$ hat, wissen wir, dass

$$f_{Nj} = \max[X - Su^j d^{N-j}, 0] \qquad j = 0, 1, ..., N$$

Die Wahrscheinlichkeit einer Bewegung vom Knoten (i, j) in $i\Delta t$ nach Knoten $(i + 1, j + 1)$ in der Zeit $(i + 1)\Delta t$ ist p; und die Wahrscheinlichkeit einer Bewegung vom Knoten (i, j) in $i\Delta t$ nach Knoten $(i + 1, j)$ in $(i + 1)\Delta t$ beträgt $1 - p$. Nimmt man an, dass keine vorzeitige Ausübung erfolgt, ergibt die risikoneutrale Bewertung

$$f_{ij} = e^{-r\Delta t}[pf_{i+1,j+1} + (1-p)f_{i+1,j}]$$

für $0 \leq i \leq N - 1$ und $0 \leq j \leq i$. Berücksichtigt man eine vorzeitige Ausübung, muss dieser Wert für f_{ij} mit dem intrinsischen Wert der Option verglichen werden und man bekommt

$$f_{ij} = \max\{X - Su^j d^{i-j}, e^{-r\Delta t}[pf_{i+1,j+1} + (1-p)f_{i+1,j}]\}$$

Man beachte, dass, weil die Berechnungen im Zeitpunkt T beginnen und zeitlich zurückgehen, der Wert in $i\Delta t$ nicht nur den Effekt vorzeitiger Ausübungsmöglichkeiten in $i\Delta t$ einfängt, sondern auch den Effekt einer vorzeitigen Ausübung zu nachfolgenden Zeiten. Im Endpunkt, wenn das Intervall Δt gegen null tendiert, bekommt man einen genauen Wert der amerikanischen Verkaufsoption. In der Praxis liefert N = 30 normalerweise vernünftige Ergebnisse.

SCHÄTZEN VON DELTA UND ANDEREN HEDGE-PARAMETERN

Das Delta einer Option, Δ, ist wie bereits erwähnt, die Rate, mit der sich ihr Preis gegenüber der zugrundeliegenden Aktie verändert. Anders formuliert:

$$\Delta = \frac{\Delta f}{\Delta S}$$

wobei ΔS eine kleine Veränderung des Aktienkurses und Δf die korrespondierende kleine Veränderung des Optionspreises ist. In Δt hat der Optionspreis den Schätzwert f_{11}, wenn der Aktienkurs bei Su liegt, und den Schätzwert f_{10}, wenn der Aktienkurs bei Sd liegt. Mit anderen Worten, wenn $\Delta S = Su - Sd$ ist, dann ist $\Delta_f = f_{11} - f_{10}$. Der Schätzwert von Δ in Δt ist somit

(16.8) $$\Delta = \frac{f_{11} - f_{10}}{Su - Sd}$$

Bei der Bestimmung des Gammas, Γ, fällt auf, dass es in $2\Delta t$ zwei Schätzwerte für Δ gibt. Bei $S = (Su^2 + S)/2$ (halb zwischen dem zweiten und dritten Knoten in $2\Delta t$), ist Delta $(f_{22} - f_{21})/(Su^2 - S)$; bei $S = (S + Sd^2)/2$ (halb zwischen dem ersten und zweiten Knoten in $2\Delta t$), ist Delta $(f_{21} - f_{20})/(S - Sd^2)$. Die Differenz zwischen den beiden Werten von S ist h, wobei

$$h = 0{,}5(Su^2 - Sd^2)$$

Gamma ist die Veränderung von Delta dividiert durch die Veränderung von S, oder[2]

(16.9) $$\Gamma = \frac{\left[(f_{22} - f_{21})/(Su^2 - S)\right] - \left[(f_{21} - f_{20})/(S - Sd^2)\right]}{h}$$

Ein weiterer Hedge-Parameter, den der Baum direkt hergibt, ist Theta, Θ. Das ist die Rate, mit der sich der Optionspreis gegenüber der Zeit verändert, wenn alles andere konstant gehalten wird. Ein Schätzwert von Theta ist somit

(16.10) $$\Theta = \frac{f_{21} - f_{00}}{2\Delta t}$$

Vega erhält man, indem man eine kleine Veränderung, $\Delta\sigma$, der Volatilität vornimmt und einen neuen Baum konstruiert, um einen neuen Wert für die Option zu erhalten (Δt sollte gleich bleiben). Der Schätzwert von Vega ist

---

[2] Diese Verfahren liefern Schätzwerte für Delta in Δt und für Gamma in $2\Delta t$. In der Praxis werden sie häufig auch als Schätzwerte für Delta und Gamma im Zeitpunkt null verwendet. Wenn etwas mehr Genauigkeit gefordert ist, ist es sinnvoll, den Binomial-Baum in $-2\Delta t$ zu beginnen und anzunehmen, dass der Aktienkurs in diesem Zeitpunkt bei S liegt. Der erforderliche Schätzwert des Optionspreises ist dann f_{21} (statt f_{00}). Es müssen mehr Knoten bewertet werden, aber es werden im Zeitpunkt null drei verschiedene Werte für S betrachtet: Sd^2, S und Su^2. Man kann sie verwenden, um Schätzwerte für Delta und Gamma zu errechnen.

$$\text{Vega} = \frac{f^* - f}{\Delta\sigma}$$

wobei f und f* die Schätzwerte des Optionspreises aus dem ursprünglichen beziehungsweise dem neuen Baum sind. Rho kann ähnlich berechnet werden.

Beispiel

Man betrachte erneut den Baum in Abbildung 16.3. In diesem Fall ist $f_{1,0} = 6,95$ und $f_{1,1} = 2,15$. Gleichung 16.8 liefert den Schätzwert für Delta

$$\frac{2,15 - 6,95}{56,12 - 44,55} = -0,41$$

Gleichung 16.9 liefert aus den Werten in den Knoten B, C und F den Schätzwert für das Gamma der Option

$$\frac{[(0,63 - 3,76)/(62,99 - 50,00)] - [(3,76 - 10,35)/(50,00 - 39,69)]}{11,65} = 0,034$$

Gleichung 16.10 liefert aus den Werten in den Knoten D und C den Schätzwert für das Theta der Option

$$\frac{3,76 - 4,48}{0,1667} = -4,3$$

Das sind nur grobe Schätzwerte. Sie werden genauer, wenn die Zahl der Zeitstufen in dem Baum zunimmt.

Der Binomial-Baum und Optionen auf Indizes, Währungen und Futureskontrakte

Wie in Kapitel 12 gezeigt wurde, lässt sich der Binomial-Baum-Ansatz zur Bewertung von Optionen auf dividendenlose Aktien leicht verändern, so dass auch amerikanische Kauf- und Verkaufsoptionen auf eine Aktie, die

530 TEIL II Optionsmärkte

eine kontinuierliche Dividendenrendite mit der Rate q abwirft, bewertet werden können.

Da die Dividenden eine Rendite q ergeben, muss der Aktienkurs selbst in einer risikoneutralen Welt im Durchschnitt eine Rendite von r − q haben. Wie in Gleichung 12.7 gezeigt wurde, ergibt sich die risikoneutrale Wahrscheinlichkeit p durch

$$p = \frac{e^{(r-q)\Delta t} - d}{u - d}$$

Die Gleichungen 16.4, 16.5 und 16.6 sind daher immer noch richtig, aber mit

(16.11) $$a = e^{(r-q)\Delta t}$$

Mit diesem neuen Wert für a kann das numerische Verfahren des Binomial-Baumes also wie bisher verwendet werden.

Aus den Kapiteln 12 und 13 ist bekannt, dass Aktienindizes, Währungen und Futureskontrakte für die Optionsbewertung als Aktien mit kontinuierlichen Dividendenrenditen betrachtet werden können. Beim Aktienindex ist die relevante Dividendenrendite die Dividendenrendite des Aktien-Portefeuilles, das dem Index zugrunde liegt; bei der Währung ist sie der ausländische risikofreie Zins; bei Futureskontrakten ist sie der heimische risikofreie Zins. Es ist also möglich, mit dem Binomial-Baum-Ansatz Optionen auf Aktienindizes, Währungen und Futureskontrakte zu bewerten.

Beispiel 1

Man betrachte eine viermonatige amerikanische Kaufoption auf Index Futures. Der aktuelle Futurespreis ist 300, der Basispreis 300, der risikofreie Zins 8 Prozent per Annum und die Volatilität des Index 40 Prozent per Annum. Für die Konstruktion des Baumes wird die Laufzeit der Option in vier einmonatige Perioden geteilt. In diesem Fall ist $F = 300$, $X = 300$, $r = 0,08$, $\sigma = 0,4$, $T = 4/12$ und $\Delta t = 1/12$. Da ein Futureskontrakt analog einer Aktie ist, die Dividenden mit der kontinuierlichen Rate r abwirft, sollte man in Gleichung 16.11 q gleich r setzen. Das ergibt $a = 1$. Die anderen Parameter, die für die Konstruktion des Baumes benötigt werden, sind

$$u = e^{\sigma\sqrt{\Delta t}} = 1,1224, \qquad d = \frac{1}{u} = 0,8909$$

KAPITEL 16 Numerische Bewertung von Optionen mit Binomial-Bäumen   531

$$p = \frac{a-d}{u-d} = 0,4713, \quad 1-p = 0,5287$$

Der Baum ist in Abbildung 16.4 dargestellt. (Die obere Zahl ist der Futurespreis; die untere Zahl ist der Optionspreis). Der geschätzte Wert der Option ist 25,54 $.

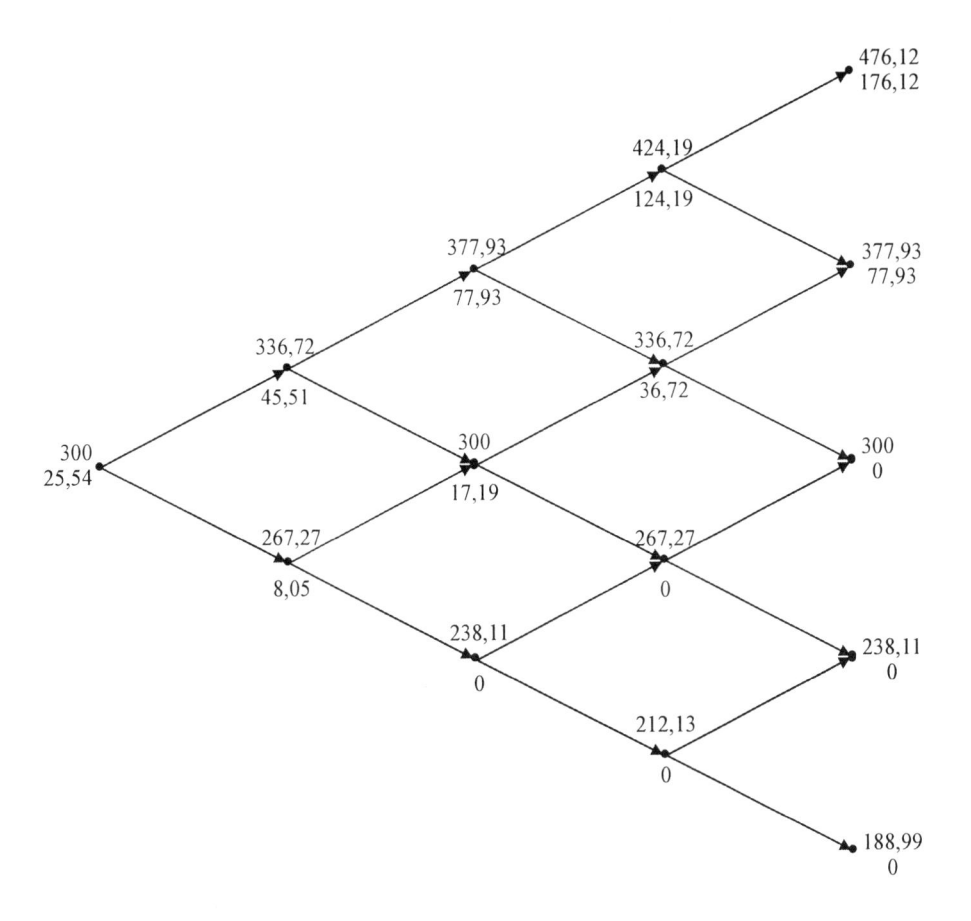

Abbildung 16.4: Binomial-Baum für eine amerikanische Kaufoption auf einen Index Futureskontrakt

Beispiel 2

Man betrachte eine einjährige amerikanische Verkaufsoption auf das Britische Pfund. Der aktuelle Wechselkurs ist 1,6100, der Basispreis ist 1,6000, der risikofreie Zins in den USA beträgt 8 Prozent per Annum, der risikofreie Zins des Pfund Sterling liegt bei 10 Prozent per Annum und die Volatilität des Sterling-Wechselkurses ist 12 Prozent per Annum. In diesem Fall ist S = 1,61, X = 1,60, r = 0,08, r_f = 0,10, σ = 0,12 und T = 1,0. Für die Konstruktion des Baumes wird die Laufzeit der Option in vier dreimonatige Perioden geteilt, so dass Δt = 0,25. In dem Fall ist q = r_f und Gleichung 16.11 ergibt

$$a = e^{(0,08 - 0,10) \times 0,25} = 0,9950$$

Die anderen, für die Konstruktion des Baumes notwendigen Parameter sind

$$u = e^{\sigma\sqrt{\Delta t}} = 1,0618, \qquad d = \frac{1}{u} = 0,9418$$

$$p = \frac{a - d}{u - d} = 0,4433, \qquad 1 - p = 0,5567$$

Der Baum wird in Abbildung 16.5 gezeigt. (Die obere Zahl ist der Wechselkurs; die untere Zahl ist der Optionspreis). Der geschätzte Wert der Option ist 0,0782 $.

Das Binomial-Modell und eine Dividenden abwerfende Aktie

Als nächstes wird die Frage behandelt, wie das Binomial-Modell auf Dividenden zahlende Aktien angewendet werden kann. Das ist ein etwas komplizierteres Thema. Wie in Kapitel 11 bezieht sich der Begriff *Dividende* in der nachfolgenden Diskussion auf den Rückgang des Aktienkurses am Ex-Dividendentag als Folge der Dividende.

Nimmt man an, dass zu einem bestimmten Zeitpunkt eine einzelne Dividende gezahlt wird und dass sie zu dem Zeitpunkt einen Anteil am Aktienkurs in Höhe von δ hat, bekommt der Baum die in Abbildung 16.6 gezeigte Form und kann analog der gerade beschriebenen Art analysiert werden. Liegt iΔt

KAPITEL 16 Numerische Bewertung von Optionen mit Binomial-Bäumen

vor dem Ex-Dividendentag, korrespondieren die Knoten des Baumes mit den Aktienkursen

$$Su^j d^{i-j} \quad j = 0, 1, \ldots, i$$

wobei u und d wie in den Gleichungen 16.5 und 16.6 definiert sind. Liegt $i\Delta t$ nach dem Ex-Dividendentag, korrespondieren die Knoten mit den Aktienkursen

$$S(1-\delta)u^j d^{i-j} \quad j = 0, 1, \ldots, i$$

Fallen mehrere bekannte Dividenden in der Laufzeit der Option an, werden sie ähnlich behandelt. Wenn δ_i die gesamte Dividendenrendite ist, die mit den gesamten Ex-Dividendenterminen zwischen dem Zeitpunkt null und $i\Delta t$ assoziiert ist, korrespondieren die Knoten in $i\Delta t$ mit den Aktienkursen

$$S(1-\delta_i)u^j d^{i-j}$$

Eine realistischere Annahme ist, dass der Dollarbetrag der Dividende im voraus bekannt ist. Wird die Volatilität der Aktie, σ, als konstant vorausgesetzt, bekommt der Baum eine Form wie in Abbildung 16.7. Es gibt keine Neukombination, was bedeutet, dass die Zahl der Knoten, die, vor allem wenn es mehrere Dividenden gibt, bewertet werden müssen, sehr hoch liegen dürfte. Angenommen es gibt nur eine Dividende, der Ex-Dividendentag τ liegt zwischen $k\Delta t$ und $(k+1)\Delta t$ und der Dollar-Betrag der Dividende ist D. Wenn $i \leq k$ ist, korrespondieren die Knoten des Baumes in $i\Delta t$ wie vorher mit den Aktienkursen

$$Su^j d^{i-j} \quad j = 0, 1, 2, \ldots, i$$

Wenn $i = k+1$ ist, korrespondieren die Knoten des Baumes mit den Aktienkursen

$$Su^j d^{i-j} - D \quad j = 0, 1, 2, \ldots, i$$

Wenn $i = k+2$ ist, korrespondieren die Knoten des Baumes mit den Aktienkursen

$$(Su^j d^{i-1-j} - D)u \quad \text{und} \quad (Su^j d^{i-1-j} - D)d$$

für $j = 0, 1, 2, \ldots, i-1$, so dass es 2i statt i + 1 Knoten gibt. In $(k+m)\Delta t$ gibt es $m(k+1)$ statt $k + m + 1$ Knoten.

TEIL II Optionsmärkte

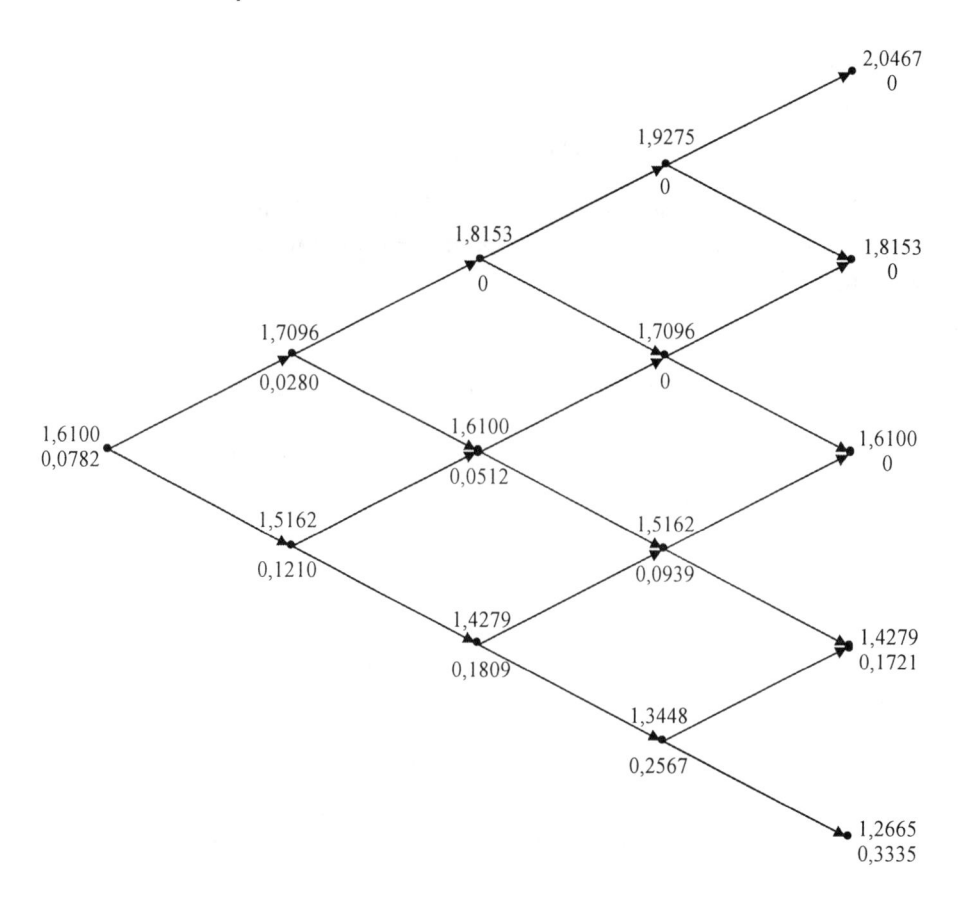

```
                                                              2,0467
                                                                0
                                                    1,9275
                                                      0
                                          1,8153              1,8153
                                            0                    0
                                1,7096              1,7096
                                                      0
                      1,7096              
                      0,0280
            1,6100              1,6100              1,6100
            0,0782              0,0512                0
                      1,5162              1,5162
                      0,1210              0,0939
                                1,4279              1,4279
                                0,1809                0,1721
                                          1,3448
                                          0,2567
                                                              1,2665
                                                              0,3335
```

Abbildung 16.5: Binomial-Baum für eine amerikanische Verkaufsoption auf eine Währung

Das Problem kann vereinfacht werden, wenn man wie bei der Analyse der europäischen Optionen in Kapitel 11 annimmt, dass der Aktienkurs aus zwei Komponenten besteht: der eine Teil ist unbestimmt, der andere Teil ist der Gegenwartswert der künftigen Dividenden, die in der Laufzeit der Option anfallen. Wie bereits zuvor wird angenommen, dass es mit τ nur einen einzigen Ex-Dividendentag während der Laufzeit der Option gibt und dass $k\Delta t \leq \tau \leq (k + 1)\Delta t$ ist. Der Wert der unbestimmten Komponente, S^*, im Zeitpunkt x ist gegeben durch

$$S^*(x) = S(x)$$

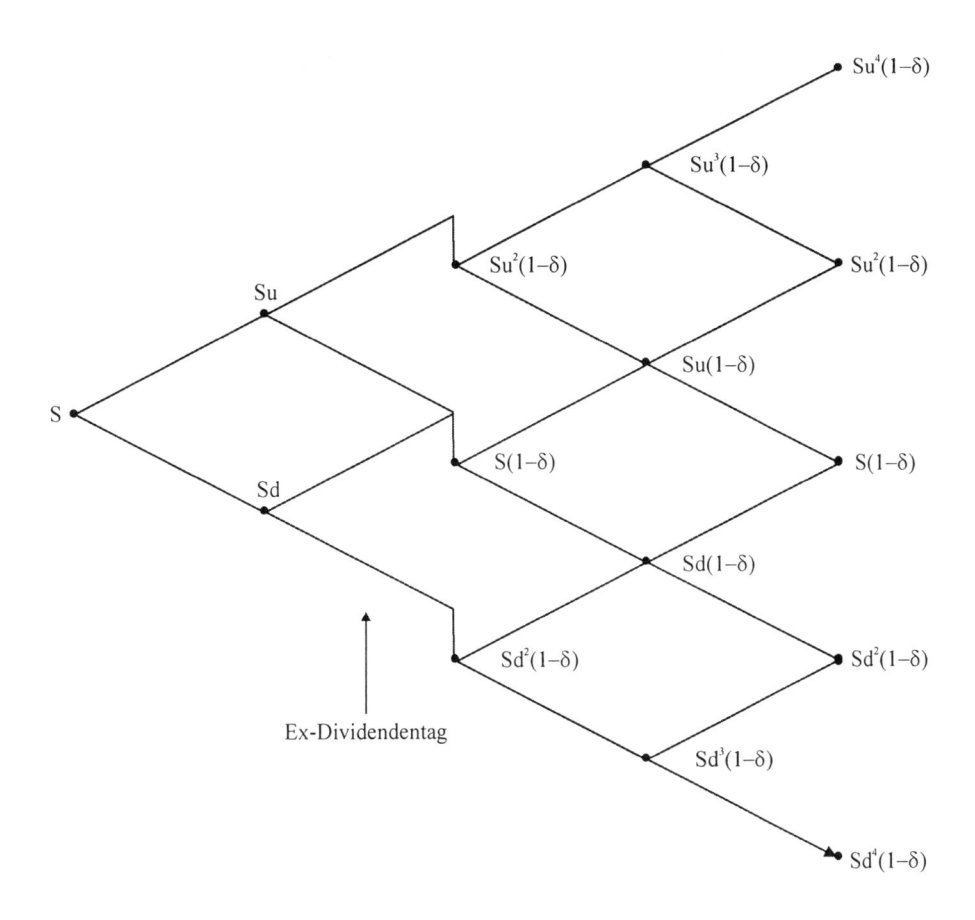

KAPITEL 16 Numerische Bewertung von Optionen mit Binomial-Bäumen

Abbildung 16.6: Binomial-Baum, wenn die Aktie eine bekannte Dividendenrendite zu einem bestimmten Zeitpunkt abwirft

wenn $x > \tau$ und

$$S^*(x) = S(x) - De^{-r(\tau - x)}$$

wenn $x \leq \tau$, wobei D die Dividende ist. Wir definieren die Volatilität von S^* als σ^* und nehmen an, dass nicht σ, sondern σ^* konstant ist. Die Parameter p, u und d werden aus den Gleichungen 16.4, 16.5, 16.6 und 16.7 errechnet, wobei σ durch σ^* ersetzt wird. Auf bekannte Weise wird nun ein Baum konstruiert, um S^* zu modellieren. Wenn in jedem Knoten der Gegenwartswert der künftigen Dividenden (falls es welche gibt) zu dem Aktienkurs addiert wird, kann der Baum in einen anderen Baum konvertiert werden, der S modelliert. In $i\Delta t$ korrespondieren die Knoten des Baumes mit den Aktienkursen

$$S^*(t)u^j d^{i-j} + De^{-r(\tau - i\Delta t)} \qquad j = 0, 1, \ldots, i$$

wenn $i\Delta t < \tau$, und sie korrespondieren mit

$$S^*(t)u^j d^{i-j} \qquad j = 0, 1, \ldots, i$$

wenn $i\Delta t > \tau$. Diese Herangehensweise, bei der die Annahme über die Volatilität des Aktienkurses vollkommen angemessen ist, führt zu einer Situation, in der der Baum neukombiniert, so dass es in $i\Delta t$ insgesamt $i + 1$ Knoten gibt. Die Herangehensweise lässt sich verallgemeinern, so dass auch Situationen mit mehreren Dividenden behandelt werden können.

EIN BEISPIEL

Um zu zeigen, wie das Binomial-Modell angewendet wird, wenn es Dividenden gibt, betrachte man eine fünfmonatige Verkaufsoption auf eine Aktie, von der erwartet wird, dass sie in der Laufzeit der Option eine einzige Dividende in Höhe von 2,06 $ abwirft. Der anfängliche Aktienkurs liegt bei 52 $, der Basispreis ist 50 $, der risikofreie Zins 10 Prozent per Annum, die Volatilität 40 Prozent per Annum und der Ex-Dividendentag ist in 3,5 Monaten.

Als erstes wird in Baum konstruiert, um S*, den Aktienkurs minus dem Gegenwartswert der künftigen Dividenden in der Laufzeit der Option, zu modellieren. Am Anfang ist der Gegenwartswert der Dividende

$$2{,}06 e^{-0{,}1 \times 3{,}5/12} = 2{,}00$$

Somit hat S* den Anfangswert 50. Nimmt man an, dass sich die jährliche Volatilität von 40 Prozent auf S* bezieht, dann liefert Abbildung 16.3 den Binomial-Baum für S*. (S* hat den gleichen Anfangswert und die gleiche Volatilität wie der Aktienkurs, der Abbildung 16.3 zugrunde liegt.) Addition des Gegenwartswertes der Dividenden in jedem Knoten führt zu Abbildung 16.8, dem Binomial-Modell für S. Wie in Abbildung 16.3 beträgt in jedem Knoten die Wahrscheinlichkeit einer Aufwärtsbewegung 0,5076 und einer Abwärtsbewegung 0,4924. Arbeitet man sich auf die übliche Weise zurück zum Anfang des Baumes, erhält man den Optionspreis von 4,43 $.

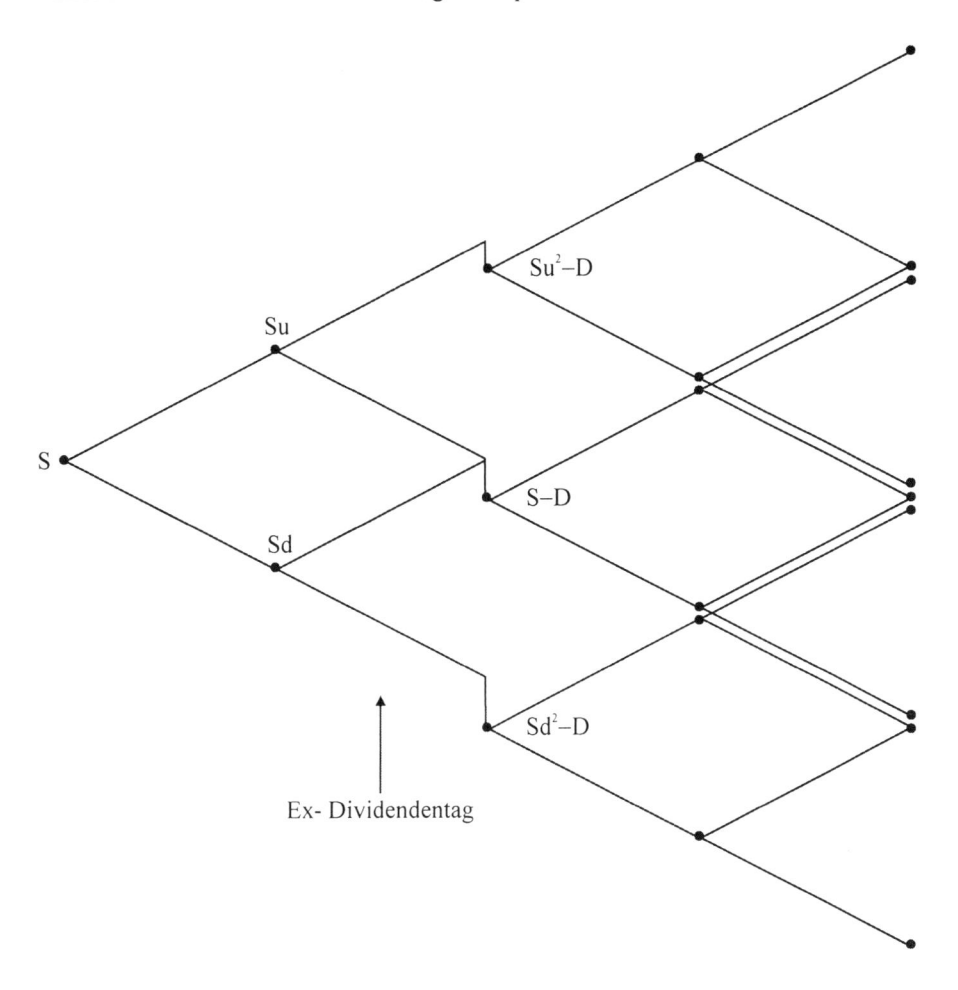

KAPITEL 16 Numerische Bewertung von Optionen mit Binomial-Bäumen 537

Abbildung 16.7: Binomial-Baum, wenn der Dollarbetrag der Dividende als bekannt und die Volatilität als konstant angenommen wird

Das Control-Variate Verfahren

In den meisten Fällen kann das Binomial-Baum-Verfahren für die Bewertung amerikanischer Optionen mit dem *Control-Variate Verfahren* verbessert werden. Bei dieser Technik wird der gleiche Baum verwendet, um sowohl die zu betrachtende amerikanische Option als auch die korrespondierende europäische Option zu bewerten. Die Herangehensweise mag verschwenderisch erscheinen, aber der Preis der europäischen Option ist aus der Black-Scholes-Formel und ihren Erweiterungen bekannt. Da jedoch Fehler bei der Berechnung des Preises der amerikanischen Option eng mit Fehlern bei der Berechnung des Preises der europäischen Option korreliert sind, führt dies zu einer verbesserten Schätzung des amerikanischen Optionspreises.

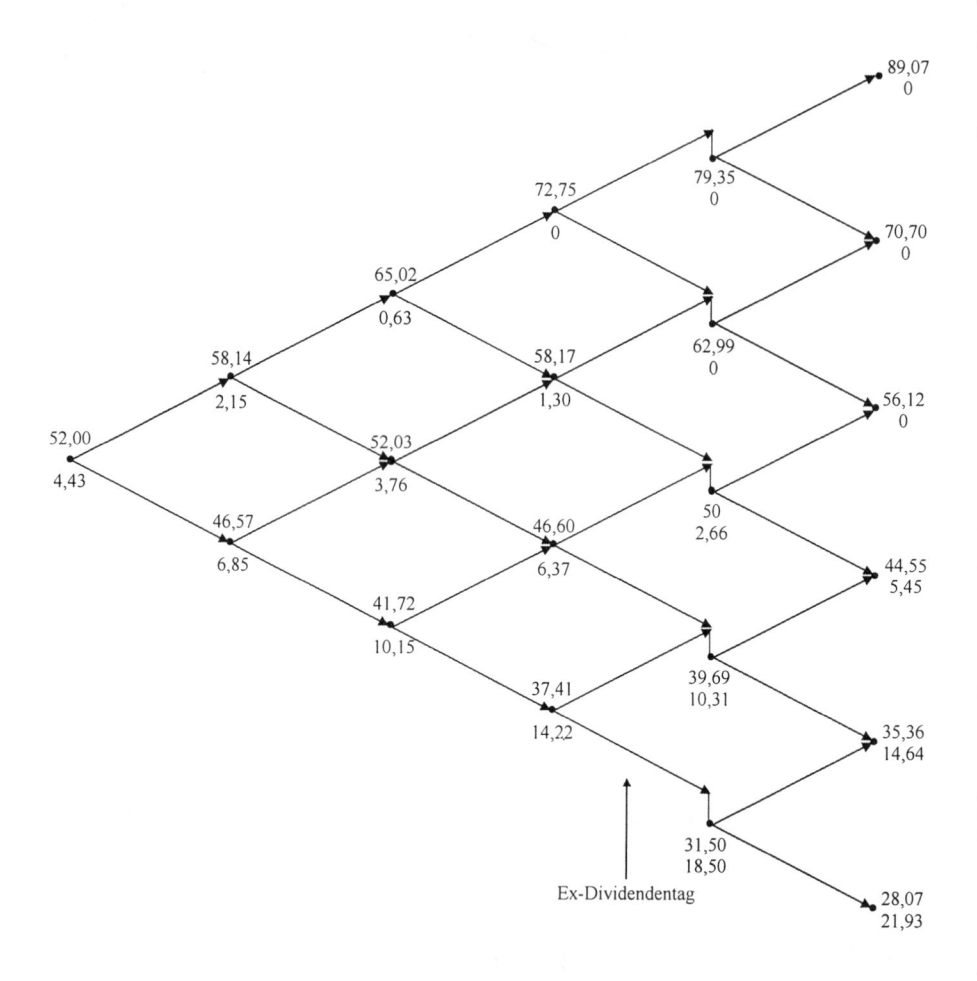

Abbildung 16.8: Binomial-Baum für das Beispiel mit bekannter Dividendenzahlung zu einem bestimmten Zeitpunkt

KAPITEL 16 Numerische Bewertung von Optionen mit Binomial-Bäumen 539

Es gelten folgende Definitionen:

f_A: Preis der amerikanischen Option, berechnet anhand des Baumes

f_E: Preis der europäischen Option, berechnet anhand des Baumes

f_{BS}: Black-Scholes-Preis der europäischen Option

Eine verbesserte Schätzung des amerikanischen Optionspreises ist

$$f_A + f_{BS} - f_E$$

Beispiel

Man betrachte erneut die amerikanische Verkaufsoption, die in Abbildung 16.3 bewertet wurde (S = 50, X = 50, r = 0,10, σ = 0,40 und T = 5/12). Abbildung 16.9 verwendet zur Bewertung der korrespondierenden europäischen Option den gleichen Baum wie Abbildung 16.3. Der sich ergebende Preis ist 4,31 $ (verglichen mit 4,48 $ für die amerikanische Option in Abbildung 16.3). Die Black-Scholes-Formel ergibt den wahren europäischen Preis, 4,08 $. Der Contral-Variate Schätzwert des amerikanischen Preises ist somit

$$4,48 + 4,08 - 4,31 = 4,25$$

Der wahre Preis der amerikanischen Verkaufsoption beträgt 4,29 $. In diesem speziellen Fall stellt das Control-Variate Verfahren somit eine erhebliche Verbesserung gegenüber der ursprünglichen Schätzung dar.

Alternatives Verfahren für die Baumkonstruktion

Die ursprüngliche Herangehensweise von Cox, Ross und Rubinstein ist nicht die einzige Möglichkeit, einen Binomial-Baum zu konstruieren. Statt in den Gleichungen 16.2 und 16.3 anzunehmen, dass u = 1/d, kann man p = 0,5 setzen. Abstrahiert man von Termen einer höheren Ordnung als Δt, bekommt man folgende Gleichungslösungen

$$u = e^{(r-\sigma^2/2)\Delta t + \sigma\sqrt{\Delta t}}$$

$$d = e^{(r-\sigma^2/2)\Delta t - \sigma\sqrt{\Delta t}}$$

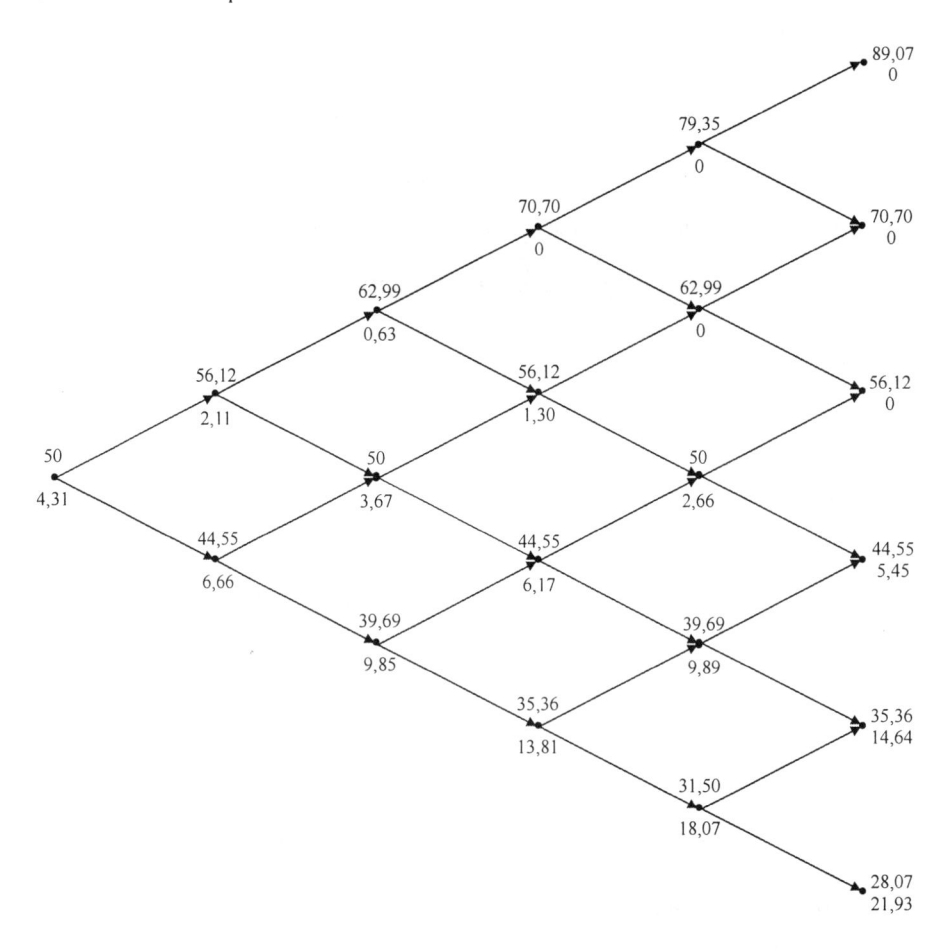

Abbildung 16.9: Binomial-Baum für die europäische Version der Option in Abbildung 16.3. Die obere Zahl in den Knoten ist der Aktienkurs; die untere Zahl in den Knoten ist der Optionspreis.

Wenn die Aktie eine kontinuierliche Dividendenrendite mit der Rate q abwirft, wird die Variable r in diesen Formeln zu r − q. Dann lassen sich Bäume mit p = 0,5 für Optionen auf Indizes, Devisen und Futures konstruieren.

Diese alternative Herangehensweise an die Konstruktion eines Binomial-Baumes hat die attraktive Eigenschaft, dass die Wahrscheinlichkeiten immer 0,5 betragen, unabhängig von dem Wert für σ oder der Anzahl der Zeitstu-

KAPITEL 16 Numerische Bewertung von Optionen mit Binomial-Bäumen 541

fen.[3] Ein Nachteil dieses Verfahrens ist, dass es nicht ganz so einfach wie bei dem Baum von Cox, Ross und Rubinstein ist, genaue Werte für Delta, Gamma und Theta zu berechnen.

Beispiel

Man betrachte eine neunmonatige amerikanische Kaufoption auf den Kanadischen Dollar. Der aktuelle Wechselkurs ist 0,7900, der Basispreis ist 0,8000, der risikofreie Zins in den USA beträgt 6 Prozent per Annum, der kanadische risikofreie Zins beträgt 10 Prozent per Annum und der Wechselkurs hat eine Volatilität von 4 Prozent per Annum. In dem Fall ist S = 0,79, X = 0,80, r = 0,06, r_f = 0,10, σ = 0,04 und T = 0,75. Für die Baumkonstruktion wird die Laufzeit der Option in dreimonatige Perioden aufgeteilt, so dass Δt = 0,25. In jedem Zweig werden die Wahrscheinlichkeiten gleich 0,5 gesetzt und

$$u = e^{(0,06-0,10-0,0016/2)0,25 + 0,04\sqrt{0,25}} = 1,0098$$

$$d = e^{(0,06-0,10-0,0016/2)0,25 - 0,04\sqrt{0,25}} = 0,9703$$

Der Baum für den Devisenkurs ist in Abbildung 16.10 dargestellt. Der Baum ergibt einen Optionswert von 0,0016.

Monte Carlo Simulation

Binomial-Bäume können in Verbindung mit der *Monte Carlo Simulation* zur Bewertung von Derivativen verwendet werden. (Die Anwendung der Monte Carlo Simulation für das Risikomanagement wurde in den Kapiteln 14 und 15 erwähnt.) Sobald der Baum konstruiert ist, werden zufällige Stichprobenpfade gezogen. Statt sich vom Ende des Baumes zum Anfang durchzuarbeiten, arbeitet man sich nun vorwärts durch. Das grundlegende Verfahren funktioniert wie folgt. Am ersten Knoten wird eine Zufallszahl zwischen 0 und 1 gezogen. Liegt die Zahl zwischen 0 und p, wählt man den oberen Zweig; liegt sie zwischen p und 1, nimmt man den unteren Zweig. Dieses Verfahren wird am nächsten Knoten wiederholt, den man erreicht, und an

---

[3] Nur sehr selten (wenn die Bedingung σ < |(r − q)$\sqrt{\Delta t}$| erfüllt wird), führt der Baum von Cox, Ross und Rubinstein zu negativen Wahrscheinlichkeiten. Das hier beschriebene alternative Verfahren hat diesen Nachteil nicht.

allen nachfolgenden erreichten Knoten, bis man schließlich am Baumende anlangt. Dann wird der Payoff der Option für den Stichprobenpfad errechnet. Damit ist der erste Versuch beendet. Das gleiche Verfahren wird mehrmals wiederholt. Der Schätzwert des Optionswertes ergibt sich aus dem arithmetischen Mittelwert der Payoffs aus sämtlichen Versuchen, abgezinst um den risikofreien Zins.

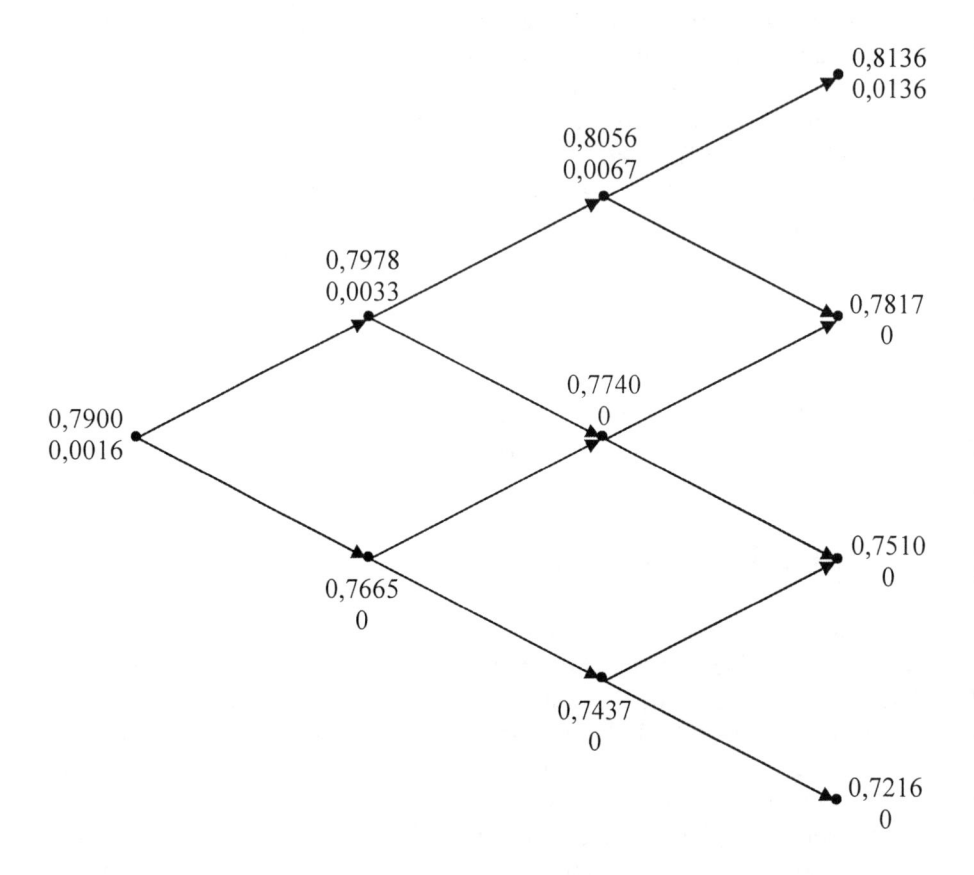

Abbildung 16.10: Binomial-Baum für eine amerikanische Kaufoption auf den Kanadischen Dollar. Die obere Zahl in den Knoten ist der Devisenkassakurs; die untere Zahl in den Knoten ist der Optionspreis. Sämtliche Wahrscheinlichkeiten betragen 0,5.

KAPITEL 16 Numerische Bewertung von Optionen mit Binomial-Bäumen 543

Die Monto Carlo Simulation, wie sie eben beschrieben wurde, ist nicht auf amerikanische Optionen anwendbar, da es keine Möglichkeit gibt, in Erfahrung zu bringen, ob bei Erreichen eines bestimmten Knotens eine vorzeitige Ausübung optimal ist. Man kann damit europäische Optionen bewerten, um die Formeln zur Preisbestimmung für diese Optionen zu prüfen. Man kann sie auch verwenden, um einige der in Kapitel 7 erwähnten exotischen Optionen zu bewerten – beispielsweise asiatische Optionen und Lookback Optionen.

Zusammenfassung

In diesem Kapitel wurde beschrieben, wie Optionen mit dem Binomial-Baum-Ansatz bewertet werden können. Wendet man diese Herangehensweise auf Aktienoptionen an, wird die Laufzeit der Option in eine Anzahl kleiner Intervalle mit der Länge Δt geteilt und angenommen, dass ein Aktienkurs zu Beginn eines Intervalls nur zu einer von zwei alternativen Aktienkursen am Ende des Intervalls führen kann. Die erste Alternative ist eine Aufwärtsbewegung des Aktienkurses; die zweite Alternative ist eine Abwärtsbewegung.

Die Größe der Aufwärts- und Abwärtsbewegungen und ihre assoziierten Wahrscheinlichkeiten werden so gewählt, dass die Veränderung des Aktienkurses den richtigen arithmetischen Mittelwert und die richtige Standardabweichung für eine risikoneutrale Welt hat. Der Optionspreis wird errechnet, indem man am Ende des Baumes beginnt und sich rückwärts durcharbeitet. Am Ende des Baumes ist der Preis der Option gleich ihrem intrinsischen Wert. In den früheren Knoten des Baumes ist der Wert einer Option, wenn es eine amerikanische ist, der größere der beiden folgenden Werte:

1. Der Wert, den sie bei sofortiger Ausübung hat

2. Der Wert, den sie hat, wenn sie eine weitere Periode von der Länge Δt gehalten wird

Wenn sie in einem Knoten ausgeübt wird, ist der Wert der Option gleich ihrem intrinsischen Wert. Wird sie eine weitere Periode von der Länge Δt gehalten, ist der Wert der Option gleich ihrem erwarteten Wert am Ende der Periode Δt, abgezinst mit dem risikofreien Zins.

Delta, Gamma und Theta können direkt aus den Werten der Option in den verschiedenen Knoten des Baumes geschätzt werden. Vega kann geschätzt werden, indem die Volatilität leicht verändert und der Optionswert mittels eines ähnlichen Baumes neu berechnet wird. Rho kann geschätzt werden, indem der Zins leicht verändert und der Baum neu berechnet wird.

Das Binomial-Baum-Verfahren lässt sich leicht auf Optionen auf Aktien mit kontinuierlichen Dividendenrenditen erweitern. Da man Aktienindizes, Devisen und die meisten Futureskontrakte analog einer Aktie mit kontinuierlicher Rendite betrachten kann, kann das Binomial-Modell auch für die Bewertung von Optionen auf diese Vermögenswerte verwendet werden.

Wenn das Binomial-Baum-Verfahren verwendet wird, um Optionen auf eine Aktie, die bekannte Dollar-Dividenden abwirft, zu bewerten, ist es bei der Modellierung des Aktienkurses zweckdienlich, den Gegenwartswert der in der Optionslaufzeit anfallenden künftigen Dividenden vom Aktienkurs zu subtrahieren. Dadurch bleibt die Anzahl der Knoten des Baumes überschaubar.

Die Berechnungseffizienz des Binomial-Modells kann durch die Verwendung des Control-Variate Verfahrens verbessert werden. Bei diesem Verfahren werden die betrachtete amerikanische Option und die korrespondierende europäische Option unter Verwendung des gleichen Baumes bewertet. Der Fehler beim Preis der europäischen Option wird als Schätzwert für den Fehler des amerikanischen Optionspreises benutzt.

Binomial-Bäume lassen sich in Verbindung mit der Monte Carlo Simulation verwenden. Diese Technik ist vor allem für die Bewertung von Optionen nützlich, die keine standardmäßigen Payoffs aufweisen.

Weitere Literatur

Über Binomial-Bäume

Boyle, P. P. „A Lattice Framework for Option Pricing with Two-State Variables", *Journal of Financial and Quantitative Analysis* 23 (March 1988): 1-12.

Cox, J., S. Ross und M. Rubinstein. „Option Pricing: A Simplified Approach", *Journal of Financial Economics* 7 (October 1979): 229-264.

Hull, J. C. und A. White. „The Use of the Control Variate Technique in Option Pricing", *Journal of Financial and Quantitative Analysis* 23 (September 1988): 237-251.

Rendleman, R. und B. Bartter. „Two-State Option Pricing", *Journal of Finance* 34 (1979): 1092-1110.

Über andere Verfahren

Barone-Adesi, G. und R. E. Whaley. „Efficient Analytic Approximation of American Option Values", *Journal of Finance* 42 (June 1987): 301-320.

Boyle, P. P. „Options: a Monte Carlo Approach", *Journal of Financial Economics* 4 (1977): 323-338.

Brennan, M. J. und E. S. Schwartz. „Finite Difference Methods and Jump Processes Arising in the Pricing of Contingent Claims: A Synthesis", *Journal of Financial and Quantitative Analysis* 13 (September 1978): 462-474.

Brennan, M. J. und E. S. Schwartz. „The Valuation of American Put Options", *Journal of Finance* 32 (May 1977): 449-462.

Courtadon, G. „A More Accurate Finite Difference Approximation for the Valuation of Options", *Journal of Financial and Quantitative Analysis* 17 (December 1982): 697-705.

Geske, R. und H. E. Johnson. „The American Put Valued Analytically", *Journal of Finance* 39 (December 1984): 1511-1524.

Hull. J. C. *Options, Futures, and Other Derivatives.* 3. Aufl. Englewood Cliffs, NJ: Prentice Hall, 1997.

Hull, J. C. und A. White. „Valuing Derivative Securities Using the Explicit Finite Difference Method", *Journal of Financial and Quantitative Analysis* 25 (March 1990): 87-100.

Johnson, H. E. „An Analytic Approximation to the American Put Price", *Journal of Financial and Quantitative Analysis* 18 (March 1983): 141-148.

Macmillan, L. W. „Analytic Approximation for the American Put Option", *Advances in Futures and Options Research* 1 (1986): 119-139.

Schwartz, E. S. „The Valuation of Warrants: Implementing a New Approach", *Journal of Financial Economics* 4 (1977): 79-94.

Testfragen

1. Was kann man mit der Konstruktion eines einzigen Baumes für eine amerikanische Option schätzen: Delta, Gamma, Vega, Theta, Rho?

2. Berechnen Sie den Preis einer dreimonatigen amerikanischen Verkaufsoption auf eine dividendenlose Aktie, wenn der Aktienkurs bei 60 $ liegt, der Basispreis 60 $ beträgt, der risikofreie Zins 10 Prozent per Annum und die Volatilität 45 Prozent per Annum. Verwenden Sie einen Binomial-Baum mit einem Zeitintervall von einem Monat.

3. Erläutern Sie, wie das Control-Variate Verfahren implementiert wird.

4. Berechnen Sie den Preis einer neunmonatigen amerikanischen Kaufoption auf Mais Futures, wenn der aktuelle Futurespreis 198 Cents ist, der Basispreis 200 Cents, der risikofreie Zins 8 Prozent per Annum und die Volatilität 30 Prozent per Annum. Verwenden Sie einen Binomial-Baum mit Zeitintervallen von drei Monaten.

5. Betrachten Sie einen Option, die den Betrag auszahlt, um den der finale Aktienkurs den durchschnittlichen Aktienkurs während der Optionslaufzeit übersteigt. Lässt sich der Wert ermitteln, indem man sich wie in Abbildung 16.3 rückwärts durch den Baum arbeitet?

6. „Ein Baum für einen Aktienkurs kombiniert neu, wenn die Aktie eine Dividende abwirft. Der Baum kombiniert aber nicht neu, wenn der Gegenwartswert der künftigen Dividenden vom Aktienkurs subtrahiert wird." Erläutern Sie diese Aussage.

7. Erläutern Sie, warum die Monte Carlo Simulation nicht zur Bewertung amerikanischer Optionen verwendet werden kann.

Fragen und Probleme

1. Eine neunmonatige amerikanische Verkaufsoption auf eine dividendenlose Aktie hat einen Basispreis von 49 $. Der Aktienkurs liegt bei 50 $, der risikofreie Zins beträgt 5 Prozent per Annum und die Volatilität 30 Prozent per Annum. Berechnen Sie anhand eines dreistufigen Binomial-Baumes den Optionspreis.

2. Berechnen Sie anhand eines Baumes mit drei Zeitstufen eine neunmonatige amerikanische Kaufoption auf Weizen Futures. Der aktuelle Futurespreis beträgt 400 Cents, der Basispreis 420 Cents, der risikofreie Zins 6 Prozent per Annum und die Volatilität 30 Prozent per Annum. Schätzen Sie das Delta der Option anhand Ihres Baumes.

3. Eine amerikanische Verkaufsoption auf den Verkauf von Schweizer Franken gegen Dollar hat einen Basispreis von 0,80 $ und eine Laufzeit von einem Jahr. Die Volatilität des Schweizer Franken beträgt 10 Prozent, der Zins des US-Dollars beträgt 6 Prozent, der Zins des Schweizer Franken 3 Prozent und der aktuelle Wechselkurs liegt bei 0,81. Bewerten Sie die Option anhand eines Baumes mit drei Zeitstufen. Schätzen Sie anhand ihres Baumes das Delta der Option.

4. Eine dreimonatige amerikanische Kaufoption auf eine Aktie hat einen Basispreis von 20 $. Der Aktienkurs liegt bei 20 $, der risikofreie Zins beträgt 3 Prozent per Annum und die Volatilität 25 Prozent per Annum. In 1,5 Monaten wird eine Dividende von 2 $ erwartet. Berechnen Sie anhand eines dreistufigen Binomial-Baumes den Optionspreis.

5. Eine zweimonatige amerikanische Verkaufsoption auf den Major Market Index hat einen Basispreis von 480. Das aktuelle Niveau des Index ist 484, der risikofreie Zins beträgt 10 Prozent per Annum, die Dividendenrendite des Index liegt bei 3 Prozent per Annum und die Volatilität des Index beträgt 25 Prozent per Annum. Teilen Sie die Laufzeit der Option in vier halbmonatliche Perioden und berechnen Sie anhand eines Binomial-Baumes den Wert der Option.

6. Wie würden Sie das Control-Variate Verfahren anwenden, um den Delta-Schätzwert einer amerikanischen Option zu verbessern, wenn das Binomial-Baum-Verfahren verwendet wird?

7. Wie würden Sie das Binomial-Baum-Verfahren anwenden, um eine amerikanische Option auf einen Aktienindex zu bewerten, wenn die Dividendenrendite des Index eine Funktion der Zeit ist?

# Kapitel 17 Systematische Fehler im Black-Scholes-Modell

Seit der Veröffentlichung des bahnbrechenden Papers von Black und Scholes im Jahr 1973 ist das Interesse an einer Weiterentwicklung ihres Modells und an der Identifizierung von Unterschieden zwischen den mit ihrem Modell ermittelten und den am Markt beobachteten Preisen groß. Es wurden mehrere Alternativen zu Black-Scholes vorgeschlagen und viele empirische Untersuchungen durchgeführt. In diesem Kapitel werden diese Entwicklungen vorgestellt. Es werden vier verschiedene Situationen gezeigt, in denen das Black-Scholes-Modell nicht korrekt ist, in jedem dieser Fälle wird die Ursache des Fehlers für die Preisbestimmung untersucht. Es wird gezeigt, wie sich die wirkliche Welt tendenziell von der Aktien- und Devisenwelt im Black-Scholes-Modell unterscheidet. Außerdem wird gezeigt, wie Praktiker vorgehen, um die Mängel des Black-Scholes-Modells zu korrigieren.

Abweichungen von der Log-Normalität

Wie in Kapitel 11 erläutert wurde, geht das Black-Scholes-Modell davon aus, dass der Preis des Vermögenswertes zu einem künftigen Zeitpunkt, abhängig vom heutigen Wert, log-normal ist. Äquivalent geht das Modell davon aus, dass die kontinuierlich verzinste Rendite des Vermögenswertes in jedem gegebenen Zeitintervall normalverteilt ist. Tests über die Preisbildung von Optionen zeigen häufig, dass die Preisbestimmung für Im-Geld- und Aus-dem-Geld-Optionen im Verhältnis zu Am-Geld-Optionen anscheinend fehlerhaft ist. Das heißt, die Volatilität, mit der die Black-Scholes-Gleichung die Preise für die Am-Geld-Optionen korrekt bestimmt, ist der Grund dafür, dass die Preise für Im-Geld- und Aus-dem-Geld-Optionen falsch bestimmt werden. Diese Fehler bei der Preisbestimmung lassen sich durch Unterschiede zwischen der im Black-Scholes angenommenen log-normalen Verteilung und der tatsächlichen Verteilung erklären.

Abbildung 17.1 zeigt vier mögliche Situationen, in denen sich die tatsächliche Verteilung des Vermögenswertpreises von der log-normalen Verteilung unterscheidet, aber trotzdem das gleiche arithmetische Mittel und die gleiche Standardabweichung für die Rendite des Vermögenswertes angibt. Die Charakteristika der Verteilungen sind in Tabelle 17.1 zusammengefasst. In Abbildung 17.1a sind beide Abschnittsenden der tatsächlichen Verteilung dün-

KAPITEL 17 Systematische Fehler im Black-Scholes-Modell 549

ner als die der log-normalen Verteilung. In Abbildung 17.1b ist das rechte Ende dünner und das linke Ende dicker. In Abbildung 17.1c ist das rechte Ende dicker und das linke Ende dünner. In Abbildung 17.1d sind beide Enden dicker.

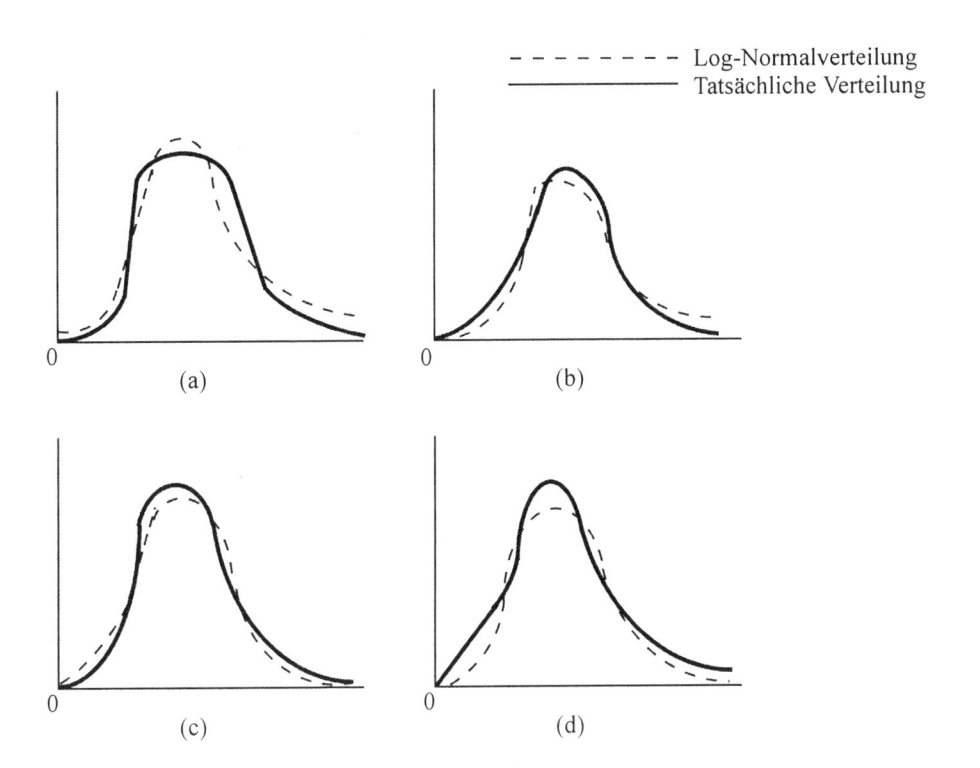

Abbildung 17.1: Alternative Verteilungen des Vermögenswertpreises. Die gestrichelte Linie zeigt die log-normale Verteilung; die durchgezogene Linie zeigt die tatsächliche Verteilung. Alle Verteilungen haben das gleich arithmetische Mittel und die gleiche Standardabweichung.

Die tatsächlichen Verteilungen in Abbildung 17.1 entstehen aus der lognormalen Verteilung, indem man aus einigen Regionen Wahrscheinlichkeitsmasse entfernt und dergestalt in andere Regionen transferiert, dass insgesamt das arithmetische Mittel und die Standardabweichung der Renditen beibehalten werden. Beispielsweise wurde in Abbildung 17.1d beiden Ende und dem Mittelteil der Verteilung Wahrscheinlichkeitsmasse hinzugefügt.

Ausgeglichen wurde dies, indem man an den Stellen der Verteilung, die ungefähr zwischen einer und zwei Standardabweichungen vom arithmetischen Mittel liegen, Wahrscheinlichkeitsmasse entfernte.

Tabelle 17.1: Systematische Fehler, die mit den alternativen Verteilungen des Aktienkurses in Abbildung 17.1 korrespondieren

Verteilung	*Charakteristika*	*Systematische Fehler*
Abbildung 17.1a	Beide Enden dünner	Black-Scholes überbewertet Calls und Puts, die aus dem Geld und im Geld sind.
Abbildung 17.1b	Linkes Ende dicker, rechtes Ende dünner	Black-Scholes überbewertet Aus-dem-Geld-Calls und Im-Geld-Puts und unterbewertet Aus-dem-Geld-Puts und Im-Geld-Calls.
Abbildung 17.1c	Linkes Ende dünner, rechtes Ende dicker	Black-Scholes überbewertet Aus-dem-Geld-Puts und Im-Geld-Calls und unterbewertet Im-Geld-Puts und Aus-dem-Geld-Calls.
Abbildung 17.1d	Beide Enden dicker	Black-Scholes unterbewertet Calls und Puts, die aus dem Geld und im Geld sind.

AUSWIRKUNG AUF OPTIONSPREISE

Als nächstes wird der Unterschied zwischen dem richtigen Optionspreis und dem Black-Scholes-Preis in diesen vier Situationen betrachtet. Dieser Unterschied wird mitunter auch als *systematischer Fehler* bezeichnet. Als erstes wird eine Kaufoption betrachtet, die signifikant aus dem Geld ist. Sie hat nur dann einen positiven Wert, wenn der Preis des Vermögenswertes stark ansteigt. Ihr Wert hängt somit allein vom rechten Ende der Verteilung des Schlusspreises des Vermögenswertes ab. Je dicker dieses Ende, desto wertvoller die Option. Folglich wird Black-Scholes bei einer Verteilung des Vermögenswertpreises wie in den Abbildungen 17.1c und 17.1d Aus-dem-Geld-Kaufoptionen tendenziell unterbewerten und bei einer Verteilung des Vermögenswertpreises wie in den Abbildungen 17.1a und 17.1b Aus-dem-Geld-Kaufoptionen tendenziell überbewerten.

Als nächstes wird eine Verkaufsoption betrachtet, die signifikant aus dem Geld ist. Sie hat nur dann einen positiven Wert, wenn der Vermögenswertpreis stark fällt. Ihr Wert hängt somit allein vom linken Ende der Verteilung des Schlusspreises des Vermögenswertes ab. Je dicker dieses Ende, desto wertvoller die Option. Folglich wird Black-Scholes Aus-dem-Geld-Verkaufsoptionen wie in den Abbildungen 17.1b und 17.1d tendenziell unterbewerten und Aus-dem-Geld-Verkaufsoptionen wie in den Abbildungen 17.1a und 17.1c tendenziell überbewerten.

Die systematischen Fehler für europäische Im-Geld-Optionen kann man mit der Put-Call-Parität bekommen. Wenn S der Preis des Vermögenswertes, X der Basispreis, r der risikofreie Zins, T die Laufzeit, c der Preis einer europäischen Kaufoption, p der Preis einer europäischen Verkaufsoption und q die Dividendenrendite ist, dann ist

$$p + Se^{-qT} = c + Xe^{-rT}$$

Diese Beziehung ist unabhängig von der Schlusskursverteilung. Ist die europäische Kaufoption mit dem Preis c aus dem Geld, dann ist die korrespondierende europäische Verkaufsoption mit dem Preis p im Geld et vice versa. Folglich muss eine europäische Im-Geld-Verkaufsoption die gleichen systematischen Fehler bei der Preisbestimmung aufweisen wie die korrespondierende europäische Aus-dem-Geld-Kaufoption. Ähnlich muss eine europäische Im-Geld-Kaufoption die gleichen systematischen Fehler bei der Preisbestimmung aufweisen wie die korrespondierende europäische Aus-dem-Geld-Verkaufsoption. Die systematischen Fehler sind wie in Tabelle 17.1 aufgezeigt.

Aktien

Wegen der Hebelwirkung auf die Volatilität der Aktien eines Unternehmens weisen Aktien tendenziell ein Muster wie in Abbildung 17.1b auf. Mit zunehmender Hebelwirkung wird das Eigenkapital risikobehafteter und seine Volatilität steigt. Mit abnehmender Hebelwirkung verliert auch das Eigenkapital an Risiko und seine Volatilität sinkt.

Angenommen der gesamte Marktwert des Eigenkapitals eines Unternehmens ist E. Mit sinkendem E wird ein größerer Anteil des Unternehmens über Schulden finanziert, mit dem Ergebnis, dass die Volatilität von E steigt. Mit steigendem E wird ein kleinerer Anteil des Unternehmens über Schulden finanziert, mit dem Ergebnis, dass die Volatilität von E sinkt.

Black-Scholes nimmt eine konstante Volatilität an. Das gerade gelieferte Argument zeigt, dass man von einer negativen Korrelation zwischen der Volatilität eines Aktienkurses und dem Kurs ausgehen kann. Steigt der Aktienkurs, sinkt die Volatilität tendenziell, wodurch es unwahrscheinlicher wird, dass der Aktienkurs sehr hoch steigt. Sinkt der Aktienkurs, steigt die Volatilität tendenziell, wodurch es wahrscheinlicher wird, dass der Aktienkurs sehr niedrig wird. Die Situation in Abbildung 17.1b entspricht diesem Ergebnis.

Nach der Diskussion im obigen Abschnitt kann man davon ausgehen, dass Black-Scholes tendenziell Aus-dem-Geld-Kaufoptionen auf Aktien und Im-Geld-Verkaufsoptionen auf Aktien überbewertet. Außerdem ist zu erwarten, dass Black-Scholes Aus-dem-Geld-Verkaufsoptionen und Im-Geld-Kaufoptionen unterbewertet. Diese systematischen Fehler sollten für einzelne Aktien sowie für Aktienindizes gelten.

Wechselkurse

Wechselkurse weisen tendenziell das in Abbildung 17.1d gezeigte Muster auf. Extreme Schwankungen des Wechselkurses sind wahrscheinlicher, als das log-normale Modell von Black-Scholes vorhersagen würde. Ein Grund dafür ist, dass die Volatilität eines Wechselkurses an sich hochvolatil und die Korrelation zwischen dem Wechselkurs und seiner Volatilität nahe null ist. (Letzteres steht in deutlichem Kontrast zu der oben diskutierten Situation der Aktien.) Das Ergebnis ist, dass sowohl das linke als auch das rechte Ende der Wahrscheinlichkeitsverteilung dick sind wie in Abbildung 17.1 d.

Ein weiterer Grund, warum Wechselkurse ein Muster wie in Abbildung 17.1d aufweisen, betrifft ihre tendenzielle Sprunghaftigkeit. Das log-normale Modell für die Wechselkurse basiert auf der Annahme, dass sich die Wechselkursvariable kontinuierlich verändert. Sprünge führen dazu, dass die Wahrscheinlichkeit extremer Ergebnisse zunimmt.

Die Auswirkung der Verteilung in Abbildung 17.1d ist, dass Black-Scholes tendenziell Kauf- und Verkaufsoptionen, die beide signifikant aus dem Geld und im Geld sind, unterbewertet.

Die Wirkung der Laufzeit

Eine wichtige Frage lautet, ob systematische Fehler bei der Preisbestimmung zu- oder abnehmen, wenn die Laufzeit der Option steigt. Als Regel gilt, dass Preisbestimmungsfehler durch eine nichtkonstante Volatilität mit steigender Optionslaufzeit zunehmen. Eine nichtkonstante Volatilität hat eine relativ geringe Wirkung, wenn die Laufzeit kurz ist, aber ihre Wirkung steigt mit zunehmender Laufzeit der Option. Der Grund ist leicht zu verstehen. So wie die Standardabweichung der Aktienkursverteilung zunimmt, je weiter in die Zukunft gegangen wird, so nehmen auch die durch Volatilitätsunsicherheiten verursachten Verzerrungen dieser Verteilung zu, je weiter der Zeithorizont ist.

Sprünge sind insofern etwas anders, als dass sie bei kurzer Optionslaufzeit proportional stärkere Auswirkungen haben. Ist der Zeithorizont groß genug, gleichen sich Sprünge tendenziell aus, so dass sich eine Verteilung mit sprunghaften Aktienkursen fast nicht mehr unterscheidet von einer auf stetigen Veränderungen basierenden Verteilung.

Wenn ein einzelner großer Sprung antizipiert wird

Als nächstes wird eine Situation betrachtet, in der in naher Zukunft ein einzelner großer Sprung im Aktienkurs antizipiert wird. Der antizipierte Sprung könnte das Ergebnis einer wichtigen Ankündigung sein. Im Fall des Aktienkurses könnte sie das Ergebnis einer Übernahmeversuchs oder das Gerichtsurteil in einem wichtigen Verfahren sein.

Angenommen der Aktienkurs liegt aktuell bei 50 $ und von einer wichtigen Ankündigung in einem Monat wird erwartet, dass durch sie der Aktienkurs entweder um 8 $ steigt oder um 8 $ fällt. Die Wahrscheinlichkeitsverteilung des Aktienkurses in, sagen wir, zwei Monaten könnte dann aus zwei sich gegenseitig überlagernden log-normalen Verteilungen bestehen, wobei die erste mit den positiven Neuigkeiten in einem Monat korrespondiert und die andere mit den negativen Neuigkeiten. Die Situation ist in Abbildung 17.2 veranschaulicht. Die durchgezogene Gerade zeigt die tatsächliche Aktienkursverteilung in zwei Monaten; die gestrichelte Gerade zeigt die lognormale Verteilung mit der gleichen Standardabweichung wie die tatsächliche Verteilung.

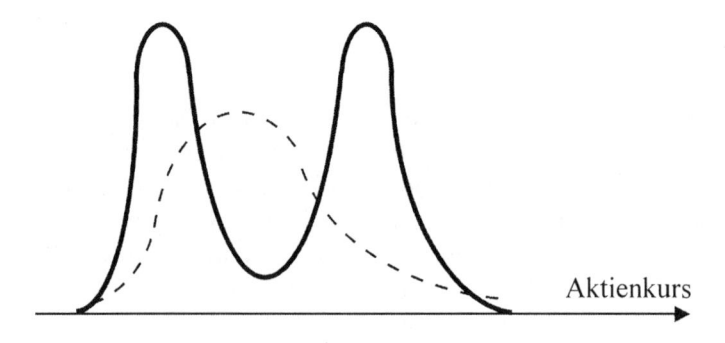

Abbildung 17.2: Auswirkung eines einzelnen großen Sprungs. Die durchgezogene Gerade zeigt die tatsächliche Aktienkursverteilung in zwei Monaten; die gestrichelte Gerade zeigt die log-normale Verteilung.

Die tatsächliche Wahrscheinlichkeitsverteilung in Abbildung 17.2 ist bimodal. Eine einfache Möglichkeit, die allgemeine Auswirkung einer bimodalen Aktienkursverteilung zu untersuchen, ist, den extremen Fall der Binomialverteilung zu betrachten. Diese Möglichkeit soll nun näher betrachtet werden.

Angenommen der Aktienkurs liegt aktuell bei 50 $ und es ist bekannt, dass er in einem Monat entweder bei 42 $ oder 58 $ liegt. Weiter sei angenommen, dass der risikofreie Zins 12 Prozent per Annum beträgt. Die Situation ist in Abbildung 17.3 dargestellt. Das Problem kann mit einem Ansatz ähnlich dem in Kapitel 10 entwickelten angegangen werden. Im Durchschnitt muss der Aktienkurs in einer risikoneutralen Welt von 50 $ auf $50e^{0,12 \times 0,0833}$ = 50,50 $ wachsen. Somit muss in einer risikoneutralen Welt die Wahrscheinlichkeit einer Aufwärtsbewegung, p, folgende Gleichung erfüllen

$$58p + 42(1 - p) = 50,50$$

Das bedeutet, dass p = 0,53 ist. Die Standardabweichung der Aktienkursveränderung in einem Monat beträgt 8,0. Die Volatilität je Monat beträgt somit 8/50 = 16 Prozent, die jährliche Volatilität beträgt näherungsweise $16\sqrt{12}$ = 55 Prozent.

Tabelle 17.2 zeigt die Preise von Kauf- und Verkaufsoptionen, die auf Basis des einstufigen Binomialmodells berechnet wurden. Tabelle 17.3 zeigt die Volatilitäten, die sich bei Anwendung des Black-Scholes-Modells aus den Preisen in Tabelle 17.2 ergeben. (Mit der Put-Call-Parität lässt sich zeigen, dass die Volatilitäten, die sich implizit aus den Preisen der Kaufoptionen ergeben, identisch sein müssen mit den Volatilitäten, die sich implizit aus den Preisen der Verkaufsoptionen ergeben.) Würde man für die ganze Bandbreite der Basispreise die gleiche Volatilität nehmen, ist klar, dass Black-Scholes Optionen, die sehr tief im Geld und sehr tief aus dem Geld sind, signifikant überbewerten und Optionen, die relativ nahe am Geld sind, unterbewerten würde.

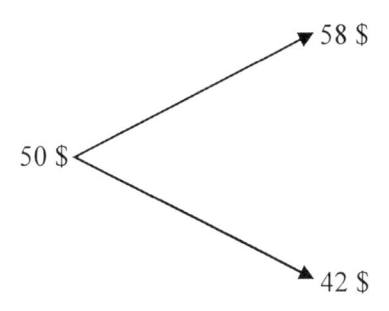

```
            58 $
           ↗
    50 $ ←
           ↘
            42 $
```

Abbildung 17.3: Veränderung des Aktienkurses in einem Monat

Das Black-Scholes Modell in der Praxis

Aus den bisherigen Diskussionen in diesem Kapitel sollte hervorgegangen sein, dass Black-Scholes keine perfekte Beschreibung der realen Welt liefert. Aktienkurse und Preise anderer Vermögenswerte verhalten sich viel komplizierter als eine geometrische Brownsche Bewegung. Warum also verwenden Praktiker Black-Scholes trotzdem immer noch?

Ein Grund ist die einfache Anwendbarkeit des Modells. Es gibt nur einen Parameter, der nicht direkt am Markt beobachtbar ist. Das ist die Volatilität. Die Praktiker können in einer unzweideutigen Art Volatilitäten aus den Optionspreisen und Optionspreise aus den Volatilitäten ableiten. Komplizierte Modelle haben im allgemeinen mehrere unbeobachtbare Parameter, und ihre Anwendbarkeit ist weniger einfach.

Ein weiterer Grund für die Beliebtheit von Black-Scholes ist der, dass Praktiker „Geschäftstricks" entwickelt haben, um die Unvollkommenheiten zu überlisten. Der Rest dieses Kapitels liefert einen kleinen Überblick über diese Tricks.

Tabelle 17.2: Mit dem einstufigen Binomialmodell errechnete Optionspreise

Basispreis ($)	Preis der Kaufoption ($)	Preis der Verkaufsoption ($)
42	8,42	0,00
44	7,37	0,93
46	6,31	1,86
48	5,26	2,78
50	4,21	3,71
52	3,16	4,64
54	2,10	5,57
56	1,05	6,50
58	0,00	7,42

Tabelle 17.3: Implizite Volatilitäten, wenn Black-Scholes angewendet wird und die tatsächliche Verteilung des Aktienkurses binomial ist

Basispreis ($)	Implizite Volatilität (% je Jahr)
42	0,0
44	58,8
46	66,6
48	69,5
50	69,2
52	66,1
54	60,0
56	49,0
58	0,0

VOLATILITÄTS-SMILE

Häufig berechnen Praktiker den *Volatilitäts-Smile*. Das ist das Diagramm für die implizite Volatilität einer Option als Funktion ihres Basispreises. Ein typischer Volatilitäts-Smile für Optionen auf eine Währung ist in Abbildung 17.4 dargestellt. Aus-dem-Geld- und Im-Geld-Optionen haben tendenziell höhere implizite Volatilitäten als Am-Geld-Optionen.[1] Höhere implizite Volatilitäten korrespondieren mit höheren Preisen. Somit ist Abbildung 17.4 konsistent mit Abbildung 17.1d und unserer obigen Diskussion über Wechselkurse.

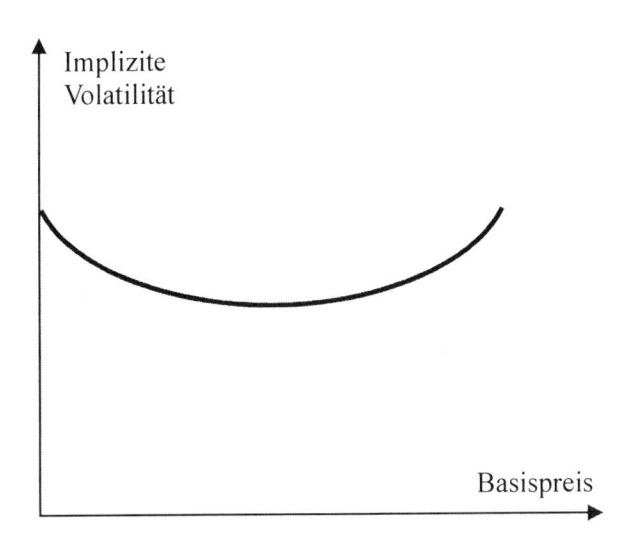

Abbildung 17.4: Volatilitäts-Smile für Währungsoptionen

Abbildung 17.5 zeigt die impliziten Volatilitäten für Optionen auf den S&P 500 vom 5. Mai 1993 als Funktion des Basispreises. Das ist mehr eine „Grimasse" denn ein Smile (Lächeln) und ist typisch für das Muster, das bei Aktien beobachtet wird. Es ist konsistent mit Abbildung 17.1b und unserer obigen Diskussion über Aktien. Bei Optionen mit niedrigem Basispreis sind die impliziten Volatilitäten größer als bei Optionen mit hohem Basispreis.

VOLATILITÄTS-FRISTENSTRUKTUR

Praktiker berechnen auch gerne die *Volatilitäts-Fristenstruktur*. Das ist ein Diagramm mit der Variation der impliziten Volatilität in Abhängigkeit von

---

[1] Für diesen Zweck ist es angemessen, eine Am-Geld-Option als eine Option zu definieren, deren Basispreis gleich dem Forwardpreis des Vermögenswertes ist.

der Restlaufzeit der Option. Abbildung 17.6 zeigt die Volatilitäts-Fristenstruktur für Optionen auf den S&P 500 vom 5. Mai 1993. Man kann sehen, dass die implizite Volatilität zu dieser Zeit eine steigende Funktion der Optionslaufzeit war.

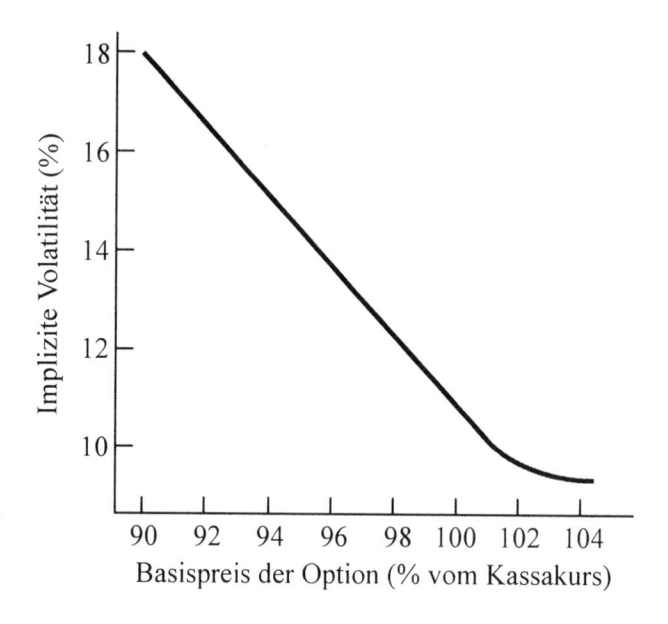

Abbildung 17.5: Volatilitäts-Smile für Optionen auf den S&P 500 vom 5. Mai 1993

Quelle: E. Derman und I. Kani, „The Volatility Smile and Its Implied Tree", Quantitative Strategies Publications, Goldman Sachs, Januar 1994.

VOLATILITÄTS-MATRIZEN

Eine allgemeine Herangehensweise, um mit den Unvollkommenheiten in Black-Scholes umzugehen, ist die Konstruktion einer Matrix aus impliziten Volatilitäten. Tabelle 17.4 zeigt ein Beispiel.[2] Der Basispreis bildet eine Dimension der Matrix; die Laufzeit bildet eine andere Dimension. Der Hauptkörper der Matrix zeigt die mit dem Black-Scholes-Modell errechne-

---

[2] Für Tabelle 17.4 könnte Am Geld als Forwardpreis des Basisobjektes definiert werden.

KAPITEL 17 Systematische Fehler im Black-Scholes-Modell   559

ten impliziten Volatilitäten. Zu jedem gegebenen Zeitpunkt dürften einige Einträge in der Matrix mit Optionen korrespondieren, für die es verlässliche Marktdaten gibt. Die Volatilitäten dieser Optionen werden direkt anhand ihrer Marktpreise berechnet und in die Tabelle eingetragen. Der Rest der Matrix wird mittels linearer Interpolation bestimmt.

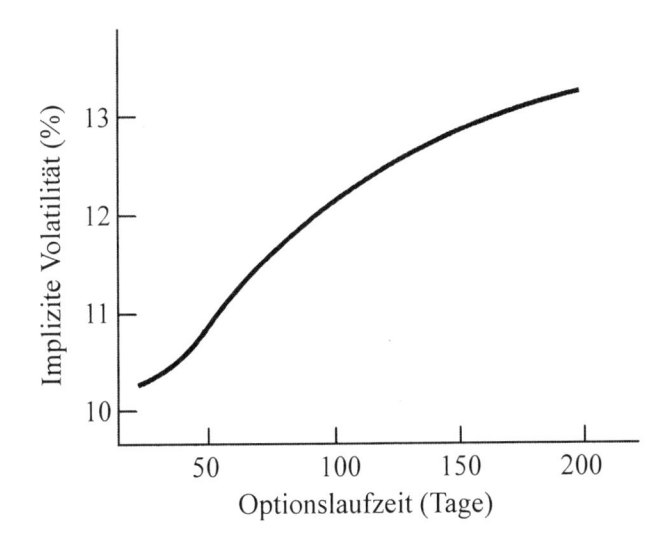

Abbildung 17.6: Volatilitäts-Fristenstruktur für Optionen auf den S&P 500 vom 5. Mai 1993

Quelle: E. Derman und I. Kani, „The Volatility Smile and Its Implied Tree", Quantitative Strategies Publications, Goldman Sachs, Januar 1994.

Wenn eine neue Option bewertet werden muss, sehen Praktiker die entsprechende Volatilität in der Tabelle nach. Beispielsweise würden Praktiker bei einer neunmonatigen Option mit einem Basispreis, der eine Standardabweichung unter dem Am-Geld-Basispreis liegt, zwischen 13,5 und 14,8 interpolieren, um eine Volatilität von 14,15 Prozent zu bekommen. Das ist die Volatilität, die man für die Black-Scholes-Formel oder die Konstruktion eines Binomialbaumes verwenden würde.

Tabelle 17.4: Volatilitäts-Matrix

	AG minus 2 SA*	AG minus 1 SA	AG	AG plus 1 SA	AG plus 2 SA
einmonatig	14,2	13,0	12,0	12,8	13,6
dreimonatig	14,2	13,0	12,0	12,8	13,6
sechsmonatig	14,7	13,5	12,5	13,3	14,1
einjährig	15,9	14,8	13,5	14,5	15,5
zweijährig	16,6	15,3	14,0	15,0	16,0
fünfjährig	16,6	15,5	14,4	15,2	16,0

*AG = Am Geld; SA = Standardabweichung

DIE ROLLE DES MODELLS

Wie wichtig ist das Preismodell, wenn Praktiker darauf eingestellt sind, für jedes Geschäft eine andere Volatilität anzuwenden? In der Praxis ist ein Optionspreismodell oft nicht mehr als ein Werkzeug, um die Umgebung der Volatilität zu verstehen und um die Preise für illiquide Wertpapiere in Konsistenz mit den Marktpreisen lebhaft gehandelter Wertpapiere zu bestimmen. Würden die Praktiker Black-Scholes aufgeben und statt dessen zu einem plausibleren Modell wechseln, würden sich die Volatilitätenmatrix und die Smile-Form verändern. Aber die am Markt notierten Preise würden sich zweifelsohne nicht merklich ändern.

Empirische Forschung

Bei der Durchführung empirischer Analysen, um Black-Scholes und andere Optionspreismodelle zu testen, entstehen eine Reihe von Problemen.[3] Das erste Problem ist, dass jede statistische Hypothese darüber, wie Preise für Optionen bestimmt werden, dahingehend eine Gemeinschaftshypothese sein muss, dass (1) die Optionspreisformel korrekt ist und (2) Märkte effizient sind. Wird die Hypothese zurückgewiesen, kann es sein, dass (1) unrichtig ist, (2) unrichtig ist oder (1) und (2) unrichtig sind. Ein zweites Problem ist, dass die Aktienkursvolatilität eine nichtbeobachtbare Variable ist. Eine Herangehensweise besteht darin, die Volatilität anhand historischer Aktien-

---

[3] Am Ende des Kapitels sind Literaturhinweise zu den Studien, die in diesem Abschnitt erwähnt werden.

KAPITEL 17 Systematische Fehler im Black-Scholes-Modell

kursdaten zu schätzen. Alternativ kann man unter Umständen auch implizite Volatilitäten verwenden. Ein drittes Problem der Forscher ist sicherzustellen, dass die Daten über den Aktienkurs und den Optionspreis synchron sind. Wenn eine Option beispielsweise schwach gehandelt wird, dann dürfte es wohl nicht akzeptabel sein, den Schlusspreis der Option mit dem Schlusskurs der Aktie zu vergleichen. Der Schlusspreis der Option kann bei einem Handel um 13.00 Uhr zustande gekommen sein, der Schlusskurs der Aktie bei einem Handel um 16.00 Uhr.

Black und Scholes sowie Galai haben getestet, ob es möglich ist, überschüssige Renditen oberhalb des risikofreien Zinses zu realisieren, indem man Optionen kauft, die der Markt (relativ zum theoretischen Preis) unterbewertet, und Optionen verkauft, die der Markt (relativ zum theoretischen Preis) überbewertet. Dabei wird angenommen, dass das Portefeuille zu allen Zeitpunkten risikofrei und Delta neutral ist, indem man, wie in Kapitel 14 beschrieben, die zugrundeliegenden Aktien auf regelmäßiger Basis handelt. Black und Scholes verwendeten Optionsdaten vom Freiverkehrsmarkt, an dem die Optionen Dividenden geschützt sind. Galai verwendete Daten von der Chicago Board Options Exchange (CBOE), an der die Optionen nicht gegen die Auswirkungen von Bardividenden geschützt sind. Galai wendete Blacks Verfahren, wie in Kapitel 11 beschrieben, an, um bei der Optionspreisbestimmung die Wirkung antizipierter Dividenden zu berücksichtigen. Beide Studien zeigten, dass in Abwesenheit von Transaktionskosten durch den Kauf unterbewerteter Optionen und den Verkauf überbewerteter Optionen signifikante Überschussrenditen über dem risikofreien Zins realisierbar waren. Es wäre aber möglich, dass diese Überschussrenditen nur von Market Makern realisiert werden können und dass sie verschwinden, wenn Transaktionskosten berücksichtig werden.

Andere Forscher haben entschieden, keine Annahmen über das Verhalten der Aktienkurse zu treffen, und haben getestet, ob man an den Optionsmärkten mit Arbitrage-Strategien risikolose Gewinne machen kann. Garman liefert ein sehr effizientes Berechnungsverfahren für das Aufspüren von Arbitrage-Möglichkeiten für jede gegebene Situation. In ihrer häufig zitierten Studie testen Klemkosky und Resnick, ob die Beziehung in Gleichung 8.9 jemals verletzt wird. Die Wissenschaftler kommen zu dem Ergebnis, dass bei Anwendung dieser Beziehung kleinere Arbitrage-Gewinne realisiert werden können. Diese Gewinne sind vor allem auf überbewertete amerikanische Kaufoptionen zurückzuführen.

Chiras und Manaster haben eine Studie durchgeführt, indem sie Daten der CBOE benutzten, um die gewichtete implizite Standardabweichung von

Optionen auf eine Aktie zu einem Zeitpunkt mit der aus historischen Daten errechneten Standardabweichung zu vergleichen. Sie haben entdeckt, dass die CBOE-Daten eine bessere Volatilitätsprognose über den Aktienkurs in der Optionslaufzeit liefern. Das erlaubt die Schlussfolgerung, dass die Optionshändler nicht nur historische Daten zur Bestimmung künftiger Volatilitäten verwenden. Chiras und Manaster haben auch getestet, ob es möglich ist, überdurchschnittliche Renditen durch den Kauf von Optionen mit niedrigen impliziten Standardabweichungen und den Verkauf von Optionen mit hohen impliziten Standardabweichungen zu erzielen. Mit dieser Strategie ließ sich ein Gewinn von monatlich 10 Prozent erzielen. Die Studie von Chiras und Manaster kann interpretiert werden als eine gute Unterstützung des Black-Scholes-Modells, während sie gleichzeitig der CBOE gewisse Ineffizienzen nachweist.

MacBeth und Merville testeten das Black-Scholes-Modell mit einem anderen Ansatz. Sie betrachteten verschiedene Kaufoptionen auf die gleiche Aktie zur gleichen Zeit und verglichen die Volatilitäten, die sich implizit durch die Optionspreise ergaben. Die gewählten Aktien waren AT&T, Avon, Kodak, Exxon, IBM und Xerox, die betrachtete Periode war das Jahr 1976. Sie entdeckten, dass die impliziten Volatilitäten der Im-Geld-Optionen tendenziell relativ hoch und der Aus-dem-Geld-Optionen tendenziell relativ niedrig waren. Eine relativ hohe implizite Volatilität deutet auf einen relativ hohen Optionspreis hin, eine relativ niedrige implizite Volatilität deutet auf einen relativ niedrigen Optionspreis hin. Wenn man also annimmt, dass Black-Scholes die Am-Geld-Optionen richtig bewertet, kann man schlussfolgern, dass Black-Scholes Aus-dem-Geld-Kaufoptionen überbewertet und Im-Geld-Kaufoptionen unterbewertet. Diese Effekte verstärken sich, wenn die Laufzeiten länger werden und wenn der Grad, mit dem die Option im oder aus dem Geld ist, zunimmt. Die Ergebnisse von MacBeth und Merville sind konsistent mit Abbildung 17.1b, Abbildung 17.5 sowie den obigen Argumenten über die Hebelwirkung. Die Ergebnisse wurden von Lauterbach und Schultz in einer späteren Studie über die Preisbestimmung von Warrants bestätigt.

Rubinstein hat ähnliche Forschungen angestellt wie MacBeth und Merville. Seine frühen Forschungen lassen zwar kein scharf umrissenes Muster erkennen, aber seine jüngsten Forschungen sind eindeutig konsistent mit Abbildung 17.1b und Abbildung 17.5. Ein Zitat aus seinem Paper von 1994 lautet: „Aus-dem-Geld-Verkaufsoptionen (und durch die Put-Call-Parität notgedrungen auch Im-Geld-Kaufoptionen) werden viel höher bewertet, was schließlich zu einer Situation wie in den Jahren 1990 bis 1992 (und heute) führte, in der Optionen mit niedrigem Basispreis signifikant höhere implizite Votalitäten als Optionen mit hohem Basispreis hatten." Wie oben in diesem Kapitel erwähnt, dürfte dieses Ergebnis auf die Hebelwirkung und die daraus resultierende negative Korrelation zwischen Volatilität und Aktienkurs zurückzuführen sein. Rubinstein spekuliert, dass ein weiterer Grund die Angst der Investoren vor einer Wiederholung des Crashs von 1987 sein könnte.

Eine Reihe von Autoren befassen sich mit der Preisbestimmung von Optionen auf Vermögenswerte, die keine Aktien sind. Shastri und Tandon sowie Bodurtha und Courtadon beispielsweise haben die Marktpreise von Währungsoptionen untersucht; in einem anderen Paper haben Shastri und Tandon die Marktpreise von Optionen auf Futures untersucht; Chance hat die Marktpreise von Optionen auf einen Index untersucht.

In den meisten Fällen reicht die fehlerhafte Preisbestimmung bei Black-Scholes nicht aus, um Investoren profitable Möglichkeiten zu eröffnen, wenn Transaktionskosten und Geld-Brief-Spannen berücksichtigt werden. Sucht man nach profitablen Möglichkeiten, ist es wichtig, daran zu denken, dass, selbst für einen Market Maker, einige Zeit zwischen der Identifizierung und der Einleitung einer Aktion verstreicht. Auch wenn es diese Verzögerung nur bis zum nächsten Handel gibt, kann sie ausreichen, um die profitable Möglichkeit zu eliminieren.

Zusammenfassung

Das Black-Scholes-Modell und seine Erweiterungen gehen davon aus, dass die Wahrscheinlichkeitsverteilung des Aktienkurses zu jedem gegebenen künftigen Zeitpunkt log-normal ist. Wenn diese Annahme nicht richtig ist, dürften die Preise, die anhand dieses Modells errechnet werden, systematische Fehler aufweisen. Ist der rechte Endabschnitt der tatsächlichen Verteilung dicker als der rechte Endabschnitt der log-normalen Verteilung, berechnet das Black-Scholes-Modell den Preis von Kaufoptionen aus dem Geld und Verkaufsoptionen im Geld tendenziell zu niedrig. Ist der linke Endabschnitt der tatsächlichen Verteilung dicker als der linke Endabschnitt der log-normalen Verteilung, berechnet das Black-Scholes-Modell den Preis von Aus-dem-Geld-Verkaufsoptionen und Im-Geld-Kaufoptionen tendenziell zu niedrig. Wenn die Endabschnitte gegenüber der log-normalen Verteilung zu dünn sind, lassen sich die umgekehrten systematischen Fehler beobachten.

Aufgrund der Hebelwirkung weisen Aktien im Vergleich zur log-normalen Verteilung tendenziell dicke linke Endabschnitte und dünne rechte Endabschnitte auf. Aufgrund der Wirkung der unsicheren Volatilität und der Sprünge des Wechselkurses weisen Devisen tendenziell dicke linke Endabschnitte und dicke rechte Endabschnitte auf.

Die Unvollkommenheiten von Black-Scholes werden von der Tatsache bezeugt, dass Praktiker den Volatilitätsparameter auf einer regelmäßigen Basis ändern müssen, damit die jüngsten Marktinformationen berücksichtigt werden. Die systematischen Fehler werden auch durch die Tatsache bezeugt, dass Praktiker und Wissenschaftler entdeckt haben, dass die impliziten Volatilitäten vom Basispreis (der Volatilitäts-Smile-Effekt) und von der Laufzeit (der Volatilitäts-Fristenstruktur-Effekt) abhängen. Trotz dieser Unvollkommenheiten werden das Black-Scholes-Modell und seine Erweiterungen noch immer gerne verwendet, um Optionen zu bewerten. Mit den Unvollkommenheiten des Modells geht man um, indem man Volatilitäts-Matrizen benutzt. Diese Matrizen werden anhand der letzten impliziten Volatilitätsdaten konstruiert und enthalten sowohl den Volatilitäts-Smile als auch die Volatilitäts-Fristenstruktur.

Weitere Literatur

Über alternative Modelle

Black, F. „How to Use the Holes in Black-Scholes", *RISK* 1, no. 4 (March 1988).

Black, F. und M. Scholes. „The Pricing of Options and Corporate Liabilities", *Journal of Political Economy* 81 (May-June 1973): 637-659.

Cox, J. C. und S. A. Ross. „The Valuation of Options for Alternative Stochastic Processes", *Journal of Financial Economics* 3 (March 1976): 145-160.

Cox, J. C., S. A. Ross und M. Rubinstein. „Option Pricing: A Simplified Approach", *Journal of Financial Economics* 7 (September 1979): 229-263.

Geske, R. „The Valuation of Compound Options", Journal of Financial Economics 7 (1979): 63-81.

Hull, J. C. *Options, Futures, and Other Derivatives.* 3. Aufl. Englewood Cliffs, NJ: Prentice Hall, 1997.

Hull, J. C. und A. White. „The Pricing of Options on Assets with Stochastic Volatilities", *Journal of Financial Economics* 42 (June 1987): 281-300.

Merton, R. C. „Option Pricing When Underlying Stock Returns Are Discontinuous", *Journal of Financial Economics* 3 (March 1976): 125-144.

Merton, R. C. „Theory of Rational Option Pricing", *Bell Journal of Economics and Management Science* 4 (Spring 1973): 141-183.

Rubinstein, M. „Displaced Diffusion Option Pricing", *Journal of Finance* 38 (March 1983): 213-217.

Über empirische Forschung

Black, F. und M. Scholes. „The Valuation of Option Contracts and a Test of Market Efficiency", *Journal of Finance* 27 (May 1972): 399-418.

Bodurtha, J. N. und G. R. Courtadon. „Test of an American Option Pricing Model on the Foreign Currency Options Market", *Journal of Financial and Quantitative Analysis* 22 (June 1987): 153-168.

Chance, D. M. „Empirical Tests of the Pricing of Index Call Options", *Advances in Futures and Options Research* 1, pt. A (1986): 141-166.

Chiras, D. und S. Manaster. „The Information Content of Option Prices and a Test of Market Efficiency", *Journal of Financial Economics* 6 (September 1978): 213-234.

Cumby, R., S. Figlewski und J. Hasbrouck. „Forecasting Volatilities and Correlations with EGARCH Models", *Journal of Derivatives* 1, no. 2 (Winter 1993): 51-63.

Galai, D. „Tests of Market Efficiency and the Chicago Board Options Exchange", *Journal of Business* 50 (April 1977): 167-197.

Garman, M. B. „An Algebra for Evaluating Hedge Portfolios", *Journal of Financial Economics* 3 (October 1976): 403-427.

Harvey, C. R. und R. E. Whaley. „Dividends and S&P 100 Index Option Valuations", *Journal of Futures Markets* 12 (1992): 123-137.

Harvey, C. R. und R. E. Whaley. „Market Volatility Prediction and the Efficiency of the S&P 100 Index Option Market", *Journal of Financial Economics* 31 (1992): 43-73.

Harvey, C. R. und R. E. Whaley. „S&P 100 Index Option Volatility", *Journal of Finance* 46 (1991): 1551-1561.

Jackwerth, J. C. und M. Rubinstein. „Recovering Probability Distributions from Option Prices", *Journal of Finance* 51 (December 1996): 1611-1631.

Klemkosky, R. C. und B. G. Resnick. „Put-Call Parity and Market Efficiency", *Journal of Finance* 34 (December 1979): 1141-1155.

Lauterbach, B. und P. Schultz. „Pricing Warrants: An Empirical Study of the Black-Scholes Model and Its Alternatives", *Journal of Finance* 4, no. 4 (September 1990): 1181-1210.

MacBeth, J. D. und L. J. Merville. „An Empirical Examination of the Black-Scholes Call Option Pricing Model", *Journal of Finance* 34 (December 1979): 1172-1186.

Noh, J., R. F. Engle und A. Kane. „A Test of Efficiency for the S&P 500 Index Options Market Using Variance Forecasts", *Journal of Derivatives* 2 (1994): 17-30.

Rubinstein, M. „Implied Binomial Trees", *Journal of Finance* 49, no. 3 (July 1994): 771-818.

Rubinstein, M. „Nonparametric Tests of Alternative Option Pricing Models Using All Reported Trades and Quotes on the 30 Most Active CBOE Option Classes from August 23, 1976 through August 31, 1978", *Journal of Finance* 40 (June 1985): 455-480.

Shastri, K. und K. Tandon. „An Empirical Test of a Valuation Model for American Options on Futures Contracts", *Journal of Financial and Quantitative Analysis* 21 (December 1986): 377-392.

Shastri, K. und K. Tandon. „Valuation of Foreign Currency Options: Some Empirical Tests", *Journal of Financial and Quantitative Analysis* 21 (June 1986): 145-160.

Stutzer, M. „A Simple Nonparametric Approach to Derivative Security Valuation", *Journal of Finance* 51 (December 1996): 1633-1652.

Xu, X. und S. J. Taylor. „The Term Structure of Volatility Implied by Foreign Exchange Options", *Journal of Financial and Quantitative Analysis* 29 (1994): 57-74.

Testfragen

1. Bestimmen Sie, welche systematischen Fehler bei der Bestimmung des Optionspreises wahrscheinlich auftreten, wenn

    a. Beide Endabschnitte der Aktienkursverteilung dünner sind als die der log-normalen Verteilung.

    b. Der rechte Endabschnitt dünner und der linke Endabschnitt dicker ist als bei einer log-normalen Verteilung.

2. Welche systematischen Fehler könnten durch eine unsichere Volatilität verursacht werden, wenn der Aktienkurs positiv mit der Volatilität korreliert?

3. Welche systematischen Fehler werden durch Sprünge des Aktienkurses verursacht? Sind diese systematischen Fehler bei einer sechsmonatigen Option deutlicher als bei einer dreimonatigen Option?

4. Erläutern Sie sorgfältig, warum Abbildung 17.5 konsistent mit Abbildung 17.1b ist.

5. Warum sind die systematischen Fehler (hinsichtlich Black-Scholes) bei den Marktpreisen von Im-Geld-Kaufoptionen normalerweise die gleichen wie die systematischen Fehler bei den Marktpreisen von Aus-dem-Geld-Verkaufsoptionen?

6. Der Kurs einer Aktie liegt aktuell bei 20 $. Für morgen werden Neuigkeiten erwartet, durch die der Kurs entweder um 5 $ steigt oder um 5 $ fällt. Welche Probleme gibt es, wenn man für die Bewertung von Optionen auf diese Aktie Black-Scholes verwendet?

7. Welches sind die Hauptprobleme beim empirischen Test eines Aktienoptionspreismodell?

Fragen und Probleme

1. Angenommen ein Aktienkurs weist Sprünge auf. Erläutern Sie eingehend, warum Black-Scholes zu irreführenden Preisen für kurzfristige Optionen führt, aber gute Antworten für langfristigere Optionen liefert.

2. Angenommen ein Wechselkurs folgt einem Sprung-Prozess und weist eine unsichere Volatilität auf, die nicht mit dem Wechselkurs korreliert. Welche systematischen Fehler hinsichtlich der Laufzeit dürften die am Markt beobachteten Optionspreise gegenüber den nach den Back-Scholes-Formeln errechneten Preisen haben? Nehmen Sie an, dass die impliziten Volatilitäten auf der Basis von Am-Geld-Optionen berechnet werden.

3. Manchmal bezeichnen Optionshändler Tief-aus-dem-Geld-Optionen als Optionen auf Volatilität. Warum machen Sie das Ihrer Meinung nach?

4. Erläutern Sie sorgfältig, warum die Verkaufs- und Kaufoptionen in Tabelle 17.3 die gleichen impliziten Volatilitäten haben.

5. Erläutern Sie, warum in Tabelle 17.3 die impliziten Volatilitäten der Optionen mit den Basispreisen 42 $ und 58 $ null betragen.

6. Der risikofreie Zins beträgt 15 Prozent per Annum, der aktuelle Kurs einer Aktie liegt bei 30 $. Es ist bekannt, dass der Kurs in drei Monaten entweder bei 20 $ oder 35 $ liegt. Berechnen Sie die Preise von Kaufoptionen mit den Basispreisen 21 $, 25 $ und 34 $. Wie hoch sind die Volatilitäten, die das Black-Scholes-Modell für jeden dieser Fälle impliziert?

7. Eine bestimmte Aktie wird für 4 $ verkauft. Analysten meinen, dass der Break-up-Value ((Zwangs-)Liquidationswert) des Unternehmens derart ist, dass der Kurs nicht unter 3 $ je Aktie fallen kann. Welche Unterschiede dürfte es vermutlich zwischen den nach Black-Scholes errechneten Optionspreisen und den Optionspreisen am Markt geben? Betrachten Sie Aus-dem-Geld- und Im-Geld-Verkaufsoptionen und -Kaufoptionen.

8. Eine europäische Kaufoption auf eine bestimmte Aktie hat einen Basispreis von 30 $, eine Laufzeit von einem Jahr und eine implizite Volatilität von 30 Prozent. Eine europäische Verkaufsoption auf die gleiche Aktie hat einen Basispreis von 30 $, eine Laufzeit von einem Jahr und eine implizite Volatilität von 33 Prozent. Welche Arbitrage-Möglichkeit hat ein Händler? Funktioniert die Arbitrage nur, wenn die Annahme über die Log-Normalität, die Black-Scholes zugrunde liegt, hält? Erläutern Sie die Begründungen für Ihre Antworten sorgfältig.

Kapitel 18 Zinsoptionen

Zinsoptionen sind Optionen, deren Payoffs in irgendeiner Weise vom Niveau der Zinsen abhängen. In den letzten Jahren haben sie zunehmend an Beliebtheit gewonnen. Heute werden viele verschiedene Arten von Zinsoptionen im Freiverkehr und an den Börsen gehandelt. In diesem Kapitel werden einige der Produkte und ihre Verwendung diskutiert. Außerdem werden die Standard-Marktmodelle diskutiert, die zur Bewertung von europäischen Anleiheoptionen, Caps (Zinsobergrenzen oder Höchstzinsen), Floors (Zinsuntergrenzen) und europäischen Swapoptionen angewendet werden. Diese Modelle sind mit dem ursprünglichen Black-Scholes-Modell zur Bewertung europäischer Aktienoptionen verwandt. Bei den europäischen Anleiheoptionen wird angenommen, dass der zugrundeliegende Anleihekurs log-normal ist. Bei den Caps und Floors wird angenommen, dass der Zins log-normal ist. Bei den europäischen Swapoptionen wird angenommen, dass der zugrundeliegende Swapsatz log-normal ist.

Börsennotierte Zinsoptionen

Die beliebtesten börsennotierten Zinsoptionen sind die auf T-Bond-Futures, T-Note-Futures und Eurodollar-Futures. Tabelle 13.3 in Kapitel 13 zeigt die Schlusskurse dieser Instrumente vom 24. September 1996.

Eine T-Bond-Futures Option ist eine Option auf den Kauf eines T-Bond-Futureskontraktes. Wie in Kapitel 5 erwähnt wurde, ist ein T-Bond-Futureskontrakt über die Lieferung von 100.000 $ in T-Bonds. Der Preis einer T-Bond-Futures Option wird als Prozentsatz vom Nennwert der zugrundeliegenden T-Bonds zum nächsten vierundsechzigstel von 1 Prozent notiert. Tabelle 13.3 gibt den Preis der November Futures Kaufoption auf T-Bonds mit 2-10 oder $2\frac{10}{64}$ Prozent vom Nennwert der Schuld an, wenn der Basispreis 107 ist (was impliziert, dass ein Kontrakt 2.156,25 $ kostet). Die Notierungen für Optionen auf T-Notes sind ähnlich.

Eine Option auf Eurodollar-Futures ist eine Option über den Kauf eines Eurodollar-Futureskontraktes. Wie in Kapitel 5 erläutert wurde, ist der Vermögenswert, dem ein Eurodollar-Futureskontrakt zugrunde liegt, eine dreimonatige Einlage über 1 Millionen Dollar. Ändert sich die Notierung des Eurodollar um einen Basispunkt oder 0,01, beträgt der Gewinn oder Verlust aus dem Kontrakt 25 $. Ähnlich steht auch bei den Preisen der Optionen auf Eurodollar-Futures ein Basispunkt für 25 $. In Tabelle 13.3 ist der Preis für die CME Oktober Futures Kaufoption auf Eurodollar mit 0,43 Prozent angegeben, wenn der Basispreis bei 93,75 liegt. Das impliziert, dass ein Kontrakt 43 × 25 $ = 1.075 $ kostet.

Kontrakte auf Zinsfutures funktionieren genauso wie die anderen, in Kapitel 13 diskutierten Futureskontrakte. Beispielsweise beträgt der Payoff aus einer Kaufoption max(F − X, 0), mit F als Futurespreis am Ausübungstag und X als Basispreis. Zusätzlich zu dem Payoff in Cash erhält der Inhaber der Option eine Kaufposition in dem Futureskontrakt, wenn die Option ausgeübt wird, und der Optionsverkäufer bekommt die entsprechende Verkaufsposition.

Die Preise für Zinsfutures steigen mit steigenden Anleihekursen (i. e. wenn die Zinsen fallen). Sie fallen mit fallenden Anleihekursen (i. e. wenn die Zinsen steigen). Ein Investor, der erwartet, dass die kurzfristigen Zinsen steigen, kann spekulieren, indem er Verkaufsoptionen auf Eurodollar-Futures kauft, während ein Investor, der mit sinkenden Preisen rechnet, spekulieren kann, indem er Kaufoptionen auf Eurodollar-Futures kauft. Ein Investor, der erwartet, dass die langfristigen Zinsen steigen, kann spekulieren, indem er Verkaufsoptionen auf T-Note Futures oder T-Bond Futures kauft, während ein Investor, der fallende Zinsen erwartet, spekulieren kann, indem er Kaufoptionen auf diese Instrumente kauft.

Beispiel 1

Angenommen es ist Februar und der Futurespreis für den Juni Eurodollar Kontrakt beträgt 93,82. (Das korrespondiert mit einem dreimonatigen Eurodollar-Zins von 6,18 Prozent per Annum.) Der Preis für eine Kaufoption auf den Kontrakt mit einem Basispreis von 94,00 ist mit 0,20 notiert. Diese Option könnte für einen Investor attraktiv sein, der sinkende Zinsen erwartet. Angenommen die kurzfristigen Zinsen fallen tatsächlich in den nächsten drei Monaten um ungefähr 100 Basispunkte und der Investor übt die Kaufoption aus, wenn der Eurodollar Futurespreis 94,78 beträgt. (Das korrespondiert mit einem dreimonatigen Eurodollar-Zins von 5,22 Prozent per Annum.) Der Payoff beträgt 25 × 78 = 1.950 $. Die Kosten für den Kontrakt betragen 20 × 25 = 500 $. Der Investor macht somit einen Gewinn von 1.450 $.

Beispiel 2

Angenommen es ist August und der Futurespreis für einen an der CBOT gehandelten Dezember T-Bond-Kontrakt beträgt 96-09 (oder $96\frac{9}{32} = 96{,}28125$). Die Rendite für langfristige Staatsanleihen liegt bei ungefähr 8,4 Prozent per Annum. Ein Investor, der meint, dass diese Rendite bis Dezember fällt, könnte sich Dezember Kaufoptionen mit einem Basispreis von 98 kaufen. Angenommen der Preis dieser Kaufoptionen beträgt 1-04 (oder $1\frac{4}{64} = 1{,}0625$ Prozent des Kapitals). Wenn die langfristigen Zinsen auf 8 Prozent per Annum fallen und der T-Bond-Futurespreis auf 100-00 steigt, macht der Investor einen Nettogewinn je 100 \$ Bond Futures von

$$100{,}00 - 98{,}00 - 1{,}0625 = 0{,}9375$$

Da ein Optionskontrakt über den Kauf oder Verkauf von Instrumenten mit einem Nennwert von 100.000 \$ ist, macht der Investor einen Gewinn von 937,50 \$ je gekauften Optionskontrakt.

Eingefügte Anleiheoptionen

Einige Anleihen enthalten eingefügte Kauf- und Verkaufsoptionen. Beispielsweise enthält eine *Optionsanleihe* oder *Tilgungsanleihe* Klauseln, die es dem Unternehmen erlauben, die Anleihe ab einem bestimmten Zeitpunkt zu einem vorher vereinbarten Preis zurückzukaufen. Der Inhaber einer solchen Anleihe hat dem Emittenten eine Kaufoption verkauft. Der Basispreis oder Preis der Kaufoption ist der vorher bestimmte Preis, den der Emittent dem Inhaber der Anleihe zahlen muss, wenn er die Anleihe zurückkaufen möchte. Normalerweise kann man Optionsanleihen in den ersten Jahren ihrer Laufzeit nicht kündigen. Danach ist der Preis der Kaufoption normalerweise eine sinkende Funktion der Zeit. Als Beispiel sei eine zehnjährige Optionsanleihe angenommen, die in den ersten zwei Jahren nicht kündbar ist. Danach könnte der Emittent das Recht haben, die Anleihe zurückzukaufen. In den Jahren 3 und 4 müsste er 110,00 \$ zahlen, in den Jahren 5 und 6 wären es 107,50 \$, in den Jahren 7 und 8 wären es 106,00 \$ und in den Jahren 9 und 10 noch 103,00 \$. Der Wert der Kaufoption spiegelt sich in den notierten Renditen der Anleihen. Anleihen mit Kündigungseigenschaften bieten im allgemeinen höhere Renditen als Anleihen ohne Kündigungseigenschaften.

Eine *Put Anleihe* enthält Klauseln, die dem Inhaber das Recht geben, die Anleihe ab einem bestimmten Zeitpunkt vorzeitig zu einem vorher festgelegten Preis zu tilgen. Der Inhaber einer solchen Anleihe hat eine Verkaufsoption auf die Anleihe sowie die Anleihe selbst gekauft. Da die Verkaufsoption den Wert der Anleihe für den Inhaber vergrößert, werfen Anleihen mit den Eigenschaften einer Verkaufsoption niedrigere Renditen ab als solche ohne diese Eigenschaften. Ein einfaches Beispiel für eine Verkaufsoption ist eine zehnjährige vorzeitig kündbare Anleihe, die dem Inhaber das Recht gibt, sie am Ende von fünf Jahren einzulösen.

Es gibt eine Reihe von Zinsinstrumenten, denen Anleiheoptionen beigefügt sind. Beispielsweise ist die vorzeitige Rückzahlbarkeit von festverzinslichen Einlagen analog den Verkaufsoptionseigenschaften einer Anleihe. Die vorzeitige Tilgbarkeit festverzinslicher Kredite ist analog den Kaufoptionseigenschaften einer Anleihe. Auch Kreditzusagen von Banken oder anderen Finanzinstitutionen sind Verkaufsoptionen. Angenommen eine Bank bietet einem potentiellen Kreditnehmer einen Fünfjahres-Zins von 12 Prozent per Annum und sagt, dass dieses Zinsangebot für die nächsten beiden Monate gilt. Der Kunde bekommt damit das Recht, irgendwann innerhalb der nächsten zwei Monate der Finanzinstitution eine fünfjährige Anleihe mit einem Anleihezins von 12 Prozent zu ihrem Nennwert zu verkaufen.

Hypothekarisch gesicherte Wertpapiere

Es gibt eine Zinsoption die in ein *hypothekarisch gesichertes Wertpapier* (mortgage-backed security, *MBS*) eingefügt ist. Ein MBS wird gebildet, indem eine Finanzinstitution beschließt, einen Teil ihres Hypotheken-Portefeuilles an Investoren zu verkaufen. Die Hypotheken kommen in einen Pool und die Investoren erwerben durch den Kauf von Einheiten eine Beteiligung an dem Pool. Diese Einheiten sind die hypothekarisch gesicherten Wertpapiere. Normalerweise wird ein Sekundärmarkt für diese Einheiten gebildet, so dass Investoren auf Wunsch auch an andere Investoren verkaufen können. Ein Investor, der X Prozent Einheiten an einem bestimmten Pool besitzt, hat auch ein Anrecht auf X Prozent des Cashflows aus dem Kapital und den Zinsen, die durch die Hypotheken in den Pool fließen.

Im allgemeinen bürgt eine staatliche Behörde wie die Government National Mortgage Association (GNMA) oder die Federal Mortgage Association (FNMA) für die Hypotheken in dem Pool, so dass die Investoren vor Vertragsverletzungen geschützt sind. Dadurch erscheint ein vom Staat emittiertes MBS wie ein reguläres Wertpapier mit festem Einkommen. Es gibt jedoch einen zentralen Unterschied zwischen einem MBS und einer regulären Anlage mit festem Einkommen. Die Hypotheken in einem MBS-Pool können vorzeitig zurückgezahlt werden, was für den Haus- oder Wohnungsinhaber sehr vorteilhaft sein kann. In den USA beispielsweise laufen Hypotheken normalerweise über 25 Jahre und können jederzeit zurückgezahlt werden. Mit anderen Worten, der Haus- oder Wohnungsinhaber hat eine 25-jährige Option im amerikanischen Stil, die Hypothek zum Nennwert an den Kreditgeber zurückzuzahlen.

Es gibt in der Praxis viele Gründe, eine Hypothek vorzeitig zurückzuzahlen. Wenn die Zinsen fallen, kann der Haus- oder Wohnungsinhaber sich für eine Refinanzierung zu einem niedrigeren Zins entscheiden. Oder die Hypothek wird einfach deshalb vor Fälligkeit bezahlt, weil das Haus verkauft wird. Ein zentrales Element bei der Bewertung eines MBS ist die Bestimmung der *Funktion für die Zahlung vor Fälligkeit*. Diese Funktion beschreibt die für den zugrundeliegenden Hypotheken-Pool im Zeitpunkt t erwarteten Zahlungen vor Fälligkeit hinsichtlich der Ertragskurve im Zeitpunkt t und anderen relevanten Variablen.

Eine Funktion für die Zahlung vor Fälligkeit liefert für eine einzelne Hypothek nur eine sehr ungenaue Prognose über die tatsächliche Zahlung vor Fälligkeit. Wenn aber viele ähnliche Hypotheken-Darlehen im selben Pool zusammenkommen, greift das „Gesetz der großen Zahl" und man kann anhand einer Analyse der historischen Daten eine genauere Prognose über die Zahlungen vor Fälligkeit vornehmen. Wie bereits erwähnt wurde, sind Zahlungen vor Fälligkeit nicht ausschließlich durch Zinsüberlegungen begründet. Dennoch gibt es bei niedrigen Zinsen tendenziell mehr Zahlungen vor Fälligkeit als bei hohen Zinsen. Das bedeutet, dass die Investoren für ein MBS eine höhere Verzinsung brauchen als für andere Wertpapiere mit festem Einkommen, damit sie für die von ihnen verkaufte Option auf Zahlung vor Fälligkeit kompensiert werden.

BESICHERTE HYPOTHEKENOBLIGATIONEN

Die oben beschriebenen hypothekarisch gesicherten Wertpapiere werden mitunter auch als *Wertpapiere mit laufenden Zinszahlungen* bezeichnet. Alle Investoren erhalten die gleiche Rendite und tragen das gleiche Risiko einer Zahlung vor Fälligkeit. Nicht alle hypothekarisch gesicherten Wertpapiere funktionieren so. Bei einer *besicherten Hypothekenobligation* (collateralized mortgage obligation, *CMO*) werden die Investoren in verschiedene Klassen eingeteilt, und es werden Regeln für die Kanalisierung der Kapitalrückzahlungen an diese Klassen aufgestellt.

Ein Beispiel für ein CMO ist ein MBS, bei dem die Investoren in drei Klassen eingeteilt sind: Klasse A, Klasse B und Klasse C. Alle Kapitalrückzahlungen fließen an die Klasse A (sowohl die planmäßigen als auch die vorzeitigen), bis die Investoren dieser Klasse vollständig abgefunden sind. Die weiteren Kapitalrückzahlungen fließen an die Investoren der Klasse B, bis diese Investoren vollständig abgefunden sind. Als letztes erhalten die Investoren der Klasse C Kapitalrückzahlungen. In dieser Situation tragen die Investoren der Klasse A das größte Risiko einer Zahlung vor Fälligkeit. Es ist zu erwarten, dass die Wertpapiere der Klasse A kürzere Laufzeiten haben als die der Klasse B, die wiederum kürzere Laufzeiten als die der Klasse C haben dürften.

Das Ziel dieser Struktur ist es, Wertpapierklassen zu schaffen, die für institutionelle Investoren attraktiver sind als die einfacheren MBS mit laufenden Zinszahlungen. Die Risiken einer Zahlung vor Fälligkeit, die die verschiedenen Klassen haben, hängen vom Nennwert in jeder Klasse ab. In Klasse C beispielsweise ist das Risiko einer Zahlung vor Fälligkeit sehr gering, wenn die Klassen A, B und C Nennwerte von 400, 300 beziehungsweise 100 haben. Das Risiko von Klasse C ist aber größer, wenn die Klassen Nennwerte von 100, 200 und 500 haben.

IOs UND POs

Bei einem *stripped MBS* sind die Kapitalzahlungen von den Zinszahlungen abgetrennt. Alle Kapitalzahlungen fließen an eine Wertpapierklasse, genannt *principal only* (*PO*; nur Kapital). Alle Zinszahlungen fließen an eine andere Wertpapierklasse, genannt *interest only* (*IO*; nur Zins). IOs und POs sind beides riskante Investitionen. Mit steigenden Zahlungsraten vor Fälligkeit, gewinnt ein PO an Wert und verliert ein IO an Wert. Mit sinkenden Zahlungsraten vor Fälligkeit tritt der umgekehrte Effekt ein. Bei einem PO fließt ein fester Kapitalbetrag an den Investor zurück, aber das Timing ist unsicher. Hat der zugrundeliegende Pool eine hohe Zahlungsrate vor Fälligkeit, bekommt der Investor sein Geld früh zurück (was natürlich eine gute Nachricht für den Inhaber des PO ist). Hat der zugrundeliegende Pool eine niedrige Zahlungsrate vor Fälligkeit, bekommt der Investor sein Geld später zurück, wodurch der PO natürlich eine niedrigere Rendite hat. Bei einem IO ist nicht sicher, wie hoch der Cashflow ist, den der Investor insgesamt bekommt. Je höher die Zahlungsrate vor Fälligkeit, desto niedriger der Cashflow, den der Investor insgesamt bekommt, et vice versa.

Das Black-Modell

Seit seiner Veröffentlichung im Jahr 1973 ist das Black-Scholes-Modell zu einem sehr beliebten Werkzeug geworden. Wie in den Kapiteln 12 und 13 erläutert wurde, wurde das Modell erweitert, so dass es auch auf die Bewertung von Optionen auf Devisen, Indizes und Futureskontrakte anwendbar ist. Die Händler haben sich mit der dem Modell zugrundeliegenden Annahme der Log-Normalität und dem die Unsicherheit beschreibenden Volatilitätsmaß gut eingerichtet. Es überrascht folglich nicht, dass das Modell um Zinsderivative erweitert wurde.

Die Erweiterung des Black-Scholes-Modells, die im Zinsbereich am weitesten verbreitet ist, ist als Black-Modell bekannt.[1] Es wurde ursprünglich für die Bewertung von Optionen auf Warenfutures entwickelt, wie in Kapitel 13 diskutiert wurde. In diesem Kapitel nun wird untersucht, wie man mit dem Modell europäische Anleiheoptionen, Caps und Floors sowie europäische Swapoptionen bewertet.

PREISBESTIMMUNG VON EUROPÄISCHEN OPTIONEN MIT DEM BLACK-MODELL

Man betrachte eine europäische Kaufoption auf die Variable V. Folgende Definitionen gelten:

T: Fälligkeitstermin der Option

F: Futurespreis von V für einen Kontrakt mit dem Fälligkeitstermin T

X: Basispreis der Option

r: Null-Kuponrendite bei Fälligkeitstermin T

σ: Volatilität von F

V_T: Wert von V am Fälligkeitstermin T

---

[1] Siehe F. Black, „The Pricing of Commodity Contracts", *Journal of Financial Economics* 3 (March 1976): 167-179.

F_T: Wert von F am Fälligkeitstermin T

Die Option hat im Zeitpunkt T einen Payoff von max(V_T − X, 0). Da F_T = V_T, kann man auch sagen, dass die Option im Zeitpunkt T einen Payoff von max(F_T − X, 0) hat. Wie in Kapitel 13 gezeigt wurde, gibt das Black-Modell den Wert c der Option im Zeitpunkt 0 an mit

(18.1) $$c = e^{-rT} [FN(d_1) - XN(d_2)]$$

wobei

$$d_1 = \frac{\ln(F/X) + \sigma^2 T/2}{\sigma\sqrt{T}}$$

$$d_2 = \frac{\ln(F/X) - \sigma^2 T/2}{\sigma\sqrt{T}} = d_1 - \sigma\sqrt{T}$$

Der Wert p der korrespondierenden Verkaufsoption ist gegeben durch

(18.2) $$p = e^{-rT} [XN(-d_2) - FN(-d_1)]$$

ERWEITERUNG DES BLACK-MODELLS

In dem Black-Modell wird angenommen, dass die Volatilität von F konstant ist. Diese Annahme kann etwas gelockert werden. Da hier eine europäische Option bewertet wird, braucht man sich um die Werte von V und F vor dem Zeitpunkt T nicht zu kümmern. Man braucht lediglich die Annahme, dass V zum Zeitpunkt T eine log-normale Wahrscheinlichkeitsverteilung mit einer Standardabweichung von ln V_T gleich $\sigma\sqrt{T}$ hat. Um diesen Punkt zu betonen, wird σ fortan als *Volatilitätsmaß* von V_T bezeichnet, wobei dies immer bedeutet, dass $\sigma\sqrt{T}$ die Standardabweichung von ln V_T ist.

Eine zusätzliche Erweiterung des Modells ist die Annahme, dass der Payoff nicht im Zeitpunkt T erfolgt. Angenommen der Payoff der Option wird anhand des Wertes der Variablen V im Zeitpunkt T berechnet, aber der Payoff wird bis zum Zeitpunkt T* hinausgezögert, wobei T* ≥ T. In diesem Fall muss der Payoff vom Zeitpunkt T* abgezinst werden und nicht vom Zeitpunkt T. Wenn r* die Nullkuponrendite bei einer Fälligkeit T* ist, werden die Gleichungen 18.1 und 18.2 zu

(18.3) $$c = e^{-r^*T^*} [FN(d_1) - XN(d_2)]$$

(18.4) $$p = e^{-r^*T^*}[XN(-d_2) - FN(-d_1)]$$

wobei

$$d_1 = \frac{\ln(F/X) + \sigma^2 T/2}{\sigma\sqrt{T}}$$

$$d_2 = \frac{\ln(F/X) - \sigma^2 T/2}{\sigma\sqrt{T}} = d_1 - \sigma\sqrt{T}$$

ANWENDUNG DES MODELLS

Wenn man die Formeln des Black-Modells verwendet, um einen Zins-Cap zu bewerten, wird V gleich einem Zins gesetzt; verwendet man sie zur Bewertung einer Anleiheoption, wird V gleich dem zugrundeliegenden Anleihekurs gesetzt; benutzt man sie zur Bewertung einer Swapoption, wird V gleich dem zugrundeliegenden Swapsatz gesetzt. In allen Fällen wird die Variable F gleich dem Forwardpreis von V gesetzt und nicht seinem Futurespreis. Aus Kapitel 3 ist bekannt, dass die Futurespreise und Forwardpreise nur dann genau gleich sind, wenn die Zinssätze konstant sind. Da es sich hier nun aber um eine Option auf eine zinsabhängige Variable handelt, scheint die Annahme fragwürdig, dass F ein Forwardpreis ist. Es zeigt sich, dass diese Annahme eine andere Annahme des Black-Modells, nämlich dass die Zinsen zwecks Abzinsung konstant sind, exakt ausgleicht.[2] Verwendet man also das Black-Modell zur Bewertung von Zinsoptionen, hat es eine viel stärkere theoretische Grundlage als mitunter angenommen wird.[3]

Europäische Anleiheoptionen

Eine europäische Anleiheoption ist eine Option auf den Kauf oder Verkauf einer Anleihe zu einem bestimmten Preis und einem bestimmten Termin. Mit den Gleichungen 18.1 und 18.2 kann der Preis der Option bestimmt

---

[2] Siehe zum Beispiel F. Jamshidian, „Options and Futures Evaluation with Deterministic Volatilities", *Mathematical Finance* 3, no. 2 (1993): 149-159.

[3] Bei einigen Anwendungen des Black-Modells auf Zins-Derivative (aber nicht auf solche, die in diesem Kapitel betrachtet werden), ist es erforderlich, dass für F eine Konvexitätsanpassung gemacht wird. Zu dieser Diskussion siehe J. C. Hull, *Options, Futures, and Other Derivatives*. 3. Aufl. Englewood Cliffs, NJ: Prentice Hall, 1997.

werden, wobei F gleich dem Forwardpreis der Anleihe ist. Die Variable σ ist das Volatilitätsmaß für den Forwardpreis der Anleihe. Mit anderen Worten, es wird angenommen, dass der Anleihekurs bei Fälligkeit der Option (Zeitpunkt T) log-normal ist und dass der Logarithmus des Anleihekurses zu diesem Zeitpunkt die Standardabweichung $\sigma\sqrt{T}$ hat.

Wie in Kapitel 5 erklärt wurde, kann F aus dem Anleihekassakurs B mit der Formel

(18.5) $$F = (B - I)e^{rT}$$

errechnet werden, wobei I der Gegenwartswert der Anleihezinsen ist, die während der Laufzeit der Option anfällt. In dieser Formel sind der Kassakurs der Anleihe und der Forwardpreis der Anleihe beides Kassakurse und keine notierten Kurse. Die Beziehung zwischen Anleihekassakursen und notierten Anleihekursen wurde in Kapitel 5 diskutiert.

Der Basispreis X in den Gleichungen 18.1 und 18.2 sollte der Kassa Basispreis sein. Bei der Wahl des richtigen Wertes für X sind also die präzisen Begriffe der Option wichtig. Wird der Basispreis definiert als Barbetrag, der bei Optionsausübung gegen die Anleihe getauscht wird, sollte X gleich diesem Basispreis gesetzt werden. Wenn der Basispreis der notierte Preis ist, der bei Optionsausübung anzuwenden ist (was bei den meisten börsengehandelten Anleiheoptionen üblich ist), sollte X gleich dem Basispreis plus der am Fälligkeitstermin der Option aufgelaufenen Zinsen gesetzt werden. (Die Händler bezeichnen den notierten Kurs einer Anleihe als „clean price" und den Kassakurs als „dirty price.")

Beispiel

Man betrachte eine 10-monatige europäische Kaufoption auf eine 9,75-jährige Anleihe mit einem Nennwert von 1.000 $. (Wenn die Option fällig wird, hat die Anleihe noch eine Restlaufzeit von 8 Jahren und 11 Monaten.) Angenommen der aktuelle Anleihekassakurs liegt bei 960 $, der Basispreis beträgt 1.000 $, der 10-monatige risikofreie Zins ist 10 Prozent per Annum und das relevante Volatilitätsmaß für die Anleihe ist 9 Prozent per Annum. Die Anleihe wirft halbjährlich eine Zins von 10 Prozent ab, und in 3 Monaten und in 9 Monaten werden Zinszahlungen von 50 $ erwartet. (Das bedeutet, dass Zinsen von 25 $ auflaufen und der Anleihekurs mit 935 $ notiert ist.) Angenommen der 3-monatige risikofreie Zins beträgt 9,0 Prozent und der

9-monatige risikofreie Zins beträgt 9,5 Prozent. Der Gegenwartswert der Zinszahlungen ist somit

$$50e^{-0,09 \times 0,25} + 50e^{-0,095 \times 0,75} = 95,45$$

oder 95,45 $. Gleichung 18.5 ergibt den Forwardpreis der Anleihe

$$F = (960 - 95,45)e^{0,1 \times 10/12} = 939,68$$

(a) Wenn der Basispreis der Kassakurs ist, der bei Ausübung der Anleihe gezahlt werden würde, dann sind die Parameter für Gleichung 18.1 F = 939,68, X = 1.000, r = 0,1, σ = 0,09 und T = 0,8333. Der Preis der Kaufoption beträgt 9,49 $.

(b) Wenn der Basispreis der notierte Kurs ist, der bei Ausübung der Option gezahlt werden würde, müssen die aufgelaufenen Zinsen für einen Monat zu X addiert werden, da die Option einen Monat nach dem Zinstermin fällig wird. Somit hat X den Wert

$$1.000 + 50 \times 0,16667 = 1.008,33$$

Die Werte für die anderen Parameter in Gleichung 18.1 bleiben unverändert (F = 939,68, r = 0,1, σ = 0,09 und T = 0,8333). Der Preis der Option beträgt 7,97 $.

Das Volatilitätsmaß, das im Black-Modell zur Bewertung einer Anleiheoption verwendet wird, hängt sowohl von der Laufzeit der Option als auch von der Laufzeit der zugrundeliegenden Anleihe ab. Abbildung 18.1 zeigt, wie sich die Standardabweichung des Logarithmus des Anleihekurses über die Zeit verändert. Die Standardabweichung heute beträgt null, da es heute auch keine Unsicherheit über den Anleihekurs gibt. Auch bei Fälligkeit der Anleihe ist sie null, weil bekannt ist, dass der Anleihekurs bei Fälligkeit gleich dem Nennwert der Anleihe ist. Zwischen heute und dem Fälligkeitstermin der Anleihe steigt die Standardabweichung zunächst, dann fällt sie. Das im Black-Modell verwendete Volatilitätsmaß σ ist

$$\frac{\text{Standardabweichung des Logarithmus des Anleihekurses bei Fälligkeit der Option}}{\sqrt{\text{Restlaufzeit der Option}}}$$

Abbildung 18.2 zeigt eine typische Struktur von σ, wenn σ eine Funktion der Optionslaufzeit ist. Im allgemeinen sinkt σ mit steigender Laufzeit der Option. Außerdem ist σ tendenziell eine zunehmende Funktion der Laufzeit der zugrundeliegenden Anleihe, wenn die Laufzeit der Option fix gehalten wird.

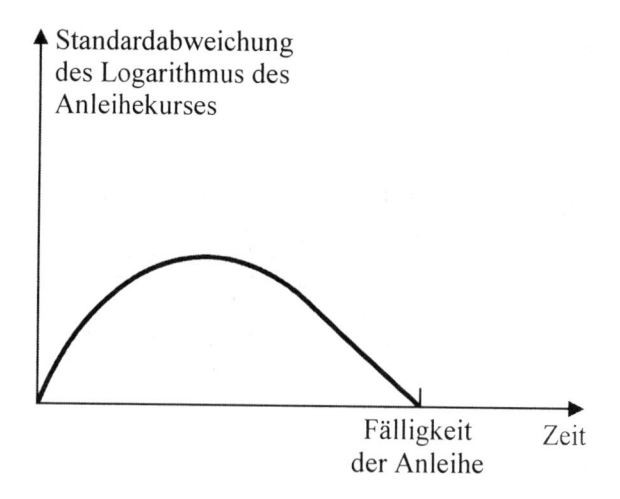

Abbildung 18.1: Standardabweichung des Logarithmus des Anleihekurses als Funktion der Zeit

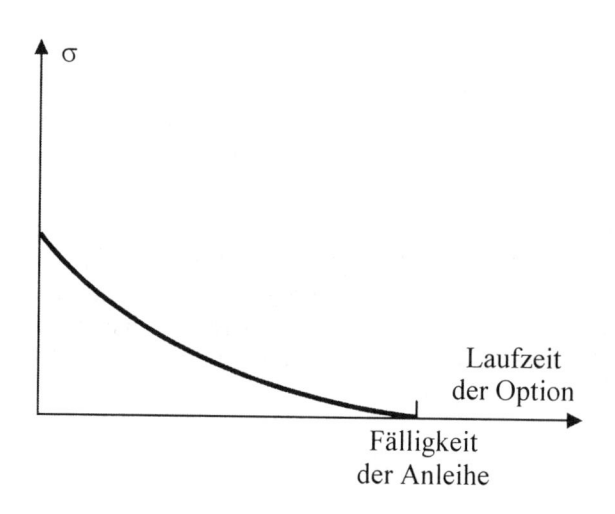

Abbildung 18.2: Veränderung von σ als Funktion der Laufzeit einer Anleiheoption

VOLATILITÄTEN DER RENDITE

Die Volatilitäten, die für Anleiheoptionen notiert werden, sind oftmals Maße für die Volatilitäten der Rendite und nicht des Preises. Das in Kapitel 5 eingeführte Konzept der Duration wird am Markt verwendet, um eine notierte Renditenvolatilität in eine Preisvolatilität umzuwandeln. Angenommen D ist, wie in Kapitel 5 definiert, die modifizierte Duration einer Forward Anleihe, die der Option zugrunde liegt. Bei Fälligkeit der Option besteht zwischen der Veränderung des Anleihekurses B und der Anleiherendite y folgende Beziehung

$$\frac{\Delta B}{B} \approx -D\Delta y$$

oder

$$\frac{\Delta B}{B} \approx -Dy\frac{\Delta y}{y}$$

Dies deutet an, dass das im Black-Modell verwendete Volatilitätsmaß σ in eine näherungsweise Beziehung zum Volatilitätsmaß der Rendite, σ_y, gesetzt werden kann, indem man

(18.6) $$\sigma = Dy\sigma_y$$

verwendet. Wird eine Renditevolatilität für eine Anleiheoption notiert, wird implizit angenommen, dass sie unter Verwendung von Gleichung 18.6 in eine Preisvolatilität konvertiert und dass dieses Maß dann in Verbindung mit Gleichung 18.1 oder 18.2 verwendet wird, um einen Preis zu bekommen.

Zins-Caps

Eine beliebte Zinsoption, die von den Finanzinstitutionen am Freiverkehrmarkt angeboten wird, ist der *Zins-Cap*. Zins-Caps sollen dagegen versichern, dass der Zins eines zinsvariablen Kredits ein bestimmtes Niveau übersteigt. Dieses Niveau ist die sogenannte *Cap-Rate* oder der *Höchstzinssatz*. Wenn der Cap für einen Kredit und der Kredit selbst von der gleichen Finanzinstitution angeboten werden, sind die Kosten für die Optionen, die dem Cap zugrunde liegen, oftmals in dem erhobenen Zins enthalten. Werden sie von verschiedenen Finanzinstitutionen bereitgestellt, muss oftmals im voraus eine Zahlung für den Cap getätigt werden.

EIN CAP ALS PORTEFEUILLE AUS ZINSOPTIONEN

In Abbildung 18.3 ist die Funktionsweise eines Caps aufgezeigt. Ein Cap stellt sicher, dass der Zins, der für einen Kredit berechnet wird, zu jedem gegebenen Zeitpunkt entweder gleich dem geltenden Zins oder dem Höchstzinssatz ist – je nach dem, welcher von beiden niedriger ist. Angenommen der Zins für einen Kredit über einen Kapitalbetrag von 10 Millionen Dollar wird alle drei Monate entsprechend dem dreimonatigen LIBOR neu eingestellt und die Finanzinstitution hat die Obergrenze für den Zinssatz auf 10 Prozent per Annum gekappt. (Da die Zahlungen vierteljährlich erfolgen, kann der Höchstzinssatz auch mit vierteljährlicher Verzinsung ausgedrückt werden.)

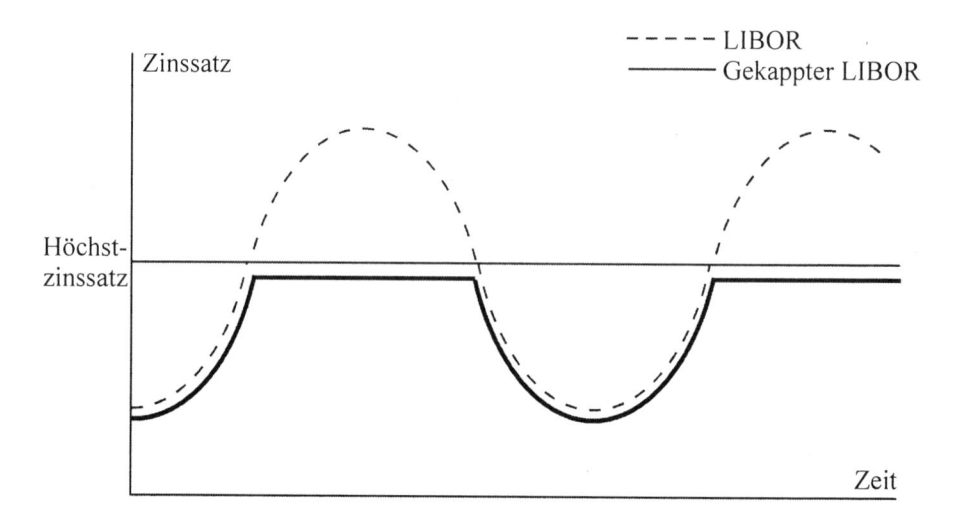

Abbildung 18.3: Effektiver Zins eines Kreditnehmers bei zinsvariablem Kredit und Zins-Cap

Um ihre finanziellen Verpflichtungen im Rahmen der Cap-Vereinbarung zu erfüllen, muss die Finanzinstitution dem Kreditnehmer am Ende jedes Quartals

$$0{,}25 \times 10 \times \max(R - 0{,}1,\ 0)$$

(in Millionen Dollar) zahlen, wobei R der dreimonatige LIBOR-Zins (ausgedrückt mit vierteljährlicher Verzinsung) zum Quartalsanfang ist. Wenn beispielsweise der dreimonatige LIBOR-Zins am Quartalsanfang 11 Prozent per Annum beträgt, muss die Finanzinstitution am Quartalsende 0,25 × 10.000.000 × 0,01 = 25.000 $ zahlen. Liegt er bei 9 Prozent per Annum, muss die Finanzinstitution gar nichts zahlen. Dieses Beispiel ist in Tabelle 18.1 zusammengefasst. Der Ausdruck max(R − 0,1, 1) ist der Payoff aus der Kaufoption auf R. Der Cap kann somit als ein Portefeuille aus Kaufoptionen auf R angesehen werden, wobei die Payoffs aus den Optionen mit einem Verzug von drei Monaten anfallen. Die einzelnen Optionen, die ein Cap umfasst, werden mitunter auch *Caplets* genannt.

Tabelle 18.1: Anwendung eines Zins-Caps

Am Tisch des Wertpapierhändlers

Ein Unternehmen, das eine fünfjährige zinsvariable Kreditvereinbarung eingeht, ist über einen möglichen Zinsanstieg besorgt. Der Zins für den Kredit entspricht dem dreimonatigen LIBOR und liegt derzeit bei 8 Prozent per Annum. Das Unternehmen möchte sich davor schützen, dass der Zins über 10 Prozent per Annum steigt.

Die Strategie

Das Unternehmen kauft von der Finanzinstitution einen fünfjährigen Zins-Cap mit einem Höchstzinssatz von 10 Prozent per Annum. Die Finanzinstitution garantiert, dass, sobald der variable Zins über 10 Prozent liegt, sie die Differenz zwischen dem variablen Zins und den 10 Prozent per Annum zahlt. Der Cap kann als Portefeuille aus Kaufoptionen auf den dreimonatigen Zins angesehen werden.

Im allgemeinen gilt, dass bei einem Höchstzinssatz R_X, einem Kapital L und den Zins-Umstellungsterminen $\tau, 2\tau, \ldots, n\tau$ ab Beginn der Cap-Laufzeit der Verkäufer eines Caps im Zeitpunkt $(k + 1)\tau$ eine Zahlung von

(18.7) $$\tau L \max(R_k - R_X, 0)$$

leisten muss, wobei R_k der Wert des gekappten Zinses im Zeitpunkt $k\tau$ ist. Das ist eine Kaufoption auf den Zins, der im Zeitpunkt $k\tau$ beobachtet wird, wobei der Payoff in Zeitpunkt $(k + 1)\tau$ erfolgt. Caps sind im Normalfall so strukturiert, dass es im Zeitpunkt τ keinen Payoff gibt, der auf dem Zins im

Zeitpunkt null basiert. Ein Cap hat somit in den Zeitpunkten 2τ, 3τ, ... , $n\tau$ potentielle Payoffs.

FLOORS UND COLLARS

Zins-Floors (Zinsuntergrenzen) und Zins-Collars (Zinsunter- und Obergrenzen oder auch Floor-Ceiling-Vereinbarungen genannt) werden analog den Caps definiert. Ein *Floor* setzt dem erhobenen Zins eine Untergrenze. *Collars* spezifizieren sowohl Ober- als auch Untergrenzen für den erhobenen Zins. Analog einem Zins-Cap ist ein Zins-Floor ein Portefeuille aus Verkaufsoptionen auf Zinssätzen. Er wird oftmals von einem Kreditnehmer verkauft, der zinsvariable Finanzmittel aufgenommen hat. Die einzelnen Optionen, die ein Floor beinhaltet, werden mitunter auch *Floorlets* genannt. Ein Collar ist eine Kombination aus einer Kaufposition in einem Cap und einer Verkaufsposition in einem Floor. Er wird normalerweise so gebildet, dass der Preis des Caps gleich dem Preis des Floors ist. Dann sind die Nettokosten des Collars sind dann null.

Zwischen den Preisen der Caps und Floors gibt es eine Put-Call-Paritätsbeziehung. Sie lautet

$$\text{Cappreis} = \text{Floorpreis} + \text{Swappreis}$$

In dieser Beziehung haben Cap und Floor den gleichen Basispreis R_X. Der Swap ist eine Vereinbarung über den Empfang zinsvariabler Finanzmittel und die Zahlung eines festen Zinses R_X, wobei am ersten Umstellungstermin kein Zahlungsaustausch erfolgt.[4] Alle drei Instrumente haben die gleiche Laufzeit und die gleiche Zahlungshäufigkeit. Dieses Ergebnis ist sofort nachvollziehbar, wenn man daran denkt, dass eine Kaufposition in einem Cap kombiniert mit einer Verkaufsposition in einem Floor die gleichen Cashflows wie der Swap liefert.

---

[4] Man beachte, dass Swaps normalerweise so strukturiert sind, dass der τ-Perioden-Zins im Zeitpunkt null einen Austausch der Zahlungen im Zeitpunkt τ bestimmt. Wie bereits oben erwähnt, sind Caps und Floors normalerweise so strukturiert, dass es im Zeitpunkt τ keinen Payoff gibt. Dieser Unterschied erklärt, warum der erste Zahlungsaustausch im Rahmen des Swaps ausgeschlossen werden muss.

BEWERTUNG VON CAPS UND FLOORS

Wie Gleichung 18.7 zeigt, liefert der Caplet, der mit dem im Zeitpunkt $k\tau$ beobachteten Satz korrespondiert, im Zeitpunkt $(k + 1)\tau$ den Payoff

$$\tau L \max(R_K - R_X, 0)$$

Wenn die Standardabweichung von $\ln R_k$ gleich $\sigma_k \sqrt{k\tau}$ ist, so dass σ_k das Volatilitätsmaß des Caplets ist, ergibt sich aus Gleichung 18.3 der Wert dieses Caplets

(18.8) $$\tau L e^{-r^*(k+1)\tau} [F_k N(d_1) - R_X N(d_2)]$$

wobei

$$d_1 = \frac{\ln(F_k / R_X) + \sigma_k^2 k\tau / 2}{\sigma_k \sqrt{k\tau}}$$

$$d_2 = \frac{\ln(F_k / R_X) - \sigma_k^2 k\tau / 2}{\sigma_k \sqrt{k\tau}} = d_1 - \sigma_k \sqrt{k\tau}$$

und F_k der Terminkurs für den Zeitraum zwischen dem Zeitpunkt $k\tau$ und $(k + 1)\tau$ ist. Der Wert des korrespondierenden Floorlets wird aus Gleichung 18.4 errechnet und beträgt

(18.9) $$\tau L e^{-r^*(k+1)\tau} [R_X N(-d_2) - F_k N(-d_1)]$$

In diesen Gleichungen ist r^* der kontinuierlich verzinste Nullzins bei einer Fälligkeit in $(k + 1)\tau$. Sowohl R_X als auch F_k sind mit der Verzinsungshäufigkeit τ ausgedrückt.

Beispiel

Man betrachte einen Kontrakt, der den Zins für einen Kredit über 10.000 $ für eine in einem Jahr beginnende dreimonatige Periode auf 8 Prozent per Annum (bei kontinuierlicher Verzinsung) kappt. Das ist ein Caplet und könnte ein Element eines Caps sein. Angenommen der Terminzins für eine in einem Jahr beginnende dreimonatige Periode liegt bei 7 Prozent per Annum (bei vierteljährlicher Verzinsung), der aktuelle 15-monatige Zins beträgt 6,5 Prozent per Annum (bei kontinuierlicher Verzinsung) und das Volatilitätsmaß des dem Caplet zugrundeliegenden dreimonatigen Zinses ist 20 Prozent per Annum.

In Gleichung 18.8 ist $F_k = 0,07$, $\tau = 0,25$, $L = 10.000$, $R_X = 0,08$, $r^* = 0,065$, $\sigma_k = 0,20$ und $k\tau = 1,0$. Somit ist

$$d_1 = \frac{\ln 0,875 + 0,02}{0,20} = -0,5677$$

und

$$d_2 = d_1 - 0,20 = -0,7677$$

so dass der Caplet einen Preis von

$$0,25 \times 10.000 e^{-0,065 \times 1,25} [0,07 N(-0,5677) - 0,08 N(-0,7677)] = 5,19$$

oder 5,19 $ hat.

Jeder Caplet muss mit Gleichung 18.8 separat berechnet werden. Ein Ansatz ist, für jeden Caplet eine andere Volatilität zu wählen. Die Volatilitäten werden dann als *Forward Forward Volatilitäten* bezeichnet. Ein alternativer Ansatz besteht darin, für alle Caplets eines bestimmten Caps die gleiche Volatilität zu nehmen, aber diese Volatilität gemäß der Laufzeit des Caps zu variieren. Diese Volatilitäten werden als *Flat Volatilitäten* bezeichnet. Die Volatilitäten, die von den Brokern notiert werden, sind in der Regel Flat Volatilitäten. Viele Händler arbeiten aber auch gerne mit Forward Forward Volatilitäten, da sie mit ihnen überbewertete und unterbewertete Caplets identifizieren können. Optionen auf den Eurodollar Futures sind den Caplets sehr ähnlich, und die impliziten Forward Forward Volatilitäten von Caplets mit einem dreimonatigen LIBOR werden oft mit denen verglichen, die man aus den Preisen der Eurodollar Futures Optionen errechnet.

Abbildung 18.4 zeigt ein typisches Muster für eine Forward Forward Volatilität und eine Flat Volatilität als Funktion der Laufzeit. (Im Fall der Forward Forward Volatilität ist die Laufzeit die Laufzeit eines Caplets; im Fall der Flat Volatilität ist die Laufzeit die Laufzeit eines Caps.) Die Flat Volatilitäten sind den kumulativen Durchschnitten der Forward Forward Volatilitäten sehr ähnlich und weisen daher eine geringere Variabilität auf. Wie in Abbildung 18.4 angedeutet ist, haben die Volatilitäten normalerweise ungefähr beim Übergang von Jahr eins zu Jahr zwei einen „Buckel". Dieser Buckel entsteht dann, wenn die Volatilitäten von den Optionspreisen impliziert oder wenn sie anhand historischer Daten errechnet werden. Bislang gibt es keine wirklich überzeugende Erklärung für dieses Phänomen.

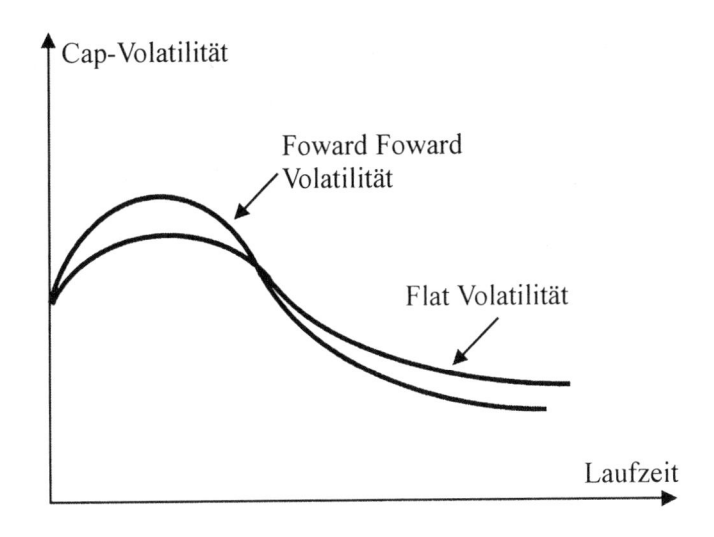

Abbildung 18.4: Volatilitätsbuckel

Europäische Swapoptionen

Swapoptionen oder *Swaptionen* sind Optionen auf einen Zinsswap. Dieser Zinsoptionstyp gewinnt zunehmend an Beliebtheit. Er gibt dem Inhaber das Recht, zu einem bestimmten Termin in der Zukunft einen spezifizierten Zinsswap einzugehen. (Der Inhaber muss dieses Recht aber nicht ausüben.) Viele große Finanzinstitutionen, die ihren Geschäftskunden Kontrakte auf Zinsswaps anbieten, sind auch in der Lage, ihnen Swapoptionen zu verkaufen oder abzukaufen.

Am folgenden Beispiel kann man sehen, wie Swapoptionen verwendet werden. Man betrachte ein Unternehmen, dem bekannt ist, dass es in sechs Monaten einen Fünfjahresvertrag über einen zinsvariablen Kredit eingeht und die zinsvariablen Zahlungen gegen festverzinsliche Zahlungen swappen möchte, um den Kredit in einen festverzinslichen Kredit umzuwandeln. (In Kapitel 6 wurde diskutiert, wie Swaps zu diesem Zweck verwendet werden.) Das Unternehmen kann eine Swapoption kaufen und damit das Recht erwerben, über eine in sechs Monaten beginnende fünfjährige Periode einen sechsmonatigen LIBOR zu bekommen und einen bestimmten Festzins zu zahlen (beispielsweise 12 Prozent per Annum). Liegt in sechs Monaten der Festzins für einen regulären fünfjährigen Swap unter 12 Prozent per Annum, übt das Unternehmen die Swapoption nicht aus und vereinbart auf übliche Weise einen Swap. Liegt der Festzins in sechs Monaten aber über 12 Prozent, übt das Unternehmen die Swapoption aus und bekommt damit einen Swap, dessen Konditionen vorteilhafter sind als die der am Markt erhältlichen Swaps. Dieses Beispiel ist in Tabelle 18.2 zusammengefasst.

Tabelle 18.2: Anwendung einer Swapoption

Am Tisch des Wertpapierhändlers

Ein Unternehmen weiß, dass es in sechs Monaten einen Fünfjahresvertrag über einen Kredit eingeht. Es plant, die zinsvariablen Zahlungen gegen festverzinsliche Zahlungen zu swappen. Das Unternehmen möchte sicherstellen, dass der Festzins nicht über 12 Prozent per Annum liegt.

Die Strategie

Das Unternehmen kauft eine Swapoption. Die Swapoption gibt ihm das Recht (aber nicht die Pflicht), über einen in sechs Monate beginnenden Fünfjahreszeitraum die zinsvariablen Zahlungen gegen festverzinsliche Zahlungen von 12 Prozent per Annum zu tauschen. Liegt in sechs Monaten der Festzins für einen regulären fünfjährigen Swap über 12 Prozent per Annum, übt das Unternehmen die Swapoption aus; im anderen Fall handelt das Unternehmen einen Swap zum Marktzins aus.

Wenn Swapoptionen wie eben beschrieben verwendet werden, bieten sie Unternehmen eine Garantie, dass der Festzins, den sie für einen künftigen Kredit zahlen, ein bestimmtes Niveau nicht übersteigt. Swapoptionen sind eine Alternative zu Forward Swaps (mitunter auch *aufgeschobene Swaps* genannt, *deferred swaps*). Bei Forward Swaps fallen keine Kosten im voraus an, aber sie haben den Nachteil, dass das Unternehmen verpflichtet ist, die Swap-Vereinbarung einzugehen. Mit einer Swapoption kann das Unternehmen von eventuellen vorteilhaften Zinsentwicklungen profitieren und sich gleichzeitig vor eventuellen nachteiligen Zinsbewegungen schützen. Der Unterschied zwischen einer Swapoption und einem Forward Swap ist analog dem Unterschied zwischen einer Option auf Devisen und einem Forwardkontrakt auf Devisen.

BEZIEHUNG ZU ANLEIHEOPTIONEN

Aus Kapitel 6 ist bekannt, dass ein Zinsswap als Vereinbarung betrachtet werden kann, eine festverzinsliche Anleihe gegen eine zinsvariable Anleihe zu tauschen. Beim Beginn des Swaps ist der Wert einer zinsvariablen Anleihe immer gleich dem Kapitalbetrag des Swaps. Eine Swapoption kann somit als eine Option auf den Tausch einer festverzinslichen Anleihe gegen den Kapitalbetrag des Swaps betrachtet werden. Gibt die Swapoption dem Inhaber das Recht, fest zu zahlen und variabel zu bekommen, ist sie eine Verkaufsoption auf eine festverzinsliche Anleihe mit einem Basispreis, der gleich dem Kapital ist. Gibt die Swapoption dem Inhaber das Recht, variabel zu zahlen und fest zu bekommen, ist sie eine Kaufoption auf die festverzinsliche Anleihe mit einem Basispreis gleich dem Kapital.

BEWERTUNG EUROPÄISCHER SWAPOPTIONEN

Europäische Swapoptionen werden häufig bewertet, indem man annimmt, dass der Swapsatz bei Fälligkeit der Option log-normal ist. Man betrachte eine Swapoption, die dem Inhaber das Recht gibt, den Zins R_X zu zahlen und variabel zu bekommen, wobei der Swap n Jahre dauert und in T Jahren beginnt. Wir unterstellen, dass es im Rahmen des Swaps m Zahlungen im Jahr gibt und dass das Kapital L ist.

Angenommen der Swapsatz beträgt bei Fälligkeit der Swapoption R. (R und R_X werden mit der Verzinsungshäufigkeit m mal pro Jahr ausgedrückt). Indem man die Cashflows eines Swaps, der den Festzins R hat, mit den Cashflows eines Swaps, dessen Festzins R_X ist, vergleicht, sieht man, dass der Payoff aus der Swapoption aus einer Reihe von Cashflows besteht, die gleich

$$\frac{L}{m} \max(R - R_X, 0)$$

sind. Die Cashflows werden m mal je Jahr empfangen, und dies über die n-jährige Laufzeit des Swaps; das bedeutet, dass sie in den Zeitpunkten $T + \frac{1}{m}$, $T + \frac{2}{m}$, ..., $T + \frac{mn}{m}$ anfallen, von heute an in Jahren gemessen. Jeder Cashflow ist der Payoff aus einer Kaufoption auf R mit dem Basispreis R_X.

Angenommen $t_i = T + \frac{i}{m}$. Nach Gleichung 18.3 hat der im Zeitpunkt t_i empfangene Cashflow den Wert

$$\frac{L}{m} e^{-r_i t_i} [FN(d_1) - R_X N(d_2)]$$

wobei

$$d_1 = \frac{\ln(F/R_X) + \sigma^2 T/2}{\sigma \sqrt{T}}$$

$$d_2 = \frac{\ln(F/R_X) - \sigma^2 T/2}{\sigma \sqrt{T}} = d_1 - \sigma \sqrt{T}$$

F ist der Terminswapsatz und r_i der kontinuierlich verzinste Nullkupon-Zins bei einer Fälligkeit in t_i.

Die Swapoption hat einen Gesamtwert von

$$\sum_{i=1}^{mn} \frac{L}{m} e^{-r_i t_i} [FN(d_1) - R_X N(d_2)]$$

Wenn A als Wert eines Kontraktes definiert wird, der in den Zeitpunkten t_i ($1 \leq i \leq mn$) 1 \$ abwirft, erhält die Swapoption den Wert

(18.10) $$\frac{LA}{m} [FN(d_1) - R_X N(d_2)]$$

wobei

$$A = \sum_{i=1}^{mn} e^{-r_i t_i}$$

Wenn die Swapoption dem Inhaber das Recht gibt, einen Festzins R_X zu bekommen statt zu zahlen, ist der Payoff aus der Swapoption

$$\frac{L}{m} \max(R_X - R, 0)$$

Das ist eine Verkaufsoption auf R. Wie bereits zuvor werden die Payoffs in den Zeitpunkten t_i ($1 \leq i \leq mn$) empfangen. Gleichung 18.4 liefert den Wert der Swapoption

(18.11)
$$\frac{LA}{m}\left[R_X N(-d_2) - FN(-d_1)\right]$$

Beispiel

Angenommen die LIBOR-Ertragskurve verläuft flach bei kontinuierlich verzinsten 6 Prozent per Annum. Man betrachte eine Swapoption, die dem Inhaber das Recht gibt, für einen dreijährigen Swap, der in fünf Jahren beginnt, 6,2 Prozent zu zahlen. Das Volatilitätsmaß des Swapsatzes ist 20 Prozent. Die Zahlungen erfolgen halbjährlich, das Kapital beträgt 100 $. In diesem Fall ist

$$A = e^{-0,06 \times 5,5} + e^{-0,06 \times 6} + e^{-0,06 \times 6,5} + e^{-0,06 \times 7} + e^{-0,06 \times 7,5} + e^{-0,06 \times 8}$$

$$= 4,0071$$

Ein kontinuierlich verzinster Zins von 6 Prozent per Annum entspricht einem halbjährlich verzinsten Zins von 6,09 Prozent. Daraus folgt, dass in diesem Beispiel $F = 0,0609$, $R_X = 0,062$, $T = 5$ und $\sigma = 0,2$, so dass

$$d_1 = \frac{\ln(0,0609/0,062) + 0,2^2 \times 5/2}{0,2\sqrt{5}} = 0,1836$$

$$d_2 = d_1 - 0,2\sqrt{5} = -0,2636$$

Gleichung 18.10 liefert den Wert der Swapoption:

$$\frac{100 \times 4,0071}{2}\left[0,0609 \times N(0,1836) - 0,062 \times N(-0,2636)\right] = 2,07$$

oder 2,07 $.

Fristenstrukturmodelle

Die meisten Wertpapierhändler möchten alle Zins-Derivative auf einer konsistenten Grundlage bewerten. Dann könnten Sie das Ausmaß einschätzen, mit dem die Risiken eines Cap-Portefeuilles durch Anleiheoptionen oder Swapoptionen ausgeglichen werden könnten. Die Standardmarktmodelle, die es für Anleiheoptionen, Caps und Swapoptionen gibt, sind inkonsistent. Das Modell über europäische Anleiheoptionen unterstellt, dass zu einem künftigen Zeitpunkt ein Anleihekurs log-normal verteilt ist. Das Cap-Modell unterstellt, dass zu einem künftigen Zeitpunkt ein Zins log-normal verteilt ist. Die europäische Swapoption unterstellt, dass zu einem künftigen Zeitpunkt ein Swapsatz log-normal verteilt ist. Dies kann natürlich nicht gleichzeitig geschehen.

Ein weiteres Problem der Standardmarktmodelle besteht darin, dass sie nicht einfach erweiterbar sind, so dass man auch andere Wertpapiere mit ihnen bewerten könnte. Beispielsweise kann das Black-Modell zur Bewertung europäischer Anleiheoptionen nicht einfach auf die Bewertung von amerikanischen Anleiheoptionen erweitert werden. Die Bewertung von amerikanischen Anleiheoptionen erfordert eine Spezifikation der Wahrscheinlichkeitsverteilung des zugrundeliegenden Anleihekurses zu allen Zeitpunkten der Laufzeit der Option, nicht nur zum Ende der Laufzeit. Wie in Abbildung 18.2 gezeigt wurde, ist es nicht sinnvoll anzunehmen, dass Anleihekurse ähnlich wie die Aktienkurse sind und konstante Volatilitäten haben.

Für eine ausgereiftere Herangehensweise an die Bewertung von zinsabgeleiteten Wertpapieren wird ein *Fristenstrukturmodell* gebildet. Dieses Modell beschreibt das wahrscheinliche Verhalten der Fristenstruktur über die Zeit. Fristenstrukturmodelle sind komplizierter als Modelle, mit denen man die Schwankungen eines Aktienkurses oder einer Währung beschreibt. Das liegt daran, dass sie die Bewegungen einer ganzen Fristenstruktur erfassen – nicht nur die Veränderungen einer einzigen Variablen. Im Zeitablauf verändern sich die einzelnen Zinsen in der Fristenstruktur. Außerdem ist es auch wahrscheinlich, dass sich die Kurvenform selbst verändert.

Die genaue Konstruktionsbeschreibung von Ertragskurvenmodellen würde über den Bereich dieses Buches hinausgehen. In den restlichen Abschnitten sollen jedoch einige zentrale Punkte untersucht werden.

DER KURZFRISTIGE ZINS

Der kurzfristige Zins r ist für die Konstruktion eines Ertragskurvenmodells von zentraler Bedeutung. Es kann gezeigt werden, dass, wenn wir ein Modell spezifizieren, welches das wahrscheinliche Verhalten eines kurzfristigen Zinses und einige Informationen über individuelle Risikopräferenzen beschreibt, wir sowohl die aktuelle Fristenstruktur der Zinsen als auch das Ertragskurvenmodell vollständig spezifiziert haben. (Mit anderen Worten, wir haben ein Wahrscheinlichkeitsmodell über die Veränderung der Fristenstruktur im Zeitablauf vollständig spezifiziert.)

MITTLERE UMKEHRUNG

Welche Modellsorte ist für r angemessen? Man kann sich r so vorstellen, dass er einen durchschnittlichen *Drift* oder eine erwartete Veränderung hat, wobei auf dem Drift eine Volatilität liegt. In der Praxis ist es anscheinend so, dass der Drift von r eine inkorporierte *mittlere Umkehrung* hat. Das heißt, dass der Drift tendenziell die Zinsen auf ein langfristiges Durchschnittsniveau zieht. Ist der kurzfristige Zins sehr hoch, hat r tendenziell einen negativen Drift; ist der kurzfristige Zins sehr niedrig, hat r tendenziell einen positiven Drift. Das ist in Abbildung 18.5 veranschaulicht.

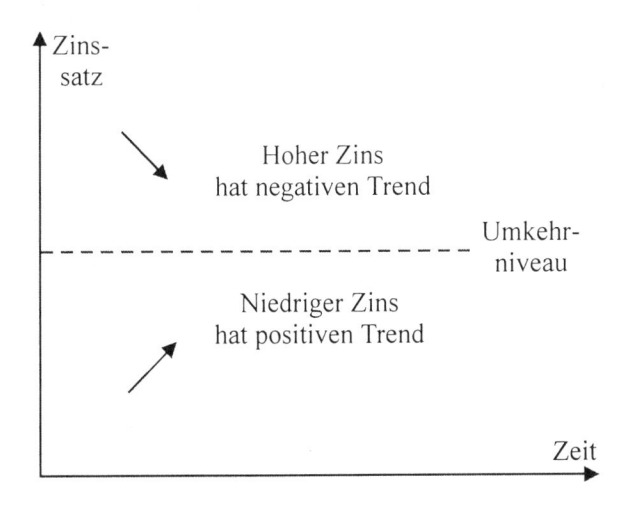

Abbildung 18.5: Mittlere Umkehrung

Die mittlere Umkehrung hat den Effekt, dass sie mehr Sicherheit über die langfristigen Zinsen als die kurzfristigen Zinsen gibt. Die Volatilität eines Nullkuponzinses ist somit tendenziell eine abnehmende Funktion seiner Laufzeit. Der zehnjährige Nullkuponzins hat tendenziell eine niedrigere Volatilität als der fünfjährige Nullkuponzins; der fünfjährige Nullkuponzins hat tendenziell eine niedrigere Volatilität als ein einjähriger Nullkuponzins, und so weiter.

ANPASSUNG DER FRISTENSTRUKTUR

Pionierarbeit bei der Entwicklung der Ertragskurvenmodelle haben Vasicek, Cox/Ingersoll/Ross und Brennan/Schwartz geleistet. Diese Autoren haben Modelle für kurzfristige Zinsen mit einer mittleren Umkehrung und einer Reihe von Parametern entwickelt, die den Grad der mittleren Umkehrung, das Umkehrniveau, die Volatilitäten und Risikopräferenzen beschreiben. Die Parameter sind typischerweise keine Funktionen der Zeit und werden anhand von Daten über die aktuelle Fristenstruktur der Zinsen und Volatilitäten geschätzt.

In jüngster Zeit haben Forscher Möglichkeiten zur Konstruktion von Modellen für r entwickelt, die automatisch konsistent sind mit der aktuellen Fristenstruktur der Zinsen. Das erste dieser Modelle wurde 1986 von Ho und Lee vorgestellt und hat eine flache Volatilitätsfristenstruktur. (Mit anderen Worten, alle Zinsen haben die gleiche Variabilität.) Heath/Jarrow/Morton, Black/Derman/Toy, Black/Karasinski, Hull/White und Jamshidian haben ausgereiftere Modelle entwickelt. Angesichts der zunehmenden Beliebtheit von Zinsoptionen im Freiverkehr dürfte es in diesem Bereich noch zahlreiche Forschungsarbeiten in den nächsten Jahren geben.

Zusammenfassung

In der Praxis entstehen Zinsoptionen auf mehrere Arten. So werden beispielsweise Optionen auf T-Bond Futures, T-Note Futures und Eurodollar Futures aktiv an den Börsen gehandelt. Viele handelbare Anleihen enthalten Eigenschaften, bei denen es sich um Optionen handelt. Die Kredit- und Einlageninstrumente der Finanzinstitutionen enthalten oft versteckte Optionen. In hypothekarisch gesicherten Wertpapieren sind Zinsoptionen eingefügt.

Das Standardmarktmodell zur Bewertung von Anleiheoptionen, Caps und Floors sowie Swapoptionen ist das Black-Modell. Bei Anleiheoptionen unterstellt das Modell eine log-normale Wahrscheinlichkeitsverteilung der zugrundeliegenden Anleihen. Bei Caps und Floors werden die zugrundeliegenden Zinsen als log-normal unterstellt. Bei Swapoptionen wird unterstellt, dass der zugrundeliegende Swapsatz log-normal ist.

Mit Fristenstrukturmodellen lassen sich kompliziertere Zins-Derivative als mit dem Black-Modell bewerten. Es lässt sich zeigen, dass, wenn die Investoren keine Arbitrage-Möglichkeiten haben, Fristenstrukturmodelle über das Verhalten des kurzfristigen Zinses zusammen mit einigen Informationen über die Risikopräferenzen definiert werden. Es gibt inzwischen eine ganze Reihe von Modellen über den kurzfristigen Zins. Für die angewandte Arbeit sind die Modelle am besten, die so gestaltet sind, dass sie automatisch mit der aktuellen Fristenstruktur der Zinsen konsistent sind.

Weitere Literatur

Amin, K. und A. Morton. „Implied Volatility Functions in Arbitrage-Free Term Structure Models", *Journal of Financial Economics* 35 (1994): 141-180.

Black, F. „Interest Rates as Options", *Journal of Finance* 50, no. 5 (1995): 1371-1376.

Black, F. „The Pricing of Commodity Contracts", *Journal of Financial Economics* 3 (1976): 167-179.

Black, F., E. Derman und W. Toy. „A One-Factor Model of Interest Rates and Its Application to Treasury Bond Options", *Financial Analysts Journal* (January-February 1990): 33-39.

Black, F. und P. Karasinski. „Bond and Option Pricing When Short Rates Are Lognormal", *Financial Analysts Journal* (July-August 1991): 52-59.

Black, F. und M. Scholes. „The Pricing of Options and Corporate Liabilities", *Journal of Political Economy* 81 (May-June 1973): 637-659.

Brennan, M. J. und E. S. Schwartz. „An Equilibrium Model of Bond Pricing and a Test of Market Efficiency", *Journal of Financial and Quantitative Analysis* 17, no. 3 (September 1982): 301-329.

Burghardt, G. und B. Hoskins. „A Question of Bias", *RISK* (March 1995).

Carverhill, A. „When Is the Short Rate Markovian?" *Mathematical Finance* 4 (1994): 305-312.

Cheyette, O. „Term Structure Dynamics and Mortgage Valuation", *Journal of Fixed Income* (March 1992): 28-41.

Courtadon, G. „The Pricing of Options on Default-Free Bonds", *Journal of Financial and Quantitative Analysis* 17 (March 1982): 75-100.

Cox, J. C., J. E. Ingersoll und S. A. Ross. „A Theory of the Term Structure of Interest Rates", *Econometrica* 53 (1985): 385-407.

Heath, D., R. Jarrow und A. Morton. „Bond Pricing and the Term Structure of Interest Rates: A Discrete Time Approximation", *Journal of Financial and Quantitative Analysis* 25, no. 4 (December 1990): 419-440.

Heath, D., R. Jarrow und A. Morton. „Bond Pricing and the Term Structure of the Interest Rates: A New Methodology", *Econometrica* 60 (1992): 77-105.

Heath, D., R. Jarrow, A. Morton und M. Spindel. „Easier Done Than Said", *RISK* (May 1993): 77-80.

Ho, T. S. Y. und S.-B. Lee. „Term Structure Movements and Pricing Interest Rate Contingent Claims", *Journal of Finance* 41 (December 1986): 1011-1029.

Hull, J. C: *Options, Futures, and Other Derivatives*. 3. Aufl. Englewood Cliffs, NJ: Prentice Hall, 1997.

Hull, J. C. und A. White. „Bond Option Pricing Based on a Model for the Evolution of Bond Prices", *Advances in Futures and Options Research* 6 (1993): 1-13.

Hull, J. C. und A. White. „Branching Out", *RISK* (January 1994): 34-37.

Hull, J. C. und A. White. „In the Common Interest", *RISK* (March 1992): 64-68.

Hull, J. C. und A. White. „Numerical Procedures for Implementing Term Structure Models I: Single-Factor Models", *Journal of Derivatives* 2, no. 1 (Fall 1994): 7-16.

Hull, J. C. und A. White. „Numerical Procedures for Implementing Term Structure Models II: Two-Factor Models", *Journal of Derivatives* 2, no. 2 (Winter 1994): 37-48.

Hull, J. C. und A. White. „One-Factor Interest Rate Models and the Valuation of Interest Rate Derivative Securities", *Journal of Financial and Quantitative Analysis* 28 (June 1993); 235-254.

Hull, J. C. und A. White. „Pricing Interest Rate Derivative Securities", *Review of Financial Studies* 3, no. 4 (1990): 573-592.

Hull, J. C. und A. White. „Using Hull-White Interest Rate Trees", *Journal of Derivatives* (Spring 1996): 26-36.

Hull, J. C. und A. White. „Valuing Derivative Securities Using the Explicit Finite Difference Method", *Journal of Financial and Quantitative Analysis* 25 (March 1990): 87-100.

Jamshidian, F. „An Exact Bond Option Pricing Formula", *Journal of Finance* 44 (March 1989): 205-209.

Jarrow, R. A. *Modeling Fixed Income Securities and Interest Rate Options*. New York: McGraw-Hill, 1995.

Jeffrey, A. „Single Factor Heath-Jarrow-Morton Term Structure Models Based on Markov Spot Interest Rate Dynamics", *Journal of Financial and Quantitative Analysis* 30 (1995): 619-642.

Li, A., P. Ritchken und L. Sankarasubramanian. „Lattice Models for Pricing American Interest Rate Claims", *Journal of Finance* 50, no. 2 (June 1995): 719-737.

Longstaff, F. A. und E. S. Schwartz. „Interest Rate Volatility and the Term Structure: A Two-Factor General Equilibrium Model", *Journal of Finance* 47, no. 4 (September 1992): 1259-1282.

Rendleman, R. und B. Bartter. „The Pricing of Options on Debt Securities", *Journal of Financial and Quantitative Analysis* 15 (March 1980): 11-24.

Riccardo, R. *Interest Rate Option Models*. New York: John Wiley & Sons, 1996.

Ritchken, P. und L. Sankarasubramanian. „Volatility Structures of Forward Rates and the Dynamics of the Term Structure", *Mathematical Finance* 5 (1995): 55-72.

Schaefer, S. M. und E. S. Schwartz. „Time-Dependent Variance and the Pricing of Bond Options", *Journal of Finance* 42 (December 1987): 1113-1128.

Vasicek, O. A. „An Equilibrium Characterization of the Term Structure", *Journal of Financial Economics* 5 (1977): 177-188.

Testfragen

1. Ein Unternehmen kappt den dreimonatigen LIBOR auf 10 Prozent per Annum. Die Kapitalsumme beträgt 20 Millionen Dollar. An einem Umstellungstermin beträgt der dreimonatige LIBOR 12 Prozent per Annum. Zu welcher Zahlung führt dies im Rahmen des Caps? Wann erfolgt die Zahlung?

2. Erklären Sie, was hypothekarisch gesicherte Wertpapiere sind. Erläutern Sie, warum hypothekarisch gesicherte Wertpapiere riskanter sind als reguläre Wertpapiere mit festem Ertrag wie Staatsanleihen.

3. Erklären Sie, warum eine Swapoption als eine Art Anleiheoption gesehen werden kann.

4. Bewerten Sie eine einjährige europäische Verkaufsoption auf eine 10-jährige Anleihe mit dem Black-Modell. Gehen Sie von folgenden Annahmen aus: der aktuelle Wert der Anleihe beträgt 125 $, der Basispreis liegt bei 110 $, der einjährige Zins bei 10 Prozent per Annum, das Volatilitätsmaß des Anleihekurses bei 8 Prozent per Annum, der Gegenwartswert der Kupons, die während der Optionslaufzeit gezahlt werden, beträgt 10 $.

5. Angenommen die LIBOR-Ertragskurve ist flach, der kontinuierlich verzinste Zins liegt bei 8 Prozent. Eine Swapoption gibt dem Inhaber im Rahmen eines fünfjährigen Swaps, der in vier Jahren beginnt, das Recht auf den Empfang von 7,6 Prozent. Die Zahlungen erfolgen jährlich. Das Volatilitätsmaß für den Swapsatz liegt bei 25 Prozent per Annum, das Kapital beträgt 1 Million Dollar. Bestimmen Sie mit dem Black-Modell den Preis der Swapoption.

6. Berechnen Sie den Preis einer Option, die den dreimonatigen Zins für einen Kapitalbetrag von 1.000 $ auf 13 Prozent kappt (mit vierteljährlicher Verzinsung notiert), wobei die Zinszahlungen in 18 Monaten beginnen. Der relevante Terminzins für die fragliche Peri-

ode liegt bei 12 Prozent per Annum (mit vierteljährlicher Verzinsung notiert), der 18-monatige risikofreie Zins (kontinuierlich verzinst) beträgt 11,5 Prozent per Annum, die Volatilität des Terminzinses beträgt 12 Prozent per Annum.

7. Welche Vorteile haben die Ertragskurvenmodelle gegenüber dem Black-Modell und dem Black-Scholes-Modell bei der Bewertung von Caps, Anleiheoptionen und anderen Derivativen?

Fragen und Probleme

1. Angenommen die Volatilität eines Terminzinses steigt im Zeitablauf. Nehmen Sie an, dass die implizite Volatilität einer neunmonatigen Eurodollar Futuresoption mit dem Black-Modell berechnet wird und dass diese Volatilität dann verwendet wird, um eine 18-monatige Eurodollar Futuresoption zu bewerten. Erwarten Sie, dass der Preis zu hoch oder zu niedrig bewertet wird? Erläutern Sie Ihre Antwort.

2. Betrachten Sie eine achtmonatige europäische Verkaufsoption auf einen T-Bond, der aktuell 14,25 Jahre bis zur Fälligkeit hat. Das Anleihekapital beträgt 1.000 $. Der aktuelle Kassakurs der Anleihe ist 910 $, der Basispreis ist 900 $ und die Volatilität des Forwardpreises der Anleihe ist 10 Prozent per Annum. Nach drei Monaten wirft die Anleihe einen Kupon von 35 $ ab. Der risikofreie Zins beträgt 8 Prozent für alle Laufzeiten bis zu einem Jahr. Verwenden Sie das Black-Modell, um den Preis der Option zu bestimmen. Betrachten Sie sowohl den Fall, in dem der Basispreis mit dem Kassakurs der Anleihe korrespondiert, als auch den Fall, in dem er mit dem notierten Kurs korrespondiert.

3. Berechnen Sie den Cap-Preis für einen dreimonatigen LIBOR-Zins, der heute in neun Monaten gilt. Die Kapitalsumme beträgt 1.000 $. Verwenden Sie das Black-Modell und folgende Informationen:

Futurespreisnotiz für den neunmonatigen Eurodollar = 92

Durch neunmonatige Eurodollar Option implizierte Zinsvolatilität = 15 Prozent per Annum

Aktueller 12-monatiger Zins bei kontinuierlicher Verzinsung = 7,5 Prozent per Annum

Höchstzinssatz = 8 Prozent per Annum

4. Berechnen Sie mit dem Black-Modell den Wert einer vierjährigen europäischen Kaufoption auf eine fünfjährige Anleihe. Der Kurs der fünfjährigen Anleihe ist 105 $, der Kurs einer vierjährigen Anleihe mit dem gleichen Kupon ist 102 $, der Basispreis ist 100 $, der vierjährige risikofreie Zins ist 10 Prozent per Annum (kontinuierlich verzinst) und die Volatilität des Forwardpreises einer einjährigen Anleihe, deren Laufzeit in vier Jahren beginnt, ist 2 Prozent per Annum.

5. Steigt der Wert einer europäischen Option auf einen 90-tägigen T-Bill immer mit steigender Laufzeit, wenn alles andere konstant bleibt? Erläutern Sie Ihre Antwort.

6. Ein Unternehmen weiß, dass es in drei Monaten 5 Millionen Dollar hat, die es 90 Tage anlegen kann. Es möchte sicherstellen, dass ein bestimmter Zins erzielt wird. Welche Position in börsengehandelten Zinsoptionen bieten einen Hedge gegen Zinsschwankungen?

7. Erklären Sie eingehend, wie Sie (a) Forward Forward Volatilitäten und (b) Flat Volatilitäten verwenden würden, um einen fünfjährigen Cap zu bewerten.

8. Welches andere Instrument entspricht einem kostenlosen fünfjährigen Collar, bei dem der Basispreis des Caps gleich dem Basispreis des Floors ist? Wodurch wird der gemeinsame Basispreis gleich?

9. Leiten Sie die Put-Call-Paritätsbeziehung für europäische Anleiheoptionen ab.

10. Leiten Sie die Put-Call-Paritätsbeziehung für europäische Swapoptionen ab.

11. Erklären Sie, warum es eine Arbitrage-Möglichkeit gibt, wenn sich die implizite Black-(Flat-)Volatilität eines Caps von der eines Floors unterscheidet.

12. Erlaubt ein log-normales Anleihekursmodell, dass die Anleiherenditen negativ werden? Erläutern sie Ihre Antwort.

Antworten auf die Testfragen

Kapitel 1

1. Ein Wertpapierhändler mit einer Kaufposition in Futures hat vereinbart, den zugrundeliegenden Vermögenswert zu einem bestimmten Preis und zu einem bestimmten künftigen Zeitpunkt zu *kaufen*. Ein Wertpapierhändler mit einer Verkaufsposition in Futures hat vereinbart, den zugrundeliegenden Vermögenswert zu einem bestimmten Preis und zu einem bestimmten künftigen Zeitpunkt zu *verkaufen*.

2. Ein Unternehmen *hedged* dann, wenn es einem Preisrisiko bei einem Vermögenswert ausgesetzt ist und Positionen am Futures- oder Optionsmarkt erwirbt, um dieses Risiko auszugleichen. Bei der *Spekulation* hat das Unternehmen kein Risiko auszugleichen. Es setzt auf künftige Preisschwankungen des Vermögenswertes. Bei der *Arbitrage* wird eine Position in mindestens zwei verschiedenen Märkten gekauft, um einen Gewinn festzuschreiben.

3. Bei (a) ist der Investor verpflichtet, den Vermögenswert für 50 $ zu kaufen. (Der Investor hat keine Wahl.) Bei (b) hat der Investor die Option, den Vermögenswert für 50 $ zu kaufen. (Der Investor muss die Option nicht ausüben.)

4. a. Der Investor ist verpflichtet, etwas für 50 Cents je Pfund zu verkaufen, was 48,20 Cents je Pfund wert ist. Der Gewinn beträgt (0,5000 $ − 0,4820 $) × 50.000 = 900 $.

   b. Der Investor ist verpflichtet, etwas für 50 Cents je Pfund zu verkaufen, was 51,30 Cents je Pfund wert ist. Der Verlust beträgt (0,5130 $ − 0,5000 $) × 50.000 = 650 $.

5. Sie haben eine Verkaufsoption verkauft. Sie haben vereinbart, 100 IBM Aktien für 40 $ je Stück zu kaufen, wenn Ihr Kontraktpartner sich entscheidet, sein Recht, zu diesem Kurs zu verkaufen, auszuüben. Die Option wird nur dann ausgeübt, wenn der Kurs von IBM unter 40 $ liegt. Angenommen beispielsweise, die Gegenpartei übt aus, wenn der Kurs bei 30 $ liegt. Sie müssen Aktien zu einem Kurs von 40 $ kaufen, die einen Kurs von 30 $ haben; Sie verlieren 10 $ je Aktie oder 1.000 $ insgesamt. Wenn die Gegenpartei bei einem Kurs von 20 $ ausübt, verlieren Sie 20 $ je Aktie oder 2.000 $ insge-

samt. Das schlimmste, was passieren kann, ist, dass der Kurs in dem dreimonatigen Zeitraum auf null fällt. Dieses sehr unwahrscheinliche Ereignis würde Sie 4.000 $ kosten. Im Gegenzug für die möglichen künftigen Verluste bekommen Sie vom Käufer den Preis der Option.

6. Eine Strategie ist, 200 Aktien zu kaufen. Eine andere Strategie ist, 2.000 Optionen zu kaufen (20 Kontrakte). Entwickelt sich der Aktienkurs gut, ruft die zweite Strategie größere Gewinne hervor. Steigt beispielsweise der Aktienkurs auf 40 $, gewinnen Sie durch die zweite Strategie [2.000 × (40 $ − 30 $)] − 5.800 $ = 14.200 $ und durch die erste Strategie nur 200 × (40 $ − 29 $) = 2.200 $. Entwickelt sich der Aktienkurs aber schlecht, verursacht die zweite Strategie größere Verluste. Sinkt beispielsweise der Aktienkurs auf 25 $, führt die erste Strategie zu einem Verlust von 200 × (29 $ − 25 $) = 800 $, während die zweite Strategie zu einem Verlust der gesamten Investition von 5.800 $ führt.

7. Sie sollten 50 Kontrakte auf Verkaufsoptionen mit einem Basispreis von 25 $ und einer Fälligkeit in vier Monaten kaufen. Wenn der Aktienkurs am Ende der vier Monate unter 25 $ liegt, können Sie die Option ausüben und die Aktien für 25 $ je Stück verkaufen.

Kapitel 2

1. Unter den *ausstehenden Kontrakten* eines Futureskontraktes zu einem bestimmten Zeitpunkt versteht man die Gesamtzahl der ausstehenden Kaufpositionen. (Äquivalent ist es die Gesamtzahl der ausstehenden Verkaufspositionen.) Das *Umsatzvolumen* in einer bestimmten Periode ist die Anzahl der Kontrakte, die in dieser Periode gehandelt werden.

2. Ein *Commission Broker* handelt im Auftrag eines Kunden und erhebt eine Gebühr. Ein *Local* ist ein Börsenmitglied, das nur auf eigene Rechnung handelt.

3. Es gibt eine Nachschussforderung, wenn das Marginkonto 1.000 $ verloren hat. Das ist dann der Fall, wenn der Silberpreis um 1.000/5.000 = 0,20 $ steigt. Damit eine Nachschussforderung erfolgt, muss der Silberpreis also auf 5,40 $ je Unze steigen. Wenn Sie

die Nachschussforderung nicht erfüllen, stellt Ihr Broker Ihre Position glatt.

4. Der Gesamtgewinn beträgt (20,50 $ − 18,30 $) × 1.000 = 2.200 $. Davon werden zwischen September 1996 und dem 31. Dezember 1996 (19,10 $ − 18,30 $) × 1.000 = 800 $ auf einer täglichen Basis realisiert. Weitere (20,50 $ − 19,10 $) × 1.000 = 1.400 $ werden zwischen dem 1. Januar 1997 und März 1997 auf einer täglichen Basis realisiert. Ein Hedger müsste den Gesamtgewinn von 2.200 $ im Jahr 1997 versteuern. Ein Spekulant müsste 800 $ im Jahr 1996 und 1.400 $ im Jahr 1997 versteuern.

5. Eine *Stop Order*, bei 2 $ zu verkaufen, heißt, zum bestmöglichen Kurs zu verkaufen, sobald der Kurs bei 2 $ oder darunter liegt. Mit dieser Order kann man die Verluste aus dem Verkauf einer vorhandenen Kaufposition begrenzen. Eine *Limit Order*, bei 2 $ zu verkaufen, ist eine Order, bei einem Kurs von 2 $ oder darüber zu verkaufen. Damit kann man einen Broker instruieren, eine Verkaufsposition zu nehmen, vorausgesetzt der Kurs ist besser als 2 $.

6. Das Marginkonto, das vom Clearinghouse geführt wird, wird täglich den aktuellen Werten angepasst (marked to market), und das Mitglied des Clearinghouses muss den Kontostand auf einer Tagesbasis aktualisieren. Das Marginkonto, das vom Broker geführt wird, wird ebenfalls täglich angepasst. Aber der Kontostand muss nicht auf einer täglichen Basis auf das Originaleinschussniveau gebracht werden. Es muss dann auf das Originaleinschussniveau gebracht werden, wenn der Kontostand unter das Mindesteinschussniveau fällt. Der Mindesteinschuss beträgt ungefähr 75 Prozent vom Originaleinschuss.

7. An den Futuresmärkten werden die Preise notiert als US-Dollar je Einheit Fremdwährung. Auf diese Weise werden Kassakurse und Terminzinssätze für die britische Währung notiert. Bei den meisten anderen Währungen werden Kassakurse und Terminzinssätze als Anzahl Fremdwährungseinheiten je US-Dollar notiert.

Kapitel 3

1. a. Bei kontinuierlicher Verzinsung beträgt der Zins

$$4\ln\left(1+\frac{0{,}14}{4}\right)=0{,}1376$$

oder 13,76 Prozent per Annum.

b. Bei jährlicher Verzinsung beträgt der Zins

$$\left(1+\frac{0{,}14}{4}\right)^{4}-1=0{,}1475$$

oder 14,75 Prozent per Annum.

2. Der Broker des Investors leiht die Aktien von einem anderen Kundenkonto und verkauft sie auf die übliche Weise. Um die Position glattzustellen, muss der Investor die Aktien kaufen. Der Broker leitet sie dann zurück auf das Konto des anderen Kunden, von dem er sie geliehen hat. Die Partei mit der Verkaufsposition muss Dividenden und anderes Einkommen, das für die Aktien gezahlt wurde, an den Broker weiterleiten. Der Broker transferiert diese Geldmittel auf das Konto des Kunden, von dem die Aktien geliehen wurden. Es kann mitunter vorkommen, dass der Broker keine Möglichkeit hat, Aktien zu leihen. Dann ist der Investor in einer sogenannten short squeezed Lage und muss die Position sofort glattstellen.

3. Der Forwardpreis beträgt

$$30e^{0{,}12 \times 0{,}5} = 31{,}86 \text{ \$}$$

4. Der Futurespreis beträgt

$$350e^{(0{,}08 - 0{,}04) \times 0{,}3333} = 354{,}70 \text{ \$}$$

5. Gold ist ein Anlage-Vermögenswert. Wenn der Futurespreis zu hoch ist, ist es für die Investoren profitabel, ihren Goldbestand zu vergrößern und Futureskontrakte leerzuverkaufen. Wenn der Futurespreis zu niedrig ist, ist es für die Investoren profitabel, ihre Goldbestände zu verringern und am Futuresmarkt zu kaufen. Kupfer ist ein Konsum-Vermögenswert. Ist der Futurespreis zu hoch, funktioniert die Strategie, Kupfer zu kaufen und Futures leerzuverkaufen. Da aber Investoren im allgemeinen den Vermögenswert nicht halten, ist die Strategie, Kupfer zu verkaufen und Futures zu kaufen, nicht möglich. Somit gibt es zwar eine Obergrenze aber keine Untergrenze für den Futurespreis.

6. Die *Gewinnerzielung durch sofortige Verfügbarkeit der Ware* (convenience yield) misst das Ausmaß der Vorteile, die derjenige hat, der den physischen Vermögenswert in Besitz hat, und den die Inhaber von erworbenen Futureskontrakten nicht haben. *Cost of Carry* sind die Zinskosten plus Lagerkosten minus verdientes Einkommen. Folgende Beziehung besteht zwischen dem Futurespreis F und dem Kassakurs S

$$F = Se^{(c-y)T}$$

mit c als Cost of Carry, y als Convenience Yield und T als Laufzeit des Futureskontraktes.

7. Der Futurespreis eines Aktienindex ist immer niedriger als der erwartete künftige Wert des Index. Das folgt aus der Tatsache, dass der Index ein positives systematisches Risiko hat. Für ein alternatives Argument sei angenommen, dass μ die erwartete Rendite ist, die die Index-Investoren benötigen, so dass $E(S_T) = Se^{(\mu-q)T}$. Da $\mu > r$ und $F = Se^{(r-q)T}$ ist, folgt, dass $E(S_T) > F$.

Kapitel 4

1. Ein *Short Hedge* ist angebracht, wenn das Unternehmen einen Vermögenswert besitzt und davon ausgeht, dass es diesen Vermögenswert zu einem künftigen Termin verkauft. Er kann auch verwendet werden, wenn das Unternehmen den Vermögenswert aktuell nicht besitzt, aber erwartet, ihn zu einem künftigen Zeitpunkt zu besitzen. Ein *Long Hedge* ist angebracht, wenn ein Unternehmen weiß, dass es zu einem künftigen Termin einen Vermögenswert kaufen muss. Man kann damit auch das Risiko aus einer vorhandenen Verkaufsposition ausgleichen.

2. Das *Basisrisiko* entsteht aus der Unsicherheit eines Hedgers über die Differenz zwischen Kassakurs und Futurespreis beim Verfall des Hedges.

3. Ein *perfektes Sicherungsgeschäft* (perfect hedge) ist eines, das das Risiko des Hedgers vollständig auslöscht. Ein perfektes Sicherungsgeschäft führt nicht immer zu einem besseren Ergebnis als ein nicht perfektes Sicherungsgeschäft. Es führt lediglich zu einem sichereren Ergebnis. Man betrachte ein Unternehmen, das sein Risiko hinsicht-

lich eines Vermögenswertpreises hedged. Angenommen die Preisschwankungen des Vermögenswertes erweisen sich für das Unternehmen als vorteilhaft. Ein perfektes Sicherungsgeschäft neutralisiert den Gewinn des Unternehmens aus diesen vorteilhaften Preisschwankungen vollständig. Ein nicht perfektes Sicherungsgeschäft, das die Gewinne nur teilweise neutralisiert, dürfte sich als besser erweisen.

4. Ein varianzminimaler Hedge führt zu überhaupt keinem Hedging, wenn der Koeffizient der Korrelation zwischen Futurespreis und Preis des abzusichernden Vermögenswertes null ist.

5. a. Wenn die Konkurrenten des Unternehmens nicht hedgen, könnte der Finanzleiter der Meinung sein, dass das Unternehmen einen geringeren Verlust erleidet, wenn es nicht hedged.

    b. Der Finanzleiter könnte der Meinung sein, dass die Aktionäre des Unternehmens das Risiko wegdiversifiziert haben.

    c. Gibt es einen Verlust durch den Hedge und einen Gewinn durch das Basisobjekt-Risiko des Unternehmens, könnte der Finanzleiter der Meinung sein, dass er keine Schwierigkeiten hat, das Hedging gegenüber den anderen Führungskräften des Unternehmens zu rechtfertigen.

6. Die optimale Hedge Ratio lautet

$$0{,}8 \times \frac{0{,}65}{0{,}81} = 0{,}642$$

Das bedeutet, dass bei einem dreimonatigen Hedge die Größe der Futures Position 64,2 Prozent von der Größe der offenen Position des Unternehmens betragen sollte.

7. Die Formel für die Anzahl der Kontrakte, die leerverkauft werden sollten, lautet

$$1{,}2 \times \frac{10.000.000}{270 \times 500} = 88{,}9$$

Aufgerundet müssten 89 Kontrakte leerverkauft werden. Um das Beta auf 0,6 zu verringern, ist die Hälfte dieser Position oder eine Verkaufsposition in 45 Kontrakten nötig.

Kapitel 5

1. Die Terminzinssätze (Prozent per Annum bei kontinuierlicher Verzinsung) lauten

   Jahr 2: 7,0
   Jahr 3: 6,6
   Jahr 4: 6,4
   Jahr 5: 6,5

2. Wenn die Fristenstruktur aufwärtsgebogen ist, ist c > a > b. Ist sie abwärtsgebogen, ist b > a > c.

3. Angenommen die Anleihe hat einen Nennwert von 100 $. Ihr Preis wird errechnet, indem man die Cashflows mit 10,4 Prozent abzinst. Der Preis beträgt

$$\frac{4}{1{,}052} + \frac{4}{10{,}52^2} + \frac{104}{1{,}052^3} = 96{,}74$$

   Wenn der 18-monatige Kassakurs R ist, brauchen wird

$$\frac{4}{1{,}05} + \frac{4}{1{,}05^2} + \frac{104}{(1+R/2)^3} = 96{,}74$$

   was R = 10,42 Prozent ergibt.

4. Zwischen dem 12. Oktober und dem 9. Januar liegen 89 Tage. Der Kassakurs der Anleihe wird errechnet, indem der aufgelaufene Zins zum notierten Kurs addiert wird. Er beträgt

$$102{,}21875 + \frac{89}{182} \times 6 = 105{,}15\,\$$$

5. Der Kassakurs des T-Bills lautet

$$100 - \frac{1}{4} \times 10 = 97{,}50\,\$$$

   Die annualisierte kontinuierlich verzinste Rendite beträgt

$$\frac{365}{90} \ln \frac{100}{97{,}5} = 10{,}27\%$$

6. Ein durationsbasiertes Hedging-Schema unterstellt, dass die Bewegungen der Fristenstruktur immer parallel sind. Mit anderen Worten, es nimmt an, dass sich alle Zinsen aller Laufzeiten in einem gegebenen Zeitraum immer um den gleichen Betrag verändern.

7. Der Wert des Kontraktes ist 108,46875 × 1.000 = 108.468,75 $. Die Anzahl der Kontrakte, die leerverkauft werden sollten, beträgt

$$\frac{6.000.000}{108.468,75} \times \frac{8,2}{7,6} = 59,7$$

Aufgerundet bedeutet das, dass 60 Kontrakte leerverkauft werden sollten.

Kapitel 6

1. A hat einen offensichtlichen komparativen Vorteil am Festzins-Markt, möchte aber zu einem variablen Zins leihen. B hat einen offensichtlichen komparativen Vorteil am zinsvariablen Markt, möchte aber fix leihen. Das liefert die Grundlage für den Swap. Zwischen den Festzinsen, die den beiden Unternehmen angeboten werden, gibt es eine Differenz von 1,4 Prozent per Annum, und zwischen den variablen Zinsen, die den beiden Unternehmen angeboten werden, beträgt die Differenz 0,5 Prozent per Annum. Der Gesamtgewinn beider Parteien aus dem Swap beträgt somit 1,4 − 0,5 = 0,9 Prozent per Annum. Da die Bank von diesem Gewinn 0,1 Prozent per Annum abbekommt, würden sich sowohl A als auch B durch den Swap um jeweils 0,4 Prozent per Annum verbessern. Das bedeutet, A würde zum LIBOR − 0,3 Prozent und B würde zu 13 Prozent Geld leihen. Die entsprechende Vereinbarung ist im folgenden Diagramm dargestellt.

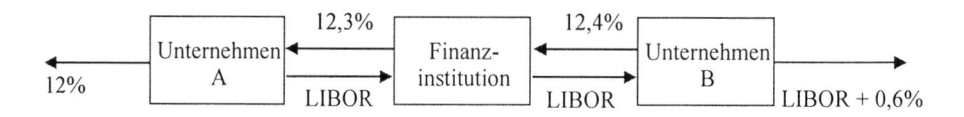

```
                    12,3%              12,4%
         ┌──────────┐◄────────┌──────────┐◄────────┌──────────┐
◄────────│Unternehmen│         │  Finanz- │         │Unternehmen│────────►
  12%    │     A    │────────►│institution│────────►│     B    │ LIBOR + 0,6%
         └──────────┘  LIBOR  └──────────┘  LIBOR  └──────────┘
```

2. X hat einen komparativen Vorteil an den Yen-Märkten, möchte aber Dollar leihen. Y hat einen komparativen Vorteil an den Dollar-Märkten, möchte aber Yen leihen. Das liefert die Grundlage für den Swap. Die Differenz zwischen den Yen-Zinsen beträgt 1,5 Prozent per Annum, die Differenz zwischen den Dollar-Zinsen beträgt 0,4 Prozent per Annum. Der Gesamtgewinn aller Parteien aus dem Swap beträgt somit 1,5 − 0,4 = 1,1 Prozent per Annum. Die Bank bekommt 0,5 Prozent per Annum, so dass für X und Y jeweils 0,3 Prozent per Annum bleiben. Im Rahmen des Swap leiht sich X Dollar zu einem Zins von 9,6 − 0,3 = 9,3 Prozent per Annum, Y leiht sich Yen zu 6,5 − 0,3 = 6,2 Prozent per Annum. Der Swap ist in nachfolgender Abbildung dargestellt. Die Bank trägt das gesamte Wechselkursrisiko.

```
                Yen 5%            Yen 6,2%
     ┌───────────┐     ┌─────────┐     ┌───────────┐
◄────│Unternehmen│◄────│ Finanz- │◄────│Unternehmen│────►
Yen 5%│     X     │────►│institution│────►│     Y     │ Dollar 10%
     └───────────┘     └─────────┘     └───────────┘
                Dollar 9,3%       Dollar 10%
```

3. In vier Monaten werden 6 Millionen Dollar empfangen und 4,8 Millionen Dollar bezahlt. (Ignoriert wird das Problem 360-Tage-Jahr versus 365-Tage-Jahr.) In zehn Monaten werden 6 Millionen Dollar empfangen und der LIBOR-Zins, der in vier Monaten gilt, wird gezahlt. Die festverzinsliche Anleihe, die dem Swap zugrunde liegt, hat den Wert

$$6e^{-0,3333 \times 0,1} + 106e^{-0,8333 \times 0,1} = 103,33 \text{ Millionen Dollar}$$

Die variable verzinsliche Anleihe, die dem Swap zugrunde liegt, hat den Wert

$$(100 + 4,8)e^{-0,3333 \times 0,1} = 101,36 \text{ Millionen Dollar}$$

Der Swap hat für die variabel zahlende Partei einen Wert von 103,33 \$ − 101,36 \$ = 1,97 Millionen Dollar. Der Swap hat für die fix zahlende Partei einen Wert von −1,97 Millionen Dollar. Diese Ergebnisse lassen sich auch ableiten, wenn man den Swap in Forwardkontrakte zerlegt. Man betrachte die variabel zahlende Partei. Bei dem ersten Forwardkontrakt zahlt sie in vier Monaten 4,8 Millionen \$ und bekommt 6 Millionen \$. Er hat einen Wert von $1,2e^{-0,3333 \times 0,1} = 1,16$ Millionen Dollar. Um den zweiten Forwardkontrakt zu bewerten, braucht man den Terminzinssatz, der 10 Prozent per Annum bei kontinuierlicher Verzinsung oder 10,254 Prozent per Annum bei halbjährlicher Verzinsung beträgt. Der Forwardkontrakt hat einen Wert von

$$100 \times (0,12 \times 0,5 - 0,10254 \times 0,5)e^{-0,833 \times 0,1} = 0,80 \text{ Millionen Dollar}$$

Der Forwardkontrakt hat somit einen Gesamtwert von 1,16 \$ + 0,80 \$ = 1,96 Millionen Dollar.

4. Der Begriff *Vorratshaltung von Swaps* bezieht sich auf eine Situation, in der eine Finanzinstitution nicht simultan zwei ausgleichende Swaps eingeht. Sie geht einen Swap ein und sichert ihr Risiko ab, bis sie einen grob ausgleichenden Swap eingehen kann.

5. Bei dem Swap wird der Sterling-Zins von 20 × 0,14 = 2,8 Millionen gegen den Dollar-Zins von 30 × 0,1 = 3 Millionen Dollar getauscht. Die Kapitalbeträge werden ebenfalls am Ende der Laufzeit des Swaps getauscht. Die Sterling-Anleihe, die dem Swap zugrunde liegt, hat einen Wert von

$$\frac{2,8}{(1,11)^{1/4}} + \frac{22,8}{(1,11)^{5/4}} = 22,74 \text{ Millionen}$$

Die Dollar-Anleihe, die dem Swap zugrunde lieht, hat einen Wert von

$$\frac{3}{(1,08)^{1/4}} + \frac{33}{(1,08)^{5/4}} = 32,92 \text{ Millionen Dollar}$$

Der Swap hat somit für die Sterling zahlende Partei den Wert

$$32,92 - (22,74 \times 1,65) = -4,60 \text{ Millionen Dollar}$$

Für die Dollar zahlende Partei hat der Swap einen Wert von +4,60 Millionen Dollar. Diese Ergebnisse bekommt man auch, wenn man den Swap als Portefeuille aus Forwardkontrakten ansieht. Die kontinuierlich verzinsten Zinsen von Sterling und Dollar sind 10,43 Prozent per Annum und 7,70 Prozent per Annum. Der 3-monatige Devisenterminkurs ist $1,65e^{-0,25 \times 0,0273} = 1,6388$, der 15-monatige Devisenterminkurs ist $1,65e^{-1,25 \times 0,0273} = 1,5946$. Die Werte der beiden Forwardkontrakte, die mit dem Zinstausch der Sterling zahlenden Partei korrespondieren, betragen somit

$(3 - 2{,}8 \times 1{,}6388)e^{-0{,}077 \times 0{,}25} = -1{,}56$ Millionen Dollar

$(3 - 2{,}8 \times 1{,}5946)e^{-0{,}077 \times 1{,}25} = -1{,}33$ Millionen Dollar

Der Wert des Forwardkontraktes, der mit dem Kapitalaustausch korrespondiert, beträgt

$(30 - 20 \times 1{,}5946)e^{-0{,}077 \times 1{,}25} = -1{,}72$ Millionen Dollar

Der Swap hat einen Gesamtwert von $-1{,}56\ \$ - 1{,}33\ \$ - 1{,}72\ \$ = -4{,}61$ Millionen $.

6. Das Kreditrisiko entsteht durch die Möglichkeit, dass die Gegenpartei den Vertrag nicht erfüllt. Das Marktrisiko entsteht durch Schwankungen von Marktvariablen wie Zinsen und Devisenkursen. Marktrisiken lassen sich absichern; Kreditrisiken lassen sich nicht so einfach absichern.

7. Zu Beginn des Swaps haben beiden Kontrakte einen Wert von ungefähr null. Es ist wahrscheinlich, dass sich die Swapwerte im Zeitablauf verändern, so dass der eine Swap für die Bank einen positiven Wert und der andere Swap für die Bank einen negativen Wert hat. Wenn die Gegenpartei auf der anderen Seite des Swaps mit dem positiven Wert ihren Vertrag nicht erfüllt, muss die Bank trotzdem ihren Vertrag mit der anderen Gegenpartei einhalten. Sie verliert einen Betrag, der dem positiven Wert des Swaps entspricht.

Kapitel 7

1. Der Investor realisiert einen Gewinn, wenn der Kurs der Aktie am Fälligkeitstermin unter 37 $ liegt. Unter diesen Umständen ist der Gewinn aus der Ausübung der Option größer als 3 $. Die Option wird ausgeübt, wenn der Aktienkurs bei Fälligkeit der Option unter 40 $ liegt. Das folgende Diagramm zeigt die Veränderung des Gewinns des Investors in Abhängigkeit vom Aktienkurs.

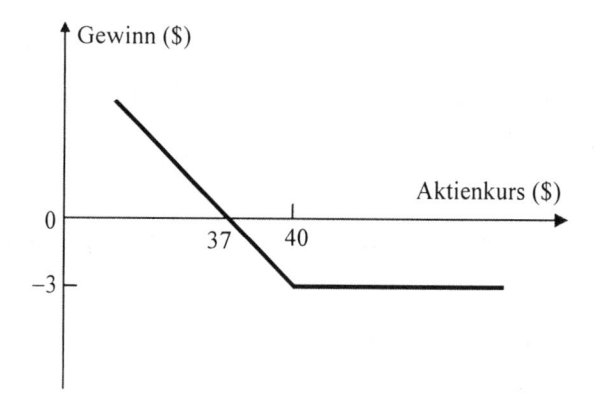

2. Der Investor realisiert einen Gewinn, wenn der Kurs der Aktie am Fälligkeitstermin unter 54 $ liegt. Wenn der Aktienkurs unter 50 $ liegt, wird die Option nicht ausgeübt und der Investor macht einen Gewinn von 4 $. Liegt der Aktienkurs zwischen 50 $ und 54 $, wird die Option ausgeübt und der Investor macht einen Gewinn zwischen 0 $ und 4 $. Das folgende Diagramm zeigt die Veränderung des Gewinns des Investors in Abhängigkeit vom Aktienkurs.

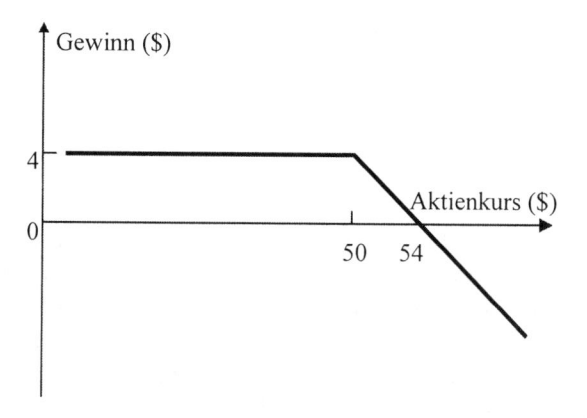

3. Der Payoff für den Investor beträgt

$$\max(S_T - X, 0) - \max(X - S_T, 0)$$

Das ist unter allen Umständen $S_T - X$. Die Position des Investors ist ein Forwardkontrakt mit dem Lieferpreis X.

4. Kauft ein Investor eine Option, muss er im voraus eine Barzahlung leisten. Es besteht keine Möglichkeit künftiger Verbindlichkeiten und damit auch kein Bedarf für ein Marginkonto. Verkauft ein Investor eine Option, gibt es potentielle künftige Verbindlichkeiten. Zum Schutz gegen das Risiko einer Vertragsverletzung sind Einschüsse erforderlich.

5. Am 1. April werden Optionen mit den Fälligkeitsmonaten April, Mai, August und November gehandelt. Am 30 Mai werden Optionen mit den Fälligkeitsmonaten Juni, Juli, August und November gehandelt.

6. Der Basispreis verringert sich auf 20 $, und der Inhaber der Option hat das Recht, dreimal so viel Aktien zu kaufen.

7. Beim System des Market Maker/Order Book Official registriert eine Person, die kein Market Maker ist, die Limit Order und macht den Händler Informationen über diese Order zugänglich. Beim System des amtlichen Kursmaklers agiert ein und dieselbe Person als Market Maker und Registrator der Limit Order. Informationen über Limit Order werden anderen Händler nicht zugänglich gemacht.

Kapitel 8

1. Die sechs Faktoren, die die Aktienoptionspreise beeinflussen, sind der Aktienkurs, der Basispreis, der risikofreie Zins, die Volatilität, die Laufzeit und die Dividenden.

2. Die Untergrenze ist

$$28 - 25e^{-0,08 \times 0,3333} = 3,66 \text{ \$}$$

3. Die Obergrenze ist

$$15e^{-0,06 \times 0,08333} - 12 = 2,93 \text{ \$}$$

4. Eine verzögerte Ausübung verzögert die Zahlung des Basispreises. Das bedeutet, dass der Optionsinhaber in der Lage ist, für einen längeren Zeitraum Zinsen für den Basispreis zu realisieren. Eine verzögerte Ausübung ist auch eine Versicherung dagegen, dass der Aktienkurs bis zum Fälligkeitstermin unter den Basispreis fällt. Angenommen der Optionsinhaber hat einen Barbetrag X und der Zins ist

null. Eine vorzeitige Ausübung bedeutet, dass die Position des Optionsinhabers am Fälligkeitstermin den Wert S_T hat. Eine verzögerte Ausübung bedeutet, dass sie am Fälligkeitstermin den Wert max(X, S_T) hat.

5. Eine zusammen mit der zugrundeliegenden Aktie gehaltene amerikanische Verkaufsoption ist eine Versicherung. Sie stellt sicher, dass die Aktie zum Basispreis X verkauft werden kann. Wird die Verkaufsoption vorzeitig ausgeübt, erlischt die Versicherung. Der Optionsinhaber bekommt jedoch sofort den Basispreis und kann damit in der Zeit zwischen der vorzeitigen Ausübung und dem Fälligkeitstermin Zinsen verdienen.

6. Wenn die Kaufoption einen Wert von 3 $ hat, zeigt die Put-Call-Parität, dass die Verkaufsoption folgenden Wert hat

$$3 + 20e^{-0,1 \times 0,25} + e^{-0,1 \times 0,08333} - 19 = 4,50 \text{ \$}$$

Das ist mehr als 3 $. Die Verkaufsoption ist somit gegenüber der Kaufoption unterbewertet. Die richtige Arbitrage-Strategie wäre, die Verkaufsoption zu kaufen, die Aktie zu kaufen und die Kaufoption leerzuverkaufen.

7. Ist eine vorzeitige Ausübung nicht möglich, können wir argumentieren, dass zwei Portefeuilles, die im Zeitpunkt T den gleichen Wert haben, auch zu früheren Zeitpunkten den gleichen Wert haben müssen. Ist eine vorzeitige Ausübung möglich, greift das Argument nicht. Angenommen $P + S > C + Xe^{-rT}$. Diese Situation führt nicht zu einer Arbitrage-Möglichkeit. Wenn wir die Kaufoption kaufen, die Verkaufsoption leerverkaufen und die Aktie leerverkaufen, können wir hinsichtlich des Ergebnisses nicht sicher sein, weil wir nicht wissen, wann die Verkaufsoption ausgeübt wird.

Kapitel 9

1. Eine schützende Verkaufsoption besteht aus einer Kaufposition in einer Verkaufsoption kombiniert mit einer Kaufposition in den zugrundeliegenden Aktien. Sie ist äquivalent einer Kaufposition in einer Kaufoption plus einem gewissen Betrag in bar. Das folgt aus der Put-Call-Parität:

$$p + S = c + Xe^{-rT} + D$$

2. Ein Bear Spread kann gebildet werden, indem man zwei Kaufoptionen mit der gleichen Laufzeit und verschiedenen Basispreisen kauft. Der Investor verkauft die Kaufoption mit dem niedrigeren Basispreis leer und kauft die Kaufoption mit dem höheren Basispreis. Ein Bear Spread kann auch gebildet werden, indem man zwei Verkaufsoptionen mit gleicher Laufzeit und verschiedenen Basispreisen verwendet. In diesem Fall verkauft der Investor die Verkaufsoption mit dem niedrigeren Basispreis und kauft die Verkaufsoption mit dem höheren Basispreis.

3. Für einen Butterfly Spread wird eine Position in Optionen mit drei verschiedenen Basispreisen benötigt (X_1, X_2 und X_3). Ein Butterfly Spread sollte gekauft werden, wenn der Investor glaubt, dass der Preis der zugrundeliegenden Aktie in der Nähe des mittleren Basispreises X_2 bleibt.

4. Ein Investor kann einen Butterfly Spread bilden, indem er Kaufoptionen mit den Basispreisen 15 \$ und 20 \$ kauft und zwei Kaufoptionen mit den Basispreisen 17½ \$ verkauft. Die Anfangsinvestition beträgt $4 + ½ - 2 \times 2 = ½$ \$. Nachfolgende Tabelle zeigt, wie sich der Gewinn mit dem Schlusskurs der Aktie verändert:

Aktienkurs (S_T)	Gewinn
$S_T < 15$	$-½$
$15 < S_T < 17½$	$(S_T - 15) - ½$
$17½ < S_T < 20$	$20 - S_T - ½$
$S_T > 20$	$-½$

5. Ein umgekehrter Kalender Spread wird durch den Kauf einer kurzläufigen Option und den Verkauf einer langläufigen Option gebildet, wobei beide den gleichen Basispreis haben.

6. Ein Straddle und ein Strangle werden durch die Kombination einer Kauf- und Verkaufsoption gebildet. Bei einem Straddle haben beide den gleichen Basispreis und Fälligkeitstag. Bei einem Strangle haben sie verschiedene Basispreise und den gleichen Fälligkeitstag.

7. Ein Strangle wird durch den Kauf beider Optionen gebildet. Die Gewinnstruktur ist wie folgt:

Aktienkurs (S_T)	Gewinn
$S_T < 45$	$(45 - S_T) - 5$
$45 < S_T < 50$	-5
$S_T > 50$	$(S_T - 50) - 5$

Kapitel 10

1. Man betrachte ein Portefeuille, das aus

   -1: Kaufoption

   $+\Delta$: Aktien

   besteht. Wenn der Aktienkurs auf 42 \$ steigt, hat das Portefeuille einen Wert von $42\Delta - 3$. Wenn der Aktienkurs auf 38 \$ fällt, ist es 38Δ wert. Das gleiche bekommt man bei

   $$42\Delta - 3 = 38\Delta$$

   oder $\Delta = 0{,}75$. Bei beiden Aktienkursen hat das Portefeuille in einem Monat einen Wert von 28,5. Der heutige Portefeuille-Wert muss gleich dem Gegenwartswert von 28,5 oder $28{,}5e^{-0{,}08 \times 0{,}08333} = 28{,}31$ sein. Das bedeutet, dass

   $$-f + 40\Delta = 28{,}31$$

   wobei f der Preis der Kaufoption ist. Da $\Delta = 0{,}75$, ist der Preis der Kaufoption $40 \times 0{,}75 - 28{,}31 = 1{,}69$ \$. Alternativ kann man die Wahrscheinlichkeit einer Aufwärtsbewegung, p, in einer risikoneutralen Welt berechnen. Diese muss folgende Gleichung erfüllen:

   $$42p + 38(1 - p) = 40e^{0{,}08 \times 0{,}08333}$$

   so dass

   $$4p = 40e^{0{,}08 \times 0{,}08333} - 38$$

   oder $p = 0{,}5669$. Der Wert der Option ist dann gleich ihrem erwarteten Payoff, abgezinst mit dem risikofreien Zins:

   $$[3 \times 0{,}5669 + 0 \times 0{,}4331]e^{-0{,}08 \times 0{,}08333} = 1{,}69$$

   oder 1,69 \$. Das stimmt mit der vorherigen Berechnung überein.

2. Bei einer Nicht-Arbitrage-Herangehensweise wird ein risikoloses Portefeuille gebildet, das aus einer Position in der Option und einer Position in der Aktie besteht. Indem die Rendite des Portefeuilles gleich dem risikofreien Zins gesetzt wird, sind wir in der Lage, die Option zu bewerten. Wenn wir die risikoneutrale Bewertung anwenden, wählen wir als erstes Wahrscheinlichkeiten für die Äste des Baumes, so dass die erwartete Rendite der Aktie gleich dem risikofreien Zins ist. Dann bewerten wir die Option, indem wir ihren erwarteten Payoff errechnen und diesen erwarteten Payoff mit dem risikofreien Zins abzinsen.

3. Das Delta einer Aktienoption misst die Sensitivität des Optionspreises gegenüber dem Aktienkurs bei kleinen Veränderungen. Genau genommen ist es eine Rate, die anzeigt, in welchem Maß sich der Preis der Aktienoption verändert, wenn sich der Kurs der zugrundeliegenden Aktie verändert.

4. Man betrachte ein Portefeuille, das aus

   −1:   Verkaufsoption

   +Δ: Aktien

   besteht. Steigt der Aktienkurs auf 55 \$, hat das Portefeuille einen Wert von 55Δ. Fällt der Aktienkurs auf 45 \$, hat es einen Wert von 45Δ − 5. Das gleiche bekommt man bei

   $$45\Delta - 5 = 55\Delta$$

   oder $\Delta = -0{,}50$. Bei beiden Aktienkursen hat das Portefeuille in einem Monat einen Wert von $-27{,}5$. Der heutige Wert muss gleich dem Gegenwartswert von $-27{,}5$ oder $-27{,}5 e^{-0{,}1 \times 0{,}5} = -26{,}16$ sein. Das bedeutet, dass

   $$-p + 50\Delta = -26{,}16$$

   wobei p der Preis der Verkaufsoption ist. Da $\Delta = -0{,}50$, ist der Preis der Verkaufsoption 1,16 \$. Alternativ kann man die Wahrscheinlichkeit einer Aufwärtsbewegung, π, in einer risikoneutralen Welt berechnen. Diese muss folgende Gleichung erfüllen:

   $$55\pi + 45(1 - \pi) = 50 e^{0{,}1 \times 0{,}5}$$

   so dass

$$10\pi = 50e^{0,1 \times 0,5} - 45$$

oder $\pi = 0{,}7564$. Der Wert der Option ist dann gleich ihrem erwarteten Payoff, abgezinst mit dem risikofreien Zins:

$$[0 \times 0{,}7564 + 5 \times 0{,}2436]e^{-0,1 \times 0,5} = 1{,}16$$

oder 1,16 $. Das stimmt mit der vorherigen Berechnung überein.

5. In diesem Fall ist u = 1,10, d = 0,90 und r = 0,08, so dass

$$p = \frac{e^{0,08 \times 0,5} - 0{,}90}{1{,}10 - 0{,}90} = 0{,}7041$$

Das folgende Diagramm zeigt den Baum für die Aktienkursbewegungen. Wir können uns, wie im folgenden Diagramm gezeigt, vom Baumende zum Baumanfang zurückarbeiten, um den Wert der Option zu bekommen, der 9,61 $ beträgt. Der Optionswert kann auch direkt aus Gleichung 10.8 errechnet werden:

$$[0{,}7041^2 \times 21 + 2 \times 0{,}7041 \times 0{,}2959 \times 0 + 0{,}2959^2 \times 0]e^{-0,08} = 9{,}61$$

oder 9,61 $.

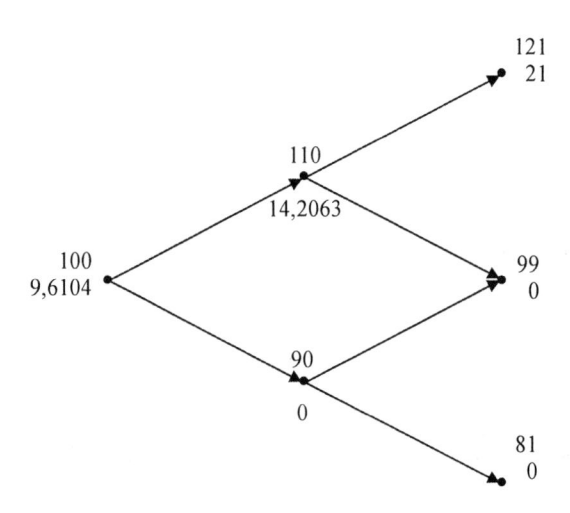

6. Das folgende Diagramm zeigt, wie wir unter Verwendung des gleichen Baumes wie in Testfrage 5 die Verkaufsoption bewerten kön-

nen. Der Wert der Option beträgt 1,92 $. Der Optionswert kann auch direkt aus Gleichung 10.8 errechnet werden:

$e^{-2 \times 0,5 \times 0,08} [0,7041^2 \times 0 + 2 \times 0,7041 \times 0,2959 \times 1 + 0,2959^2 \times 19] = 1,92$

oder 1,92 $. Aktienkurs plus Preis der Verkaufsoption ergeben 100 + 1,92 = 101,92 $. Gegenwartswert des Basispreises plus Preis der Kaufoption ergeben $100e^{-0,08}$ + 9,61 = 101,92 $. Beide sind gleich, was verifiziert, dass die Put-Call-Parität hält.

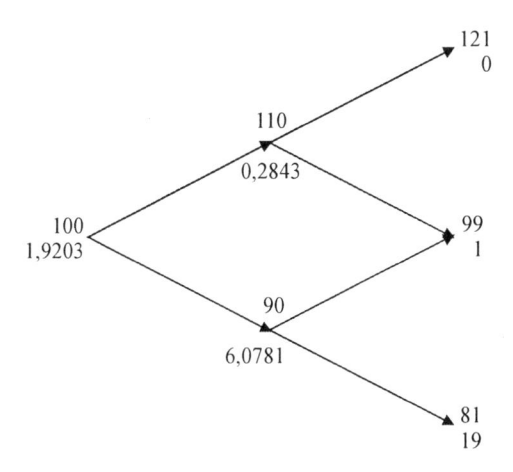

7. Das risikofreie Portefeuille besteht aus einer Verkaufsposition in der Option und einer Kaufposition in Δ Aktien. Da Δ sich während der Laufzeit der Option verändert, muss sich auch das risikofreie Portefeuille ändern.

Kapitel 11

1. Das Optionspreismodell von Black-Scholes geht davon aus, dass die Wahrscheinlichkeitsverteilung des Aktienkurses in einem Jahr (oder zu irgendeinem anderen künftigen Zeitpunkt) log-normal ist. Es geht außerdem davon aus, dass die kontinuierlich verzinste Rendite der Aktie normalverteilt ist.

2. Die Standardabweichung der proportionalen Preisänderung im Zeitraum Δt beträgt $\sigma\sqrt{\Delta t}$, wobei σ die Volatilität ist. Bei diesem Problem ist $\sigma = 0{,}3$ und, angenommen es gibt 250 Handelstage in einem Jahr, $\Delta t = 1/250 = 0{,}004$, so dass $\sigma\sqrt{\Delta t} = 0{,}3\sqrt{0{,}004} = 0{,}019$ oder 1,9 Prozent.

3. Unter der Annahme, dass die erwartete Rendite der Aktie dem risikofreien Zins entspricht, berechnen wir den erwarteten Payoff aus der Option. Dann zinsen wir diesen Payoff mit dem risikofreien Zins vom Ende der Laufzeit der Option bis zum Beginn ab.

4. In diesem Fall ist $S = 50$, $X = 50$, $r = 0{,}1$, $\sigma = 0{,}3$, $T = 0{,}25$ und

$$d_1 = \frac{\ln(50/50) + (0{,}1 + 0{,}09/2)0{,}25}{0{,}3\sqrt{0{,}25}} = 0{,}2417$$

$$d_2 = d_1 - 0{,}3\sqrt{0{,}25} = 0{,}0917$$

Der Preis der europäischen Verkaufsoption ist

$$50N(-0{,}0917)e^{-0{,}1 \times 0{,}25} - 50N(-0{,}2417)$$
$$= 50 \times 0{,}4634 e^{-0{,}1 \times 0{,}25} - 50 \times 0{,}4045 = 2{,}37$$

oder 2,37 $.

5. In diesem Fall müssen wir den Gegenwartswert der Dividende vom Aktienkurs subtrahieren, bevor wie Black-Scholes anwenden. Der zugewiesene Wert von S ist somit

$$S = 50 - 1{,}50 e^{-0{,}1667 \times 0{,}1} = 48{,}52$$

Wie vorher ist $X = 50$, $r = 0{,}1$, $\sigma = 0{,}3$ und $T = 0{,}25$. In diesem Fall ist

$$d_1 = \frac{\ln(48{,}52/50) + (0{,}1 + 0{,}09/2)0{,}25}{0{,}3\sqrt{0{,}25}} = 0{,}0414$$

$$d_2 = d_1 - 0{,}3\sqrt{0{,}25} = -0{,}1086$$

Der Preis der europäischen Verkaufsoption ist

$$50N(0{,}1086)e^{-0{,}1 \times 0{,}25} - 48{,}52N(-0{,}0414)$$

$$= 50 \times 0{,}5432 e^{-0{,}1 \times 0{,}25} - 48{,}52 \times 0{,}4835 = 3{,}03$$

oder 3,03 $.

6. Die implizite Volatilität ist die Volatilität, durch die der Black-Scholes-Preis einer Option gleich dem Marktpreis der Option wird. Sie wird durch Versuch und Irrtum errechnet. Wir testen solange verschiedene Volatilitäten, bis wir die finden, die den Preis der europäischen Verkaufsoption ergibt, wenn er in die Black-Scholes-Formel eingesetzt wird.

7. Bei der Annäherung von Black berechnen wir den Preis einer europäischen Option, die zur gleichen Zeit wie die amerikanische Option fällig wird, und den Preis einer europäischen Option, die kurz vor dem finalen Ex-Dividendentag fällig wird. Wir setzen den Preis der amerikanischen Option gleich mit dem höheren der beiden errechneten Preise.

Kapitel 12

1. Fällt der S&P 500 auf 240, ist zu erwarten, dass der Wert des Portefeuilles $10 \times (240/250) = 9{,}6$ Millionen Dollar beträgt. (Dabei wird angenommen, dass die Dividendenrendite des Portefeuilles gleich der Dividendenrendite des Index ist.) Der Kauf von Verkaufsoptionen auf $10.000.000/250 = 40.000$ multipliziert mit dem Index mit einem Basispreis von 240 liefert somit einen Schutz dagegen, dass der Wert des Portefeuilles unter 9,6 Millionen Dollar sinkt. Da die Kontrakteinheit 100 multipliziert mit dem Index beträgt, sind insgesamt 400 Kontrakte erforderlich.

2. Der Aktienindex ist analog einer Aktie, die eine kontinuierliche Dividendenrendite abwirft, wobei die Dividendenrendite die Dividendenrendite auf den Index ist. Eine Währung ist analog einer Aktie, die eine kontinuierliche Dividendenrendite abwirft, wobei die Dividendenrendite der ausländische risikofreie Zins ist.

3. Die Untergrenze ergibt sich aus Gleichung 12.1:

$$300 e^{-0{,}03 \times 0{,}5} - 290 e^{-0{,}08 \times 0{,}5} = 16{,}90$$

4. Der Baum mit den Währungsschwankungen ist im folgenden Diagramm dargestellt. In diesem Fall ist u = 1,02 und d = 0,98. Die Wahrscheinlichkeit einer Aufwärtsbewegung beträgt

$$p = \frac{e^{(0,06-0,08)\times 0,08333} - 0,98}{1,02 - 0,98} = 0,4584$$

Der Baum zeigt, dass eine Option auf den Kauf einer Währungseinheit einen Wert von 0,0067 $ hat.

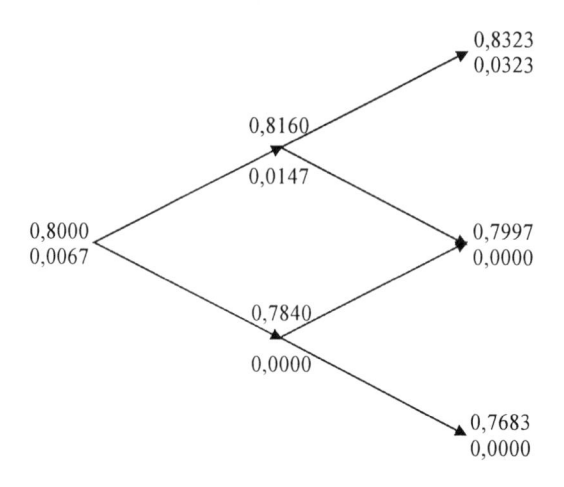

5. Ein Unternehmen, das weiß, dass es zu einem bestimmten Zeitpunkt in der Zukunft in Fremdwährung bezahlt wird, kann eine Verkaufsoption kaufen. Dies garantiert, dass der Preis, zu dem die Währung verkauft werden wird, gleich oder über einem bestimmten Niveau liegen wird. Ein Unternehmen, dem bekannt ist, dass es zu einem bestimmten Zeitpunkt in der Zukunft in einer Fremdwährung bezahlen muss, kann eine Kaufoption kaufen. Dies garantiert, dass der Preis, zu dem die Währung gekauft werden wird, gleich oder unter einem bestimmten Niveau liegen wird.

6. In diesem Fall ist S = 250, X = 250, r = 0,10, σ = 0,18, T = 0,25, q = 0,03 und

$$d_1 = \frac{\ln(250/250) + (0,10 - 0,03 + 0,18^2/2)0,25}{0,18\sqrt{0,25}} = 0,2394$$

$$d_2 = d_1 - 0{,}18\sqrt{0{,}25} = 0{,}1494$$

Und der Preis der Kaufoption beträgt

$$250N(0{,}2394)e^{-0{,}03 \times 0{,}25} - 250N(0{,}1494)e^{-0{,}10 \times 0{,}25}$$

$$= 250 \times 0{,}5946e^{-0{,}03 \times 0{,}25} - 250 \times 0{,}5594e^{-0{,}10 \times 0{,}25}$$

$$= 11{,}4$$

7. In diesem Fall ist S = 0,52, X = 0,50, r = 0,04, r_f = 0,08, σ = 0,12, T = 0,6667 und

$$d_1 = \frac{\ln(0{,}52/0{,}50) + (0{,}04 - 0{,}08 + 0{,}12^2/2)0{,}6667}{0{,}12\sqrt{0{,}6667}} = 0{,}1771$$

$$d_2 = d_1 - 0{,}12\sqrt{0{,}6667} = 0{,}0791$$

Und der Preis der Verkaufsoption beträgt

$$0{,}50N(-0{,}0791)e^{-0{,}04 \times 0{,}6667} - 0{,}52N(-0{,}1771)e^{-0{,}08 \times 0{,}6667}$$

$$= 0{,}50 \times 0{,}4685e^{-0{,}04 \times 0{,}6667} - 0{,}52 \times 0{,}4297e^{-0{,}08 \times 0{,}6667}$$

$$= 0{,}0162$$

Kapitel 13

1. Eine Kaufoption auf den Yen gibt dem Inhaber das Recht, Yen am Kassamarkt zu einem Wechselkurs gleich dem Basispreis zu kaufen. Eine Kaufoption auf Yen Futures gibt dem Inhaber das Recht auf den Empfang des Betrages, um den der Futurespreis den Basispreis übersteigt. Wenn die Option auf den Yen Futures ausgeübt wird, bekommt der Inhaber außerdem eine Kaufposition in dem Yen Futureskontrakt.

2. Der Hauptgrund ist, dass ein Anleihe Futureskontrakt ein liquideres Instrument ist als eine Anleihe. Der Preis für einen T-Bond Futureskontrakt ist durch den Handel an der CBOT unmittelbar bekannt. Der Kurs einer Anleihe kann nur über die Kontaktierung eines Händlers ermittelt werden.

3. Ein Futurespreis verhält sich wie eine Aktie, die eine kontinuierliche Dividendenrendite zum risikofreien Zins abwirft.

4. In diesem Fall ist u = 1,12 und d = 0,92. Die Wahrscheinlichkeit einer Aufwärtsbewegung beträgt in einer risikoneutralen Welt

$$\frac{1-0,92}{1,12-0,92} = 0,4$$

Gemäß der risikoneutralen Bewertung hat die Kaufoption einen Wert von

$$e^{-0,06 \times 0,5}(0,4 \times 6 + 0,6 \times 0) = 2,33$$

5. Die Formel für die Put-Call-Parität bei Futuresoptionen ist identisch mit der Formel für die Put-Call-Parität bei Aktienoptionen, außer dass der Aktienkurs durch Fe^{-rT} ersetzt wird, wobei F der aktuelle Futurespreis ist, r der risikofreie Zins und T die Laufzeit der Option.

6. Die amerikanische Kaufoption auf Futures ist mehr wert als die entsprechende amerikanische Option auf das Basisobjekt, wenn der Futurespreis vor Fälligkeit des Futureskontraktes über dem Kassakurs liegt.

7. In diesem Fall ist F = 19, X = 20, r = 0,12, σ = 0,20 und T = 0,4167. Eine europäische Verkaufsoption auf Futures hat einen Wert von

$$20N(-d_2)e^{-0,12 \times 0,4167} - 19N(-d_1)e^{-0,12 \times 0,4167}$$

wobei

$$d_1 = \frac{\ln(19/20) + (0,04/2)0,4167}{0,2\sqrt{0,4167}} = -0,3327$$

$$d_2 = d_1 - 0,2\sqrt{0,4167} = -0,4618$$

Das ist

$$e^{-0,12 \times 0,4167}[20N(0,4618) - 19N(0,3327)]$$

$$= e^{-0,12 \times 0,4167}(20 \times 0,6778 - 19 \times 0,6303)$$

$$= 1,50$$

oder 1,50 $.

Kapitel 14

1. Ein Stop-Loss-Schema kann implementiert werden, indem man dafür sorgt, dass man eine gedeckte Position hat, wenn die Option im Geld ist, und eine ungesicherte Position, wenn sie aus dem Geld ist. Bei einem solchen Schema würde der Verkäufer einer Aus-dem-Geld-Kaufoption das Basisobjekt kaufen, sobald der Preis den Basispreis X übersteigt, und das Basisobjekt verkaufen, sobald der Preis unter X fällt. In der Praxis ist es so, dass man, wenn der Preis des Basisobjektes gleich X ist, nie vorhersagen kann, ob der Preis über X steigt oder unter X fällt. Der Vermögenswert wird somit bei $X + \delta$ gekauft und bei $X - \delta$ verkauft, wobei δ klein ist. Die Kosten für das Hedgen hängen davon ab, wie oft der Basispreis gleich X ist. Der Hedge ist deshalb nicht sonderlich gut. Er kostet nichts, wenn der Preis des Vermögenswertes X nie erreicht; andererseits ist er sehr teuer, wenn er X oft erreicht. Bei einem guten Hedge sind die Hedging-Kosten bis zu einem vernünftigen Genauigkeitsgrad im voraus bekannt.

2. Ein Delta von 0,7 bedeutet, dass, wenn der Kurs der Aktie um einen kleinen Betrag steigt, der Preis der Option um 70 Prozent dieses Betrages steigt. Fällt der Kurs der Aktie um einen kleinen Betrag, fällt der Preis der Option um 70 Prozent dieses Betrages. Eine Verkaufsposition in 1.000 Optionen hat ein Delta von −700 und kann mit dem Kauf von 700 Aktien Delta neutral gemacht werden.

3. In diesem Fall ist $S = X$, $r = 0,1$, $\sigma = 0,25$ und $T = 0,5$. Auch ist

$$d_1 = \frac{\ln(S/X) + [(0,1 + 0,25^2)/2]0,5}{0,25\sqrt{0,5}} = 0,3712$$

Das Delta der Option ist $N(d_1)$ oder 0,64.

4. Ein Theta von −0,1 bedeutet, dass, wenn Δt Jahre vergehen, ohne dass sich weder der Aktienkurs noch seine Volatilität verändern, der Wert der Option um $0,1\Delta t$ sinkt. Ein Händler, der glaubt, dass sich weder der Aktienkurs noch seine implizite Volatilität verändern wird, sollte eine Option mit einem möglichst hohen Theta verkaufen. Relativ kurzläufige Am-Geld-Optionen haben die negativsten Thetas.

5. Das Gamma einer Optionsposition ist die Rate, mit der sich das Delta einer Position bezogen auf den Preis des Basisobjektes verändert. Ein Gamma von beispielsweise 0,1 besagt, dass, wenn der Preis des Vermögenswertes um einen bestimmten kleinen Betrag steigt, das Delta um 0,1 dieses Betrages steigt. Wenn das Gamma einer Position eines Optionsverkäufers groß und negativ und das Delta null ist, verliert der Optionsverkäufer viel Geld, wenn der Preis des Vermögenswertes stark schwankt (steigt oder fällt).

6. Um eine Optionsposition abzusichern, ist es notwendig, synthetisch eine entgegengesetzte Optionsposition zu schaffen. Um beispielsweise eine Kaufposition in einer Verkaufsoption abzusichern, muss man synthetisch eine Verkaufsposition in einer Verkaufsoption schaffen. Folglich ist das Verfahren zur synthetischen Schaffung einer Optionsposition umgekehrt dem Verfahren zum Hedgen der Optionsposition.

7. Bei einer Portfolio-Versicherung wird synthetisch eine Verkaufsoption geschaffen. Dabei wird angenommen, dass, sobald der Wert des Portefeuilles um einen kleinen Betrag sinkt, die Position des Portefeuille-Managers neu ausbalanciert wird durch entweder (a) den Verkauf eines Teils des Portefeuilles oder (b) den Verkauf eines Index Futures. Am 19. Oktober 1987 fiel der Markt so rasant, dass die Art von Rebalancing, die in Portfolio-Versicherungsschemata antizipiert wird, nicht durchgeführt werden konnte.

Kapitel 15

1. Definieren Sie u_i als $\ln(S_i/S_{i-1})$, wobei S_i als Wert der Marktvariablen am Tag i ist. Im EWMA-Modell ist die Varianzrate der Marktvariablen (i. e. das Quadrat ihrer Volatilität) ein gewichteter Durchschnitt der u_i^2's. Für ein konstantes λ ($0 < \lambda < 1$) ist das Gewicht, das u_{i-1}^2 bekommt (das am Tag i − 1 berechnet wird), λ multipliziert mit dem Gewicht, das u_i^2 bekommt (das am Tag i berechnet wird). Die Volatilität σ_n, die am Tag n geschätzt wird, wird durch

$$\sigma_n^2 = \lambda \sigma_{n-1}^2 + (1-\lambda)u_n^2$$

in Beziehung gesetzt zur Volatilität σ_{n-1}, die am Tag $n-1$ geschätzt wird. Diese Formel zeigt, dass das EWMA-Modell eine sehr attraktive Eigenschaft besitzt. Um den Volatilitätsschätzwert am Tag n zu berechnen, reicht es aus, wenn man den Schätzwert für die Volatilität am Tag $n-1$ und u_n^2 hat.

2. In diesem Fall ist $\sigma_{n-1} = 0{,}015$ und $u_n = \ln(30{,}5/30) = 0{,}01653$, so dass Gleichung 15.2

$$\sigma_n^2 = 0{,}94 \times 0{,}015^2 + 0{,}06 \times 0{,}01653^2 = 0{,}0002279$$

ergibt. Die Volatilität für den Tag n wird folglich auf 1,5096 Prozent geschätzt.

3. Gemessen in Tausend-Dollar-Beträgen beträgt die Varianz der täglichen Veränderungen des Portefeuille-Wertes

$$300^2 \times 0{,}018^2 + 500^2 \times 0{,}012^2 + 2 \times 300 \times 500 \times 0{,}018 \times 0{,}012 \times 0{,}3$$
$$= 78{,}44$$

Die Standardabweichung der täglichen Veränderungen des Portefeuilles beträgt $\sqrt{78{,}44} = 8{,}86$. Die Standardabweichung der Veränderungen über einen Zeitraum von fünf Tagen beträgt $8{,}86\sqrt{5} = 19{,}80$. Der 95 Prozent/5 Tage VAR für das Portefeuille ist somit $1{,}65 \times 19{,}80 = 32{,}68$ oder 32.680 $.

4. Eine Verringerung von λ von 0,95 auf 0,85 bedeutet, dass die jüngsten Beobachtungen von u_i^2 stärker gewichtet und ältere Beobachtungen schwächer gewichtet werden. Volatilitäten, die mit $\lambda = 0{,}85$ berechnet werden, reagieren schneller auf neue Informationen und sind „sprunghafter" als Volatilitäten, die mit $\lambda = 0{,}95$ berechnet sind.

5. Die näherungsweise Beziehung zwischen der täglichen Veränderung des Portefeuille-Wertes, ΔP, und der täglichen Veränderung des Wechselkurses, ΔS, ist

$$\Delta P = 56 \Delta S$$

Die proportionale tägliche Veränderung des Wechselkurses, Δx, ist gleich $\Delta S/1{,}5$. Daraus folgt, dass

$$\Delta P = 56 \times 1{,}5 \Delta x$$

oder

$$\Delta P = 84\Delta x$$

Die Standardabweichung von Δx ist gleich der täglichen Volatilität des Wechselkurses oder 0,7 Prozent. Die Standardabweichung von ΔP ist folglich $84 \times 0,007 = 0,588$. Daraus folgt, dass der 99 Prozent/10 Tage VAR für das Portefeuille

$$0,588 \times 2,33 \times \sqrt{10} = 4,33$$

beträgt.

6. Die Beziehung lautet

$$\Delta P = 56 \times 1,5\Delta x + \frac{1}{2} \times 1,5^2 \times 16,2 \times \Delta x^2$$

oder

$$\Delta P = 84\Delta x + 18\Delta x^2$$

7. Beim linearen Modell wird angenommen, dass die proportionale tägliche Veränderung jeder Marktvariablen eine normale Wahrscheinlichkeitsverteilung hat. Bei dem Modell mit den historischen Daten wird angenommen, dass die Wahrscheinlichkeitsverteilung, die in der Vergangenheit für die proportionalen täglichen Veränderungen der Marktvariablen beobachtet werden konnte, die Wahrscheinlichkeitsverteilung ist, die auch auf die Zukunft anwendbar ist.

Kapitel 16

1. Delta, Gamma und Theta können anhand eines einzigen Binomial-Baumes errechnet werden. Vega wird bestimmt, indem man die Volatilität leicht verändert und den Optionspreis unter Verwendung eines neuen Baumes neu berechnet. Rho wird berechnet, indem man den Zins leicht verändert und den Optionspreis unter Verwendung eines neuen Baumes neu errechnet.

2. In diesem Fall ist $S = 60$, $X = 60$, $r = 0,1$, $\sigma = 0,45$, $T = 0,25$ und $\Delta t = 0,0833$. Außerdem ist

$$u = e^{\sigma\sqrt{\Delta t}} = e^{0,45\sqrt{0,0833}} = 1,1387$$

$$d = \frac{1}{u} = 0,8782$$

$$a = e^{r\Delta t} = e^{0,1\times 0,0833} = 1,0084$$

$$p = \frac{a-d}{u-d} = 0,4998$$

$$1 - p = 0,5002$$

Der Baum ist im folgenden Diagramm abgebildet. Der Preis, der für die Option errechnet wird, beträgt 5,16 $.

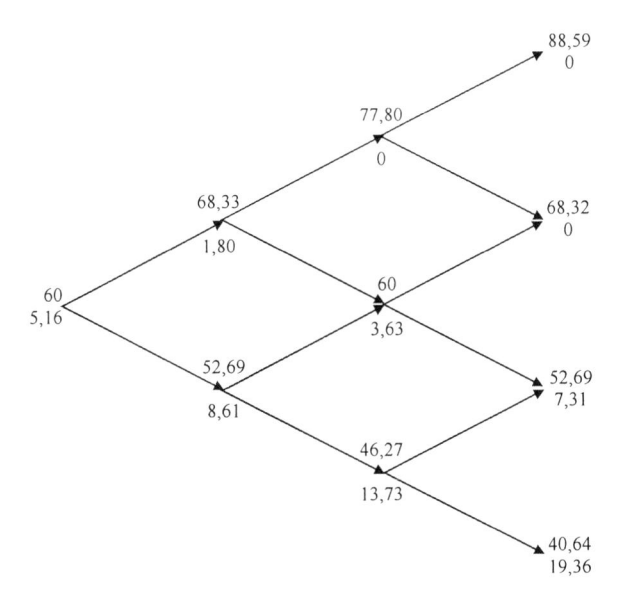

```
                                                    88,59
                                                     0
                              77,80
                               0
                68,33                        68,32
                 1,80                         0
        60              60
        5,16             3,63
                52,69                        52,69
                 8,61                         7,31
                              46,27
                              13,73
                                                    40,64
                                                    19,36
```

3. Das Control-Variate Verfahren wird implementiert durch

   a. Bewertung einer amerikanischen Option auf die übliche Weise anhand eines Binomal-Baumes (um f_A zu bekommen)

630 Antworten auf die Testfragen

b. Bewertung einer europäischen Option mit den gleichen Parametern wie die amerikanische Option unter Verwendung des gleichen Baumes (um f_E zu bekommen)

c. Bewertung der europäischen Option mit Black-Scholes (um f_{BS} zu bekommen)

Der Preis der amerikanischen Option wird als $f_A + f_{BS} - f_E$ geschätzt.

4. In diesem Fall ist F = 198, X = 200, r = 0,08, σ = 0,3, T = 0,75 und Δt = 0,25. Außerdem ist

$$u = e^{0,3\sqrt{0,25}} = 1,1618; \quad d = \frac{1}{u} = 0,8607$$

$$a = 1; \quad p = \frac{a-d}{u-d} = 0,4626$$

$$1 - p = 0,5373$$

Der Baum ist im folgenden Diagramm abgebildet. Der Preis, der für die Option errechnet wird, beträgt 20,3 Cents.

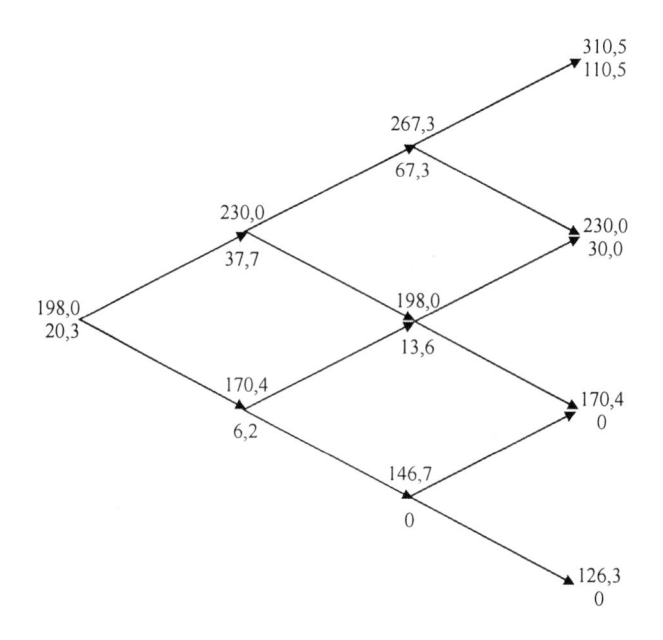

```
                                          310,5
                                          110,5
                            267,3
                            67,3
                230,0                     230,0
                37,7                      30,0
    198,0                   198,0
    20,3                    13,6
                170,4                     170,4
                6,2                       0
                            146,7
                            0
                                          126,3
                                          0
```

5. Nein! Dies ist ein Beispiel für eine *historisch abhängige Option*. Der Payoff hängt vom Pfad des Aktienkurses sowie vom finalen Kurs der Aktie ab. Man kann die Option nicht bewerten, indem man am Ende des Baumes anfängt und sich rückwärts durcharbeitet, da der Payoff am letzten Ast von dem Pfad abhängt, der benutzt wurde, um ihn zu erreichen. Europäische Optionen, bei denen der Payoff vom durchschnittlichen Aktienkurs abhängt, können mit der Monte Carlo Simulation bewertet werden.

6. Angenommen in einem bestimmten Zeitintervall wird eine Dividende in der Höhe D gezahlt. Wenn S der Aktienkurs zu Beginn des Zeitintervalls ist, dann liegt der Kurs am Ende des Zeitintervalls entweder bei Su − D oder Sd − D. Am Ende des nächsten Zeitintervalls liegt er entweder bei (Su − D)u, (Su − D)d, (Sd − D)u oder (Sd − D)d. Da (Su − D)d nicht gleich (Sd − D)u ist, rekombiniert der Baum nicht. Wenn S gleich dem Aktienkurs minus dem Gegenwartswert der künftigen Dividenden ist, wird dieses Problem vermieden.

7. Bei der Monte Carlo Simulation werden von dem Baum Stichproben der Pfade genommen, wobei man sich vom Beginn zum Ende durcharbeitet. Beim Erreichen eines Knotens wissen wir nicht, ob eine vorzeitige Ausübung optimal ist.

Kapitel 17

1. Wenn beide Endabschnitte der Aktienkursverteilung dünner sind als die der log-normalen Verteilung, bekommt man mit Black-Scholes tendenziell einen zu hohen Preis für Optionen, wenn diese entweder signifikant aus dem Geld oder signifikant im Geld sind. Ist der rechte Endabschnitt dünner und der linke Endabschnitt dicker, werden mit Black-Scholes Aus-dem-Geld-Kaufoptionen und Im-Geld-Verkaufsoptionen tendenziell überbewertet. Verkaufsoptionen, die aus dem Geld sind, und Kaufoptionen, die im Geld sind, werden mit Black-Scholes tendenziell unterbewertet.

2. Wenn der Preis des Vermögenswertes positiv mit der Volatilität korreliert, steigt die Volatilität tendenziell mit steigendem Preis des Vermögenswertes, was zu dünnen linken Endabschnitten und dicken rechten Endabschnitten führt. Black-Scholes bewertet Aus-dem-

Geld-Kaufoptionen und Im-Geld-Verkaufsoptionen tendenziell zu niedrig. Verkaufsoptionen, die aus dem Geld sind, und Kaufoptionen, die im Geld sind, werden mit Black-Scholes tendenziell zu hoch bewertet.

3. Durch Sprünge werden die beiden Endabschnitte einer Aktienkursverteilung tendenziell dicker als die Endabschnitte bei einer lognormalen Verteilung. Das bedeutet, dass die Black-Scholes-Preise für Optionen, die entweder signifikant im Geld oder signifikant aus dem Geld sind, tendenziell zu niedrig sind. Diese systematischen Fehler treten bei langläufigen Optionen weniger deutlich zutage als bei kurzläufigen Optionen.

4. Abbildung 17.5 zeigt, dass die Praktiker bei niedrigen Basispreisen hohe Volatilitäten und bei hohen Basispreisen niedrige Volatilitäten verwenden. Verkaufsoptionen, die aus dem Geld sind, und Kaufoptionen, die im Geld sind, haben niedrige Basispreise. Aus-dem-Geld-Kaufoptionen und Im-Geld-Verkaufsoptionen haben hohe Basispreise. Folglich zeigt Abbildung 17.5, dass die Praktiker die Preise der Aus-dem-Geld-Verkaufsoptionen und Im-Geld-Kaufoptionen anheben, während sie die Preise der Aus-dem-Geld-Kaufoptionen und Im-Geld Verkaufsoptionen senken. Durch diese Strategie werden ihre Preise konsistent mit der durchgezogenen Geraden in Abbildung 17.1b.

5. Diese systematischen Fehler sind wegen der Put-Call-Parität gleich. Angenommen p und c sind die Black-Scholes-Preise für eine europäische Verkaufs- und Kaufoption und p* und c* sind die auf einem anderen Modell basierenden Preise der Verkaufs- und Kaufoption. Die Put-Call-Parität gilt für alle Modelle. Daraus folgt unter Verwendung der üblichen Notation, dass

$$c + Xe^{-rT} = p + S$$

$$c^* + Xe^{-rT} = p^* + S$$

so dass

$$c - c^* = p - p^*$$

was zeigt, dass der systematische Fehler beim Preis der Kaufoption der gleiche ist wie beim Preis der Verkaufsoption. Wenn die Kaufoption im Geld ist, ist die Verkaufsoption aus dem Geld, und vice versa. Das erklärt, warum die systematischen Fehler bei Im-Geld-Kaufoptionen normalerweise die gleichen sind wie die bei

Kaufoptionen normalerweise die gleichen sind wie die bei Aus-dem-Geld-Verkaufsoptionen.

6. Die Wahrscheinlichkeitsverteilung des Aktienkurses zu irgendeinem künftigen Zeitpunkt (beispielsweise in einem Monat) ist nicht lognormal. Möglicherweise besteht sie aus zwei sich überlagernden lognormalen Verteilungen und ist bimodal. Black-Scholes ist eindeutig nicht angemessen, da es unterstellt, dass der Aktienkurs zu jedem künftigen Zeitpunkt log-normal ist.

7. Es gibt eine Reihe von Problemen beim empirischen Testen eines Optionspreismodells. Dazu gehört das Problem, synchrone Daten für Aktienkurse und Optionspreise zu bekommen, das Problem der Schätzung von Dividenden, die während der Optionslaufzeit für die Aktie gezahlt werden, das Unterscheidungsproblem zwischen Situationen mit ineffizientem Markt und Situationen mit unrichtigem Optionspreismodell sowie die Problematik beim Schätzen der Aktienkursvolatilität.

Kapitel 18

1. Drei Monate später wird ein Betrag von

    $$20.000.000 \, \$ \times 0{,}02 \times 0{,}25 = 100.000 \, \$$$

    ausbezahlt.

2. Der Investor eines hypothekarisch gesicherten Wertpapiers hat eine Beteiligung an einem Portefeuille mit Hypotheken auf Wohngebäuden. Diese Hypotheken sich gesichert, so dass der Investor vor Vertragsverletzungen geschützt ist. Der Investor bekommt seinen Anteil an den Cashflows (sowohl Zins als auch Kapital), die für die Hypotheken im Portefeuille gezahlt werden. Ein hypothekarisch gesichertes Wertpapier ist riskanter als eine Staatsanleihe, weil die Rendite des Investors von dem Ausmaß abhängt, in dem die in den Hypotheken enthaltene Option auf vorzeitige Zurückzahlung ausgeübt wird.

3. Eine Swapoption ist eine Option, zu einem bestimmten künftigen Zeitpunkt einen Zinsswap einzugehen, bei dem ein bestimmter Festzins gegen einen variablen Zins getauscht wird. Ein Zinsswap kann als Tausch einer festverzinslichen Anleihe gegen eine zinsvariable Anleihe betrachtet werden. Somit ist eine Swapoption eine Option

Antworten auf die Testfragen

darauf, eine festverzinsliche Anleihe gegen eine zinsvariable Anleihe zu tauschen. Die zinsvariable Anleihe hat zu Beginn der Swaplaufzeit einen Wert, der ihrem Nennwert entspricht. Die Swapoption ist somit eine Option auf eine festverzinsliche Anleihe mit einem Basispreis, der gleich dem Nennwert der Anleihe ist.

4. In diesem Fall ist $F = (125 - 10)e^{0,1 \times 1} = 127,09$, $X = 110$, $r = 0,1$, $\sigma = 0,08$ und $T = 1,0$.

$$d_1 = \frac{\ln(127,09/110) + (0,08^2/2)}{0,08} = 1,8456$$

$$d_2 = d_1 - 0,08 = 1,7656$$

Die Verkaufsoption hat einen Wert von

$$110e^{-0,1} N(-1,7656) - 115 N(-1,8456) = 0,12$$

oder 0,12 \$.

5. Der Payoff aus der Swapoption besteht aus eine Serie von fünf Cashflows gleich $\max(0,076 - R, 0)$ in Millionen Dollar, wobei R der fünfjährige Swapsatz in vier Jahren ist. Der Wert einer Annuität, die am Ende der Jahre 5, 6, 7, 8, und 9 jährlich 1 \$ abwirft, ist

$$\sum_{i=5}^{9} \frac{1}{1,08^i} = 2,9348$$

Die Swapoption hat somit einen Wert in Millionen Dollar von

$$2,9348[0,076 N(-d_2) - 0,08 N(-d_1)]$$

wobei

$$d_1 = \frac{\ln(0,08/0,076) + 0,25^2 \times 4/2}{0,25\sqrt{4}} = 0,3526$$

und

$$d_2 = \frac{\ln(0,08/0,076) - 0,25^2 \times 4/2}{0,25\sqrt{4}} = -0,1474$$

Die Swapoption hat einen Wert von

$$2{,}9348[0{,}076 N(0{,}1474) - 0{,}08 N(-0{,}3526)] = 0{,}0396$$

oder 39.600 $.

6. In diesem Fall ist L = 1.000, τ = 0,25, F = 0,12, R_X = 0,13, r = 0,115, σ = 0,12 und T = 1,5.

$$\frac{\tau L}{1 + F\tau} = 242{,}72$$

$$d_1 = \frac{\ln(0{,}12/0{,}13) + 0{,}12^2 \times 1{,}5/2)}{0{,}12\sqrt{1{,}5}} = -0{,}4711$$

$$d_2 = -0{,}4711 - 0{,}12\sqrt{1{,}5} = -0{,}6181$$

Die Option hat einen Wert von

$$242{,}7 e^{-0{,}115 \times 1{,}5}[0{,}12 N(-0{,}4711) - 0{,}13 N(-0{,}6181)] = 242{,}7 \times 0{,}0028 = 0{,}69$$

oder 0,69 $.

7. Die Ertragskurvenmodelle haben zwei wesentliche Vorteile. Erstens kann man mit ihnen alle zinsabgeleiteten Wertpapiere auf einer konsistenten Basis bewerten. Zweitens kann man mit ihnen auch die Wertpapiere bewerten, die mit dem Black-Modell nicht bewertet werden können. Ein Beispiel für ein Wertpapier, das mit dem Black-Modell nicht bewertet werden kann, aber mit den Ertragskurvenmodellen, ist eine langfristige amerikanische Anleiheoption.

Tabelle für N(x) bei x ≤ 0

Diese Tabelle zeigt die Werte für N(x), wenn x ≤ 0. Die Tabelle sollte mit Interpolation benutzt werden. Zum Beispiel:

$$N(-0{,}1234) = N(-0{,}12) - 0{,}34\,[N(-0{,}12) - N(-0{,}13)]$$
$$= 0{,}4522 - 0{,}34 \times (0{,}4522 - 0{,}4483)$$
$$= 0{,}4509$$

x	.00	.01	.02	.03	.04	.05	.06	.07	.08	.09
−0,0	0,5000	0,4960	0,4920	0,4880	0,4840	0,4801	0,4761	0,4721	0,4681	0,4641
−0,1	0,4602	0,4562	0,4522	0,4483	0,4443	0,4404	0,4364	0,4325	0,4286	0,4247
−0,2	0,4207	0,4168	0,4129	0,4090	0,4052	0,4013	0,3974	0,3936	0,3897	0,3859
−0,3	0,3821	0,3783	0,3745	0,3707	0,3669	0,3623	0,3594	0,3557	0,3520	0,3483
−0,4	0,3446	0,3409	0,3372	0,3336	0,3300	0,3264	0,3228	0,3192	0,3156	0,3121
−0,5	0,3085	0,3050	0,3015	0,2981	0,2946	0,2912	0,2877	0,2843	0,2810	0,2776
−0,6	0,2743	0,2709	0,2676	0,2643	0,2611	0,2578	0,2546	0,2514	0,2483	0,2451
−0,7	0,2420	0,2389	0,2358	0,2327	0,2296	0,2266	0,2236	0,2206	0,2177	0,2148
−0,8	0,2119	0,2090	0,2061	0,2033	0,2005	0,1977	0,1949	0,1922	0,1894	0,1867
−0,9	0,1841	0,1814	0,1788	0,1762	0,1736	0,1711	0,1685	0,1660	0,1635	0,1611
−1,0	0,1587	0,1562	0,1539	0,1515	0,1492	0,1469	0,1446	0,1423	0,1401	0,1379
−1,1	0,1357	0,1335	0,1314	0,1292	0,1271	0,1251	0,1230	0,1210	0,1190	0,1170
−1,2	0,1151	0,1131	0,1112	0,1093	0,1075	0,1056	0,1038	0,1020	0,1003	0,0985
−1,3	0,0968	0,0951	0,0934	0,0918	0,0901	0,0885	0,0869	0,0853	0,0838	0,0823
−1,4	0,0808	0,0793	0,0778	0,0764	0,0747	0,0735	0,0721	0,0708	0,0694	0,0681
−1,5	0,0668	0,0655	0,0643	0,0630	0,0618	0,0606	0,0594	0,0582	0,0571	0,0559
−1,6	0,0548	0,0537	0,0526	0,0516	0,0505	0,0495	0,0485	0,0475	0,0465	0,0455
−1,7	0,0446	0,0436	0,0427	0,0418	0,0409	0,0401	0,0392	0,0384	0,0375	0,0367
−1,8	0,0359	0,0351	0,0344	0,0336	0,0329	0,0322	0,0314	0,0307	0,0301	0,0294
−1,9	0,0287	0,0281	0,0274	0,0268	0,0262	0,0256	0,0250	0,0244	0,0239	0,0233
−2,0	0,0228	0,0222	0,0217	0,0212	0,0207	0,0202	0,0197	0,0192	0,0188	0,0183
−2,1	0,0179	0,0174	0,0170	0,0166	0,0162	0,0158	0,0154	0,0150	0,0146	0,0143
−2,2	0,0139	0,0136	0,0132	0,0129	0,0125	0,0122	0,0119	0,0116	0,0113	0,0110
−2,3	0,0107	0,0104	0,0102	0,0099	0,0096	0,0094	0,0091	0,0089	0,0087	0,0084
−2,4	0,0082	0,0080	0,0078	0,0075	0,0073	0,0071	0,0069	0,0068	0,0066	0,0064
−2,5	0,0062	0,0060	0,0059	0,0057	0,0055	0,0054	0,0052	0,0051	0,0049	0,0048
−2,6	0,0047	0,0045	0,0044	0,0043	0,0041	0,0040	0,0039	0,0038	0,0037	0,0036
−2,7	0,0035	0,0034	0,0033	0,0032	0,0031	0,0030	0,0029	0,0028	0,0027	0,0026
−2,8	0,0026	0,0025	0,0024	0,0023	0,0023	0,0022	0,0021	0,0021	0,0020	0,0019
−2,9	0,0019	0,0018	0,0018	0,0017	0,0061	0,0016	0,0015	0,0015	0,0014	0,0014

Tabelle für N(x) bei x ≤ 0

x	.00	.01	.02	.03	.04	.05	.06	.07	.08	.09
−3,0	0,0014	0,0013	0,0013	0,0012	0,0012	0,0011	0,0011	0,0011	0,0010	0,0010
−3,1	0,0010	0,0009	0,0009	0,0009	0,0008	0,0008	0,0008	0,0008	0,0007	0,0007
−3,2	0,0007	0,0007	0,0006	0,0006	0,0006	0,0006	0,0006	0,0005	0,0005	0,0005
−3,3	0,0005	0,0005	0,0005	0,0004	0,0004	0,0004	0,0004	0,0004	0,0004	0,0003
−3,4	0,0003	0,0003	0,0003	0,0003	0,0003	0,0003	0,0003	0,0003	0,0003	0,0002
−3,5	0,0002	0,0002	0,0002	0,0002	0,0002	0,0002	0,0002	0,0002	0,0002	0,0002
−3,6	0,0002	0,0002	0,0001	0,0001	0,0001	0,0001	0,0001	0,0001	0,0001	0,0001
−3,7	0,0001	0,0001	0,0001	0,0001	0,0001	0,0001	0,0001	0,0001	0,0001	0,0001
−3,8	0,0001	0,0001	0,0001	0,0001	0,0001	0,0001	0,0001	0,0001	0,0001	0,0001
−3,9	0,0000	0,0000	0,0000	0,0000	0,0000	0,0000	0,0000	0,0000	0,0000	0,0000
−4,0	0,0000	0,0000	0,0000	0,0000	0,0000	0,0000	0,0000	0,0000	0,0000	0,0000

Tabelle für N(x) bei x ≥ 0

Diese Tabelle zeigt die Werte für N(x), wenn x ≥ 0. Die Tabelle sollte mit Interpolation benutzt werden. Zum Beispiel:

$$N(0{,}6278) = N(0{,}62) + 0{,}78\,[N(0{,}63) - N(0{,}62)]$$
$$= 0{,}7324 + 0{,}78 \times (0{,}7357 - 0{,}7324)$$
$$= 0{,}7350$$

x	.00	.01	.02	.03	.04	.05	.06	.07	.08	.09
0,0	0,5000	0,5040	0,5080	0,5120	0,5160	0,5199	0,5239	0,5279	0,5319	0,5359
0,1	0,5398	0,5438	0,5478	0,5517	0,5557	0,5596	0,5636	0,5675	0,5714	0,5753
0,2	0,5793	0,5832	0,5871	0,5910	0,5948	0,5987	0,6026	0,6064	0,6103	0,6141
0,3	0,6179	0,6217	0,6255	0,6293	0,6331	0,6368	0,6406	0,6443	0,6480	0,6517
0,4	0,6554	0,6591	0,6628	0,6664	0,6700	0,6736	0,6772	0,6808	0,6844	0,6879
0,5	0,6915	0,6950	0,6985	0,7019	0,7054	0,7088	0,7123	0,7157	0,7190	0,7224
0,6	0,7257	0,7291	0,7324	0,7357	0,7389	0,7422	0,7454	0,7486	0,7517	0,7549
0,7	0,7580	0,7611	0,7642	0,7673	0,7704	0,7734	0,7764	0,7794	0,7823	0,7852
0,8	0,7881	0,7910	0,7939	0,7967	0,7995	0,8023	0,8051	0,8078	0,8106	0,8133
0,9	0,8159	0,8186	0,8212	0,8238	0,8264	0,8289	0,8315	0,8340	0,8365	0,8389
1,0	0,8413	0,8438	0,8461	0,8485	0,8508	0,8531	0,8554	0,8577	0,8599	0,8621
1,1	0,8643	0,8665	0,8686	0,8708	0,8729	0,8749	0,8770	0,8790	0,8810	0,8830
1,2	0,8849	0,8869	0,8888	0,8907	0,8925	0,8944	0,8962	0,8980	0,8997	0,9015
1,3	0,9032	0,9049	0,9066	0,9082	0,9099	0,9115	0,9131	0,9147	0,9162	0,9177
1,4	0,9192	0,9207	0,9222	0,9236	0,9251	0,9265	0,9279	0,9292	0,9306	0,9319
1,5	0,9332	0,9345	0,9357	0,9370	0,9382	0,9394	0,9406	0,9418	0,9429	0,9441
1,6	0,9452	0,9463	0,9474	0,9484	0,9495	0,9505	0,9515	0,9525	0,9535	0,9545
1,7	0,9554	0,9564	0,9573	0,9582	0,9591	0,9599	0,9608	0,9616	0,9625	0,9633
1,8	0,9641	0,9649	0,9656	0,9664	0,9671	0,9678	0,9686	0,9693	0,9699	0,9706
1,9	0,9713	0,9719	0,9726	0,9732	0,9738	0,9744	0,9750	0,9756	0,9761	0,9767
2,0	0,9772	0,9778	0,9783	0,9788	0,9793	0,9798	0,9803	0,9808	0,9812	0,9817
2,1	0,9821	0,9826	0,9830	0,9834	0,9838	0,9842	0,9846	0,9850	0,9854	0,9857
2,2	0,9861	0,9864	0,9868	0,9871	0,9875	0,9878	0,9881	0,9884	0,9887	0,9890
2,3	0,9893	0,9896	0,9898	0,9901	0,9904	0,9906	0,9909	0,9911	0,9913	0,9916
2,4	0,9918	0,9920	0,9922	0,9925	0,9927	0,9929	0,9931	0,9932	0,9934	0,9936
2,5	0,9938	0,9940	0,9941	0,9943	0,9945	0,9946	0,9948	0,9949	0,9951	0,9952
2,6	0,9953	0,9955	0,9956	0,9957	0,9959	0,9960	0,9961	0,9962	0,9963	0,9964
2,7	0,9965	0,9966	0,9967	0,9968	0,9969	0,9970	0,9971	0,9972	0,9973	0,9974
2,8	0,9974	0,9975	0,9976	0,9977	0,9977	0,9978	0,9979	0,9979	0,9980	0,9981
2,9	0,9982	0,9982	0,9982	0,9983	0,9984	0,9984	0,9985	0,9985	0,9986	0,9986

Tabelle für N(x) bei x ≥ 0

x	.00	.01	.02	.03	.04	.05	.06	.07	.08	.09
3,0	0,9986	0,9987	0,9987	0,9988	0,9988	0,9989	0,9989	0,9989	0,9990	0,9990
3,1	0,9990	0,9991	0,9991	0,9991	0,9992	0,9992	0,9992	0,9992	0,9993	0,9993
3,2	0,9993	0,9993	0,9994	0,9994	0,9994	0,9994	0,9994	0,9995	0,9995	0,9995
3,3	0,9995	0,9995	0,9995	0,9996	0,9996	0,9996	0,9996	0,9996	0,9996	0,9997
3,4	0,9997	0,9997	0,9997	0,9997	0,9997	0,9997	0,9997	0,9997	0,9997	0,9998
3,5	0,9998	0,9998	0,9998	0,9998	0,9998	0,9998	0,9998	0,9998	0,9998	0,9998
3,6	0,9998	0,9998	0,9998	0,9999	0,9999	0,9999	0,9999	0,9999	0,9999	0,9999
3,7	0,9999	0,9999	0,9999	0,9999	0,9999	0,9999	0,9999	0,9999	0,9999	0,9999
3,8	0,9999	0,9999	0,9999	0,9999	0,9999	0,9999	0,9999	0,9999	0,9999	0,9999
3,9	1,0000	1,0000	1,0000	1,0000	1,0000	1,0000	1,0000	1,0000	1,0000	1,0000
4,0	1,0000	1,0000	1,0000	1,0000	1,0000	1,0000	1,0000	1,0000	1,0000	1,0000

Die wichtigsten Börsen, an denen Futures und Optionen gehandelt werden

Agrarische Termijnmarkt Amsterdam	ATA
American Stock Exchange	AMEX
Australian Options Market	AOM
Belgian Futures & Options Exchange	BELFOX
Bolsa de Mercadorias y Futuros, Brasilien	BM&F
Chicago Board of Trade	CBOT
Chicago Board Options Exchange	CBOE
Chicago Mercantile Exchange	CME
Coffee, Sugar & Cocoa Exchange, New York	CSCE
Commodity Exchange, New York	COMEX
Copenhagen Stock Exchange	FUTOP
Deutsche Termin Börse, Deutschland	DTB
European Options Exchange	EOE
Financiële Termijnmarkt Amsterdam	FTA
Finnish Options Market	FOM
Hong Kong Futures Exchange	HKFE
International Petroleum Exchange, London	IPE
Irish Futures & Options Exchange	IFOX
Kansas City Board of Trade	KCBT
Kobe Rubber Exchange	KRE
Kuala Lumpur Commodity Exchange	KLCE
London Commodity Exchange	LCE
London International Financial Futures & Options Exchange	LIFFE
London Metal Exchange	LME
London Securities and Derivatives Exchange	OMLX
Manila International Futures Exchange	MIFE
Marché à Terme International de France	MATIF
Marché des Options Négociables de Paris	MONEP
MEFF Renta Fija and Variable, Spanien	MEFF
Mercado de Futuros y Opciones S. A., Argentinien	MERFOX
MidAmerican Commodity Exchange	MidAm
Minneapolis Grain Exchange	MGE
Montreal Exchange	ME
New York Cotton Exchange	NYCE
New York Futures Exchange	NYFE
New York Mercantile Exchange	NYMEX

Die wichtigsten Börsen, an denen Futures und Optionen gehandelt werden

New York Stock Exchange	NYSE
New Zealand Futures & Options Exchange	NZFOE
Osaka Grain Exchange	OGE
Osaka Securities Exchange	OSA
ÖTOB Aktiengesellschaft, Österreich	ÖTOB
Pacific Stock Exchange	PSE
Philadelphia Stock Exchange	PHLX
Singapore International Monetary Exchange	SIMEX
Stockholm Options Market	OM
Swiss Options & Financial Futures Exchange	SOFFEX
Sydney Futures Exchange	SFE
Tokyo Grain Exchange	TGE
Tokyo International Financial Futures Exchange	TIFFE
Toronto Stock Exchange	TSE
Vancouver Stock Exchange	VSE
Winnipeg Commodity Exchange	WCE

Glossar

Abrechnung per Kasse Ein Verfahren, bei dem ein Futureskontrakt in bar abgerechnet wird, statt dass das Basisobjekt angedient wird.

Abschlusswert *Siehe* Terminal Value

Abzinsungssatz Auf Jahresbasis umgerechnete Rendite eines Schatzwechsels oder eines ähnlichen Instrumentes in Dollar, ausgedrückt als Prozentsatz vom Schlussnennwert.

Aktienindex Index, der den Wert eines Aktien-Portefeuilles überwacht.

Aktienindex Futures Futures auf einen Aktienindex.

Aktienindex Option Option auf einen Aktienindex.

Aktienoption Option auf eine Aktie.

Aktienswap Ein Swap, bei dem die Rendite eines Aktien-Portefeuilles entweder gegen einen festen oder gegen einen variablen Zins getauscht wird.

Amerikanische Option Eine Option, die jederzeit während ihrer Laufzeit ausgeübt werden kann.

Am-Geld-Option Option, deren Basispreis gleich dem Preis des Basisobjektes ist.

Amortisierender Swap Ein Swap, bei dem das fiktive Kapital auf eine vorher festgelegte Weise im Zeitablauf sinkt.

Amtlicher Kursmakler Eine Person, die an manchen Börsen für das Managen von Limit Ordern verantwortlich ist. Der amtliche Kursmakler macht anderen Wertpapierhändlern keine Informationen über ausstehende Limit Order zugänglich.

Angebotskurs *Siehe* Briefkurs

Anleiheoption Eine Option, deren Basisobjekt eine Anleihe ist.

Arbitrage Handelsstrategie, bei der von der Tatsache profitiert wird, dass die Preise von zwei oder mehr Wertpapieren in einem falschen Verhältnis zueinander bestimmt wurden.

Arbitrageur Eine Person, die Arbitragegeschäfte macht.

Asset-or-nothing Kaufoption Eine Option, die einen Payoff gleich dem Vermögenswertpreis liefert, wenn der Vermögenswertpreis über dem Basispreis liegt, und der andernfalls einen Payoff von null liefert.

Asset-or-nothing Verkaufsoption Eine Option, die einen Payoff gleich dem Vermögenswertpreis liefert, wenn der Vermögenswertpreis unter dem Basispreis liegt, und der andernfalls einen Payoff von null liefert.

Asiatische Option Eine Option mit einem Payoff, der in einem spezifizierten Zeitraum vom durchschnittlichen Preis des Basisobjektes abhängt.

As-you-like-it Option *Siehe* Chooser Option

Aufgelaufener Zins Der Zins, der seit dem letzten Kuponeinlösetermin an einer Anleihe verdient worden ist.

Aufgeschobener Swap *Siehe* Deferred Swap

Aus-dem-Geld-Option Entweder (a) eine Kaufoption, bei der der Preis des Vermögenswertes unter dem Basispreis liegt, oder (b) eine Verkaufsoption, bei der der Preis des Vermögenswertes über dem Basispreis liegt.

Auslauftag *Siehe* Fälligkeitstag

Ausstehende Kontrakte Gesamtzahl der Kaufpositionen, die am Markt ausstehen. (Entspricht der Gesamtzahl der Verkaufspositionen.)

Ausübungskurs *Siehe* Basispreis

Average Price Kaufoption Eine Option mit einem Payoff, der gleich dem größeren Wert von null und dem Betrag ist, um den der Durchschnittkurs des Vermögenswertes den Basispreis übersteigt.

Average Price Verkaufsoption Eine Option mit einem Payoff, der gleich dem größeren Wert von null und dem Betrag ist, um den der Basispreis den Durchschnittkurs des Vermögenswertes übersteigt.

Baisseposition *Siehe* Verkaufsposition

Baisse-Spread *Siehe* Bear Spread

(Bar-)Einschuss Kassenbestand (oder Wertpapiereinlage), der (oder die) von einem Futures- oder Optionshändler verlangt wird.

Barrier Option Eine Option, deren Payoff davon abhängt, ob der Pfad des Basisobjektes eine Barriere erreicht hat (i. e. ein vorher festgelegtes Niveau).

Basis Die Differenz zwischen dem Kassakurs und dem Futurespreis einer Ware.

Basispreis Der Preis, zu dem ein Optionsinhaber den Vermögenswert kaufen oder verkaufen kann.

Basispunkt Im Zusammenhang mit einem Zins bedeutet ein Basispunkt ein Hundertstel von einem Prozent (0,01 Prozent)

Basisrisiko Das Risiko, das ein Hedger hat, weil er keine Sicherheit über die künftige Basis hat.

Baum Zeigt die Entwicklung des Preises einer Marktvariablen, so dass man daran eine Option oder eine anderes Derivativ bewerten kann.

Bear Spread Eine Verkaufsposition in einer Verkaufsoption mit einem Basispreis von X_1, kombiniert mit einer Kaufposition in einer Verkaufsoption mit dem Basispreis X_2, wobei $X_2 > X_1$. (Ein Bear Spread kann auch mit Kaufoptionen gebildet werden.)

Bestandshaltekosten *Siehe* Cost of Carry

Beta Ein Maß für das systematische Risiko eines Vermögenswertes.

Bezugsrechtsausgabe *Siehe* Bezugsrechtsemission

Bezugsrechtsemission Emission an Altaktionäre, die das Recht haben, neue Aktien zu einem bestimmen Kurs zu kaufen.

Bid-ask Spread *Siehe* Geld-Brief-Spanne

Bid-offer Spread *Siehe* Geld-Brief-Spanne

Binäre Option Entweder eine Cash-or-nothing Option oder eine Asset-or-nothing Option.

Binomial-Modell Ein Modell, bei dem der Preis eines Vermögenswertes über aufeinanderfolgende kurze Zeiträume beobachtet wird. Für jeden kleinen Zeitraum wird angenommen, dass nur zwei Kursbewegungen möglich sind.

Binomial-Baum Ein Baum, der darstellt, wie sich der Preis eines Vermögenswertes im Rahmen des Binomial-Modells entwickeln kann.

Glossar

Black-Modell Eine 1976 veröffentlichte Erweiterung des Black-Scholes-Modells, mit dem europäische Optionen auf Futureskontrakte bewertet werden können.

Black-Scholes-Modell Ein Modell zur Preisbestimmung europäischer Optionen auf Aktien, das 1973 von Fischer Black und Myron Scholes veröffentlicht wurde.

Board Broker Eine Person, die sich an manchen Börsen um die Limit Order kümmert. Der Board Broker macht Informationen über ausstehende Limit Order anderen Händler zugänglich.

Bootstrap-Methode Ein Verfahren zu Berechnung der Nullkupon-Ertragskurve anhand von Marktdaten.

Brief *Siehe* Briefkurs

Briefkurs Der Preis, zu dem ein Händler einen Vermögenswert zum Verkauf anbietet.

Bull Spread Eine Kaufposition in einer Kaufoption mit dem Basispreis X_1, kombiniert mit einer Verkaufsposition in einer Kaufoption mit dem Basispreis X_2, wobei $X_2 > X_1$. (Ein Bull Spread kann auch mit Verkaufsoptionen gebildet werden.)

Butterfly Spread Eine Position aus einer Kaufposition in einer Kaufoption mit dem Basispreis X_1, einer Kaufposition in einer Kaufoption mit dem Basispreis X_3 und einer Verkaufsposition in zwei Kaufoptionen mit dem Basispreis X_2, wobei $X_3 > X_2 > X_1$ und $X_2 = 0{,}5(X_1 + X_3)$. (Ein Butterfly Spread kann auch mit Verkaufsoptionen gebildet werden.)

Calendar Spread *Siehe* Kalender Spread

Call *Siehe* Kaufoption

Call Option *Siehe* Kaufoption

Cap *Siehe* Zins-Cap

Capital Asset Pricing Model *Siehe* Kapitalanlagepreis-Modell

Caplet Komponente eines Caps.

Cap Rate Der Zinssatz, der die Payoffs eines Caps bestimmt.

Carrykosten *Siehe* Cost of Carry

Cash-or-nothing Kaufoption Eine Option, die eine festen, vorher bestimmten Payoff liefert, wenn der Schlusspreis des Vermögenswertes über dem Basispreis liegt, und der andernfalls einen Payoff von null hat.

Cash-or-nothing Verkaufsoption Eine Option, die eine festen, vorher bestimmten Payoff liefert, wenn der Schlusspreis des Vermögenswertes unter dem Basispreis liegt, und der andernfalls einen Payoff von null hat.

Cash-Abrechnung *Siehe* Abrechnung per Kasse

Cash Settlement *Siehe* Abrechnung per Kasse

Cheapest-to-deliver Bond Die Anleihe, die am günstigsten angedient werden kann im Rahmen eines Chicago Board of Trade Terminkontraktes.

Chooser Option Eine Option, bei der der Inhaber das Recht hat, bis zu einem bestimmten Termin während der Laufzeit zu wählen, ob sie eine Kaufoption oder eine Verkaufsoption sein soll.

Clean Price einer Anleihe Notierung eines Anleihekurses ohne Stückzinsen. Der Kassakurs, der für eine Anleihe bezahlt wird (dirty price), wird berechnet, indem die aufgelaufenen Zinsen zum Clean Price addiert werden.

Clearinghouse Ein Unternehmen, das sicherstellt, dass im Rahmen einer börsengehandelten Derivativ-Transaktion die Parteien ihre vertraglichen Verpflichtungen erfüllen.

Clearing Margin Ein Einschuss, den die Clearinghouse-Mitglieder beim Clearinghouse verbuchen.

Collar *Siehe* Zins-Collar

Commission Broker Person, die im Nahmen anderer Personen Geschäfte durchführt und dafür eine Gebühr erhebt.

Commodity Futures Trading Commission Körperschaft, die den Handel mit Futureskontrakten in den USA reguliert.

Compound Option Eine Option auf eine Option.

Compound Option Modell Modell, das das Eigenkapital eines Unternehmens wie eine Option auf die Vermögenswerte des Unternehmens behandelt.

Control-Variates Verfahren Eine Technik, mit der bisweilen die Genauigkeit eines numerischen Verfahrens verbessert werden kann.

Convenience Yield Ein Maß für den Nutzen aus dem Besitz eines Vermögenswertes, den ein Investor, der eine Kaufposition in einem Futureskontrakt auf diesen Vermögenswert besitzt, nicht hat.

Cornish-Fisher Erweiterung Näherungsbeziehung zwischen den Fraktilen einer Wahrscheinlichkeitsverteilung und seinen Momenten.

Cost of Carry Lagerkosten plus Finanzierungskosten eines Vermögenswertes minus dem Einkommen, das der Vermögenswert hervorbringt.

Day Count Konvention für die Notierung von Zinsen.

Day Trade Handel, der an einem Tag geschlossen und am selben Tag glattgestellt wird.

Deferred Swap Ein Vertragsabschluss über einen Swap, der zu einem künftigen Zeitpunkt beginnt. Auch Forward Swap genannt.

Delta Rate, mit der sich der Preis eines Derivativs gegenüber dem Preis des Basisobjektes ändert.

Delta Hedging Ein Hedging-Schema, dass so gestaltet ist, dass der Preis eines Portefeuilles aus Derivativen nicht mehr auf kleine Veränderungen des Basisobjektpreises reagiert.

Delta neutrales Portefeuille Portefeuille mit einem Delta von null, so dass es nicht auf kleine Veränderungen des Basisobjektpreises reagiert.

Derivativ Instrument, dessen Preis vom Preis eines anderen Vermögenswertes abhängig oder abgeleitet ist.

Devisenoption Option auf einen Wechselkurs.

Devisenterminkurs Forwardpreis für eine Einheit einer Fremdwährung.

Diagonal Spread Position in zwei Kaufoptionen, bei denen sowohl die Basispreise als auch die Laufzeiten unterschiedlich sind. (Ein Diagonal Spread kann auch aus Verkaufsoptionen gebildet werden.)

Differential Swap Swap, bei dem ein variabler Zins in einer Währung gegen einen variablen Zins in einer anderen Währung getauscht wird, wobei sich beide Zinsen auf das gleiche Kapital beziehen.

Diskont-Instrument Ein Instrument ohne Kupons wie beispielsweise ein Schatzwechsel (T-Bill).

Dividende Barzahlung an die Besitzer einer Aktie.

Dividendenrendite Die Dividende als Prozentsatz vom Aktienkurs.

Down-and-in Option Option, die entsteht, wenn der Preis des Basisobjektes auf ein vorher spezifiziertes Niveau fällt.

Down-and-in Option Option, deren Existenz endet, wenn der Preis des Basisobjektes auf ein vorher spezifiziertes Niveau fällt.

Dritter Markt *Siehe* Freiverkehr

Duration Ein Maß für die durchschnittliche Laufzeit einer Anleihe. Misst außerdem annäherungsweise die Rate der proportionalen Veränderung des Anleihekurses gegenüber der absoluten Veränderung ihrer Rendite.

Durationsabstimmung Verfahren zur Abstimmung der Durationen von Vermögenswerten und Verbindlichkeiten einer Finanzinstitution. (Auch Durations-Matching.)

Dynamisches Hedging Verfahren zur Absicherung von Optionspositionen durch periodische Veränderung der Position, die in den Basisobjekten gehalten wird. Normalerweise besteht das Ziel darin, die Position Delta neutral zu halten.

Effektivverzinsung Tatsächliche (relative) Rendite eines Instruments.

Eingebettete Option *Siehe* Eingefügte Option

Eingefügte Option Eine Option, die ein untrennbarer Bestandteil eines anderen Instruments ist.

Erwartungswert einer Variablen Der Durchschnittswert einer Variablen, den man erhält, wenn man die Alternativwerte nach ihren Wahrscheinlichkeiten gewichtet.

Eurodollar Dollar, die in Banken außerhalb der USA gehalten werden.

Eurodollar Futureskontrakt Ein Futureskontrakt auf eine Eurodollar-Einlage.

Eurodollar Zins Zins für eine Eurodollar-Einlage.

Europäische Option Option, die nur am Fälligkeitstermin ausgeübt werden kann.

Euro-Währung Eine Währung, die außerhalb der formalen Kontrolle der Währungsbehörden der emittierenden Länder liegt.

EWMA Exponentiell gewichtete gleitende Mittelwerte (exponentially weighted moving average).

Ex-Dividendentag Wenn eine Dividende beschlossen wird, wird ein Ex-Dividendentag spezifiziert. Investoren, die am Ex-Dividendentag Aktien haben, bekommen die Dividende.

Exotische Option Eine Option, die nicht dem Standard entspricht.

Exponentielle Gewichtung Gewichtungsschema, bei dem das Gewicht davon abhängt, wann der zu gewichtende Wert beobachtet worden ist. Eine Beobachtung, die vor t Zeiträumen gemacht wurde, wird mit λ multipliziert mit dem Gewicht gewichtet, das einer Beobachtung vor t − 1 Zeiträumen gegeben wurde, wobei $\lambda < 1$ ist.

Fälligkeitstag Ende der Laufzeit einer Option, eines Kontraktes.

FASB Financial Accounting Standards Board.

Fiktives Kapital Kapital, das verwendet wird, um die Zahlungen im Rahmen eines Zinsswap zu berechnen. Das Kapital ist „fiktiv", weil es nicht gezahlt und nicht entgegengenommen wird.

Finanzintermediär Bank oder andere Finanzinstitution, die den Finanzmittelstrom zwischen den verschiedenen Einheiten der Volkswirtschaft befördert.

Finanzmittler *Siehe* Finanzintermediär

Floor *Siehe* Zins-Floor

Floorlet Eine Komponente eines Floors.

Floor Rate Zins in einem Floor-Vertrag.

Forwardkontrakt Kontrakt, der den Inhaber verpflichtet, einen Vermögenswert zu einem vorher bestimmten Preis und einem vorher bestimmten künftigen Zeitpunkt zu kaufen oder zu verkaufen.

Forwardpreis Der Lieferpreis in einem Forwardkontrakt, durch den der Kontrakt einen Wert von null hat.

Forward Swap *Siehe* Deferred Swap

FRA *Siehe* Zinsterminkontrakt

Freiverkehr Markt, an dem die Wertpapierhändler telefonisch Geschäfte abschließen. Bei den Wertpapierhändlern handelt es sich normalerweise um Finanzinstitutionen, Unternehmen und Fondsmanagern.

Fristenstruktur *Siehe* Zinsstruktur

Futureskontrakt Kontrakt, der den Inhaber verpflichtet, einen Vermögenswert zu einem vorher bestimmten Preis in einem vorher bestimmten Zeitraum zu kaufen oder zu verkaufen. Der Kontrakt wird täglich den aktuellen Marktdaten angepasst (marked to market).

Futures Option Option auf einen Futureskontrakt.

Futurespreis Der aktuell auf einen Futureskontrakt anwendbare Lieferpreis.

Gamma Die Rate, mit der sich Delta gegenüber dem Preis des Vermögenswertes verändert.

Gamma neutrales Portefeuille Portefeuille mit einem Gamma von null.

Gedeckte Kaufoption Verkaufsposition in einer Kaufoption auf einen Vermögenswert kombiniert mit einer Kaufposition in dem Vermögenswert.

Geld *Siehe* Geldkurs

Geldkurs Der Preis, zu dem ein Händler bereit ist, einen Vermögenswert zu kaufen.

Geld-Brief-Spanne Der Betrag, um den der Briefkurs den Geldkurs übersteigt.

Geometrischer Mittelwert Die n-te Wurzel aus dem Produkt von n Zahlen.

Hausse-Position *Siehe* Kaufposition

Hausse-Spread *Siehe* Bull Spread

Hedge Ein Handel, mit dem das Risiko verringert werden soll.

Hedger Eine Person, die Hedging-Geschäfte macht.

Hedge Ratio Rate, die bestimmt wird aus der Positionsgröße des Hedging-Instruments und der Größe der abzusichernden Position.

Historische Volatilität Volatilität, die anhand historischer Daten errechnet wird.

Höchstzins *Siehe* Zins-Cap

Höchstzinssatz *Siehe* Cap Rate

Hypothekarisch gesichertes Wertpapier Ein Wertpapier, das dem Inhaber das Recht an einer Beteiligung an den Cashflows gibt, die durch einen Hypotheken-Pool realisiert werden.

Hypothese von der Kapitalmarkteffizienz Eine Hypothese darüber, dass die Preise der Vermögenswerte die relevanten Informationen spiegeln.

Im-Geld-Option Entweder (a) eine Kaufoption, bei der der Preis des Vermögenswertes über dem Basispreis liegt, oder (b) eine Verkaufsoption, bei der der Preis des Vermögenswertes unter dem Basispreis liegt.

Implizite Repo Rate Repo Rate, die sich implizit aus dem Preis eines Schatzwechsels und dem Futurespreis eines Schatzwechsels ergibt.

Implizite Volatilität Volatilität, die sich implizit aus dem Optionspreis ergibt, die mit Black-Scholes oder einem ähnlichen Modell errechnet wird.

Index Amortizing Swap *Siehe* Indizierter Kapitalswap

Index Arbitrage Arbitrage mit einer Position in Aktien, die in einem Aktienindex enthalten sind, und einer Position in einem Futureskontrakt auf den Aktienindex.

Index Futures Ein Futureskontrakt auf einen Aktienindex oder einen anderen Index.

Index Option Ein Optionskontrakt auf einen Aktienindex oder einen anderen Index.

Indizierter Kapitalswap Swap, bei dem das Kapital im Zeitablauf sinkt. Die Verringerung des Kapitals am Zahlungstag hängt vom Niveau der Zinsen ab.

Intrinsischer Wert Bei einer Kaufoption ist das der Betrag, um den der Preis des Vermögenswertes den Basispreis übersteigt. Bei einer Verkaufsoption ist es der Betrag, um den der Basispreis den Preis des Vermögenswertes übersteigt.

Invertierter Markt Markt, in dem die Futurespreise mit der Fälligkeit sinken.

Investment-Vermögenswert Vermögenswert, der von manchen Leuten aus Anlagegründen gehalten wird.

IO Interest Only. Ein hypothekarisch gesichertes Wertpapier, auf das der Inhaber nur Zinsströme aus dem zugrundeliegenden Hypotheken-Pool bekommt.

Kalender Spread Eine Position, die gebildet wird, indem man eine Kaufposition in einer Kaufoption und eine Verkaufsposition in einer Kaufoption ähnlichen Typs kauft, wobei beide Optionen unterschiedliche Fälligkeitstermine haben. (Ein Kalender Spread kann auch mit Verkaufsoptionen gebildet werden.)

Kapitalanlagepreis-Modell Ein Modell, das die erwartete Rendite eines Vermögenswertes in Bezug setzt zu seinem Beta (capital asset pricing model, CAPM).

Kappa *Siehe* Vega

Kassakurs Preis bei sofortiger Lieferung.

Kaufoption Eine Option auf den Kauf eines Vermögenswertes zu einem bestimmten Preis und einem bestimmten Termin.

Kaufposition Eine Position, bei der ein Vermögenswert gekauft wird.

Kombination Position aus Kauf- und Verkaufsoptionen auf das gleiche Basisobjekt.

Konsum-Vermögenswert Vermögenswert, der für den Konsum und nicht als Investition gehalten wird.

Kontinuierliche Verzinsung Eine Möglichkeit der Zinsnotierung. Diese Verzinsung hat die kürzesten Zeitintervalle. (Auch stetige Verzinsung genannt.)

Konversionsfaktor Ein Faktor für die Bestimmung der Anzahl der Anleihen, die im Rahmen eines an der Chicago Board of Trade gehandelten Terminkontraktes angedient werden müssen.

Konvexität Ein Maß für die Krümmung in der Beziehung zwischen Anleihepreisen und Anleiherenditen.

Kreditrisiko Das Risiko, dass ein Verlust eintritt, weil die Gegenpartei in einer Derivativ-Transaktion den Vertrag nicht erfüllt.

Kupon Zinszahlungen auf eine Anleihe.

Kündbarer Swap Ein Swap, bei dem eine der beiden Seiten das Recht hat, den Swap vorzeitig zu beenden.

Kurtosis *Siehe* Wölbung

Lagerkosten Kosten für die Lagerung von Waren/Rohstoffen.

Lambda *Siehe* Vega

LEAPS Long-Term Equity Anticipation Securities. Das sind relativ langfristige Optionen auf einzelne Aktien oder Aktienindizes.

Leerverkauf Verkauf von Aktien am Markt, die man von einem anderen Investor nur geliehen hat.

LIBID London Interbank Bid Rate. Bankzinsen für Einlagen in Eurowährung (i.e. der Zins, zu dem eine Bank bereit ist, anderen Banken einen Kredit zu gewähren.

LIBOR London Interbank Offer Rate. Der Zins, den die Banken für Eurowährungs-Einlagen anbieten (i. e. der Zins, zu dem eine Bank bereit ist, einen Kredit von anderen Banken aufzunehmen).

Limit-Schwankung Die maximale Kursschwankung, die die Börse in einer einzigen Börsensitzung zulässt.

Limit-Order Eine Order, die nur zu einem spezifizierten oder für den Investoren vorteilhafteren Kurs ausgeführt werden darf.

Liquiditätsprämie Betrag, um den Terminzinssätze die erwarteten künftigen Kassakurse übersteigen.

Local Person auf dem Parkett einer Börse, die nur auf eigene und nicht auf fremde Rechnung handelt.

Log-normale Verteilung Eine Variable hat eine log-normale Verteilung, wenn der Logarithmus der Variablen normalverteilt ist.

Long Hedge Hedge mit einer Long Futures Position, also einer Kaufposition in Futures.

Long Position *Siehe* Kaufposition

Lookback-Option Eine Option, deren Payoff vom Höchst- oder Tiefstpreis des Vermögenswertes abhängt, der in einem bestimmten Zeitraum erzielt wurde.

Marge *Siehe* (Bar-)Einschuss

Margin *Siehe* (Bar-)Einschuss

Market Maker Ein Wertpapierhändler, der bereit ist, sowohl den Geldkurs als auch den Briefkurs für einen Vermögenswert anzugeben.

Marking to market Das Verfahren, ein Instrument neu zu bewerten, so dass es die aktuellen Werte der relevanten Marktvariablen reflektiert.

Mindesteinschuss Wenn der Saldo eines Marginkontos eines Wertpapierhändlers unter das Mindesteinschuss-Niveau sinkt, bekommt der Wertpapierhändler eine Nachschussforderung darüber, sein Konto bis zum Mindesteinschussniveau aufzustocken.

Mittlere Umkehrung Die Tendenz einer Marktvariablen (wie einem Zins), auf ein langfristiges Durchschnittsniveau zurückzukehren.

Modifizierte Duration Eine Modifizierung des Standardmaßes für die Duration dahingehend, dass sie die Beziehung zwischen den proportionalen Veränderungen eines Anleihekurses und den absoluten Veränderungen der Anleiherendite genauer beschreibt. Die Modifizierung berücksichtigt die Aufzinsungshäufigkeit, mit der die Rendite notiert wird.

Monte Carlo Simulation Ein Verfahren, bei dem Zufallsstichproben von Veränderungen der Marktvariablen genommen werden, um ein Derivativ zu bewerten.

Nachschussforderung Aufforderung an den Kunden, einen Extra-Einschuss zu leisten, wenn der Saldo des Marginkontos unter das Mindesteinschuss-Niveau fällt.

Nachschusszahlung Extra-Einschuss nach einer Nachschussforderung, mit der der Saldo des Marginkontos wieder auf das Originaleinschussnivau gebracht wird.

Nennwert Kapitalbetrag einer Anleihe. (Auch Nominalwert.)

Nominalverzinsung Der Zins einer Anleihe, durch den deren Preis gleich dem Kapital wird.

Normaler Deport Eine Situation, in der der Futurespreis unter dem erwarteten künftigen Kassakurs liegt.

Normalverteilung Die standardmäßige glockenförmige Verteilung von statistischen Daten.

Normaler Markt Markt, in dem die Futurespreise mit der Laufzeit steigen.

Numerisches Verfahren Methode zur Bewertung von Optionen, wenn keine Formel zur Verfügung steht.

Nullkuponzins Zins, den eine Anleihe abwerfen würde, die keine Kupons hat.

OCC Options Clearing Corporation. *Siehe* Clearingshouse

Offene Positionen *Siehe* Ausstehende Kontrakte

Option Das Recht, einen Vermögenswert zu kaufen oder zu verkaufen.

Optionsangepaßter Spread Spanne über einer Schatz-Kurve, wodurch der theoretische Preis eines Zins-Derivativs gleich dem Marktpreis wird.

Optionsanleihe Eine Anleihe mit einer Klausel, die es dem Emittenten ermöglicht, sie noch während der Laufzeit zu einem vorher festgelegten Preis zurückzukaufen.

Optionsklasse Alle Optionen auf den gleichen Typ einer bestimmten Aktie.

Optionsserie Alle Optionen einer bestimmten Klasse mit gleichem Basispreis und gleichem Fälligkeitstag.

Order-Book Official *Siehe* Board Broker

Originaleinschuss Geldbetrag, den ein Futureshändler bei Eröffnung einer Futures Position zahlen muss.

Parallelverschiebung Bewegung der Ertragskurve, wobei sich jeder Punkt der Kurve um den gleichen Betrag verändert.

Payoff Der Barbetrag, den der Inhaber einer Option oder eines anderen Derivativs am Ende der Laufzeit realisiert.

Plain Vanilla Der Begriff beschreibt ein Routinegeschäft.

PO Principal Only. Ein hypothekarisch gesichertes Wertpapier, auf das der Inhaber nur Kapitalströme aus dem zugrundeliegenden Hypotheken-Pool bekommt.

Portfolio-Immunisierung Ein Portefeuille relativ unempfindlich gegenüber Zinsen machen.

Portfolio-Versicherung Mit Handelsstrategien sicherstellen, dass der Wert eines Portefeuilles nicht unter ein bestimmtes Niveau fällt.

Positionslimit Maximale Position, die ein Wertpapierhändler (oder eine Gruppe von zusammenarbeitenden Wertpapierhändlern) halten darf.

Prämie Preis einer Option.

Primärhändler *Siehe* Market Maker

Principal Nennwert eines Schuldeninstruments.

Programmhandel Ein Verfahren, bei dem der Handel automatisch von einem Computer generiert und an das Börsenparkett weitergeleitet wird.

Pull-to-par Eine Phrase, die die Tatsache beschreibt, dass der Anleihekurs bei Fälligkeit der Anleihe auf seinen Nennwert zurückfallen muss.

Put Anleihe Eine Anleihe, die von dem Inhaber zu vorher bestimmten Zeitpunkten und einem vorher bestimmten Preis an den Emittenten zurückverkauft werden darf.

Put-Call-Parität Beziehung zwischen dem Preis einer europäischen Kaufoption und dem Preis einer europäischen Verkaufsoption, wenn beide Optionen den gleichen Basispreis und den gleiche Fälligkeitstermin haben.

Put Option *Siehe* Verkaufsoption

Puttable Swap *Siehe* Kündbarer Swap

Rebalancing Der Prozess der periodischen Anpassung einer Handelsposition. Normalerweise besteht der Zweck darin, die Position Delta neutral zu halten.

Repo Repurchase Agreement. *Siehe* (Wertpapier-)Pensionsgeschäft

Report Situation, in der der Futurespreis über dem erwarteten künftigen Kassakurs liegt.

Repo-Zins Zinssatz in einer Repo-Transaktion.

Glossar 657

Reset-Termin *Siehe* Zinsanpassungstermin

Rho Die Rate, mit der sich der Preis eines Derivativs gegenüber dem Zins verändert.

Risikofreier Zins Der Zins, der realisiert werden kann, ohne irgendein Risiko einzugehen.

Risikoneutrale Bewertung Bewertung einer Option oder eines anderen Derivativs unter der Annahme, dass die Welt risikoneutral ist. Die risikoneutrale Bewertung ergibt einen Preis für ein Derivativ, der nicht nur in einer risikoneutralen Welt sondern in allen Welten richtig ist.

Risikoneutrale Welt Eine Welt, für die angenommen wird, dass die Investoren für das Eingehen von Risiken im Durchschnitt keine Extra-Renditen bekommen müssen.

Rohstoffswap Ein Swap, bei dem die Cashflows vom Preis eines Rohstoffs abhängen.

Scalper Wertpapierhändler, der Positionen nur über kurze Zeit hält.

Schatzobligation Langfristiges Instrument ohne Kupons, das vom Staat zur Schuldenfinanzierung emittiert wird.

Schatzwechsel Kurzfristiges Instrument ohne Kupons, das vom Staat zur Schuldenfinanzierung emittiert wird.

Schlusswert Durchschnitt der Preise, zu dem ein Kontrakt unmittelbar vor dem Ertönen der Glocke, die das Ende des Handelstages signalisiert, gehandelt wird.

Schützende Verkaufsoption Eine Verkaufsoption kombiniert mit einer Kaufposition in dem Basisobjekt.

SEC Securities and Exchange Commission.

Short Hedge Hedge, bei dem eine Short Futures Position (Verkaufsposition in Futures) gekauft wird.

Short Position *Siehe* Verkaufsposition

Sicherungsgeschäft *Siehe* Hedge

Sicherungskoeffizient *Siehe* Hedge Ratio

Sigma *Siehe* Vega

Simulation *Siehe* Monte Carlo Simulation

Spread-Transaktion Position in zwei oder mehr Optionen desselben Typs.

Step-up Swap Swap, bei dem das Kapital im Zeitablauf in einer vorher bestimmten Weise ansteigt.

Stop-Limit-Order Kombination aus einer Stop-Order und einer Limit-Order.

Stop-Loss-Order Order, die zum vorteilhaftesten Preis (bestens) ausgeführt wird, sobald es einen Geldkurs oder einen Briefkurs zu diesem Preis oder einem weniger vorteilhaften Preis gibt.

Stop Order *Siehe* Stop-Loss-Order

Straddle Eine Kaufposition in einer Kaufoption und einer Verkaufsoption mit dem gleichen Basispreis.

Strangle Eine Kaufposition in einer Kaufoption und einer Verkaufsoption mit unterschiedlichen Basispreisen.

Strap Eine Kaufposition in zwei Kaufoptionen und einer Verkaufsoption mit dem gleichen Basispreis.

Stress Test Test, mit dem die Wirkung extremer Marktschwankungen auf den Wert eines Portefeuilles untersucht wird.

Strip Eine Kaufposition in einer Kaufoption und zwei Verkaufsoptionen mit dem gleichen Basispreis.

Stufenswap *Siehe* Step-up Swap

Swap Ein Vertrag über einen künftigen Tausch von Cashflows gemäß einer bestimmten Formel.

Swapoption Option auf einen Zinsswap, bei dem ein spezifizierter Festzins gegen einen variablen Zins getauscht wird.

Swaption *Siehe* Swapoption

Synthetische Option Option, die durch den Handel mit dem Basisobjekt geschaffen wird.

Systematisches Risiko Risiko, das nicht durch Diversifizierung beseitigt werden kann.

Szenario-Analyse Analyse der Auswirkungen, die eine alternative mögliche künftige Bewegung der Marktvariablen auf den Wert eines Portefeuilles haben könnte.

Terminal Value Wert bei Fälligkeit.

Terminzinssatz Zins für einen künftigen Zeitraum, der sich implizit aus den heutigen Marktzinsen ergibt.

Theta Rate, mit der sich der Preis einer Option oder eines anderen Derivativs im Zeitablauf verändert.

Tilgungsanleihe *Siehe* Optionsanleihe

Time Decay *Siehe* Theta

Transaktionskosten Kosten für die Durchführung eines Handels. (Sie sind gleich den Provisionen plus der Differenz aus dem erzielten Preis und dem Mittelwert der Spanne zwischen Ausgabe- und Rücknahmekurs.)

Treasury Bill/T-Bill *Siehe* Schatzwechsel

Treasury Bill Futures/T-Bill Futures Futureskontrakt auf einen Schatzwechsel.

Treasury Bond/T-Bond *Siehe* Schatzobligation

Treasury Bond Futures/T-Bond Futures Futureskontrakt auf Schatzobligation.

Treasury Note/T-Note *Siehe* Schatzobligation (Treasury Notes haben Laufzeiten von unter 10 Jahren.)

Treasury Note Futures/T-Note Futures Futureskontrakt auf Treasury Note.

Triple Witching Hour Der Begriff bezieht sich auf den Zeitpunkt, wenn Aktienindex Futures, Aktienindex Optionen und Optionen auf Aktienindex Futures gleichzeitig fällig werden.

Umkehrniveau Das Niveau, bei dem der Wert einer Marktvariablen (z. B. eines Zinses) eine Umkehrtendenz aufweist.

Ungesicherte Position Verkaufsposition in einer Kaufoption, die nicht mit einer Kaufposition in dem Basisobjekt kombiniert ist.

Unsystematisches Risiko Risiko, das durch Diversifizierung beseitigt werden kann.

Up-and-in Option Option, die dann gültig wird, wenn der Preis des Basisobjektes auf ein vorher spezifiziertes Niveau steigt.

Up-and-out Option Option, die dann ungültig wird, wenn der Preis des Basisobjektes auf ein vorher spezifiziertes Niveau steigt.

Uptick Kursanstieg.

Value at Risk Verlust, der im Rahmen eines spezifizierten Konfidenzniveaus nicht überschritten wird.

(Variabler) Einschuss *Siehe* Nachschusszahlung

Vega Rate, mit der sich der Preis einer Option oder eines anderen Derivativs gegenüber der Volatilität verändert.

Vega neutrales Portefeuille Portefeuille mit einem Vega von null.

Verfallsdatum *Siehe* Fälligkeitstag

Verkaufs-Deckungsgeschäft *Siehe* Short Hedge

Verkaufsoption Option, einen Vermögenswert zu einem bestimmten Preis zu einem bestimmten Termin zu verkaufen.

Verkaufsposition Position, bei der der Wertpapierhändler Aktien verkauft hat, die er gar nicht besitzt.

Verlängerbare Anleihe Anleihe, deren Laufzeit der Inhaber verlängern kann.

Verlängerbarer Swap Swap, deren Laufzeit von einer Seite verlängert werden kann.

Volatilität Maß für die Unsicherheit über die Rendite, die ein Vermögenswert abwirft.

Vorzeitige Ausübung Ausübung vor dem Fälligkeitstermin.

Währungs-Swap Swap, bei dem Zins und Kapital in einer Währung gegen Zins und Kapital in einer anderen Währung getauscht werden.

Glossar

Wandelanleihe Unternehmensanleihe, die zu bestimmten Terminen während ihrer Laufzeit zu einen vorher festgelegten Betrag in Eigenkapital des Unternehmens konvertiert werden kann.

Wandelschuldverschreibung *Siehe* Wandelanleihe

Warrant Option, die von einem Unternehmen oder einer Finanzinstitution emittiert wird. Call Warrants werden häufig von Unternehmen auf ihre eigene Aktie emittiert.

(Wertpapier-)Pensionsgeschäft Ein Verfahren, bei dem ein Kredit aufgenommen wird, indem der Gegenseite Wertpapiere verkauft werden und vereinbart wird, die Papiere später zu einem höheren Preis zurückzukaufen.

Wild Card Play Das Recht, im Rahmen eines Futureskontraktes noch einige Zeit nach dem Handelsschluss zum Schlusskurs zu liefern.

Wölbung Ein Maß für die Dicke der Endabschnitte einer Verteilung.

Zahlung vor Fälligkeit Rückzahlung des Kapitals, bevor es laut Plan fällig wird.

Zeitwert Der Wert, den eine Option während der Restlaufzeit hat. (Differenz zwischen dem inneren oder intrinsischen Wert der Option und der Höhe der Optionsprämie.)

Zinsanpassungstermin Termin im Zusammenhang mit einem Swap, an dem der variable Zins für den nächsten Zeitraum festgelegt wird.

Zins-Cap Eine Option, die einen Payoff liefert, wenn ein spezifizierter Zins über einem bestimmten Niveau liegt. Der Zins ist ein variabler Zins, der periodisch neu eingestellt wird.

Zins-Collar Eine Kombination aus einem Cap und einem Floor.

Zins-Floor Eine Option, die einen Payoff liefert, wenn ein Zins unter einem bestimmten Niveau liegt. Der Zins ist ein variabler Zins, der periodisch neu eingestellt wird.

Zinsertragskurve *Siehe* Zinsstruktur

Zinsoption Eine Option, die vom Niveau der Zinsen abhängt.

Zinsobergrenze *Siehe* Zins-Cap

Zinsstruktur Kurve, die eine Beziehung zwischen Zinsen und Laufzeit herstellt. Der Begriff wird verwendet, wenn die Rendite aus Nullkupon-Anleihen abgeleitet wird.

Zinsswap Tausch eines Festzinses auf ein bestimmtes fiktives Kapital gegen einen variablen Zins auf das gleiche fiktive Kapital.

Zinsterminkontrakt Vertrag darüber, dass in einem bestimmten Zeitraum ein bestimmter Zins für eine bestimmte Kapitalsumme gezahlt wird (forward rate agreement oder future rate agreement, FRA).

Zugrundeliegende Variable Variable, von der der Preis einer Option oder eines anderen Derivativs abhängt.

Zusammengesetzte Option *Siehe* Compound Option

Index

A

abgesicherte Kaufoptionen 272-273
Abrechnung per Kasse 44
Abschlusswert 58
absichern *Siehe* hedgen
Abzinsungssatz 183
Aktienindex 88, 89-90
    Futures 88-94, 140-146
    Notierungen 403-405
    Optionen auf 403-411
Aktienoptionen
    Siehe auch Black-Scholes
    Basispreis 259, 260-261
    Besteuerung 275-277
    Definition 257, 259
    Dividenden 262-264
    Einschüsse 271
    Fälligkeitstermin 259-260
    Handel 319-321
    nicht abgesicherte 271-272
    Notierungen 264-267
    Provisionen 269-271
    Regulierung 274-275
    Verkauf abgesicherter Kaufoptionen 272-273
Aktienoptionswerte
    Beziehung zwischen amerikanischen Put und Call Preisen 308-309
    Dividenden 310-311
    Kaufoptionen auf dividendenlose Aktien 302-305
    Ober- und Untergrenzen für Preise 292-298
    preisbestimmende Faktoren 286-291
    Put-Call-Parität 298-301, 400
    Verkaufsoptionen auf dividendenlose Aktien 305-307
Aktiensplits 89, 262-264
Allen, S. L. 202
All Ordinaries Share Price Index 89
American Stock Exchange (AMEX) 7, 257, 258
amerikanische Option 4, 250
    Beziehung zwischen Put und Call Preisen 308-309
    Binomialbäume 355-356
    Dividenden 387
    Effekte von Dividenden 310-311
    Futuresoptionen verglichen mit Kassaoptionen 436
    intrinsischer Wert 262
    Kaufoptionen auf Dividenden abwerfende Aktien 395-397
    Verkaufsoption auf eine dividendenlose Aktie 305-307
Am-Geld-Option 261
Amin, K. 416, 595
amtlicher Kursmakler 269
Ankündigungsschreiben 26, 43
Arbitrage
    Goldmarkt 98, 99, 100
Arbitragemöglichkeiten,
    Forwardpreise und

664 Index

dividendenlose Aktien 75-77
Kuponanleihen 79-83
T-Bill Futures 180-182
Arbitrageure 16, 48
Asay, M. 483
asiatische Optionen 279
Auftrag bis auf Widerruf *Siehe* offener Auftrag
Auftragsarten 48-50
Aus-dem-Geld-Option 261
ausstehenden Kontrakte 41
Ausübungskurs *Siehe* Basispreis
Ausübungslimit 264

B

baisseorientierter Kalender Spread 331
Baisse Spread *Siehe* Bear Spread
Bardividende 88
Barings 19
Barone-Adesi, G. 545
Barrier Optionen 278-279
Bartter, B. 360, 544, 545, 597
Basisobjekt 3, 4, 28-29, 256-259
Basispreis 4
Basisrisiko, Hedging und 127-135
Basisschwächung 128
Basisverstärkung 128
Bear Spread 324-326
Becker, H. P. 339
Beckers, S. 383, 390
besicherte Hypothekenobligation 573
Bestandhaltekosten *Siehe* Cost of Carry
Bestens-Auftrag 48
Besteuerung von Aktienoptionen 275-277
Beta 140, 407-408
Veränderung 143-144
Bezugsrechtsemissionen 264
Bhattacharya 312, 315
Bicksler, J. 243
Biger, N. 416
binäre Optionen 278
Binomial-Bäume
Alternativverfahren für die Konstruktion 539-541
Anwendungen 358-359
Beispiel amerikanische Option 355-356
Beispiel Verkaufsoption 354-355
Control-Variate-Verfahren 537-539
Definition 343
Delta 357-358
Dividendenrendite 401-403
einstufig 343-348
für Dividenden abwerfende Aktien 532-537
für dividendenlose Aktien 520-529
für Optionen auf Indizes, Währungen und Futureskontrakte 529-532
Monte Carlo Simulation 541-543
risikoneutrale Bewertung 348-350, 521
zweistufig 350-354
Black, Fischer 364, 387, 389, 390, 434, 438, 450, 548, 561, 564, 565, 575, 594, 595
Black-Modell

Bewertung von
    Futuresoptionen 434-435
Preisbestimmung
    europäischer Optionen
    575-576
    Zinsoptionen 575-577
Blacks Annäherung 387-388
Black-Scholes
    Annahmen 364-368, 374-
        375
    Anwendung auf
        Forwardkontrakte 381
    erwartete Rendite 368-
        370
    kumulative Normal-
        verteilungsfunktion 378-
        380
    Merton-Analyse 375-380
    Preisformeln 376-377
    Volatilität 370-374
Black-Scholes, systematische
        Fehler bei
    Aktien 551-552
    Devisenkurse 552
    einzelne Sprünge des
        antizipierten Vermögens-
        wertpreises 553-555
    empirische Forschung
        560-563
    in der Praxis 555-560
    Laufzeit 553
    lognormale und
        tatsächliche Verteilung
        548-551
    Volatilität 556-560
    Wirkung auf
        Optionspreise 550-551
Blue Chip Aktien 90
Board Order *Siehe* Market-if-
        touched Order (MIT)
Bodurtha, J. N. 416, 563, 565

Börsensitz 48
Bolsa de Mercadorias y Futuros
        (BM&F) 4
Bona-Fide-Hedger 31
Bond Equivalent Yield 183
Bookstaber, R. 339, 483
Bootstrap-Methode 162-164, 226
Boyle, P. P. 483, 544, 545
Brady Commission 481
Brennan, M. J. 545, 594
Brenner, M. 438
Briefkurs 46, 267
Brown, R. L. 264, 281
Bull Spread 322-324
Burghardt, G. 596
Butterfly Spread 326-330

C

CAC-40 Index 89
Call Option *Siehe* Kaufoption
Caplets 583
Cap Rate *Siehe* Höchstzinssatz
Caps 405
Carabini, C. 88, 109
Carrykosten *Siehe* Cost of Carry
Carverhill, A. 596
Chance, D. M. 62, 281, 339, 416,
        563, 565
Chang, E. C. 106, 109
Chen, A. H. 88, 109, 243
Cheyette, O. 596
Chiang, R. 202
Chicago Board of Trade (CBOT)
        1, 3, 27, 62, 150, 202
Chicago Board Options Exchange
        (CBOE) 5, 257, 258, 281,
        282
Chicago Butter and Egg Board 3

Chicago Mercantile Exchange
	(CME) 1, 2-3, 27, 28, 184
Chicago Produce Exchange 3
Chicago Rice and Cotton
	Exchange (CRCE) 27
Chiras, D. P. 383, 390, 561, 565
Chooser Option 279
Clasing, H. K. 282
Clean Price 578
Clearinghouse 37-38
Clearingmargin 37-38
	auf Brutto-Basis 37
	auf Netto-Basis 37
Coffee, Sugar, and Cocoa
	Exchange (CSCE) 27
Collar 584
Collateralized Mortgage
	Obligation (CMO) *Siehe*
	besicherte Hypotheken-
	obligation
Commission Broker 47
Commodity Exchange, Inc.
	(COMEX) 27
Commodity Futures Trading
	Commission (CFTC) 50,
	275
Compound Option *Siehe*
	zusammengesetzte Option
Control-Variate Verfahren 537-
	539
Convenience Yield *Siehe*
	Gewinnerzielung durch
	sofortige Verfügbarkeit
	der Ware
Cornell, B. 60, 108
corner the market 51
Cornish-Fischer-Erweiterung 509,
	518-519
Cost of Carry 102
Courtadon, G. R. 416, 438, 545,
	563, 565, 596

Cox, J. C. 109, 282, 343, 360,
	520, 539, 544, 564, 594,
	596
Culp, C. 150
Cumby, R. 565

D

DAX-30 89
Day-Count-Konventionen 165-
	166, 218
Day Trade 36
Day Trader 48
Degler, W. H. 339
Delta 357-358
Delta-Hedging 357, 447-460
	Definition 357
	europäische Kauf- und
	Verkaufsoptionen 450-
	452
	europäische Optionen
	456-457
	Forwardkontrakte 450
	Futures 457-458
	Portefeuille 458-460
	Schätzung 527-529
	Simulation 452-455
Delta neutral 449
Derivative
	Beispiele 18-19
	Definition 18
	Verluste 19-20
Derman, E. 558, 559, 594, 595
Devisennotierungen 57
Devisenterminkurse 56
diagonaler Spread 332
Dillman, S. 483
Dirty Price 578
diskontiertes Instrument 179

Dividenden
    Aktienkurse 291
    Aktienoptionen 310-311
    Aktiensplits 262-264
    amerikanische Optionen 387
    europäische Optionen 385-386
Dividendenrendite
    Binomialbäume 401-403
    Forwardpreise für Vermögenswerte mit bekannter 83-85
Dow Jones Industrial Average 90
Drift 593
Dritter Markt *Siehe* Freiverkehrsmarkt
Duffie, D. 62, 513
Duration
    Berechnung 186-189
    durationsbasierte Hedge Ratio 192
    Hedging-Strategien und Beispiele 190-200
    Matching und Konvexität 189-190
    modifiziert 189
Dusak, F. 106, 109

E

Easterwood, J. C. 203
Edelberg, C. 483
Ederington, L. H. 150
Effektenkreditkonto *Siehe* Marginkonto
elektronischer Futureshandel 46
Emanuel, D. 483
Engle, R. F. 566

Eröffnungspreis 38
erstmöglicher Ankündigungstag 44
erwartete Rendite 370
Erwartungstheorie 166
Etzioni, E. S. 484
Eurodollar Futures 179-186
europäische Option 4, 250
    Anleihen 577-581
    Delta 450-452
    Dividenden 385-386
    Preisbestimmung mit dem Black-Modell 575-576
exotische Optionen 278-289
exponentiell gewichteter glcitender Mittelwert (EWMA) 492

F

Fabozzi, F. J. 202
Fälligkeitstermin 4, 250
Fama, E. E. 383, 390
FBI 52
Federal Mortgage Association (FNMA) 572
Federal Reserve Board 51
Figlewski, S. 202, 483, 565
fiktives Kapital 212
Fill-or-kill Order 50
Financial Futureskontrakte 4
Flat Volatilitäten 586
Flex-Optionen 262, 405
Floor 584-586
Floorlet 584
Forward Forward Volatilitäten 586
Forwardkontrakte
    Bewertung 85-86

668 Index

Definition 55
Delta 450
Devisen 56-57
Lieferpreis 55
Marked to Market 55
Vergleich mit
Futureskontrakten 56
Währungen 94-95
Forwardpreise 56
für Investment-
Vermögenswert, der kein
Einkommen abwirft 75-78
für Investment-
Vermögenswert, der ein
bekanntes Bareinkommen
abwirft 78-83
für Investment-
Vermögenswert, der eine
bekannte Dividenden-
rendite abwirft 83-83
gleich Futurespreise 86-
88, 115-117
Forward-Rate-Agreement (FRA)
Siehe Zinstermin-
kontrakt
Franckle, C. T. 150
Freiverkehrsmarkt 6, 278-280
Freiverkehrsoptionen 7
French, K. R. 108, 383, 390
Fristenstrukturmodelle 592-
594
FT-SE 100 Index 89
Funktion für die Zahlung vor
Fälligkeit 573
Futures
buchhalterische
Behandlung 52-53
steuerliche Behandlung
54
Futureshandel

Unregelmäßigkeiten 51-
52
Futureskontrakte
Definition 1-2
Geschichte 2-3
Preisnotierung 30, 38-42
Spezifizierung 26-31
Währungen 94-95
Waren 96-102
Futuresmarkt
Regulierung 50-52
Futuresoptionen
Aktien mit
kontinuierlicher
Dividendenrendite 433-
434
Beliebtheit 426
Bewertung mit Binomial-
Bäumen 431-432
Bewertung mit dem
Black-Modell 434-436
Definition 421
Grenzen 430
Notierung 424
Put-Call-Parität 427-430
Vergleich mit
Kassaoptionspreisen 436
Wesen 421
Futurespreise 1
Cost of Carry 102
Gleichheit mit
Forwardpreis 86-88
Strukturen 42
und erwartete Kassakurse
103-106
und Kassakurse 26, 31-32
von Aktienindizes 90, 92

G

Galai, D. 312, 315, 483, 561, 565
Gamma-Hedging 463-469
Garman, M. B. 416, 561, 565
Gastineau, G. 282, 339
Gay, G. D. 202
gedeckte Position 443-444
Gegenorder 269
Geld-Brief-Spanne 267
Geldkurs 46, 267
Geske, R. 391, 545, 564
Gewinnerzielung durch sofortige Verfügbarkeit der Ware 101-102
Gibson Greetings 19
Glattstellung von Positionen 25-26
Goldman Sachs Commodity Index 90
Gould, J. P. 312, 315
Government National Mortgage Association (GNMA) 572
Grabbe, J. O. 417
Gray, R. W. 106, 109

H

Händlertypen 8
Handelsstrategien
    für einzelne Optionen und Aktien 319-321
    Kombinationen 333-338
    Spreads 321-332
Handsignale 46
Harding, J. 483
Harvey, C. R. 565, 566
Hasbrouck, J. 565
hausseorientierter Kalender Spread 331
Hausse-Spread *Siehe* Bull Spread
Heath, D. 594, 596
Hebelwirkung *Siehe* Leverage
Hedge-and-Forget-Strategien 118, 450
Hedgen/Hedging 8
    Aktienindex-Futures 140-146
    Aktionäre 124
    Anleiheportefeuille 194-196, 197
    Argumente für und wider 123-127
    Basisrisiko 127-135
    Delta 447-460
    durationsbasierte Hedging-Strategien und Beispiele 190-200
    dynamisch 449
    Effektivität 136
    Forwardkontrakte 58
    Futures 8-10
    Gamma 463-469
    gedeckte Position 443-444
    grundlegende Prinzipien 118-123
    Long Hedge 120-123
    Optionen 10-11
    Prolongation 146-148
    Rho 473-474
    Short Hedge 119-120
    statisch 449-450
    Stop-Loss-Strategie 444-447
    T-Bill 193-194
    Theta 460-463

ungesicherte Position 443-444
Vega 470-473
Wettbewerb 124-125
zinsvariabler Kredit 198-200
Hedger 8-9, 48
Hendricks, D. 513
Hennigar, E. 202
Hicks, John R. 42-43, 62, 103, 110
Hill, J. M. 63
Ho, T. S. Y. 594, 596
Höchstpreis über die Laufzeit 41
Höchstzinssatz 18, 581
Hopper, G. 513
Horizontaler Spread *Siehe* Kalender Spread
Horn, F. F. 62
Hoskins, B. 596
Houthakker, H. S. 106, 109
Hull, J. 243, 473, 483, 390, 416, 509, 511, 513, 544, 545, 564, 577, 594, 596, 597
Hunt-Brüder 51
hypothekarisch gesicherte Wertpapiere 572-575

I

Im-Geld-Option 261
Index-Arbitrage 92-93
Index Futures 478-479
Ingersoll, J. E. 109, 594, 596
interessewahrender Auftrag 50, 268
Interest Only (IO) 574-575
International Monetary Market (IMM) 3

intrinsischer Wert 262
invertierter Markt 42

J

Jackson, P. 489, 513
Jackwerth, J. C. 566
Jamshidian, F. 513, 577, 594, 597
Jarrow, R. A. 109, 416, 594, 596, 597
Jeffrey, A. 597
Johnson, H. E. 545
Johnson, L. L. 150
Johnson, N. L. 509
Jones, F. J. 63
Jorion, P. 513

K

Kalender Spread 330-332
Kane, A. 566
Kane, E. J. 109
Kani, I. 558, 559
Kansas City Board of Trade (KCBT) 27
Kapner, K. R. 244
Karasinski, P. 594, 595
Kassaoptionen 421
Kaufoption
    Definition 4, 250
    Beispiel 251-252
Kaufposition 1
Keynes, John Maynard 42-43, 62, 103, 110
Kidder Peabody 19
Kleinstein, A. D. 202
Klemkosky, R. C. 202, 312, 315, 561, 566

Kohlhagen, S. W. 416
Kolb, R. W. 62, 202
Kombinationen 333-338
kontinuierliche Verzinsung 68-71
Konvexität 189-190
Kopprasch, R. W. 339
Kotz, S. 509
kurzfristiger Zins 593

L

Langsam, J. A. 483
Lasser, D. J. 202
Latane, H. 383, 390
Latainer, G. O. 484
Lauterbach, B. 562, 566
Layard-Liesching, R. 243
LEAPS (long-term equity anticipation securities) 260, 405
Lee, S.-B. 594, 596
Leerverkauf 71-72
Leland, H. E. 484
letzter Handelstag 44
letztmöglicher Ankündigungstag 44
Leverage 13
Li, A. 597
Lieferung 43-45, 103
    Liefermonat 30
    Lieferort 29-30
Limitbewegung 31
Limit down 31
Limit Order 49, 268
Limit up 31
lineares Derivativ 466
lineares Modell 500-504
Liquiditätspräferenztheorie 167
Litzenberger, R. H. 243

Local 47
London Interbank Offer Rate (LIBOR) 196-197, 209-210
London International Financial Futures Exchange (LIFFE) 4
London Stock Exchange 89
Longstaff, F. A. 597
Lookback Option 280

M

MacBeth, J. D. 562, 566
Macmillan, L. W. 545
Major Market Index (MMI) 89
Maklerstand 46
    Bericht 47
Manaster, S. 383, 390, 561, 565
Marginkonto 13, 33, 271
Margrabe, W. 109
Market-if-touched Order (MIT) 49
Market Maker 267-268
Marking to Market 33-35
Marktkapitalisierung 89
Marktorder 268
Marktsegmentierungstheorie 166
Marshall, J. F. 244
Maude, D. J. 489, 513
McCabe, G. M. 150
McMillan, L. G. 282, 339, 390
Merton, Robert C. 315, 364, 401, 416, 565
Merville, L. J. 562, 566
Metallgesellschaft (MG) 147
MidAmerican Commodity Exchange (MidAm) 27
Miller, M. 150

Mindesteinschuss 34, 271
Minneapolis Grain Exchange (MGE) 27
mittlere Umkehrung 593
Monte Carlo Simulation 509-510, 541-543
Morgan, J. P. 513
Mortgage-Backed Security (MBS) *Siehe* hypothekarisch gesichertes Wertpapier
Morton, A. 594, 595, 596

N

Nachschuss 34
Nachschussforderung 34
National Futures Association (NFA) 50
neutraler Kalender Spread 331
New York Commodity Exchange (COMEX) 33
New York Cotton Exchange (NYCE) 27, 28
New York Futures Exchange (NYFE) 27
New York Mercantile Exchange (NYMEX) 27, 119
New York Stock Exchange (NYSE) 90, 257, 258
New York Stock Exchange (NYSE) Composite Index 89
nichtlineares Derivativ 466
nicht abgesicherte Option 271-272
Nikkah, S. 130, 150
Nikkei 225 Index 93
Nikkei 225 Stock Average 89
Noh, J. 566

normaler Deport 43
normaler Markt 42
Notierung
    Aktienindizes 403-405
    Aktienoptionen 264-267
    Futuresoptionen 424
    T-Bill Futures 182-184
    T-Bond Futures 169-173
Nullkupon-Anleihe 160
Nullkupon-Ertragskurve 160

O

offener Auftrag 50
offener Ausruf 46
Oldfield, G. S. 109
Optionen
    Aktien 259-280
    Am-Geld-Option 261
    Aus-dem-Geld-Option 261
    Ausübung 274
    Besteuerung 275-277
    Devisen 258
    Flex 262
    Freiverkehrsmarkt 278-280
    Futures 259, 421
    Handel 267-269, 319-338
    Im-Geld-Option 261
    Index 258-259
    intrinsischer Wert 262
    Klasse 271
    Positionen 254-256
    Regulierung 274-275
    Serie 261
    synthetisch 477-478
    Typen 250-254
    Zeitwert 262

Optionsanleihe 571
Optionsbörsen
    Entstehung 7
Options Clearing Corporation
    (OCC) 273-275
Optionskontrakte
    Arten von Teilnehmern 5
    auf Swaps 239
    Definition 4-6
    Geschichte 6-8
    Hedging mit 10-11
    Spekulation mit 14-16
    Unterschied zu
        Futureskontrakten 4-6
Optionsmarkt 6, 275
Orange County 19
Order Book Official 268-269
Originaleinschuss 33, 271
Overnight Repo 74

P

Pacific Stock Exchange (PSE) 7,
    257, 258
Pan, J. 513
Par Bond Yield 160
Par Yield Bond 225
Park, H. Y. 88, 109
Parketthändler 286
Perfect Hedge *Siehe* perfektes
    Sicherungsgeschäft
perfektes Sicherungsgeschäft 118
Perraudin, W. 489, 513
Philadelphia Board of Trade
    (PBOT) 27
Philadelphia Stock Exchange
    (PHLX) 7, 257, 258
Phillips, S. M. 282
Plain Vanilla 209

Portfolio-Immunisierung 189
Portfolio-Versicherung 476-480
Positionslimit 31, 264
Position Trader 48
positive Wölbung 511
Principal Only (PO) 574-575
Pringle, J. J. 244
Procter & Gamble 19
Programmhandel 93
Provisionen 48, 269-271
Put and Call Brokers and Dealers
    Association 6
Put Anleihe 572
Put-Call-Parität 298
    europäische
        Aktienoptionen 400
    europäische
        Futuresoptionen 427-320
Put Option *Siehe* Verkaufsoption

Q

quadratisches Modell 504-509

R

Ramaswamy, K. 438
Randomweg 364
rebalancieren 376
Rebalancing 449
Reiff, W. W. 203
Reinganum, M. 60, 108
Rendleman, R. 88, 109, 383,
    360, 390, 544, 545, 597
Repo Rate 73
    implizit 181
Report 43
Resnick, B. G. 202, 312, 315,

561, 566
Rho-Hedging 473-474
Riccardo, R. 597
Richard, S. 110
risikofreier Zins 288, 290
risikoneutrale Bewertung 380-381, 521
risikoneutrale Welt 349
Risiko und Rendite
 Beziehung zwischen 104
Ritchken, P. 597
Roll, R. 384, 390, 391
Ross, S. A. 109, 343, 360, 520, 539, 544, 564, 594, 596
Rubinstein, M. 282, 343, 484, 360, 520, 539, 544, 562, 564, 565, 566

S

Sankarasubramanian, L. 597
Scalper 48
Schaefer, S. M. 598
Scheingeschäftregel 276
Schlusswert 41
Schneeweis, T. 63
Scholes, Myron 364, 390, 450, 548, 561, 564, 565, 595
schützende Verkaufsoptionsstrategie 320
Schultz, P. 562, 566
Schwartz, E. S. 545, 594, 595, 597, 598
Schwarz, E. W. 62
Securities and Exchange Commission (SEC) 51, 275
Senchak, A. J. 203
Shastri, K. 563, 566

short squeezed 71
Singapore International Monetary Exchange (SIMEX) 4
Slivka, R. 339
Smith, C. W. 244, 282, 390
Smithson, C. W. 244
Spekulanten 12, 48
Spekulation
 mit Forwardkontrakten 58
 mit Futures 12-13
 mit Optionen 14-16
Spindel, M. 596
Spotoptionen *Siehe* Kassaoptionen
Spreads 321-332
Spread-Transaktion 36
Stammaktien
 Neuemissionen 89
Standard & Poor's (S&P) Index
 100 Index 258, 403
 500 Index 3, 89, 258, 403, 557
 MidCap 400 Index 89
Standard Oil 18-19
Steuern
 Aktienoptionen und 275-277
Stockdividenden 89
Stoll, H. R. 312, 315, 416
Stop-and-Limit-Order 49
Stop-Limit-Order 49
Stop Loss-Order *Siehe* Stop-Order
Stop-Loss-Strategie 444-447
Stop-Order 49
Straddle 333-335
Strangle 335-337
Strap 335, 336
Stress Test 511-512
Strip 335, 336
Stripped MBS 574
Stulz, R. M. 151

Stutzer, M. 566
Subrahmanyam, M. 438
Sundaresan, M. 110
Sundaresan S. M. 438
Swap
    Aktien 239-240
    amortisierender 238-239
    Argument des komparativen Vorteils 219-224
    aufgeschobener *Siehe* Forward
    auf Vorrat 218
    Constant Maturity (CMS) 239
    Constant Maturity Treasury (CMTS) 239
    Definition 209
    Differential 239
    Forward 239
    Index Amortizing Rate 239
    Kreditrisiko 240-242
    kündbar 239
    Preisliste 217-218
    Rohstoff 240
    Stufenswap 239
    verlängerbar 239
    Währung 231-238
    Zins 209-218
Swapoptionen *Siehe* Swaption
Swaption 239, 587-592
Swiss Options and Financial Futures Exchange (SOFFEX) 4
Sydney Futures Exchange (SFE) 4
systematischer Fehler 550

T

Tageshöchstpreis 38
Tagestiefstpreis 38
Tandon, K. 563, 566
Taylor, S. J. 566
Telser, L. G. 106, 109
Terminal Value *Siehe* Abschlusswert
Terminkauf-Deckungsgeschäft *Siehe* Long Hedge
Term Repo 74
Teweles, R. J. 63
Theta-Hedging 460-463
Tiefstpreis über die Laufzeit 41
Tilgungsanleihe *Siehe* Optionsanleihe
Tilley, J. A. 484
Time Decay 460
Time-of-day Order 50
to-arrive contract 3
Tokyo International Financial Futures Exchange (TIFFE) 4
Tokyo Stock Exchange 89
Toy, W. 594, 595
Treasury Bill Futures 179-186
Treasury Bond und Treasury Note Futures 169-179
    Cheapest to Deliver 175-176
    Hedging 193-194
    Konversionsfaktoren 173-175
    Notierungen 170-173
    Wild Card Play 176-177
Triple Witching Hour 45
Turnbull, S. M. 244

U

umgekehrter Kalender Spread 332
Umsatzvolumen 41
ungesicherte Position 443-444
unlimitierter Auftrag *Siehe* Bestens-Auftrag
Uptick 72
U.S. Treasury Department 51

V

Value at Risk (VAR)
    Berechnung 496-500
    Cornish-Fischer-Entstehung 489
    Erweiterung 509, 518-519
    Korrelationen 494-496
    lineares Modell 500-504
    Monte Carlo Simulation 509-510
    quadratisches Modell 504-509
    Verwendung historischer Daten 510-511
    Volatilitäten 490-494
    Zweck 489-490
varianzminimale Hedge Ratio 135-140
Varianzrate 491
Vasicek, O. A. 594, 598
Vega-Hedging 470-473
Veit, W. T. 203
Verkauf einer gedeckten Option 319
Verkaufs-Deckungsgeschäft *Siehe* Short Hedge
Verkaufsoption
    Beispiel 253-254
    Definition 4, 250
Verkaufsposition 1
Viswanath, P. V. 109
Volatilität
    Black-Scholes 370-374, 556-560
    Definition 188
    Flat 586
    Forward Forward 586
    Fristenstruktur 557-558
    implizite 382-383
    Maß 576
    Matrix 558-560
    Portfolio-Versicherung und Aktienmarkt 480-481
    Smile 556-557
    Value at Risk 490-494
vorzeitige Ausübung 254

W

Währungsoptionen
    Bewertung 412-415
    Notierung 411-412
Wall, L. D. 244
Wandelanleihen 277-278
Warenterminkontrakte 4
Warrant 277-278
Weatherstone, D. 489
Welch, W. W. 339
Wertpapiere mit laufenden Zinszahlungen 573
Wertpapierpensionsgeschäft 73-74
Windfall Profit 240
Whaley, R. E. 383, 390, 391, 416, 545, 565, 566
White, A. 243, 473, 483, 511,

513, 544, 545, 594, 596, 597
Wolf, A. 438

X

Xu, X.. 566

Y

Yates, J. W. 339

Z

Zhu, Y. 513
Zins-Cap 18, 581-586
Zins
    Day-Count-Konventionen 165-166
    Forward-Rate-Agreement (FRA) *Siehe* Zinsternminkontrakt
    Nullkupon-Ertragskurve 160-162
    Nullkuponzins und Terminzins 157-159
    Theorien der Fristenstruktur 166-167
Zinsoptionen
    Black-Modell 575-577
    börsennotierte 569-571
    Definition 569
    eingefügte Anleiheoptionen 571-572
    europäische Swapoptionen 587-592
    Fristenstrukturmodelle 592-594
    hypothekarisch gesicherte Wertpapiere 572-575
Zinsparitätsbeziehung 93
Zinsswaps
    Argument des komparativen Vorteils 219-224
    auf Vorrat 218
    Bewertung 224-230
    Beziehung zu Anleihekursen 224-227
    Beziehung zu Zinsterminkontrakten 227-230
    europäische 587-591
    Mechanismen 209-218
    Preislisten 217-218
    Rolle des Finanzintermediär 215-217
    Transformation einer Verbindlichkeit 213-214
    Transformation eines Vermögenswertes 214-215
Zinsterminkontrakte 57, 167-169
Zufallsweg *Siehe* Randomweg
zusammengesetzte Option 280